Yehudi Menuhin · Unvollendete Reise

Yehudi Menuhin
Unvollendete Reise

Lebenserinnerungen

Mit 63 Fotos

R. Piper & Co. Verlag München Zürich

Übersetzung aus dem englischen Manuskript von
Isabella Nadolny (Kapitel 1 bis 8) und Albrecht Roeseler (ab Kapitel 9)

ISBN 3-492-02535-8
Sonderausgabe 1979
3. Auflage, 34.–53. Tausend 1979 der Gesamtauflage

Gesetzt aus der Garamond Antiqua
Gesamtherstellung: Kösel, Kempten
Printed in Germany

Meiner geliebten Diana,
dem Engel auf meinem Erdenwege,
und den einzigartigen, unvergleichlichen
Vor- und Nachfahren,
Eltern und Kindern, ohne die ich
keine dieser Seiten hätte füllen können.

Danksagung

Ich möchte allen Beteiligten danken, den guten und weniger guten, die diesen Bericht beleben. Sie alle haben zu meiner positiven Erfahrung beigetragen. In einem Buch, in dem man über die Ereignisse von sechzig Jahren zu berichten versucht, ist es leider unmöglich, all derer zu gedenken, die mir und meiner Familie Wärme, Farbe und Anregung schenkten. Ich hoffe, alle Nichterwähnten werden mir verzeihen. Eines Tages schreibe ich vielleicht noch ein weiteres Buch, und in ihm werde ich das Versäumte wiedergutmachen.
Danken möchte ich auch Herrn Dr. Frederick Brown, der diese Selbsterforschungen als erster anregte, sowie Maureen McConville, die mit Geduld und Verständnis aus meinen mündlichen und schriftlichen Bekenntnissen ein rundes Ganzes machte.

Y. M.

Inhalt

1. Goldene Tage

Die Mnuchins und Shers aus Rußland · Mosche Menuhin und Marutha Sher lernen sich in Palästina kennen und heiraten in New York · Die Geburt Yehudis · Nach Kalifornien · Hephzibah und Yaltah · Kindheit in San Francisco · Als Zweijähriger im Konzert · Anna Pawlowa

Blicke ich auf die sechzig Jahre meines Lebens zurück, wundert mich am meisten, wie unkompliziert sie vor mir liegen. Was ich bin, denke und tue, fast alles, was mir begegnet ist, läßt sich mit der Klarheit eines mathematischen Beweises von seinen Anfängen herleiten. Es ist ein sonderbares, fast beklemmendes Gefühl, eine Bestimmung zu erfüllen. Man meint, man hätte durch eigene Initiative die Ereignisse beeinflußt, und hat damit rein verstandesmäßig auch recht. Es ist wie beim Komponieren: der Komponist ringt um jede einzelne Note seiner Symphonie, nur um dann – am Schlußtakt angelangt – zu erkennen, daß Auswahl und Abfolge von Anfang an festlagen. Die Unausweichlichkeit des Ablaufs schmälert jedoch sein Verdienst nicht, denn nur im nachhinein lassen sich alle überflüssigen Noten ausschalten, und nur er konnte hinschreiben, was nun dasteht. So ist es auch mit meinem Leben. Nachträglich liegt der Weg überschaubar da, doch im voraus ließ er sich nicht erraten.

Allein verantwortlich für seine Richtung bin ich sicher nicht. Zum einen war das Leitmotiv meines Werdegangs stets der glückliche Zufall, der nicht mehr von mir forderte als ein Geschehenlassen (obwohl gerade das meist ziemlich viel Energie erfordert). Zum anderen sehe ich mich als Sproß einer langen Vorgeschichte. Vieles in meinem Leben lag schon fest, ehe ich zur Welt kam, und manchmal glaube ich nicht nur die eigenen Sehnsüchte erfüllt zu haben, sondern auch die meiner Eltern – vielleicht auch auf ihre Kosten.

Zwei verschiedenartigere Menschen als meinen Vater und meine Mutter hätte das Schicksal zum Vorteil ihrer Nachkommenschaft gar nicht zusammenführen können. Was ihnen gemeinsam war, ist schnell aufgezählt: Beide stammten aus Rußland, beide wanderten in ihrer Jugend nach Palästina aus und von dort nach Amerika. Äußerlich waren sie zierlich, blond und anmutig. Außerdem waren und sind sie gründlich, romantisch, feurig und von hohen Grundsätzen bestimmt.

Gleichwohl lassen sich meine Eltern auf keine dieser Eigenschaften festlegen. Mein methodisch denkender Vater wurde Mathematiker; seine Akten waren sauber abgeheftet, Rechnungen bezahlte er sofort, Briefe beantwortete er unverzüglich. Meine Mutter verfolgt ihr Ziel auf lange Sicht, voller Beharrlichkeit, sie überwindet Hindernisse, wo immer sie sich ihr in den Weg stellen, und erträgt die dazwischenliegenden eintönigen Strecken des Alltags mit Geduld. Beide sind Romantiker, sie im Tun, er in seinen Zukunftsträumen. Seine Gefühle sind überschäumend und spontan, eine ständige Bedrohung für die Ordnung seiner Akten und Kategorien; die ihren sind streng kontrolliert, kommen selten zum Vorschein, sind aber so intensiv, daß sie für einen Freund oder ein Prinzip durchs Feuer gehen würde. Mein Vater ist vorsichtig, meine Mutter unbekümmert. Er braucht den äußeren Impetus, Liebe oder Haß, Ablehnung oder Zustimmung, sie schöpft aus Quellen ihres Inneren oder ihrer Vergangenheit. Er fühlt sich der ganzen Menschheit verbunden und sorgt sich um ihre Zukunft. Sie ignoriert die anonyme Masse, liebt das Individuum und ehrt die Tradition. Bereitwillig setzt sie sich für Nomaden ein, für Gefangene, für alle die, die ihr Schicksal aus der normalen Ordnung heraus zu Größe und Märtyrertum führt. Mein Vater hätte sich vielleicht in seiner Jugend den britischen Friedenspolitiker Ramsay MacDonald zum Vorbild genommen, meine Mutter es aber bestimmt nicht unter Tamerlan, Savonarola, Judith oder Katharina der Großen getan.

Die Menuhins – so übersetzte mein Vater bei seiner Ankunft in New York den russischen Familiennamen, den man Mnuchin schrieb – waren in Gomel ansässig, einer mittelgroßen Stadt, die von Ostsee und Schwarzem Meer gleich weit entfernt liegt, nämlich je 1500 Kilometer. Die Shers aber lebten in Südrußland, nicht weit von der Küstenstadt Jalta. Um Mosche Mnuchin und Marutha Sher schon in Rußland zusammenzuführen, hätte das Schicksal mit verbissener Zielstrebigkeit vorgehen und den jungen Mann den Dnjepr hinunter und quer über die Ebene von Prichepnomorsk lotsen müssen. Es war einfacher, die beiden getrennt nach Palästina zu führen, wo sie einander kennenlernten, und dann – wiederum getrennt – nach New York, wo sie heirateten. Die Vorsehung hielt ihre eigentlich wohlwollende Absicht jedoch zunächst geheim, denn der Grund zu all diesen Reisen waren Pogrome. Was so viele meiner Mitbrüder das Leben kosten sollte, schenkte mir das meine.

Mein Vater ist Nachkomme der chassidischen Rabbiner, die als Inhaber eines erblichen Amtes in Lubawitschi bei Gomel, einer typischen russisch-jüdischen Kleinstadt, so etwas wie eine Dynastie darstellten. Das geistliche Amt gab einem Rabbi auch weltliche Macht, und so wurde er in zweifacher Hinsicht zum Mittelpunkt einer Gemeinde, die, von der Mehrheit ihrer Landsleute abgelehnt, es dennoch fertiggebracht hatte, schlecht und recht zu überdauern, und von einem künftigen Jerusalem träumte. Die Chassidim waren einst die Rebellen unter den Talmudisten gewesen, sie stellten die ekstatische Glaubensgemeinschaft über die gesetzliche Gemeinde, den Mystiker über den Schriftgelehrten und verwarfen eine rein intellektuelle Religion, um zur höheren Ehre Gottes zu tanzen und zu musizieren. Eine so muntere Frömmigkeit hätte ausgezeichnet zum Temperament meines Vaters gepaßt, doch zu seiner Zeit war leider die chassidische Spontaneität schon zur Institution verknöchert, und er hätte von neuem anfangen müssen zu rebellieren. 1904, ein Jahr vor den antisemitischen Ausschreitungen von 1905, dem Pogrom in Gomel, fuhr seine verwitwete und wieder verheiratete Mutter mit dem Elfjährigen nach Odessa und brachte ihn an Bord des Dampfers »Kornilow«, der ihn nach Palästina zu seinen Großeltern väterlicherseits trug. Er wuchs in Zion auf, kehrte nie mehr nach Rußland zurück und war es zufrieden, daß dessen Sprache und Atmosphäre ihm aus dem Gedächtnis schwanden. Eine Erinnerung aber blieb schmerzhaft deutlich: Als sein Vater starb, war er noch sehr klein und strampelte auf seinem Dreirad um den auf dem Boden aufgebahrten Leichnam herum. Diese Respektlosigkeit aus kindischem Unverstand hat er sich bis heute nicht verziehen.

Zur traditionellen Orthodoxie gehört man nicht ungestraft. In Jerusalem mußte er unter Aufsicht des frommen Großvaters die Bibel lesen, studieren, rezitieren, sich die Nacht hindurch rhythmisch im Gebet wiegen und dabei vor lauter Frömmigkeit für die Umwelt blind und taub sein. Mit seinem schweren schwarzen Mantel, der für ein nördliches Klima gedacht und bei den Temperaturen des Mittleren Ostens eine Qual war, den Schläfenlocken, den Füßen in plumpen Schuhen, muß er wie das Urbild des armen jüdischen Studenten ausgesehen haben. Doch seine Sehnsucht nach Freiheit ließ ihn immer wieder den Rahmen durchbrechen, in den ihn die Familie pressen wollte; er schockierte seinen Mentor und brachte sich selbst in Schwierigkeiten. Mit arabischen Spielgefährten ließ er Drachen steigen und wurde dafür gescholten; er nahm ein paar Geigenstunden und betrübte damit den Großvater: Wie konnte ein Jude sich an solchen Frivolitäten erfreuen, so lange der Tempel noch nicht wieder aufgebaut war? In einer Anekdote, die mein Vater erzählte, geht es um Dinge, die schon in der Bibel oft erwähnt werden: Augen und Zähne. Meinem Vater war ein Schneidezahn schief gewachsen, er ragte ihm aus dem Mund, störte ihn ständig und war – was noch mehr schmerzte – ständig sichtbar. Der kleine Ärger wurde dadurch vergrößert, daß die Großmutter behauptete, es sei ein » Augenzahn« und ihm würden, ließe er ihn sich ziehen, »die Augen ausfließen«. Da er lieber häßlich sein wollte als blind, bedrückte ihn dieses Dilemma mehrere Jahre lang, bis ihn eines Tages das Namensschild eines Dentisten zu einer Entscheidung drängte, die vermutlich insgeheim längst gefallen war. Binnen einer Stunde war er um den Zahn des Anstoßes ärmer und konnte trotzdem seinen Heimweg deutlich sehen. Zufällig war der Dentist Araber; meinem Vater wurde er zum Symbol arabischer Tugenden und trug mit dazu bei, daß dieser schließlich den Zionismus ablehnte. Ich glaube aber, daß seine Verzweiflung über die Engstirnigkeit religiöser Orthodoxie den Ausschlag gegeben hat.

Mein Vater war vierzehn, als der Tod seines Großvaters und eine Hinterlassenschaft von einigen hundert Dollar es ihm ermöglichten, sich auf eigene Füße zu stellen. Sofort machte er sich in die Vereinigten Staaten auf. Er kam bis Marseille, wo die dortigen Behörden sowie seine Erkenntnis, nicht genügend vorbereitet zu sein, der Reise ein jähes Ende setzten. Ergeben kehrte er nach Palästina zurück – nicht ohne einen Umweg über Paris – und bereitete seine nächste Flucht in die Freiheit vor. Seine Lehrzeit dauerte vier Jahre. In dieser Zeit wurde die heilige Lehre von der Mathematik verdrängt, und er übersiedelte vom Kollegium in Jerusalem ins Herzl-Gymnasium in Tel Aviv. Im Alter von achtzehn Jahren bekam er ein Stipendium für Mathematik an der Universität New York, und verließ Palästina im Jahre 1912 für immer. Noch ehe er mündig wurde, hatte er sich also von zwei Heimatländern verabschiedet, das dritte, die Wahlheimat, die ihm Freiheit von aller Finsternis und Unterdrückung bedeutete, hat er nie auch nur einen Moment in Frage gestellt. Die für mich – und meine Schwestern – entscheidende Begegnung hatte bereits stattgefunden. Während seiner Studienzeit in Tel Aviv lernte mein Vater Marutha Sher kennen, die damals mit ihrer Mutter soeben aus Rußland gekommen war, und verliebte sich in das stolze, schöne und kühne Mädchen. Entweder erklärte er sich nicht, oder aber seine Erklärung blieb unbeachtet, denn als Marutha ein Jahr später ebenfalls nach New York reiste, tat sie es nicht, um ihn wiederzusehen. Die Begegnung in Palästina war trotz ihrer scheinbaren Irrelevanz für uns Kinder von großer Bedeutung, nicht nur weil sie das Happy End vorwegnahm, sondern weil sich dabei die Lebensläufe unserer Eltern gekreuzt hatten, und nur dadurch war es uns möglich, die Vergangenheit dreidimensional zu sehen. Was man uns sonst erzählte, stammte vom einen oder anderen Elternteil, hatte keine rechte Perspektive und nur die blassen Farben einer Fabel. Unsere Familiengeschichte wurde nicht durch Anekdoten über Tanten und Cousinen lebendig erhalten, sondern durch Symbolgestalten: Helden, Heilige und Märtyrer, die sich näherer Bekanntschaft entzogen. Einzig über unsere Großmutter mütterlicherseits hörten wir zwei Beschreibungen, die einander an Liebe, Respekt und Bewunderung übertrafen. Mein Vater schwankte sonst in seiner Einstellung anderen gegenüber zwischen blinder Treue und wütender Ablehnung und fand dabei keinen Kompromiß. In seiner Verehrung für seine Schwiegermutter jedoch wurde er niemals wankend. Er zählte auch sie unter seine verehrten Vorfahren. Aus diesem Grund und weil unter unseren Ahnen allein sie eine aktive Rolle spielte, fühlte ich mich stark zu ihr hingezogen, habe sie aber leider nicht mehr kennengelernt. Sie starb, als ich noch ein Kind war.

Was dazu geführt hatte, daß ihr Mann sich von ihr trennte, fragten wir Kinder nicht. Jedenfalls ließ Großvater Sher Frau und Tochter in der Krim zurück, wanderte nach Amerika aus und lebte dort als kleiner Angestellter der Synagoge von Wisconsin, Minnesota. Meine Eltern haben ihm gegenüber stets ihre Kindespflicht erfüllt. Es war ein Besuch beim Vater, der meine Mutter nach Amerika führte. Ihre Rückkehr wurde dann durch ihre Heirat verhindert. Im Alter wurde er von meinem Vater aus dessen bescheidenen Mitteln unterstützt. In der Ruhmeshalle der Familie hatte er keinen Platz. Besucht hat ihn meine Mutter nie wieder und auch nie von ihm gesprochen. Ihre ganze Loyalität galt der Mutter.

Als einzige Überlebende von sieben Kindern lebte meine Mutter bis zu ihrem fünfzehnten Jahr auf der Krim; dann veranlaßten ein Aufflammen des Antisemitismus und die magische Anziehungskraft des Gelobten Landes Mutter und Tochter, nach Jaffa auszuwandern. Wie mein Vater, ist auch sie nicht mehr nach Rußland zurückgekehrt, doch im Gegensatz zu ihm hängt sie an ihren Erinnerungen, spricht Russisch, wie nur eine gebürtige Russin es kann, und macht den russischen Tugenden alle Ehre. Mein Vater ist mehr Jude als Russe, meine Mutter

aber unzweifelhaft mehr Russin als Jüdin. Sie hat die russische Unbedenklichkeit im Dienst einer guten Sache, ein ungestümes, eisern in Zaum gehaltenes Temperament und eine tiefe Verachtung für die beengende Sicherheit des Gettos, die den Willen des Individuums erdrosselt. Als mein Vater sie kennenlernte, beeindruckten ihn weniger ihre blauen Augen und ihr honigblondes Haar als vielmehr ihre »Präsenz«. Sie schien völlig in sich selbst zu ruhen und hielt sich etwas abseits, nicht als eine Jüdin unter vielen, sondern als einzige Nachfahrin der Tatarenkhans. Im Auf und Ab der Familiengeschichte sind möglicherweise die Tataren und die Chasaren durcheinandergeraten – auf diesem Gebiet ließen sich keine genealogischen Tatsachen mehr klarstellen. Die Tataren, die im 13. Jahrhundert die Krim überfluteten und der Halbinsel den Namen gaben, waren – im Gegensatz zu den Großfürsten von Kiew weiter im Norden – gegen die Juden sehr tolerant. Die Chasaren, eine aus ungarischen und finnischen Stämmen bestehende kriegerische Horde, die während der Völkerwanderung zum ersten Mal im Kaukasus auftauchte, zogen nach Nordosten und überrannten die byzantinischen Vorposten am Schwarzen Meer. Den Juden gegenüber waren sie mehr als gastfrei. Ihr König, Bulan, trat zum jüdischen Glauben über und machte ihn zur Staatsreligion in einem Gebiet, das größer war als ganz Mitteleuropa. Als das Chasarenreich unterging, waren Chasaren und ansässige Juden offensichtlich schon miteinander verschmolzen und hielten sich nur mehr in einigen Radimitschen- und Karaitengemeinden in Krim und Taurus, während ihre einstigen riesigen Herrschaftsgebiete zwischen Byzanz und Rußland aufgeteilt wurden. Eine Mischung dieser verschiedenartigen Blutströme kreiste in den Adern meiner Mutter. Sie stammte von den Karaiten ab, die anscheinend mit Russen und Aschkenasim in gutem Einvernehmen lebten und untereinander tatarisch sprachen.
Die Idealgestalt, die sie mir von Kind an als leuchtendes Beispiel vor Augen stellte, war der tscherkessische Krieger, ein Muster an Ehrenhaftigkeit, Mut und Geschick, strenger noch und zugleich schillernder als der fromme christliche Ritter. Wo der Jude durch List überdauerte, in schlechten Zeiten den Kopf einzog und in guten sich emporarbeitete, lag dem Tscherkessen nichts am Leben selbst; er verlangte mehr von ihm als Glanz und Geltung. Einen solchen Helden hatten wir sogar im Stammbaum. Maruthas Großvater hatte sich einst bei dem Versuch geopfert, einen armen Juden gegen den Mob zu schützen, der ihn lynchen wollte. Doch sie selbst war die schönste Verkörperung ihres Er-

bes. Schon mit sechzehn Jahren war sie mehrmals allein zu Verwandten nach Kiew, Moskau, London, Manchester und Amerika gereist. Solche Reisen ohne Begleitung um die halbe Welt waren vor dem Ersten Weltkrieg für ein junges Mädchen nicht üblich und bewiesen eine Haltung, die so frei, kühn und selbstsicher war, daß man sie hätte für Arroganz halten können. Wo immer sie hinkam – und als Ehefrau und Mutter sollte sie viele weitere Reisen machen –, war sie sofort zu Hause, nicht weil sie sich anpaßte, sondern weil sie sich selber treu blieb. Sie lebte sehr traditionsbewußt. Jedes Haus, in das wir zogen, bekam wieder seinen Harem mit dem kissenbeladenen Diwan unter den Fenstern und mit orientalischen Teppichen, sobald wir sie uns leisten konnten. Empfing sie Besuch, so trug sie türkische Seidenhosen mit einem Silbergürtel um die schmale Taille. Und etwas von der Abgeschiedenheit des Harems verstand sie sich und den Töchtern immer zu erhalten: Pressefotos von meiner Mutter gab es auch dann kaum, wenn wir gerade im Brennpunkt des öffentlichen Interesses standen. Wie ihren Vorfahren, galt auch ihr der Mann stets mehr als die Frau, doch war in ihrem Wesen nichts von Unterwürfigkeit. Pflichterfüllung, Zielbewußtsein und Selbstdisziplin hielten all ihr Tun so zusammen wie die ganz überflüssigen Korsetts ihre schlanke Gestalt. Kein einziges Mal habe ich meine Mutter anders gesehen als vollständig angezogen, gestiefelt und gespornt, sie nie dabei ertappt, daß sie sich in erschöpftem Zustand hätte gehen lassen, und wann immer ich sie als Kind umarmte, umarmte ich ein starres Korsett.
Bei aller Verschiedenheit waren sich die Eltern aber doch ähnlich. Im Grunde waren sie beide sinnlich, jeder auf seine Art. Mein Vater neigte zur Völlerei und bekam als Junge in Jerusalem Blinddarmentzündung, weil er sich vierzehn Mal hintereinander Eis zum Nachtisch genommen hatte. Gegen solche Versuchungen ist meine Mutter gefeit, sie hat in ihren achtzig Lebensjahren nie ein Gramm zugenommen. Doch während seine Jugend mit den Bibeltexten, der Gelehrsamkeit, Frömmigkeit und dem intellektuellen Ehrgeiz grau und farblos war, hatte die ihre die leuchtenden Farben einer barbarischen Kultur, die Körper und Sinnen ihr Recht einräumt, das Können eines Reiters, Musikanten oder Tänzers schätzt, es aber auch dem Pascha zugesteht, am Abend des langen Tages träge in seinem Zelt zu ruhen. Ihre sinnlichen Freuden sind kostbare Stoffe, reich ziselierte Waffen, vor allem die Formen und Farben des Orients, seine Geräusche, Gerüche und Geräte. Sie bedeuten ihr die Kindheit und ein fernes Märchenland, mit dem sich

kein anderes jemals wird messen können. Die Liebe zu diesen Dingen habe ich von ihr geerbt.
So lang ich denken kann, war meine Mutter zugleich Symbol für normales Familienleben und exotisches ›Anderswo‹ mit bunten Kuppeln und Tempeln in fremdartiger und gerade deshalb um so überzeugenderer Landschaft. Die »Märchen aus tausend und einer Nacht« (in »jugendfreier« Fassung) waren eines meiner ersten Lieblingsbücher. Es bestätigte, daß meine Mutter recht hatte, und gab meiner Leidenschaft neue Nahrung. Das tat auch die Musik. Schließlich gaben selbst die Reisen ihr recht, erst die nach Rumänien, später die nach Rußland und endlich die nach Indien, dem Ursprungs- und Mutterland, in dessen Fremdartigkeit ich mich sofort heimisch fühlte. So hat denn eine meiner Lebenslinien ihren Ursprung in der Mädchenzeit meiner Mutter (wenn nicht schon einige Generationen vorher), und als ich sie nachzuziehen begann, wurde daraus eine Reise in die Vergangenheit.

Die beiden jungen Leute, die jeder für sich aus Palästina einwanderten, hatten nicht damit gerechnet, sich in New York wiederzutreffen, doch diese Begegnung herbeizuführen, kostete das Schicksal keine Mühe. New York war bei aller Größe und Vielfalt ein Flickwerk aus einzelnen Völkergruppen: Neuankömmlinge fanden dort sofort – wenigstens äußerlich – ihr gewohntes Milieu. Es wäre schwerer gewesen, ihre Begegnung zu verhindern, als sie herbeizuführen. Ich begreife gut, daß ihre Liebe sich rasch entwickelte und Maruthas Plan, zur Mutter heimzukehren, über den Haufen warf. Nicht nur waren sie beide jung und attraktiv, sie schenkten einander auch die beruhigende Gewißheit, in dieser so fremden Welt etwas Vertrautes um sich zu haben. So ohne Familie, die geliebt und bedient sein wollte, müssen sie sich vorgekommen sein wie auf einsamer Insel. Hoffnungsvolle Jugend denkt dabei ja eher an das Paradies als an Ausweglosigkeit und Entbehrungen. Später hieß es scherzhaft, ihre romantische Frühehe sei nur aus finanziellen Gründen zustande gekommen, da bekanntlich zwei zusammen ebenso billig lebten wie einer allein.
Etwa ein Jahr lang wohnten sie denkbar bescheiden in einer Art möbliertem Zimmer und waren einander der einzige Zeitvertreib, den sie sich leisten konnten. Als Garten Eden fungierte der Bronx Park, in dem sie herumwanderten und dabei laut hebräische Lieder sangen, als gehöre er ihnen und Fisch und Vogel müßten ihre Sprache verstehen. Als ich mich dann anmeldete, war es mit dem genügsamen Idyll vorbei.

Sie brauchten eine eigene Wohnung, suchten in der Nachbarschaft herum und fanden auch eine, unweit des Parks. Als die Wirtin sie nach Besichtigung ihres neuen Quartiers hinausgeleitete, wollte sie ihren Mietern nach Abschluß des Handels eine Freude machen und bemerkte: »Übrigens, damit Sie es wissen, ich nehme nie Juden.« Wie bitter muß es meine Eltern berührt haben, daß die gleiche Feindseligkeit, um deretwillen sie in einen anderen Erdteil geflüchtet waren, ihnen auch dort entgegenschlug. Sie suchten sich eine andere Wohnung und sammelten nach einer gewissen Zeit auch Freunde um sich, Mitstudenten, junge Leute, die ebenso arm und unbekümmert waren wie sie und einen fröhlichen Schutzwall gegen alle Vorurteile bildeten. Doch die unfreundliche Wirtin blieb unvergessen. Als meine Mutter damals wieder auf der Straße stand, tat sie ein Gelübde: Ihr ungeborenes Kind sollte einmal zum Aushängeschild seiner Rasse werden, von ihm sollte man in der ganzen Welt als »dem Juden« sprechen.
Es ist eigentlich sonderbar, daß sie gerade auf »Yehudi« verfiel. Wenn ihr nur daran lag, Mißverständnisse auszuschließen hätte sie mich ja nach einem der Erzväter nennen können (außer nach Moses natürlich, denn nach jüdischer Sitte darf der Sohn nicht den Namen des Vaters tragen). Ein ungelehrter Nichtjude hätte »Yehudi« nicht aus dem Hebräischen übersetzen können, auch kommt im Alten Testament kein »Yehudi« vor, der Außenseitern eine Erklärung hätte bieten können. Daß meine Mutter impulsive Entschlüsse faßte, denen sie dann unverbrüchlich treu blieb, ist charakteristisch für sie, und daß eine Beleidigung ihrer Rasse bei ihr die Reaktion eines »Nun erst recht« auslöste, ist begreiflich, doch es kommt, glaube ich, noch etwas anderes hinzu: Meine Mutter liebte die Symbolsprache. Abraham, Isaak und Jakob sind geschichtliche Persönlichkeiten, sie wurden gezeugt und zeugten weiter. »Yehudi« (der Jude) aber ist »Jedermann« und hat weder Vor- noch Nachfahren. Meine Mutter wollte ihre Kinder nicht mit Rücksichten auf Verwandtschaft und jüdische Traditionen belasten. Vielleicht sollte ich der Auftakt zu etwas ganz Neuem sein. Sicher ist jedenfalls, daß ich am 22. April 1916 zur Welt kam.
Meine Mutter war damals zwanzig, mein Vater dreiundzwanzig, und nun begann eine lange Zeit, in der die Eltern die Interessen ihrer Kinder stets ihren eigenen voranstellten und die erst 1938 endete, als meine Schwestern und ich heirateten. Zweimal opferte mir der Vater seine Karriere: das erste Mal 1917, als er seine Universitätslaufbahn abbrach, um durch Hebräischunterricht den Familienunterhalt zu verdienen,

und dann nochmal zehn Jahre später, als er das Lehramt niederlegte, um Manager meiner Konzerte zu werden. Es war mir damals nicht bewußt, daß sich die Eltern um meinetwillen einschränken mußten; ich gehöre zu den Glücklichen, denen die Kindheit später in ungetrübtem Glanz erscheint.

In New York gab meine Mutter vor und nach ihrer Heirat Unterricht im Hebräischen. Durch meine Geburt wurde er stark eingeschränkt, wenn nicht überhaupt unmöglich gemacht. Dafür mußte mein Vater eine Ganztagsstellung annehmen, als Melamed, d. h. als Privatlehrer für Jungen, die sich auf das Bar-Mizwa vorbereiteten. Auf der Stellungssuche gerieten wir nach Elizabeth, New Jersey, einer Stadt, der mein Vater keinerlei Reiz abgewinnen konnte und die er später mit mehr Wut als Witz nur als »die Schutthalde« bezeichnete.

Meine Eltern waren alles andere als typische jüdische Einwanderer. Erstens waren sie Chaluzim (Palästina-Pioniere), die untereinander nicht Jiddisch sprachen, sondern Hebräisch. Für sie war Hebräisch die Sprache des alltäglichen Umgangs, nicht das geheiligte Reservat von Bibeltexten. Zweitens war nicht nur meine Mutter mit ihrem tatarischen Erbe ein Sonderfall, sondern auch mein Vater als Schüler Achad Ha'ams, dessen ethischen Zionismus er in der Schule lehrte. Jeder von ihnen sah die Welt gewissermaßen von einer asiatischen Festung aus – auf der einen Seite die ideale Vergangenheit, auf der anderen Seite die ideale Zukunft, außerhalb des historischen Kontinuums. Die jüdischen Bürger der Stadt Elizabeth dagegen lebten mehr oder minder immer noch in Polen, so starr hielten sie in der neuen Umgebung an ihren Bräuchen fest. Die Kinder wurden trotz ihres Protests unnachsichtig angehalten, in der Talmud-Thora Kapitel aus den Propheten und dem Pentateuch zu rezitieren, durften sich aber nicht wirklich dafür interessieren, das hatten ihnen Lehrer verboten, denen die tote Sprache gar nicht tot genug sein konnte. In dieses verstaubte Nest schlug die Ankunft meiner Eltern wie eine Bombe ein: alles geriet aus seinem gewohnten Gleis.

Wie sehr sie schon durch ihre äußere Erscheinung als etwas Besonderes wirkten, weiß ich von einem langjährigen Freund, Sammy Marantz, der damals zwölf Jahre alt war. Mein schöner Vater und meine liebreizende Mutter (sie trug ondulierte Haare, ein Skandal!) waren so jung, so frei und selbstbewußt, daß die Älteren sich überlegten, ob solche Juden nicht die Gojim überhaupt überflüssig machten. Während die Erwachsenen bei ihnen den rechten Ernst vermißten, waren die Kinder entzückt über so viel *impromptu*, Messianismus und jugendliche Energie und kamen zum ersten Mal begeistert aus der Talmud-Thora nach Hause. Kinder haben, wie auch Priester, ein Bedürfnis nach einer Geheimsprache, weil sie spüren, daß Okkultismus Macht bedeutet, und sehnen sich gerade nach dem, was sie den Erwachsenen vorwerfen. Das von einem Rabbinat (oder ersatzweise den Eltern) bewahrte und bewachte Hebräisch wurde präsentiert wie ein aus dem Tempel gestohlener Feuerbrand, ein Zündstoff und kein Priesterwort, eine zerstörende oder schöpferische Kraft, kein Licht von jenseits des Grabes. Wenn sich Sammy Marantz noch nach fünfzig Jahren an Bialiks Gedicht über den Pogrom von Kischinew erinnert, in dem den Juden allzu große Demut vorgeworfen wird, muß mein Vater einen recht martialisch-apokalyptischen Geschichtsunterricht gegeben haben, geeignet, Pioniere heranzubilden, nicht Pfarrkinder. Wie einst Nikolaus von Köln die Kinder zum Fünften Kreuzzug aufrief, stellte er ihnen ein Jerusalem vor Augen, das darauf wartete, von der Jugend erobert zu werden. Daß dieser Nikolaus später zum sagenhaften Rattenfänger von Hameln, Jerusalem zum Koppenberg wurde, paßt ins Bild. Mein Vater bereitete seine Schüler auf eine sehr ungewöhnliche Übertrittsfeier vor. Sonst feierte man die Aufnahme eines Jünglings in den Kreis der Alten, er aber überredete sie, sich vom Kreis der Alten zu lösen, und verhieß ihnen nach dem Bar-Mizwa anderes als den täglichen Trott, nämlich höchste Ideale und kühne Heldentaten, nicht Anpassung, sondern ekstatische Erneuerung. Als bald nach unserer Ankunft in Elizabeth der Wortlaut der Balfour-Erklärung bekannt wurde, sahen die Schüler in meinem Vater deren Propheten und Wegbereiter. Sammy Marantz verfaßte sogar ein Gedicht mit dem Titel »Endlich! Endlich!«, was beweist, daß zwei Monate Menuhinscher Unterricht in einem Zwölfjährigen die Sehnsüchte von ebensovielen Jahrtausenden wecken konnten.

Die Begeisterung der Kinder entging dem Rabbi nicht und erregte sein Mißfallen. Er war sicherlich kein harter Mann, doch Schuld, Exil und Klagelieder gehörten nun einmal zum Rüstzeug seines Berufs, und es ging ihm gegen den Strich, sie in Jubel versinken zu sehen. Er verteidigte sein hermetisch verschlossenes Universum gegen die Versuche meiner Eltern, Licht und Luft hereinzulassen. Sie kämpften mit den Waffen der Inbrunst, er mit denen der Paragraphenreiterei. Doch noch ehe die Schlacht so recht begonnen hatte, bekam mein Vater einen Zeitungsartikel über Kalifornien zu Gesicht, der binnen eines Vormittags

eine Zukunftsvision entstehen ließ, die unser ferneres Leben bestimmte. Die Vorkehrungen für unsere Abreise dauerten kaum länger.
Sofort nach Bekanntwerden unserer Flucht revoltierte die Thora-Schule. Mit dem gleichen Instinkt, der erwachsenen Insurgenten eingibt, Nationalarchive und Standesämter zu besetzen, konfiszierten die Kinder die Schulakten. Der Rabbi bot ihnen naiverweise Bonbontüten dafür, doch als sie sich weder bestechen lassen noch gehorchen wollten, schickte er sie fort. Meine Eltern hinterließen ein messianisches Sendungsbewußtsein, aber keine Doktrin, sorgten auch nicht für apostolische Nachfolger unter ihren zwölfjährigen Jüngern. So schlichen diese sich denn nach Hause, Gläubige ohne handgreifliche Glaubensstütze, und werden wohl allmählich betrübt wieder dem alten Trott verfallen sein.
Wir waren inzwischen bis zur Grand Central Station gekommen und mußten feststellen, daß die billigste Reise mit endloser Umsteigerei fünfzehn Dollar mehr kostete, als wir aufbringen konnten. »Macht euch deswegen keine Sorgen«, sagte der großzügige Schalterbeamte, der Mitleid mit unseren enttäuschten Hoffnungen hatte, »den Rest schieße ich zu.« Damit wurde er zu meinem ersten Wohltäter, und ich bewahre ihm ein ehrendes Andenken. Wo findet man heutzutage noch so etwas? Eine Woche später trafen wir in Kalifornien ein.

Ich war vier, als Hephzibah geboren wurde, und fünfeinhalb, als Yaltahs Geburt die Familie abrundete. Schwestern zu haben, besonders solche, die einem Liebe und Bewunderung entgegenbringen, ist ein Erlebnis, das ich uneingeschränkt empfehle. (Ein Bruder hätte mir vielleicht den Rang in der Familie streitig gemacht, doch das ist müßige Spekulation.) Ich bin jedoch überzeugt, daß mich die ersten vier Jahre ungeschmälerter Elternliebe ebenso bereichert haben wie später die Ankunft meiner Schwestern. Rückblickend kommt es mir vor, als seien wir nie getrennt gewesen: Aba (hebräisch: Vater), Imma (Mutter) und ich. Die Erinnerung trügt insoweit nicht ganz, als mich die Eltern anscheinend in einer großen Korbwiege in die Talmud-Thora mitnahmen, um während des Unterrichts ein Auge auf mich zu haben, doch zwischendurch muß die Arbeit uns Aba oft entführt haben. Der Eindruck seliger Geborgenheit dominiert aber so sehr, daß die Zeiten von Abas Abwesenheit davon überdeckt sind. Ein Bild steht für die ganze erste Zeit in Kalifornien: ich reite auf Abas Schultern, Imma geht neben uns, wir sind alle zusammen und wunschlos glücklich.

Ein Telegramm an Abas Bruder, der in der Nähe von San Francisco eine Hühnerfarm besaß, war uns nach Kalifornien vorausgeeilt. Der Onkel stand auf dem Oakland Pier, als der Zug einlief. Es folgten einige Tage oder Wochen auf der Hühnerfarm. Da sich jedoch Immas Natur für die Abhängigkeit nicht so recht eignete, zogen wir bald nach Berkeley weiter. Nach ein paar Wochen oder Monaten dort wurde Aba von der jüdischen Gemeinde in San Francisco für ein Monatsgehalt von 150 Dollar als Hebräischlehrer angestellt, und wir zogen hinüber auf die andere Seite der Bucht in die Wohnung Hayes Street Nr. 732. Hier sollten wir bleiben, bis ich sechs Jahre alt und die Familie um zwei Schwesterchen bereichert war, von denen die eine eben laufen lernte, die andere noch in der Wiege lag, bis also die Wohnung in allen Nähten zu krachen begann und wir uns ein eigenes Haus kauften.

Mein empfindsames Sensorium fühlt sich nirgends so heimisch wie in einem hölzernen Resonanzraum, dessen Wände sich um einen Stimmstock wölben, doch es war mir bestimmt, meine Kindheit in einer Art Zelt zu beginnen. Imma hatte immer schon eine Vorliebe für Höhen, Steilküsten und unverbaute Aussichten und suchte danach, vom Schwarzen Meer bis an den Pazifik. Doch ihre Sehnsucht nach Luft und freiem Raum war mit bloßen Fensterausblicken, und seien sie noch so überwältigend, und mit kurzen Ausflügen in die Natur ganz und gar nicht zu befriedigen. So kam es, daß wir kaum in der Hayes Street eingezogen waren, als wir auch schon wieder aus- oder besser: hinauszogen. Unmittelbar unterhalb der Fenster lag ein Flachdach. Dort wurde eine Plane gespannt, unter der wir schliefen, wenn das Wetter es nur irgend erlaubte. Als wir vier Jahre später das Haus in der Steiner Street kauften, waren die Vorkehrungen, der häuslichen Enge zu entfliehen, schon weniger provisorisch. Im Garten wurde eine Art gedeckte Veranda errichtet, ein Holzgerüst mit Fußboden, Dach, hüfthohen Wänden und im übrigen nur Fliegengitter. Innen war dieses Gebäude in zwei Hälften unterteilt, die eine für die Eltern bestimmt, die andere nochmals unterteilt in einen größeren Raum für Hephzibah und Yaltah und einen kleineren für mich. An sich war die Idee nicht dumm: man gewann dadurch einen zusätzlichen Raum, und der erste Stock wurde für Untermieter frei, doch hinter alledem standen nie ausschließlich Sparsamkeitserwägungen. Ein Biwak auf dem Dach oder im Garten, dem Himmel so nah wie möglich: das war Tscherkessenart! Bestimmt hat es uns gut abgehärtet. Ich erinnere mich noch lebhaft an den Schauder zwischen den klammen Bettlaken an nebligen Abenden und an das himmlische Gefühl, allmählich warm zu werden und einzuschlafen. Wir gingen mit den Hühnern ins Bett und standen auch mit ihnen auf.

Den Jesuiten wird nachgesagt, sie hielten ein Kind mit sieben Jahren für endgültig ge- oder verformt. Auch bei mir haben die ersten Jahre alles Künftige entscheidend beeinflußt, doch die Jesuiten setzen wohl die Zeitspanne um die Hälfte zu hoch an. Ich war kaum aus dem behaglichen Kokon liebevoll behüteter Babyjahre heraus, da ging mir bereits der Zauber der Naturlaute auf. Ich kann kaum älter als zwei gewesen sein, als mich das Krähen eines Hahnes zum ersten Mal auf die Natur aufmerksam machte. Der schlichte Hahn, den ich dann im Lauf des Lebens mit meinen Interessen an Züchtung, Landwirtschaft, Landschaftsschutz und Ökologie belastet habe, verkörpert mit seinem Ruf noch heute die gleiche jubelnde Lebensbejahung, die mich damals so erschütterte.

Eine ebenfalls sehr frühe Erinnerung ist die Verliebtheit. Ich habe mich anscheinend immer für Mädchen interessiert, stets gab es eines, das ich besonders gern mochte, mit romantischen Vorstellungen umspann und dessen Bild ich, ohne etwas davon verlauten zu lassen, im Herzen trug. Die erste in der Reihe hieß Lili und war ein Baby, das ich in Berkeley kennenlernte. Ich war wohl noch zu jung, um meine Liebe zu verheimlichen, jedenfalls nutzten die Eltern sie zynisch aus. »Lili schläft schon«, sagten sie vorwurfsvoll und hofften, ich würde diesem Beispiel folgen. Ich fiel auch prompt darauf herein und tröstete mich mit Wiegenliedern, die ich der Geliebten sang. »Lili alcha lichon«, Lili ist eingeschlafen. Damals sprachen wir zu Hause noch hebräisch. Ein solches Wiegenlied hörte einmal ein Besucher, Reuben Rinder aus San Francisco, Vorsänger in der Synagoge, entdeckte darin erste Anzeichen musikalischer Begabung und redete Aba und Imma zu, meine Ambitionen ernstzunehmen. Das Wort eines Berufssängers hatte sicher großes Gewicht.

Meine Eltern waren beide sprachbegabt, Imma sogar in beachtlichem Ausmaß, beide konnten schon englisch, ehe sie nach Amerika kamen. Bis zu meinem dritten Jahr jedoch sprachen sie mit mir kein Englisch. Unsere Familie dokumentierte durch eine eigene Sprache ihre Geschlossenheit. Heute tut es mir leid, daß wir zu Englisch übergingen, ehe ich das Hebräische fließend lesen und schreiben konnte. Den Klang habe ich noch im Ohr, und ich konnte beispielsweise eine Rundfunkansprache auf Hebräisch halten, aber nur nach einem Manuskript,

auf dem Worte phonetisch wiedergegeben und die Betonung angezeichnet war. Die einstige Geläufigkeit ist verlorengegangen, und die Wörter, die ich noch weiß, stammen aus der Welt eines Dreijährigen, den hauptsächlich der eigene Körper interessiert, etwa *regel* Bein oder *beten* Bauch, Wörter, die ich vermutlich häufig benutzte, um durch irgendein Wehweh die Aufmerksamkeit auf mich zu lenken. Als wir dann Englisch sprachen, blieb Hebräisch die Sprache, in der man uns in Gegenwart Dritter zu Ruhe und Artigkeit ermahnte. Im Hebräischen bin ich meinen beiden Schwestern voraus, alle anderen Sprachen erlernten wir jedoch gemeinsam. Sie brachten es darin weiter als ich – mir wurden wegen meiner Beschäftigung mit der Musik manche grammatikalischen Schnitzer nachgesehen.
Meine Eltern sprachen nicht Jiddisch mit uns Kindern, beherrschten es aber beide, Aba sprach es fließend. Später, in der Steiner Street, hörte ich ihn manchmal, wenn ich in meinem Bett im Gartenhaus lag, der Mutter aus den Werken Scholem Alejchems vorlesen, und oft drang Gelächter zu mir herüber. Für mich waren es Augenblicke großen Glücks; sie bedeuteten die vollkommene häusliche Eintracht. Nicht, daß sonst Disharmonie geherrscht hätte, im Gegenteil, die Eltern überließen einander willig die traditionellen Funktionen: dem Vater oblag das Herbeischaffen des Lebensunterhaltes und alles Praktische, der Mutter das Hauswesen und die Kindererziehung, für Meinungsverschiedenheiten fehlte es an Reibungsflächen. Scholem Alejchem aber ließ sie von ihren Höhen herabsteigen und miteinander fröhlich sein. Immas Lebensauffassung war so erhaben, als lebe sie nach einem von den Ahnen hinterlassenen Rollenbuch, an das sie sich eisern hielt. Ich gebrauche dieses Bild aus der Theaterwelt absichtlich, denn wer nie vor Schmerzen und Trägheit kapituliert, scheint wie der Schauspieler nur an das Gesamtkonzept zu denken. Der Schauspieler jedoch legt in der Kulisse die Rolle ab. Imma legte sie niemals ab, so fern jeder Illusion waren ihre Überzeugungen, sie erfüllten sie bis in die Tiefen ihres Wesens.
Sie sah überhaupt die Dinge gern im großen Zusammenhang. Ein Ausflug war nicht nur ein Ausflug, sondern hatte moralische und geistige Aspekte. Ein Feiertag mußte im Verhältnis zur Leistung des Werktags stehen, bei einem Amüsement dachte man an andere, die es nicht so gut hatten. Dazu erzählte sie gern eine Begebenheit aus ihrer Kinderzeit. Sie hatte zu einer Einladung ein neues Kleid bekommen und war außer sich vor Freude, da sagte die Mutter: »Ich sehe, das neue Kleid gefällt

dir. Viele Kinder haben keine hübschen Sachen zum Anziehen. Meinst du nicht, daß du dich noch weit mehr freuen würdest, wenn du in deinem alten Kleid auf die Einladung gingst und dieses verschenktest?« Dabei fällt mir ein Erlebnis meiner frühen Jahre ein, das zwar nicht ganz so strenge Anforderungen stellte, dem aber ein ähnlicher Sinn zugrundelag. Ich machte einen Ausflug mit Imma allein, schon das war denkwürdig. Obwohl ich erst drei war, erfüllte es mich mit ritterlichem Stolz, sie beschützen zu dürfen. Wir fuhren nach Nappa County, und der Ausflug bekam seine moralische Berechtigung durch einen Krankenbesuch in einer Irrenanstalt. Von dem ganzen Tag blieb mir beinahe nur das große Gebäude mit den grünen Türen, der jammervolle Zustand des armen Kranken und der Lehrsatz in Erinnerung, man müsse für jedes Vergnügen bezahlen. Imma konnte sich, wie erwähnt, in alle Eingesperrten gut hineindenken, besonders in solche, die »Gesichte« hatten und in einer anderen Welt lebten. In Jaffa war sie eine Weile in einer Klosterschule gewesen und hatte seither tiefsten Respekt vor Nonnen und allen, die Verzicht leisten, um anderen zu dienen. (Im Gegensatz dazu waren ihr Berufsfromme, Priester, Rabbiner stets verdächtig.) Auch ihr Leben war Verzicht und forderte größere Opfer von ihr als nur ein Sonntagskleid: sie verzichtete auf die eigene freie Entfaltung und die Erfüllung ihrer Wünsche.
Wir wohnten noch in der Hayes Street, und ich war mittlerweile groß genug, um zu merken, daß Vater täglich zur Arbeit fuhr, da stach mir im Schaufenster eines Spielwarenladens eine kleine Windmühle ins Auge. Unser Morgenspaziergang in den nahen Park führte an dem Geschäft täglich vorüber, aber das nahm der Windmühle nichts von ihrem Zauber, ja verstärkte ihn noch. Imma nahm dies zum Anlaß, Leistung und Lohn zu koppeln: sobald ich das »R« aussprach, ohne dabei mit der Zunge anzustoßen, sollte das Spielzeug mir gehören. Ich wußte genau, wie das »R« klingen mußte, doch meine dumme Zunge konnte den schwierigen Laut noch nicht bilden, der offenbar für eine andere Anatomie als die meine erfunden war. Ich übte brav, Tag und Nacht, in jeder Ecke, und dabei zeigte sich, wie nützlich es war, im Zelt außerhalb des Hauses zu schlafen. Meine kleinen Schwestern wurden früher zu Bett gebracht und schliefen längst, die Eltern waren noch stundenlang auf. So konnte ich ungeniert mein Ziel anpeilen. Eines Abends, als Aba und Imma eben schlafen gegangen waren, wußte ich: Ich hab's! Was nun? Weckte ich sie mitten in der Nacht, würde ihnen das kaum gefallen, wartete ich bis zum Morgen, hatte meine Zunge die mühsam

erworbene Kunst vielleicht schon wieder vergessen. Mit dem Kopf unter der Bettdecke prüfte ich in der Nacht alle paar Stunden meine Fertigkeit, und als der Morgen graute, weckte ich das ganze Haus mit einem prachtvollen, rollenden »R«. Ich bekam die Windmühle. (Ohne es zum Symbol hochspielen zu wollen: mein Interesse für Windmühlen hat sich ein halbes Jahrhundert später wieder erneuert. Allen, die es hören wollen, predige ich, daß Windmühlen die für den Umweltschützer idealen Stromerzeuger sind.)

Ich bin mir bewußt, meiner Mutter in den vorstehenden Schilderungen nicht gerecht zu werden. Nicht, daß mein Gedächtnis lückenhaft wäre, doch wenn man immer nur die eine Seite beschreibt, nimmt man dem Ganzen die Vielschichtigkeit. Zwar preßte sie unseren Alltag durch ihre hohen Ansprüche in ein festes Schema, doch hatte sie auch ein bezauberndes Talent zu improvisieren. Bei Vergnügungen, Picknicks, Feiern, allen Unterbrechungen der Tagesordnung kam die unberechenbare, spontane Seite ihres Wesens ungehemmt zum Durchbruch. Höchst ungern ließ – und läßt – sie sich den Lebensgenuß durch Vorausplanen beeinträchtigen. Aba neigte dazu, schon vorher alles zu bedenken und zu organisieren. Im Alltag ließ sie das gelten und trug ihm Rechnung, griff aber Abas Vorsorge auf den Bereich des Vergnügens über, sagte Imma halb warnend, halb spöttisch: »Mosche! P-p-pläne!« und schlug sie um des Abenteuers willen in den Wind.

Solche Festtage, die köstlich unerwartet alle Regeln umstießen, gehören untrennbar zu meiner Kinderzeit und Jugend. Solange die Schwestern noch klein und wir auf öffentliche Verkehrsmittel angewiesen waren, mußten wir auf allzu kühne Unternehmungen verzichten, doch ich kann mich keiner Zeit entsinnen, in der nicht kleine Vergnügungsfahrten das Einerlei unterbrachen wie plötzlicher Sonnenschein. Es gab Sonntagspicknicks – damals in San Francisco sehr beliebt –, Besuche auf dem Land, und die Eltern revanchierten sich auch durch Einladungen. Und seit ich denken kann, gab es immer Musik.

1918 nahmen mich die Eltern heimlich in eine Konzertmatinee des San Francisco Symphony Orchestra mit, und da sie in der Folge keine Unannehmlichkeiten deshalb bekamen, wiederholten sie diesen Menschenschmuggel regelmäßig, bis ich für eine reguläre Karte groß genug war. Später behauptete Imma, sie hätten mich mitgenommen, weil sie sich keinen Babysitter leisten konnten. Sicherlich war ein Babysitter in jenen Jahren ein Luxus für sie, trotzdem habe ich meine Vorbehalte gegen diese Lesart. Es ist typisch für Imma, einen Mythos mit einem

Schuß deftiger Sachlichkeit zu versetzen. Ebenso typisch aber ist ihre Auffassung, mit etwas Gutem könne man nicht früh genug anfangen. Als sie meine Schwestern erwartete, war sie überzeugt, das Leben, das sie führte, die Musik, die sie hörte, die Gedanken, die sie dachte, hätten auf das werdende Kind entscheidenden Einfluß, und was heute Thema gelehrter Doktorarbeiten ist, war für sie eine schlichte Wahrheit. Sobald ich daher einigermaßen lange genug trocken blieb, ließ sie mich an etwas teilhaben, das Aba und ihr große Freude bereitete. Man könnte sogar in Anbetracht meiner späteren Beziehungen zu Konzertsälen argumentieren, ich sei es gewesen, der sie ins Konzert mitnahm. Meine Interpretation der Babysitter-Version hat ihren Grund in der glücklichen Geborgenheit meiner Kinderjahre. Ich bin so überzeugt, der Augapfel meiner Eltern gewesen zu sein, daß ich einfach nicht glauben kann, sie hätten auch nur erwogen, ohne mich ins Konzert zu gehen. Ich behaupte nicht, von meinem ersten Konzertbesuch noch etwas zu wissen, doch durch die Wiederholung hat sich mir ein bestimmter Eindruck fest eingeprägt: Ich sitze auf Immas Schoß hoch oben auf der Galerie und schaue über eine nebelhaft verschwommene Brüstung in einen Abgrund, in dessen Tiefe winzig, aber deutlich, wie durch ein umgekehrtes Fernglas gesehen, Musiker in einem Lichtfleck eifrig dabei sind, Töne zu produzieren, die mir Seele und Sinne entzücken.
Es ist nicht das einzige Entzücken, das ich dem pompösen alten Kasten, dem Curran Theatre, verdanke: Jedes Jahr kam die Pantages Vaudeville Company nach San Francisco, und jedesmal durfte ich mir die Akrobaten, Clowns, Taschenspieler und Tänzer ansehen und mich erneut für den ersten Sologeiger meines Lebens begeistern, einen schwarzhaarigen Burschen namens Carichiarto. Er hatte seinen festen Platz im Programm und spielte sehr gut. Da ich wußte, daß sich meine Welt nicht auf San Francisco beschränkte, da ich in meiner Mutter den exotischen Orient spürte und mich in unbekannte Fernen hinaussehnte, konnte es nicht ausbleiben, daß ich dieser Zauberwelt eine gewisse Realität einräumte. Eines Tages, viel später, erwies sich wiederum meine Geige als ein Theater: Der Körper dieses Instruments war groß genug, um Jongleure, Tänzer, eine Tatarenhorde, Zigeuner, Suks, Karawansereien, Huris, ja das ganze Paradies in sich zu beschließen. Der größte Theatereindruck aber, der sich für immer einprägte, war der Auftritt von Anna Pawlowa. Ich sah sie zweimal tanzen und war beide Male vollkommen hingerissen. Kaum weniger aufregend war dann der Anblick ihres Gepäcks. Eines Morgens sahen wir vor dem Bühnenein-

gang des Curran Theatre sechs, sieben große Schrankkoffer, in denen sich wohl ihre Kostüme und die des *Corps de ballet* befanden. Dieses Sinnbild aller Gastspieltourneen hat mich so beeindruckt, daß mich noch heute beim Gedanken daran ein Hauch der damaligen kindlichen Aufgeregtheit befällt. Auf der Bühne verkörperte sie in einem ihrer Tänze meine Lieblingsblume, »The Californian Poppy«, eine gelbe Mohnblume, nach der ich mich in den Jahren der Fremde vergeblich sehnte: sie gedeiht wild nur in meiner Heimat und blüht dafür dort im Frühling allüberall. Zart, gelb, von süßem Duft, hat sie eine seltsam rührende Art, beim Verwelken in sich zusammenzusinken, und damit beendete auch die Pawlowa ihren Tanz. Mein ganzes Herz flog ihr zu. Ich wurde Lili und ihren Nachfolgerinnen untreu und träumte monatelang nur noch von der Pawlowa. Obwohl ich sie kein drittes Mal habe tanzen sehen und sie nie persönlich kennenlernen durfte, hat dieser Eindruck alles überdauert.

Was die Pawlowa wie ein Saatkorn in meine Seele gesenkt hatte, in die mir von der Mutter vererbte Empfänglichkeit, war der Begriff des Schönen, wie er in solch graziöser Vollendung nur im Tanz zum Ausdruck kommt. Erst als erwachsener Mann sollte ich ihn erblühen sehen: verkörpert in der Gestalt meiner Frau – Diana.

2. *Ein Chevrolet und eine halbe Geige*

Eine Spielzeugfiedel und die erste »echte« Geige · Familienausflüge mit dem Automobil · Der Yosemite Park · Erste Geigenstunden: Ankers Virtuosenschule · Unterricht bei Louis Persinger · Umzug in die Steiner Street · Mozarts Violinkonzert A-Dur oder der falsche Ehrgeiz · Mischa Elman und die Cellisten

Von meinem luftigen Sitz an der Galeriebrüstung des Curran Theatre ließ ich meine Blicke am Dirigenten vorüberwandern, dessen Anteil am wunderbaren Geschehen ich noch nicht begriff, und richtete sie auf den Konzertmeister, auf Louis Persinger. Manchmal hatte er ein Solo, und ich freute mich auf diese Augenblicke, in denen der schmelzendsüße Geigenton bezaubernd und sanft wie eine Liebkosung zur Galerie hinaufschwebte und mich tiefer entzückte als jeder andere. Und während eines solchen Konzerts bat ich die Eltern, mir zu meinem vierten Geburtstag eine Geige zu schenken: Persinger solle mir beibringen, wie man sie spielt.

Ich habe absichtlich lange mit der Erwähnung eines Ereignisses gewartet, das in anderen Berichten gleich am Anfang steht. Es stimmt nämlich nicht, daß ich gestern ein formloser Klumpen Protoplasma und heute schon der war, der ich bin. Ein musikalisches Talent tritt nicht so plötzlich auf wie der Kasperl in der Pantomime. Auf Louis Persinger aber verfiel ich, weil mir die ersten vier Lebensjahre etwas geschenkt hatten, das keine Musikhochschule einem einimpfen kann: ein Gefühl der Berufung. Ein solches Gefühl ist wohl jedem Kind angeboren. Vielleicht bewahren sich nur die Bevorzugten über das Unschuldsalter hinaus die Überzeugung ihrer unbegrenzten Möglichkeiten, ihr Empfinden für wahre Werte, die es Kindern leichter machen, sich mit großen Solisten, großen Seelen zu identifizieren als mit braven Durchschnittsbürgern?

Als Vierjähriger ahnte ich nicht, daß mir die Geige einen hohen Preis abfordern würde für alles, was sie mir schenkte: das Fliegenkönnen und eine solche Herrschaft über Nerven, Knochen und Muskeln, daß der Körper in ekstatische Trance verfällt. Eines aber wußte ich instinktiv: Spielen hieß für mich leben.

Ich wollte gleich an Persingers Stelle treten und schlug ebenso unverfroren vor, wie das zu erreichen sei. Ich glaube, meine Eltern fanden mein Ansinnen kaum abwegig – Aba hatte ja in seiner Kindheit einen Präzedenzfall geschaffen –, nur nicht besonders dringlich. Sie wollten ihr knappes Geld nicht für etwas ausgeben, das sich dann vielleicht doch als kindische Laune herausstellte. Doch wie liebende Eltern nun einmal sind: Meine Bitte machte die Runde bei Freunden und Verwandten, und so bekam ich erst eine Spielzeugfiedel, dann eine richtige Geige geschenkt.

Nie werde ich meine Enttäuschung über die unechte Geige vergessen. Sie war aus Metall, hatte Metallsaiten, faßte sich kalt an und hatte einen so entsetzlich blechernen Ton, daß diese Verhöhnung meiner Sehnsucht mich – soweit mir bekannt ist – zum ersten Mal in Wut brachte. Der Schauplatz der Schenkung war der schöne große Park, dessen Rasen und Gebüsch den Schwestern und mir später so vertraut werden sollte. Ich saß mit Aba und Imma dort auf einer Bank und mit uns ein Kollege aus Abas Schule, der mir das Geschenk überreichte. Der arme Mann war sicher sehr erstaunt, daß ich in Tränen ausbrach, als dem Spielzeug kein Ton zu entlocken war, es wegwarf und nicht wieder aufheben wollte. Daß meinem ersten Förderer für seine Freundlichkeit so schlecht gedankt wurde, tut mir heute noch leid.

Wenig später wurde mir mein Wunsch erfüllt, und zwar durch einen Scheck in Höhe von 800 Dollar von meiner Großmutter Sher aus Palästina, die von meinen musikalischen Neigungen erfahren hatte und phantasievoll, großzügig oder leichtsinnig genug war, sie ernstzunehmen. Meine Eltern fanden, für die Geige eines Anfängers genüge auch die Hälfte dieser erklecklichen Summe, und verwendeten den Rest als Anzahlung auf unseren ersten Wagen. Ich weiß bis heute nicht, welche Anschaffung mich glücklicher gemacht hat.

Ich hätte meine Großmutter noch persönlich kennengelernt, wäre Aba der Gedanke an eine auch nur vorübergehende Trennung von seiner Frau nicht so schmerzlich gewesen. Es bestand damals ein Plan, daß sie von Jaffa nach Italien fahren und Imma ihr mit der neugeborenen Hephzibah entgegenreisen sollte. Doch angesichts von Abas Kummer ließ man den Plan fallen. Später bereute er tief, von Imma ein Opfer verlangt zu haben, statt es selbst zu bringen, denn Imma sah ihre Mutter nie wieder. Als ich sechs oder sieben Jahre alt war und wir schon in der Steiner Street wohnten, wachte sie eines Morgens mit der schauerlichen Gewißheit auf, daß ihre Mutter tot sei. Ihr schlimmes Vorgefühl war so stark, daß Aba nach Jaffa telegrafierte und am nächsten Tag, als weder gute noch schlechte Nachricht gekommen war, beim Telegrafenamt anrief. Die gefürchtete Bestätigung war bereits eingetroffen, die Beamten hatten es nur nicht übers Herz gebracht, sie weiterzuleiten.

Durch Großmutter Shers Tod war unsere engste Bindung an Palästina dahin. Aba korrespondierte pflichtgemäß noch mit einer älteren Schwester. Da er sie aber nicht besonders mochte, ja sie sogar für die unglückliche Liebesgeschichte einer anderen Schwester verantwortlich machte – sie hatte Selbstmord begangen –, überzeugte ihn Imma ziemlich nachdrücklich, seine Pflichttreue sei pure Heuchelei, und der Briefwechsel schlief ein. Er ließ sich wahrscheinlich um so leichter überreden, als seine Treue zum Zionismus um diese Zeit aufhörte und er zum überzeugten Antizionisten wurde. Für meine Mutter galt das eine so wenig wie das andere. Für ihre Kinder, meinte sie, sei völlige Unabhängigkeit von allen Ansprüchen, Einengungen und Bindungen das Beste.

Unser neuer Wagen, ein offener kleiner Chevrolet mit vier Türen, war ein Symbol der von unserer Mutter erstrebten Freiheit. Er hatte Charakter und einen Namen, den ich zu meiner Schande nicht behalten habe. Wir liebten ihn alle glühend. Ohne Dach und Fenster, aber auch ohne Abgasbelästigung, waren es sehr luftige Fahrten. Ich roch Benzin sehr gern, ehe Blei hineingetan wurde. Wärmten morgens die ersten Sonnenstrahlen das Gras, löste der Geruch Vorfreude auf all die Landschaften aus, die wir nun kennenlernen sollten. Auch Aba wurde davon angesteckt. Er sang gern auf unseren Fahrten, dabei konnte er seinen Gefühlen freien Lauf lassen, was ihm sonst von Natur schwer fiel. Er fuhr überaus vorsichtig: im ersten Jahr überschritt er nie 25 Stundenkilometer und ging später dann auf 30, wobei er Überholende rücksichtslose Abenteurer schalt, die nicht an ihre Angehörigen und andere Automobilisten dächten. Für die 90 km nach Santa Cruz brauchten wir vier Stunden, doch es waren erholsame Stunden, wir waren alle zusammen, und vor uns lag ein Abenteuer. Mein Vater verlieh seiner Feierstimmung dadurch Ausdruck, daß er die altehrwürdigen, meist traurigen chassidischen Gesänge anstimmte. Die ins Ohr gehenden Melodien, wortlos oder mit einem Text, den ich nicht verstand, begleiteten uns auf Kaliforniens Straßen bergauf und bergab.

Damals waren Privatwagen noch eine Seltenheit; auch war Kalifornien vergleichsweise dünn besiedelt, und um aufs Land zu kommen, brauchte man weder Luftverschmutzung noch Autoschlangen zu überwinden. Wenige Stunden von der Hayes Street lag das Tal von Santa Clara, im Frühling ein wahres Blütenmeer, und die wenigen Städte darin glichen eher Dörfern. Die Berge von Santa Cruz, nicht hoch, aber dicht und romantisch bewaldet – der Baumbestand ist inzwischen größtenteils abgebrannt oder abgeholzt –, und der Lake Tahoe in seiner geheimnisvollen Schönheit schienen uns unberührtes Neuland, denn die Füße der Indianer hatten in Jahrhunderten keine bleibende Spur darin hinterlassen. Unser Wagen brachte uns in unmittelbare Berührung mit der Natur. Er keuchte steile, gewundene, enge, ungepflasterte Pfade hinauf bis zur Paßhöhe, dort kochte er und zwang uns, Wasser zu holen, ihn abzukühlen und zu beruhigen, doch dafür belohnte er uns durch Ausblicke von atemberaubender Schönheit. Bei solchen Ausflügen haben sich mir Kaliforniens ideale Landschaften für alle Zeit eingeprägt, und nichts hat sie je verdrängen können. In diesen frühen Eindrücken wurzelt meine spätere Begeisterung für die gesamte Schöpfung an Menschen, Tieren, Pflanzen und Mineralien, und hier wurde mir auch zum ersten Mal bewußt, daß ich Amerikaner bin.

Ein paar Mal mieteten wir in der dortigen Gegend ein Häuschen, in Holy City, das hinter seinem hochtrabenden Namen einen ziemlich handfesten Geschäftssinn verbarg. Sein Manager, ein selbsternannter »Vater« Ricker, hatte mit frommem Scharfsinn schon die letzten Spargroschen aus seinen Mitbürgern herausgeholt. Uns betraf das nicht, wir waren bloß Sommergäste, und meine Erinnerung an diesen betrügerischen Garten Eden beschränkt sich auf die rührend bescheidenen, für das beginnende Autozeitalter typischen Attraktionen: den Miniaturzoo mit ein paar Pumas und Klapperschlangen, wie sie ringsum in den Wäldern noch wild vorkamen, das Lachkabinett mit den Zerrspiegeln und die ersten Musikautomaten.

Den denkwürdigsten Sommerausflug machten wir 1922 – eine zweitägige, 300 km weite Fahrt in den Yosemite Park. Wir fanden dort ein in kahle Gebirge eingeschnittenes, so fremdartiges und majestätisches Tal, daß wir uns einbilden durften, wir hätten es als erste entdeckt (die aufgestellten Picknicktische bezeugten, daß schon einmal jemand dagewesen war). Das Tal war in der Eiszeit entstanden, doch inzwischen hatten die Rotholzwälder Zeit gehabt, hoch und dicht heranzuwachsen, und die Bäche, sich tief ins Gestein einzufressen. Wo sie ins Tal mündeten, stürzten sie sich aus großer Höhe pompös herab und glichen in der sonderbaren Langsamkeit von Wasserfällen regungslos in der Luft schwebenden Spitzentüchern. Einer hieß denn auch passenderweise »Brautschleierfall«. 1922 konnte ich schon ein wenig mit der Geige umgehen und übte während dieser Ferien ein Violinkonzert von de Bériot. Mein Vater nannte den langsamen Satz – eine wehmütige Klage – später immer »Yosemite«, weil er für ihn den Zauber jener Tage wiedergab.

Wir schliefen selbstverständlich im Zelt und aßen an einem der langen Holztische. Irgendwo stand noch ein Zelt von zwei jungen Männern, die Imma manchmal zum Essen einlud. Dabei sah ich zum ersten Mal, wie man Pfannkuchen in die Höhe wirft und mit der Pfanne wieder auffängt, und es imponierte mir gewaltig. Außerdem schenkte mir einer der jungen Männer ein selbstgeschnittenes Schilfrohrpfeifchen, und ich dankte es ihm schlecht, weil ich ihn und seinen Freund einer peinlichen Familienszene aussetzte. Die beiden waren zum Lunch eingeladen (mit Pfannkuchen), und ich hatte formlos den Tisch verlassen, woraufhin Imma mich zurückrief: Ich müsse erst um Erlaubnis bitten. Die menschliche Natur ist unberechenbar. Eben noch war ich strahlender Laune gewesen, jetzt schwoll mir plötzlich der Kamm, und es blieb mir nichts anderes übrig, als über den Frühstücksresten sitzenzubleiben, unglücklich und verstockt. Die Gäste gingen, einigermaßen verlegen, und nach einer Weile ging auch Aba. Die Welt drehte sich weiter, und wir saßen da, Imma und ich, aneinandergekettet durch den Wettstreit, wer es länger aushielte. Ich hätte mir die Mühe sparen können: Niemand hielt irgend etwas länger aus als sie. Schließlich murmelte ich etwas, das weder »entschuldige!« noch »darf ich bitte aufstehen?«, aber undeutlich genug war, um für eines von beiden zu gelten und damit unser beider Gesicht zu wahren. Meine erste Auflehnung gegen die Autorität war vorüber. Es kamen später noch mehrere, aber nie mehr ein so ungleicher Kampf.

Doch nicht das ist die bleibende Erinnerung an den Yosemite Park, sondern seine überwältigenden Natureindrücke. Jahre später, als ich mit meiner ersten Frau auf eine verspätete Hochzeitsreise ging, wurde ich dort Zeuge einer der größten »Sehenswürdigkeiten«: von der kahlen Kuppe des Half-Dome aus sah ich die Sonne unter- und gleichzeitig den Mond aufgehen. Beide Himmelskörper hingen einander gegenüber im All, von gleicher Größe, Farbe und Form.

Doch zurück zur anderen Hälfte von Großmutter Shers Geschenk. In jeder Situation gab es für Imma nur eines: Pflichterfüllung. Als daher die Geige einmal im Hause war, wurde ich angehalten, sie auch zu spielen. Man verlangte, daß ich etwas leistete. Bevor es so weit war, machten wir ein paar verkehrte Anläufe. An der Hand der Mutter, die neue Violine im Arm, trabte ich erst einmal zu einem in der Nähe wohnenden Geigenlehrer, den nichts empfahl als ein Türschild mit der Aufschrift »Geigenunterricht«. Imma und ich stiegen eine dunkle Treppe hinauf und wurden von Staub, Verfall, der Alkoholfahne und dem Tabaksqualm des alten Mannes sofort wieder heruntergetrieben. Sollte ich dort doch noch ein, zwei Lektionen bekommen haben, kann ich mich jedenfalls nicht mehr daran erinnern. Als nächstes gingen wir zu Louis Persinger, nicht weil das ursprünglich mein Wunsch gewesen war, sondern weil Imma, nachdem sie das Schlimmste gesehen hatte, sich nur mehr mit dem Besten begnügen wollte. Kantor Rinder strich mich gebührend heraus, doch Persinger hatte von verliebten Eltern und getreuen Freunden derlei Loblieder schon so oft gehört, daß sie auf taube Ohren trafen. Er war sehr beschäftigt, und ein vierjähriger Anfänger war nicht sein Fall. Der Kompromiß zwischen dem Schlechtesten und dem Besten war schließlich das Studio Sigmund Anker, der Jungen und Mädchen mit Unteroffiziersmethoden dutzendweise zu Virtuosen drillte.

Ankers Lebensaufgabe bestand darin, die Kinder so zu trimmen, daß sie Sarasate und Tschaikowsky brillant wiedergeben konnten. Wenn meine verschwommene Erinnerung an diese ferne Zeit nicht trügt, hatte er weder Ehrgeiz noch Befähigung zu etwas Subtilerem. Von Stil, Klassikern, Kammermusik verstand er nichts, und ebenso wenig, was noch gravierender war, von der Technik des Geigenspiels, oder jedenfalls konnte er sein Wissen nicht weitervermitteln. Damit stand er nicht allein. Geigenunterricht war damals reine Glückssache. Im Grunde hat sich auch bis heute nichts daran geändert. Ankers System bestand im aufgestellten »Soll«: reine Intonation, großer, runder Ton oder ähnliches, und er trieb seine Schüler ohne nähere Erläuterungen diesem Ziel zu. Dadurch mußte man sich alles selber aneignen, instinktiv, so wie man früher Laufen und Sprechen gelernt hatte. Doch Geigenspiel ist etwas Komplizierteres als die Entwicklung angeborener menschlicher Fähigkeiten, und über das Funktionieren der eigenen Nerven und Muskeln hinaus wurde uns keinerlei Aufklärung zuteil.

Anfangs hatte ich genug damit zu tun, die Geige so auf Armeslänge zu halten, daß sie nicht auswich. Woher aber ein zweites Paar Arme nehmen, um sie auch noch zu spielen? Ich wurde ermahnt, mich zu entspannen und zu lockern. Stattdessen umklammerte ich die Geige, als ginge es ums Leben. Wo sich die Linke in der »goldenen Mittellage« rund um den Geigenhals schmiegen sollte (entsprechend der Rechten um den Bogen), klemmte ich ihn zwischen Daumen und Zeigefingerglied. Wo die Finger sich hätten sanft nach oben runden sollen, klebten sie bei mir – bis auf den kleinen Finger, der nachhing – aneinander wie die Paradeponies und rückten geschlossen von einer Lage zur nächsten, die ganze chromatische Leiter des Griffbretts hinauf, als fühlten sie sich gemeinsam sicherer. Wo die Geige leicht am Halse aufliegen sollte, festgehalten vom natürlichen Gewicht des Kopfes, klemmte ich sie krampfhaft ein. Das Zusammenspiel der rechten Hand, verlängert durch Handgelenk, Ellenbogen, Arm und Schulter, mit dem Bogen ist dem Zusammenwirken von Rad und Achse eines Gyroskops vergleichbar. Die Hand soll mit elastischen, schwingenden Bewegungen den Bogen auf dem richtigen Kurs halten. Ich aber sägte mit dem Bogen eine gerade Linie, so daß er bei jedem Abstrich vom Kurs abkam und ausbog. Was das Ganze noch schlimmer machte: der Bogen war zu lang für mich. An kritischen Stellen, wo der Ton hätte ausschwingen sollen, versagte er. Jede dieser Abscheulichkeiten zeigte nur, daß ich noch keine Ahnung vom Wesen der Geige hatte, und diese Ignoranz würde bestimmt nicht durch Erklärungen Dritter, sondern durch eigenes Erarbeiten korrigiert werden müssen. Die kreisenden, schwingenden und wellenförmigen Bewegungsabläufe, wie sie ein Instrument erfordert, dessen eigene Form aus harmonischen Kurven gebildet ist, mußte ich mir selber beibringen. Es gelang mir schließlich um so leichter, als ich in meinem eigenen absoluten Raum lebte, dem die lineare Perspektive fehlte, welche im allgemeinen Menschen untereinander verbindet. Ich empfand »rund«.

Nach einem halben Jahr zeigte ich noch erstaunlich wenig Fortschritte. Anker machte sich, nachdem er Höchstes erwartet hatte, nunmehr auf das Schlimmste gefaßt, Imma gab seine immer mehr abnehmenden Hoffnungen weiter, Aba verstummte, und ich kam mir vor wie ein Todeskandidat, über den sich bereits die Sargträger unterhalten. Aus unerklärlichem Grunde begann dann irgendwann die Geige ihre Fremdheit zu verlieren, mein Griff wurde gelöster, mein Körper erkannte plötzlich die Möglichkeit, sich selbst zu vergessen, und ich begann, Freude an meinem Tun zu empfinden. Heute, aus der Distanz der Jahre, erinnere ich mich am deutlichsten an meinen mühevollen Kampf um das Vibrato. Anker versuchte, es mich zu lehren, indem er mich anbrüllte: »Vibrato! Vibrato!« – ohne ein Wort darüber, wie ich das anstellen sollte. Ich hätte ihm ja so gern gehorcht. Ich sehnte mich danach, ein Vibrato zustandezubringen, denn was nützte die Geige dem kleinen russisch-jüdischen Jungen, wenn er einen Ton nicht zum Leben erwecken konnte? Wie einst im Kampf um das rollende ›R‹ ging es nicht darum, sich den Laut vorzustellen, sondern ihn zu produzieren. Ich konnte das Vibrato nicht. Ich war längst nicht mehr Ankers Schüler und etwa sechs- oder siebenjährig, da fanden meine Muskeln die Lösung. Durch solch plötzlich auftretende Erleuchtungen, die ein Rätsel blieben, wie das Problem selbst, lernten damals die meisten Geiger ihre Kunst. (Meine Arbeit am Vibrato sollte noch jahrelang weitergehen. Selbst als ich regelmäßig öffentlich auftrat, war mein Vibrato noch nicht sehr dicht, erst als Erwachsener nahm ich die Mechanik des Vorganges auseinander und setzte sie wieder zusammen. Da erst begann ich mit mir zufrieden zu sein.)

Einmal im Jahr gaben Ankers künftige Virtuosen im Fairmont-Hotel ein Konzert für Freunde und Verwandte, das halb Vorführung, halb Wettbewerb war. Ich kam im November 1921 an die Reihe, spielte ein Stückchen mit dem Titel *Souvenir* und wurde Zweiter, was mich etwas ärgerte. Mein Namensgedächtnis ist nicht das beste, doch ich weiß noch heute, wie das Mädchen hieß, das mich überflügelte: Sarah Kreindler. Sie war zwölf und hatte sich den ersten Platz durch die Wiedergabe von Sarasates *Zigeunerweisen* redlich verdient. Mein einstiger Fürsprecher Reuben Rinder war auch im Saal und schenkte mir ein Buch – vielleicht als Preis, weil ich meine Sache brav gemacht, wahrscheinlicher als Trostpreis, weil ich sie nicht besser gemacht hatte. Das erste öffentliche Auftreten war in mehr als einer Hinsicht ein Meilenstein: Er bezeichnete das Ende der Ära Sigmund Anker. Erneut setzte sich Imma mit Persinger in Verbindung – entweder in der Erkenntnis, daß Anker mich nichts mehr lehren konnte, möglicherweise aber auch, weil ich nicht besser als Sarah Kreindler hatte spielen können. Womit sie ihn überredete, weiß ich nicht, aber diesmal willigte er ein, mich zu nehmen.

Persinger bewahre ich nicht zuletzt deshalb ein so liebevolles Andenken, weil er mir von Anfang an hohe Ziele gesetzt hat. In der ersten Stunde ließ er mich ein Stückchen geigen, gab mir den und jenen Rat, doch als diese Preliminarien abgetan waren, wies er Imma und mir zwei Stühle an, nahm die Geige und begann, *uns* etwas vorzuspielen. Mit bewundernswertem Instinkt wählte dieser Mann, der kleine Kinder nicht unterrichten wollte, keines der üblichen Feuerwerke, sondern eines der erhebendsten und edelsten Stücke, die je geschrieben wurden: das Adagio aus Bachs Sonate g-Moll für Solovioline. Jahre später hat Pablo Casals mir mit diesem Adagio beweisen wollen, daß Bach ungarisches oder Zigeunerblut gehabt haben müsse. Man kann es sich tatsächlich mit Zymbal-Begleitung vorstellen. Als Fünfjähriger hörte ich es nun zum ersten Mal und wußte nur, daß mir diese Musik vertraut klang und mir sehr naheging. Wir saßen wie gebannt, bis der letzte Ton verklungen war und plötzlich die Stille das Zimmer erfüllte. Danach gingen wir heim, noch immer in höheren Sphären, von Bach berauscht. Einen solchen Gipfel also galt es zu erklimmen, das erwartete Imma von mir – und ich auch.

Das gemeinsame Erlebnis hinterließ in uns beiden einen tiefen Eindruck. Die Eltern waren beide empfänglich für Musik, Imma aber hatte das Glück, etwas davon zu verstehen. In der Hayes Street besaßen wir ein Klavier, auf dem sie hie und da spielte, und sie begleitete mich auch bei meinem zweiten öffentlichen Auftreten, auf einer Festlichkeit des YMCA Clubs in San Francisco zu Beginn des Jahres 1922, beim *Menuett* von Paderewski. Bis zur Geburt meiner Schwestern nahm sie Cello-Unterricht, opferte aber später ihre musikalische Ausbildung der meinigen und steckte ihr ganzes Herz, ihre Energie und Vorstellungskraft in meinen Werdegang. Sie kontrollierte mich beim Üben nicht mit den Augen, sondern mit den Ohren. Die Jahre in der Hayes Street sind in meiner Erinnerung nicht nur im räumlichen Sinne überfüllt, weil die Wohnung für die Familie zu eng wurde, sondern auch im Sinne der Aktivität. Imma hatte nicht nur den Haushalt zu führen und die Kinder aufzuziehen – was ihr das Wichtigste war –, es galt auch einen nie abreißenden Strom von Bar-Mizwa-Kandidaten heranzubilden und Freunde zu bewirten. Sie war jedoch nie zu beschäftigt, um nicht mit einem Ohr auf mein Üben zu horchen. Gab ich zufällig besonders schöne Töne von mir, lobte sie mich; kratzte ich meine Lektion gleichgültig herunter, pflegte sie zu sagen, »ich sei nicht besser als irgendein Schuster«, und drängte mich zum großen Ton. Sie ließ mich die Geige so schräg halten wie Heifetz, und aus den Solfeggio-Übungen machte sie ein Spiel für uns beide. Noten lesen lernte ich auf einer Bank des Parks unweit des Spielzeugladens seligen Angedenkens: Sie zeichnete sie auf, und ich sang sie laut vom Blatt. Weil sie sich über meine Fehler amüsierte, stellte ich mich manchmal dümmer als ich war, dabei verlor ich zwar mein »Gesicht«, hatte aber die Freude, sie lachen zu sehen. Sie stimmte auch meine Geige. Als Imma in die Frauenklinik mußte, um Yaltah zur Welt zu bringen, wurde eine Art Notdienst eingerichtet. Es kam täglich jemand (ich glaube, Sigmund Anker) und stimmte meine Geige, was zwar keine Garantie dafür war, daß das Instrument die nächsten 24 Stunden gestimmt blieb, aber immerhin war es besser als nichts. Ich übte pünktlich, brav und ohne zu mogeln und durfte zur Belohnung jeden Tag in die Klinik, Imma und das neue Schwesterchen besuchen.

Kaum war Imma wieder zu Hause und alles im gewohnten Trott, nahm sie auch die Pflicht wieder auf sich, mich in die Geigenstunden zu begleiten, die nunmehr in Persingers Haus in der Hyde Street stattfanden. Wir fuhren mit der Straßenbahn hin, einem soliden Vehikel, das die flacheren Hügel San Franciscos selber schaffte und nur die allersteilsten den Cable Cars überließ. Eines unvergeßlichen Tages nahmen wir uns, weil wir sonst zu spät gekommen wären, ein Taxi, und als Imma meine Freude über diesen ungewohnten Luxus merkte, meinte sie, wenn ich brav arbeitete, würde ich mir später öfters ein Taxi leisten können. Johann Sebastian Bach, Taxifahren, Immas Erwartungen, allem mußte ich mich würdig erweisen. Doch Kinder sind keine leeren Seiten, auf die man Befehle schreibt. Der ungeheure Ehrgeiz, so zu spielen, daß die Welt abwechselnd jubelte und weinte, lag in mir selbst beschlossen.

Talent zur Skepsis – falls das ein Talent ist – hat erst der erwachsene Mensch. Die meisten, die sich ihrer Kindheit erinnern, werden mir zugeben, daß sie damals überzeugt waren, Berge versetzen zu können. Auch ich meinte, jedes Wunder müsse mir gelingen. Auch bei mir war es, wie bei allen Kindern, kein Urteil über die eigenen Fähigkeiten, sondern die Überzeugung, äußerste Anstrengung, Konzentration oder Gebet müßten mich über die Naturgesetze hinaustragen. Wenige Monate, nachdem ich Persingers Schüler geworden war, zogen wir aus der Hayes Street in die Steiner Street. Dort ging es über Stufen zur Haustür hinauf – der Keller war eigentlich schon das Parterre –, und eine Hintertür führte in einen geräumigen Garten, in den dann unsere Schlafveranda gebaut wurde. Die Anordnung dieser Türen bewirkte einen Wachtraum, der mich regelmäßig im Einschlafen überfiel: Ich grub mir bei der Hintertür einen Tunnel unter dem Haus durch und tauchte bei der Vordertür wieder auf. Die Freude und Überraschung hätten nicht größer sein können, wenn meine unterirdische Reise mich in die Äußere Mongolei oder zu den Ursprüngen der Schöpfung geführt hätte. Ich glaube, alle Kinder sind versessen auf Tunnels, weil sie sich erst vor kurzem ins Leben hinausgezwängt haben und sich bald wieder durch einen Tunnel aus der Kindheit zu Freiheit und Verantwortung hinauszwängen werden. Was meine Phantasie beschäftigte, war das Bravourstück, das ich mir durchaus zutraute. Auch in der Musik glaubte ich fest daran, Wunder wirken zu können. Ich übersah, daß Geschick und Einsicht nur mit der Zeit wachsen. Ich meinte, wenn ich mir heute richtige Mühe gäbe, würde ich es morgen können. Durch mein Vertrauen, daß *alles* möglich sei, habe ich wenigstens *einiges* erreicht.

Unser neues Haus kostete achttausend Dollar und mußte in Monatsraten von fünfzig Dollar abgezahlt werden. Bei unserem Einzug hatte sich Abas Monatsgehalt von 150 auf 200, vielleicht gar 250 Dollar erhöht und sein Pflichtenkreis sich entsprechend erweitert. Er war nun nicht mehr nur Lehrer, sondern Rektor einer eigenen Schule. Ich weiß noch genau, daß die Klassenzimmer rote Ziegelwände hatten, denn ich war bei der Eröffnung der neuen Schule anwesend, als zur Feier des Tages ein Baum gepflanzt wurde. Ehe ich 1927 San Francisco verließ, um ein Jahr in Europa zu verbringen, war Aba infolge seiner administrativen und pädagogischen Talente Superintendent aller sieben Hebräisch-Schulen der Umgegend geworden und verdiente 350 Dollar im Monat. Hätte mein Vater sein Universitätsstudium beenden können, er hätte es bestimmt im Erziehungswesen weit gebracht und sich als idealistischer Jude mit den jüdischen Nationalisten aussöhnen können; so gut wie jede Position hätte ihm in Israel offengestanden. Beide Möglichkeiten hatte er um 1922 bereits aufgegeben und sollte fünf Jahre später um meinetwillen auch noch die erfolgreiche dritte aufgeben.

Jetzt konnte er seiner Familie von seinem bescheidenen Gehalt schon Urlaube, einen Wagen, Musik und ein schönes Haus bieten. Das Kellergeschoß verwandelte er in eine Garage: für sechs, sieben Wagen aus der Nachbarschaft. Sie mußten geschickt manövrieren, um in dem engen Raum unterzukommen. Die Garagenmieten deckten einigermaßen die Hypothekenzinsen. Weitere Einnahmen (wir vermieteten die beiden Räume im ersten Stock) steckte man in den Bau der Schlafveranda. Das größere, zur Straße hinausgehende Zimmer mieteten zwei alte russische Damen, ob Freundinnen oder Schwestern, habe ich nie herausgefunden. Wir besuchten sie einmal im Jahr, vermutlich an einem hohen russischen Feiertag, und wurden dann zu russischem Gebäck eingeladen, kunstvoll geflochtenen, knusprigen Gebilden mit

Zuckerguß. Im kleinen Zimmer zum Garten hin wohnten viele Mieter nacheinander, deren letzter, Ezra Schapiro, mehrere Jahre blieb. Ezra war jung, fern von seiner Familie und verdiente sich mühsam das Jurastudium. Das genügte, um Immas Herz zu rühren. Sie ertrug es nicht, ihn allein droben in seinem Zimmer zu wissen, bat ihn herunter und nahm ihn in die Wärme der Familiengemeinschaft auf. Als Ezra sein Studium beendete, war er kein Untermieter mehr, sondern ein Angehöriger. Seit seinem Tod halten seine Frau und Kinder noch immer mit uns Kontakt.

Unser Familienleben spielte sich im Erdgeschoß ab, dort lagen eine Küche, ein Wohnzimmer und ein Esszimmer. (Nachts zogen wir ja in den Garten.) An die Küche stieß ein zusätzlicher Raum, der notfalls als Krankenstube diente, und dort übte ich, in Hörweite von Imma, die nebenan in der Küche tätig war.

Mehrmals im Jahr gaben meine Eltern ein Essen. Sogar in der engen Wohnung in der Hayes Street hatten sie an diesem Brauch festgehalten, denn Immas Interesse an ihren Schülern dehnte sich auch auf deren Eltern aus. Mit ihrer russischen Gastlichkeit war sie bei Einladungen ganz und gar in ihrem Element. In regelmäßigen Zeitabständen setzte sie zwanzig und mehr Menschen an den blendendweiß gedeckten Eßtisch, in den sämtliche Verlängerungsbretter eingeschoben waren. An solchen Abenden wurde ein Holzfeuer im Kamin angezündet, und für mich war das Schönste des ganzen Abends die halbe Stunde, die ich bis zum Eintreffen der Gäste allein davor sitzen durfte. Die Schwestern waren im Bett, die Eltern mit letzten Vorbereitungen beschäftigt, und ich gebot über das geheimnisvoll lebendige, gefährlich-schöne Element. Der Rest des Abends war dann weniger angenehm. Zwar durfte ich mit den Großen essen, doch meine kurzen Beine reichten noch nicht bis zum Boden hinunter, und mit jedem angebotenen Gang kribbelte es mich ärger in den baumelnden Füßen. In Erinnerung daran stelle ich seitdem überall Fußbänkchen auf, für Kinder, Sekretärinnen oder wer sie sonst brauchen könnte.

Bei einer solchen Einladung machte ich meinen Eltern Schande. Es muß im ersten Jahr in der Steiner Street gewesen sein, denn zu unseren Gästen gehörte eine junge Schwester aus der Mütterstation des Mount Sinai-Krankenhauses, die Imma bei Yaltahs Geburt betreut hatte. Der hervorstechendste jüdische Zug an Imma war ihr Drang, junge Menschen miteinander zu verkuppeln, und da sie die junge Schwester sehr schätzte, hatte sie beschlossen, sie müsse unseren damaligen Mieter heiraten. Dieser Mieter, einer von Ezras Vorgängern, war um die dreißig und erschien mir uralt und würdig. Immas Hoffnungen waren mir bekannt, und es bedrückte mich, daß er in aller Unschuld bei uns aß, während sich über seinem Haupt eine Intrige zusammenzog. Ich mußte den Ärmsten aufklären, und daß dazu Mut erforderlich war, machte es nur noch mehr zur Pflicht. Schon bei der Suppe setzte ich ein paarmal an, verstummte zitternd und platzte schließlich heraus: »Wissen Sie, warum Sie heute abend eingeladen sind?« »Oh«, meinte er höflich, »es ist ein reizender Abend, und ich bin sehr gern mit deinen Eltern und deren Bekannten zusammen.« »Sie sind eingeladen, damit Sie die Dame da drüben heiraten!« Wie man sich vorstellen kann, erholte sich der Abend nie mehr so recht von diesem Zwischenfall, und ich rechne es meinen Eltern hoch an, daß sie mich für meine unpassende Wahrheitsliebe weder schalten noch straften und erst viel später über die Spitzfindigkeiten der Notlüge aufklärten. Als Yaltah alt genug war, um während der Vorbereitungen zu einem solchen Essen aufzubleiben, tat sie etwas ebenso Schlimmes: Sie schüttete eine Schüssel Salz in ein auf dem Herd kochendes Gericht. Auch sie kam ungestraft davon. Sonderbar, wie langmütig die Eltern mit uns waren, die doch sonst Respekt und Gehorsam von uns forderten – und wie anspruchslos in mancher Hinsicht. Hie und da sagte Aba wohl einmal: »Eure Mutter ist sehr müde, sie hat so schwer gearbeitet.« Doch abgesehen von diesem Appell behelligten sie uns nie mit irgendwelchen Leiden, baten nie um Schonung, nie um eine Handreichung. Sie bedienten uns, trugen uns die Sachen nach, arbeiteten für uns. Erst seit ich selbst Vater bin, kenne ich eine Familie, in der man das anders hält und in der etwas »für Daddy« tun ein normaler kindlicher Impuls ist.

Persinger konnte mich die Geheimnisse der Geige so wenig lehren wie Sigmund Anker. Er demonstrierte, und ich imitierte. Ich vervollkommnete mich durch Hören, ohne Umweg über das bewußte Denken. Er schenkte mir eine tiefe Einsicht in das Wesen der Musik und als Lehrer eine so hingebende Aufmerksamkeit, wie sie bei Lehrern selten ist. Er gab sich außergewöhnliche Mühe mit mir. Unsere zwei Wochenstunden dehnten sich unbemerkt auf drei, dann vier und fünf aus. (Als er mich später auf Konzertreisen begleitete, arbeiteten wir jeden Vormittag drei Stunden.) Um mir das Üben schmackhafter zu machen, improvisierte er Übungsstückchen für mich und zeichnete mir einmal eine Triolentonleiter als kleine Spielzeugeisenbahn, die über Berg und

Tal fährt. Es würde mich nicht wundern, wenn die Idee auf den Namenszug von Bach zurückginge – mich bestärkte sie in meiner unglückseligen Überzeugung, Üben sei ein Kinderspiel und sei meinem Drang nach dem Eigentlichen abträglich. Persinger hielt nichts von der autokratischen Lehrmethode, mich schwere Tonleitern und Etüden üben zu lassen. Er hatte einen so einzigartig gesunden Menschenverstand, daß er bei den Anhängern fixer Ideen bestimmt als verschroben galt. Daß das Ohr den Fingersatz dikieren und die Hand sich an ungewöhnliche Fingersätze gewöhnen müsse, war vor fünfzig Jahren noch keineswegs unbestritten. Was hätte ich nicht noch alles bei ihm lernen können, wäre ich ein schwerfälligerer, langsamerer Schüler gewesen! Welche Etüden hätte er nicht noch für mich erfunden, hätte ich ihm nicht immer gleich alles nachspielen können! Trotzdem hielt er mit Recht daran fest, ich solle Tonleitern und Triolen üben. Hätte doch der Pragmatiker in ihm sich dabei nicht auf die Theorie beschränkt! Glaubte er, gerade meine Eigenwilligkeit sei meine Stärke und er verböge mein Talent, wenn er mir aus purer Rechthaberei technische Grundlagen einpaukte? Ihm nachträglich seine Nachsicht anzukreiden wäre genau so sinnlos, wie eine Spekulation darüber, was dann wohl aus mir geworden wäre. Das »dicke Ende« bleibt zwar nie aus, braucht sich aber nicht unbedingt negativ auszuwirken. Indem Persinger mich nicht zum methodischen Erarbeiten der Grundlagen anhielt, ließ er mich meine eigene Methode zu meiner Zeit entwickeln, so daß sich selbst Unterlassungen und Versäumnisse wieder sinnvoll ins Gesamtschema einfügen. Wo ein anderer Lehrmeister mir die großen Werke vorenthalten hätte, bis ich seiner Ansicht nach über die nötige Fertigkeit oder aber Reife verfügte, verließ sich Persinger einzig und allein auf sein Gehör.

Persinger war als Sohn eines Bahnwärters in Colarado geboren, hatte unter dem großen belgischen Geiger Eugène Ysaye studiert und war eine Zeitlang erster Konzertmeister der Berliner Philharmoniker unter Arthur Nikisch gewesen. Seine Hoffnungen auf eine Solistenkarriere in Amerika erfüllten sich nicht, angeblich weil ihm die Startmittel, möglicherweise aber auch der nötige Ehrgeiz fehlten, sich durchzusetzen. Seiner Geige, einer exquisiten Montagnana mit aller für dieses Instrument typischen Klangfülle, entlockte Persinger einen süßen Ton ohne aggressive Beimischung. Er ließ sich willig von seiner Frau gängeln, die eine stärkere Persönlichkeit war als er, verlor fast nie die Geduld und war ein durch und durch liebenswerter Mensch. Die Milch der frommen Denkungsart mag für eine Solistenkarriere nicht der rechte Treibstoff sein, doch sie machte Persinger zum idealen Lehrer für einen lernbegierigen Schüler. Er war nicht nur begnadeter Lehrer, Konzertmeister, erster Geiger eines nach ihm benannten vorzüglichen Streichquartetts und erstklassiger Begleiter, er war einer der besten Allround-Musiker, denen ich je begegnet bin. Wurde ich ihm zum Gefäß jener Träume, die sich ihm nicht erfüllt hatten? Vielleicht. Wunschträume und Möglichkeiten sterben nicht. Wir übertragen sie auf die Idole, die wir uns schaffen, die Ehepartner, die wir wählen, die Kinder, die wir zeugen, die Schüler, die wir ausbilden, und entwickeln dabei jene Wirkung, die andere anzieht. Sicherlich ist gegenseitige Anerkennung in dieser Welt selten. Liebe kann Selbstliebe sein, auch wenn der Schein dagegen spricht. Doch wer kann sagen, ob nicht auch dieser Schein seinen Wert hat? Lieben heißt doch vor allem, Liebevolles tun. Wenn Persingers Betreuung eine gewisse Nostalgie einschloß, so habe ich sie jedenfalls nicht bemerkt. In meiner Vorstellung liebten eben Lehrer ihre Schüler so wie Eltern ihre Kinder.

Daß Vorrechte auch Pflichten nach sich ziehen, wußte ich. Ich hatte schon als Kind ein gewisses Verantwortungsbewußtsein und arbeitete, so viel ich weiß, fleißig, könnte mir aber vorstellen, daß andere Kinder in meiner Lage noch fleißiger gewesen wären. Mir wurde das Üben dadurch erleichtert, daß die dafür festgesetzten Stunden in den Tageslauf der Familie eingebaut wurden, der sich mit dem Größerwerden der Kinder zwar komplizierte, weil immer mehr Tätigkeiten unter einen Hut gebracht werden mußten, der aber von Anfang an jegliches Trödeln ebenso verhinderte wie eine Überanstrengung durch Übereifer. Keine Tageseinteilung, und würde sie noch so eisern eingehalten, garantiert jedoch, daß die Zeit auch vernünftig genutzt wird. Ob ein Geiger nun acht oder achtundfünfzig ist – er führt ein einsames, meditatives, grüblerisches Leben, und die Richtung seiner Gedanken bestimmt er selbst. In der Steiner Street war ich manchmal während des Übens innerlich weit fort, bestand großartige Abenteuer, führte imaginäre Zwiegespräche, während ich mehr oder minder automatisch in seliger Trance weitergeigte. Die Eltern konnten nicht ahnen, daß mein abwesender Ausdruck und verglaster Blick kein Zeichen von Konzentration, sondern von Zerstreutheit waren. Zum Glück merkte ich selbst, was für gefährliche Unarten ich da einreißen ließ, und legte sie schnell ab.

Ein allzu geschärftes Verantwortungsbewußtsein kann zur Angst ausarten. Vermutlich war ich bestrebt, mich nur ja auszuzeichnen, als ich mit sieben Jahren beim Mendelssohn-Violinkonzert versagte – es war der letzte derartige Wettbewerb, an dem ich teilnehmen sollte. Doch ich wollte natürlich auch angeben: mitten im Andante monierte Alfred Hertz – einer der Preisrichter, ein bärtig-martialischer Deutscher von Bismarckschem Körperbau, der das San Francisco Symphony Orchestra dirigierte – mein zu schnelles Tempo. Ich wandte ein, ich wolle rasch zu dem herrlichen dritten Satz kommen, ehe meine Zeit um sei. Offenbar glaubte ich, mich nur mit dem Allegro-Feuerwerk bei den Preisrichtern einschmeicheln zu können, und der Preis könne verwirkt sein, ehe ich gezeigt hatte, was ich konnte. Immerhin trug mein fehlerhafter Vortrag mir ein Stipendium von zwanzig Dollar monatlich für zehn Monate ein. Ich wollte, er hätte mir Wichtigeres vermittelt, nämlich Respekt vor jeder Art von Musik; doch wie sich bald zeigen sollte, hatte ich meine Lektion noch nicht gelernt.

Wir armen Sterblichen meinen ja immer, es gäbe eine Grenze, einen Prüfstein, eine Art Jüngstes Gericht, jenseits dessen nichts mehr kommt. Für mich war es Beethovens Violinkonzert. Es verhielt sich zum übrigen Standard-Repertoire wie Mendelssohns sprühender dritter Satz zu seinem Andante. Ich war noch keine acht Jahre, hatte aber schon verschiedene Standardwerke eingeübt (Bériot, Lipinski, Spohr), außerdem Bachs g-Moll-Sonate, die mir Persinger am Schluß der ersten Stunde vorgespielt hatte, die Violinkonzerte von Mendelssohn, Lalos *Symphonie espagnole*, den ersten Satz von Paganinis Violinkonzert D-Dur, Mozarts Konzert in A-Dur, das von Tschaikowsky – ich verschlang alles mit Haut und Haar, wie ein ständig hungriger Vielfraß, der meint, er bekäme nie etwas wirklich Nahrhaftes. Die immer länger werdende Liste diente weniger dazu, mich etwas zu lehren, als mich stufenweise vorwärts zu bringen, um mir so schnell wie möglich ein biographiefähiges Repertoire zu verschaffen. Sie hob mich empor, ohne mir das Gefühl von Qualität zu vermitteln. Mir war wie einem Baby auf Stelzen.

Eines Mittwochnachmittags willigte Persinger ein, mich auf den Beethoven anzusetzen, wenn ich vorher Mozarts A-Dur-Konzert meisterte. Ich werde den Tag so wenig vergessen wie ein Angehöriger eines Naturvolkes den ersten Tanz im Fell oder Federkleid seines Totems. Endlich würde ich an das Wesentliche herankommen! Beethoven zu spielen würde meine leere Hülle ausfüllen, meiner ungerechtfertigten Höhe einen festen Stand verschaffen. Er würde mich massiv, groß, echt machen. Die letzte Prüfung vor dieser Weihe war der Mozart. In acht Stunden konzentrierten Übens zwischen meinen beiden Wochenlektionen lernte ich das Konzert auswendig und spielte es Persinger vor. Ein grausamerer Mensch hätte meinem Affen Zucker gegeben, mich gelobt und dann Leierkastenmusik vorgeschlagen. Zum Glück wurde Persinger dieses eine Mal wütend. »Geh nach Hause«, sagte er zornig mitten im Andante, »und gebrauch deinen mathematischen Verstand. Rechne dir den exakten Rhythmus jeder Figur selber aus. Ich will dich erst wiedersehen, wenn du über jede Note in jedem Satz nachgedacht hast!«

Der Verweis zog mir auch noch ein Strafgericht von Imma zu. An sich war Versagen kein Kapitalverbrechen, aber aus Ehrgeiz zu versagen, kennzeichnete mich als gewöhnlichen Streber. Und seine Pflicht nicht zu tun, in der Hoffnung, sich mit etwas geschlampt Zweitrangigem durchzumogeln, hieß das Tscherkessenideal verraten. Daß ich mich vor Zeugen blamiert hatte, war doppelt unverzeihlich. Die strengste Strafe, die Imma zu verhängen wußte, war die des antiken Athen gegen Bürger, die gegen seine Politik intrigierten: Ächtung. Ich wurde in mein Zimmer verbannt und mußte allein essen. Als meine Schwestern im Bett waren, verpaßte mir Aba unter Immas gestrengem Blick eine Tracht Prügel, wobei er zaghaft in die Luft wichste und dann entsetzt floh, voller Angst, zu brutal gewesen zu sein. Eine merkwürdige Justiz, meinen Sie? Doch ich war damals genau der, der ich heute bin, und fand es vollkommen natürlich, daß ein Achtjähriger Mozarts A-Dur *gut* spielte, und hielt somit die Strafe für angemessen. Unverschämtheit blieb Unverschämtheit, ob man nun nach Beethoven oder nach der Plätzchendose griff. Selbst wenn ich anschließend das schlechte Gewissen nicht gleich wieder los war – erleichtert war ich sicherlich. Weil ich nun langsamer vorankommen durfte, weil der antreibende und lockende Tyrann Ehrgeiz in seine Schranken verwiesen war. Erleichtert auch, weiterhin Mozart spielen zu dürfen, bei dem ich mich als das fühlte, was ich war: achtjährig.

Am nächsten Vormittag nahm ich mir den Mozart sehr behutsam wieder vor. Mit dem Adagio des ersten Satzes konnte ich mich nicht so recht befreunden. Eine Frechheit, mir so plump vertraulich zu kommen! Der zweite Satz erinnerte mich an die Art, wie Persinger immer den Takt auf den Tisch trommelte. Auch beim dritten Satz gingen uns im Zwiegespräch gerade die Themen aus, da schlug mich plötzlich die a-Moll-Passage, die Mozarts Violinkonzert den Beinamen »türkisch«

eingetragen hat, in ihren Bann. Wie hatte ich bei meinem sonstigen Sinn für Humor das köstliche Zwischenspiel überhören können, das direkt der *Entführung aus dem Serail* zu entstammen schien und das klassische Menuett mit seinen türkisch-militärischen Narrenpossen sprengt? Oder die aufsteigende Phrase am Schluß, die so gar kein Schluß ist? Oder die Zigeunerweisen, die mich sonst immer die Ohren spitzen ließen? Als sich Mozart erst einmal durch seine pseudo-orientalischen Mätzchen in mein Herz gestohlen hatte, fesselten mich sogar die kleinsten Verzierungen. Es war Liebe auf den zweiten Blick.

Eines aber trübte das Erwachen. Nach einer Violinstunde, durch die ich mein Versagen vom letzten Mal mehr als wettgemacht hatte, nahm Imma Persinger beiseite. Ich sah meine ärgsten Befürchtungen bestätigt, als wir kurz danach alle drei in der Straßenbahn zur Stadt saßen, weil ich Ossip Gabrilowitsch vorspielen sollte. Als ich schlecht spielte, hatte mein Lehrer mich gescholten, dann hatte ich gut gespielt, da hatte er mich gelobt. Ich war ein Junge, er ein Mann. Alles hatte seine beruhigende Ordnung. Bestimmte Aktionen lösten Re-Aktionen aus. Wegen eines Fehlers fiel man nicht gleich in Ungnade, auf eine Lektion folgte die nächste, und ich durfte hoffen, von einer Woche zur nächsten der Gleiche zu bleiben, solange er der Gleiche blieb und unser Verhältnis unverändert. Was hätte ich nicht darum gegeben, wäre der Vorhang gefallen, ehe diese Komödie die von Imma geplante Wendung nahm. Trotz meines Flehens mußte ich auf Immas Geheiß Persingers Abbitte entgegennehmen. Sofort wurde mein verehrter Mentor zum Gedemütigten und ich zum Werkzeug dieser Demütigung. Imma war der stolzen Überzeugung, Fremde dürften ihre Kinder nicht kritisieren. Persingers Tadel mußte von der im übrigen sauberen Tafel gelöscht werden.

Während der Jahre, in denen ich mit der Geige vertraut wurde, besuchte ich selbstverständlich, wie auch schon vorher häufig, Konzerte großer Interpreten der damaligen Zeit. Es gab wohl keinen Virtuosen und schon gar keinen Geiger in San Francisco, bei dessen Gastspiel ich nicht im Publikum saß und ihn bewunderte. Soweit möglich, spielte man mir das Gehörte zu Hause auf dem aufziehbaren Grammophon nochmals vor, als Richtschnur für meine Bemühungen.

Abgesehen von dem schwarzhaarigen Carichiarto war der erste Solist, der mir Eindruck machte, Mischa Elman, fast ebensosehr wegen der Art, wie er schwungvoll Stand- und Spielbein wechselte, als wegen seines sinnlich-schmelzenden Tons. Elman war Schüler von Leopold

Auer in Moskau gewesen und der russisch-jüdische Geiger *par excellence*, bei dem die Musik aus Herz und Bauch kam und der sich keine Gelegenheit zu üppigem Vibrato, zu ergreifenden Portamenti und Glissandi entgehen ließ, manchmal bis fast an die Grenze des guten Geschmacks. Ich bewunderte ihn tief. In meinem Olymp gesellten sich zu ihm bald auch Jascha Heifetz und Fritz Kreisler, und bis an den Tag, an dem mir Georges Enesco im Curran Theatre den *coup de foudre* versetzte, teilte sich dieses Triumvirat – dem im Grunde nur die Geige gemeinsam war – in meine Ehrfurcht und durfte sich schmeicheln, von mir nachgeahmt zu werden.

Ich war etwa sieben, und Elman hatte während der Zeit meiner Konzertbesuche etwa das vierte oder fünfte Mal in San Francisco gastiert, da beschloß Persinger, mich dem Meister vorzuführen. Ich weiß noch genau, daß ich fast so begierig war, das Hotel von innen zu sehen, als meinem Idol vorzuspielen. Völlig unerforschtes Gebiet waren mir Hotels natürlich nicht. Erst kürzlich hatte ich im Hotel Fairmont bei der »Pacific Ladies Musical Society« gespielt, einem Verein freundlicher älterer Damen, die sich verpflichtet fühlten, junge Talente zu fördern. Da es eine ganze Menge Talente in San Francisco gab, hatten sie diese Förderung säuberlich in einem alljährlichen Ereignis zusammengefaßt. Als Nutznießer dieses Interesses hätte ich dankbar sein sollen, doch blieb mir nur die quälende Erinnerung, daß sie mich »niedlich« genannt hatten. Hätten die liebenswerten Damen ausgerufen: »Wie kräftig er ist!«, ich wäre begeistert gewesen; hätten sie bemerkt: »Er ist zu fett!«, hätte ich es stoisch hingenommen, doch daß sie mich »niedlich« fanden, kränkte mich zutiefst. Ich rächte mich bei einer dieser Gelegenheiten – es kann auch später gewesen sein –, wobei mir Immas Taktik, alles etwas herunterzuschrauben, zustatten kam. Als mich eine Dame überschwenglich einen »zweiten Paganini« nannte, fragte ich zurück: »Haben Sie Paganini schon einmal gehört?« Die jungen Talente wurde in einem öffentlichen Lokal vorgeführt, einem Ballsaal oder Salon mit goldenen Stühlchen, Kronleuchtern und einem Podium in der Ecke. Ein privates Hotelzimmer aber hatte ich bis zum Besuch bei Elman noch nie gesehen und war sehr gespannt darauf, als ob ich ahnte, daß so etwas in meinem Leben noch einmal eine große Rolle spielen würde. Ich wurde enttäuscht. Der Raum war schlecht beleuchtet und ärmlich und ging auf eine lärmende Straße hinaus – was ich von zu Hause nicht kannte. Aba und ich saßen bescheiden da, bis wir angesprochen wurden, betrachteten den hohen Gast und seine unpersönliche Umgebung und überließen es Persinger, die Unterhaltung zu führen. Persinger, der mit Recht Pablo Casals für einen der größten lebenden Musiker hielt, fragte, nur um etwas zu sagen, ob Elman ihn kürzlich gehört hätte. Darauf Elman völlig natürlich und spontan: »Casals? Aber der ist doch bloß Cellist!«

Ich glaube, es war Picasso, der behauptet hat, wahrhaft große Kunst könne Zahnschmerzen kurieren. Die therapeutische Wirkung der Musik erfuhr ich, als ich mit dem Adagio aus Bachs Violinkonzert E-Dur meiner Mutter ein Lächeln abgewann. Es war beim nachmittäglichen Üben. Imma kochte das Abendessen, und ich geigte vor dem gerahmten Bild meiner Großmutter vor mich hin. Plötzlich verwandelte sich die alltägliche Situation in die Stunde der Wahrheit. Auf geheimnisvolle Weise kamen mein Herz und Hirn dem von Bach entgegen, und mindestens viermal hintereinander verkündete das Adagio dem leeren Zimmer ungeschmälert seine Botschaft. In meiner Hochstimmung glaubte ich sogar, das Bild an der Wand hätte mir ermutigend zugezwinkert. Imma, die sonst stirnrunzelnd hereinkam, trat frohlockend durch die Tür und hätte mich vielleicht in die Arme geschlossen, bezeigte aber in letzter Minute, um das Gesicht zu wahren, die Liebkosung einem Stellvertreter: Aba, der eben von der Arbeit heimkam, wurde mit solch jubelndem Überschwang begrüßt, daß er monatelang hätte davon zehren können. Diese Szene erweckte Wunschvorstellungen bei mir, die Picassos Zahnweh-Heilung weit hinter sich ließen. Ich sah mich im Geist als Friedensstifter gordische Knoten durchschlagen, neurotische Streitigkeiten augenblicklich schlichten, sah die Menschheit ihre Verschanzungen verlassen und sich um meinetwillen versöhnt in die Arme sinken. Daß die Knoten ungelöst bleiben, die Fehden weiterschwelen, die Festungswälle unverändert drohen, sollte einen Künstler lehren, seine Erwartungen nicht ganz so weit zu stecken. Ich habe mich nie damit abgefunden.

3. Familienleben

Kindliche Schwermut · Hausunterricht statt Schulbesuch · Austoben nach Plan · *Avodah* von Ernest Bloch – das erste für Yehudi komkonierte Musikstück · Offizielles Debüt in San Francisco (1924) · Persingers wegen nach New York · Sidney Ehrman, der große Mäzen · Radfahren verboten, Auto fahren erlaubt · Nach Europa – zu Persingers Lehrer Eugène Ysaye oder zu Georges Enesco?

Aba fiel es nie schwer, geeignete Kanäle für Energie und Schaffensdrang zu finden. Neben seiner Hauptbeschäftigung, uns alle zu erhalten, war er stets mit dem Kampf für Gerechtigkeit und Fortschritt beschäftigt. Das war nicht immer so gewesen. Er erzählte mir, daß ihn als Jungen in Jerusalem das ewige Sich-Abmühen von der Geburt bis zum Tode oft ärgerte und er seinen Großvater fragte, was das alles für einen Sinn hätte. Konnte es sein, daß fanatische Überzeugungen manchmal nur Ballast waren, wenn ein Mensch durch seine Fragen nach Gott und dem Zweck unseres Daseins einen leeren Raum um sich schaffte? Dieses Grübeln wird wohl allen Kindern gemeinsam sein, denn mehrmals habe ich selbst Ähnliches empfunden. Einmal saß ich als Zehnjähriger allein im Wagen, während Hephzibah Klavierstunde hatte, und plötzlich erschien mir alles ringsumher völlig absurd, wie ein Fernsehinterview ohne Ton. Ich konnte die Beweggründe der Menschen, die da so ernsthaft ihren Geschäften nachgingen, so wenig verstehen wie die Gefühle von Ameisen in ihrem Hügel. Das war durchaus nicht etwa Snobismus; mein eigenes Leben kam mir ebenso widersinnig vor, ja gerade seine Widersinnigkeit war der Ausgangspunkt.

Es war sonderbar, zu leben und sich dabei selbst zuzuschauen. Dazu waren gewisse Vorbedingungen nötig: ich mußte allein sein, der Tag mußte ein wenig vom Gewohnten abweichen, die Zeit mußte stillstehen. Dann war es, als würde ein Hebel herumgelegt, und ich liefe in einem anderen Gang als die übrige Menschheit, als sei ich der Gattung des Homo sapiens entrückt, dessen Kapriolen ich verständnislos beobachtete. Hatte die Welt dann ihren Normalrhythmus wiedergefunden, konnte ich das seltsame Gefühl nie schildern, doch das zeitweise Losgelöstsein blieb als Unterströmung in meinem Inneren, bis es mich unter gegebenen Voraussetzungen erneut überraschte.

Seher und Propheten scheinen sich darüber einig zu sein, daß die von uns wahrgenommene Realität irreführend ist. Die Wissenschaft liefert ihnen nachträglich den Beweis dafür, daß alles Feste durchlässig, alles Leblose beweglich ist. Vielleicht ist Meditation nichts anderes als das Kultivieren von Wahrnehmungen über das Wahrnehmbare hinaus, ein Sich-Zurückziehen in einen allgemeinen oder metaphysischen Zustand, der dem individuellen, physischen vorausgeht. Vielleicht ließen sich Methoden entwickeln, mit denen wir unseren individuellen Zustand dem allgemeinen unterordnen können. Das wäre eine wesentliche Bereicherung. Wir könnten dann den einen in den anderen verwandeln und eine Kluft im gegenseitigen Verständnis schließen. Kinder finden, glaube ich, unbefangener zu einem solchen Bewußtsein als Erwachsene. Ein Kind ist seinem Ausgangspunkt noch nahe und doch schon wach genug, um zu zweifeln. Es vermag sich noch aus dem Alltagsablauf in die Realität vor der Geburt zu flüchten, heiße sie nun Rassenerinnerung oder kollektives Unbewußtes, die sein ureigenstes Wesen mitumfaßt. Von diesem irdischen Analogon des Ewigkeitsstandpunkts aus muß ihm notwendigerweise die Welt verworren vorkommen. Ich frage mich, ob es nicht im Leben jedes Kindes eine ungeheure Veränderung bedeutet, wenn es – vor oder nach der Geburt – vom Objekt zum Subjekt, vom in eine Existenz Hinausgedrängten zum selbst Drängenden wird, das aus eigenem Willen lebt. Wenn es eine solche Veränderung ist, braucht man Zeit, um sich ihr anzupassen. Wäre ich hungrig oder obdachlos gewesen, diese Grundmotivationen meines Daseins wären wohl rasch absorbiert gewesen. Da jedoch all meine kindlichen Bedürfnisse gestillt wurden, dauerten sie in veränderter Form fort, sublimierten sich in den Wunsch, Bach zu spielen, zwischen Gut und Böse zu unterscheiden; und so zwischen Realität und Phantasie schwebend, fand ich mich nicht mehr zurecht. Man sollte meinen, eine so früh auftretende Neigung zur Musik sei Lebensziel genug. Ich wünschte ernsthaft, Geige spielen zu können, durch mein Spiel Freude und Sehnsucht auszudrücken, und empfand intensive Gefühle, starkes Interesse, Sorge, sogar Empörung. Und doch überkam mich immer wieder der Gedanke, im Grunde sei mein Leben ichbezogen und sinnlos. Wie ließ sich ein rein persönliches Streben nach Vollendung in Einklang bringen mit dem Vorhaben des Göttlichen, dem Geschick des Universums? Spielte es im Grunde eine Rolle, ob man seine Sache gut oder schlecht machte, diese Musik spielte oder eine andere, lebte oder starb? Jahrelang war ich nicht sicher, ob mir überhaupt etwas an diesem Leben gelegen war, ob ich die mir geschenkte Zeit überhaupt nutzen wollte. Selbst heute, da ich die Bedeutung der kleinen Dinge besser erkenne und weiß, daß selbst die Ameisen mit ihrer Geschäftigkeit zum ökologischen Gleichgewicht beitragen, ertappe ich mich gelegentlich dabei, daß ich mich zu intensiv an etwas verliere – das Aushalten eines Tons, eine Methode für den Unterricht bei Streichinstrumenten, die Einführung elektrischer Massenverkehrsmittel –, und dann halte ich verwirrt inne und versuche den Überblick wiederzufinden.

Soweit ich mich erinnere, habe ich nie derartige nihilistische Zweifel laut werden lassen, die unsere Lebensführung, ja unser Leben selbst in Frage gestellt hätten. Das klingt merkwürdig, denn an sich forderten die idealistischen Grundsätze der Eltern absolute Aufrichtigkeit. Doch welches Kind ist so wortgewandt oder so unbedenklich, verschwommene Tiefen seiner Seele zu enthüllen? Kaum eines, glaube ich. Der Lebensbereich, über den sich sprechen läßt, ist der konventionelle, der öffentlich herzeigbare. Erwägungen aber, die sogar die eigene Geborgenheit sabotieren, bleiben besser unausgesprochen. Da ich mich ohnehin lieber an die Musik hielt als an Worte, verfügte ich über ein Ausdrucksmittel, mit dem sich fast alles sagen ließ; und die tägliche Einsamkeit des Geigens bestärkte mich darin, mich ihr anzuvertrauen.

Ich könnte mir denken, daß es kein großer Unterschied ist, ob man ein begabtes Kind oder einen Kretin großzieht. Beides stellt exorbitante Anforderungen, die man weder ignorieren noch auf Normalmaß reduzieren kann, und die unerläßliche Konzentration stellt naturgemäß die sonst üblichen Prioritäten auf den Kopf. Sicher habe ich das Leben meiner Eltern im gleichen Maß geformt wie sie das meine, ich habe sie zu ihren Ausgangspunkten zurückgeführt, sie in meine Karriere einbezogen und sie, als ich schließlich von daheim fortging, ohne Aufgabe zurückgelassen. Trotz alledem wären, glaube ich, meine Schwestern und ich Gegenstand der gleichen Sorgfalt und Umsicht gewesen, wenn wir nie eine Note gespielt hätten. Ich lieferte nur den Anlaß, vielleicht sogar die Rechtfertigung dafür, daß sie ihren Grundsätzen entsprechend handelten. Aba und Imma hatten sehr fest umrissene Ansichten über Kindererziehung. Sie wären unter keinen Umständen bereit gewesen, diese Aufgabe anderen zu überlassen. Zum Glück wurden sie durch die kalifornischen Gesetze nicht dazu gezwungen.

Im Alter von sechs Jahren, als ich schon ganz gut lesen und schreiben und ein bißchen rechnen konnte, besuchte ich einen Tag lang die Schule. Diesem Experiment gingen endlose Diskussionen voraus, und seine

Kürze zeigt, daß meine Eltern bei den ersten Anzeichen des Nichtgelingens nur zu gern zu ihren ursprünglichen Grundsätzen zurückkehrten. Mein einziger Schultag war nicht schlimm, nur verwirrend. Ich saß ganz still in einem Klassenzimmer, vorn stand ein Lehrer und erzählte längere Zeit Unverständliches, so daß meine Aufmerksamkeit schließlich zu einem Fenster abschweifte, durch das ich einen Baum sah. Dieser Baum war dann das einzige, woran ich mich deutlich genug erinnerte, um zu Hause davon zu erzählen. Das war das Ende meines Schulbesuchs. Später ging auch Hephzibah fünf Tage lang zur Schule. Anschließend bat der Direktor die Eltern zu einer Aussprache und eröffnete ihnen, ihre Tochter sei geistig zurückgeblieben. Nun wurde auch Hephzibah schnellstens heimgeholt und konnte binnen eines Jahres fließend lesen und schreiben. Nach diesen beiden Pannen wurde für Yaltah ein Schulbesuch gar nicht erst erwogen.

Wir bekamen also alle Hausunterricht. Was ist uns dadurch entgangen? Vor allem wohl der Kontakt zu anderen Kindern. Ich war als Zehnjähriger gewöhnt, von Erwachsenen für voll genommen zu werden, konnte mich aber mit Jungen und Mädchen meines Alters nur ungenügend verständigen. Das akademische Plus-Minus dieses Systems ist schwer zu errechnen: Wir lernten nur die Anfangsgründe der Algebra; Geometrie, Physik, Chemie, Latein und Griechisch überhaupt nicht, in modernen Sprachen und Literatur weit mehr, als an Schulen üblicherweise geboten wird. Ich war dreizehn und die Schwestern neun und sieben, als wir in den Ferien in Ospedaletti täglich abwechselnd aus Dantes »Göttlicher Komödie« in der Originalsprache vorlasen.

Zu unserer Vervollkommnung in den Fremdsprachen mußten später Lehrkräfte engagiert werden, doch in der ersten Zeit in San Francisco teilten sich die Eltern in den Unterricht. Aba übernahm naturgemäß alles Rechnerische, und Imma, die keine wie immer geartete mathematische Begabung hatte, nahm sich der übrigen Grundschulfächer an. Geographie, in einer mehr dreidimensionalen als statistischen Art einschließlich dem, was man ungenau Sozialkunde nennt, wurde ohnehin das ständige Begleitthema unseres Lebens.

Aba hatte die Mentalität des echten russischen Sozialisten. Ihn kümmerte nicht, was man *mit* einzelnen Menschen, sondern was man allgemein *für* sie tat, wobei er sich keineswegs dem einzelnen widmete, vielmehr ständig auf Maßnahmen bedacht war, die Menschheit insgesamt etwas glücklicher zu machen. Jede soziale Ungerechtigkeit

brachte ihn in Harnisch, sein Optimismus aber überstand alle Rückschläge. Zwischen seinen Beschwörungen einer großen Zukunft und Immas Beschwörungen einer großen Vergangenheit wurde die Gegenwart zum Zwerg. In welche Richtung diese Gegenwart sich entwickelte, war Imma völlig gleichgültig. Sie rührte keine Zeitung an, Aba hingegen verschlang die »New York Times«, die »Jewish Newsletter« und ganz besonders die »Nation«, ein liberales Blatt, vor dessen Herausgeber Oswald Garrison Villard er größte Hochachtung hatte. Bei Tisch wurde von Politik gesprochen. Kaum konnte ich lesen, gab er mir täglich einen Zeitungsausschnitt. Die Zeitung selbst war mir mit der Begründung verboten, Verbrechen und Gewalttaten seien nichts für die Phantasie eines Kindes. Manchmal behandelten die Ausschnitte politische Themen, die nur Aba interessierten, manchmal waren sie durchaus nach meinem Geschmack: neue Erfindungen, Dschungelabenteuer, Versuche, die menschliche Muskelkraft für Flugapparate zu benutzen, und was sonst einen Jungen interessiert. Wie viele meiner amerikanischen Altersgenossen faszinierten mich alle Maschinen. Heute kann ich beurteilen, daß ich ein sehr langweiliger Partner für Aba war. (Noch heute kommen ganze Postpakete voller Zeitungsausschnitte von meinem Vater. Sie behandeln jetzt andere Themen, doch daß er dies Verfahren bis jetzt beibehalten hat, zeigt, welchen Wert er darauf legt.)
So sehr wir Kinder von möglichen schädlichen Umwelteinflüssen abgeschirmt waren, ganz entfernt und theoretisch wußten wir, daß es draußen in der Welt Kampf, Sorgen und Ungerechtigkeit gab. Meinen Eltern mit ihren so verschiedenen moralischen Leitlinien verdanke ich die unbequeme Eigenschaft, eine Frage nicht nur von zwei, sondern von drei Seiten zu sehen, und kann mich infolgedessen mit keiner Gruppe identifizieren. Zwar waren wir eindeutig Juden, man erkannte es an unserem Bekanntenkreis, meinem herausfordernden Vornamen und der Quelle unseres Einkommens, doch wir hielten uns nicht an die jüdischen Vorschriften. Niemand lehnte sie aber ostentativ ab. Solange mein Vater in den Hebräischschulen von San Francisco angestellt war, sind wir offiziell niemals am Sabbath Auto gefahren, und es war ein dummer Ausrutscher von mir, daß ich Abas offiziellem Chef, dem Rabbiner, hinterbrachte, bei uns daheim sei das »Corned Beef« viel röter und hätte einen Fettrand. Daß wir Juden waren, sprach keinem Nichtjuden seinen moralischen Wert ab. Besonders für Imma lag die Qualität eines Menschen in seiner Echtheit, nicht in seiner Zugehörig-

keit zu einer Rasse oder Kaste und nicht in öffentlicher Anerkennung. Die katholische alte Dame, die uns Kinder hütete, wenn die Eltern ausnahmsweise einmal ohne uns fortgingen, wurde von ihr sehr geschätzt; später hatte sie Vorbehalte gegen Toscanini. Gerade, daß sie das unabhängige Individuum so achtete und Äußerlichkeiten zugunsten innerer Werte übersah, distanzierte sie von gewissen jüdischen Überlieferungen: Ihrem Gefühl nach entstammten diese den beengenden Verhältnissen der Gettos. Trotzdem trat sie – der Familienmaxime getreu – sofort mit fliegenden Fahnen für Juden und Judentum ein, wenn sie diese angegriffen sah. Meine heutige Einstellung ist ganz und gar die gleiche.

Das große Plus des Hausunterrichts war die viele Zeit, die der Lehrer dem Schüler widmen konnte. Wir machten rasche Fortschritte und mußten vergleichsweise wenige Stunden des Tages dem Unterricht opfern. Um sieben Uhr früh standen wir auf, was in San Franciscos belebender Luft nicht schwerfiel, und nach Bad und Frühstück übte ich bis elf. Es folgte eine Stunde Bewegung im Freien, wenn die Sonne am höchsten stand, dann kam der Lunch, gewöhnlich daheim, gelegentlich auch als Picknick am Strand, danach eine Ruhepause. Um drei Uhr begann der Unterricht und endete früh genug, daß wir uns noch draußen austoben konnten, ehe eine weitere Stunde Üben den Arbeitstag abschloß. Um sieben Uhr war ich im Bett. Später verschob sich die Schlafenszeit auf acht, auf neun, doch sehr viel weiter habe ich es in keinem Alter gebracht – mit Ausnahme der Konzertabende natürlich. Dieses Schema füllte sich, wurde vielfältiger im Detail, änderte sich aber im Wesentlichen nicht. Das Ergebnis war eine solche Geschlossenheit der Familie, daß man über den Sinn des Universums nachgrübeln konnte, so viel man wollte, ohne dadurch das Gefüge der täglichen Existenz zu bedrohen.

Freizeit und Muße waren so wichtig wie Arbeit und wurden als wesentlicher Beitrag zu unserer körperlichen, moralischen und geistigen Bildung angesehen. Nie durften andere Pflichten unsere Spielstunde im Freien beschneiden. Hephzibah, Yaltah und ich lernten alle Parks der Welt kennen, da man uns zu festgesetzter Stunde zum Austoben nacheinander in den Central Park, den Bois de Boulogne, die Tuileriengärten, den Berliner Tiergarten, den Hyde Park, Sydneys Botanischen Garten und zahllose andere schickte. Doch keines dieser berühmten Erholungszentren kann in meiner Erinnerung jemals den Park in der Steiner Street verdrängen, der wie fast alles in San Francisco auf einer Anhöhe und nur wenige Häuserblocks von uns entfernt lag. Dort gab es grüne Rasenflächen zum täglichen Herumlaufen, Büsche zum Verstecken, gute Luft, Platz für allerlei Phantasiespiele und später, als wir älter waren, Tennisplätze. Als kleine Kinder spielten wir dort eine Art »Haschen«. Ich hatte dafür eigene Geheimregeln aufgestellt, die das schlichte Laufen, Verfolgen und Abschlagen zur Logarithmentafel verlorener und gewonnener Punkte machten, wobei man viel schrie und überschüssige Energie loswurde.

Wir lebten mit dem Tageslicht. Vielleicht arbeitete ich deshalb so furchtbar ungern nach Sonnenuntergang. Normalerweise kam es selten vor, doch brachte wirklich einmal der Zufall oder ein Gast unseren Tagesplan durcheinander, machte mich der Gedanke todunglücklich, meine Geige auspacken und allein bei elektrischem Licht üben zu müssen. Wie viele Kinder fürchtete ich mich im Dunklen. Manchmal kroch ich in den frühen Morgenstunden aus dem Bett ans Fenster, um auf die Gaslaternen in der Steiner Street hinauszuschauen. Der wackere Mann, der sie auslöschte, zeigte mir an, daß es nun bald Morgen würde. Dann ging ich beruhigt ins Bett und schlief zufrieden wieder ein. Erwachte ich in der Stille des schlafenden Hauses, lauschte ich angestrengt auf das leiseste Anzeichen, daß ich nicht alleingelassen, nicht alles über Nacht gestorben war. Selbst der Morgen konnte meine Besorgnisse nicht völlig bannen. Da ich keine Großeltern gewöhnt war, kamen mir Aba und Imma mit ihren Ende zwanzig gefährlich alt vor, und meine Angst wich erst, als sie heil und gesund ins nächste Jahrzehnt hinübergewechselt waren. Kam Aba eine halbe Stunde später nach Hause, war ich felsenfest überzeugt, ihm sei etwas Schreckliches zugestoßen.

Weiß der Himmel, warum ich mich so von Katastrophen bedroht fühlte; vielleicht verlangten gerade unser friedlicher Alltag und die innige Verbundenheit innerhalb der Familie ein ausgleichendes Sühneopfer. Ich war nicht nur Schwarzseher, sondern auch Grübler. Bei mir mußte alles seinen vernünftigen Grund haben. Über die Frage, warum Grün grün sei oder wohin sich das Benzin bei der Verbrennung verflüchtigte, oder über Sinn und Unsinn unseres Daseins brütete ich lange und sorgenvoll. Zwar behielt ich nicht alles für mich, doch die Erwachsenen waren gerade bei Lebensfragen wie der nach dem Grün wenig hilfreich; ich meinte sogar, gerade grundlegende Erklärungen behielt man Kindern absichtlich vor. Nie kam mir der Gedanke, es könne auf Fragen, über die schon Generationen vergebens nachgedacht hatten, keine

Antwort geben oder meine Eltern könnten etwa nicht allwissend sein. Zum Glück hatte ich meine Schwestern; bei ihnen fand ich stets offene Ohren für all meine Theorien, sie akzeptierten meine Ansichten über Musik, über Spielregeln, über die Möglichkeit, in einem diamantenen Raumschiff (nur solches Material würde meiner Ansicht nach die Reise aushalten) zum Mond zu fliegen, mit vertrauensvollem Respekt. Meine Position innerhalb der Familie war günstig, weil ich der einzige Junge und der Erstgeborene war, aber auch, weil ich über mir zwei Erwachsene und unter mir zwei jüngere Geschwister hatte und Liebe mich symmetrisch von beiden Seiten umrahmte, wobei die eine Partei der anderen an hingebungsvoller Bewunderung nicht nachstand.
Nüchtern betrachtet muß Hephzibah mindestens drei und ich sieben gewesen sein, ehe zwischen uns eine Verständigung im eigentlichen Sinne möglich war. Doch in meiner Erinnerung klafft keine Lücke zwischen meinem entzückten Staunen über das neugeborene Schwesterchen und der Zeit, in der sie mein unzertrennlicher Spielkamerad war, mein zweites Ich, mir so nahe, daß ich ihre Hand wie meine eigene empfand. Hephzibah (ihr Name bedeutet »die Ersehnte«) hatte schon immer ein ausgeprägtes Gespür für andere Menschen. Das machte sie als Kind zur idealen Tochter und Schwester, die rasch begriff, rasch erriet, was man wollte und vorhatte, und später zur engagierten Sozialarbeiterin und privat zu einem Menschen, bei dem es jedem sofort wohl wird. Hephzibah war verläßlich und pflichttreu, Yaltah dagegen zart und labil, und sie begann ihr Leben mit zwei Handicaps: Immas Enttäuschung darüber, daß sie kein Junge geworden war, was ihre überkorrekt unparteiische Behandlung der Töchter manchmal überschattete, und daß sie zwangsläufig von der Spielgemeinschaft ausgeschlossen war, in der Hephzibah und ich einander vollkommen genügten. Wie gern würde ich behaupten, wir wären trotzdem immer nett zu ihr gewesen, doch das wäre schlicht unwahr. Wir liebten Yaltah und ärgerten sie erbarmungslos. Wenn wir es gar zu arg trieben, flüchtete sie sich vor den Spiegel und kämmte ihr blondes, langes Haar. Sie war die einzig Eigensinnige von uns dreien und litt an Anfällen von nervösem Asthma.
Zwar herrschte auch bei uns zu Hause die orientalische Überbewertung des Mannes, doch sonderbarerweise hatte es keinerlei Einfluß auf das, was man von uns Kindern erwartete oder uns erlaubte. In dieser Beziehung schien meine Mutter eher der Emanzipation als der Tradition zuzuneigen. Keine meiner Schwestern lernte irgendwelche weibli-

chen Künste, ob in Küche oder Salon, sie waren im Haushalt so wenig zu gebrauchen wie ich. (Das scheint sie jedoch später in ihrer Rolle als Ehefrauen, Mütter und Gastgeberinnen nicht gestört zu haben.) Sie erhielten den gleichen Unterricht wie ich, nur daß bei ihnen das Klavier die Geige ersetzte und sie nicht ganz so lange zu üben brauchten. Auf Ausflüge und in Konzerte gingen wir gemeinsam; jährlich einmal in Pantages Varieté und nur selten einmal ins Kino in der Phillimore Street, wo noch ein Klavierspieler das stumm auf der Leinwand flimmernde Geschehen begleitete. Wir spielten, arbeiteten und lernten zu den gleichen Zeiten und waren unzertrennlich, mit mir als unbestrittenem Anführer – bis meine Gastspielreisen anfingen.
Gewiß haben wir uns gegenseitig die Freunde ersetzt, die wir bei normalem Schulbesuch gefunden hätten; gelegentlich kamen wir aber auch mit anderen Kindern zusammen, z.B. mit denen Persingers, die sonntags mit uns spielten und picknickten. Solche Zerstreuungen durften den Stundenplan nicht stören, sie wurden nur eingeschoben. Für Zufallsbekanntschaften war kein Platz vorgesehen. Auch auf das Leben der Eltern erstreckten sich diese strengen Vorschriften. Nur äußerst selten gönnten sich Aba und Imma einmal einen Abend mit anderen Erwachsenen und gingen aus. Immer waren sie da, immer standen sie uns zur Verfügung. Dadurch war unser Leben abgeschirmt, kompakt, geregelt und so fest gefügt, daß jedes Abweichen von der Norm eine Riesenaufregung bedeutete. So auch die Bekanntschaft mit dem Komponisten Ernest Bloch.
Selbst in einem Leben voller Abwechslungen wäre Bloch ein unvergeßlicher Eindruck gewesen. Er war ein Musiker wie aus dem Alten Testament: Seine Rede war Donner, seine Augen sprühten Blitze, um ihn war das Feuer des Herrn, und wer ihm versehentlich zu nahe kam, den versengte es. Ich sah ihn später noch oft, so daß die Bilder sich übereinanderschieben und ich den unbefangenen ersten Eindruck nicht mehr wiedergeben kann. Mit seinen vierzig Jahren war er bereits der Prototyp des Patriarchen. Wir lernten ihn im Hause seines Freundes Lichtenstein kennen, einem Mitglied des San Francisco Orchestra. Daß für uns eigentlich schon Schlafenszeit war, ist mir deutlicher in Erinnerung geblieben, als was er sagte oder gar, was ich ihm vorspielte. Bloch hat uns später mehrfach in der Steiner Street besucht. Mit der für ihn typischen verschwenderischen Freigebigkeit schenkte er mir ein kurzes Stück für Geige und Klavierbegleitung *Avodah* (Avodah ist das hebräische Wort für Arbeit, hat aber noch eine religiöse Nebenbedeutung,

etwa »zum Lobe Gottes«). Bis zu diesem Tag hatte ich nur Stücke längst verstorbener oder fernstehender und unbekannter Komponisten gespielt. Ein eigens für mich komponiertes Stück eines Lebenden zu besitzen, machte mich stolz und begeistert. Ich sollte es später oft und in vielen Ländern spielen.

Musik war für mich nie abstrakt und gerade damals Ausdruck einer Realität jenseits des Horizonts von San Francisco und meiner behüteten Kindheit, sie verhieß Reisen und Erleben. Auch Blochs Musik, mir durch ihre jüdischen Eigenschaften vertraut, ließ mich weite Fernen ahnen. Ich glaube nicht, daß mein Eindruck im einen oder anderen Sinne trog. Der Unterschied zwischen dem, was einer zu sein glaubt und wie er beurteilt wird, ist oft groß. Ernest Bloch galt seinem Publikum als der große jüdische Komponist, er selbst aber hoffte insgeheim, der amerikanischste zu sein. Zweifellos war er als jüdischer Komponist von Bedeutung: Er komponierte einen vollständigen jüdischen Gottesdienst, ein nobles, zu Herzen gehendes Werk, und vieles andere über hebräische Themen, seine ganze Erscheinung paßte zu dieser Rolle; trotzdem wird man ihm nicht gerecht, wenn man ihn nur als »jüdisch« abstempelt. Er ist darüberhinaus ein bedeutender Musiker, Vorläufer einer Musikwelt, die das Zwölftonsystem überwand und zum Kontrapunkt auf tonaler Grundlage zurückfand. Bloch hat lange Zeit bei den Indianern von New Mexico gelebt und ihre Musik von Grund auf studiert. Seine dort gewonnenen Anregungen und Kenntnisse machten ihn seiner Meinung nach zum spezifisch amerikanischen Komponisten, weil er nicht, wie mancher Zeitgenosse, die Motive einheimischer Folklore überging und sich allein auf europäische Musiktradition stützte. Als die Vereinigten Staaten sich auf eine Nationalhymne festlegten und noch zwischen *My Country 'Tis of Thee* und *The Star-Spangled Banner* schwankten, hoffte Bloch, man würde sich stattdessen für die Schlußhymne seiner vierten Symphonie entscheiden. Das blieb ihm versagt, denn wie alle Welt weiß, fiel die Wahl dann doch auf *The Star-Spangled Banner*. Ich habe es im Zweiten Weltkrieg oft gespielt und weiß seinen militärischen Schwung zu schätzen. Trotzdem ist der friedliche, edle Choral *My Country 'Tis of Thee*, den Briten als *God save the Queen* bekannt, mir sympathischer.

Abgesehen von einer besonders langen Mittagsruhe verlief ein Konzerttag bei uns wie jeder andere. Solange Ezra Schapiro bei uns wohnte, kam er auch an solchen Tagen zu Tisch. Der Vormittag verging mit Üben und Bewegung im Freien, der Nachmittag mit der Ruhepause und dem Unterricht. Erst in letzter Minute vertauschte ich meine baumwollene Kniehose mit einer aus Samt, den abgewetzten Pullover mit meinem besten Hemd. Ezras Anwesenheit verwies das abendliche Konzert auf seinen Platz als ein Ereignis unter vielen. In dieser Welt lebte eben jeder anders. Die Zeitungskritiken am nächsten Morgen wurden mir nie gezeigt. Das Konzert war vorüber und vergessen, und nun ging man zur Tagesordnung über.

Zwischen meinem siebenten Lebensjahr, als ich zum ersten Mal auftrat, und meinem zwölften, in dem meine Gastspielreisen begannen, richteten Aba und Imma es so ein, daß ich niemals mehr als ein, zwei Konzerte jährlich geben mußte. Da gerade ihre Seltenheit sie zu etwas Bedeutungsvollem hochzuspielen drohte, mußte man um so mehr so tun, als geschähe nichts Außergewöhnliches. Für mich traf das auch zu. Ein Konzert war nur insoweit bedeutungsvoll, als es einen Meilenstein darstellte, einen Test, eine Vorprüfung für eine künftige, glanzvolle Laufbahn. Welchen Sinn sollte die Überei denn sonst haben? Mir war meine Geige nie ein *violon d'Ingres*. Als Dreijähriger hatte ich nicht den Ehrgeiz gehabt, für mich allein zu spielen, sondern für andere, die mir dabei vielleicht gerne zuhörten; und Konzerte zu geben, half menschliche Kontakte knüpfen und war das Natürlichste von der Welt. Ich schlief fest und gut in der Nacht vorher.

Die vielen »Premieren« zu Beginn meiner Laufbahn haben mich kaum beeindruckt. Mein offizielles Debüt am 29. Feburar 1924 gab ich mit Bériots *Scène de Ballet*, von Louis Persinger am Klavier begleitet, im Rahmen eines Konzerts des San Francisco Symphony Orchestra im Oakland Auditorium. Wenn ich nicht irre, wurde es danach in San Francisco selbst wiederholt. Ich weiß nur noch, daß ich schrecklich aufgeregt war, anders als bei meinem Vor-Debüt ein paar Wochen zuvor, wo ich als Amateur in einem Kinderweihnachtskonzert aufgetreten war. Alljährlich wurde im Rathaus eine riesige, mit Lametta geputzte Tanne aus den Sierras aufgestellt, und die so geschmückte Halle überließ man einen Nachmittag lang den Kindern. Mehrere tausend füllten die Stuhlreihen, und ein paar Dutzend bestritten das Programm. Es war charakteristisch, daß mein erstes Auftreten vor einem so riesigen Publikum stattfand, obwohl mein Beitrag kaum fünf Minuten dauerte. Später spielte ich mehrfach Lalos *Symphonie espagnole* und Tschaikowskys Violinkonzert, und am 25. März 1925, einen Monat vor meinem neunten Geburtstag, wurde erstmals die Scottish Rite Hall in San Francisco einen Abend lang für mich allein gebucht.

So wurde ich allmählich in meiner Heimatstadt bekannt, lernte mein erstes Publikum kennen, nahm seinen Beifall entgegen, aber der unveränderte Alltag saugte diese Erlebnisse ohne weiteres auf. Trotz ihrer verschiedenen Ausgangspunkte trafen sich meine Eltern in dem Entschluß, ihre Kinder nicht gewinnbringend einzusetzen. Erstens war die Familie sakrosankt. Zweitens hatten wir unseren Tageslauf, der von dem anderer Menschen abwich. Drittens waren Kinder für sie keine Gegenstände, sondern eigenes Fleisch und Blut, mit ihnen zu einer Einheit verschmolzen, von denen man nicht eines zur Schau stellen konnte, ohne daß die übrigen unter der Publicity litten. Konzerte mußten sein, zunächst als Talentproben, später als Erwerbsquelle, durften aber nie die oberste Pflicht der Kinder, zu lernen und zu üben, beeinträchtigen. Noch immer war Zeit zu wertvoll, um sie müßiger öffentlicher Neugier zu opfern. Kein Interviewer einer Zeitung wurde vorgelassen, Bitten, in privatem Kreis zu spielen, abgelehnt. Wir wuchsen deshalb ganz natürlich auf, abgeschirmt gegen eine zudringliche Welt, die uns nur zu gern zu egozentrischen kleinen Ungeheuern gemacht hätte. Ich kann meinen Eltern nicht genug dafür danken, daß sie so vernünftig waren, uns als normale Kinder zu behandeln, und energisch genug, allem Gegendruck standzuhalten.

Im August 1925 mußte sich die Familie zum ersten Mal trennen. Persingers Plan, sein Quartett in diesem Winter in New York zu stationieren, stellte uns vor die Alternative, entweder mitzuziehen oder auf seinen Unterricht zu verzichten, bis er wieder nach Kalifornien zurückkehrte. Es war ein schwerwiegender Entschluß. Entschieden wir uns für New York, so bedeutete das die Trennung, denn selbstverständlich konnte Aba seine Arbeit nicht für so lange Zeit im Stich lassen. Das Opfer, das er nicht hatte bringen können, als Imma die Mutter besuchen wollte, brachte er jetzt mit zusammengebissenen Zähnen. Auch wir Kinder trennten uns zum ersten Mal von ihm, aber wir waren jung, vor uns lag ein Abenteuer, und wir fühlten uns unter Immas Fittichen sicher. Daß er sich zum ersten Mal auch von ihr trennen mußte, war ihm am schlimmsten.

Er begleitete uns zum Abschied an den Oakland Pier. Und wie er Imma schon einmal auf einem Ausflug, an dem er nicht teilnehmen konnte, meiner Obhut anvertraut hatte, machte er mich auch jetzt kurz vor der Abfahrt des Zuges auf meine wichtige Rolle als einziger Mann aufmerksam. Feierlich, heimlich, fast als wäre es eine Art Jüng-

lingsweihe, vertraute er mir ein Riechfläschchen an, ich solle es bereithalten, falls Imma ohnmächtig würde. Möglicherweise habe ich mich in meiner Besorgnis verraten, oder man fand das Riechfläschchen abends beim Umdrehen meiner Hosentaschen: jedenfalls wurde Abas Vorsichtsmaßregel vorzeitig entdeckt. Imma war sehr erheitert, nahm das Riechfläschchen an sich und versicherte mir, es sei überflüssig. Wäre ihr je schwach geworden, sie hätte es ihre unmündigen Kinder nicht merken lassen, doch kam mir dieser Gedanke so wenig wie Aba. Ich fühlte mich sehr gehoben durch das in mich gesetzte Vertrauen.
Die Overland Limited brauchte zur Reise von Oakland nach Chicago sechzig Stunden. Von Chicago nach New York waren es weitere zwanzig Stunden in einem Zug namens Twentieth Century Limited, so daß eine Durchquerung des Kontinents ein gewaltiges Unternehmen darstellte. Die Reise nach Osten war zwar ebenso lang, aber weit komfortabler als der Treck nach Westen, den die Eltern neun Jahre vorher mit mir unternahmen. Wir hatten ein Abteil für uns, mit eigenem Wasser und eigener Toilette. Während meiner Gastspielreisen sollten mir solche Abteile sehr vertraut werden. Anfangs teilten Aba und ich sie mit Persinger, später mit verschiedenen Klavierbegleitern. Es gab darin ein oberes und ein unteres Bett und außerdem einen schmalen Diwan. Ich hatte immer das obere Bett, lernte behende hinaufzuklettern und gemütlich darin liegend zu lesen, während der Zug ratternd und schwankend Amerika durchquerte; doch beim ersten Mal war das Erlebnis noch neu: ich saß dauernd am Fenster, schaute hinaus auf die vorüberfliegende Landschaft und verfolgte unsere Route auf der Karte, die mir ein Freund der Eltern, Dr. Samuel Langer, vorsorglich mitgegeben hatte. Ich ahnte nicht, wie vertraut mir die Stationen Marino, Greensville, Omaha usw. noch werden sollten.
Erst einige Tage nachdem wir Aba am Oakland Pier zugewinkt hatten, erreichten wir erschöpft und durchgerüttelt New York. Uns war zumute, als kämen wir ins Gefängnis oder in die Hölle.
San Francisco war mit seiner schönen Lage, seinen steilen Straßen, von denen aus man überall Ausblicke auf den tobenden Pazifik oder ruhige Buchten hatte, eine menschliche Stadt. Ihre Bewohner lebten in Häusern von menschlichen Dimensionen, standen zu ihren Nachbarn in menschlichen Beziehungen. Nachträglich wurde mir die Schönheit von Land und Meer, die relative Sauberkeit und Ruhe als ein Glück bewußt. Jetzt sah ich die düsteren, beängstigenden Schluchten der New Yorker Straßen unter lastendem Novemberhimmel, fand den

Lärm, Schmutz und Gestank der Subway schrecklich und glaubte, daß diese gehetzten, gequälten New Yorker mit dem Winter, der Unterbezahlung und dem Gedränge überall ihre liebe Not hätten. Mein Vorurteil gegen meine Geburtsstadt hat mich nie verlassen. Doch bei meinen vielen Besuchen konnte ich New York nach und nach einige Reize abgewinnen. Wenn man aus dem Getümmel der Straßen hinauf flüchtet, auf eine der Aussichtsplattformen, und über die gewaltige Stadt hinblickt, belohnt einen ein animalisches Wohlbefinden. Leider muß man wieder hinunter und drunten weiterleben. Obwohl ich in New York viele liebe Freunde habe, obwohl es wissenschaftlich und künstlerisch beachtliche Leistungen vollbringt – ganz werde ich meine Vorbehalte wohl nie abbauen. Daß ich überzeugt bin, New York könnte die Hauptstadt der Welt sein, hätte aber diese Chance irgendwann versäumt oder vertan, mag ein wenig dazu beitragen.

Ich hatte schlimmes Heimweh, weil Aba fehlte. Später sollte sich zeigen, daß meine Sehnsucht nach San Francisco tiefer saß, als daß eine Wiedervereinigung der Familie sie hätte stillen können. Als Aba und ich später auf Konzerttourneen durch die Vereinigten Staaten reisten, wurde mir stets wohler, wenn wir weiter nach Westen kamen. Für den Augenblick galt es erst einmal vier Monate durchzuhalten – mit tscherkessischem Gleichmut, der alles erträgt –, ehe diese fröhliche Reise beginnen konnte. Der erste Winter in New York lag recht bedrückend vor uns. (Ich strich später noch Monate lang überall den Namen New York durch, ehe ich ihn vergessen konnte.) Dann wurde er doch noch erträglich, denn es ereignete sich allerlei, um unsere bedrückte Stimmung aufzuhellen.

Wie zu erwarten gewesen war, nahm Imma eine Wohnung hoch oben, von der aus wir auf einen bescheidenen Teil der Erdoberfläche herunterblicken konnten. Es war der erste strenge Winter meines Lebens: wir bauten Schneemänner (auf dem Fensterbrett), bekamen Schlitten und wurden winterlich eingekleidet. Mein neuer Mantel, eine Art Teddymantel, der als »Chinchilla« bezeichnet wurde, aber einfach aus besonders dickem, noppigem Wollstoff war, gefiel mir ausnehmend. Unweit unserer Wohnung lag der Morningside Park. Er war zwar nicht so schön wie unserer in der Steiner Street, aber doch ein brauchbarer Ersatz. Dort fuhren wir Schlitten.

Ein wichtiges Erlebnis war auch meine erste persönliche Begegnung mit der Medizin, ich hatte sie bis dato nur als Patient unter dem Stethoskop kennengelernt. Meine Mutter erneuerte einige ihrer vor zehn Jahren geschlossenen New Yorker Bekanntschaften, darunter die mit dem Ärzteehepaar Dr. Garbat, das bereits in ihrem und Abas Leben eine Rolle gespielt hatte und auch in das meine eingreifen sollte. Rachel Garbat war die einzige Tochter eines reichen Teehändlers, Abraham Lubarsky, der als Freigeist unter den Zionisten solchen aus Palästina eingewanderten Stipendiaten, wie mein Vater einer gewesen war, am Freitagabend ein Sabbathmahl spendierte. Rachel, ebenso freigebig mit ihrer Zeit und Energie wie ihr Vater, war eine Förderin der Musiker und stand mit ihrem Mann, der zwar von Beruf Arzt, aber ausgezeichneter Musiker war, im Mittelpunkt des New Yorker Musiklebens. Sie bewohnten zwei nebeneinanderliegende Häuser in der East 81th Street, benutzten das eine als Heim, das andere als Dr. Garbats Praxis. Meinem damaligen Besuch seiner Behandlungs- und Untersuchungsräume, seines medizinischen Labors und seiner Bibliothek, mit all den Büchern, Akten, Apparaten, dem ganzen ärztlichen Drum und Dran, verdanke ich ein lebenslanges Interesse an Fragen der Gesundheit und Therapie, sowohl der Schulmedizin als ihrer Randgebiete. Später sollte ich den Garbats noch weit mehr verdanken, doch im Winter 1925/26 bedeuteten sie mir das Faszinosum des Arztberufs. Ein anderer Freund meiner Eltern war Rabbi De Sola Pool, für den Imma nach ihrer Ankunft in New York als Hebräischlehrerin gearbeitet hatte. Der Rabbi hatte den Zustrom russischer Juden nach Palästina miterlebt: wie er zu erzählen wußte, war fast jeder Zweite mit einem Geigenkasten von Bord gegangen, so sehr war die Musik ihnen zum Symbol der Freiheit geworden.

Die Musik war auch in New York die Hauptsache. Außer dem Üben und den Stunden bei Persinger wurde etwas Neues versucht: Ich ging donnerstags einige Male an Immas Hand ins Institute of Musical Art (die heutige Juilliard-Musikschule) und lernte vom Blatt Singen. Eine der Lehrerinnen, Dorothy Crowther, hat später behauptet, ich sei meinen Klassenkameraden weit voraus gewesen. Sie ist in der Erinnerung bestimmt zu nachsichtig: Mein Ohr mag im Solfeggio gut gewesen sein, bei den Fachausdrücken der Harmonielehre erwies ich mich als stocktaub. Damals wie heute vertraute ich nur der Musik und mißtraute der Sprache. Nicht mit dem Holzhammer hätte man mir die Fachausdrücke einbläuen können. Im Klassenunterricht fühlte ich mich verlegen und unbehaglich, er war so ganz anders als zu Hause, wo man über fest etablierte eigene Identität gar nicht erst nachzudenken brauchte. Schon einmal war versucht worden, mich in so etwas wie einen Klassenunterricht einzugliedern: in ein Kinderorchester in San Francisco, das mich wohl eher den Umgang mit anderen Kindern als das Orchesterspiel lehren sollte. Auch dieses Experiment wurde nach kürzester Zeit abgebrochen. Vielleicht hätte ich später im Leben weniger Kontaktschwierigkeiten gehabt, wäre der eine oder andere dieser Anpassungsversuche fortgesetzt worden. Andererseits blieb meine Kindheit erstaunlich frei vom schädlichen Einfluß des Wettbewerbsdenkens. Ich beurteilte meine Leistungen nach höchsten Maßstäben, mit heiliger Scheu, und ohne den Wunsch, der Beste zu sein.

Etwa um die Zeit, als das vom Blatt Singen aufhörte, bekam ich meine erste italienische Geige, eine Sieben-Achtel Grancino. Die Spender – ein Ehepaar Rosenberg aus Chicago und ein Junggeselle, der in einer von Abas Schulen Hebräisch lehrte und drolligerweise Rosenthal hieß – hatten zusammen achthundert Dollar für den Ankauf gespendet. Dieses »Rosenbeet« verschönte unser New Yorker Exil und löste in mir einen immer wiederkehrenden Traum aus, durch den die Nächte wärmer wurden: Fritz Kreisler betritt die Bühne der Carnegie Hall. Beifall braust auf und stockt plötzlich, denn die Leute in der ersten Reihe, unter ihnen auch ich, bemerken etwas Sonderbares: er trägt zwei gleiche Geigen. Die eine reicht er mir von der Bühne herunter und sagt so feierlich und vernehmlich, daß man es im ganzen Saal hört, ja als sei eben dies sein Vortrag: »Hier, mein Junge, die ist für dich.«

Ich fand Kreisler ungeheuer anziehend. Oft sind Musiker im Privatleben farblos oder eine Ansammlung professioneller Stigmata, die auf das fehlende Instrument hinweisen, wie der Hohlrücken eines Pferdes auf den fehlenden Reiter. Er aber hatte, wie auch Georges Enesco, das Lässige des echten Aristokraten. Er erschien mir als lebendige Illustration zu Immas Bemerkung, ihre männlichen Vorfahren hätten nur gegeigt, um sich von wichtigeren Geschäften abzulenken. Der Name Kreisler bedeutete einen bestimmten Klang, noch ehe dieser zum Begriff wurde. So blendend Heifetz spielte, ich hätte mich durchaus getraut, mit meinem *Perpetuum Mobile* und meinem *Tanz der Kobolde* neben ihm zu bestehen. Kreisler aber blieb mir geheimnisvoll und unerreichbar. Bei Heifetz lag der Ton auf der Oberfläche der gespielten Platten, in den Rillen, dem Tonarm, der Achse verhaftet, wie eine schöne Schnur, die sich mit 78 Umdrehungen pro Minute abspult. Der typische Kreisler-Klang war subtil und eindringlich, unter der Oberfläche erfüllt von Regungen und Impulsen, von Hinweisen, die aufzufangen die damalige primitive Aufnahmetechnik und ich uns nach

Kräften bemühten. Ich sehnte mich glühend danach, *Schön Rosmarin* und *Caprice Viennois* mit einer so raffinierten Eleganz zu spielen. Ich war noch ein Kind, spürte aber doch, daß meinen Imitationsversuchen etwas Entscheidendes fehlte: Lebenserfahrung. Man mußte wohl schon vieles erlebt haben, ehe man zu jenen Höhen gelangte, auf denen Zärtlichkeit und Raffinement ineinander verschmolzen.

Das Persinger-Quartett probte in der Lexington Avenue, in der Wohnung von Mrs. Cecilia Casserly, einer charmanten Dame von Welt und großen Musikfreundin. Von dem Tage an, an dem sie Persinger erlaubte, mich in ihrem Hause zu unterrichten, bis zu ihrem Tode blieb sie mir eine Freundin. Von unserer Wohnung an der West Side bis zu ihr war ein weiter Weg, den wir stets zu Fuß zurücklegten, für den wir am Ziel aber herrlich belohnt wurden. Noch nie hatte ich ein so elegantes Logis gesehen. Besonders die Empore für die Musikanten gefiel mir. Endlich ein Haus, bei dessen Bau man gleich an die Musik gedacht hatte. Leider wurde mir gerade in dieser angenehmen Umgebung eine der wenigen Abfuhren meines Lebens zuteil.

Zwar wurden mir sowohl Lob und Tadel der Zeitungskritiken wie allgemeine Publikumselogen vorenthalten, doch es sickerte genug durch den Schutzwall, um mich in der Vorstellung zu bestärken: Kritik kam aus der Familie, besonders von Imma, Schmeicheleien von Fremden. Immas Lob hatte Seltenheitswert und vermochte auch fremdes, übertriebenes Lob aufs rechte Maß zu bringen. Doch auch Zurechtweisung war selten und traf mich daher von einem Fremden vergleichsweise hart. Zu den Nutznießern von Mrs. Casserlys Musikerbetreuung gehörte auch Nikolai Sokoloff, der sich damals gerade als Dirigent des Cleveland Orchestra einen Namen machte. Bei einem Besuch in New York hörte er mich spielen und war sehr liebenswürdig zu mir; später kam mir jedoch seine Äußerung zu Ohren, soviel könne jeder Konzertmeister seines Orchesters auch. Für einen Zehnjährigen ist das zwar kein vernichtendes Urteil, doch ich war Geringschätzung nicht gewohnt, und sie verletzte mich tief. Die Wunde heilte bald. Sokoloff war einer der ersten Dirigenten, mit dem ich außerhalb von San Francisco spielte, und wir haben zu gegenseitiger Zufriedenheit noch manches Konzert miteinander gegeben. Ich habe übrigens nie herausbekommen, ob er die mir zugetragene abwertende Bemerkung tatsächlich gemacht hat.

Drei Wochen vor unserer Heimfahrt überredete Aba die Jüdische Gemeinde von San Francisco, ihn auch auswärtige Hebräischschulen,

darunter die von New York, inspizieren zu lassen. Ehe er kam, führte er mit Imma brieflich und telegrafisch eine lange Korrespondenz. Man konnte damals zwar schon von Küste zu Küste telefonieren, doch das war für uns nichts Alltägliches. Die Frage lautete, sollte ich in New York ein Konzert geben oder nicht? Nach Rücksprache mit Persinger, der mich begleiten sollte, entschied man sich schließlich dafür. Das Manhattan Opera House wurde gemietet und alle sonstigen Arrangements einem Herrn namens Loudon Charlton übergeben. Doch offenbar fand Aba Mr. Charlton zu wenig aktiv, denn kaum war er in New York, begann er auch schon selbst, Programme zu verschicken, Eintrittskarten zu verteilen, Freunde in Schlachtordnung zusammenzuziehen, sich mit Zeitungen in Verbindung zu setzen und Mäzene vorzuwarnen. So waren denn unsere letzten drei Wochen in New York ebenso ereignisreich und lebhaft, wie die ersten drei Monate nüchtern und trübselig gewesen waren. Am 17. Januar 1926 spielten Persinger und ich Händels Sonate in E-Dur, Lalos *Symphonie espagnole* und den ersten Satz aus Paganinis Konzert D-Dur vor einem Publikum, in dem sich außer Walter Damrosch kein Musiker befand. Doch in der ersten Reihe saßen nebeneinander drei ältere Herren: Papa Heifetz, Papa Elman und Papa Max Rosen. Vielleicht hatte ein Reporter ihre Anwesenheit nur erfunden, um dadurch anzudeuten, daß es sich weniger um ein Musikereignis als um eine rituelle Aufnahmefeier in einen hochexklusiven Musikklub handelte, eine Art Über-Bar-Mizwa, bei dem der Gefeierte in den Rang der Götter, sein Vater aber in den Rang der Erzengel aufgenommen wird. Abas Bemühungen, »Kräfte« zu beschwören, hatten ein ganzes Minyan zusammengerufen, den Zehnerrat jüdischer Männer, die zu einem Gottesdienst nötig sind.
Kurz darauf verließen wir New York. Der Auftrag meines Vaters führte uns im Süden nach New Orleans und im Westen nach Los Angeles. Imma wunderte sich, daß unser Führer uns besonders auf das Haus von Douglas Fairbanks und Mary Pickford aufmerksam machte. Wer in aller Welt mochte das sein?

Wie die seit Jahrtausenden in einer ägyptischen Pyramide eingeschlossenen Getreidekörner wieder keimen, sobald sie Luft und Wasser bekommen, so liegen in einem Leben oft bestimmte Eindrücke und Ideen jahrelang brach, bis sie durch ein Ereignis zu blühen beginnen. Von den Einflüssen, die weiter zurückreichen als mein Bewußtsein, weiter vielleicht als mein Eigendasein, habe ich schon gesprochen, ebenso von entscheidenden Erlebnissen – den Naturlauten, der Schönheit Anna Pawlowas, der Faszination durch die Medizin –, die sich zeitlich oder geographisch fixieren lassen. Manches Saatkorn mußte mit dem Austreiben warten, bis ich erwachsen war, manches mußte sich nur noch eine kleine Weile gedulden. Zum Wichtigsten dieser letzten Art gehörte mein Wunschtraum, eines Tages bei Georges Enesco zu arbeiten.

Er kam nach San Francisco, um seine Symphonie zu dirigieren und das Violinkonzert von Brahms zu spielen. Ich war damals acht. Ich verfiel ihm, ehe ich die erste Note von ihm gehört hatte. Sein Auftreten, seine Haltung, seine wundervolle schwarze Mähne, alles kennzeichnete ihn als freien Menschen, ungebunden wie ein Zigeuner, ungezwungen, natürlich, schöpferisch begabt und voller Feuer. Als er dann zu spielen begann, hatte seine Musik eine Leuchtkraft, wie sie mir noch nirgends begegnet war. Ich konnte damals nicht damit rechnen, ihn je wieder zu sehen oder zu hören, falls er nicht nochmals eine Konzerttournee durch die Staaten machte und wieder in San Francisco übernachtete. Man sollte meinen, daß ich mit meinen acht Jahren so ohne Aussicht auf eine Wiederbegegnung enttäuscht oder mutlos gewesen sein müßte, doch nein: Auch dieses Saatkorn reifte in aller Stille, und als wir drei Jahre später nach Europa fuhren, wußte ich, wo die Reise enden würde. Daß meine schrankenlose Verehrung für ihn mir seine Zuneigung und Protektion gewann, besagt, wie unausweichlich das vollkommen Richtige ist.

Um uns nach Europa zu führen, bedurfte es jedoch einer Folge märchenhaft unwahrscheinlicher Ereignisse, wie sie kein Schriftsteller hätte erfinden können. Der erste Anstoß zu dieser »wahren Geschichte« war Dr. Samuel Langer, der mir damals für unsere Expedition nach New York die Karten Nordamerikas mitgegeben hatte. Dr. Langer war Direktor eines jüdischen Waisenhauses. Außer seinem Wohnhaus gehörten zu diesem Komplex noch mehrere Gebäude, in denen je etwa zwanzig Kinder untergebracht waren und die schön inmitten eines grünen Parks lagen. Ich besuchte ihn und seine Familie oft, wurde herumgeführt, sah zu, wie die Waisenkinder spielten, und spielte mit. Dr. Langer seinerseits nahm freundschaftliches Interesse an mir und machte einen der bekanntesten jüdischen Philanthropen San Franciscos auf mich aufmerksam: Sidney Ehrman, einen reichen Rechtsanwalt aus namhafter Familie, der einen Fonds zur Förderung begabter Waisenkinder gestiftet hatte. Über Dr. Langer bot Mr. Ehrman meinen Eltern eine große Summe an. Doch wie in allen Märchen waren vor dem »Ende gut, alles gut« noch ein paar Prüfungen zu bestehen. Aba und Imma lehnten mit der Begründung ab, sie hätten für die Erziehung ihrer Kinder keine Hilfe von Dritten nötig. Langer blieb beharrlich. Im März 1926 tauchte die Frage erneut auf.

Um unsere Rückkehr ins Leben San Franciscos zu feiern, gab ich in jenem Monat ein Orchesterkonzert sowie meinen ersten Soloabend in der Scottish Rite Hall. Noch erhitzt von all der freudigen Aufregung stand ich im Künstlerzimmer, da führte Aba einen großen, schönen Mann herein. Seine ganze Erscheinung war so elegant, seine lobenden Worte so schmeichelhaft, Aba so sichtlich stolz, daß ich Immas Reserviertheit nicht begriff, weder im Künstlerzimmer noch später im Haupteingang, wo wir ihn mit seiner Familie wiedertrafen. Ein Rolls-Royce fuhr vor, Imma lehnte das Anerbieten, uns darin heimfahren zu lassen, unter dem Vorwand ab, sie habe bereits andere Dispositionen getroffen. Diese Dispositionen ließen uns bis auf die Haut naß werden, weil gerade ein Platzregen niederging und es ein paar Minuten dauerte, bis wir ein Taxi fanden.

Der Weltmann im Künstlerzimmer, kein anderer als Mr. Ehrman, hatte sich Immas zweite schroffe Zurückweisung dadurch zugezogen, daß er vorschlug, meine Ausbildung im Ausland zu finanzieren. Widerstände beim Geldverdienen oder -ausgeben kannte Mr. Ehrman nicht. Wenige Tage später kam er persönlich zu uns. Imma und er trugen ihre Plädoyers vor wie zwei gegnerische Anwälte. Imma erklärte, sie sähe mich lieber als Schuster denn durch ein Virtuosenleben verdorben. Außerdem rechtfertige nichts die Trennung der Familie. Mr. Ehrman konnte in seinem Plan nichts mir Abträgliches sehen und zerstreute ihre Bedenken vor einer Trennung durch seine Erklärung, die ganze Familie finanzieren zu wollen. Er hätte trotzdem umsonst plädiert, wäre nicht Imma innerlich ohnehin entschlossen gewesen, Europa als die Wiege unserer Vorfahren wieder aufzusuchen. Gewiß ist nur das eine: mit seinen Vernunftgründen akzeptierte sie auch ihn selbst, den einzigen Wohltäter, gegen den sie keinerlei Vorbehalte hatte. Seine bescheidene, aber feste Autorität, seine glänzende Lebensführung ohne jede Protzerei, seine Protektion, die den Protegierten nicht belastete, verschmolzen bei ihr zum Idealbild des kaukasischen Edelmannes.

Er schloß uns in sein Herz, nicht nur für das eine subventionierte Jahr, sondern fürs ganze Leben. Wir Kinder sahen in ihm sofort ein Familienmitglied und nannten ihn »Onkel Sidney«. Abgesehen von meinem Vater hat wohl nie ein Mann größeres Anrecht auf meine Sohnesliebe gehabt, nicht einmal meine hochverehrten Lehrer Enesco und Persinger. Von dem Moment an, in dem er Imma für sich gewann, nahm das Leben der Familie neue Dimensionen an. Durch seine Großmut schenkte er uns nicht nur die Erfüllung mancher Wünsche, sondern darüber hinaus neue Wertmaßstäbe, Weisheit und Erfahrung, die uns stützten, stärkten und anspornten. Kraftvoll und doch bescheiden, weise und doch schlicht, humorvoll und doch ernst, wohlwollend und doch wählerisch, von sprühendem Intellekt und doch fähig zu echtem Mitgefühl, war er mir ein leuchtendes Beispiel für das, was ein Mensch sein kann. Er ist es geblieben, fünfzig Jahre lang, bis zu seinem Tode 1975.

Wie viele andere, denen ich im Leben begegnete, hatte auch Onkel Sidney in seiner Jugend Geige gespielt. Als er seiner Frau, Tante Florence, den Hof machte, hatte ihre unzulängliche Klavierbegleitung ihn oft schrecklich geärgert, und er hatte das Geigen als den Stein des Anstoßes lieber aufgegeben, nicht aber seine Geige, eine Guadagnini. Er ließ sie später reparieren und in ihren ursprünglichen Zustand zurückversetzen und schenkte sie mir. Ich besitze sie noch heute. Onkel Sidney und Tante Florence entstammten alteingesessenen Familien San Franciscos, in denen man seit mindestens drei Generationen reich und einflußreich war und das Geld nicht mehr um seiner selbst willen, sondern als Mittel zum Zweck schätzte. Bei ihnen herrschte die gleiche liebevolle Harmonie wie bei uns. Sie hatten einen Sohn, Sidney, der damals Student war, und eine Tochter, Esther, in die ich mich verliebte.

Wie erwähnt, war ich chronisch in jemand verliebt. Esther Ehrman aber überstrahlte schon bei der ersten Begegnung alle früheren Inkarnationen der ›unsterblichen Geliebten‹ und blieb meine Dulcinea, bis ich erwachsen war. Um mich in sie zu verlieben, hätte ich sie nicht einmal sehen müssen. Ich hätte in meiner kindlichen Phantasie der schönen, strahlenden, eleganten, geheimnisvollen Tochter Ehrman schon nach dem Hörensagen einen Altar geweiht. Später genügten wenige Begegnungen, um das Feuer zu schüren. Ein Ereignis aber war mir, was dem mittelalterlichen Ritter der hingeworfene Handschuh seiner Dame beim Turnier ist: Als ich eines Abends im Civic Auditorium nach dem ersten Satz des Tschaikowsky-Violinkonzerts in der Hosentasche nach meinem Taschentuch suchte, erhob sich Esther, die neben Imma in der ersten Reihe saß, und reichte mir ihres.

Esther war fast zehn Jahre älter, ihr Bruder etwa zwei Jahre älter als ich. Er studierte in Berkeley und lud Imma und mich auf sein Zimmer zum Essen ein, zeigte uns den Campus und spielte uns seine Lieblingsplatten vor: ein von Lotte Lehmann gesungenes Lied und Debussys *La fille au cheveux de lin* von Heifetz. Sidney vergötterte Debussy, was in San Francisco damals noch niemand tat, ein Zeichen mehr für die internationalen Kulturinteressen der Familie Ehrman. Den Schreibtisch, den er damals benutzte, schenkte er mir, als er nach England fuhr, um in Cambridge weiterzustudieren. Ich war enorm stolz, etwas von ihm zu besitzen, da ich ihn wie seine Eltern und seine Schwester als Heilige verehrte. Er hat es verdient. Er besaß die menschlichen Qualitäten seines Vaters und dessen überragenden Geist. Durch einen Sturz bei der Jagd 1929 nahm dieses strahlende junge Leben eine tragische Wendung. Es folgten noch entsetzliche Monate, in denen versucht wurde, durch immer neue Operationen seine Kopfverletzung zu bessern, vergeblich. Nichts hat mich bei Onkel Sidney tiefer beeindruckt als seine Haltung während der quälenden Ungewißheit und nach dem Tode seines einzigen Sohnes. Nie zeigte er die geringste Verbitterung, blieb anderen gegenüber von unverändert liebevoller Fürsorge, stets bereit, sich für ihre Sorgen zu interessieren, stets gütig, sanft und voller Humor: ein wahrhaft seltener Mensch.

Onkel Sidneys Auftritt eröffnete mir die große Welt. In New York nahm er mich zum ersten Mal in die Oper mit, lud mich in eine Show ein; von ihm bekam ich das erste Buch über griechische Mythologie. Er lehrte mich Schachspielen und schenkte mir, als ich ihn eines Abends schlug, als Siegespreis die gesammelten Werke von James Fenimore Cooper. Er führte mich in anspruchsvollere Sportarten ein als bloßes Nachlaufen im Park, sorgte zu gegebener Zeit für Schwimmunterricht, für ein Reitpferd in seinem Landhaus am Lake Tahoe, ein Motorboot für Ausflüge auf dem Wasser – und ein Fahrrad. Dieses Fahrrad traf kurz nach seiner entscheidenden Unterredung mit Imma in der Steiner Street ein. Das Pech wollte es, daß zufällig Alfred Hertz gerade bei uns zum Mittagessen eingeladen war. Er war in dem Glauben erzogen, Musiker müßten ihre Hände gegen die Beulen und Schrammen des normalen Lebens schützen, und beschwor die Eltern inständig, die Annahme dieser Höllenmaschine zu verweigern. Onkel Sidney war nicht gekränkt. Er ersetzte das Rad durch ein weniger unheilvolles Spielzeug. Doch er hatte mir einen Floh ins Ohr gesetzt. Ich nahm es widerspruchslos hin, daß das Fahrrad verschwand, hoffte aber doch, eines Tages zu radeln. So kam es dann auch, aber erst ein paar Jahre später in der sanften Hügellandschaft um Ville d'Avray bei Paris, die sich für die Stürze eines Anfängers besser eignete als die steilen Straßen San Franciscos. So sonderbar es klingen mag: das Veto gegen Fahrräder richtete sich nicht gegen Autos. Im Alter von zwölf bekam ich den ersten Fahrunterricht. Mein Lehrmeister war Onkel Sidneys Chauffeur Barney, den man als Betreuer seines Rolls-Royce aus England mitgeschickt hatte. Nicht in diesem Luxusartikel habe ich zum ersten Mal geschaltet, sondern im Zweitwagen der Ehrmans, einem Packard. Barney war der erste Engländer, den ich kennenlernte, und so ruhig, kompetent und durch und durch britisch wie das Auto, das er betreute. Er war ein vorzüglicher Lehrer: Als ich zur Fahrprüfung zugelassen wurde, konnte ich schon mindestens so gut Auto fahren wie Geige spielen.

Noch ehe mir Onkel Sidney eine neue Welt eröffnete, kündigte sich ein weit wichtigeres Ereignis an: die Reise nach Europa – zu Enesco. Sobald diese Chance in greifbare Nähe rückte, faßte Persinger etwas für mich ins Auge, was er selbst als wertvollste Erfahrung seines Lebens ansah: ein Studium beim großen Eugène Ysayc. Persinger hatte Ysaye im Leipziger Gewandhaus zum ersten Mal gehört und war begreiflicherweise fasziniert von ihm gewesen: Eine Jupitergestalt von so riesigen Dimensionen hatte dagestanden, daß die Viola in seinen Armen nicht größer als eine Violine und seine Guarneri wie eine Dreiviertelgeige wirkte; mit seiner Bogentechnik hatte er einen unbeschreiblich warmen, vollen Klang aus seinem Instrument herausgeholt. Ihm hatte Chausson sein *Poème* gewidmet, César Franck seine A-Dur-Sonate, und ihm hatte Debussy die Erstaufführung seines Streichquartetts anvertraut. Wie Sarah Bernhard auf der Bühne, war Ysaye auf dem Konzertpodium der Vertreter des grandiosen Stils, vielleicht seine beste, sicherlich seine letzte Inkarnation. Persinger hatte Ysaye im Sommer 1905 in Denver vorgespielt und noch im selben Jahr in seinem Landhaus an der Meuse bei ihm Unterricht genommen. Unter anderen köstlichen Anekdoten wußte er zu erzählen, Ysaye hätte beim Begleiten improvisiert und so herrlich gespielt, daß sein Schüler ihm einfach nur zuhörte. Persingers Erinnerungen an diese Zeit waren noch frisch. Er erhoffte wohl 1926 für mich einen Sommer wie den von 1905. Es wurde nach Brüssel geschrieben. Ysaye willigte ein, mich anzuhören. Von da an galt es bei allen für sicher, daß wir nach Brüssel reisten. Bei mir nicht. Ich war überzeugt, zu Enesco zu fahren.

Doch ob nun Brüssel und Ysaye oder Paris und Enesco: unsere künftige Sprache würde das Französische sein. Lang ehe Onkel Sidney darauf drang, ich müsse französisch können, hatte Imma mich in die Anfangsgründe eingeführt. Sie war in einem halben Dutzend Sprachen firm und wollte an ihre Kinder weitergeben, was nur irgend möglich war. Als ich neun Jahre alt war, engagierte sie eine Lehrerin, Rebecca Godchaux, eine von vier unverheirateten Schwestern, die nach Erscheinung und Wesensart verschieden, sich doch in Ansichten und Redeweise so ähnlich waren, daß man glaubte, ein und dieselbe Person in verschiedenen Ausgaben vor sich zu haben. Ein mit der einen Schwester begonnenes Gespräch konnte man übergangslos mit der anderen weiterführen; war Mlle Rebecca aus irgendeinem Grund verhindert, nahm Mlle Joséphine ohne weiteres ihren Platz ein.
Die erste Stunde oder vielmehr ihre Folgen vergesse ich nicht so leicht. Mlle Godchaux las mir ein Gedicht über Farben und Blumen vor, damit ich den Klang des Französischen ins Ohr bekäme. Imma fragte mir auf dem Heimweg die Vokabeln ab. Als sie merkte, daß ich sie alle wußte, fragte sie, ob ich nicht das ganze Gedicht auswendig lernen wolle. Natürlich wollte ich. Kaum war der Abendbrottisch abgedeckt, fingen wir an. Zuerst war es ganz lustig, doch dann wurde ich immer schläfriger. Die Silben wurden klebrig wie Sirup, über jeder neuen Zeile, die »saß«, vergaß ich eine von den vorigen. Längst war meine übliche Schlafenszeit vorüber. Aber Imma ließ mich noch immer nicht ins Bett gehen; denn »ein Tscherkesse läßt nie etwas unvollendet«. Ich wußte bald nicht mehr, ob ich diesen armen Tscherkessen bedauern sollte, der gewiß jung gestorben war, oder mich selbst, weil er nicht für alle Zeiten gestorben war. Es wiederholte sich jedenfalls die Szene aus dem Yosemite Park: Mit unerbittlicher Zähigkeit wartete Imma auf das rechte Wort, und ich wurde immer verschlafener, während Aba vergebens versuchte, sein Veto einzulegen. Als ich endlich in meine Schlafveranda taumelte – es war bereits nach Mitternacht –, begriff ich nichts mehr und wußte nichts mehr von dem Gedicht. Trotzdem sagte ich es am nächsten Nachmittag fehlerfrei auf. Mlle Godchaux hat noch jahrzehntelang überall von meinem Konzentrations- und Sprachtalent geschwärmt, ohne je zu ahnen, was mich jede Zeile dieses Gedichts gekostet hatte.
Am Tag unserer Abreise gab uns Dr. Langer ein Abschiedsessen im Waisenhaus. Esther Ehrman begleitete uns an die Bahn und schenkte mir, weil sie wohl wußte, wie sehr ich in sie verliebt war, einen chinesi-

schen Rätselring. Ich hielt ihn hoch in Ehren, ließ ihn in meinem Geigenkasten anbringen, nicht nur für das eine Jahr der Trennung von Esther und San Francisco, sondern für viele, viele Jahre. Wir fuhren bei wolkenbruchartigen Regengüssen ab. Im Zug in Oakland erwarteten mich weitere Geschenke, darunter ein Foto von Persinger. Es trug folgende Widmung: »Dem lieben Yehudi in der Hoffnung, daß er sich eines Tages zu einem großen Künstler entwickeln möge, der das Schöne nicht nur meistert, sondern ihm auch redlich dient. In Liebe und Bewunderung von seinem treuen Freund und Lehrer Louis Persinger.«
Wie ich sein Bild, so hat auch Persinger meine Antwort aufgehoben. Sie lautete:
»Liebster Meister,
während der Zug nach Osten fährt, wächst mein Heimweh. Denn kaum hatten wir uns gestern abend getrennt, fühlte ich mich so einsam wie voriges Jahr beim Abschied von meinem Vater. Wirklich, Mr. Persinger, in der Musik sind *Sie* mein Vater. Noch nie waren Sie mir so nahe wie jetzt. Wohin auch immer das Leben mich führen wird, ob nach Osten, Westen, Norden oder Süden, ich werde immer Ihre vertraute Stimme hören, diese Stimme, die mich so oft korrigiert hat. Ohne sie würde ich Gott weiß was für ein Leben führen.
Ihr Sie liebender Schüler
Yehudi Menuhin.«
Die Vorfreude auf das große Abenteuer schloß ein gerütteltes Maß an Kummer mit ein. In einem langen Leben voller Trennungen und Abschiede habe ich gelernt, daß es nie anders ist.

4. *Heimwärts nach Osten*

Herbst 1926: per Schiff über den Atlantik · Vorspiel bei Ysaye · Ein Traum erfüllt sich: Enesco wird Yehudis Lehrer · Vater Menuhin gibt Yehudi zuliebe seinen Beruf auf · Paris und die Pariser Freunde · Rumänischer Sommer und Herbst mit Enesco: Sinaia, die Zigeuner, die Königsfamilie · Carnegie Hall, 27. November 1927: das erste große Engagement

Gewöhnlich wurde dank Imma ein Schiff oder Eisenbahnzug zu einem zweiten Zuhause, so daß unser Tageslauf nie völlig unterbrochen war. Wenn wir tagelang durch die Vereinigten Staaten reisten, mußten wir Kinder auf dem Gang auf- und ablaufen, um die gewohnte Bewegung zu haben, und ich mußte üben, so gut es beim Räderrattern auf den Schienen eben ging. Ich habe seitdem unzählige Stunden in Eisenbahnzügen gearbeitet und allmählich gelernt, es mir dabei bequem zu machen: mit gekreuzten Beinen, von Kisten gestützt auf der Bank zu sitzen und die Aussicht zu genießen, aber auch die durch Bewegung und Entfernung hervorgerufene, wohltuende Zeitlosigkeit, die zum Arbeiten sehr nützlich ist.

Unsere erste Atlantiküberquerung im Herbst 1926 aber war ein echter Urlaub für uns alle, und wir genossen ihn nach Kräften. Was für verblüffende Anblicke, Geräusche und Gerüche gab es auf der Welt! Was für ein gewaltiges Erlebnis war es, allem Festen entrissen, auf eine schwimmende Welt versetzt zu sein, auf der das Gewohnte nicht mehr galt. Immer hatte ich am Meer gewohnt und manches Mal das Fährboot benutzt, das San Francisco mit den Nachbarorten verbindet, doch dies war das erste richtige Schiff meines Lebens; ich hätte mich nicht gewundert, wenn mir zur Feier des Tages Flossen und Kiemen gewachsen wären.

Nach vorübergehender leichter Übelkeit – der ersten und einzigen Seekrankheit – lebte ich mit den Schwestern während der ganzen Reise auf der »De Grasse« in einem Zustand fiebriger Entdeckerfreude. Später lernten wir größere Ozeandampfer kennen, auf denen auch die Promenadendecks gegen Wetterunbill geschützt waren. Unser Schiff war für hartgesottenere Seefahrer konstruiert. Vom Steward sorgsam in Decken verpackt, genoß man die frische Winterluft. Um elf Uhr, kaum daß man das Frühstück verdaut hatte, bekam man schon wieder

eine Tasse Bouillon oder Eis angeboten, damit man nur ja bis zum Lunch durchhielt. Doch weder Decken noch Eis oder Bouillon, ja nicht einmal Bücher hielten uns längere Zeit in den Liegestühlen. Wir hatten festgestellt, daß so ein Schiff ein himmlischer Spielplatz war. Seine komplizierte Einteilung in mehrere Stockwerke, durchzogen von unvermuteten Korridoren und plötzlichen Kajütniedergängen, machten hier »Versteck mit Anschlag« weit schöner als an Land. Außerdem gab es Decktennisplätze und einen Gymnastikraum mit Pferd und Sprossenwand, in dem wir ganze Vormittage zubrachten. Die eigene Kabine hatte Bullauge und Luken, die man gegen Phantasiestürme auf- und zuschrauben konnte, was sehr aufregend war. Vor allen Dingen aber gab es das Meer, das unter unseren Füßen rollte und stampfte, am Schiffsrumpf vorüber schäumte und in hypnotisierender, nie endender Bewegung bis an den Horizont wogte. Und wenn alle anderen Zerstreuungen nicht mehr zogen, waren andere Leute an Bord, Besatzung und Passagiere, größtenteils Franzosen.
Wir reisten auf einem »Touristenschiff«, wie man das heute nennen würde. Die Passagiere waren nicht unterteilt in fein und weniger fein, sondern aßen an langen Tischen zu je achtzig Personen im gemeinsamen Speisesaal. Zu unserer Verwunderung standen auf jedem Tisch Weinflaschen. Im Gegensatz zu uns tranken unsere Mitreisenden davon, als sei Wein zu Tisch eine Selbstverständlichkeit. Alles sprach französisch, überall hörten wir die Kadenzen der französischen Sprache, und dank Imma und Mlle Godchaux verstand ich sogar hie und da einen Satz.
Das Schiff lieferte uns genügend neue Eindrücke für ein halbes Leben, und auch die Landung in Le Havre brachte uns keineswegs wieder ins Gewohnte. In der ersten Verwirrung – wie mir schien, sprachen und zappelten alle Menschen viel zu rasch – meinte ich, wir wären nicht nur in eine andere Hemisphäre, sondern auf einen fremden Planeten geraten. Der Krieg lag erst acht Jahre zurück, und hier verrichteten immer noch Frauen Arbeiten, die in Amerika Männern vorbehalten waren. Im Zug bewunderte ich eine schwarzgekleidete, mürrische Dame, die unsere Fahrkarten knipste, aber auch (vielleicht wegen des graziösen Kontrasts) die altmodischen Spitzendeckchen (gegen Haarpomade) mit den eingewebten Initialen der Eisenbahngesellschaft auf den Kopfpolstern. Spät abends kamen wir in Paris an und wurden im Hotel des Saints-Pères sofort ins Bett gesteckt. Auf den Boulevards herrschte noch Hochbetrieb, Taxis hupten mit ihren Gummihupen, die auf Finger-

druck fast tierische Laute von sich gaben und die Nacht mit Krächzen und Grunzen unterschiedlicher Lautstärke und Tonhöhe erfüllten. Es war, als sei ein vergnügt schwatzender Zoo unter meinen Fenstern. Damals durfte man sogar nachts noch hupen. Erst als die organischen Laute vom durchdringend-aggressiven Geplärr der elektrischen Hupen verdrängt wurden, protestierten die Stadtväter und erreichten ein Hupverbot. Ich lag noch lange wach, lauschte auf den fidelen Tumult und fragte mich besorgt, ob ich nach zwei Wochen ohne Üben überhaupt noch Geige spielen könne.

Geschäftige Tage folgten. Wir suchten und fanden eine Wohnung, unsere dreizehn Koffer wurden ausgepackt. Die Familie richtete sich ein, das Üben wurde wieder aufgenommen und ein Vorspielen bei Eugène Ysaye vereinbart. Eines Nachmittags nahmen Imma und ich Abschied von Aba und den Schwestern und machten uns ans letzte Stück der Pilgerreise, von deren Ergebnis alles Weitere abhing. Wir fuhren nach Belgien. Da wir erst am Morgen bei Ysaye erwartet wurden, übernachteten wir in Brüssel.

Daß ich in Enesco meinen absoluten Meister zu erkennen meinte, machte den Besuch in Brüssel keineswegs zur mechanischen Pflicht. Ich war erzogen, in Ysaye einen Übermenschen, einen gewaltigen, weltbeherrschenden Riesen zu sehen. Ich glaubte, was man mir erzählte. Leider besaßen weder Persinger noch ich Platten von ihm (erst fünfzehn Jahre später habe ich einige gehört und war tatsächlich überwältigt). Tiefste Ehrfurcht vor seiner majestätischen Klangfülle, seiner Verve, seinem Esprit waren mir schon durchs Hörensagen eingeimpft. Enesco hatte ich mit eigenen Augen und Ohren wahrgenommen, das war zugkräftiger, dennoch saß ich im Zustand gespannter, ehrfürchtiger Erwartung in dem Taxi, das Imma und mich zu Ysaye brachte. An Stelle des Giganten meiner kindlichen Phantasievorstellungen traf ich ein allzu menschliches Wesen in einer allzu menschlichen Umgebung an.

Ysayes Haus lag an einem baumbestandenen Boulevard der Oberstadt. Wir klingelten. Es verging geraume Zeit. Endlich öffnete uns eine junge Dame, Ysayes zweite Frau, im Morgenrock. Das war zwar um neun Uhr früh weiß Gott kein Vergehen, ich empfand es aber doch als Nachlässigkeit, weil ich meiner Lebtag noch keine Frau gesehen hatte, die um diese Zeit nicht vollständig angezogen und bei der Arbeit war. Sie führte uns zwei Treppen hinauf in einen großen, mit Möbeln vollgestopften Raum, in dem überall Noten herumlagen. Ysaye begrüßte uns vom Lehnstuhl aus, noch immer imposant und wuchtig, aber alt, kränklich und, wie ich später erfuhr, durch ein brandiges Diabetikerbein unfähig zu gehen. Seine Guarneri lag neben ihm auf einem Tischchen. Imma zog mir den Mantel aus, und ich spielte ihm auf seinen Wunsch den ersten Satz der *Symphonie espagnole* vor (das erste, was Persinger einst von ihm gehört hatte). Zur Begleitung zupfte er die Saiten so geschickt, daß man ein ganzes Orchester zu hören meinte, und hielt nur darin inne, um meine Hände genauer zu beobachten. »Du hast mir eine Freude gemacht, mein Kleiner, eine große Freude«, sagte er schließlich. Wenn er mich nur damit entlassen hätte! Für mich war der ganze Auftritt weniger ein Vorspielen als die Huldigung für einen verehrungswürdigen König, der durch Leibesumfang, Entrücktheit, Alters- und Ehrenlast fast erschreckend wirkte. Ich hatte mein Kunststückchen vorgeführt und seinen Segen empfangen. Ich war Persingers Wunsch nachgekommen. Jetzt durfte ich mich mit Anstand zurückziehen. Um so verblüffender fand ich seine Aufforderung, einen A-Dur-Dreiklang über vier Oktaven zu spielen. Ich tappte auf dem Griffbrett herum wie eine blinde Maus. »Du tätest gut daran, Yehudi«, sagte er lakonisch, »Tonleitern und Arpeggien zu üben.«

Wir verließen ihn wie vor sechs Jahren den Alten mit dem Schild »Geigenunterricht«: wir hasteten die dunkle Treppe hinunter, flohen vor Unordnung und Verfall. Ich floh diesmal auch noch vor einer prophetischen Warnung, doch ich konnte nicht anders.

Daß ich glaubte, weder Ysayes Rat noch sein Anerbieten, mich zu unterrichten, annehmen zu können, mag in den Sternen gestanden haben. Aber es lag auch an meinem Naturell. Möglicherweise hätte er mir eine Arbeitsmethode beigebracht und noch vieles andere mehr und dadurch meinen langen Weg zur Einsicht abgekürzt. Doch es lag mir nicht, nach einer aufgezwungenen Methode zu arbeiten. Im Umgang mit Menschen war und bin ich immer sehr vertrauensvoll, im Umgang mit Ideen, Meinungen, Traditionen und Techniken aber habe ich nie Vorgefertigtes übernommen und mir mein Urteil stets vorbehalten, bis ich die Sache selbst ausprobiert hatte. Musik war für mich völlig lebendig, ein ursprüngliches Ausdrucksmittel. Endloses Erarbeiten von totem Material hätte vielleicht mein Spiel stumpf gemacht, statt ihm Glanz zu verleihen. Ich glaube, ich stehe mit dieser Ansicht nicht allein. Ich habe seither festgestellt, wie sehr der beispielsweise in Rußland praktizierte, streng methodische Musikunterricht jeden individuellen Ausdruck zu anonymer Brillanz niederwalzen kann. Nur der sehr Robuste verläßt einen solchen Drill als intakte Persönlichkeit und mit ungeschmälerter musikalischer Sensibilität. Damit will ich selbstverständlich nicht unterstellen, Ysaye würde mich irgendwie überfahren haben. Ich meine nur, ich hätte nicht akzeptieren können, was er mir zu geben hatte. Meine künstlerische Entwicklung mag nicht schulmäßig verlaufen sein, deshalb ist sie trotzdem seriös. Mein Weg war der der Inspiration, den inspirierte Lehrer mir wiesen; war das Erkennen von Größe und meine Reaktion darauf.

Wir kehrten nach Paris zurück. Bald darauf gab Enesco einen Violinabend, den wir natürlich besuchen wollten. Das war endlich die langersehnte Gelegenheit, mich ihm vorzustellen. Imma meinte, diesmal müsse ich meine Zukunft selber in die Hand nehmen. So bezog ich denn ohne Unterstützung durch Eltern oder Schwestern in Enescos Künstlerzimmer Posten, bis sich die vielköpfige Menge im darüberliegenden Konzertsaal bis auf ein halbes Dutzend Erwachsene verlaufen hatte. Armer Enesco! Wenn er geglaubt hatte, sich mit sieben weiteren Autogrammen für den Abend loszukaufen, hatte er sich verrechnet. Sechs Menschen verschwanden auf einen Füllfederschnörkel hin – der siebente war nicht abzuschütteln. Mir ging es nicht um ein Souvenir, ich wollte ihn – ihn selbst. Dazu war ich gekommen. »Ich will bei Ihnen studieren«, sagte ich ohne weitere Umschweife. Unsere Unterhaltung verlief etwa folgendermaßen:

»Das muß ein Mißverständnis sein; ich gebe nie Privatunterricht.«

»Aber ich *muß* bei Ihnen studieren. Darf ich Ihnen bitte vorspielen?«

»Das ist ganz unmöglich, liebes Kind. Ich verreise morgen früh«, erklärte er und warf einen hilfesuchenden Blick auf den Cellisten Gerard Hekking, der sonst die Autogrammjäger in Schach hielt.

Zwischen den beiden Sätzen war aus einem Grundsatz die Verteidigung gegen eine Unbequemlichkeit geworden. Mein Vorschlag, ihm morgen früh beim Kofferpacken vorzuspielen, ließ ihm keine Wahl, als wieder den Grundsatz ins Feld zu führen oder ihn gänzlich fallen zu lassen. Irgend etwas muß ihn entwaffnet haben: meine Hilflosigkeit, mein Drängen. Vielleicht fiel ihm auch kein stichhaltiger Grund mehr ein, weshalb ich nicht kommen sollte. Kaum hatte er eingewilligt, mich anzuhören, war ich auch schon felsenfest überzeugt, er werde mich als Schüler annehmen. Und als ich am nächsten Morgen in seiner Wohnung in der Rue de Clichy erschien, kam ich nach meiner Auffassung bereits zur ersten Unterrichtsstunde. Und die wurde es dann auch! Enesco war nicht einfach ein Lehrer, er hat sich nie als solchen bezeichnet. Er war die stützende Hand der Vorsehung, die Inspiration, die mich emportrug und die ein Ysaye trotz seiner gewichtigen Persönlichkeit mir nicht geben konnte. Ich kannte Enesco gar nicht, von seinen inneren Empfindungen nur, was seine Geige darüber aussagte. Sein Gesicht hatte ich nur von weitem gesehen, doch seine erdhaft-vitale Erscheinung, der struppige schwarze Haarschopf, das Türkische an ihm, die aristokratische Haltung, der durchdringende Blick, die *Rumänischen Rhapsodien*, vielleicht sogar die Romanze mit der Prinzessin Cantacuzène waren Mosaiksteinchen genug, um daraus das Bild von Immas byzantinischem Volkshelden zusammenzusetzen. Daß er das Geigen als »vertane Zeit« ansah, die er seinem »eigentlichen Beruf«, dem Komponieren, entzog, machte ihn in meinen Augen zum vollendeten Tscherkessen. Möglicherweise floß wirklich Tatarenblut in seinen Adern, oder doch türkisches, griechisches, ukrainisches, magyarisches, denn er stammte aus dem einstigen Fürstentum Moldau, einem von fremden Völkern beständig überrannten Gebiet. Ein Ahnherr väterlicherseits, ein Kantor Enea Galin, ließ seinen Sohn Gheorge »Enesco« taufen, »Sohn des Äneas«, wie um alle zweifelhaften Gene in einem deutlichen, unmißverständlichen Vatersnamen unterzubringen. Im Alltag der Karpatendörfer mischten sich antik-klassische Erinnerungen (etwa die Feier römischer Feste wie Rosalia und Kalendrae) mit dem orthodoxen Ritus und örtlichem, heidnischem Aberglauben, den weder Rom noch die Kirche je hatten ganz ausrotten können. Diese an sich schon vielschichtige Kultur wurde auch noch von durchziehenden Zigeunern angereichert. Enescos beide Großväter waren Geistliche, seine Eltern tief religiös. Sie hatten sieben Kinder nacheinander begraben müssen und waren zu verschiedenen Klöstern gewallfahrtet, um Gott anzuflehen, ihnen das noch ungeborene achte zu lassen.

»Unser Haus«, schreibt Enesco, »lag fast verborgen zwischen Akazien und Haselsträuchern. Es war einstöckig, hatte ein altes Schindeldach und weißgekalkte Wände. Davor war eine blaugestrichene Veranda, von der Zwiebelzöpfe zum Trocknen hingen. Ich bin ein Sohn der Scholle, geboren in einem Land der Legenden. Mein ganzes Leben habe ich unter den Augen meiner Kindheitsgötter zugebracht.«

Enescos Kindheitsgötter schickten ihn auf Reisen, weit fort von seiner Scholle, die ihn aber niemals losließ. Mit fünf Jahren wurde Caudella (ein Schüler von Vieuxtemps, der in Jassy, der Hauptstadt von Moldau, unterrichtete) auf das musikalische Talent des Knaben aufmerksam. »Das Schicksal«, schrieb er später,»in Gestalt meines Vaters bestimmte mich zum Geiger.« Zwei Jahre danach verfrachtete man ihn nach Wien, wo Hellmesberger ihm am Konservatorium Notenlesen, Kmmermusik und Geigenspielen beibrachte. Als er 1893 mit zwölf Jahren den ersten Preis bekam, wurde er ans Pariser Conservatoire dirigiert, wo Marsick in Instrumentaltechnik, Gedalge in Fuge und Kontrapunkt, Massenet und Fauré in Komposition sein Talent weiter förderten. 1899, als er den ersten Preis für Geige entgegennahm, wurde er bereits als Komponist der *Rumänischen Rhapsodien* gefeiert. Mit der Jahrhundertwende begann für Enesco eine Virtuosenkarriere, bei der er dreimal im Jahr auf Konzertreisen ging. Die Sommer aber verbrachte er ausnahmslos in Rumänien, auf dem Land. Nicht nur seine musikalische Begabung hatte zwei Pole, auch sein Alltagsleben: es spielte sich an zwei Kristallisationspunkten ab, in der Rue de Clichy 36 in Paris und in dem Landhaus in Sinaia in Rumänien, das er Villa Luminisch, Villa des Lichts, genannt hatte. Nicht nur war er in Paris ein echter Großstadtmensch und in Sinaia ein Naturkind, das wäre zu einfach gewesen: Enesco war in Paris Rumäne, in Rumänien aber war er Moldauer.

Dieser Dualismus machte vor seiner Geige nicht halt, im Gegenteil, sie wurde zu dessen Brennpunkt. Er beklagte sich, ein an Polyphonie gewöhntes Ohr könne sich mit monodischer Stimmführung nicht zufriedengeben. Abgesehen von Bériots Etüden für zwei Violinen mit ihren Doppelgriffen, die ihm vier Stimmen boten, spielte er viel lieber Klavier. Er konnte es meisterhaft. Am allerliebsten aber komponierte er. »Bei meinem ersten Violinabend«, so schrieb er, »hatte ich das Pech, ganz groß anzukommen. Noch während die Wogen des Beifalls zu mir heraufbrandeten und sich anhörten wie eine Sturmflut auf einem kiesigen Strand, hörte ich innerlich dreimal die schrecklichen Worte: Du wirst Virtuose, Virtuose, Virtuose... Edelmann, Bettelmann, Doktor, Pastor... meinetwegen. Aber Virtuose? Dabei kam doch in keiner Hinsicht etwas heraus. Noch am selben Abend schmiedete ich einen herrlichen Plan: Ich würde geigen, so oft und so gut ich konnte, um mir Geld, wenn nicht gar ein Vermögen zusammenzuverdienen, mir ein Stück Land in Rumänien kaufen, mich noch relativ jung dorthin zurückziehen und bis an mein Lebensende komponieren... Ich war versessen darauf und geizte mit jeder Minute, die ich der Geige widmen mußte. Ich machte mir zwar über meine Kompositionen keine allzu großen Illusionen, doch das Selbst-schöpferisch-sein bedeutete mir weit mehr als ein Instrument, das mich für mein beharrliches Üben

nicht eben reichlich belohnte. Oft habe ich die Geige in ihrem Kasten angeschaut und mir gesagt: du bist zu klein, Freund, viel zu klein.«
Es war nicht die Geige schlechthin, die ihm zu klein vorkam, nur seine eigene – eine Guarneri. »Ich habe die Geige nicht etwa verachtet. Ich habe ihren Ton sogar geliebt – wenn ein anderer sie spielte! Wie zauberhaft konnte sie unter Thibauds Händen singen! Bei mir hörte man trotz aller Mühe immer nur den Spottvers heraus: Besser machen, besser machen, besser machen!«
Komponieren, dirigieren und dabei auch noch Klavier und Cello spielen, was für eine reiche Musikbegabung hatte dieser Mann, der sich durch die zeitliche und räumliche Begrenzung unseres kleinen Erdendaseins immer eingeengt fühlte! Für mich war und blieb Enesco das absolute Maß, an dem gemessen andere und ich selbst weit zurückblieben. Abgesehen von seiner schwer schilderbaren »Präsenz«, abgesehen von der mystischen Aura, mit der meine Verehrung ihn schmückte, war seine Musikalität einfach phänomenal: er konnte die gesamte Urtext-Edition von Bach auswendig, 58 der 60 Bände, die ihm die Königin Maria von Rumänien geschenkt hatte, als er noch aufs Konservatorium ging. (Zwei Bände fehlten, davon war einer das Inhaltsverzeichnis.) Ich erinnere mich, wie er eines Abends an seinem alten Klavier durch Hämmern, Summen und Pfeifen der einzelnen Rollen *Tristan und Isolde* dramatischer aufführte als ein Opernensemble, natürlich ohne Noten, denn auch seinen Wagner hatte er im Kopf. Den größten Eindruck machte mir ein Bravourstück während einer Unterrichtsstunde. Plötzlich stürzte Maurice Ravel herein. Die Tinte auf seiner Sonate für Klavier und Geige war noch nicht trocken, aber sein Verleger Durand wollte sie sofort hören. (Damals akzeptierten Verleger nichts ungehört, und sei es von Ravel. Was sie wohl heute bei Zwölftonmusik täten?) Enesco, stets Kavalier, bat Aba und mich höflich um Entschuldigung – als könne ich Dreikäsehoch »wie lästig« rufen! – und spielte mit Ravel am Klavier das komplizierte Werk vom Blatt, unterbrach nur gelegentlich, um sich etwas genauer erklären zu lassen. Ravel hätte das genügt. Enesco aber meinte, sie sollten das Stück doch lieber nochmals durchgehen, legte die Noten weg und spielte es aus dem Gedächtnis noch einmal. Solche mnemotechnischen Paradestücke bestärkten mich in der Überzeugung, dieser erdhafte Mensch bezöge seinen Musikverstand direkt aus einer Quelle der Natur.

Enesco unterrichtete, wann immer es sich in sein Veranstaltungsprogramm einbauen ließ: manchmal fünf Tage hintereinander täglich, dann wieder zwei Wochen lang überhaupt nicht. Als Entschädigung für die Unregelmäßigkeit dauerte eine Lektion oft den ganzen Nachmittag. Sie war eine Inspiration, keine Instruktionsstunde. Es wurde dabei musiziert, als sei ich das Orchester, das unter seiner Leitung spielte, oder als sei ich der Solist und er Dirigent plus Orchester, denn beim Begleiten am Klavier sang er die verschiedenen Stimmen. Er unterbrach selten. Gelegentlich nahm er die Geige, um mir ein Vibrato, ein Glissando zu verdeutlichen. Er theoretisierte selten. Wir kamen immer ohne komplizierte Phrasen aus; sie hätten uns nur aufgehalten, und wir verstanden uns auch so.

Enesco konnte, nachdem er als Fünfjähriger angefangen hatte, fast sofort ausgezeichnet geigen. Die überragende Qualität seiner Triller, Vibrati und Bogenführung muß ihm von Anfang an eigen gewesen sein, es steckte wohl in ihm – wie bei den Zigeunern, die auch keine Theorie brauchen. Rumänien fing damals gerade an, das freieste, natürlichste Musikland Europas zu werden. Georges Enescos angeborene Talente kamen an den klassischen Schulen von Wien und Paris in strenge Zucht, ohne daß sie dadurch an Verve verloren oder unter die Botmäßigkeit irgendwelcher technischer Vorschriften gezwungen wurden. Er blieb er selbst. Als ich zu ihm kam, spielte auch ich mehr oder minder wie der Vogel singt, instinktiv, ohne zu berechnen und zu denken. So verschwendete denn keiner von uns einen Gedanken an Theorie. Was Enesco mich lehrte – durch Beispiel, nicht durch Worte –, war die in lebendige Botschaft verwandelte Note, die gestochen scharfe, bedeutungsbeladene Phrase, die zum Leben erweckte Musikstruktur, und ich war bereit, das anzunehmen. Bis dahin hatte ich nicht gewußt, daß Musik eine so klare, vitale Form annehmen konnte. Verwendete er gelegentlich einmal Worte, um etwas hervorzuheben, so gab er keine Lehrbuchregeln, drückte sich vielmehr bildhaft in Gleichnissen aus, die nicht an den Verstand appellierten, sondern der Phantasie den Zugang zu umfassenderem Verständnis öffneten. Niemals zwang er einem seine Ansicht auf. Anders als die meisten Schüler, die tun, was Lehrer oder Notenblatt ihnen sagen, experimentierte ich mit verschiedenen Fingersätzen, bis ich den »richtigen« gefunden hatte, mit dem Ergebnis, daß ich ein Stück jedesmal mit anderem Fingersatz spielte. Enesco erlaubte sich nur die sanfte Anmerkung, ich solle mich vor einem öffentlichen Auftreten doch wohl besser auf *einen* Fingersatz festlegen. Er hatte ein Vibrato, dessen Ausdruck unbegrenzt va-

riabel war, und die herrlichsten Triller, die ich von einem Geiger je gehört habe. Entsprechend der Leichtigkeit und Schnelligkeit des Trillers schlug sein trillernder Finger den oberen Ton etwas höher an, als die Note verlangte, und hielt gerade dadurch die richtige Tonhöhe, weil die leichte, schnelle Bewegung des Fingers die Saite nicht voll aufs Griffbrett niederdrückte. (In meinem Besitz befindet sich noch die Aufnahme von Paganinis Capriccio Nr. 6, dem Trillercapriccio, begleitet von Enesco, die wir Mitte der dreißiger Jahre gemacht haben, um die letzte Plattenseite einer Aufnahme des Violinkonzerts von Dvorák zu füllen. Er begleitete ausgezeichnet.) Natürlich befeuerte mich die expressive Komponente seines Temperaments am stärksten, ich vernachlässigte die Disziplin darüber, und manchmal rügte er mich wegen meines hemmungslosen Spiels. Dieser Fehler veranlaßte ihn wohl schließlich auch zu dem Rat, ich solle bei einem anderen Meister studieren, bei Adolf Busch, dem größten Vertreter lauterer deutscher klassischer Tradition seiner Zeit. An diesem Rat sieht man wieder, wie selbstlos meine beiden Lehrer waren: Persinger empfahl mich an Ysaye, Enesco an Busch, es waren wohlüberlegte, uneigennützige Ratschläge. Nicht einen Augenblick beanspruchte einer von ihnen den Ruhm für die Ausbildung des Schülers allein.
Enescos Musikbegriff vor allem riß mich mit. Jahre später noch hörte ich seine Stimme, manchmal gesprochen, manchmal gespielt, zu dem, was ich gerade in Arbeit hatte. Mit wachsender Erfahrung gewannen diese Ratschläge noch an Wert. Nichts davon war falsch, war irreführend. Nebensächliche Hinweise bekamen zusätzliches Gewicht, bestätigten mir erneut, welches Glück ich gehabt hatte, diesen sensiblen, klugen, empfindungsreichen Lehrer zu gewinnen. Heute ist sein direkter Einfluß in der Gesamtkonzeption der Arbeit untergegangen, deren einzelne Elemente sich nicht mehr bis zu den Ursprüngen zurückverfolgen lassen. Es kostet mich Mühe, mich an einzelne Aussagen Enescos zu erinnern, doch ich weiß, daß all mein Tun noch immer von ihm geprägt ist.

Paris war die dritte Stadt, die zweite Großstadt meines Lebens. San Francisco verdankt seine Größe seiner schönen Lage, die Architekten hatten vernünftigerweise nicht versucht, mit der Natur zu konkurrieren. New Yorks machtvolle Eigenart gründet sich auf abstrakte Begriffe: Geld und Handel. Es degradiert seine Bewohner zum Mob, die Stadt zum Pferch für Herdenvieh. Im Gegensatz dazu empfand ich Paris als einen Ort für Individuen. Hier hatten die Menschen Platz; Boulevards, Avenuen und Straßen durchzogen es wie Arterien und Venen den lebenden Organismus. Sogar die Gebäude wirkten, als würden sie geliebt. Die Geräumigkeit von Paris fiel mir gleich auf, aber meiner Bewunderung fehlten die Begriffe wie »Harmonie« und »Proportion«, wenn das Auge immer wieder durch Alleen auf einen schönen Palast hingelenkt wurde. Mit seinen tausend schönen Ausblicken war Paris ein dreidimensionales Gemälde, sorgsam und raffiniert gemalt. Noch heute bewundere ich, welchen Spielraum man vor hundert Jahren dem Baron Haussmann zugestand. Er baute eine Stadt für ein paar hunderttausend Menschen, die auch jetzt noch die um ein Vielfaches gewachsene Bevölkerung zwar nicht komfortabel, aber doch immerhin unterbringen kann.

Wir erlebten Paris als Fußgänger, was für uns Kinder, die wir so viele Details in uns aufnehmen mußten, eher günstig war. Noch heute weiß ich, wie ich mit meinen Schwestern den Boulevard Raspail hinaufging und an einer Gebäudefront in Höhe des Trottoirs eine Hohlkehlung bemerkte, ein Beispiel für die Kunst des Steinmetzen, nur für das Auge geschaffen, ohne einem praktischen Zweck zu dienen. Das machte mir Eindruck, denn die amerikanischen Baumeister hatten seit Beginn des technischen Zeitalters die Geduld verloren, Schmuckornamente anzubringen. In Amerika verwendete man Stein ohnehin nicht so verschwenderisch: San Francisco bestand hauptsächlich aus Holz. Dort hatten die Häuser – einschließlich unseres eigenen – allerdings so viele Türmchen und Giebel wie die Schlösser des wahnsinnigen Ludwig von Bayern. Paris schnitzte den Stein wie San Francisco das Holz.

Während meines einjährigen Europa-Aufenthaltes dachte ich zwar voller Treue an San Francisco, aber das Heimweh war diesmal nicht so schlimm wie in New York. Mein Vater war bei uns, die Familie vereint, und außerdem merkte ich, daß ich Fortschritte machte. Anfang 1927 hatte ich das große Glück, in Paris ein paar Konzerte zu geben, die Erfolg hatten. Sie kamen auf Veranlassung Gerard Hekkings zustande, der darauf bestand, ich müsse Paul Paray vorspielen, dem Dirigenten des Orchestre Lamoureux. Das Probespielen und auch die Konzerte fielen in die Zeit zwischen meinem Eindringen in Enescos Künstlerzimmer und seiner Rückkehr nach Paris. Ich war somit in der kuriosen Lage, ein Konzertpublikum zu begeistern, ehe ich Unterricht genommen hatte. Das Pferd war beim Schwanz aufgezäumt, es sollte mir später noch oft so gehen. Heute ist es schwer vorstellbar, daß ein

unbekannter Solist in einer fremden Stadt sofort einen Termin bekommt und ins Veranstaltungsprogramm eingebaut wird. 1927 war das noch möglich. In einem sonderbaren kleinen Saal spielte ich vor halbleeren, dunklen Stuhlreihen für Paray und Hekking und wurde sofort engagiert, in der folgenden Woche Lalos *Symphonie espagnole* und eine Woche später das Tschaikowsky-Violinkonzert zu spielen. Es waren nicht nur meine ersten Konzerte auf europäischem Boden, sondern auch die ersten Orchesterkonzerte außerhalb San Franciscos. Zunächst blieb es bei diesen beiden Konzerten. Sie hatten jedoch einen so ermutigenden Erfolg, daß sich daraus einschneidende Konsequenzen für die ganze Familie ergaben. Weitere Konzerte würden folgen, zu denen man reisen mußte. San Francisco konnte nicht länger unsere Ausgangsbasis bleiben. Ein schmerzliches Dilemma für meinen Vater. Sollte er seine Stellung behalten und den Großteil des Jahres von den Seinen getrennt leben oder aber kündigen, auf sein Gehalt verzichten und sich darauf verlassen, daß sein elfjähriger Sohn den Lebensunterhalt für alle verdiente? Die beiden Pariser Konzerte waren sehr erfolgreich, gewiß, und Enesco hatte Zutrauen zu meiner Ausdauer, doch selbst lange Diskussionen mit Imma konnten Aba diese Entscheidung nicht abnehmen. Sie stand und fiel mit seinem Glauben an mich.
Aba hatte einen einjährigen Europaurlaub bewilligt bekommen. Seine großzügigen Arbeitgeber schätzten ihn sehr hoch und hätten ihn mit einem Monatsgehalt von vierhundert Dollar wieder eingestellt, damals ein beachtliches Einkommen und doch nicht genug, um davon zwei Haushalte zu bestreiten, einen in Europa und einen in Amerika. Es ging jedoch nicht allein ums Geld, sondern um das Ansinnen, einen stolzen Rang innerhalb der Familie aufzugeben, nicht länger für ihren Unterhalt zu sorgen und sich mit nebensächlichen kleinen Pflichten zu begnügen: viel verlangt von einem Mann. Abgesehen von wenigen Momenten tiefster Niedergeschlagenheit wurde Aba auch mit diesem Problem fertig. Ihm half seine Begeisterungsfähigkeit. Er stürzte sich mit Leib und Seele in seine neue Aufgabe, organisierte Ausflüge, begleitete mich zum Unterricht, machte sich dabei Notizen und ging sie mit mir durch, wenn wir auf dem Heimweg in einem Bistro einkehrten. Glücklicherweise begannen bald die Gastspielreisen, bei denen er wieder größere Verantwortung übernehmen konnte.
Für mich bedeutete Abas Entscheidung ein Hinüberwechseln von der weiblichen auf die männliche Seite der Familie. Bis 1927 war die Geige von Imma verwaltet worden. Zwischen Ysaye und Enesco übernahm

sie Aba. Während ich übte, saß er bei mir und las Zeitung. Hephzibah und Yaltah verblieben unter Immas Obhut. Kaum war ich bei Enesco untergebracht, kümmerte sie sich darum, daß die beiden Klavierunterricht bekamen. Von allen Bekannten, die im Pariser Musikleben Bescheid wußten, hörten wir, daß dafür nur einer in Frage kam: Marcel Ciampi. Das heißt, wenn man bis zu ihm vordrang. Ciampi unterrichtete in einem Studio der Salle Gaveau. Damals fanden die unzähligen Pariser Konzerte teils dort, teils im entzückenden, opernähnlichen Saal des Conservatoire statt, zu dem das Publikum heute keinen Zutritt mehr hat. Nach vorheriger Verabredung pilgerte die ganze Familie zur Salle Gaveau. Während Aba und ich unten warteten, führte Imma ihre Töchter Ciampi vor. Er erzählte später, daß er die beiden fünf- und siebenjährigen Mädelchen erst nicht anhören wollte, doch sie ließen sich von dem unfreundlichen Empfang nicht einschüchtern und spielten ihm wacker vor. Daraufhin kapitulierte er nicht nur, sondern leistete sich auch ein Bonmot, das bei uns zum geflügelten Wort wurde: *Mais le ventre de Madame Menuhin est un véritable conservatoire!* (Der Schoß dieser Madame Menuhin ist eine wahre Musikschule.) Als Imma ihr Ziel erreicht hatte, wurden auch Aba und ich vorgestellt, und damit begann eine Freundschaft mit Marcel Ciampi, die zu meiner Freude noch heute besteht.

Als wir 1930 nach Frankreich zurückkehrten, nahm Ciampi den Unterricht meiner Schwestern wieder auf, gab sogar mir ein paar Stunden, die jedoch aus Mangel an Zeit und Talent nicht fortgeführt wurden. So hat er zwar keinen Pianisten aus mir gemacht, sich jedoch später als Lehrer an meiner Musikschule weit größere Verdienste erworben.

Allmählich ordnete sich der Wirrwarr des Umzugs von Amerika nach Europa. In unserer Wohnung in der Rue de Sèvres 96 lief alles wieder wie gewohnt: morgens Üben und Bewegung an frischer Luft, nachmittags Ruhe, Unterricht, nochmals Musik und früh zu Bett. Nachmittags manchmal Ausflüge in die Umgebung und ziemlich häufige Konzertbesuche. Im nachmittäglichen Unterricht wurde jetzt Französisch das wichtigste Fach, und es wurde eigens ein Lehrer dafür angestellt. Viele Jahre später bekam ich einen rührenden Brief von einer Dame, die sich als junges Mädchen für diesen Posten gemeldet hatte. Als sie in die Rue de Sèvres kam, warf sie einen einzigen Blick auf meine Schwestern und mich, die wir fleißig über den Büchern saßen, bekam »kalte Füße« und ging sofort wieder. Sie schrieb liebenswürdigerweise, sie hätte es später bereut.

Unser kürzester täglicher Spaziergang führte uns die Rue de Sevres hinauf bis zum Hotel Lutétia, ein etwas längerer bis in den Bois de Boulogne, wo wir uns in den ersten Wochen die Taschen voll glänzender Kastanien stopften. Fast immer gingen wir zu Fuß, sogar zu Enescos Wohnung weit im Norden, und machten die schmerzliche Erfahrung, daß Paris offenbar härter gepflastert war als alle anderen Städte: bei längeren Wanderungen spürte man die wehen Füße bis hinauf in den Rücken. Wenn wir gerade nicht gingen, rannten wir: meine Schwestern und ich besaßen Reifen, die wir geschickt die überfüllten Trottoires entlangtrieben, als sei ganz Paris unser Spielplatz, vorbei an Hausfrauen mit Markttaschen und flanierenden alten Herren. Wir waren bestimmt eine Plage für die ernsthaften Erwachsenen. Warum man wohl in den Spielzeugläden keine Reifen mehr sieht? Es gibt doch nichts Aufregenderes, als einen Reifen neben sich herzutreiben. Ich lernte, meinen weit vorauslaufen zu lassen, durch eine leichte Berührung zu bremsen und ohne Tempoverlust die Richtung zu wechseln. Unsere Ausflüge in die Umgebung waren unvergeßliche Erlebnisse: nach Versailles, Rambouillet, Fontainebleau. Ich denke auch gerne an die regelmäßigen Fahrten zu Enescos Sommerhaus in Bellevue bei Meudon. Zum Unterricht fuhren Aba und ich in einem der sonderbaren Vorortzüge, die zwischen Paris und Versailles ebenso laut wie langsam hin- und herfuhren, als unterhielten sie sich angeregt mit der Seine, den Wäldern und jeder Bedarfshaltestelle. Aba und ich richteten es meist so ein, daß wir etwas zu früh am kleinen Bahnhof eintrafen und die Avenue zum Observatorium in Ruhe hinaufschlendern konnten. Zwar gab es auch in Paris genügend Bäume, und der Bois de Boulogne ragte wie eine Oase in die Stadt hinein, doch Meudon war herzerfrischend mit seinem Duft nach feuchter Erde, dem üppigen Grün der Ile de France, den Vogelstimmen im Wald. Ein Stück, das ich dort einstudierte, die Sonate von César Franck, hat das alles so stark in sich aufgenommen, daß ich sie nur zu spielen brauche und schon das Zimmer wiedersehe, mit Enesco am Klavier und draußen vor dem offenen Fenster die lächelnde Landschaft Frankreichs.
Wie erwartet, erweiterten und vertieften die Pariser Konzerte meine musikalischen Kenntnisse. Mehrfach gingen wir in die Opéra Comique, ein paarmal auch in die Oper, saßen hoch droben auf der Galerie und fanden es wundervoll aufregend. Der Höhepunkt aller Konzerte war die *Eroica* unter Paul Paray in der Salle Gaveau. Ich muß mehr als eine Beethoven-Symphonie in San Francisco gehört haben, aber nie die

Eroica, und sie traf mich mit erschütternder Wucht. Ich war noch nicht groß genug, um hinter der Balustrade aufrecht im Sessel zu sitzen, daher legte ich das Kinn auf die samtbezogene Brüstung und blieb vom ersten bis zum letzten Ton wie angewurzelt so sitzen. Es war ein Wendepunkt in meinem Leben, dem vielleicht nur noch einer gleichkommt: als ich voriges Jahr die *Eroica* selber dirigieren durfte.
Konzerte besuchten wir, wie alles, gemeinsam. Fest entschlossen, keinen Pfennig von Onkel Sidneys Geld unnütz auszugeben, gab Imma während unseres Europa-Aufenthaltes keine Einladungen. Das war kein zu großes Opfer, denn unsere Wohnung war für Gesellschaften, wie wir sie in San Francisco gegeben hatten, zu klein. Außerdem kannten wir noch zu wenig Menschen. Die Monate in Paris stärkten die Geschlossenheit der Familie, falls das noch möglich war. Damals kamen wir auf die Idee, ein aus all unseren Anfangsbuchstaben zusammengesetztes Wort zu erfinden. MoMaYeHeYa kostete als Telegrammunterschrift nur die Gebühr für ein einziges Wort. Eine autokratische Familie telegrafiert im Namen des Vaters, die traditionelle englische unter dem beider Eltern. Unsere Familie aber war demokratisch, teilte alles und ließ keinen aus. (Symbole, die eine Realität ausdrücken, haben mir immer Spaß gemacht. Heute freut es mich, daß meine Frau und ich unsere Briefe mit *Yehudiana* unterzeichnen können. Bei den Taufnamen meiner Kinder habe ich nicht an die Verwendungsmöglichkeit ihrer Initialien gedacht: Zamira und Krov, Gerard und Jeremy lassen sich nicht so leicht über einen gemeinsamen Leisten schlagen.)
Die Menschen, die wir dann doch kennenlernten, hatten nicht nur Seltenheitswert, sie erweiterten auch unser Weltbild. Etwa Madame Simon, die Musikmäzenin und Freundin der Godchaux in San Francisco. Sie gab uns in ihrer schönen Wohnung faszinierenden Anschauungsunterricht über die Art, wie man als reiche alte Dame sein Heim möbliert oder vielmehr mit kostbarem Nippes vollstopft. Oder Etienne Gaveau, der Klavierbauer, auf dessen überreich verziertem kleinen Flügel Hephzibah und Yaltah übten. An Etienne Gaveau beeindruckte mich am stärksten der Bart. Bisher hatte ich nur Rabbinerbärte gesehen, lange, lockere, wallende, in denen die Finger des Rabbi dauernd zerrten und zwirbelten und in denen, schaute man genauer hin, vielleicht noch ein paar Erbsen von seiner letzten Mahlzeit hingen. In verblüffendem Gegensatz zu diesen ehrwürdigen Gestrüppen hatte M. Gaveau einen kurzen, dichten weißen Knebelbart. Der ganze M. Gaveau war ein Mann von tadelloser Eleganz, und seine Wohnung

war von der gleichen Gepflegtheit wie sein Bart und seine Klaviere. Die wichtigsten und liebsten Freunde jedoch, die wir fanden, waren die Hambourgs. Jan Hambourg war ebenfalls russisch-jüdischer Geiger, stammte aber aus England. Er hatte bei Ysaye studiert und war ein ausgezeichneter Solist geworden, trat aber weder auf, noch lehrte er. Er hatte es nicht nötig. Seine amerikanische Frau Isabelle, die Tochter des Judge McClung aus Pittsburgh, war ebenso reich wie schön und vornehm. Ihre Wohnung ging auf einen baumbestandenen Hof hinaus, und so wie diese nach innen gerichtet und vom Lärm der Straße abgewandt war, war auch ihr Leben. So etwas war mir gänzlich neu. In den Vereinigten Staaten ist alles dem Draußen zugekehrt, die Art zu leben wie die Gebäude. Der Innenhof, der vom Orient her bis nach Großbritannien vorgedrungen ist, hat sich dort nie durchsetzen können. Die Hambourgs liebten ihr Leben in Paris mit guter Musik, guten Büchern und gutem Essen. Sie waren vollkommen zufrieden und wollten es nicht anders haben. Wir besuchten sie oft und wurden dabei mehr als einmal Zeugen von Onkel Jans Ritual: Jeden Wochentag zog er sich ein weinrotes Samtjackett an, nahm seine Amati oder seine Guarneri und spielte eines von Bachs sechs Werken für Solovioline, am Montag das erste, am Samstag das letzte. Wie Gott ruhte er am siebenten Tage von seinen Werken. Vor ein paar Jahrzehnten ist seine Bearbeitung der Bachschen Solo-Sonaten erschienen. Er verstand sehr viel von gutem Essen und Trinken – er wurde sogar zum Mitglied der Société Gastronomique gewählt –, und Isabelle und er luden uns oft zum Essen ein, wodurch unsere Kenntnis der französischen Küche in berühmten Restaurants rasch zunahm. Jan und Isabelle Hambourg nahmen ein wärmeres Interesse an uns drei Kindern – vielleicht weil sie selber keine hatten –, als man bei verwöhnten Lebenskünstlern annehmen sollte. Ihnen verdanke ich vor allem die Freundschaft mit Willa Cather, doch diese Begegnung gehört in ein späteres Kapitel meines Berichts.

Einen Besuch behielten wir Kinder in besonders freudiger Erinnerung, den von Mrs. Cora Koshland, einer eleganten alten Dame aus San Francisco, einer bekannten Kunstmäzenin. Es freute uns, ein Stück Heimat in Paris zu haben. Sie machte uns mit George Dennison und Frank Ingerson bekannt, jungen Künstlern, die in den Bergen von Los Gatos Keramiken, Webereien, Einlegearbeiten und Schmuck herstellten und den Auftrag hatten, im Emmanuel-Tempel, einer Synagoge von San Francisco, eine Nische auszumalen. Während wir in Paris waren, studierten sie in London auf Mrs. Koshlands Kosten. Sie besuchten ihre Wohltäterin in Paris und erzählten von einer befreundeten Familie mit Namen Gould in London, die einen Jungen und zwei Töchter hatten, genau wie wir. Die Mutter sei Musikerin. So erfuhr ich mit elf Jahren bereits von Dianas Existenz. Es sollte noch weitere siebzehn dauern, ehe ich sie kennenlernen durfte.

Zwar hatte Onkel Sidney den von ihm finanzierten Europa-Aufenthalt in keiner Weise begrenzt, wir fanden aber doch, nach rund zwölf Monaten sollten wir wieder heimfahren; daher galt es, jede Minute zu nutzen. Als Enesco im Spätsommer 1927 nach Rumänien reiste, gab es kein langes Überlegen: wir folgten ihm. Damit begann meine Lebensreise nach Osten, der Vergangenheit entgegen. Auch diese Reise war weniger eine Fahrt in den Raum als vielmehr in die Zeit.
Wie es sich gehörte, legten wir die ersten Etappen im Orientexpreß zurück, einem im Zeitalter der Eisenbahnreisen romantisch verklärten Verkehrsmittel, verband es doch Paris mit Konstantinopel und berührte dabei traumhafte Orte wie München, Salzburg, Wien und Budapest. Damit man diesen Glanz keinen Augenblick vergaß, hatte er kostbare Holztäfelung und rote Lämpchen auf allen Tischen. Ganz abgesehen davon waren wir sehr bequem untergebracht: wir hatten zwei Abteile mit eigenem Waschraum dazwischen. Wenn ich nicht übte, las, schlief, schwatzte, von Aba Geschichtsunterricht bekam, mit Imma Verben konjugierte oder – bei längeren Aufenthalten – mit den Schwestern irgendeinen Bahnsteig auf- und abtrabte, drückte ich mir die Nase am Fenster platt und sah Mitteleuropa mit dem gespenstischen Gefühl des *Déjà-vu* sich vor mir auftun, als sei die Landschaft gar nicht dort draußen, sondern in meinem Inneren. Ein oft geträumter Traum wiederholte sich: Sonne, Landschaft, Vegetation und Trachten, alles wurde immer bunter, je weiter östlich, je näher wir Regionen kamen, die meine Mutter und Georges Enesco geformt hatten, je tiefer ich ins eigene Ich hinabstieg.
Rumänien war tatsächlich Enescos »Land der Legenden«. Ich spürte es in mehr als einem Sinne. Ich gehörte dorthin. Wie natürlich fügte sich Imma in die orientalische Szenerie mit ihren Märkten und Zigeunern! Wie gut standen ihr die rumänischen gestickten Hemden! Aba kaufte ihr mehrere, sie gefiel uns ausnehmend darin. Sie war zufrieden und munter in diesem Land, das ihr eine Heimat schien. Selbst Aba gab sich gelöst: Für ihn wie für mich war Rumänien ein Zwischenspiel, ohne Sorgen um Vergangenes oder Künftiges. Wir lebten dem Augenblick.

Rumänien war nach dem Yosemite Park meine zweite Begegnung mit der Natur. Diesmal bildete sie mit der Zivilisation eine Einheit. In Amerika fährt man aus der Stadt aufs Land hinaus. Das Land ist großartig und schön, aber es bringt weder eine Lebensart noch Musik oder Literatur hervor, es bleibt vom Menschen getrennt, ja von ihm bedroht. Hier durchdrangen Mensch und Natur einander. Der Hirte kannte seine Landschaft in jedem Licht, in jedem Laut, jedem Geruch. Er gehörte so selbstverständlich dazu wie seine Schafe, sein Hund, ein Berg oder Baum. Auch die Zigeuner entstammten der Erde, und ihre Musik war erdhaft. Die von Bukarest oder anderen Städten herbeiströmenden »oberen Zehntausend« hatten ihren Platz in dieser Feudalharmonie. Nie hatte ich eine großartigere Eintracht gesehen. Ich bewegte mich darin, war eins mit ihr, fühlte mich davon angesprochen, wie ich es weder begreifen noch ausdrücken konnte. Imma glaubte, wir dürften in diesem Sommer nur Geflügel essen, dem Fleisch mißtraute sie anscheinend. (Vielleicht war es bei ihr auch der erste unbewußte Schritt zu einer vegetarischen Lebensweise.) Solch kleinliche Vorsichtsmaßregeln gehörten für mich in eine andere Welt. Was konnte uns hier geschehen, wo man jeden Schritt auf dem Boden der Legenden tat, wo man jedes Gesicht zu kennen glaubte, einem die Archetypen leibhaftig entgegenkamen? Hier war die Zeit ein wogendes Meer, in dem nichts umkam oder unterging. Ich schwamm darin und fühlte mich jubelnd lebendig und wirklich.
Eines Abends hörten wir vor einer Taverne die Zigeuner musizieren. Was konnten sie ihren primitiven Instrumenten für außerordentliche Töne entlocken! Die Bögen waren mit ungebleichtem Pferdehaar bespannte Gerten! Auf mein Drängen lud Aba sie zu uns in die Pension ein, damit ich mit ihnen um die Wette spielen konnte, sie eine Naturmusik wie Vogellaute, ich das raffinierte Gegenstück: Tartinis *Teufelstriller-Sonate.* Ihr Anführer schenkte mir ein Körbchen Walderdbeeren, ich ihm einen meiner goldgefaßten Sartory-Bogen.
Sinaia, die elegante kleine Stadt, in der wir wohnten, verdankte ihre Berühmtheit der einige Kilometer entfernten Sommerresidenz des Königs und dem alljährlichen Zustrom von Höflingen. Doch es war trotz all seinem Glanz bescheiden geblieben. Unweit des Bahnhofs lag ein solider, altmodischer Hotelkasten, wie man sie Ende des vorigen Jahrhunderts überall in Europa baute, rings auf den Hügeln verstreut die Sommerhäuser des Adels und reichen Bürgertums von Bukarest. Wenige Schritt davon entfernt ertönte die klagende Hirtenflöte, brachten

die Bauern ihre Feldfrüchte, Stickereien und grobes Gerät zum Markt, wie Bauern es seit Jahrhunderten tun, und versammelten sich im orientalischen Basar, wie die Gesellschaft im Kurhaus. Die bärtigen Mönche aus dem Sinaia-Kloster, das ein Ahnherr von Enescos Prinzessin gegründet hatte, wirkten keineswegs anachronistisch.

In den knapp zwei Monaten, die wir dort verbrachten, wohnten wir in der Dependance einer Pension, in der wir arbeiten, üben, kochen und essen konnten, ohne zu stören oder gestört zu werden. Enescos Traumhaus, die Frucht seiner jahrelangen Arbeit, lag in einiger Entfernung. Meist ließ er uns holen, in einem Pferdewägelchen, auf dem der Kutscher hoch über Aba und mir thronte. Bei schönem Wetter fuhren wir offen, regnete es, so wurde uns von hinten eine Art Kapuze über die Köpfe gezogen wie Babies im Kinderwagen. So sehr ich sonst für Autos zu haben war, diese Fahrten über ungepflasterte Wege und die rasch strömende Prahova zur Villa Luminisch waren herrlich. Enesco hatte den Besitz wohl für die Prinzessin Cantacuzène gekauft und das Haus für sie gebaut. Zu seinem Zimmer im obersten Stockwerk gelangte man über eine Wendeltreppe in einem Seitenturm, damit Besucher die Prinzessin in ihren Räumen nicht störten. Diese waren, wie ich später feststellte, mit orientalischem Luxus ausgestattet, doch machte mir Enescos schmuckloses Studio ebensolchen Eindruck: aus dem großen Fenster mit Blick über das ganze Tal sah man die Felsstürze der Berge. Es wurde gerade Herbst, die Bäume flammten in allen Farben, und die einsamen Fichten an den fernen Hängen bildeten einen düsteren Kontrast zu all dem Gelb, Ocker, Gold und Rot der Wälder. Ein majestätischer Hintergrund für meine Stunden!

Sinaia verführte uns dazu, ein wenig vom gewohnten Stundenplan abzuweichen: wir besuchten Schloß Pelesch, einen Bau, wie er so gotisch nur aus dem 19. Jahrhundert stammen konnte, mit zahllosen hölzernen Giebeln, für mich ein wahres Märchenschloß. Als wir einmal im Park spaziergingen, kam auch noch die kleine, von zwei weißen Ponies gezogene Kutsche des Thronfolgers Michael an uns vorbei. Aus purem Neid warf ich ihm einen Stein nach. Noch heute schäme ich mich wegen dieses kindischen Streichs. Er blieb ohne Folgen.

Königin Maria von Rumänien, Michaels Großmutter und Enkelin der Königin Viktoria, lud mich ein, bei Hofe zu spielen. Imma lehnte auch diese Einladung, wie jeden anderen Versuch, mein Geigenspiel »gesellschaftlich« zu nutzen, höflich aber bestimmt ab. Enesco wollte vermitteln und schlug vor, die Königin solle im Schlafzimmer der Prinzessin

Cantacuzène bei offener Tür zuhören, während ich ein Stockwerk höher meine Stunde bekam. Das wurde akzeptiert. Nach der Stunde wurden Aba und ich der Königin vorgestellt. Ich weiß noch, wie elegant das Zimmer eingerichtet war: ein riesiges Bett, überall üppige Vorhänge, geschnitzte Möbel, Samt und Gold und dabei noch die bedrückende Aussicht, einer echten Königin die Hand küssen zu müssen. Ich hatte noch nie jemandem die Hand geküßt (heute ist es mir durchaus geläufig) und wollte nicht erst damit anfangen. So streckte ich ihr lieber meine Pfote zum Händedruck entgegen. Die Königin war nicht beleidigt, sie ließ sich sogar liebevoll herab, nämlich bis zu mir: Auge in Auge unterhielten wir uns höchst angeregt. Zum Schluß schenkte sie mir ihr selbstverfaßtes Buch »Märchen von Königin Maria« mit der Widmung »Für Yehudi von Maria«.

Der Herbst war fast vorüber, da kam ein Telegramm aus New York: ob ich in der Carnegie Hall mit dem New Yorker Symphony Orchestra unter dem berühmten Dirigenten Fritz Busch spielen wollte – das A-Dur-Konzert von Mozart. Ein schöner Abschluß unseres Europajahres, eine schöne Rechtfertigung für Onkel Sidneys Großmut und viele Mühen meiner Eltern. Ich war dankbar und stolz. Nur im engsten Familienkreis äußerte ich einen kleinen Vorbehalt. Warum Mozart, warum nicht Beethoven? In der Carnegie Hall auftreten hieß doch Beethoven spielen, oder? Entweder man hatte es geschafft oder nicht. Ich wußte auch, ich würde den Beethoven besser spielen, und meine Eltern wußten es ebenfalls. Wie bei manchem Lieblingswunsch – dem Studium bei Enesco, dem Besitz eines Fahrrades – ließ ich die Dinge an mich herankommen. Der Carnegie Hall wurde zugesagt; was ich spielen würde, blieb offen. Ich hoffte, es würde Beethoven sein. Ich war damals elf Jahre alt.
Es kam die letzte Stunde bei Enesco – wie ich damals glaubte, für immer. Das Gewitter, das bereits drohend am Himmel stand, als Aba und ich nachmittags die Pension verließen und das Wägelchen bestiegen, brach los, als wir unter Dach in Enescos Studio waren. Blitze zerrissen den Himmel von einem Ende des Tales bis zum anderen, erleuchteten überdeutlich Wälder und Berge. Der Donner krachte, es goß in Strömen. Und gegen diesen erhabenen Tumult der Natur spielte ich an: die Chaconne aus Bachs d-Moll-Partita – dreimal hintereinander.
Wahrscheinlich wollte Enesco meine Ausdauer auf die Probe stellen Üben und Spielen sind zweierlei. Doch es gibt noch ein Drittes, das ei-

nem mehr abverlangt als beides zusammen: das Proben mit Kollegen, oft mehrmals hintereinander, für ein Konzert oder eine Plattenaufnahme. Dabei muß man drei, vier Stunden lang ohne jedes Erschlaffen, ohne Nachlassen von Konzentration und Frische spielen können. Enesco wollte mir vielleicht einen letzten Dienst erweisen, indem er mich einer solchen Belastungsprobe unterwarf. Bachs Chaconne dauert etwa dreizehn Minuten, Anstrengung genug für einen kleinen Jungen. Üblicherweise jedoch folgt sie auf die vier Sätze der Partita, was ich damals noch nicht wußte. Ich spielte sie dreimal und schaffte es spielend. Just in diesem Augenblick äußerte Aba, eigentlich sei ich nicht besonders fleißig: zwar übte ich brav und pünktlich, hätte aber nie den Versuch gemacht, die Übungsstunden zu verlängern wie viele meiner Kollegen. (Vermutlich hat mein zu niedriger Blutdruck mir damals wie heute manche Krise erspart!) Enesco erklärte unerschütterlich: »Bei ihm ist es eine Gottesgabe. Er wird es ein Leben lang auch so schaffen.« Aba vergaß diese Worte nie.

Es goß noch immer auf den vermummten Kutscher und die tänzelnden Pferde herab, als wir unter dem Vordach auf den Kiesplatz hinaustraten, doch das allerärgste Gewitter war vorüber. Mir war das Herz schwer. Von nun an galt es etwas aus dem zu machen, was ich bei Enesco gelernt oder versäumt hatte. Ich war auf mich selbst gestellt. In wenigen Wochen erwartete mich, weit von hier, mein erstes Engagement.

Wie anders war die Rückreise als die Hinreise! Jetzt waren wir erfahrene Weltenbummler, uns freute nicht mehr jede Kleinigkeit, nur weil sie neu war. Und daheim in den Staaten wurden wir geradezu mit Trara empfangen. Noch in Sinaia hatte Aba zur Sicherung meiner Einkünfte einige Verträge abgeschlossen. Es kehrte kein unbekannter kleiner Junge nach Amerika zurück, sondern ein vollwertiger Bürger, der einen Agenten und einen Rechtsanwalt beschäftigte. Als Anwalt für New York hatte Onkel Sidney uns Edgar Leventritt empfohlen, einen prominenten Musikfreund, dem zu Ehren später der Leventritt-Award gestiftet wurde, und bekannten Amateurpianisten, der durchreisende Musiker am liebsten in sein Haus lud und mit ihnen Kammermusik machte. Mr. Leventritt wiederum riet Aba, die Agenten Laurence Evans und Jack Salter zu nehmen, und setzte für uns den Vertrag mit ihnen auf, doch es ging uns mit ihnen wie mit so vielen Menschen, die aus geschäftlichen Gründen in unser Leben traten: sie wurden unsere Freunde und sind es geblieben. Die beiden jungen

Leute aus Atlanta, Evans und Salter, begannen ihren Aufstieg zu Reichtum und Ruhm damit, daß die Sängerin Amelita Galli-Curci sie als Agenten engagierte. Von da an betreuten sie nur mehr Prominenz: Lawrence Tibbet, Elisabeth Rethberg und andere Berühmtheiten. Nun kam mein Name ganz unten auf die von der Galli-Curci angeführte Liste.

Als unser Schiff in die Hudson-Mündung einlief, kam uns ein Lotsenschlepper mit vier Fotografen an Bord entgegen. Sie ließen Hephzibah, Yaltah und mich mit Geige recht unglaubwürdige Gruppen bilden und knipsten uns für die Morgenzeitungen. Am Pier lernten wir dann die zwei jungen Agenten kennen. Sie schenkten mir zur Feier des Tages einen schwarzweißen Schal aus schwerer Seide. Etwas so Prächtiges hatte ich nie besessen, und es machte mir ebensoviel Freude wie Eindruck. (Noch heute, fünfzig Jahre später, ist es mein »bester« Schal und so gut wie neu.) Nach den Aufregungen der Landung galt es nun zu entscheiden: Beethoven oder Mozart. Irgend jemand, möglicherweise Edgar Leventritt, hatte Fritz Busch meinen Wunsch hinterbracht, Beethoven zu spielen, und er hatte abgelehnt. »Man läßt ja auch Jackie Coogan nicht den Hamlet spielen«, soll er geäußert haben. Die Idee, mich einzuladen, stammte von Walter Damrosch und nicht von ihm. Man kann sich seine Gefühle vorstellen, als er merkte, daß man in diesem seltsamen Lande nicht nur ein hervorragender Dirigent sein, sondern auch noch den Zirkusdirektor machen mußte. Höchst reserviert verschanzte er sich hinter seinen geheiligten deutschen Musiktraditionen des 19. Jahrhunderts und hoffte, er würde mir die Idee mit dem Beethoven schon austreiben. Doch ich war ein ebensolcher Dickkopf wie er. Schließlich erklärte er sich bereit, mich in seiner Suite im Hotel vorspielen zu lassen. Einige Tage später machten wir uns dorthin auf, Aba, Persinger (er war auch gerade in New York) und ich.

Während ich im Hotel Gotham den Mantel auszog, nahm Busch Persinger beiseite, der sich ans Klavier setzen wollte. Absprachen zwischen Lehrer und Schüler kämen nicht in Frage, keinerlei Erleichterungen für mich, nichts Gewohntes. Er selbst wolle mich begleiten. Wenn ich seinem Tempo folgen könne, ohne mich zu verhaspeln, wolle er sich die Sache eventuell noch einmal überlegen. Sicher nahm er an, ich käme schon über die ersten gebrochenen Oktaven nicht hinweg. Vom zweiten Tutti an regnete es deutsche Koseworte auf mich nieder. »Mein lieber Junge«, rief Busch, »du darfst alles mit mir spielen, wo und wann immer du willst!« Ich packte die Gelegenheit beim

1 *Die Menuhins in San Francisco, 1924*

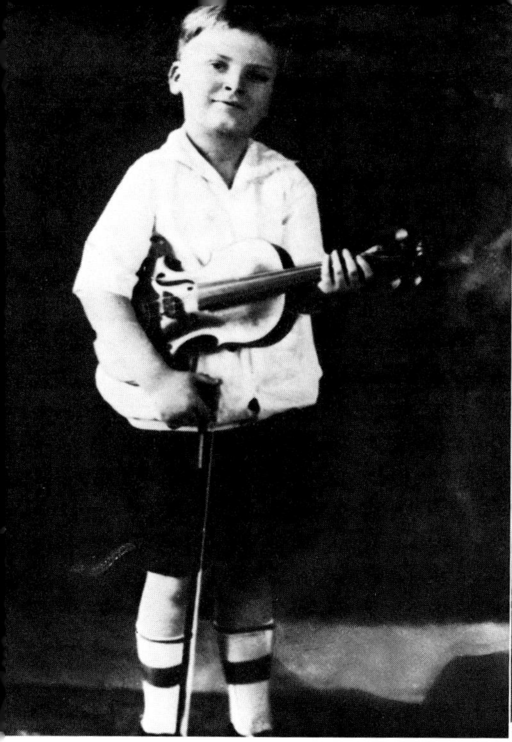
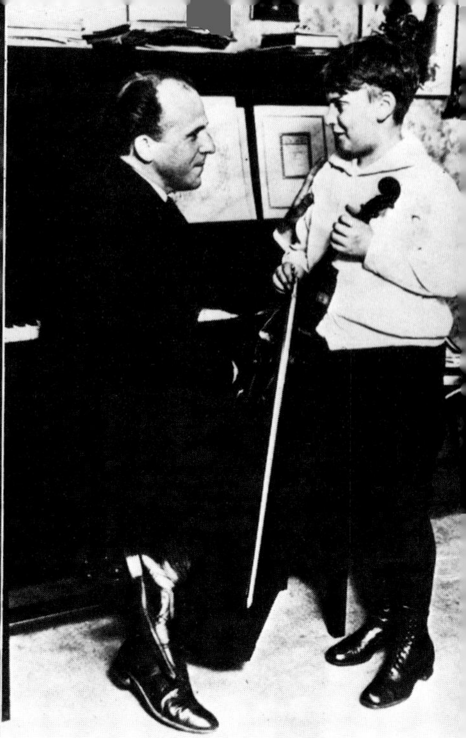

2 *Yehudi 1925* · 3 *Yehudi mit Louis Persinger* · 4 *Yehudi mit seinen Schwestern, Paris 1927* · 5 *Hephzibah und Yaltah*

6 *Yehudis erste Reise nach Europa, Ende 1926*

7 Sidney Ehrman im Alter von 102 Jahren, 1975

8 Konzert mit Alfred Hertz vor 11 000 Zuhörern im Exposition Auditorium des San Francisco Symphony Orchestra, 1928

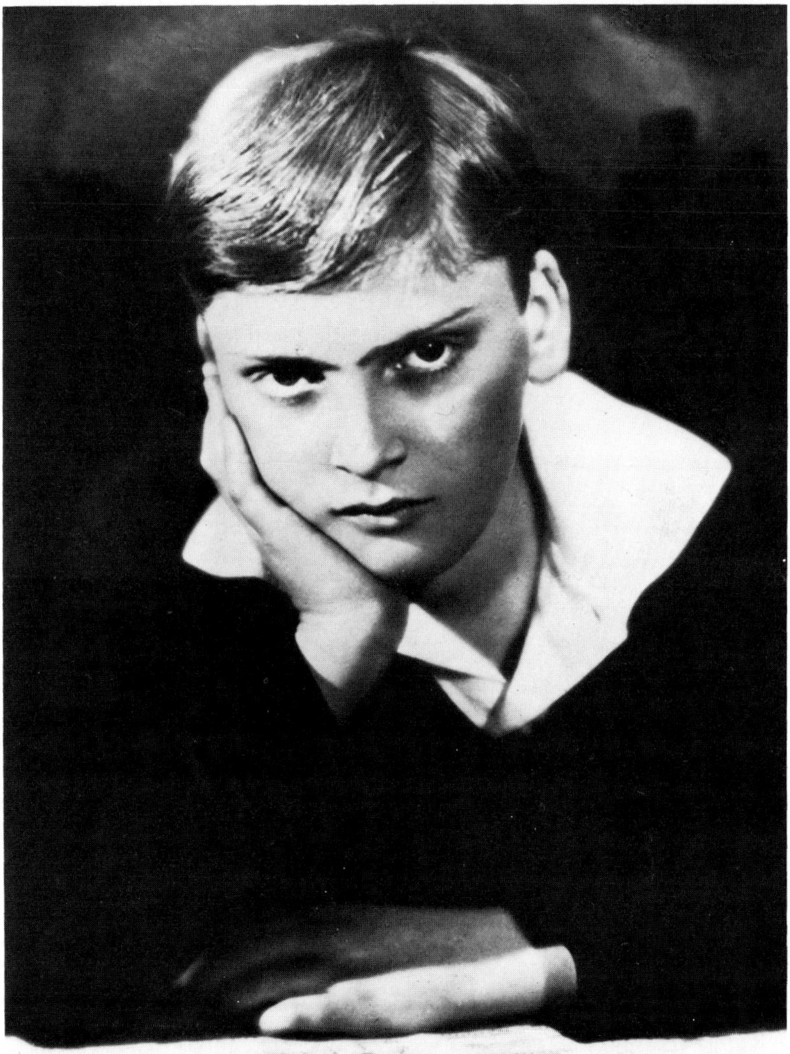

9 *Yehudi Menuhin 1931*

10 *Adolf Busch und YM*
11 *Fritz Busch und YM in Dresden, 1929*

12 YM mit Hephzibah und Yaltah, London, 1929

13 Im Garten in Ville d'Avray: 1. R.: Yaltah, Hephzibah, Yves Ciampi; 2. R.: Enesco, YM, Alfred Cortot; 3. R.: Mme. Ciampi, Nikolai Sokoloff, Jacques Thibaud, Jan Hambourg; 4. R.: Marcel Ciampi, Sam Franko

14 15 *Hephzibah und YM in Ville d'Avray und beim Musizieren*

Schopf: »Dann wollen wir den Brahms doch auch gleich durchgehen«, sagte ich. Im Brahmsschen Violinkonzert gibt es eine Passage in Dezimen, fast dem größten Intervall, das man einem Geiger abverlangen kann. Rasch und mehr oder minder sauber spielte ich ihm die Takte vor zum Beweis, daß meine Hand für den Brahms schon groß genug sei, doch als er auf meinen Vorschlag nicht einging, bestand ich nicht darauf. Seinem unbefristeten Angebot blieb er übrigens treu: ich habe in späteren Jahren mit ihm sowohl in Deutschland wie in England gespielt.

Es kamen die Proben und die beiden Konzerte an aufeinanderfolgenden Tagen. Ich kann mich kaum noch an etwas daraus erinnern, nur daß beide unsere kühnsten Hoffnungen übertrafen, vieles in der Vergangenheit rechtfertigten, vieles für die Zukunft versprachen. Beim ersten Konzert am 27. November 1927 kam ich mir winzig klein vor bei dem irrsinnigen Lärm, den das Publikum machte: ich versuchte die Aufmerksamkeit auf Busch, auf das Orchester, ja sogar auf Persinger zu lenken, den ich aufs Podium zerrte und auf den ich eifrig deutete, doch ich mußte mich mit Mantel und Mütze zeigen, ehe man mich endlich gehen ließ. Nicht die Konfrontation mit dem Publikum war der wahre Prüfstein gewesen – im Grunde hatte sich die Prüfung in zwei Teilen abgespielt: im Hotel Gotham und bei der Probe, und als das erfolgreich absolviert war, folgten die beiden Konzerte automatisch. Als ich zu Beginn der Probe das Podium betrat, waren viele der Musiker im Orchester trotz Buschs Sinnesänderung noch skeptisch, und meine Bitte an den Konzertmeister Mischakow, meine Geige zu stimmen, weil ich noch nicht genügend Kraft hatte, die Wirbel zu drehen, trug nicht dazu bei, ihre Befürchtungen zu zerstreuen. Doch am Schluß des ersten Satzes wußte ich: jetzt hast du sie gewonnen. Es war ein wunderbares Erlebnis, nicht der Triumph über ihre Skepsis, sondern das Bewußtsein, unter Musikern aufgenommen zu sein, die ihr Fach verstanden.

5. Aufbau von oben nach unten

Der zweite große Erfolg in New York · Wieder in San Francisco · Erste Konzertreise durch die USA · Die Fürst Khevenhüller · 1929: das »Mayflower«-Konzert in Berlin unter Bruno Walter · Deutsche Kleinstadt: Baden-Baden · Adolf Busch, der dritte große Lehrer · Die Sommer in Ville d'Avray (1930–1935) · Bergtouren mit Wolodja Horowitz und Grischa Piatigorsky · Immer wieder Enesco · Hephzibah wird die bevorzugte Klavierpartnerin

Am Nachmittag vor dem zweiten New Yorker Konzert wurden Hephzibah, Yaltah und ich wie sonst zur Mittagsruhe in unser Hotelzimmer geschickt. Sonst schwiegen wir brav, aber diesmal war ich viel zu aufgeregt, und die Schwestern blieben auch hier loyal und protestierten nicht. Ich hatte keine Angst vor dem zweiten Konzert: Nach dem Riesenerfolg gestern wußte ich, daß ich es auch beim zweiten Mal gut machen würde. Trotzdem konnte ich nicht schlafen und hielt meinen geduldigen Zuhörerinnen endlose Vorträge über die verschiedensten Themen. Noch heute weiß ich, was mich damals am meisten beschäftigte: daß ich plötzlich das Gewicht meiner Glieder nicht mehr spürte. Vielleicht hatte ich auch ganz einfach Wachstumschmerzen: der bis dahin unbewußt funktionierende Körper entzieht sich plötzlich der Kontrolle, die Muskeln verkrampfen sich, können sich nicht mehr entspannen. Ich preßte meine Beine und Arme mit Gewalt aufs Bett, davon wurden sie aber auch nicht schwerer. Kein Wunder bei meiner Methode. Über zwanzig Jahre sollte es noch dauern, ehe ich anfing, das Funktionieren von Muskeln und Gelenken und seine Bedeutung für das Geigenspiel zu begreifen. Heute kann ich mir das Gewicht jedes einzelnen Fingers bewußt machen, die geringste Armbewegung in der Schultermuskulatur spüren. Von jenem Novembernachmittag an sah ich zwar das Problem, doch noch keine Lösung.

Schon lange vorher spürte ich, daß meinem Leben gewisse Zusammenhänge fehlten. Daß ein Virtuose auf einmal im Scheinwerferlicht steht, hat für ihn nach jahrelanger Vorarbeit nichts Plötzliches mehr. Darin unterscheidet er sich vom Schriftsteller, Maler, Architekten oder Komponisten, der auf Grund der menschlichen Entwicklungsgesetze erst allmählich immer mehr beachtet wird. Der Virtuose betritt den cyprischen Strand schön und vollkommen wie Aphrodite. Doch diese Vollkommenheit liegt allein im Auge des Beschauers.

Musik ist uns in die Wiege gelegt, der Säugling schreit, kräht und lallt, von dort bis zum Singen ist nur noch ein Schritt. Im Gegensatz zu den übrigen Künsten kann man sich Musik ohne Vorkenntnisse aneignen. Sie ist weitgehend Ausdruck des Unbewußten, dringt aus dem Inneren, und man muß sie nicht erst lernen. Auch ich lernte die Musik lieben, längst ehe ich dieser Liebe hätte Ausdruck verleihen können. Man gab mir das Rohmaterial an die Hand, als ich noch kaum lesen und schreiben konnte. Ich machte sehr früh die wunderbare Erfahrung, daß man mit einer Geige in der Hand sprechen, Gedanken und Gefühle großer Meister ausdrücken kann. Gewiß, ich war sehr begabt und konnte in manchen Dingen meine Lehrer übertreffen, doch daran ist nichts Geheimnisvolles. Ein musikalischer Junge mit einem begeisterungsfähigen, phantasiebegabten Lehrer und der Fähigkeit, nach Gefühl und durch Nachahmen zu spielen, kann Hürden nehmen, die einem Erwachsenen unüberwindlich scheinen, weil er vor jeder Selbstentfaltung grundsätzlich die Barriere der Qualifikation aufrichtet. Ich konnte ohne Qualifikation, Erfahrung oder Kenntnisse, auch ohne pubertäre Sehnsüchte, Aufregungen und Enttäuschungen bereits mit sieben Jahren die *Symphonie espagnole* genau so spielen wie jeder andere, obwohl ich nie regelrechten Unterricht gehabt hatte. Hätte man mich zu einem erstklassigen Lehrer gegeben, einem Carl Flesch oder Dounis, wäre das für beide Teile eine Enttäuschung geworden. Für den Lehrer, weil ich auch ohne seinen Drill gut genug gespielt hätte, für mich, weil mich dieses System um das Musizieren gebracht hätte. Meine Lehrer aber waren vor allem hervorragende Geiger, und so lernte ich von Anfang an eine Melodie er-fühlen und er-hören. Intuitiv ahmte ich ihr Beispiel nach, ohne den mechanischen Vorgang und dessen Bedeutung zu kennen. Meinen Riesenerfolg in New York mit dem Beethoven verdankte ich Enescos Einsichten.

Enescos Einsichten aber waren mit der Zeit erworben. Und eben die fehlte mir. Man kann ein kleines Repertoire hübsch herunterspielen, aber erst im Lauf eines langen Lebens lernt man Mozart verstehen, sämtliche Quartette Beethovens von Grund auf kennen oder auch sich eine gewisse Welterfahrenheit erwerben. Meine liebevollen Eltern sorgten dafür, daß ich mich nicht mit dem begnügte, was mir in den Schoß fiel. Sie bewahrten mich davor, ein musikalischer Fachidiot zu werden. Sie boten mir Bücher, das Leben auf dem Lande und in der

Familie und vieles mehr. Doch keine Entwicklung vollzieht sich mit einem Schlag. Reife will durch Erleben erworben sein. Da ich gewissermaßen hoch oben anfing, mußte ich mir die notwendige Reife auf sonderbaren Umwegen aneignen.
Ich war hinaufkatapultiert worden zu Beethoven. Ich hatte etwas erfaßt oder besser erahnt, ehe der Abgrund, der mich davon trennte, tatsächlich überbrückt war. Nicht Musik, nur das Leben selbst würde diese Brücke bilden.
Ich habe nachträglich Dinge lernen müssen, die ein normales Kind in der Schule, beim Spielen auf der Straße und unter Menschen lernt, nämlich daß man um Macht, Vorrang, Erfüllung von Wünschen (nach einem Gegenstand, einer Frau) immer kämpfen muß. In meiner Kindheit fehlte jeder Konkurrenzkampf. Nichts lehrte mich, daß man die Ellenbogen gebrauchen müsse, um selbst vorwärtszukommen. Mir blieb jedes Wettbewerbsdenken erspart: einmal durch eine frühzeitige Vorrangstellung - sobald ich das Konzertpodium betrat, fielen mir Anerkennung, Engagements und Honorare mühelos zu. Zum anderen lernte ich durch glücklichen Zufall und behutsames Selektieren meiner Eltern nur Menschen von überdurchschnittlicher Anständigkeit und Rechtschaffenheit kennen. Drittens bauten die Familiengrundsätze eine Idealwelt um mich und meine Schwestern.
Ich gestehe offen, daß es später schmerzlich und schwer war, die unzulängliche Wirklichkeit mit der kristallinisch-perfekten Kindheitswelt in Einklang zu bringen. Meiner hermetisch abgeschirmten Kindheit hat es auch gewiß an Spannung, Farbe und Faszination, mir selber an Wachheit und Elastizität gefehlt. Jahre später erzählte mir Sascha Schneider, ein junger Geiger meines Jahrgangs, er habe im Frühjahr 1929, während ich zum ersten Mal in Berlin auftrat, in den Bordellen seiner polnischen Heimatstadt ums liebe Brot geigen müssen und mich glühend beneidet. Wären wir uns begegnet, wäre er der Weltgewandte, ich der Blöde gewesen. Und doch bedaure ich meine behütete Kindheit nicht. Bei aller Unvollkommenheit des Lebens, auf die ich später stieß, war es schön, dem Idealen schon so früh begegnet zu sein.
Seit vielen Jahren schließe ich nun die Lücken im Aufbau meines Lebens, das so früh so hoch oben begann. Vieles ist mir heute noch fremd. Zum Beispiel war ich nie in eine Rauferei verwickelt, habe nie Kohle getrimmt, nie die Straße gekehrt. Ob ich daher vollkommen bin, kann ich nicht beurteilen.
Trotz des triumphalen Erfolges in New York konnte ich es kaum er-

warten, heimzukommen. San Francisco war und blieb mein Leitstern. Das Jahr in der Ferne dünkte mich unheimlich lang. Zudem wollte ich Esther wiedersehen, wenn ich es auch niemand sagte. Ich fand allerlei verändert. Vor unserer Tür parkte ein schöner, neuer Buick, ein Geschenk von Onkel Sidney. Das Zimmer, in dem die russischen Damen gewohnt hatten, war jetzt meines. Es ging zur Straße hinaus und hatte einen hübschen Erker.

Mein Vater kehrte als freier Mann nach San Francisco zurück, er hatte nur noch der Familie gegenüber Pflichten. Trotz aller Neuerungen verlief unser Leben eine Weile wieder ganz im alten Gleis. Hephzibah und Yaltah gingen in die Klavierstunde bei Lev Shorr und teilten jetzt meinen Französischunterricht bei Mlle Godchaux. Ich arbeitete wieder bei Persinger und lernte außerdem Harmonielehre bei John Paterson, dem Geiger des San Francisco Orchestra.

Den Großteil des Jahres 1928 unterrichtete Persinger in Santa Barbara, einer reichen Stadt 600 km südlich von uns. Dort gab es sehr exklusive Colleges und ein Konservatorium, und das Persinger-Quartett war dort beheimatet. Einmal die Woche fuhr er nachts nach San Francisco, gab mir meine Stunde, blieb noch einen halben Tag und fuhr dann die gewaltige Strecke wieder zurück. Auch bei unserem gemeinsamen Musizieren hatte sich etwas verändert. Enesco hatte mich insofern verwöhnt, als er mich unbegrenzt lange an ein und demselben Werk arbeiten ließ. Persinger fand, es werde nun Zeit, daß ich mehr und anderes einstudiere. Jede Woche brachte er mir ein sorgfältig phrasiertes Exemplar eines neuen Werks, und jede Woche studierte ich es nach besten Kräften ein. Ob ich es nun gut oder weniger gut begriffen hatte – mehr Zeit bekam ich nicht. Infolgedessen vergrößerte sich mein Repertoire sehr schnell und umfaßte bald die d-Moll-Sonate von Brahms, Beethovens *Kreutzer-Sonate*, zahlreiche Konzerte von Vivaldi, Mozart, Vieuxtemps, Wieniawski, Bruch, Glasunow und so weiter. Daß ich Persinger ständig in den höchsten Tönen von Enesco vorschwärmte, war gelinde gesagt unwillkommen. »Ich will nun den Namen nicht mehr hören«, rief Persinger eines Tages. Er hielt mir trotz meiner kindlichen Taktlosigkeit die Treue und machte Anfang 1928 die erste Schallplattenaufnahme mit mir. Und mit ihm gingen Aba und ich im selben Herbst auf die erste Konzertreise.

Die moderne Aufnahmetechnik war seit gut einem Jahr überall eingeführt, als man mich verpflichtete, eine 25cm-Platte von Fioccos *Allegro* und der *Capricciosa* von Franz Ries sowie eine Langspielplatte mit der

Sierra Morena von de Monasterio und einer von Joseph Achron arrangierten *Romanesca* aufzunehmen. Als sei das nicht genug Neues, durfte ich auch noch meinen ersten Tonfilm sehen, Al Jolson in »Sonny Boy«, der gerade lief, und bekam eine Ausgabe von »Robinson Crusoe« geschenkt (das bei uns sofort in Robinson Caruso umgetauft wurde). Fast fünfzig Jahre habe ich mit Freuden Schallplattenaufnahmen gemacht, aber das erste Mal war es sehr aufregend. Nicht nur für mich. In Oakland wurde eine Kirche gemietet. Während Persinger, Aba und ich von San Francisco her anreisten, durchquerten zwei Toningenieure der »Radio Corporation of America« von Camden in New Jersey aus den ganzen Kontinent. Bei der Fahrt durch Texas schoß ihnen jemand in die Windschutzscheibe. Sie zeigten das Loch mit gewissem Stolz, als Zeichen ihres Pioniergeistes. Im gleichen Herbst kamen wir auf der Konzertreise persönlich nach Camden, und es wurden weitere Platten geschnitten. Zur Belohnung wurde ich zu einem »Direktorenessen« eingeladen. Ich bekam Austern, wahre Ungeheuer aus der Chesapeake Bay: zu groß, um sie ganz herunterzuschlucken, aber mit keinem Werkzeug zu zerkleinern. Die morgens aufgenommenen Platten wurden übrigens über Nacht gepresst, und wir konnten sie am nächsten Tag fertig mitnehmen. So einfach waren damals Leben und Technik.

Die erste Konzertreise war ein Versuch. Die Eltern überlegten vorher lange, ob man sich darauf einlassen dürfe, und kamen zu dem Ergebnis, Reisen und regelmäßiges Auftreten würden einmal zu meinem Leben gehören. Inzwischen war ja auch die ganze Familie finanziell auf das angewiesen, was die Konzerte einbrachten, doch das war ihre geringste Sorge. In den zwanziger Jahren brauchte man nur wenige Konzerte zu geben, um bequem davon zu leben. Ich sollte auf keinen Fall überfordert werden. Schließlich wurde beschlossen, auf der ersten Tournee sollte ich etwa fünfzehn Wochen lang nur einmal wöchentlich auftreten, in San Francisco beginnen und in östlicher Richtung reisen, mit New York als Endziel. Ich habe seitdem die Reise oft gemacht, weiß aber heute noch, welche Städte wir damals besuchten: Los Angeles mit seinem riesigen Shriners' Auditorium; Chicago, dessen Konzertsaal später zur Sportarena degenerierte und dann als UNO-Zentrum diente, ehe es vor einigen Jahren in einen Musiktempel zurückverwandelt wurde; Pittsburgh, wo ich das Brahms-Konzert zum ersten Mal spielte; Minneapolis, wo mich der Dirigent Henri Verbrugghen nach dem Konzert aufforderte, bei ihm zuhause Kammermusik zu machen (zum Glück konnte ich gut vom Blatt spielen und blamierte mich nicht); Cleveland, wo Nikolai Sokoloff dirigierte, den ich bei Mrs. Casserley kennengelernt hatte. Dort traf ich auch Alan Geismer, einen Jungen in meinem Alter, der eine fabelhafte Eisenbahn besaß. Die Anlage füllte den gesamten Bodenraum in seinem Elternhaus. In Cleveland wurde gerade der Bahnhof umgebaut, was für die Passagiere stundenlange Verspätungen bedeutete. Während wir darauf warteten, durch Cleveland hindurch geschleust zu werden, spielten Persinger und ich Schach. Nur ein Lehrer besonderer Art kann sich für einen Schüler vier Monate Urlaub nehmen. Ich glaube aber, die Reise machte Persinger obendrein Spaß. Er, mein Vater und ich waren ein sehr vergnügtes Trio. Er begleitete mich bei den Violinabenden, war bei den Orchesterkonzerten dabei, arbeitete jeden Morgen mit mir und ging mit uns auf Stadtbesichtigung. Ich nahm das alles als selbstverständlich hin.

In New York wohnten Aba und ich bei dem Ehepaar Garbat und zogen erst ins Colonial Hotel, als meine Mutter und die Schwestern uns vor dem Aufbruch nach Europa besuchen kamen. Fünf Personen waren ein bißchen viel für einen Privathaushalt. Außerdem liebte Imma ihre Freiheit und die ganze Familie ihre Unabhängigkeit. In den Wochen bei Garbats bekam ich eines der größten Geschenke meines Lebens.

Ich besaß zwei vorzügliche Geigen und durfte auf einer dritten, sehr guten spielen. Onkel Sidney hatte mir nicht nur seine Guadagnini geschenkt, sondern darüberhinaus meinen Eltern die Mittel zur Verfügung gestellt, mir in Paris eine entzückende Grancino zu kaufen. Wir sahen sie im Geigengeschäft von Tournier in der Rue de Rome. Mit ihr bestritt ich mein erstes Konzert in New York. Auf der Tournee benutzte ich aber keine dieser beiden, vielmehr eine Guarneri, die mir die Firma Lyon & Healy in Chicago zur Verfügung gestellt hatte. Seit meine Karriere begonnen hatte, hielt man es für wünschenswert, daß ich selbst ein Instrument dieser Qualität besäße. Zu Dr. Garbats Patienten gehörte Henry Goldman, ein steinreicher Musikfreund, der für seine Großzügigkeit bekannt war. Im Januar 1929 hatte er mich in der Carnegie Hall Tschaikowskys Violinkonzert spielen hören. Dr. Garbat hatte ihm aber schon von mir erzählt und erwähnt, ich spielte auf einem geliehenen Instrument. Kurz darauf bekamen Aba und ich eine Einladung zu Mr. Goldman und seiner Frau Babette.

Die Goldmans wohnten in der luxuriösesten Wohnung, die man sich vorstellen konnte: in der Fifth Avenue, mit Blick auf den Central Park und das Metropolitan Museum. Die Wände waren buchstäblich gepflastert mit Bildern alter Meister. Mr. Goldman war um diese Zeit bereits blind, führte aber Besucher durch seine Sammlungen und machte sie auf besondere Einzelheiten der Gemälde aufmerksam, so genau hatte er sie im Kopf. Ich lernte viel, und es ging mir sehr nahe, solche Schätze von einem Mann gezeigt zu bekommen, der ihre Herrlichkeit nur mehr mit dem geistigen Auge wahrnahm. Bei einem einzigen Besuch konnte man gar nicht alles in sich aufnehmen, doch erinnere ich mich noch an ein Bronzetintenfaß von Benvenuto Cellini, an ein van-Dyck-Porträt eines sehr holländisch aussehenden Herren über dem Kamin und an eine Reihe Holbein-Miniaturen. Weder Aba noch ich erwähnten das Wort »Geige«. Doch uns war klar, warum wir eingeladen worden waren. Nach einer halben Stunde sagte Mr. Goldman – Onkel Henry, wie ich ihn später nannte – : »So, und nun geh und such dir eine Geige aus. Der Preis spielt keine Rolle. Wähle eine, die dir gefällt, und sie gehört dir.«

Man kann sich denken, daß Aba und ich die Fifth Avenue hinunter wie auf Wolken schwebten. Der sofort zugezogene Persinger setzte sich mit dem Geigenhändler Emil Herrman in Verbindung. Zufällig war dieser im vorigen Jahr in San Francisco in der Steiner Street bei uns gewesen und hatte einen ganzen Koffer voller Geigen mitgebracht, darunter auch die, die ich mir nun aussuchte. Verliebt hatte ich mich schon damals in dieses Instrument, es aber mit Erfolg aus meinem Gedächtnis gestrichen, weil wir es uns nicht im Entferntesten leisten konnten. Wieder ein Wunschtraum – wie die Arbeit mit Enesco –, der sich schließlich doch erfüllte. Ich beriet mich mit Persinger und Efrem Zimbalist und schlug mehrere ausgezeichneten Instrumente aus (darunter die Betts-Stradivari, die damals 110 000 Dollar kosten sollte und sich jetzt in der Kongreßbibliothek befindet). Ich kam auf meine erste Liebe zurück: die »Fürst Khevenhüller«. Sie war groß proportioniert und stark gewölbt, mit einem dunkelrot schimmernden Lacküberzug, und hatte einen ihrer Größe entsprechenden vollen und zugleich schmelzend süßen Ton. Sie hieß nach ihrem ersten Besitzer, einem österreichischen Edelmann, für den sie Stradivari 1733, als er schon neunzig war, gebaut hatte.

Henry Goldman stellte Emil Herrman einen Scheck über 60 000 Dollar aus – und das eine knappe Woche nach dem großen Wallstreet-Krach. Herrman wiederum schenkte mir als Dreingabe den Tourte-Bogen, den ich noch heute benutze. Er allein ist jetzt ein Drittel dessen wert, was damals die »Khevenhüller« kostete.

Der Rat, den mir Enesco 1927 zum Abschied gab, nämlich bei Adolf Busch in die Lehre zu gehen, war unvergessen, konnte aber aus verschiedenen Gründen erst zwei Jahre später verwirklicht werden. Wie gesagt, war Enesco der Meinung, sein großer deutscher Kollege würde einen korrektiven Einfluß auf mich haben. Das war jedoch nur eines von vielen Dingen, die ich Busch verdanke. Adolf, ein Bruder von Fritz Busch, war ein Mensch und Musiker von hohem Rang. Seine Ehrfurcht vor den Traditionen klassischer deutscher Musik und seine Lebensführung stimmten überein. Er spielte die Geige sehr rein und schön, ohne jeden Anflug russisch-zigeunerischer Mätzchen. Sein Streichquartett gehörte zu den bekanntesten seiner Zeit. Außerdem komponierte er – wie Enesco. Dieser hatte wohl intuitiv erkannt, daß meiner Ausbildung die deutsche Schule fehlte – schließlich ist deutsche Musik das edelste, was ein Geiger spielen kann – und daß es wichtig für mich war, sie an der Quelle kennenzulernen.
Als sich daher meine Familie im Frühling 1929 vor der zweiten Europareise zusammenfand, war unser Ziel Buschs Studio in Basel. Vorher war noch ein Konzert in Berlin zu absolvieren, von dem man sagen kann, daß es den Beginn meiner Laufbahn als Geiger kennzeichnete. Es fand am 12. April 1929 statt, wenige Tage vor meinem 13. Geburtstag, wurde von Bruno Walter dirigiert und umfaßte die »drei großen B«, Bach, Beethoven und Brahms.
Berlin war damals die musikalische Hauptstadt der zivilisierten Welt. Sein Prestige gründete sich auf seine Musiktradition, es hatte großartige Orchester und Dirigenten und vor allen Dingen das kritischste Publikum, das sich denken läßt. Musikalisch gesehen war Deutschland ein Imperium, in dem man sich als Solist seinen Unterhalt verdienen konnte, ohne je ins Ausland reisen zu müssen – wie zum Beispiel Adolf Busch. Berlin war das Zentrum dieses Imperiums. Kein anderes Land Europas war derart autark. Damals mußte eine amerikanische Karriere als »made in Germany« abgestempelt sein, ehe drüben in den Staaten der Durchbruch gelang. Besprechungen von Konzerten in Berlin oder Dresden wurden in voller Länge von der amerikanischen Presse abgedruckt. Die amerikanische Musikszene war weitgehend deutsch – mit ein paar Einsprengseln, etwa Sergei Koussewitzky, einem Russen, der in Boston das Flair für französische Musik einführte. Er war Nachfol-

ger von Karl Muck und wurde später durch den Franzosen Charles Munch abgelöst. Toscanini führte italienische Musik ein, doch was sonst an Dirigenten Rang und Namen hatte, war zumeist deutscher Herkunft. Auch der erste Dirigent meines aktiven und passiven Konzertlebens, Alfred Hertz, war Deutscher gewesen. Das Konzert in Berlin jedenfalls war – besonders unter Bruno Walter, einem der größten, wenn nicht gar dem größten der deutschen Dirigenten – eine Art Apotheose und ein Meilenstein in meinem Leben. Meine bisherige amerikanische Tournee war nur die Ouvertüre dazu.

Zunächst war vorgesehen, daß Fritz Busch mein Berliner Debüt dirigieren sollte, doch er wurde in letzter Minute durch den Tod seines Vaters nach Dresden gerufen. Er ließ mich in guten Händen zurück. Vom Ersten Weltkrieg an, bis sich Hitlers Pesthauch auf Berlin senkte, wurde das dortige Musikleben von Louisa Wolff regiert, Teilhaberin der führenden Konzertagentur Wolff & Sachs. Sie war es, die Bruno Walter bat, für Busch einzuspringen. Möglicherweise fand er einfach die passenden Worte nicht, um es ihr abzuschlagen: dieser Königin des deutschen Musikbetriebs schlug man nicht leicht etwas ab. Doch wie auch immer, durch seine Zustimmung entstand eine Beziehung – großmütiges Verständnis von seiner, dankbare Bewunderung von meiner Seite –, die bis zu seinem Tode dauern sollte. Ich glaube kaum, daß ein anderer prominenter Mann seine Verpflichtung an der Oper abgesagt hätte, um für ein durchreisendes zwölfjähriges Geigerlein zu dirigieren, das er nur vom Hörensagen kannte. Dieser Beweis seiner Freundlichkeit war aber nicht der Grund, warum er mir von allen Dirigenten meiner Jugend der liebste blieb. Bei den Proben zu den drei Violinkonzerten konnte ich nur darüber staunen, wie sehr er mich unterstützte und sich anpaßte: was ich auch tat, er war stets da, stets völlig mit mir einig. Ein Begleiter, wie ich noch keinen erlebte. Nie hatte ich beim Spielen das Gefühl, daß er mich antrieb oder bremste. (Unter Enesco, einem ebenso großartigen Partner, hatte ich noch nicht gespielt.)

Bruno Walter zog, um etwas auszudrücken, immer die menschliche Stimme als Vergleich heran. Heute hat man den Eindruck, Musik entstamme einer Tastatur, und zwar der einer Schreibmaschine, und das Intervall vom A zum Z sei ebenso zu überwinden wie das Intervall vom a zum b. Die Stimme ist keine Klaviatur. Bruno Walter, dessen auffallend feines Empfinden für andere ein Mit-Fühlen im Sinne des Wortes war, wußte immer im voraus, welche Tempoanpassung nötig wurde.

Er sprach viele Jahre später im Hause Emil Ludwigs in St. Moritz mit mir darüber. Inzwischen hatten wir mehrfach Konzerte miteinander gegeben. »Wenn die Melodie einen Oktavsprung macht oder einen noch größeren«, erklärte er mir,» braucht der Sänger Zeit, um ihn auszuführen.« Für mich war das nicht nur eine musikalische Wahrheit, sondern auch typisch für ihn als Mensch. Nie verteidigte er halsstarrig seine Position, nie war er autoritär, weder gegenüber der Musik noch gegenüber seinen Musikern. Für ihn war das wohl ein- und dasselbe. Musiker waren für ihn lebendige, fühlende, menschliche Wesen, die man nicht in dogmatische Planquadrate zwängen durfte. Seine Anpassungsfähigkeit war beileibe kein Mangel an Grundsätzen. Ich habe allen Grund, ihm dankbar zu sein: als mich viele Kollegen angriffen, weil ich nach dem Krieg Furtwängler gegen den Vorwurf des Nazismus verteidigte, hat ausgerechnet Bruno Walter, obwohl er Jude und Furtwänglers größter Konkurrent war, es abgelehnt, irgend etwas gegen Furtwängler oder mich zu unterschreiben.

Unser erstes gemeinsames Konzert in Berlin wurde in unserer Familie später als das »Mayflower-Konzert« bezeichnet, weil sein Publikum mit den Jahren ebenso erstaunlich zugenommen hat wie die Nachkommenschaft der ersten englischen Siedler; die Berliner Philharmonie könnte es längst nicht mehr fassen, oder aber ich bin seither allen persönlich begegnet, die dabei waren. Hoffentlich! Denn mehr als die Hälfte meiner damaligen Zuhörer waren Juden und wurden in den folgenden Jahren in alle Windrichtungen zerstreut, darunter viele Musiker: Ossip Gabrilowitsch, Fritz Kreisler, Jakob Gimpel, Carl Flesch, Sam Franko und viele andere. Der große Kritiker Stuckenschmidt war auch in jenem Konzert. Daß meine Zuhörer höchste kritische Maßstäbe hatten, war mir eine tiefe Befriedigung. Dadurch bekam ihre Begeisterung mehr Gewicht. Der Erfolg übertraf alle Erwartungen. Die Verwaltung der Berliner Philharmonie rief schließlich die Polizei, die notdürftig die Ordnung wiederherstellte. Ich rettete mich in den sicheren Hafen des Künstlerzimmers und erinnere mich am deutlichsten daran, daß Albert Einstein direkt über die Bühne dorthin gelaufen kam – er hatte sich nicht die Mühe gemacht, hintenherum durch die Garderobe zu gehen – und mich mit dem astronomisch übersteigerten Ausruf an die Brust drückte:»Jetzt weiß ich, daß es einen Gott im Himmel gibt!«

Das »Mayflower-Konzert« war das wichtigste unter allerlei aufregenden Ereignissen, die Berlins einzigartigen Rang bestätigten. Am

Morgen des Konzerts war bereits eine öffentliche Hauptprobe, zu der die Studenten zugelassen waren. Danach gab Louisa Wolff ein opulentes Lunch, das drei Stunden dauerte und damit begann und endete, daß jeder jedem ein herzliches »Mahlzeit« zurief. Wir besuchten Louisa Wolff auch draußen in einem Berliner Vorort, später auch ihren Geschäftspartner Emil Sachs, in dessen Haus die Wände voller Säbel, Speere und Rüstungen hingen. Wolff & Sachs, die mir aus einer Verlegenheit halfen, als Fritz Busch nicht selbst dirigieren konnte, wurden meine Agenten für Deutschland und arrangierten die vier Konzerttourneen, die ich dort bis zur Machtübernahme Hitlers absolvierte. Louisa Wolff wie Emil Sachs wurden später Opfer der Massenvernichtungen.

Ich gab nicht nur Konzerte, ich besuchte auch welche. Das machte die Berliner Tage unbeschreiblich inhaltsreich. Ich hörte große Berühmtheiten, z.B. Mischa Elman im Mendelssohn-Konzert, und wäre am liebsten aufs Podium gesprungen, um an an seiner Stelle zu spielen. Er geigte herrlich, aber ich glaubte im Eifer jugendlicher Anmaßung, es noch besser zu können. Auch Fritz Kreisler gab ein Konzert. Er ging vor der ersten Zugabe hinter die Bühne und beriet mit Harriet, seiner Frau, wann der Abend endgültig zu Ende sein sollte. Bei dieser Gelegenheit sprach ich ihn zum ersten Mal. Wir sollten einander später noch besser kennenlernen. Und endlich traf ich auch Adolf Busch.

Mit der ganzen Familie besuchte ich ein Konzert des Busch-Quartetts in der Singakademie. Sie entsprach an Fassungsvermögen und Funktion etwa dem Saal des Pariser Conservatoire, war aber rechteckig. Die Lauterkeit, der respektvolle Ernst, mit dem das Quartett spielte, machte mir großen Eindruck. Das entscheidende Erlebnis dieses Abends aber war die erste Begegnung mit der Musik Max Regers. Er ist einer jener nicht exportierbaren Komponisten, wie sie in allen Kulturkreisen vorkommen, die den Geist ihres Landes so stark in sich konzentrieren, daß ihre Musik anderswo unverständlich bleibt. Kontakt mit solchen Randerscheinungen ausländischer Musik kann sehr anregend sein. Versenkt man sich aber zu tief in ihre Substanz, verliert man jede Orientierung. Ich sollte später Gelegenheit haben, mich mit Reger zu beschäftigen, sein Gewicht, seine Dichte, seinen immensen Sinn für Proportion schätzen. Reger ist seit Bach vielleicht der größte Meister in der Kunst der Fuge. Wirklich nähergekommen bin ich ihm nicht. Er ließ sich leichter bewundern als lieben, etwa, als käme man in eine Bibliothek voller Bücher von Kant und Hegel und hätte das bedrückende

Gefühl, kein gebildeter Mensch zu sein, ehe man sie nicht alle gelesen und eine Dissertation darüber geschrieben hätte. Wie manche Komponisten für den Export nicht geeignet sind, so gibt es auch Interpreten, die einer bestimmten Gegend verhaftet sind. Einer von ihnen, den ich bald nach meinem Deutschland-Debut erstmals hören sollte, war der Geiger Bronislaw Huberman. Trotz seiner großen Beliebtheit in Berlin, Wien, Budapest und vermutlich Prag fand er in anderen Städten nicht so viel Anklang. Künstler, die eine ganz bestimmte Art von Kultur, Temperament, Rassenmischung verkörpern, gedeihen am besten in ihrem Heimatboden.

Nach Schluß des Konzerts, in dem nicht nur der beunruhigende Reger, sondern auch Beethoven gespielt worden war, ging ich nach hinten ins Künstlerzimmer. Zum ersten Mal stand ich meinem neuen Meister gegenüber. Diesmal hatte ich keine positiven Voreingenommenheiten wie bei Enesco. Ich fand einen überaus sympathischen Menschen, jung, blond, knabenhaft, mit einem gütigen Gesicht – einen Musiker von hohem Rang, im Spiel von höchster Reinheit und Tiefe, ohne Virtuosenallüren. Enescos Instinkt hatte nicht getrogen: Adolf Busch verdanke ich den unmittelbaren Zugang zur deutschen Kultur – die ich später durch Menschen und Literatur noch näher kennenlernen sollte – durch die Musik. Er vereinte feinstes Musikempfinden mit klassischer Gelehrsamkeit und war dabei niemals nüchtern.

Von Berlin aus fuhren wir zu einem Konzert, das sein Bruder Fritz Busch in Dresden gab, einem wahren Juwel von Stadt, dessen sinnlose Zerstörung im letzten Krieg eine Tragödie und ein Verbrechen war. Dann ging es weiter nach Paris, wo das Konzert »der drei großen B« unter Stabführung Philippe Gauberts in der Opéra wiederholt wurde. Auch Onkel Sidney, den wir auf Europa-Urlaub bereits in Berlin getroffen hatten, war dort und feierte Wiedersehen mit uns durch ein opulentes Essen in einem russischen Restaurant. Nach all diesen freudigen Ereignissen fuhren wir auf einen zweiwöchigen Urlaub mit Mr. und Mrs. Goldman nach Baden-Baden.

Henry Goldman war ein Gewohnheitsmensch: nach Tisch immer einen Bénédictine; im Sommer immer einen Kurzbesuch in Baden-Baden! Ich war zum ersten Mal in einer deutschen Kleinstadt und beeindruckt von ihrer ungewöhnlichen Geschlossenheit: das pedantisch geordnete Leben, die Unmenge fröhlicher, tüchtiger Dienstmädchen, die Plumeaus in schneeweißen Überzügen auf allen Betten, die köstlichen, viel zu reichlichen Mahlzeiten, die Spaziergänge durch Wälder, in denen jeder Hügel von einer Aussichtsplattform und einem Restaurant gekrönt war, in dem man sich wieder Kuchen und Bier zu Gemüte führen konnte, die täglich auf dem Platz musizierende Blaskapelle, die Abendkonzerte im Kursaal, wo Elena Gerhardt Schubert-Lieder sang – es war alles so reizend, fast ein wenig unwirklich. Ich fand diese Gesellschaft, die sich bewußt von der Welt der Gegenwart abkehrte und auf Vergangenes konzentrierte, mit ihrem ekstatischen Entzücken an grünen Wäldern und guter Musik etwas gekünstelt, zumal Baden-Baden vornehmlich ältere Herrschaften und Pensionisten anzog.

Trotzdem amüsierte ich mich dort köstlich. Die Goldmans hatten uns ursprünglich bei sich im Hotel unterbringen wollen, doch meine Eltern fanden vernünftigerweise eine solche Umgebung zu mondän für uns drei Grünschnäbel und mieteten uns Zimmer in einer Pension. Wir nutzten, was Baden-Baden zu bieten hatte, weidlich aus. Ich kaufte mir in einem Optikerladen einen prächtigen Zeiss-Feldstecher, den längsten, den sie dort auf Lager hatten. Bei jedem Spaziergang hängte ich ihn mir um, er war beinahe so lang wie ich. Ich muß wie eine Witzblattfigur ausgesehen haben, wenn ich damit von Anhöhen aus den Horizont nach interessanten Objekten absuchte.

Schließlich ging es nach Basel, wo wir die ersten drei Wochen im Hotel Drei Könige am Rhein verbrachten, während Imma ein Haus suchte und für uns einrichtete. Gartenstraße 12, damals am Stadtrand gelegen, ist heute von den Vororten verschlungen worden. Es war schmalbrüstig, nur so breit wie ein Zimmer samt Treppenhaus, machte das aber durch seine vielen Stockwerke wett. Mir gefiel der Balkon am besten. Dort gab es den Nachmittagstee (bei dem ich vorzugsweise Reispudding zu mir nahm), und jeden Donnerstag zog hoch über uns hinweg der Graf Zeppelin, auf seiner Route von Buenos Aires nach Friedrichshafen am Bodensee: eine beinahe lautlose, riesige Silberzigarre, die in der Sonne glänzte.

Die Monate in Basel waren für uns alle eine harmonische Zeit. Wir waren jetzt finanziell gesichert, meine Berufslaufbahn hatte begonnen, es drohten uns keine Engpässe, der Entschluß meines Vaters war nachträglich gerechtfertigt. Wir hatten nach all den Wohnungen und Hotels wieder unser eigenes Haus, was bei uns Kindern Heimweh nach der Steiner Street auslöste. Es legte sich erst, als Aba einige unserer Lieblingsmöbel aus San Francisco nachkommen ließ und Imma sich in den Antiquitätenläden Orientteppiche und andere schöne Dinge kaufte. Wir schafften uns einen Wagen an (einen gebrauchten, offenen Packard), mit dem wir in den folgenden Jahren die Schweiz und Italien bereisten. Manchmal blieb er mitten auf der Kreuzung stehen, aber wenigstens nie auf einem Eisenbahnübergang. Wir waren wieder frei und unabhängig.

Wie überall und immer hatte meine Mutter bald die gewohnte Ordnung hergestellt. Unser Tageslauf wurde der neuen Umgebung angepaßt, und weil wir mittlerweile größer waren, konzedierte man uns ein paar bescheidene Amüsements: samstags saßen wir im Freien vor dem Kasino, hörten die Musik und sahen den Tanzpaaren zu. Im Garten übten wir Seilspringen. An besonderen Festtagen gingen wir abends in ein Konzert. Als neue Sprache kam Deutsch hinzu. Ich las mit einem Herrn Gehrig Schillers Dramen, und meine Schwestern mußten außer Deutsch auch noch Italienisch lernen.

Mit den immer neuen Sprachen, die Mammina bei uns einführte, änderte sich ihr Name. In den ersten elf Jahren meines Lebens hieß sie hebräisch: Imma. Als wir mit Französisch anfingen, wurde sie zur »petite mère«, auf deutsch dann »Mütterchen«, und ganz zuletzt verwandelte sie sich in die italienische »Mammina«. Warum es gerade bei »Mammina« blieb, weiß ich nicht zu sagen, immerhin hatte sie ein besonders gutes Verhältnis zu allen Romanen und liebte die Italiener. Bei Tisch wurde immer diejenige Sprache gesprochen, die gerade »dran« war, da Mammina uns in jeder Sprache vorausgegangen war – in ihrer Mädchenzeit. Aba jedoch blieb durch alle linguistischen Mutationen immer Aba.

Meine Mutter schrieb eine besonders elegante, flüssige deutsche Schrift, die sogenannte »gotische«. Sie bestand darauf, daß auch wir sie lernten, und als wir einige Jahre später mit Russisch anfingen, lehrte sie uns noch die »harten Zeichen« an den Wortenden, die in der modernen russischen Orthographie längst abgeschafft sind. Mir wurde, wie schon erwähnt, bei Deklinationen, unregelmäßigen Verben und dergleichen oft nachgesehen, daß ich meine Aufgaben nicht so gut konnte wie meine Schwestern. Unser strahlendes Musterkind war Hephzibah, sie kannte jede Regel und jede Ausnahme in allen Sprachen. Wegen ihrer Unfehlbarkeit nannten wir sie »Madame Larousse-Lablonde«, ein Kalauer über das französische Wörterbuch Larousse, das ja Rotkopf bedeutet – Hephzibah war hellblond.

Unser Umgang in Basel beschränkte sich auf wenige Menschen. Adolf Busch war Familienvater, und so entstand zwischen unseren beiden Familien ein engerer Kontakt als mit dem Junggesellen Enesco. Buschs

Auffassungen von einer Lehrer-Schüler-Beziehung hatten fast etwas Religiöses. Er fand, ein Schüler müsse im Hause seines Lehrers leben, wie der Jünger bei einem Guru, wie der Lehrling des Mittelalters beim Meister, und morgens, mittags und abends mit ihm musizieren, sein Denken ebenso teilen wie sein Heim und sein Essen. Bei Busch wohnte ein solcher Schüler, als wir nach Basel kamen: Rudolf Serkin, der unter dem wachsamen, mütterlichen Auge von Frau Busch Klavier studierte und in seiner wenigen Freizeit Hephzibah und Yaltah darin unterrichtete. Busch bedauerte, daß nicht auch ich zu seinem Haushalt gehörte. Ich habe dadurch die Kammermusikabende und das gemeinsame Singen Bachscher Choräle versäumt, doch es ließ sich nicht einrichten: Meine eigene Familie wohnte nur wenige Häuser weiter, und ich mußte ja auch alljährlich die Schweiz für einige Monate Tournee verlassen. Die Vor- und Nachteile hoben sich auf.

Der enge Kontakt zwischen Busch und Serkin zeigte sich später sehr deutlich. Als die Nazis 1934 Busch verbieten wollten, mit Serkin aufzutreten, weil dieser Jude war, gelobte er, nie wieder einen Fuß ins Nazireich zu setzen. Serkin heiratete die Tochter seines Lehrers, Irene, und nahm sie mit sich nach Amerika, dessen Musikleben er seitdem unermeßlich bereichert hat. Er ist nicht nur einer der größten Pianisten unserer Zeit, dessen Spiel der jungen Generation Maßstäbe setzt, nicht nur Leiter des Curtis Institute in Philadelphia und Organisator des Marlborough Festival, zu dem sich alljährlich die besten Musiker des Landes versammeln, er hält auch die edle Tradition deutscher Musik lebendig. Amerika verdankt ihr viel, und sie wird jetzt zu einer Kostbarkeit, weil ansässige Könner ihr den Vorrang streitig machen. Wie alle großen Pädagogen ist Rudi ein freundlicher, liebenswürdiger Mensch. Noch heute komme ich oft mit ihm und Irene zusammen, und dann sprechen wir von unserer Jugendzeit in Basel.

Die Familie Busch bewohnte ein behagliches, altmodisches Haus mit hohen Räumen und großem Garten, in dem Frau Busch regierte, eine energische, drahtige kleine Person mit strengen Grundsätzen. Sie führte ihrem Mann nicht nur den Haushalt, sondern auch seine gesamte Korrespondenz. Das muß ein anstrengender Posten gewesen sein, denn ich habe nie jemanden kennengelernt, der so viele Konzertverpflichtungen hatte wie Adolf Busch. Er war unangefochten *der* deutsche Geiger und trat als Solist oder mit seinem Quartett etwa zweihundert bis zweihundertfünfzig Mal im Jahr auf. Obwohl er genügend verdiente, um bequem zu leben, bekam er für die einzelnen

Konzerte keine exorbitanten Summen. Es spricht für seine Lauterkeit, daß er, ohne zu zögern, einen Jungen als Schüler aufnahm, der pro Konzert etwa fünfmal so viel Honorar bekam. Frau Busch schrieb all seine Briefe, achtete darauf, daß seine Schüler übten, und behielt noch genügend Energie übrig, um mir beizustehen, wenn ich in der Klemme war. Als ich mir in einem Schweizer Kurort die Hose zerriß, war sie es, die sie sofort flickte. Bei einer anderen Gelegenheit aber rügte sie mich ernsthaft: ich hatte Brotkügelchen gedreht. Brot war eine ernste, heilige Sache in einer Welt, in der viele hungerten. Sie hatte vollkommen recht. Ihre Tochter Irene war für meine Erziehung nicht verantwortlich und ging weit ungezwungener mit mir um. Zum Abschied schenkte sie mir mein erstes Schweizer Taschenmesser.

Daß Adolf Busch auch komponierte, machte mir gewaltigen Eindruck. Als ich einmal zur Stunde kam, fand ich ihn am Schreibtisch vor zeitungsgroßen Bogen Notenpapier, die extra für das entstehende Werk gedruckt waren. Hatte die übliche Orchesterpartitur Platz für rund ein Dutzend Instrumente, so war diese für etwa die doppelte Anzahl bestimmt. Ich wußte zwar nicht, um welches Werk es sich handelte, doch mir imponierte, daß Busch sich nicht mit seiner Rolle als großer Interpret begnügte, sondern auch noch Talent und Neigung hatte, schöpferisch tätig zu sein.

Sein Unterricht förderte eher meine musikalischen Kenntnisse als meine geigerische Entwicklung. Enescos Beschwingtheit und Glanz fehlten ihm, doch er war ein überzeugter Vertreter des reinen klassischen Stils, ein besonnener, ernsthafter, durch und durch lauterer Musiker, der mit Bach und Beethoven aufstand und schlafenging. Ich finde, daß besonders die Kammermusiker ihm wissentlich oder unwissentlich noch immer großen Dank schulden für seine künstlerische Aufrichtigkeit und unerschütterliche Verläßlichkeit.

Da er gerade eine Tournee antrat, ließ er mich mein Programm für die Wintersaison 1929/30 selbst zusammenstellen, kam aber zum Glück noch vor meiner Abreise nach Basel zurück. Er hörte mir die Stücke ab und erteilte mir ohne viel Korrigieren und Kommentieren sein Placet. Das Hauptwerk meines neuen Repertoires war Bachs Sonate C-Dur für Solovioline, die ich zum ersten Mal im Hotel Drei Könige versucht hatte, ehe ich bei Busch Unterricht nahm.

Jetzt, da ich dies schreibe, habe ich diese erhabenste aller Bach-Sonaten und -Partiten zum dritten Mal auf Platte aufgenommen und bin doch zum ersten Mal mit mir zufrieden. Mit dreizehn war ich unfähig, sie zu

meistern. Ich überwand die technischen Probleme, ohne sie zu lösen. In dieser Fuge hat Bach das Begleitthema in halben Noten geschrieben. Alle Geiger, auch Busch, spielten sie jedoch in Achteln. Dadurch war der Wechsel in der Harmonie bei jeder Viertelnote gar nicht zu hören. Erst spielte ich sie wie alle anderen, aber die Harmonie einfach zu unterschlagen, paßte mir nicht. So habe ich denn zweimal im Leben neu angefangen, die Sonate C-Dur vom ersten Ton an zu interpretieren. Bei meiner ersten Einspielung – ungefähr zwei Jahre nach dem Basel-Aufenthalt – beschloß ich, das Begleitthema in Viertelnoten plus einem Sechzehntel zu spielen, damit sich der Klang auf dem zweiten und vierten Viertel jedes Takts mischen konnte. Diese Lösung verlangte geschickte Bogentechnik, klang aber gut; Ansätze zu Dissonanzen waren herauszuhören. Jahrelang gab ich mich damit zufrieden, bis mich die überlegene Eleganz der Bachschen Intentionen nicht ruhen ließ. Ich fing wieder an, daran zu arbeiten. Selbst wenn ich die Saite während der Dauer des Notenwertes nicht halten konnte, wollte ich wenigstens die Hauptbegleitstimme halten, die chromatische Linie jeder halben Note. Seitdem hat die Fuge einen ganz neuen Klang bekommen, viel gefälliger und angenehmer. Ich fragte mich, warum ich in allen vorhergehenden Jahren nicht einfach Bach vertraute und mich an komplizierte Dinge wie Viertelnoten plus ein Sechzehntel hielt. Alle Weisheit kommt erst allmählich.
Nach zwei Sommern mit Adolf Busch hatte sich ein bestimmter Lebensrhythmus eingestellt. Im Oktober gingen wir auf Tournee, zuerst innerhalb Europas, um Neujahr herum in die Staaten. Im späten Frühjahr traf die Familie wieder zusammen, um den Sommer gemeinsam zu verbringen. Ferien wurden gemacht, wann es gerade paßte, meist in der Vor- oder Nachsaison und – mit Rücksicht auf Mammina – ohne Pläne! Vom Herbst 1930 bis 1935 war dann unser sommerliches Stammquartier das zwischen Paris und Versailles gelegene Ville d'Avray.
Der Magnet, der uns nach Frankreich zog, war Enesco, trotz meiner dankbaren Bewunderung und Liebe für Adolf Busch und obwohl ich wußte, daß ich noch viel von ihm würde lernen können. Wir hatten auch das aufregende Paris noch viel zu wenig genossen. Die ganze Familie fühlte sich ohnehin in Frankreich wohler als in Deutschland, wo uns vielleicht ein kühler Hauch kommender Ereignisse anwehte. Ich weiß noch, mit welchem Eigensinn Aba darauf bestand, mein erstes Konzertprogramm in Deutschland müsse Blochs *Avodah* enthalten.

Dieses zutiefst jüdische Stück sollte in München zur Aufführung kommen, einer Stadt, die damals bereits für ihren Antisemitismus bekannt war. Mir war man noch niemals feindselig begegnet: alle Konzerte, einschließlich des ersten, waren gewaltige Erfolge. Ich sah in Deutschland eine Nation von Musikfreunden, die in jeder Kleinstadt ein Orchester unterhielt.
Sofort nach unserer Rückkehr nach Frankreich setzten wir uns mit Jan und Isabelle Hambourg in Verbindung. Mit ihrer Hilfe fanden wir Rue Pradier 32. Mammina ließ uns im Taxi warten und ging ins Maklerbüro, wo sie mit charakteristischer Schnelligkeit ihre Entscheidung traf: Sie wußte, was sie wollte, und erkannte es sofort, wenn sie es gefunden hatte. Hinter uns lag der Park von St. Cloud, nur durch einen Fußweg von uns getrennt. Vor dem etwas erhöht stehenden Haus neigte sich der Garten zu Garage und Einfahrttor, gegen Passantenblicke durch Blechplatten abgeschirmt. Ich arbeitete im Schlafzimmer im ersten Stock, von dessen glyzinienbewachsenem Balkon ich eine schöne Aussicht auf Rasen und Bäume hatte. Darüber gab es noch ein Stockwerk, in dem Mammina ein Wohnzimmer hatte und wo Bigina und Ferruccio wohnten, die Köchin und der Hausknecht. Sie sahen aus wie aus einer italienischen Operette, Ferruccio war drahtig und klein, Bigina riesig. Er war einmal Schnelläufer gewesen und gut zu Fuß, sie war die Köchin aus dem Bilderbuch, gutmütig, kolossal, in ihrer Küche verwurzelt. Die Hambourgs hatten uns die beiden geschickt. Manchmal machten sie uns Eis, ein langwieriges Unternehmen, bei dem Ferruccio die Eismaschine mit der Hand drehte und dazu sang. Bigina und Ferruccio blieben bei uns, solange wir in Frankreich lebten, und zogen später einen halben Kilometer weiter in ein Restaurant der Rue Gambetta. Als ich kurz vor Kriegsende in das befreite Paris kam, suchte ich sie als erstes auf und war erfreut, aber eigentlich nicht überrascht, sie beide heil und gesund und freundlich wie eh und je vorzufinden.
Jetzt hatten wir genügend Platz, deshalb begann Mammina auch wieder Freunde einzuladen. Wir kauften uns einen Delage, einen geräumigen Viertürer, der sonderbarerweise Rechtssteuerung hatte, und jeden Donnerstag fuhren Aba und Ferruccio im Morgengrauen damit los, um auf dem Großmarkt in den Hallen einzukaufen. Wenn sie kurz nach dem Frühstück heimkamen, glich der Wagen einem fast überfließenden Füllhorn voll Obst, Gemüse, Käsesorten, Hummer, Fisch, Fleisch und Geflügel. Diesmal war der Bekanntenkreis, der uns beim Vertilgen dieser Delikatessen half, größer als vor vier Jahren. Wirklich

enge Freunde der Eltern waren es nicht. Aba und Mammina hatten an ihren Kindern genug und schlossen Bekanntschaften für und durch sie. Andere brauchten sie nicht.
Die Nachbarskinder, vier Jungen und ein Mädchen, besaßen sämtlich Fahrräder. Kaum sah ich sie, wußte ich: jetzt würde ich radeln lernen. Sie liehen uns für die ersten Versuche – die selbstverständlich geheim blieben, denn es wäre undiplomatisch gewesen, daheim zu erzählen, man sei dreimal gestürzt und habe sich das Knie aufgeschlagen – erst einmal ihre. Als ich dann gut radeln konnte, gab ich eine Vorführung und brauste überraschend aus einem Gebüsch hervor. Die Eltern kauften uns unverzüglich drei herrliche Räder mit Ballonreifen, Gangschaltung, Beleuchtung, Vorder- und Hinterradbremse. Jahrelang blieben sie unser Stolz und unsere Freude. Wir unternahmen ausgedehnte Fahrten in die Wälder ringsum, machten auf unseren Drahteseln verwegene Ritte durch Wassergräben und steile Hügel hinauf, Alleen herrlicher alter Bäume entlang. Donnerstags haben die französischen Kinder schulfrei; an dem Tag wurden dann mit der Nachbarsfamilie in zwei Wagen Ausflüge gemacht. Einmal wollte es ein glücklicher Zufall, daß in Rambouillet ein Baum umgebrochen war. In Frankreich ist der Barrikadenbau ein Volkssport. Die Vian-Kinder und wir, insgesamt acht, zogen, schoben und schwitzten redlich, bis wir ihn quer über die Allee gezerrt und mit Steinen und Erde verstärkt hatten. Die Behörden suchten lange nach den mutmaßlichen Tätern. Es freut mich, daß sie hiermit den Fall zu den Akten legen können.
Die meisten Freunde führte die Musik zu uns. Es kamen Prominente wie Ernest Bloch, Sir Edward Elgar und Alexander Fried, der Musikkritiker San Franciscos, einer der beiden Berufskritiker (der andere war Olin Downes in New York), denen es gelang, die Grenze zwischen meiner Familie und der journalistischen Welt zu überschreiten. (Fried, der schon zur Zeit meines Debüts schrieb, arbeitet heute noch. In Anerkennung seiner lebenslangen Dienste an der Musik wurde ihm kürzlich der ehrenvolle Preis der San Francisco Opera Association verliehen. In all den Jahrzehnten verband uns eine unverändert herzliche und treue Freundschaft.) Unter unseren Besuchern waren auch bekannte Pariser wie Marcel Ciampi und seine Familie, Jacques Thibaud, Alfred Cortot, Nadia Boulanger, Noel Gallon, der Harmonie- und Kontrapunktlehrer, und Emile Français, der große *luthier*, ein Geigenbauer der alten Schule und Besitzer einer herrlichen Instrumentensammlung. Als meine Khevenhüller einmal repariert werden mußte,

lieh er mir Ysayes Guarneri, und ich benutzte sie für einige Sätze der 1932 in Paris aufgenommenen Solo-Sonaten von Bach. (Jetzt besitzt Isaac Stern die Geige.) Er lieh mir auch die schönste Bergonzi, die ich je zu Gesicht bekam, und machte uns bei sich daheim nicht nur mit musikalischen, sondern auch kulinarischen Meisterwerken bekannt, wie wir sie selten vorgesetzt bekamen.

Bloch oder Enesco, ich weiß nicht mehr genau wer, brachten uns mit dem Schriftsteller und Dichter Edmond Fleg und seiner Familie zusammen, Vertretern höchster französisch-jüdischer Kultur. Edmond Fleg schrieb das Libretto zu Blochs Oper *Macbeth* und arbeitete später mit Enesco zusammen an dessen Meisterwerk *Oedipe*. Er war ein bewundernswerter Mensch und verlor sein philosophisch-heiteres Wesen auch dann nicht, als das Schicksal ihn seiner beiden Söhne beraubte. Damals, Anfang der dreißiger Jahre, waren die beiden Jungen Maurice und Daniel hoffnungsvolle, hochbegabte Kinder. Die Flegs bewohnten eine hübsche Wohnung am Quai aux Fleurs, auf der Ile de la Cité, wo wir sie oft besuchten. Eine weitere Familie, mit der wir seitdem nie mehr den Kontakt verloren, war die von Jacqueline Salomons, einer begabten jungen Geigerin, der es wie mir gelungen war, Enescos Widerstand gegen das Unterrichten zu überwinden. Sie studierte bei ihm. Die Salomons wohnten in einem der lautesten Pariser *quartiers*, doch auf den Hof hinaus und dadurch so still wie mitten auf dem Lande. Jacqueline kam jede Woche nach Ville d'Avray zum Kammermusikabend mit Enesco, uns und anderen. Sie war bezaubernd, und ich hegte insgeheim tiefere Gefühle für sie.

Selbstverständlich bekamen wir auch neue Lehrer. Mammina mit ihrer phänomenalen Intuition fand die besten, die man damals in Frankreich hätte finden können: Félix Bertaux und seinen Sohn Pierre. Sie wohnten gleich hinter dem Eisenbahngleis in der Gemeinde Sèvres und lehrten uns französische Sprache und Literatur.

Félix Bertaux war der bekannteste Germanist ganz Frankreichs und arbeitete damals gerade an einem deutsch-französischen Wörterbuch, das sein Sohn später vollendete. Bei aller Professorenwürde sah er mit seinen feurigen Augen und dunklen Haaren aus wie ein wilder bessarabischer oder spanischer Bandit. Sein Sohn Pierre, der die *grande école* mit höchster Auszeichnung absolviert hatte, war von Typ, Temperament und Wissen her eine ebenso faszinierende Erscheinung. Er war der jüngste Universitätsprofessor seines Landes. Wenn er nicht gerade über den Büchern saß, machte er schwierigste Bergtouren. Die damals elfjährige Hephzibah verliebte sich in diesen aufregenden, kultivierten, romantischen und geistsprühenden jungen Mann. Als Pierre ein paar Jahre später verkündete, er wolle Denise Supervielle heiraten, die liebliche Tochter des großen französischen Dichters, versuchte ich auf einem langen Spaziergang, ihm diesen Plan auszureden: er solle auf meine Schwester warten!

Wenn sein Vater zu viel zu tun hatte, kam Pierre uns unterrichten. Bei ihm fanden wir die Stunden natürlich amüsanter. Sein pädagogisches System war alles andere als akademisch und ledern. Er interessierte sich für so vieles über Kultur und Gelehrsamkeit hinaus: für Politik, für Sozialfragen. Wo er ging und stand, lernte er, in Schulzimmern, aus Zeitungen, auf Sportplätzen. Er sollte später eine mutige und wichtige Rolle in der französichen Résistance spielen, wurde nach dem Krieg erst Präfekt von Lyon, später Chef der Sûreté. In Ville d'Avray lehrte er uns nicht nur Französisch, sondern auch Philosophie und deutsche Literatur. Einmal ließ er Hephzibah Hölderlin-Gedichte ins Französische übersetzen; er hält das, was sie damals schrieb, heute noch für eine der gelungensten Übertragungen. Auch mir brachte er Hölderlin nahe. Mit einem Band seiner Gedichte habe ich einmal eine schauderhaft stürmische Reise von Bergen nach Newcastle in dumpfer Kabine gut überstanden, so völlig entrückt war ich.

Um uns im Italienischen zu fördern, kam Giuliana del Pelopardi, ein reizendes Mädchen aus erster römischer Familie. (Ihr Vater weckte später mein Interesse an dynamisch-biologischer Landwirtschaft, was mir nachhaltiger im Gedächtnis geblieben ist als die Grammatikregeln seiner Tochter.) Uns in die Geheimnisse des Russischen einzuführen, übernahm der liebe Herr Loschinsky, ein russischer Emigrant und Sprachkünstler, der jeden Sommer als Ferienhobby eine weitere Sprache dazulernte. Dies kombinierte er gelegentlich mit einem Familienausflug ins Gebirge. Bei einer solchen Gelegenheit lernte ich 1935 zwei seiner Landsleute kennen: Wladimir Horowitz und Gregor Piatigorsky.

Wolodja Horowitz war noch nicht lange aus Rußland fort, beeinflußte aber schon die Musik des Westens und genoß noch immer die neuerworbene Freiheit. Er war damals ununterbrochen wie berauscht – von der Liebe (er machte Wanda Toscanini den Hof); von dem zweitürigen Rolls-Royce, den er sich kürzlich gekauft hatte; von der endlich gewonnenen Unabhängigkeit; und von den vielversprechenden

Anfängen seiner Karriere. Wolodja und Grischa machten mit uns Wanderungen ins Fextal, und während Wolodja heimdrängte an sein Klavier (er übte unermüdlich), erzählte Grischa endlose Geschichten, die in sich spannend und komisch waren, aber keine Pointe hatten. Abends gingen wir dann hinunter in Horowitz' Haus in Sils-Maria, hörten ihn Klavierspielen und spielten selbst Trio.
Daheim in Ville d'Avray gehörte das Autofahren zu meinen neuen Freuden. Mein Vater – und bald darauf auch ich – fuhren sehr gern durch das Paris der Vorkriegsjahre. Es war aufregend, insbesondere rings um den Arc de Triomphe, wo Straßen jeder Breite in jedem Winkel einmünden und ständig neue Spieler aufs Spielfeld befördern, die flink auf den Rädern sind und die Kreuzung so schnell wie möglich hinter sich bringen wollen. Daß ich nun schon selbst ans Steuer durfte, war ein Anzeichen für ein allmähliches Erwachsenwerden. Dafür sprachen auch mein Rasierzeug, das Frühstück im Bett, die eigene Brieftasche und daß ich die Familie ins Café de la Paix zu einem Sorbet einladen konnte. Erwachsen und selbst für alles verantwortlich zu sein, war eine bedrückende Aussicht, verband sich aber in meinen Vorstellungen mit etwas Angenehmen: wenn man erst erwachsen war, heiratete man! Mit beidem eilte es mir nicht. Da ich den Winter über auf den Tourneen mehr sah und erlebte als andere junge Leute das ganze Jahr, waren für mich die Sommer in Ville d'Avray nicht nur Arbeitszeiten, sondern auch Erholung. Der Höhepunkt der Woche war natürlich die Arbeit bei Enesco.
Ich war inzwischen älter und erfahrener, hatte Vergleichsmöglichkeiten und konnte erst bei dieser zweiten »Lehrzeit« das ganze Ausmaß seiner Größe begreifen. Ich sah ihn auch in neuen Rollen: als Kammermusiker, als Dirigent auf dem Podium und im Aufnahmestudio. Wie schon erwähnt, sprach er wenig, fand Worte beim Musizieren überflüssig. Bei anderen Gelegenheiten aber wußte er sich in mehreren Sprachen sehr gewandt und treffend auszudrücken. Sein Wortschatz war groß genug für Scherze, Bonmots und Kalauer jeder Art, so daß sein sprühender Witz jedes Gespräch auflockerte. Sicher gehörten auch sein Humor, seine unerschütterliche Höflichkeit und sein Talent, eine Wahrheit plastisch zu formulieren, zu den Grundlagen seines Erfolges als Dirigent – nicht nur seine profunde Partiturenkenntnis und seine musikalische Auffassung. Zum Orchester sagte er auch sehr wenig und sang lieber; nie gab er lange Einführungen und Erläuterungen wie etwa Willem Mengelberg in Amsterdam. Mengelberg begann die

Probe mit einem Vortrag über den jeweiligen Komponisten, manchmal von über einer Stunde. Die Musiker langweilten sich zunehmend, und zum Schluß blieb nur noch Zeit für einen raschen Durchgang, womit dem Stück nicht gedient war. Das Orchester schob mir in solchen Fällen einen Stuhl hin, damit ich den Vortrag wenigstens im Sitzen anhören könnte, doch aus Respekt vor Mengelberg, und um ihn nicht noch zu ermutigen, blieb ich stehen. Enesco mutete Solisten und Orchester keine solchen Prüfungen zu. Er fand andere Mittel und Wege, uns in Stil und Wesensart eines Komponisten einzuführen.

Deshalb auch schickte er mich – es war etwa 1932 – zu den Salzburger Festspielen. Mozart, sagte er, sei in hohem Maß ein Musiker der Silben und Gesten. Hätte ich sie erst einmal auf der Bühne erlebt, so würde ich besser begreifen, daß auch seine Orchester- und Kammermusik auf dem Drama menschlicher Leidenschaften aufgebaut seien, und sie danach viel besser spielen oder vielmehr »darstellen«. Enescos Wort war bei uns zu Hause Gesetz, so fuhren wir denn, Aba und ich, nach Salzburg. Daß wir dazu den Wagen nahmen, gab unserer Wallfahrt den heiteren Glanz einer Eskapade. Wir verbrachten wundervolle Tage in Salzburg. Morgens hörten wir die gesungenen Messen, abends gingen wir in die Oper, zwischendurch machten wir Bergtouren. Enescos Hinweis erwies sich als sehr nützlich. Mozarts Musik war mir zwar schon immer zugänglich gewesen, doch auf der Bühne wurde sie wirklich lebendig. Heute glaube ich sie einigermaßen zu begreifen.

Enesco war es auch, der darauf drang, Hephzibah solle mit mir aufs Konzertpodium. Unsere wöchentlichen Kammermusikabende machten die Sommer in Ville d'Avray zu den glücklichsten, deren ich mich erinnern kann. Ich konnte, seit man mich ins Gemeinschaftsmusizieren eingeführt hatte, nicht mehr genug davon bekommen und denke es mir ideal, im Alter Mitglied eines Streichorchesters zu sein, das ununterbrochen musiziert: für-, vor-, und miteinander. Damals war ich in diesem noblen Zeitvertreib noch Anfänger und erarbeitete die Woche über sorgfältig die mir von Enesco zugeteilte Stimme. Bei unseren Zusammenkünften übernahm Hephzibah das Klavier; Jacques Thibaud, Jacqueline Salomons und ich wechselten in der ersten Geige ab. Bei diesem Überangebot an Streichern übernahm Enesco die Viola (wenn gerade Pierre Monteux nicht da war) und Maurice Eisenberg das Cello. Eines Abends trugen Hephzibah und ich ganz aus dem Stegreif eine Beethoven-Sonate vor. Zur allgemeinen Überraschung fand Enesco, wir müßten künftig gemeinsam auftreten.

Wir waren etwas betroffen darüber, daß er aus einem häuslichen Zeitvertreib ein berufliches Auftreten auf der Bühne machen wollte. Doch eigentlich hätte es uns nicht wundern sollen. Das Verständnis, der liebevolle Kontakt, das unbegrenzte Vertrauen, das Hephzibah und mich zeitlebens verband, war nun zur Musik herangereift. Wir entdeckten, daß wir Zwillingsseelen waren. Wir konnten Rücken an Rücken spielen, und doch spürte jeder Gefühle und Absichten des anderen, so gut verstanden wir uns. Vor einigen Jahren schrieb Hephzibah: »Yehudi hat mit mir immer die Noten durchgesehen, mir die musikalischen Zusammenhänge erklärt, die einzelnen Phrasen anschaulich gemacht, die großen Umrisse mit Einzelheiten ausgefüllt, damit ich mich intellektuell sicher fühlte, weil alles gut durch*dacht* war.«
In Wirklichkeit waren wir uns beim »Durchdachten« weniger nah als bei den Entgleisungen. Verließen wir die Noten, so glich einer den Fehler des anderen rasch, instinktsicher und gewandt aus, und manchmal kamen wir uns vor wie Trapezkünstler, die dem tödlichen Sturz um Haaresbreite entgehen, sich in der Zirkuskuppel umarmen und im Triumph wieder auf ihren Seitenpodien landen, oder wir lachten innerlich, wie über einen Witz, den nur wir beide kannten.
»Ich erinnere mich«, schrieb Hephzibah, »wie wir 1938 in der New Yorker Metropolitan Opera eine Mozart-Sonate spielten und alles so glatt lief, daß wir beide ganz verzückt waren. Bei der Coda hörte ich derart fasziniert zu, daß ich zu spielen vergaß und erst unter Aufbietung aller Energie und fürchterlich erschrocken, um einen Sekundenbruchteil zu spät, wieder einsetzte. Nachher lachten wir beide darüber und genossen die Glückwünsche in der Garderobe sehr – wir fanden, diesmal hätten wir sie verdient.«
Ehe es soweit war, mußten wir allerdings erst den Widerstand der Eltern überwinden. Begreiflicherweise hatten sie wenig Lust, noch ein Kind in die Konzertarena zu schicken, und fanden außerdem, das sei nicht der passende Ort für eine gesittete, wohlerzogene junge Dame (Hephzibah war damals ganze dreizehn). Doch bei Enescos Zureden schmolzen Zweifel und Abneigung. Es beruhigte sie auch, daß Hephzibah ja nicht öffentliche Anerkennung für sich suchte, sondern nur mit mir zusammen. Unser Debüt fand auf einer Vorstufe der Bühne statt, gewissermaßen auf halbem Wege: im Aufnahmestudio. Wir spielten zusammen die Sonate A-Dur von Mozart (KV 526). Unsere unsichtbare Zuhörerschaft spendete uns später unhörbaren Applaus: Wir bekamen den Candide-Preis für die beste Schallplatte des Jahres.

Zehn Monate später, am 13. Oktober 1934, traten wir vor sichtbarem Publikum auf: in der Salle Pleyel. Wir spielten die A-Dur-Sonate von Mozart, die d-Moll-Sonate von Schumann und Beethovens *Kreutzer-Sonate*.

Beim Spielen mit Hephzibah hat sich seit damals eigentlich wenig geändert. Sie ist eine erwachsene, lebenserfahrene Frau geworden, hat mit den Ärmsten der Armen gearbeitet und betritt doch das Podium mit dem gleichen schlichten, warmen Vertrauen wie in der Salle Pleyel. Ihre Musik hat an Tiefe und Ausdruck gewonnen, noch immer aber ist ihr Klang die Verkörperung einer Beziehung, die schon zwischen uns bestand, ehe wir miteinander musizierten. Ihr Vertrauen zu sich selbst und in mich ist so groß, daß öffentliches Auftreten ihm nicht schadet, es teilt sich sogar dem Publikum mit. Sie ist das genaue Gegenteil von arrogant: Ihre Sicherheit entspringt dem Dienst an der Musik. Sie spielt schlicht, bescheiden, beinahe naiv, ohne jedes Sich-zur-Schau-stellen, ohne jedes Sich-gehen-lassen. Diese Tugenden machten sie besonders in England und Frankreich beliebt. Bei aller sonstigen Verschiedenheit wissen diese Nationen es beide hoch zu schätzen, wenn man nicht unnötig sentimental wird und keine persönlichen Gefühle zeigt.

Für Hephzibah war schon immer die Musik ein natürliches Ausdrucksmittel, ein weiteres Band zwischen uns, eine gern getane Pflicht. Bei brillanten Virtuosenstückchen begleitete sie mich nie. Wir spielten zusammen Sonaten, gleichwertige Stimmen im Dialog miteinander. Und da wir uns nicht anzustrengen brauchten, um unsere Persönlichkeiten auf einander einzustellen, spielten wir sie in ganz natürlicher Übereinstimmung. Ganz selten einmal drängte ich sie, aus einer Stelle mehr Ausdruck herauszuholen, eine Phrase stärker auszuformen. Als gehorsame Schwester nahm sie meine Vorschläge an. Doch das war keine Vergewaltigung ihrer Natur oder Denkungsart. Sie hätte nie eine Phrase in dem Bemühen entstellt, sie »interessant« zu machen.

Auch das Publikum konnte sie nicht vom rechten Wege abbringen. So etwas kann durchaus passieren: Nervosität, Aufregung, das Gefühl der besonderen Stunde können ein Spiel steigern, aber auch verderben. Hephzibah habe ich nie anders spielen hören, als die Musik es ihr diktierte. Nach unserem ersten gemeinsamen Auftreten verneigte sie sich halb zu mir, halb zum Publikum gekehrt, und ich hielt sie an der Hand. Ich fühlte mich ganz als der große Bruder und Beschützer: hatte ich sie doch auf dem Podium eingeführt, auf dem ich ein erfahrener Fachmann war.

6. *Winterreisen*

Konzerttourneen und Familientrennungen · Abenteuer Eisenbahn · Der Klavierbegleiter ist immer dabei: Hubert Giesen, Artur Balsam, Marcel Gazelle · Die englischen Verwandten · 1932: das Violinkonzert von Edward Elgar · Unter Toscanini in New York · Willa Cather, die große Freundin der Familie

Seit einem halben Jahrhundert gehe ich auf Konzertreisen, und ich habe sicher in dieser Zeit öfter Abschied genommen als jeder andere Mensch. Es soll Künstler geben, denen der Abschied leicht fällt, die unruhig werden, wenn sie länger an ein und demselben Ort bleiben müssen. Doch ich bin als Mann noch immer der gleiche Nesthocker, der ich als Junge war, und am liebsten daheim. Die Tourneen waren aber keine Zumutung, ich habe mich rasch an sie gewöhnt. In den ersten Jahren ließen Aba und ich während der Monate in den USA Mutter und Schwestern in Europa zurück. Einmal in Neapel war das Abschiednehmen besonders schmerzlich. Es war am 7. Januar, an Mamminas Geburtstag. Im Wirbel des Aufbruchs war er vergessen worden. Meine Mutter war zu stolz, um Aba daran zu erinnern, aber doch verständlicherweise gekränkt über seine Vergeßlichkeit. Mein armer ahnungsloser Vater schob ihre Stimmung auf die bevorstehende Trennung. Erst eine Stunde vor dem Auslaufen des Schiffs dämmerte ihm etwas. Doch auch ohne solche Kalamitäten waren die alljährlichen Trennungen der Familie bitter. Alle Freuden der fernen Welt überschattete die Sehnsucht nach dem Wiedersehen.
Trotzdem: ich freute mich auf unterwegs. Der Geruch der Lokomotive und der Duft des Herbstes waren für mich der Hauch des Zigeunerlebens, das im Oktober begann und ein halbes Jahr dauerte. Ich sog ihn ein, wie das Füllen, das die grüne Weide wittert. Konzertreisen sind mir im Lauf der Jahre geworden, was anderen der tägliche Gang ins Büro ist. Die neuen Orte, Hotels und Konzertsäle beginnen sich zu gleichen. Meine Neugier ist gestillt oder abgestumpft. In meiner Jugend aber war jede Reise noch eine Entdeckungsfahrt.
Allein die Vereinigten Staaten wirklich kennenzulernen, hätte Jahre erfordert. Beim Durchqueren der Prärien oder des Großen Salzsees saßen Aba und ich immer im Aussichtswagen, den Eisenbahngeruch in der Nase, die Ohren erfüllt vom Rattern der Räder, wurden sehr stau-

big und rußig, ehe wir wieder ins Wageninnere gingen. So sahen wir Texas zum ersten Mal, die Südstaaten in der Frühlingsblüte: Hartriegel, Azaleen, die Mangrovensümpfe Floridas. Wir fuhren im Crescent Limited nach New Orleans, einem pompösen Zug mit Privatabteilen und rein weißer Bedienung (kaum zu glauben, daß so viel Snobismus noch vor relativ kurzer Zeit als selbstverständlich galt!). Nach der Ankunft aßen wir Krabben und bewunderten die schmiedeeisernen Balkongitter (wo war die sachlich-schmucklose Seite Amerikas geblieben?). Konzertreisen waren damals vergleichsweise bequem. Man blieb mehrere Tage an jedem Ort, konnte sich in Ruhe die Sehenswürdigkeiten und die Umgebung ansehen und sich an der Vielgestalt seiner Heimat freuen. Nach Palm Beach kam ich erstmals mit der ganzen Familie. Ich hatte den Eltern lange zureden müssen. Jack Salter, mein Agent, hatte uns ein Angebot gemacht, ich solle für fünftausend Dollar im Everglades Club, dem eleganten Mittelpunkt einer eleganten Stadt, ein Konzert geben. Meine Eltern blieben jedoch sehr zurückhaltend. Sie glaubten, es sei einer jener Clubs, zu dem Juden keinen Zutritt haben. Im Gegenteil, beruhigte sie Mr. Salter, der Vertrag sei von einem gewissen Seligman aufgesetzt. So machten denn die Eltern der »besseren Gesellschaft« ihr erstes Zugeständnis. Wir fuhren nach Florida – um dann festzustellen, daß Mr. Seligman ungefähr der einzige Jude im Club war. Es war interessant, zuzusehen, wie die Oberen Zehntausend lebten und Polo spielten (das Spiel, dem ich am allerliebsten zuschaue), an den herrlichen Stränden zu baden und die sonderbare Vegetation der Everglades näher in Augenschein zu nehmen.
In Palm Beach hörte ich zum ersten Mal Jazzmusik: Die Negerjungen im Armenviertel musizierten zu ihrem Vergnügen auf Waschbrettern und anderen primitiven Instrumenten, was mir großen Eindruck machte.
Nach zwei Jahren immer wiederkehrender Trennungen beschlossen die Eltern, Mammina und die Schwestern in New York zu installieren, damit wir uns dort zwischen den Konzerten sehen könnten. Aba und ich reisten zwar weiter, doch ein nie abreißender Strom von Briefen, Telegrammen und Telefonaten überbrückte die Trennung und hielt die Familie zusammen.
Aba und ich waren auf Reisen richtige Kameraden. Nie empfand ich ihn als Mentor, Lehrer oder gar Aufpasser, obwohl er sehr besorgt um mich war. Er war von Natur ein fürsorglicher Mensch. Und wenn ihn Mammina mit ihrem »Mosche! Bloß keine Pläne!« noch so sehr auf-

zog, ging er am liebsten auf Nummer Sicher. Er hieß auch seine Familie mit Socken und Pantoffeln griffbereit am Bett schlafen, damit der kalte Fußboden am Morgen niemand schadete. Oft schalt er meine Mutter, sie riskiere durch ihren Leichtsinn ihr Leben, doch sie hatte für solche Risiken nur ein Achselzucken. Ich ließ ihn schalten und walten. Sonderbarerweise brachte nicht er mich darauf, nach dem Auftrtritt das Hemd zu wechseln, sondern Bruno Walter. Er schenkte mir ein Fläschchen Fichtennadelöl und riet mir dringend, mich nach jedem Konzert damit abzureiben und total umzuziehen. Das war in Leipzig. Wie jede Regel, die seine Zustimmung fand, beherzigte Aba auch diese und befolgte sie eisern, bis ich mich selbständig machte. All seine Fürsorge konnte mich jedoch nicht vor gewissen Verschleißerscheinungen des Konzertreisens bewahren. In Boston geschah eines Tages das Unvermeidliche: ich schlief während des Konzerts ein. Ein Glück, daß ich dadurch gewarnt wurde; früher oder später wäre es doch passiert. Beim zweiten Tutti des Violinkonzerts von Beethoven verlor ich den Kontakt zum Geschehen und versank in wohlige Bewußtlosigkeit wie ein auf der Weide im Stehen einnickendes Pferd. Etwa zwei Takte, ehe ich einsetzen sollte, merkte ich plötzlich: Ich stehe auf dem Podium, hinter mir das Orchester, vor mir das Publikum, und Sergei Koussewitzky versucht, meine Aufmerksamkeit auf sich zu ziehen: irgend etwas wird binnen Sekunden von mir erwartet. Eine automatische Reaktion rettete mich – fast bedaure ich es; denn wäre ich wirklich eingeschlafen, würde wohl niemand diese Geschichte anzweifeln.

Es gehörte zu Abas Pflichten, mich gegen Journalisten abzuschirmen, und das machte er großartig. Im Lauf der Jahre gab er ein paar Mal Interviews, meine Mutter nur ein einziges Mal und ich, bis ich erwachsen war, nie. Manchmal kamen ein paar Fotografen mit den damaligen schwerfälligen Apparaturen, füllten kleine Tabletts mit Pulver für Blitzlichtaufnahmen, zündeten es an, und schmuddeliger Qualm senkte sich auf sämtliche Anwesende. Das waren meine einzigen, kurzen Begegnungen mit der Presse.

Aba scheint auf mich besser aufgepaßt zu haben als auf sich selbst. In den ersten Tournee-Jahren hatte er wiederholt schmerzhafte Gallenkoliken und mußte sich schließlich in New York operieren lassen: An seiner Stelle begleitete Mammina mich auf der Tournee. Und plötzlich merkte ich: ich war kein Kind mehr. Sehr liebevoll und raffiniert brachte sie mir zum Bewußtsein, daß ich für sie verantwortlich war, nicht umgekehrt. Ich zeigte ihr die Sehenswürdigkeiten, bestellte

Frühstück für sie und tat alles wie ein Fachmann, der einen Neuling begönnert.
Doch ob ich nun mit Vater oder Mutter reiste, einer war immer dabei: mein Klavierbegleiter. Anders als der Pianist kann der Geiger nicht ohne Partner auftreten, es gibt wenig Solomusik für sein Instrument. Auf der ersten Tournee 1928 hatte Louis Persinger mich begleitet. In Europa hatten wir einen Berufsbegleiter engagieren müssen. Nicht jeder Bewerber eignete sich für den Posten: Er mußte nicht nur Klavier spielen können, sondern auch in die Familiengemeinschaft passen. Irgendwann wurde kurz erwogen, den jungen Louis Kentner zu nehmen, doch sein Talent und seine Persönlichkeit waren zu groß, er hätte durch sein »Format« den Familienverband gesprengt. Eine drollige Laune des Schicksals machte ihn später zu meinem ebenbürtigen Partner und Schwager.
Mehrere Begleiter kamen und gingen im Lauf der Jahre, manche blieben Freunde fürs ganze Leben. Für die Saison 1929/30 präsentierte sich mit einer Empfehlung von Adolf Busch Hubert Giesen, ein ausgezeichneter Musiker, innerhalb der Grenzen deutscher Tradition völlig zuverlässig, wenn auch vielleicht nicht allzu elastisch. Er lebte mit uns und unterwarf sich dem Regiment Mamminas. Auch außerhalb der Konzerte war ich gern mit ihm zusammen, obwohl er privat manchmal eine opportunistische, um nicht zu sagen merkantile Seite an den Tag legte, die mich verwirrte und bestürzte. Nach zwei Saisons mit »Hubsie«, wie wir ihn nannten, schlug der amerikanische Geiger, Lehrer und Komponist Sam Franko, der nach Berlin umgezogen war, uns Artur Balsam vor.
Artur Balsam, ein hochmusikalischer Mensch, war in Polen gebürtiger Jude. Er brauchte die Musik so nötig wie die Luft zum Atmen. Nach Berlin war er gekommen, um zu atmen, an der Musikhochschule zu studieren und ja kein Konzert und keine Probe zu versäumen. Er war das Urbild des liebenswerten, zartbesaiteten jungen Gelehrten, der statt über dem Talmud jede freie Minute über einer Taschenpartitur saß, übte, hörte und, so wie manche Frauen zur Nervenberuhigung stricken, Melodien kopierte und dabei jede Note sorgsam-liebevoll malte. Er war ein reizender Mensch, am Klavier voller Vitalität und Autorität, ohne sein Instrument eher schüchtern. Als er bei uns war, gab mir Willa Cather Heines Gedichte und Goethes »Faust« zu lesen. Balsam, der natürlich gut deutsch sprach, las sie mit mir zusammen. Später war er jahrelang Pianist bei den New Yorker Philharmonikern

und ist heute ein berühmter Solist und Lehrer. Ihm folgte ein vorzüglicher belgischer Pianist, Marcel Gazelle, der, wie meine Schwestern, bei Ciampi Klavier studierte und den dieser uns empfahl. Er kam 1933 und reiste bis 1935 mit uns kreuz und quer durch die Welt. Seitdem haben wir uns immer nur zeitweise aus den Augen verloren. Wenige Menschen haben in meiner Biographie eine größere Rolle gespielt als Marcel. Mit ihm zusammen entdeckte ich Europa aufs neue, als der Zweite Weltkrieg zu Ende ging; mit ihm zusammen gründete ich meine Schule (in seinen letzten Lebensjahren war er ihr musikalischer Leiter). Er war mir einer der liebsten und treuesten Freunde und Kollegen und fügte sich vom ersten Tag an so zwanglos in die Familie ein, als hätte ich einen älteren Bruder bekommen.
Er war klein, zierlich, körperlich wie geistig behende, ein denkbar angenehmer Kamerad. Man konnte ihn herrlich aufziehen. Er verlor auch dann seine gute Laune nicht, wenn er seekrank und sterbenselend in seiner Koje lag und auf boshaftes Betreiben von Hephzibah, Yaltah und mir Hering und Schokoladenpudding serviert bekam. Wir liebten ihn alle. Daß wir untereinander so vorbehaltlos einer Meinung über ihn waren, machte ihn nicht nur zu einem der Unsrigen, es schuf auch eine weitere Verbindung zwischen uns. Marcel verstand uns so gut wie wir uns selbst. Er stammte aus einer der Gartenbauregionen Belgiens, daher vielleicht seine Vorliebe für das Leben im Freien, aber auch seine gärtnerische Geduld mit der natürlichen Entwicklung heranwachsender Kinder. Er hatte früh auf eigenen Füßen stehen müssen, besaß die praktische Begabung des Franko-Belgiers und war das geborene Organisationstalent. Probleme wie Reisen, Gepäck, Fahrpläne, Treffpunkte löste er im Handumdrehen. Er wurde zum treibenden Motor alles Organisatorischen in der Klavierklasse des Konservatoriums in Gent, später in meiner Schule in Stoke d'Abernon. Sein geniales Managertalent verband sich mit stets aufopfender Hilfsbereitschaft. Ende der dreißiger Jahre heiratete Marcel meine Kindheitsfreundin und Geigenkollegin Jacqueline Salomons und entführte sie nach Gent. Als ich ihn nach Jahren überreden konnte, in England zu arbeiten, kam sie mit und gab den jüngsten Schülern in Stoke d'Abernon Geigenunterricht. Es ist mir ein lieber Gedanke, daß dadurch eine Verbindung mit der Vergangenheit geknüpft ist, daß etwas von Enesco in Surrey weiterlebt, nicht nur durch mich, auch durch Jacqueline.
Eines habe ich auf meinen vielen Reisen gelernt: in jeder Musik spiegeln sich Gesellschaft, Landschaft, ja sogar Klima und geologische Bo-

denbeschaffenheit. Die Werke von Brahms zum Beispiel – entstanden in norddeutscher Nebellandschaft – sind erfüllt von Tasten, Suchen und Träumen und völlig nach innen gekehrt. Nebel erzeugt ein Gefühl der Unendlichkeit: Man kann nie wissen, ob er nur wenige Meter weit reicht oder aber die ganze Welt bedeckt. In solch unauslotbarer Endlosigkeit kehrt man sich nach innen. Es ist kein Zufall, daß das Hamburger und Bremer Publikum – meiner Ansicht nach jedenfalls – Brahms besser begreift als jedes andere. Auch nicht, daß der vom klaren, harten Licht Italiens geprägte Toscanini die ruhigen Stellen in Brahms' Musik nicht ausfüllen konnte. Man kann heute noch nicht beurteilen, ob die moderne Musik, die weitgehend entwurzelt ist und von jedem Kulturwind hierhin und dorthin geblasen wird, dereinst das Bild unserer Gesellschaft wird ausdrücken können wie die Musik vergangener Zeiten die früheren festgefügten Ordnungen. Möglicherweise kann ein Komponist ohne Bindung an eine Heimat nicht überdauern. Für einen Interpreten aber, der vielerlei Komponisten gerecht werden möchte, ist es eher ein Vorteil, von mehreren Völkern abzustammen. Ich kann die verschiedenen Einflüsse auf mein Spiel nicht mehr voneinander trennen, sie haben sich längst vermischt. Ich stelle mir vor, daß bei mir auf russisch-jüdisch-amerikanischem Untergrund französische, deutsche, italienische, englische Schichten lagern und ein halbes Dutzend verschiedener Pole die Magnetnadel ausbalancieren. Dadurch kann ich für die Deutschen klassisch genug, für die Russen leidenschaftlich genug, für die Amerikaner ausgefeilt genug, für die Franzosen elegant genug und für die Engländer präzise genug spielen. Die Magnetnadel funktioniert selbstverständlich nur unbewußt, macht mich aber zumindest auf musikalischem Gebiet zum Weltbürger. Meine Reisen als Teenager durch die USA und durch West- und Mitteleuropa haben ein Übriges dazu beigetragen.

Bei unserer ersten Landung in Großbritannien im November 1929 schienen schon die Hafenanlagen etwas Gelassenes, Ruhiges auszustrahlen, anders als in Amerika und Frankreich. Hier hatte ein Volk in vielen Jahrhunderten weise Selbstbeherrschung gelernt. Aus dem damaligen London stehen mir zwei Eindrücke noch klar vor Augen. Der eine ist der Gentleman in der Rotten Row, der am Tag nach meinem Auftreten vom Pferd stieg, sich uns vorstellte, uns ein paar Sehenswürdigkeiten Londons zeigte und dann bei sich zu Hause eine Holzsammlung aus aller Welt. Mister Alexander L. Howard war Holzhändler, doch das Holz interessierte ihn nicht nur als Ware. Er wurde mir zum ersten Beispiel jener Amateurfreude an allen Erscheinungsformen des Lebens, die ich zu den schönsten englischen Eigenschaften zähle. Mr. Howard hatte im Ersten Weltkrieg Spezialholz zur Propellerherstellung geliefert. Er wußte zu erzählen, daß selbst solche Holzarten sich abnutzten: nach Abertausenden von Umdrehungen trat auch bei ihnen eine gewisse »Materialermüdung« ein. Als er merkte, wie mich seine Sammlung und seine Erläuterungen faszinierten, schenkte er mir ein Buch, das er 1920 herausgegeben hatte: Handbuch der Holzarten der Welt.

Der zweite Eindruck von England ist die makellos weiße, gestärkte Schürze des Hotelzimmermädchens, das in einem Messingkübel Kohlen bringt. Das traditionelle Kaminfeuer war anheimelnd wie zu Zeiten Dickens' und wurde mir samt der heiteren Gelassenheit des Zimmermädchens zum Symbol für ein ganzes Land, das bei allem Mangel an Komfort etwas Behagliches hat.

Das Schönste an diesem Englandbesuch (wie an späteren) aber war die Art, wie Aba hier abschaltete. Auf unseren Tourneen war Aba überhaupt sehr zufrieden, in England aber entspannte er sich ganz, nahm die Welt vertrauensvoller hin, zog nicht einmal mehr die Konzertabrechnungen in Zweifel. In England lebten wir, auch wenn die Familie komplett war, nach einem anderen Rhythmus, als fühlten wir uns getragen von einer Nation, die über den Wert der Arbeit, Geduld und Disziplin ganz unserer Ansicht war. Hier waren diese Dinge nichts Besonderes und kein Grund für übertriebene Ovationen, aber auch für keinerlei Mißtrauen.

In diesem Lande der Schicklichkeit wohnten zu meiner Überraschung einige der wenigen Blutsverwandten, die ich besaß (erst in späteren Jahren, in Rußland und Israel, entdeckte ich noch andere). Selbst einer, der mit Cousinen und Onkeln überreich gesegnet war, hätte sich für die Millers begeistert. Für mich waren sie ein Fund. Onkel Jack und Tante Edie Miller, entfernte Verwandte meiner Mutter, wohnten mit Sohn Jon und Tochter Sonia in einem großen alten Haus unweit des Richmond-Parks. Onkel Jacks Geld stammte aus dem Tabakhandel, er war von umwerfender Freigebigkeit: Es war zum Beispiel gefährlich, seine Uhr zu bewundern, er schenkte sie einem sofort. Ich behielt also jegliche Bewunderung für mich, wurde aber trotzdem im Lauf der Jahre mit zahllosen wertvollen Gegenständen beschenkt.

Tante Edie liebte ich auf den ersten Blick. Sie war ein reizender, warmherziger, nobler Mensch, eine ausgezeichnete Amateur-Pianistin, in englischen Musikkreisen bekannt. Daß sie ebenso großherzig war wie ihr Mann, zeigte die Wärme, mit der sie uns begrüßte. Vom ersten Kennenlernen an besuchten wir bei jedem England-Aufenthalt das Haus am Richmond-Park. Die Millers wiederum kamen in all meine Konzerte und führten uns aus. Als ich bei meiner zweiten England-Tournee krank wurde (es war der Blinddarm), pflegte mich Tante Edie. Sie brachte mich auch auf den Geschmack gewisser exotischer Früchte: Zimtäpfel, Dattelpflaumen, Lychee, Passionsfrucht – man bekam sie nicht einmal in New York oder Paris, nur in London.

Was ich damals noch nicht wußte: der Kontakt mit Millers war die zweite verpaßte Gelegenheit, Diana kennenzulernen. Dianas Mutter und Tante Edie verkehrten im selben Musikzirkel und kannten sich gut. Als Diana und ich heirateten, war Tante Edie unser liebster »gemeinsamer« Mensch. Sie lebt nicht mehr, und ich werde sie immer vermissen. Nur ihre Kinder Sonia und Jon verbinden mich noch mit diesen glücklichen, längst vergangenen Tagen.

Vor meinen ersten längeren London-Aufenthalt nahm ich mir einen britischen Manager, Lionel Powell (sein Büro war ein Mikrokosmos, jeder Erdteil in einem anderen Raum untergebracht), und schloß mit ihm einen Vertrag für Plattenaufnahmen, der noch heute besteht. Der langjährige ungetrübte Kontakt mit *His Master's Voice* (der späteren EMI) ist größtenteils das Verdienst David Bicknells, der die Gesellschaft 1929 bei der ersten Kontraktunterzeichnung und noch jahrelang danach vertrat. Sein freundliches, rosiges englisches Gesicht brachte Herzlichkeit in jede Besprechung. Er und seine Frau, die bezaubernde, temperamentvolle, feurige Geigerin Giaconda da Vita, mit der zusammen ich auch konzertiert und Platten aufgenommen habe, pflegen nun in ihrem Altersruhesitz bei London ihren Garten. Ich sehe sie viel zu selten.

Der England-Besuch des Jahres 1932 aber überstrahlt in meinem Erinnern alle andern. Eines Freitags mitten im Sommer (wir wichen vom normalen Tourneefahrplan ab) brachen Monsieur Vian, unser Nachbar, mein Vater und ich von Ville d'Avray nach Calais auf, um nach London überzusetzen. Es war ein Riesenspaß, denn Monsieur Vian war noch nie in England gewesen, und seine Vorfreude steckte uns routiniertere Reisende an. Wir waren vergnügter als sonst. Vor mir lag eine ehrenvolle, aber ein wenig bedrückende Aufgabe: Ich sollte unter Leitung des Komponisten ein zeitgenössisches Werk auf Platte spielen, das Violinkonzert von Sir Edward Elgar. Ich hatte allein daran gearbeitet, es aber Enesco vorgeführt, ehe ich nach London abreiste. Er hatte geäußert, das zweite Solothema sei durch und durch englisch, was ich damals trotz all meiner Reisen noch nicht begriff. Heute stimme ich ihm zu. »Englisch« heißt in diesem Zusammenhang: von unschuldig-naiver Leidenschaft, anders als die vulkanischen, aggressiven, raffinierten oder sonstigen Leidenschaften anderer Nationen. Beeinflußt das Klima wirklich die Musik, so drückt sich in Elgars Musik eine verhaltene Anpassung an ein Wetter aus, das außer ständigem Wechsel keine Extreme kennt, und die Reaktion eines Volkes, das zwischen feinsten Schattierungen von Himmelsgrau und Wiesengrün zu unterscheiden, aber bei beidem Maß zu halten versteht. In England muß man sich, wie ich später lernte, grundsätzlich *zwischen* den Extremen bewegen. Entscheidet man sich für eines, und sei es in bester Absicht, wird man unter die Fanatiker gerechnet.

Auf der englischen Seite des Ärmelkanals erwartete uns der schöne alte Rolls-Royce meines Agenten Harold Holt. Er fuhr uns ins Grosvenor House, wo man mir in Hemd und Kniehosen den Eintritt in den Speisesaal nicht gestattete (ich freute mich darüber, ich liebe zeremonielle Förmlichkeiten). Am nächsten Morgen kam Ivor Newton, mein Klavierbegleiter, und spielte das Konzert mit mir durch. Elgar wollte es sich vor der Plattenaufnahme am Nachmittag noch einmal anhören. Ich begegnete Ivor dabei zum ersten Mal, er war mein erster englischer Begleiter überhaupt. Später lernte ich ihn auf dem Podium und privat näher kennen und schätzen. Seine Weltläufigkeit und Rücksichtnahme, aber auch sein Witz und Charme machten ihn zum Idealbegleiter von Sängerinnen. (Man muß sie in Watte wickeln, sich ihren ungleichmäßigen Tempi anpassen und die Begleitung transponieren, wenn sie sich einmal einem hohen Ton nicht gewachsen fühlen.) Er war ein prachtvoller Reisekamerad.

Um zwei Uhr waren wir beide zur Stelle, und Sir Edward erschien. Einen solchen Komponisten hatte ich noch nicht gesehen. Ich kannte entweder biblische Propheten (Bloch) oder ritterliche Heldengestalten (Enesco). Hier kam ein ländlicher Gutsbesitzer, es fehlten nur die ihn umspringenden Jagdhunde. Seine Pflichtauffassung war, gelinde gesagt, etwas locker. Ivor und ich begannen mit dem Solopart und waren noch nicht einmal zu dem »englischen« zweiten Thema vorgedrungen, da unterbrach Sir Edward schon. »Das kann man nicht besser spielen, die Aufnahme wird wundervoll werden. Und jetzt entschuldigen Sie mich bitte, das Wetter ist so schön, ich möchte zum Rennen.«

So trostreich es war, daß ich sein Stück anscheinend gut genug spielte, ich wurde den Verdacht nicht los, das Rennen sei ihm wichtiger als Vorzüge und Fehler der Interpretation. Immerhin hatten Aba und ich nun von Sir Edward einen guten Rat bekommen, wie man einen schönen Samstagnachmittag am besten nutzt: Wir verabschiedeten uns von Ivor und gingen uns London ansehen.

Wir konnten uns getrost auf Elgars Kurzurteil verlassen. Er betrat das Aufnahmestudio sehr würdig, aber ohne jede Spur von Wichtigtuerei. Er dirigierte im Grunde so gut wie nicht, wie um sich niemandem aufzudrängen. Bei ihm war alles Gelassenheit und Gleichmut, als seien seine Anwesenheit und seine Bewegungen eigentlich überflüssig (sie waren es natürlich nicht!). Auch dabei lernte ich etwas über England. Autorität muß sich unaufdringlich, fast bescheiden präsentieren, die harte Faust sich nicht in dienstlichem Gebaren, sondern im Verhalten des Führenden in der Feuerlinie ausdrücken. Je kühler er bleibt, je weniger dogmatisch, desto größer ist seine Autorität. Diese Art Autorität lernt man im Umgang mit Hunden, Pferden und Regimentern, beim Regieren eines Weltreiches mit einer Handvoll Beamter und im jahrhundertlangen, höflichen Kampf mit politischer Opposition. Nicht daß Elgar gegen eine Opposition zu kämpfen hatte: Das Orchester unterwarf sich seiner unmerklichen Autorität freudig, vertrauensvoll und willig. Die Aufnahme war dann nicht nur gelungen, sondern gut.

Einige Monate später wurde das Konzert in der Royal Albert Hall wiederholt, und ich als Sechzehnjähriger hatte allen Grund, zugleich stolz und demütig zu sein. In der ersten Konzerthälfte dirigierte Sir Thomas Beecham mich in den Violinkonzerten von Bach und Mozart. Nach der Pause dirigierte Elgar von einem rotsamtenen Hocker aus sein eigenes Werk. Mit Englands beliebtestem Komponisten und auch noch seinem berühmtesten Dirigenten auftreten zu dürfen, war wie die Verleihung der Ehrenbürgerurkunde oder die Aufnahme in einen intimen Familienkreis. Die Vergleiche sind bei der Freundlichkeit, die mir überall in England entgegengebracht wurde, nicht zu hoch gegriffen. Ich konnte kaum erwarten, mein neu entdecktes Konzert nun auch in Frankreich vorzuführen. Ich habe es immer für die Aufgabe eines kosmopolitischen Musikers gehalten, Fäden zu spinnen, geistige Brücken zu bauen, Samenkörner und Blütenstaub hierhin und dorthin zu tragen. Ich tue es auch heute noch. Enesco hatte das Werk mit dem Orchester so gut einstudiert, so völlig begriffen, daß Elgar (der eigens dazu aus London kam) es ohne abzuklopfen mit uns durchspielte. Das französische Publikum nahm es höflich auf, doch es ist seitdem nie mehr dort aufgeführt worden. Außer England und dem ehemaligen Commonwealth hat nur noch Amerika Elgars Musik zu schätzen gewußt. Dort findet jede Musik ihr Publikum – so vielschichtig ist das Land, so unvoreingenommen gegenüber Altem und Neuem, Exotik und Tradition. Es ist eine typisch amerikanische Tugend zuzugeben, daß man etwas nicht kennt, und allem Neuen eine Chance zu lassen. Ich habe das Violinkonzert von Elgar in Amerika oft gespielt – zum ersten Mal in New York unter Sir Malcolm Sargent – und miterlebt, wie es immer populärer wurde. Gewöhnlich mache ich im letzten Satz, kurz vor der zauberhaften Kadenz, einen Sprung, weil es bei der Reprise etwas abfällt und das Publikum nicht mehr so ganz mitgeht. Einmal habe ich das auch in England versucht, doch dort ist man über mich hergefallen: mit Recht! Man darf in noch so guter Absicht nicht mit einem Nationalheiligtum Schindluder treiben.

Meine musikalische Entwicklung wurde in den New Yorker Wintermonaten entscheidend gefördert. Das lag an Toscanini. Wer den Maestro nicht gekannt hat, kann sich schwerlich vorstellen, in welchem Ausmaß er das Musikleben beherrschte – mehr als je ein Dirigent in irgendeiner Stadt. Berlins Vorrangstellung bleibt unbestritten, aber dort kämpften ein halbes Dutzend Dirigenten um die Gunst des Publikums: Walter, Kleiber, Klemperer, Busch, Furtwängler. Toscanini beherrschte New York allein und unangefochten. Die erste Begegnung mit ihm traf mich mit gänzlich ungewohnter Wucht. Ich hatte beispielsweise mit Bruno Walter gespielt, aber nie in einer von ihm geschaffenen Musikatmosphäre gelebt. Im Jahre 1930 nach New York zurückkehren hieß, im außerordentlichen Milieu eines außerordentlichen Dirigenten versinken. Toscaninis Macht reichte weit über den Bannkreis der Stadt hinaus. Sonntagmorgens dirigierte er die New Yorker Philharmoniker, und das Konzert wurde im Radio übertragen. Ich weiß noch genau, wie Aba unseren Mietwagen mitten im Gebirge hinter Denver halten ließ, um ein solches Sonntagskonzert zu hören. Trotz der ungenügenden Wiedergabe durch das Autoradio waren Präzision und Schwung einer Aufführung unter Toscanini unverkennbar. Wenn ich mir heute Platten von ihm anhöre, bin ich oft mit seiner Interpretation nicht mehr einverstanden. Ich muß zugeben, daß er unwissentlich ein ungutes Erbe in New York hinterlassen hat: Eine ganze Dirigentengeneration hat seine äußerlichen Charakteristika sklavisch nachgeahmt, seine Schnelligkeit, seine starren Tempi, nicht aber seine Elastizität, das rhythmische Federn, die leichten Unebenheiten seines tiefen Musikverständnisses. In Konzerten und Radioübertragungen setzte er für Amerika neue Maßstäbe, seine Nachbeter reihten eine trockene, hastige, leere, schale Aufführung an die andere und verleideten dem amerikanischen Publikum dadurch Beethoven. Doch abgesehen von diesen Einwänden stehe ich tief in Toscaninis Schuld. Noch heute übertönt seine Auffassung einer Beethoven-Symphonie in meinem Ohr alle seither gehörten Versionen. Und wenn ich selbst dirigiere, höre ich noch immer ihr Echo.

Toscanini war kein idealer Begleiter im Sinne eines Bruno Walter. Ein größerer Gegensatz als zwischen diesen beiden ist kaum denkbar. Walter war ein Wanderer, der bei jeder Blume am Wegesrand verweilte, Toscanini ein entschlossen vorwärts Drängender, den Blick starr auf das Ziel gerichtet. Für ihn, dessen bin ich sicher, waren Musik und Musiker nicht ein und dasselbe, er ordnete den Musiker dem höheren Zweck mit einer ans Erbarmungslose grenzenden Integrität unter, er duldete nicht die kleinste Nachgiebigkeit, kein Sichgehenlassen, keine Ausschmückung. Zu mir war er wie ein Vater und ich ihm ein respektvoll-bewundernder Sohn. In einem Winter führten wir miteinander das Beethoven-Konzert auf, gingen es vorher sorgsam am Klavier durch, erreichten völlige Übereinstimmung. Ich bezweifle, daß er um meinetwillen von seiner Vorstellung einer Idealinterpretation abwich, kann mich aber auch nicht erinnern, daß er meine Auffassungen brüskiert hätte.

Während der Vorbereitungen zu dieser Aufführung führte Toscanini mir vor Augen, was Selbstsicherheit bedeutet. In seinem Appartement im Hotel Astor am Times Square (es stand unter italienischer Leitung, sicher gab es dort gute Spaghetti) waren wir gerade beim zweiten Satz an der Stelle, wo nach dem zweiten Tutti ein Ton als *perdendesi*, verhauchend, bezeichnet ist, da läutete das Telefon. Ich kümmerte mich natürlich nicht darum, ebensowenig Aba, der bescheiden in einer Ecke saß. Toscanini, der sich jede Störung verbeten hatte, klimperte weiter am Klavier (er war kein guter Pianist). Das Telefon schrillte wieder. Wir spielten weiter, doch es braute sich etwas zusammen – jeden Moment konnte es zur Explosion kommen. Beim dritten Klingeln erhob sich Toscanini von seinem Klaviersessel und riß die komplette Telefonanlage aus der Wand. Holz splitterte, Gipsstaub wirbelte, Kabel baumelten. Dann nahm er wortlos und gleichmütig wieder Platz, und

wir spielten weiter. Nach Beendigung des dritten Satzes klopfte es schüchtern. Freundlich und unbefangen rief Toscanini: »Avanti!« In der Tür stand ein sehr niedergeschlagenes Trio: Frau Toscanini, der Hotelmanager und ein Telefonarbeiter. Sie versprachen hoch und heilig, so etwas solle nicht mehr vorkommen.
Toscaninis Ausbruch, mit dem er sich so vollständig abreagierte, daß nicht einmal sein Herzschlag sich beschleunigte, erfüllte mich mit Schrecken, aber auch mit Neid. Bei unseren Begegnungen jedoch hatte er für mich stets nur das Wohlwollen, die Protektion eines völlig mit sich einigen Menschen. Auf einer gemeinsamen Reise von Genua nach New York war ich sehr erkältet. Er besuchte mich täglich, blieb stundenlang in meiner Kabine und hörte mir beim Üben zu, gab mir Ratschläge, diskutierte Interpretationsfragen. Einmal gab er mir sogar einen Rat für den Alltag: Wenn er sich einmal elend fühle, sagte er, denke er an die vielen Tausende, denen es schlechter ginge, dann würde ihm wieder wohl. Keine sehr überzeugende moralische Position, wie mir später klar wurde. Selbstgefälligkeit aber konnte man ihm schon deshalb nicht vorwerfen, weil ihm jede Selbstkritik fehlte.
Nach der Ankunft in New York sollte ich mit Walter Damrosch die *Symphonie espagnole* im Rundfunk spielen, was durch meine Erkältung in Frage gestellt war. Anfangs bestand Mammina darauf, ich müsse absagen und dürfe meine Gesundheit nicht gefährden. Auf Abas und mein Drängen gab sie schließlich nach: Ich durfte auftreten, aber nur mit einem Senfpflaster auf der Brust. Aba schien das fast ebenso schrecklich wie abzusagen. Doch ich kam mir vor wie der holländische Junge in der Ballade, der mit dem Daumen ein Leck im Deich zuhält und dadurch eine Katastrophe verhindert. Ich versprach, mich an die Bedingung zu halten, und durfte spielen. Meine Mutter, deren Hausmittelchen stets doppelt so stark waren wie die anderer Leute, machte mir ein ganz schwaches Senfpflaster – ich spürte es kaum.
Mamminas vorbehaltlose Zustimmung konnte Toscanini nicht gewinnen. Es lag wohl zum Teil an mir. Sie fand, ich sei ihm gegenüber zu bescheiden und respektvoll. Als wir (einige Tage nach der Telefonzerstörung) den Beethoven miteinander spielten, hielt sie mir vor, ich vertrete meine Meinung nicht deutlich genug und sei zu unterwürfig. Vielleicht fürchtete sie, ich könne in seinem machtvollen Kraftfeld mein Selbstgefühl verlieren. Er lag ihr einfach menschlich nicht, und angesichts ihrer hohen Maßstäbe hatte sie nicht einmal ganz unrecht. Sie mißbilligte seine Unbeherrschtheit und sah darin seine bäuerliche

Herkunft, nicht sein südliches Temperament. Toscanini konnte wirklich kleinlich sein. Ich erlebte das im Juni 1946. Mehrere Künstler, darunter auch ich, konzertierten in Mailand zugunsten notwendiger Reparaturen an der Scala. Anschließend gab uns Toscaninis Tochter, die Contessa di Castelbarco, ein Essen. Es konnte nicht ausbleiben, daß sich das Tischgespräch schließlich um das Thema Dirigenten drehte. Toscanini zerriß alle seine Kollegen buchstäblich in der Luft, und seine kleinen Bosheiten wurden von seinem »Hofstaat« begierig aufgeschleckt. Als der fünfzehnte Dirigent ohne Segensspruch begraben war, konnte ich nicht länger an mich halten. »Aber Maestro, Bruno Walter hat doch gewiß auch in Ihren Augen seine Qualitäten?« »Bruno Walter?« entgegnete Toscanini. »Ein sentimentaler Narr.« Und der Kopf des sechzehnten Kollegen rollte in den Staub.

In New York wohnten wir in einem Appartement des Ansonia-Hotels am Upper Broadway. Dort war man an Musiker und ihr Üben gewöhnt. Außer unseren Schlafzimmern hatten wir auch eine Küche und einen gemeinsamen Wohnraum, und alles war weit billiger als eine entsprechende Unterbringung in der Fifth oder Park Avenue. Sie paßte auch besser zu uns. Wir kamen und gingen, wann wir wollten, nahmen uns eine dralle, warmherzige schwarze Köchin, gaben Einladungen für Freunde und Bekannte, darunter den schwarzen Sänger Roland Hayes und Olin Downes, den Musikkritiker der New York Times. Auch Ehrmans kamen, wenn sie gleichzeitig mit uns in New York waren. Unsere Beziehungen erweiterten und vertieften sich. Als Aba und ich noch allein in New York waren, hatten wir bei Dr. Garbat und seiner Frau gewohnt. Rachel Garbat pflegte mich gesund, als eine Indisposition ein Konzert gefährdete, bei dem ich die César-Franck-Sonate spielen und Toscanini unter den Zuhörern sein sollte.
Die Freundschaft mit der Familie Edgar Leventritts spielte, insbesondere wegen seiner Tochter Rosalie, die ich sehr gern hatte und habe, eine immer größere Rolle in meinem Leben. Bei den Leventritts lernte ich Lionello Perera, den italienischen Bankier, und seine drei reizenden Töchter kennen, von denen mir Lydia am besten gefiel. Rosalie und Lydia waren meine New Yorker »girl-friends«, doch wir trafen uns nur im Beisein der ganzen Familie, in ihrer oder unserer Wohnung, wenn das junge Volk miteinander Scharaden aufführte. Manchmal hatten wir die große Freude, Enesco als Gast bei uns zu sehen. An einen solchen Besuch erinnere ich mich genau: Wir gingen mit den Eltern ins

jiddische Theater. Dort wurde nicht nur ausgezeichnet und temperamentvoll gespielt, es war darüberhinaus das Zentrum aller jiddischen Folklore. Um Enesco dieses originelle Vergnügen nicht vorzuenthalten, gingen wir mit ihm »ganz groß« aus, erst in ein Restaurant zum Abendessen, danach ins Theater und dann noch in ein anderes Lokal, in dem wir vom Gefühl köstlichen Leichtsinns beflügelt bis vier Uhr früh weiterfeierten. Es war das erste Mal, daß ich die ganze Nacht aufbleiben durfte.

In New York spielte ich in Anwesenheit Enescos bei einer Probe derart schlecht, daß er mich nach Weggang des Dirigenten und der Orchestermitglieder dabehielt und den letzten Satz wiederholen ließ. Ich hatte anschließend eine Verabredung, und zwar mit Esther. Sie war mittlerweile verheiratet, aber immer noch meine Dulcinea. In meiner Angst, zu spät zu kommen, fiedelte ich den letzten Satz viel zu schnell herunter, wobei all seine Spannung und Vitalität verlorenging. Enesco ermahnte mich: So ginge das nicht, der Satz müsse heute abend ganz anders klingen. Das tat er dann auch. Esthers Mann, Claude Lazard, war ein fescher junger Franzose, der aussah, wie einer Daguerrotypie des vorigen Jahrhunderts entstiegen. Er kämpfte im Zweiten Weltkrieg in Nordafrika bei der Freien Französischen Armee und holte sich dabei hohe Auszeichnungen, wie nicht anders zu erwarten war – ein Mann, der so aussah, konnte nur tapfer und mutig sein. Er und Esther hatten 1932 geheiratet und erwarteten jetzt ihr erstes Kind (es wurde später nach dem Großvater Sidney getauft). Ich erzählte Enesco, die Dame, die ich nicht warten lassen wollte, sei schwanger. Der ritterliche Enesco konnte mir meine Besorgnis durchaus nachfühlen. »Ah«, sagte er, »das ist der heiligste Zustand bei einer Frau.« Trotzdem gehe meine Pflicht Brahms gegenüber vor.

Als Zehnjähriger und jüngstes Mitglied der Streicher am Wiener Konservatorium hatte Enesco noch unter Brahms' eigener Stabführung gespielt. Brahms gehörte von jeher zu seinen Lieblingskomponisten, und noch heute beeinflußt Enescos Brahms-Auffassung die meine.

Unsere Wohnung im Hotel Ansonia war zu klein, um viele Menschen einzuladen. Statt große Gesellschaften zu geben, mußte meine Mutter eine Auswahl treffen. Einige gute Freunde kamen dafür häufiger. Zu ihnen gehörte die von uns allen geliebte Willa Cather, mit der Jan und Isabelle Hambourg uns 1930 bekanntgemacht hatten. Sie gehörte von Anfang an zur Familie. Wir nannten sie »Tante«, und Mammina, bei der immer alles »echt« sein mußte, umarmte sie entsprechend als

Schwester. Ob den beiden Damen bewußt war, daß sie einst an zwei entgegengesetzten Enden der Welt durch ihre ondulierten Bubiköpfe Entrüstungsstürme ausgelöst hatten? Doch nicht nur das machte sie zu Schwestern im Geist. Zu schade, daß ich nie hören konnte, was sie einander anvertrauten. Wie um diese Beziehung für immer der übrigen Welt zu entziehen und unsterblich zu machen, hat Mammina nach Tante Willas Tod 1947 ihre sämtlichen Briefe verbrannt.

Willa Cather verkörperte ein längst untergegangenes Amerika. In ihren Romanen schildert sie ein noch größtenteils natürliches Land, den ländlichen Lebensstil der erst kürzlich aus Europa gekommenen Siedler, die hier in der Fremde um so treuer an ihren Traditionen festhielten. Erst vor kurzem ist Amerika zu einer Gesellschaft der Abstraktionen geworden. Die Jagd nach dem Glück gab es schon damals, nur war dies Glück nichts Abstraktes, es wurzelte in der Erde wie Tante Willa selbst. Sie hatte noch Augen und Ohren für die Wunder der Natur, für eine Landschaft und ihr Licht, das Rauschen ihrer Bäume, und ein mitfühlendes realistisches Verständnis für die menschliche Kreatur in ihrer Umwelt. Die von ihr geschilderten Menschen blieben ihrer Umgebung verhaftet, sei es nun der Mittelwesten, Neu-Mexico oder Quebec; das machte ihre Bücher zu einem echten Zeitbild Amerikas. Es ist nicht zu viel gesagt, daß sie uns Kindern, aufgewachsen im Kreis von Erwachsenen, die meist im Ausland geboren waren, das Gesicht unserer Heimat Amerika enthüllte. Ihre männliche Gestalt in der ländlich-derben Tweedkleidung, ihre burschikosen Manieren und ihre offenen blauen Augen, ihr rosiger Teint, ihr energisches Wesen waren uns fremd, aber sympathisch. Sie »lag uns«, wie etwa die Christlichen Abstinenzler oder die Pfadfinder. Ihre ein Vierteljahrhundert zurückliegenden Erinnerungen lieferten mir nachträglich die Illustrationen zu einem New York, das es zu meinem Kummer nicht mehr gab: Sie ließ vor meinen Augen ein Manhattan erstehen, in dem noch Häuser von einzelnen Familien bewohnt wurden, deren Haushaltsvorstand täglich die Wall Street entlangritt oder ging und dabei vor Bekannten den Hut zog. Schon 1930 war die Vorstellung, in der Fifth Avenue seinen Nachbarn zu kennen, absurd.

Sie war standhaft wie ein Fels und zugleich lieb und sanft. Seit sie an die Eastside gezogen war, richtete sie es so ein, daß sie täglich einmal im Central Park spazierengehen konnte: rund ums Reservoir, auf dem einzigen ungepflasterten Weg der Stadt. Dieser Kontakt mit der amerikanischen Erde stärkte ihre Zugehörigkeit zu einer Metropole, in der man nur zu leicht den Boden unter den Füßen verlor. Meine Schwestern und ich, von jeher Parkspaziergänger, begleiteten sie häufig und wechselten uns auf dem Ehrenplatz an ihrer Seite ab. Ich sah sie häufiger als meine Schwestern, nicht nur in New York, sondern auch in Los Angeles, wenn mich eine Tournee dorthin führte und sie dort ihre Verwandten besuchte. Es gab eine Zeit, da war sie mir eine ganz besondere Stütze. Als meine erste Ehe in die Brüche zu gehen begann, war auf Tante Willa immer Verlaß. Ihr konnte man sein Herz ausschütten. Nie machte sie falschen Gebrauch davon, nichts konnte ihre einmal gefaßte Meinung erschüttern. Damals sind wir oft miteinander ums Reservoir im Central Park gewandert. Gewisse Dinge lehnte sie bei aller Geduld und Toleranz scharf ab. Dazu gehörten Aufdringlichkeit und Indiskretion von Presse und Rundfunk. Sie verachtete alles, wo die Masse das große Wort führte, und bewunderte den individuellen Einsatz. Je näher sie uns kam, desto mehr zog sie sich von der sogenannten Gesellschaft zurück, um sich ihr nicht anpassen zu müssen. Sie liebte eine Welt des Dunkels, ihre neblige Insel Grand Manan in der Bucht von Fundy, auf der sie sich ein Sommerhaus hatte bauen lassen. Doch innerhalb ihrer vier Wände war es hell. Sie gab noch Parties und Geburtstagsfeiern, besuchte die Oper, verschickte Blumenarrangements und Orangenbäume, die bei Schneesturm eintrafen, und blieb ihren Büchern und den Spaziergängen im Central Park treu.

Gerade weil sie ihr nicht in die Wiege gelegt worden waren, liebte sie die vielschichtige europäische Kunst und Kultur und am allermeisten die Musik. Doch ihre Verehrung stürzte sie nicht in jene Minderwertigkeitskomplexe, wie manche Amerikaner sie bei der Begegnung mit Europa empfinden. Schon Anfang 1936, vor der Rückkehr nach Kalifornien, muß ich hinsichtlich meiner Zukunft gewisse Zweifel geäußert haben, denn sie antwortete mir in Wendungen, die, es muß gesagt werden, heute sicherlich überholt sind:

»Ja, mein lieber Junge, das ist wirklich ein Problem, aber eines, dem sich jeder amerikanische Künstler gegenübersieht. Wenn wir immer nur im Lande bleiben, bringen wir uns um die anregende Gesellschaft kultivierter Köpfe. Hierzulande hat man keine Geschmacksmaßstäbe, und auf Kunst reagiert man nur emotional. Ordnen wir uns aber Europa zu sehr unter, verlieren wir das Heimatgefühl, das so wesentlich ist, verlieren sogar einen Teil unserer Identität. Ich kenne ein paar recht begabte junge Schriftsteller, die mit Anfang zwanzig unbedingt Franzosen werden wollten. Sie zogen nach Europa, und es ist nie etwas aus ihnen geworden. Echte Franzosen konnten sie nicht werden, verstehst du, also blieben sie unbewußt immer Hochstapler. Was einem die eigene Erde, der Himmel, der Dialekt auf der Straße vermitteln, ist mit das beste Kapital, von dem ein Schriftsteller zehren kann. Ein Musiker ist darin viel freier. Dein Beruf ist seiner Natur nach ein einziges Kofferpacken und Reisen. Du, mein lieber Yehudi, wirst beides tun, wirst zwei Leben leben müssen. In den Ferien aber solltest du – wenn möglich – in deinem Heimatland leben, meine ich.«

Ihre Freundin und Biographin Elizabeth Shepley Sergeant schreibt: »Sie hat gewissermaßen die Geschichte der Menuhins geschrieben, als habe sie endlich eine Familie nach ihrem Sinn gefunden, die so ganz anders war als die ihres geliebten Vaters mit seiner Pioniertradition. In diesem geistreichen jüdischen Milieu waren Gelehrsamkeit und Kunst das Wichtigste, alles andere kam erst in zweiter Linie.«

Harsanyi sagt in seinem Buch »Das Lied der Lerche«: »Jeder Künstler bringt sich selbst noch einmal zur Welt.« So betrachtet, entsprangen Willa Cathers schöpferisches Schreiben und ihr Aufgehen in unserer Familie dem gleichen Impuls. Wir fanden in ihr unsere amerikanische Autorin und lieferten ihr dafür ihren europäischen Romanstoff.

Wenn es so war, revanchierte sie sich aufs Großzügigste, weckte unser Interesse an europäischer Literatur, beschenkte uns mit den deutschen Dichtern, lehrte uns die Stücke Shakespeares kennen. In einem kleinen, gemütlichen Raum mit rundem Tisch in unserer Wohnung, der keinem und allen gehörte, lasen Tante Willa, Hephzibah, Yaltah und ich und oft auch Tante Willas Gefährtin Edith Lewis am runden Tisch die Shakespeare-Dramen mit verteilten Rollen, wobei jeder mehrere übernehmen mußte. Tante Willa erläuterte uns die Sprache der einzelnen Szenen so lebhaft, daß ihre Begeisterung uns alle ansteckte. Sie suchte in Antiquariaten nach weiteren Exemplaren der Dramen. Ursprünglich war der Lesezirkel ohne mich gegründet worden, weil ich so oft auf Tournee war. War ich aber zu Hause, so bat ich, mitmachen zu dürfen. Tante Willas Lieblingsautor war Flaubert, dem ihr eigener Stil an Eleganz und Knappheit glich. Sie schliff ihre Prosa zurecht, bis sie glänzte wie ein Juwel.

Indem sie Amerika vertrat und uns die geistigen Werte Europas darbot, verkörperte Tante Willa jene Einheit in der Verschiedenheit, die meinem ganzen Leben zugrundeliegt. Ich hatte mittlerweile viele andere Amerikaner außer mir kennengelernt, aber nur von weitem. Die wahren Entdeckungen standen mir noch bevor. Als es so weit war, machte ich sie als Europäer wie als Amerikaner. Längst ehe wir Europa zum ersten Mal betraten, war es uns ein Begriff gewesen: Es hatte die Eltern hervorgebracht; die Bücher, die wir lasen; die Musik, die wir spielten. Sprachstudien und Reisen verstärkten diese Neigung, schlossen aber Amerika nie aus, ergänzten es vielmehr durch einen großen Kreis zusätzlicher Bindungen. Das zweimal jährliche Überqueren des Ozeans in meiner Jugend hat mein Leben nicht entzweigerissen, vielmehr mein zweifaches Erbe zu einem fugenlosen Ganzen verwoben.

7. Zwischenspiel im Paradies

Kalifornien – die schönste Gegend der Welt · Die »Tscherkessenvilla« · Interpretationsfragen und Werkanalyse · Beethovens Violinkonzert · Der Kreisler-Ton gelingt · Ein Urlaubsjahr für die ganze Familie (1936/37)

Mein amerikanisches Heimatgefühl wurzelt in meiner Liebe zu Kalifornien. Mir tut jeder von Herzen leid, den das Schicksal an einem anderen Ort oder zu einer anderen Zeit aufwachsen ließ. Wie soll er je erfahren, was Schönheit ist? Mir fehlen die Worte, um zu schildern, was ihm entgeht. Hoffentlich glaubt er mir wenigstens, daß das Kalifornien der siebziger Jahre nur mehr eine dürftige, ausgepowerte Ruine meines einstigen Kindheitsparadieses ist. Aber daß der Vernichtungsprozeß schon eingesetzt hatte, weiß ich nur zu gut. Als wir noch auf unseren Familienausflügen in den Yosemite Park unseren Wagen holperige, steile Bergwege hinaufquälten und er oben wie ein Lastesel Zeit zum Abkühlen und Wassertrinken brauchte, war es beängstigend schön, daß sich der Mensch dort etwas Machtvollerem und Älterem gegenübersah, als er selber war. Schon ein paar Jahre später befand die Natur sich auf dem Rückzug.

Die Ehrmans hatten uns in ihr Landhaus am Lake Tahoe eingeladen, einem weitläufigen schönen Holzbau mit vielen Giebeln nach mitteleuropäischer Mode, den sie von einem Vorfahren geerbt hatten. Zu dem Besitz gehörten fünf Kilometer Ufer, und dahinter ging es weitere zehn Kilometer in Wald und Berg hinein. Bloßer Grundbesitz wurde im 19. Jahrhundert so wenig geschätzt, daß man im Westen wahre Fürstentümer durch *Federal Grant* erwerben konnte, einstiger Indianerbesitz natürlich.) Um zu diesem schönen Haus zu gelangen, brauchte man nicht mehr die Wagenfederung auf primitiven Saumpfaden zu strapazieren, man brauste mit neunzig Stundenkilometern bis vor die Tür. An unserem Ankunftsabend durfte ich mit den Großen essen und bedauerte bei Tisch die allzu glatte Fahrt. »Ich wollte, die neue Straße wäre nicht gebaut worden«, sagte ich und wunderte mich über das eisige Schweigen, das folgte. Ich hatte Amerikas heiligste Güter angetastet. Ein Wunder, daß man mich nicht an die Wand stellte und erschoß! Meine mangelnde Begeisterung für die neue Zufahrt stellte den gesamten amerikanischen *way of life* in Frage, wonach zweibahnig besser ist

als einbahnig, dreibahnig noch besser und jede gut gepflasterte Straße schneller ins Glück führt.
Ich muß etwa neun gewesen sein, als ich diesen Fauxpas beging. In diesem Alter wußte ich noch nichts von Landschaftsschutz, Umweltverschmutzung und Bevölkerungsdruck auf die Grundstoffe, und doch besteht ein direkter Zusammenhang zwischen meinem damaligen Bedauern und den Fragen, für die ich mich heute einsetze. Wie ich schon sagte, ist das Grundmuster meines Lebens, Glaubens, Fühlens und Handelns ganz schlicht und hat sich seit meiner Kindheit ohne Umwege weiterentwickelt. Schon als Kind zerbrach ich mir den Kopf über jede Ernte: Durfte man denn der Erde so viel nehmen, ohne ihr, so weit ich sah, etwas zurückzugeben? Würde das nicht eines Tages mit einem Bankrott enden? (Erstaunlicherweise schienen weder meine Eltern noch sonst jemand diese Besorgnis zu teilen.) Daß dahinter mehr steckt als die Unkenntnis eines Stadtjungen in landwirtschaftlichen Dingen, braucht heute nicht mehr diskutiert zu werden. Weder in Amerika noch in sonst einem Land gibt man der Erde zurück, was man ihr raubt. Seit ein paar Jahrzehnten ist uns dieses Mißverhältnis plötzlich bewußt geworden. Jetzt wissen wir Amerikaner es beispielsweise zu schätzen, wie gut doch die Indianer ihr Erbe zu bewahren verstanden, ehe wir es in einem einzigen, kurzen Jahrhundert durch Raubbau zerstörten. Wälder und Grasland, Luft und Wasser wurden von den neu angekommenen Siedlern ausgebeutet, die hier ihre große Chance zur Erfüllung ihrer Träume sahen, aber keinerlei Verpflichtung gegenüber dem Land. Vielleicht sind die Vereinigten Staaten trotz ihrer derzeitigen Macht nur eine Episode in der Geschichte Amerikas. Wenn das Unvorstellbare geschieht und Städte, Autostraßen und das Lincoln Center in radioaktivem Schweigen versinken, werden vielleicht die Rothäute mit ihrem geheimen Überlebenstalent erneut hervortreten und ihr Land wieder in Besitz nehmen. Der Mammutbaum Kaliforniens wird mit seinen Wurzeln die Teerdecke der Straße zum Lake Tahoe zersprengen. Es bedarf hoffentlich keines so entsetzlichen Ereignisses.
Mit meiner Liebe zu Kalifornien stand ich nicht allein. Für meine ganze Familie lag das Paradies genau in den Bergen von Santa Cruz. Mein Vater empfand das womöglich noch stärker als ich. Wie alle Juden ersehnte er die Berührung mit der Erde, wollte einen Baum pflanzen und zusehen, wie er blühte und Früchte trug. Ein biblischer Drang, der in Palästina im Zionismus neu zutage trat und der bei Aba eines Tages im

Jahre 1934 in Kalifornien Wurzeln schlug. Wir waren auf der Tournee wieder einmal in Cathedral Oaks zu Gast, im Hause unserer jungen Freunde George Dennison und Frank Ingerson. »Die Jungens«, wie wir sie nannten, hatten sich als eine der ersten Neusiedler in den Bergen niedergelassen und den Grund von Farmern übernommen, die, von den Lichtern der Großstadt magisch angezogen, ihre Obstplantagen erst kürzlich verlassen hatten. Die vernachlässigten Bäume trugen noch köstliche Aprikosen und Kirschen, doch ringsum leerten sich die Häuser, und die Gegend verödete. Diesmal erzählten die Jungens, das Nachbargrundstück sei zu verkaufen.

Damit rückte Abas verschwiegener Wunschtraum in greifbare Nähe. Ein Stück Erde im Schweiß seines Angesichts bearbeiten, hier im Ferienparadies der Familie, als Nachbar von lieben Freunden, die Fachleute waren und ihm beim Hausbau gute Ratschläge geben konnten! Ein Haus bauen nach den Entwürfen meiner Mutter, die darin als Schloßherrin regieren würde, und es ihr zu Ehren Tscherkessenvilla taufen: ein herrlicher romantischer Plan. Aba kaufte das Grundstück. Es war etwa hundert Morgen groß. Zwischen dem Abschluß unserer Amerikatournee und dem Beginn der Weltreise nach Honolulu, Neuseeland, Australien und Südafrika blieben wir drei Wochen bei den Jungens, planten, redeten, träumten, dachten an nichts anderes als den Entwurf für unser Haus. Als Ziel unserer Reise ans andere Ende der Welt würde es uns erwarten: das erste eigene Heim seit der Steiner Street.

Doch ach, der Mann träumt von Palästen, Eroberungen, Ruhm und Musik. Aber für die Realitäten des Lebens, Nahrung, Kinder, vielleicht auch Häuser, bedarf es einer Frau. Der Gedanke an unsere Tscherkessenvilla in den fernen Bergen beflügelte uns während der ganzen Weltreise. Bezogen haben wir sie bei unserer Heimkehr jedoch nicht.

Die Weltreise war herrlich. Die deutlichste Erinnerung aber waren nicht Länder, Städte, Konzertsäle und Publikum, nicht die Entdekkung seltsamer neuer Erdteile unter neuem Himmel, sondern daß ich unterwegs zum ersten Mal ein Musikstück zu meiner Zufriedenheit analysieren konnte.

Da ich in einer Atmosphäre absoluter Wahrheitsliebe aufwuchs, in der Unklarheiten aus bloßer Vorliebe oder Abneigung nicht geduldet wurden, mußte eine Meinung sich auf unerschütterliche Gewißheit gründen. Ich habe auf dieses Dogma nicht immer in der gleichen Weise

reagiert. Manchmal meinte ich, ein Kompromiß sei besser als dialektische Spitzfindigkeit, manchmal schien mir Spontaneität das einzig Wahre. Doch das Bedürfnis, eigenen und fremden Instinkt an einem absoluteren Wertmaßstab zu messen, hat mich nie verlassen.
Schon vor Beginn der Weltreise 1935 quälte mich, daß ich nie erklären konnte, *warum* und *wie* ich gewisse Passagen so spielte, wie ich sie spielte. Meine Lehrer hatten mir das Repertoire erläutert, aber eigentlich mit ihren Kommentaren nur wie die Kulissenmaler Blindfenster auf eine geschlossene Wand gezeichnet. War der Augenblick da, so fand ich zwar den Zugang zu einem Violinkonzert, zu einer Sonate instinktiv und riß schon durch meine Inbrunst die Zuhörer mit. Doch die Vernunft stand neben mir und bestand hartnäckig darauf, die Überzeugungen anderer seien nur provisorische Arbeitshypothesen, ehe ich sie selber vor mir gerechtfertigt hätte. Das versuchte ich während einer zweiwöchigen Pause auf unserer Weltreise.
Wir überquerten von Australien nach Südafrika den Indischen Ozean an Bord der »Nestor«, einem gemütlichen, altmodischen Schiff, einem der letzten mit Kohlefeuerung, glaube ich.
Unsere Kabinen gingen nicht auf das ruhelos wogende Meer, sondern auf das Promenadendeck hinaus, so daß man durchs Bullauge die auf und ab gehenden Passagiere beobachten konnte. Zwischen diesen Ausblicken und dem Üben setzte ich mich an eine Komposition, fest entschlossen, sie zu begreifen und möglichst die Art und Weise zu rechtfertigen, wie ich sie bisher gespielt hatte. Bezeichnenderweise war es eine Sonate für Geige und Klavierbegleitung, also ein Werk, das ich mit Hephzibah teilte. Der große französische Pianist Alfred Cortot, den ich während der Jahre in Ville d'Avray aufsuchte, hatte sie mir gegeben. Cortot besaß in seiner Wohnung in der Avenue de Villiers eine beachtliche Musikaliensammlung. Man erreichte sie über eine schmale Eisentreppe, ein Symbol für die einsamen, kargen Freuden des Gelehrtendaseins. In den Regalen standen echte Schätze, darunter diese Sonate von Guillaume Lekeu, einem Belgier, einer tragischen Gestalt der französischen Kultur. Der vielversprechende junge Mann war früh gestorben, seine Sonate, ein romantisches Werk, hatte zu den Lieblingsstücken Eugène Ysayes gehört, und auf Cortots Empfehlung übernahm ich es in mein Repertoire. Hephzibah und ich machten eine Plattenaufnahme davon.
Wir spielten die Sonate rein intuitiv. Ich weiß noch, daß wir einander auf dieser Tournee schon einmal gratuliert hatten, als wir in Welling-

ton, Neuseeland, eine andere Sonate als den Lekeu übten und unser Spiel etwas »Amerikanisches« hatte. Damit meine ich ein Selbstvertrauen, eine Brillanz und Sicherheit, die nach meiner Erfahrung gerade das amerikanische Publikum besonders schätzte. Aus Gründen, die mir selbst nicht klar wurden, genügte es mit einem Mal nicht mehr, nur briliant und selbstsicher zu spielen. Es genügte auch nicht mehr, aus einer musikalischen Grundanalyse Schlüsse zu ziehen, zu konstatieren, hier sei eine Exposition, eine Reprise und Coda und hier eine Reihe von Dur- oder Moll-Modulationen. Diese Informationen sagten nicht mehr aus als eine Aufzählung, nach der ein Mensch zwei Arme, zwei Beine, dunkles Haar, braune Augen habe und soundsoviel wiege. Der Mensch selbst entzieht sich nämlich all diesen Begriffen. Und wie der Biochemiker feststellt, daß jede menschliche Zelle von dem Körper geprägt wird, zu dem sie gehört, mußte ich nun feststellen, warum gerade diese Noten zu dieser Sonate gehörten und keine anderen. Es war wesentlich, das selbst zu tun. Schließlich kennt man jemand nicht, von dem man nur gehört hat.

Ich blieb Lekeus Inspiration von der ersten bis zur letzten Note auf der Spur. Jede ließ sich durch die vorangegangenen erklären. Phrasierung, Tempo und Volumen, das Abwiegen der einzelnen Elemente gegeneinander würde künftig (so hoffte ich) auf Gewißheit gründen können.

Das Resultat meiner Anstrengungen war so ermutigend, daß ich mein gesamtes Repertoire auf diese Weise vornahm. Auf die Sonate von Lekeu folgten andere, häufiger gespielte Musikstücke. Und auch an ihnen konnte ich nun verstandesmäßig erfassen, warum diese Noten den musikalischen Impuls bis zum Schluß des Stückes trugen. Das Analysieren wurde mir zur Notwendigkeit, ich habe es bis heute beibehalten. Jedem neuen Werk versuche ich so auf den Grund zu kommen und liefere mir nachträglich die Argumente dafür, daß ich meinem Instinkt gefolgt bin. Das ändert nichts daran, daß es mich besonders freut, wenn sich subtile Details, nach denen ich stundenlang gesucht habe, wie von selbst und ohne Überlegung einstellen.

Um ein deutliches Bild zu geben, wie ich bei der Analyse vorgehe, brauche ich nur die ersten Solotakte des Beethoven-Konzerts zu nehmen – des Werks, das ich nach dem Lekeu in Angriff nahm. Die Erkenntnis war sehr hilfreich: Das Beethoven-Konzert war in meiner Jugend nicht nur der Inbegriff der ernsten Musik, sondern ich habe es danach wohl öfter – an den verschiedensten Orten und mit den verschiedensten Orchestern – gespielt als irgend jemand anderer. Ich glaube nicht, daß ich einen anderen Weltrekord innehabe, aber fünfzig Jahre Interpretation des Beethovenschen Violinkonzerts stellen, so möchte ich sagen, doch eine Art Rekord dar. Das ist übrigens ein Umstand, der nicht unbedingt beneidenswert ist und den Inhaber der Gefahr mechanischer Repetition aussetzt. Aber ich glaube, daß meine Bemühungen, das Werk als einen einzigen Organismus zu begreifen, mich gegen diese Gefahr gefeit haben.

Der Solopart beginnt folgendermaßen:

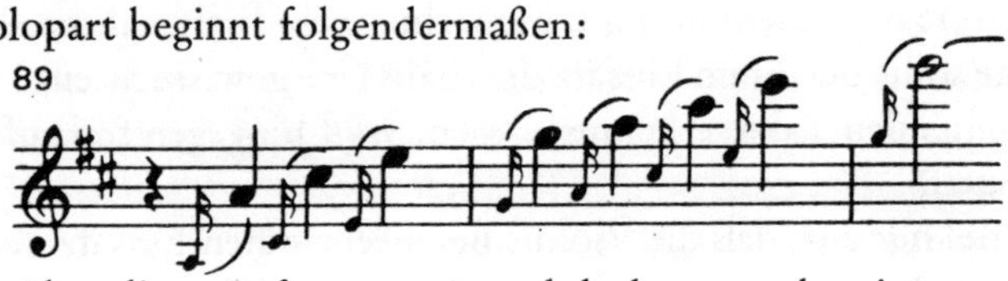

Als ich über diese Anfangsnoten nachdachte, wurde mir zum erstenmal klar, daß sie – als Gruppe gesehen – die genaue Umkehrung der beiden vorangegangenen Takte darstellen:

Plötzlich begriff ich, daß die Geige die beiden vorhergehenden Gruppen von je vier absteigenden Tönen mit zwei Gruppen von je vier aufsteigenden Tönen beantwortet. Hier spielt die Violine zum erstenmal einen aufsteigenden gebrochenen Akkord über zwei Oktaven; eine absteigende Entsprechung über zwei Oktaven gab es ganz zu Anfang des Satzes, bevor das erste Fortissimo des Tutti einsetzt:

Wieder in Gruppen von zwei Takten von jeweils vier Tönen. Das daran anschließende Fortissimo umspannt den Tonraum einer Oktave, ist jedoch nur einen Takt lang:

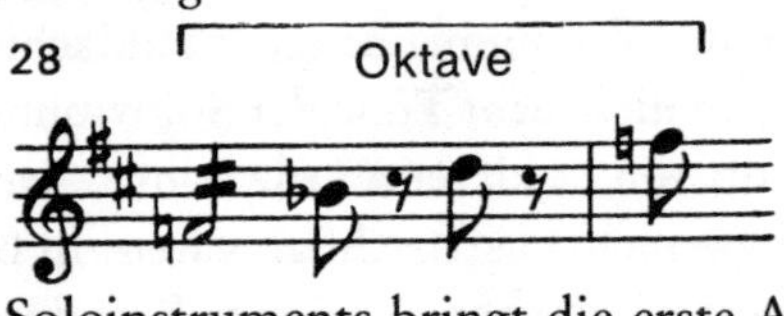

Der Eintritt des Soloinstruments bringt die erste Anwendung dieses aufsteigenden Oktavschritts über zwei Takte hinweg.

Dann begriff ich bereits, daß dieser Anfang weit mehr als ein bloßes Arpeggio, vielmehr den integralen Teil des Ganzen darstellt. Von ähnlicher Wichtigkeit ist das rhythmische Element. Im Gegensatz zu den ersten vier Tönen des gesamten Satzes (mit denen die Pauke das Grundtempo festlegt) sind die ersten Takte des Soloinstruments von gleichsam melodischer Figuration – nicht *rein* melodisch (da die Töne keine unabhängige, einzigartige, unverwechselbare Beziehung zueinander besitzen) noch andererseits ausschließlich rhythmisch wie die Paukentöne im Einleitungstakt, immerhin melodischer als sie. Die Solovioline sollte bei ihrem Einsatz durchaus eine gewisse Strenge wie die der einleitenden Takte erkennen lassen, *muß* hingegen frei aufsteigen und singen.

Ferner fiel mir auf, daß die Violine bei ihrem ersten Einsatz den Tonraum von a bis g umspannt, was zum Beispiel in den ersten Takten des Satzes ebenfalls von struktureller Bedeutung scheint:

Dieser Gang von a nach g wird durch melodische Fortschreitung, nicht aber durch Bewegung gebrochener Akkorde erreicht. Als ob die Geige demonstrieren wollte, wie sich ihre Figuration herleitet, fährt sie folgendermaßen fort:

Was direkt der einleitenden Melodie entspricht und die ersten vier, oben zitierten, Töne fortsetzt:

Je mehr ich über die Zusammenhänge nachdachte, desto größere Wichtigkeit erlangten diese acht Töne der Solovioline. Je weiter ich in diese Frage eindrang, um so klarer wurde es mir, daß diese Töne ganz bewußt, ganz und gar nicht austauschbar waren. In Beethovens Musik herrscht, ganz allgemein gesehen, eine enge Beziehung zwischen Skalen und gebrochenen Akkorden. Im langsamen Satz seines Violinkonzerts verzichtet er auf die verbindenden Töne und läßt den gebrochenen Akkord rein und einfach:

Das besaß im ersten Satz folgende Gestalt:

Was im Grunde dieselbe Figur ist, nur als Arpeggio ausgearbeitet. Eine Beziehung zu entdecken und das Wissen darüber richtig anzuwenden, sind zweierlei Dinge. Ich hatte bereits den Tonraum a bis g mir klargemacht, wobei die aufsteigende Linie so viele Oktaven beanspruchen mußte wie diejenigen, die zuvor abgestiegen war. Beethoven hat in Form der Vorschlagtöne noch eine dritte Oktave hinzugefügt:

Der Vorschlag vermittelt den Impuls, ein federndes Vorwegnehmen. Dabei erscheint diese Oktave als etwas völlig Organisches innerhalb des Stücks, wo sie zuerst folgendermaßen auftrat:

um dann:

sodann, wie wir bereits gesehen haben:

Die Geige beginnt also mit einer Oktavspannung, die in der Soloviolinе schließlich folgendermaßen auftritt:

und damit eine Wiederkehr zur vorausgegangenen Oktave auf der Dominante darstellt.
Aus dieser Erkenntnis konnte ich drei Stadien der Interpretation ableiten: die Übertreibung, die Reduzierung und die Assimilierung aller möglichen Abweichungen von der Norm. Im Idealfall würde man eine Passage ganz gleichmäßig spielen und gerade soviel Unregelmäßigkeit zulassen, daß ein Element der Lebendigkeit spürbar bleibt; sich auf das beschränken, was man vielleicht *la part de Dieu*, den Teil Gottes, nennen kann – jene Nuance, von der jede Aufführung fast unbewußt bestimmt ist. Wenn sie nicht die innere Struktur verzerrt und nicht ihre Beziehung zu den Tönen verliert, ist jede Interpretation möglich.
Zum Beispiel: Da ich weiß, daß in dem ersten Takt des Solos das cis und das e nicht so hervortreten sollen wie das a und das g, werde ich über die beiden ersteren eher hinweggehen. Indem ich das a halte, rasch über das cis und e meine Betonung auf das folgende g lege (mit anderen Worten, die beiden mittleren Töne nicht so laut spiele und den Effekt eines Crescendos auf das letzte g anstrebe) und indem ich gleichzeitig diese Abweichungen gegenüber dem Grundmetrum genau abwäge, vermag ich einen dynamischen Eindruck zu vermitteln: Die aufsteigende Skala klingt nicht so schlicht und solide, daß die Erwartung gedämpft würde, noch darf sie so flüchtig klingen, daß sie die Solidität verliert, die ihr durch die ersten vier Paukentakte aufgezwungen ist – mit einem Wort: eine aufsteigende Skala, deren »Gleichmäßigkeit« aus der Vereinigung widerstreitender Kräfte resultiert.

Das Gefühl, vom Zufall abhängig zu sein, schwand, weil ich persönlich entdeckte, was an sich auf der Hand lag. Durch das Erkennen der Gesamtform in ihrem kleinsten Bestandteil sah ich auch mich selbst wie in einem Spiegel. Ich tat den ersten bewußten Schritt zum Erwachsenendasein, zu Analyse und Synthese, zur Überzeugung und Einsicht. Vor Jahren hielten die Fotografen der Lower East Side von New York, deren Kundschaft hauptsächlich aus eingewanderten Juden bestand, auch für nicht kurzsichtige Jungen eine Brille aus Fensterglas bereit, unerläßliches Requisit für das »Konfirmationsbild«. Für Arier waren Körperkräfte und athletischer Bau gleichbedeutend mit Männlichkeit, Intellektuelle hielt man für schwächlich. Den Juden war Wissen der Beweis für Erwachsensein, daher durfte die »Intelligenzbrille« nicht fehlen. Meine Parforcekunststücke des Instinkts, der Beifall des Publikums, ja sogar die Phantasievorstellung, mütterlicherseits von einer Heldengestalt abzustammen – nichts von alledem war mir je eine derartige Bestätigung meiner selbst gewesen wie der kleine Triumph des Verstandes, das selbständige Erfassen eines musikalischen Bauprinzips. Zwar mußte ich die menschliche Entsprechung dazu erst finden: die Form meines eigenen Lebens, die Bedeutung der Ereignisse, die Gründe des Herzens, die meine Beziehung zu einigen Menschen ebenso schicksalhaft unausweichlich machten wie die Beziehungen der Noten zueinander. Doch nachdem ich den tieferen Sinn in der Musik gefunden hatte, fand ich ihn auch in mir. Ich hielt mich nicht länger für einen Spielball der Natur. In den nun beginnenden schwierigen Jahren, in denen mein Leben seinen wunderbaren Zusammenhang verlor, ja sogar meine Geige mir unbegreiflich wurde, stützte mich meine Überzeugung, Rätsel lösen zu können.

Im Frühling 1936 fuhren wir, ehe wir uns in unser Refugium am Pazifik zurückzogen, noch einmal kurz nach Paris, um uns von Europa und Enesco zu verabschieden. (Dort fanden eben die letzten Proben vor der Pariser Premiere seiner Oper *Oedipe* statt.) Ich hatte noch ein, zwei Violinabende zu geben, machte mit Hephzibah und Eisenberg eine Plattenaufnahme des Tschaikowsky-Trios und war auch endlich bereit, einige Stücke von Kreisler aufnehmen zu lassen. Als Romantiker wünschte ich mir seit langem, den Damen zarte, ritterliche Gefühle darzubringen wie er, insbesondere *Schön-Rosmarin* so unwiderstehlich schmelzend zu spielen wie Kreisler, hatte mich aber bisher noch nicht darangewagt. Nun sollten fünfzehn Jahre der Mühe, die

Kreislersche Nuance zu treffen, endlich belohnt werden. Ich kaufte mir eine Platte, auf der Kreisler *Schön-Rosmarin* spielte, schloß mich damit in mein Zimmer im Hotel Majestic ein, legte sie wieder und wieder auf und spielte sie nach. Nach einer vollen Woche wußte ich: jetzt kann ich es. Neulich habe ich mir diese 1936 entstandene Platte wieder angehört und finde mein damaliges Selbstbewußtsein durchaus gerechtfertigt: sie klingt wirklich wie Kreisler.

Nachdem dieser Ehrgeiz endlich befriedigt war, hätte die übrige Pariser Zeit das reine Vergnügen sein können, doch in der Ferne lockte Kalifornien, insbesondere meinen Vater. Seit 1927 war Aba eigentlich nur noch widerstrebend in Europa gewesen. Und seit das kalifornische Grundstück, Ersatz für die aufgegebene Steiner Street, auf ihn wartete, wurde er ungeduldig. Ganz selten einmal machte er seinen Gefühlen Luft, in dem er den Arc de Triomphe *sotto voce* einen Grabstein schalt, doch auch das erleichterte ihn nicht sehr. Nicht nur die Sehnsucht nach Kalifornien trieb ihn fort, er witterte den Zusammenbruch Europas und wollte uns in Sicherheit bringen. Der dritte Grund für sein Drängen war die Vorfreude auf ein Jahr ohne Reisen, Hotels, Konzerte, Plattenaufnahmen, Engagements jeder Art. 1936 sollte ein Jahr der Muße, des Genießens, des Verweilens werden. Wir wußten damals noch nicht, daß es zugleich der Abschluß unserer gemeinsamen Lebensgeschichte sein würde. Als wir Ende 1937 wieder an die Öffentlichkeit traten, war ich 21, weitere zwölf Monate später waren Hephzibah, Yaltah und ich verheiratet, fast alle gleichzeitig, und meine Eltern ihres bisherigen Lebensinhalts beraubt. Das Urlaubsjahr am Lieblingsort der Familie wurde zur letzten Familienfeier. Aba nannte es später »Mutters Jahr«.

Es begann katastrophal. Ein paar Monate zuvor, während der Tournee, hatten wir den Grundriß des Architekten für die Tscherkessenvilla und einen Kostenvoranschlag bekommen. Bei der Aussicht, 60 000 Dollar des Familienvermögens für einen ganz persönlichen Wunsch auszugeben, verlor Aba die Courage. Er ließ die Bauarbeiten einstellen. Seinen Traum gab er deshalb nicht auf – Träume sterben nicht. Er brachte uns mit einigem Herzklopfen »nach Hause«. Dieses Zuhause erwies sich als enge, heiße, staubige, windige Hütte, als Dependance für Gäste gedacht. Ohne jeden Charme, ja ohne auch nur Platz genug für uns alle stand sie auf einem von Baggern zerwühlten, nackten Stück Erde an der Straße. Ohne Garten, ohne Bäume und Blumen. Die nächste Einkaufsmöglichkeit war meilenweit entfernt. Aba brach dieser

Anblick fast das Herz. Er pflegte täglich hinzugehen und auf dem Bauplatz buchstäblich Tränen zu vergießen.
Mammina rettete wieder einmal die Situation. Ohne Zeit zu verlieren, brachte sie uns in einem Hotel in Los Gatos unter und machte sich auf die Suche nach geeigneten Objekten. Nach kaum vier Tagen hatte sie das richtige. Es lag auf einem Hügel oberhalb der Stadt, ein entzückendes, geräumiges Einfamilienhaus inmitten von Blumenbeeten und Rasenflächen neben einer alten Eiche. Ein Nebengebäude enthielt einen großen Raum mit Podium, in dem wir Theaterstücke aufführen konnten. Von der Terrasse hatte man einen weiten Blick über das ganze Tal von Santa Clara auf die ferne Bucht von San Francisco. Hinter uns am Berg lagen die Obstgärten des Noviziats vom Allerheiligsten Herzen. Wir waren kaum dessen Nachbarn geworden, da hieß uns der Rektor, Pater Dunn, auch schon willkommen und lud uns ein, die Tennisplätze und Kletterpfade des Noviziats zu benutzen, wann immer wir Lust hätten. Ein Noviziat, das paßte mal wieder ausgezeichnet, waren wir doch durch Mamminas kaukasischen Traum alle seit langem »Novizen«. So faßten wir doch noch Fuß im Paradies.
Nach dem mißglückten Start entwickelte sich unser Urlaubsjahr dann so sorglos und glücklich, wie man es sich nur wünschen konnte. Ich hatte meinen ersten eigenen Wagen. Ich glaube, kein Mensch hat je seinen Wagen so genossen wie ich. Ich kaufte ihn mir in New York, einen gebrauchten offenen Cadillac V 12, und ließ ihn an den Oakland Pier verfrachten. Als ich ihn dort abholte, platzten prompt drei Reifen. Vermutlich hatte er zu lange im Lagerhaus gestanden. Ich ließ mir dafür wunderschöne Weißwandreifen montieren (bei Autos war ich für Eleganz) und fuhr im Triumph nach Los Gatos. Mein Wagen verschaffte mir größere Bewegungsfreiheit. Damals fuhr man noch zum Vergnügen, die Straßen waren leer, und man konnte stundenlang in der Landschaft herumkutschieren, ohne einer Menschenseele zu begegnen. Ich fuhr nach Monterey ans Meer, zum Observatorium auf den Mount Hamilton oder einfach nur hinauf in die Berge, wobei ich mir immer die unbefahrensten, romantischsten Sträßchen aussuchte. Wenige Autofahrer sind so viel im Rückwärtsgang in Einbahnstraßen oder über unpassierbare Knüppelpfade gefahren wie ich in meinem Cadillac. Einmal lud ich sogar meine Mutter nach San Francisco in die Oper ein, ganz vornehm, mit besten Plätzen, Hotelzimmer zum Übernachten, Abendkleid – und mußte dann durch so dichten Nebel heimfahren, daß wir nicht mehr wußten, wo überhaupt die Straße war.

»Mutters Jahr« war eigentlich das Jahr meiner Schwestern und meines, wie alles, was die Eltern planten. Es war eine herrliche Zeit der Freiheit. Wir tobten uns aus, machten Ausflüge mit unseren jungen Freunden, die zu Besuch kamen. Darunter war Daniel Fleg, den meine Mutter auf unseren Wunsch eingeladen hatte. Verzichten mochten wir nie auf etwas, und jetzt im schönen Kalifornien wollten wir ein Stückchen unseres lieben Frankreichs bei uns haben. Daniel war ein gescheiter, melancholischer Junge mit einem Gelehrtengesicht, ein Sucher und Träumer, dessen Streben weit über seine Kräfte ging. Er kam in sehr erholungsbedürftigem Zustand an, Mammina pflegte ihn hingebungsvoll und fütterte ihm einige Kilo an, doch sein Herz war drüben geblieben, in der alten Welt. Als der spanische Bürgerkrieg ausbrach, mußten wir alle ihn davon zurückhalten, sich freiwillig zu den Republikanern zu melden. Aber als dann sein eigenes Vaterland 1939 in den Krieg eintrat , hätten ihn keine zehn Pferde zurückgehalten. Auf Grund seines Gesundheitszustandes nahm man ihn bei den Fliegern nicht, und er war darüber so verzweifelt, fühlte sich so »nutzlos«, daß er Selbstmord beging. Sein Bruder Maurice fiel in den ersten Kriegstagen. Ein Teil von Daniels »Kur« in Los Gatos bestand aus körperlicher Arbeit im Freien. Er half uns einen Swimmingpool bauen, karrte Zement für die Arbeiter, und meine Schwestern und ich halfen ihm oft dabei. Er war ein guter Kamerad, begriff rasch, konnte sich auf englisch so gut wie auf französisch ausdrücken und tat bei all unseren Unternehmungen gerne mit. Zu Yaltahs fünfzehntem Geburtstag maskierten wir uns: Aba als Kuli, der Pianist Beveridge Webster, Hephzibahs besonderer Freund, als Indianer, ich als Beduine, Daniel als rumänischer Zigeuner. Es war nicht das einzige fröhliche Fest: den Hochzeitstag der Eltern feierten wir mit einer Aufführung des dritten Akts von »Cyrano de Bergerac« mit mir als Cyrano, Hephzibah als Roxane und Yaltah als de Guiche und später als Mönch. Ein sehr eleganter Herr aus San Francisco, ein Mr. Keath, brachte uns zu den Klängen von *La Cumparsita* den Tango bei.

Am meisten freute mich der Besuch von Rosalie Leventritt aus New York. Sie war ein außergewöhnlich vitales, intelligentes und hübsches Mädchen mit wundervoll archaisch-jüdischem Gesicht, zarten, beweglichen Zügen, tiefen, lebenssprühenden Augen und der markanten Nase ihres Vaters. Sie hatte nur eine Schwäche: eine unüberwindliche Abneigung gegen Katzen, das war ein bißchen lästig. Da wir nun Monate lang am gleichen Ort blieben, hatten wir uns eine ganze Menagerie zugelegt, darunter ein paar Straßenköter, Gemila und Pascha, den Deutschen Schäferhund Alupka und die Ziege Feodosia, ganz zu schweigen von der Wildente, die sich auf unserem Swimmingpool niederließ, aber wieder davonmachte, ehe sie wie alle Menuhin-Kinder und Menuhin-Tiere einen symbolischen Namen bekommen hatte. (Alupka und Feodosia sind Städte auf der Krim, letztere ein Mittelpunkt der karaitischen Kultur.) Rosalie hat später eine bedeutende Rolle im amerikanischen Musikleben gespielt. Sie half bei der Organisation von Konzerten, die junge Menschen für Schüler veranstalteten und ihnen dabei Kompositionen und Instrumente erklärten. Damals in Gatos ahnte ich nicht, wodurch sie sich auszeichnen würde. Meine tiefe Zuneigung zu ihr bedurfte ohnehin keiner Beweise ihrer Tüchtigkeit.

Als Rosalie abgereist war, schrieb ich an meine liebste Vertraute, Tante Willa Cather, und klagte ihr, wie traurig ich sei. Mit einer Mischung aus Mitgefühl, Aufmunterung und Humor, die jeder Tante Ehre gemacht hätte, erwiderte sie: »Ein bißchen Herzweh im Urlaub ist sehr nützlich für einen jungen Mann.« Bei dieser Gelegenheit gab sie mir einen durchaus ernstgemeinten Rat für die künftige Wahl einer Lebensgefährtin, der sich heute geradezu prophetisch liest:

»Ich glaube, was du bei einer Frau am nötigsten brauchst, ist absolute Ehrlichkeit. Damit meine ich die Gewißheit, daß zwei mal zwei vier ist und daß weder Seufzen noch Träumen fünf daraus machen kann. Außerdem sollte sie wissen, daß wirkliche Liebe kein Bewundern ist, vielmehr der Drang, dem anderen hilfreich beizustehen, ihm das Leben zu erleichtern. Wenn dieser ›andere‹ ein Mann ist, der eine Karriere vor sich hat, wird sie nicht nur Charme haben müssen, sondern auch noch gesunden Menschenverstand und Durchhaltevermögen... Doch ich bezweifle, daß du überhaupt eine Amerikanerin heiraten wirst. Ich glaube, du brauchst ein Mädchen, das von Natur disziplinierter ist als unsere hiesigen jungen Damen...

Mein lieber Junge, dir hat Fortuna immer gelächelt. Mir schwant, daß ihr allerkostbarstes Geschenk einmal ein Mädchen sein wird, das zart, heldenhaft, zierlich und unbeugsam ist. (Es klingt wirklich, als wollte ich deine Mutter Marutha schildern, nicht wahr?) Aber es liegt ohnehin nahe, daß du einmal jemanden heiratest, der im Typ deiner Mutter gleicht.«

Wir machten kräftigen Gebrauch von der Einladung Pater Dunns und erforschten, wenn es nicht zu heiß war, jeden Winkel des Berges, genossen die herrliche Aussicht und kehrten nachts, wenn es rings balsamisch nach Pflanzen und Grün duftete, nochmals dorthin zurück. Dann war es am schönsten: manchmal schienen der Mond oder helle Sterne. Ich hätte auch im Stockfinstern meinen Weg gefunden, so genau lernte ich die Gerüche am Kletterpfad kennen: Lorbeerbusch und Manzanita, feuchter Dunst einer verborgenen Quelle, an der meist ein Altar für die Jungfrau Maria stand, hinaus in die trockenere Luft des offenen Weinbergs, um ein paar bei der Ernte vergessene Trauben zu pflücken. Sie waren schon ein bißchen schrumpelig, wie Rosinen, aber zuckersüß, und suchte man die richtigen aus, hatten sie sogar noch Saft. Droben auf dem Gipfel standen fünf riesige, raschelnde Eukalyptusbäume. Unter sich ahnte man im schwachen Nachtlicht die hügelige Ebene. Wir gingen nach Hause wie berauscht, um uns dort zu den ausgefallensten Tageszeiten Pfannkuchen zu backen. Drei Monate lang rührte ich die Geige nicht an. Dann nahm ich sie mit neuer Liebe auf und setzte mich mit den Freunden Nathan Firestone und John Paterson zur Kammermusik zusammen. Wir kümmerten uns nicht um morgen, es war eine fröhliche, vergnügte, goldene Zeit. Sie endete mit einem Konzertabend in San Francisco im Oktober 1937.

8. *Krieg und Frieden*

Heirat mit Nola Nicholas · Geburt von Zamira und Krov · Ein halbes Jahr Australien · Konzertreisen contra Familienverpflichtungen · Neue Begleiter: Hendrick Endt und Adolf Baller · Sommerliche Kammermusik · Nach dem Kriegseintritt der USA: Konzerte zur Truppenbetreuung, von den Aleuten bis Südamerika · Unfreiwilliger Beitritt zur Musikergewerkschaft · Die Ehe mit Nola ist gescheitert · 1943: Begegnung mit Béla Bartók

Auf den ersten Blick hatte sich in meinem Leben, bis auf die neue Heimatadresse Los Gatos, wenig geändert. Die Tourneen im Winter, die Urlaube im Sommer – alles ging weiter. Der Europabesuch im Jahre 1938, in dessen Verlauf ich meinen zweiundzwanzigsten Geburtstag feiern sollte, war wie immer ein Familienunternehmen. Ungeachtet des äußeren Anscheins aber hatte ich die unsichtbare Trennungslinie zwischen Kind und Mann überschritten. Ich hatte keinen »Mentor« und keinen regelmäßigen Unterricht mehr. Ich war bereit, mich zu verlieben. Und das tat ich nun auch.
Eines Tages im März, nach einem Nachmittagskonzert in der Royal Albert Hall in London, stellte mir der Dirigent des Melbourne Symphony Orchestra, Sir Bernhard Heinze, ein sehr attraktives Geschwisterpaar als »meine Freunde Nola und Lindsay Nicholas« vor. Es waren strahlend gesunde junge Leute, die aussahen, als wären sie meist im Freien. Ich hätte sie schon drei Jahre zuvor in Melbourne kennenlernen können, sie waren nämlich Australier und hatten dort jedes meiner Konzerte besucht. (Lindsay war ein Musikliebhaber von einigem Rang, besaß eine umfangreiche Plattensammlung und las zu seinem Vergnügen Partituren.) Doch das Schicksal wartete bis zu diesem sonnigen Londoner Frühlingstag, als ich alt genug war, meine Chance zu ergreifen, mich meiner Selbständigkeit und einem ganz ungewohnten Seelenzustand zu überlassen, dem ich nicht widerstehen konnte noch wollte. Nola war neunzehn Jahre alt, rothaarig, braunäugig, sehr energisch, von mitreißender, überschäumender Fröhlichkeit und Vitalität. Sie schwamm, spielte Tennis und fuhr ihren weißen Jaguar sicher und draufgängerisch. Lindsay war ebenso sportlich wie seine Schwester, ein sympathischer, lang aufgeschossener Junge von offenem Wesen. Was die zwei noch anziehender für uns machte, war ihre gegenseitige

geschwisterliche Zuneigung. Hephzibah und ich sahen und verliebten uns Hals über Kopf in sie. Eine Weile gingen wir zu viert miteinander aus, dann mußte ich nach Holland fahren, wo ich Konzerte zu geben hatte.

Kaum dort angekommen, schloß ich mich in mein Hotelzimmer ein und meldete ein Ferngespräch nach London an. Den Kopf halb unter dem Kopfkissen, um meine Stimme zu dämpfen, fragte ich Nola, sobald sie sich gemeldet hatte: »Wollen Sie mich heiraten?« Nola, die sich soeben mit ihrem Bruder zu einem verspäteten Abendessen gesetzt hatte, war etwas überrascht. »Aber wir kennen uns doch kaum«, wandte sie ein. Das stimmte. Aber ich hatte ja auch Persinger und Enesco nicht »gekannt« und ebensowenig die Geige, ehe ich sie zu spielen begann. Ihre Bedenken, ihr Zaudern fand ich abwegig. Mein Antrag war völlig ernst gemeint. Ich begehrte sie mit allem jugendlichen Ungestüm und konnte mir für dieses Begehren keine andere Erfüllung vorstellen als die Gelübde vor dem Traualtar. Meine Entschlossenheit überzeugte schließlich auch sie. Als wir wieder in London waren, hatte ich mich durchgesetzt, Nola hatte eingewilligt, meine Eltern waren völlig einverstanden. Wir warteten nur noch auf George Nicholas, Nolas und Lindsays Vater. Ihm kam das Ganze zwar etwas überraschend, doch er ließ sich von der allgemeinen Harmonie anstecken. Nun verkündete auch Hephzibah ihre Verlobung mit Lindsay. Yaltah, die nicht zurückstehen wollte, verlobte sich mit William Stix, einem jungen Mann aus St.Louis, den wir schon vor mehreren Jahren auf Tournee kennengelernt hatten. Unsere Eltern gaben uns eine Art Massensegen.

Ich hatte es nicht anders erwartet. Hatte nicht Mammina schon immer alle jungen Menschen ermutigt, früh zu heiraten? Sie konnte etwas nur gutheißen, in dem sie – wie ich – das natürliche Ziel des Erwachsenwerdens sah. Sicher war ihr der Gedanke schmerzlich, Hephzibah in den fernen australischen Busch, Yaltah nach St.Louis hergeben zu müssen, doch ihrem Wesen getreu ließ sie sich nichts davon anmerken. Sie behauptete nicht, ein Anrecht auf unser Leben zu haben. Vielmehr hieß sie ihre neue Tochter Nola aufs herzlichste willkommen. Nola tat alles, um ihr zu gefallen, sie war jung, liebenswert, voll guten Willens und rührte Mamminas Herz allein dadurch, daß sie schon als ganz kleines Mädchen die Mutter verloren hatte. Ich glaube, Nola fand die zärtliche Verbundenheit innerhalb unserer Familie auch ganz faszinierend. Als Anfang Mai meine Konzertverpflichtungen beendet waren,

fuhren wir alle zusammen, einschließlich Nola und Lindsay, nach Sorrent und verbrachten zwei Wochen mit den Hambourgs. Erst zu unserer Hochzeit kehrten wir nach London zurück. Seit unserer ersten Begegnung waren keine zwei Monate vergangen.
Nola und ich wurden am 26. Mai 1938 im Beisein der allerengsten Familie im Standesamt Caxton Hall getraut. Der britische Standesbeamte ließ sich durch die hämmernde Begleitmusik der Zimmerleute nicht stören: sie bauten im Keller einen Luftschutzraum. Die Zeremonie hatte ursprünglich am nächsten Tag stattfinden sollen, doch ich verlegte sie um vierundzwanzig Stunden vor, damit wir Verdis Requiem unter Toscanini nicht versäumten. Als nächste Hochzeit folgte die von Yaltah im Juni in New York, erst dann kam die von Hephzibah in Los Gatos. Die Familie verbrachte die letzten gemeinsamen Wochen auf hoher See. Da nun schon beide Schwestern unser Zuhause verließen, ließ ich mir damit Zeit.
Daß ich vorerst so wenig aus meiner neuen Selbständigkeit zu machen verstand, war allein mein Fehler. Es war, als hätte ich die bisherige Rolle noch immer nicht ganz abgelegt. In dieser Halbheit konnte ich Nola natürlich nicht glücklich machen, das war mir klar. Und auch ihr Vater wußte es. George Nicholas war eine gewichtige Persönlichkeit, ein aufrechter Protestant, ein gerissener Geschäftsmann, der echte Selfmademan einer Gesellschaft ohne Vorurteile. Er kam zu Hephzibahs und Lindsays Hochzeit zu uns nach Kalifornien (wir feierten unter der großen alten Eiche in unserem Garten). Ehe er mit dem jungen Paar zusammen nach Australien heimkehrte, nahm er mich beiseite und hielt mir eine Standpauke: Nola sei nicht glücklich. Ich glaube, heute würde ich manches anders machen als damals. Aber weiß man je, ob man nicht doch wieder in die gleichen Fehler verfallen würde?
Meine Eltern hätten mich zwar gewiß nicht aus dem Haus getrieben, erreichten aber irgendwie, daß ich trotzdem wegzog. Etwa zwei Monate nach Mr. Nicholas' ernsten Vorhaltungen schenkte Aba Nola und mir das 1935 erbaute, noch immer unbewohnte Cottage. Es war groß genug für zwei, und als unsere Kinder kamen, habe ich es ausbauen und vergrößern lassen und dafür mehr ausgegeben, als die ganze Tscherkessenvilla einst hätte kosten sollen. Ich nannte sie nach der Eisenbahnstation unterhalb unseres Grundstückes »Alma«. Zunächst aber ging ich mit Nola auf eine verspätete Hochzeitsreise in den Yosemite Park und schrieb den Eltern von dort, ich käme nicht mehr nach Hause. Etwas besorgt wartete ich auf ihre Reaktion. Wie wenig kannte

ich sie doch! Sie nahmen auch diese Wendung mit heiterem Gleichmut hin, als sei es der natürliche Lauf der Dinge, daß ein Sohn nach der Hochzeit die Eltern verläßt. Erst von diesem Augenblick an begann ich ein selbständiger Mensch zu werden und mich aus der bisherigen Existenz zu lösen.

Diese Entwicklung wurde durch die Geburt unserer Kinder gefördert. Vater zu werden ist ein unerhörtes Erlebnis, wie alle neugebackenen Eltern mir nachfühlen werden, auch wenn es schon milliardenmal geschehen ist und noch geschehen wird. Ein Wunder der Natur verliert durch Wiederholung seinen Zauber nicht. Jedes neue Leben ist völlig einzigartig. Ich verfolgte Nolas Schwangerschaft mit philosophischem, aber auch medizinischem Interesse, stellte dem Gynäkologen unzählige Fragen und war dann doch ganz unvorbereitet auf den Klang einer menschlichen Stimme, die noch nie erklungen war, und darauf, daß wir um einen Kopf vermehrt nach San Francisco zurückkehrten. Zamira, meine einzige Tochter, ist 1939 geboren. Für sie hatte ich aus England einen großen, eleganten Kinderwagen kommen lassen, wie sie in einem anmutigeren früheren Zeitalter die Kensington Gardens bevölkerten. Noch heute halte ich diese Baby-Staatskarossen für wesentlich besser und gesünder als die niedrigen sogenannten »Sportwagen«, in denen das Kind allen Autoabgasen ausgeliefert ist. Im Grunde erfüllte ich mir durch Zamiras englischen Kinderwagen einen eigenen Wunsch. In der wehmütigen Gewißheit, daß ich wohl nie einen Rolls-Royce mein eigen nennen würde, verschaffte ich mir wenigstens den Rolls-Royce unter den Kinderwagen. Unter anderen Vorteilen bot er auch noch genügend Platz für meinen Sohn Krov. Für Zamiras Ausfahrten habe ich zwar bestens vorgesorgt, ihr aber dadurch geschadet, daß ich der ungewöhnlich fetten Nanny erlaubte, sie mit Karo-Sirup zu füttern (jeder formt den Menschen gern nach seinem Bilde). Das arme Kind hat immer gegen Übergewicht kämpfen müssen und wurde erst als Teenager durch eiserne Energie und Dianas gute Ratschläge die überschüssigen Pfunde wieder los. Damals verstand ich von Ernährung so gut wie nichts. Ich habe es später rasch gelernt: Zamiras Brüder hatten in diesem Punkt einen besseren Start.

1940 änderte ein längerer Aufenthalt in Australien unser gewohntes Leben grundlegend. Es wurde ein herrliches Ferienhalbjahr, vom Frühjahr bis zum Herbst ohne Konzertverpflichtungen. Wir wollten zu Hephzibah und Lindsay auf deren Schaf-Farm und hatten so viele Angehörige dabei, daß wir auftraten wie ein wandernder Nomaden-

stamm: Yaltah, Zamira, Zamiras Nanny, mein Begleiter – und auf dem Rückweg dann noch den neugeborenen Krov. Ich war zum zweiten Mal in Australien, aber erst bei diesem Mal ging mir das Land sozusagen unter die Haut. Nie vorher oder nachher habe ich so viel Zeit mit Vierbeinern verbracht: zuerst auf der 21 000 Morgen großen Schaf-Farm meines Schwagers und danach in den Rennställen seines Vaters. Es war ein Leben an frischer Luft, zwischen Sonne und Meer, im beizenden, belebenden Eukalyptushauch des Buschs. Hephzibah und ich gaben, wie schon einmal, gemeinsame Konzerte in Sydney und Melbourne und musizierten auch sonst sehr viel zusammen. Unsere durchsonnten, erfüllten Tage waren eine sonderbar unwirkliche Kulisse für das Geschehen in Europa. Dort tobte die Schlacht um England, und die deutsche Luftwaffe verlor sie. Ich gab viele Konzerte für einen wohltätigen Zweck: für Engländer, für Juden, für den unbesetzten Teil Frankreichs. Nachträglich scheint es mir, als sei unser Leben ein einziges Warten auf den unausbleiblichen Sturm gewesen.
Mein Sohn Krov kam in Melbourne zur Welt, in einem von Barmherzigen Schwestern geführten Krankenhaus. Die Schwestern gaben mir ein Zimmer dort, solange Nola im Wochenbett lag, sie brachten mir jeden Morgen das Frühstück, hatten gegen mein Üben nichts einzuwenden und waren überaus verständnisvoll und nett. Überdeutlich sind mir die Stunden vor Krovs Geburt in Erinnerung geblieben. Ein reicher Melbourner Kaufmann hatte mir seine Geigensammlung geliehen, und ich probierte sie im Krankenhaus alle durch, ging dann zu Fuß ins Rathaus, um ein Brahms-Konzert zu proben, und überlegte mir die ganze Zeit, wer zuerst so weit sein würde: Brahms oder das Baby. Wir tauften meinen Sohn Krov Nicholas. Nicholas nach Nolas Familie. Krov war ein Name, den ich mir ausgedacht hatte. Mir lagen die Modenamen meiner Generation so wenig wie meiner Mutter. Ich wollte etwas Individuelles und Exotisches. Zamira heißt, wie Aba nachträglich feststellte, auf Hebräisch »Singvogel«, auf russisch aber »für den Frieden«. Meinem Sohn wollte ich einen kurzen Namen geben, der ein »r« enthielt. Ich habe immer gefunden, daß das »r« etwas Kühnes, Tapferes und Kraftvolles hat – und schon Menuhin klang mir etwas lasch. Vor Zamira war unsere Mutter Marutha die einzige mit diesem schönen Buchstaben im Namen, und Nolas Familie war in diesem Punkt ebenfalls etwas zu kurz gekommen. Es mögen auch meine kindlichen Anstrengungen mitgewirkt haben, den Buchstaben auszusprechen: Der Name Krov enthielt jedenfalls nicht nur ein »r«, er be-

deutete außerdem im Russischen mit harter Endung »Blut«, mit weicher Endung »Asyl« oder »Obdach«. Der arme Junge wird sich trotzdem oft gewünscht haben, er hätte einen weniger phantasievollen Namen, bei dem man nicht so viel erklären muß, doch er macht ihm alle Ehre. Krov war anfangs ein zartes Kerlchen, entwickelte sich aber zu einem drahtigen, vitalen kleinen Burschen und ist heute ein Musterbeispiel für Körpertüchtigkeit und Ausdauer. Als Junge war er außergewöhnlich lieb und fröhlich und im Wesen weit weniger kompliziert als seine Schwester. Hatte er sich ungut oder auch nur gedankenlos aufgeführt, war er sofort bereit, seinen Fehler einzusehen und wiedergutzumachen. Er trug sich selbst und anderen nichts lange nach. Das unangenehme Ereignis war vergessen, und er fing vergnügt etwas ganz Neues an. Als er und Zamira noch ganz klein waren, hatte ich infolge meiner vielen Konzertreisen wenig von ihnen. Ich griff nur selten und theoretisch in ihre Erziehung ein, ließ ihnen rohes Hirn und Milch von Nachbars Kuh geben und trug sie auf langen, anstrengenden Bergwanderungen Huckepack.

Doch solche glücklichen Augenblicke der Harmonie konnten über die wachsenden Spannungen in unserer Ehe nicht hinwegtäuschen. Ich suchte Nola paradiesische Unschuld zu lehren, sie mich der mondänen Welt anzupassen. Manchmal begleitete sie mich auf Tourneen, saß oben auf der Galerie auf einem Platz für zwei Dollar oder ließ uns einen Tisch in einem eleganten Nachtclub reservieren. (Mir waren trotz all meiner Reisen Restaurants noch immer etwas Ungewohntes.) Die in solchen Lokalen üblichen harten Getränke und weichlichen Schlager flossen mir zu einer Art *goyischer* Lethe zusammen, die mir Existenzangst verursachte. Durch den Krieg wurden wir immer häufiger getrennt, ich reiste in der freien Welt umher, und sie mußte allein bei den Kindern bleiben. Jung, temperamentvoll und ungezähmt wie sie war, schmeckte ihr bald die Rolle der Penelope nicht mehr, und es war kein Wunder, daß sie ihre Zuneigung anderen zuwandte.

Die ersten beiden Kriegsjahre jedoch, ehe die USA eingriffen, war ich im Sommer immer sehr lange zu Hause. In dieser Zeit wurde man zwischen Ungeduld und Muße hin- und hergerissen. Einerseits konnte ich es kaum erwarten, daß auch wir endlich gegen Hitler antraten, andererseits genoß ich die langen Sommer und eine so reichlich bemessene Freizeit, wie ich sie nie wieder haben sollte. Private Sorgen machte ich mir eigentlich nur um Marcel Gazelle, den ich vorübergehend aus den Augen verloren hatte. Er wurde 1940 von der deutschen Invasion in

Belgien überrollt, es gelang ihm jedoch im Mai 1940, sich irgendwie in den Rückzug vor Dünkirchen zu schmuggeln. Er tauchte in London wieder auf und schloß sich sofort der Freiwilligen-Armee Freies Belgien an. Doch er hätte ja auch im tiefsten Frieden nicht mehr mit mir arbeiten können, seit er Lehrer am Konservatorium in Genf war. Nach der Zeit in Los Gatos begleitete mich während zweier Konzertsaisons der Holländer Hendrick Endt, als Mensch so sympathisch, daß man ihm gewisse technische Unzulänglichkeiten nachsah, ein Mann von hohem Niveau, Schüler Rudolf Steiners. Er schenkte mir ein Buch mit Sprüchen Laotses, das mich bis heute überallhin begleitet. Ich hatte ihn sehr gern, doch es war trotzdem eine Erleichterung, mich später auf die Musikalität eines Adolf Baller verlassen zu können, den ich 1939 in New York kennengelernt hatte.

Usiu, wie wir ihn liebevoll nannten, war gebürtiger polnischer Jude, ein echtes Produkt der Wiener Musikkultur, einer der besten Musiker, die ich je traf. Er hatte bei einem Schüler Leschetitzkys in Wien Klavier studiert und wurde nach dem »Anschluß« von den Nazis verhaftet. Als sie erfuhren, er sei Pianist, brachen sie ihm in der Folter alle Fingergelenke und ließen ihn dann frei, in eine für ihn sinnlose, leere Zukunft hinein. Mit Hilfe eines geschickten Arztes gelang es ihm, seine Hände wieder gebrauchsfähig zu machen, er floh mit seiner Frau Edith in die USA und spielte wieder Klavier.

Er und seine Frau waren kindergute Menschen. Die Schrecknisse, die sie mitangesehen und selbst durchgemacht hatten, verlangten bei ihnen nicht nach Rache. Sie schlossen sich nur fester aneinander, beschützten sich gegenseitig und ihre kleine Tochter vor Gefahren des Lebens, die ihnen noch bevorstehen mochten. Als man wieder nach Europa reisen und sich dort frei bewegen konnte, bat ich Usiu, mich dorthin zu begleiten, aber er fand immer eine Ausrede. Nach Südamerika kam er mit, auf die Inseln im Pazifik, auf die Aleuten und später mit seinem Trio nach Australien. Wir hatten es in unserem Haus aus der Taufe gehoben und daher Alma-Trio genannt. Zu ihm gehörten Gabor Rejto, der Cellist, und Roman Totenberg, der Geiger. Nur die alte Welt konnte Usiu nicht mehr locken.

Usiu und Edith bauten sich ein Cottage auf unserem Grundstück in Alma und lebten dort jahrelang. Sie trösteten mich in einer schwierigen Zeit, Usiu machte die Bergwanderungen mit unseren Kindern mit und spielte mit mir ganze Bibliotheken moderner Musik durch.

Diese stillen Sommer bekamen für mich ihren besonderen Glanz durch

das Quartettspielen. Ich habe das viel zu selten in meinem Leben gedurft. Das Sprichwort sagt: Zwei verstehen sich, der Dritte stört. Vier aber sind die Idealzahl für die Solisten eines Streichensembles. Man hat Bewegungsfreiheit, die nötigen Kontraste, die maximale Unabhängigkeit innerhalb einer Gruppe. Keine Stimme dominiert, alle sind gleich wichtig, geben einander das Thema weiter und verschmelzen zu einer gebundenen Vertrautheit. Keine sucht opernhafte Höhepunkte, keine ufert symphonisch aus. Nichts Marktschreierisches, nichts Zirkushaftes ist an dieser Musik, in der sich die Emotionen in sublimierter Form ausdrücken. Sie ist nicht gemeint für ein zahlenmäßig starkes Publikum und donnernden Applaus, sie wird nicht gehört, sondern erlauscht, nicht aufgeführt, sondern entdeckt. Es ist die Musik der Musiker. Ein Quartett, das nicht mit Hingabe spielt, existiert nicht. Schon vom rein Technischen her sorgt das Quartettspielen für die nötige Disziplin. Wer als Geiger mit einem Klavierpartner spielt, muß sich in der Intonation immer etwas den temperierten Intervallen des Klaviers anpassen. Das Streichquartett, sich selbst überlassen und gezwungen, Passagen harmonischer Modulation zu meistern, die besonders schwer zu intonieren sind, entwickelt den Klangsinn für die reine, nicht temperierte Stimmung. Unendliche Möglichkeiten zartester melodischer Modulationen und Phrasierungen, des Gleichgewichts, der Wechselwirkung, des Übernehmens und Weitergebens der Führung erziehen zu einer Klangsensibilität, wie sie in der westlichen Musik sonst nirgends gefördert wird. Eigentlich müßte jeder Streicher Gelegenheit bekommen, sich in dieser strengsten aller Schulen zu vervollkommnen. Ich habe selten Zeit gefunden für dieses Vergnügen mit erzieherischem Hintergrund und habe diese Zeit anderen Verpflichtungen stehlen müssen. Ich habe nie daran gedacht, es vor Publikum auszuüben. Ich kenne die subtile Harmonie innerhalb von Streichquartetten, die seit langem miteinander konzertieren. Ich würde nie wagen, ohne eine strenge Übungszeit dabei mithalten zu wollen.
Einmal wöchentlich kam für einen Tag oder auch mehr mein alter Freund Nathan Firestone zum Quartettspielen nach Alma, zusammen mit dem Geiger Henry Temianka und dem Cellisten Willy van den Burg. Nathan kannte ich beinahe so lange wie Persinger. Er hatte in dessen Quartett gespielt und organisierte als Ältester und Erfahrenster von uns die Abende in Alma, ein rührend lieber Mensch. Als er 1944 starb, brachte mir seine Frau die Testori-Viola, die er mir testamentarisch vermacht hatte. Ich habe sie auf seiner Beerdigung gespielt, und

heute steht sie den jungen Bratschisten meiner Schule zur Verfügung. Henry Temianka war ein Gewinn für jedes Ensemble, spielte mit großer Musikalität, solange wir ernst an der Arbeit waren, und wußte die übrige Zeit so herrliche Witze und Geschichten, daß wir aus dem Lachen nicht herauskamen. In den dreißig Jahren, die das nun her ist, hat er sich als Allroundmusiker von verschiedenartigen Gaben erwiesen: Er unterrichtet, dirigiert ein Kammerorchester, hat ein erstklassiges Quartett gegründet und schreibt in den Mußestunden lesbar und humorvoll über all die Mißgeschicke, die einen Geiger treffen können.

Am 7. Dezember 1941 überrollte die Explosionswelle von Pearl Harbor Adolf Baller und mich in El Paso, Texas. Wir waren unterwegs zu mehreren Konzerten in Mexico City. Von einem Tag auf den anderen waren unsere Reisepässe null und nichtig, bis eine Intervention aus Washington sie wieder gültig machte. Ich war enorm erleichtert, daß wir endlich auf der Seite des Rechts ins Geschehen eingriffen. Im Augenblick konnte ich für mein Vaterland nichts Besseres tun, als es verlassen. Während Amerika in den Krieg eintrat, gondelte ich mit Baller nach Süden und benutzte die Reise, die mehrere Tage und Nächte dauerte, für eine Kur. Ich nahm nur ein paar Orangen und Nüsse zu mir, im übrigen fastete ich, übte, ruhte mich aus und lernte Selbstmassage, mit befriedigendem Ergebnis: Als ich in Mexiko eintraf, fühlte ich mich völlig frei, locker und schwebend leicht. Viele Jahre später, in Rußland, stellte ich fest, daß man dort ganz allgemein mit eigenem Proviant reist. Es gab niemanden im Abteil, der nicht mit gänsefettgetränktem oder wurstfleckigem Packpapier raschelte. Ich übernahm also unbewußt die Bräuche der Vorfahren, als ich mit meinem Obst, meinen Nüssen, ein wenig unpoliertem Reis und einem elektrischen Kocher losfuhr, auf dem ich Usiu und mir nach dem Konzert einen Imbiß im Hotelzimmer zubereitete. Wir waren ungefähr zehn Tage in Mexico. Täglich telefonierte ich mit Kalifornien und erfuhr unter anderem, daß alle Wehrfähigen eingezogen würden. Ich wurde als Vater von zwei Kindern zunächst einmal zurückgestellt und erst in der letzten Woche der Kampfhandlungen aufgerufen, wo mir die Musterungsbehörde meiner Heimatstadt dann sagte, ich solle mich erst in acht Tagen wieder melden. Wäre ich erst einmal »dabei«, so würde es ein Jahr dauern, mich wieder freizubekommen. Nach einer weiteren Woche war der Krieg zu Ende und ich Zivilist geblieben.
Ich leistete meinen Kriegsbeitrag auf einem anderen Gebiet, wo ich es

am besten konnte: Ich gab Hunderte von Konzerten für die Truppenbetreuung der Allierten und deren Hilfsorganisationen, anfangs in den USA, später im pazifischen Raum und schließlich wieder in Europa. Dabei zerbrach die Schale des Schneckenhauses, in dem ich bis dato gesteckt hatte. Gerade die Musik, die ja Kommunikation sein soll, hatte eine Art Panzer um mich gebildet, von dem umschlossen ich das Podium betrat und wieder verließ, getragen von der Mitwirkung eines Publikums, das seine und meine Rolle bei dem Geschehen genau begriff. Nie hatte ich in Cafés, Cabarets oder (wie der liebe Sascha Schneider in Polen) in Bordellen gespielt, nie darum werben müssen, daß meine Zuhörer mir auch wirklich zuhörten. Nun aber hieß es Männer ansprechen, die noch nie in ihrem Leben ein Konzert besucht hatten, denen die Traditionen und Verhaltensregeln nicht anerzogen waren, auf deren Geduld oder gar fachliche Anerkennung kein Verlaß war. Es war eine sehr nützliche, manchmal erheiternde Erfahrung, die mich Bescheidenheit lehrte. Normalerweise bleibt ein Künstler anonym, von ihm wird nicht erwartet, daß er seinem Publikum anders als durch die Musik gefällt, doch in Unterkünften und Lazarettbaracken kommt man um persönliche Kontakte sowohl mit Gruppen als auch mit Einzelpersonen nicht herum. Man muß die Musikstücke mit ein paar Worten einführen, sich mit Verwundeten unterhalten. So half mein Kriegsbeitrag viele meiner eigenen Hemmungen abbauen, ich lernte Zuwendung zu anderen Menschen, mein bisheriger, exklusiver Mikrokosmos aus Musik, Geigen und Auftreten bekam seine soziale Funktion.

Die GIs und ich lernten einander am Rand der Welt kennen, auf einem öden Stützpunkt auf den Aleuten, die wie kahle Trittsteine zwischen Rußland und Amerika, zwischen der westlichen und der östlichen Hemisphäre aus dem nördlichen Pazifik ragen und selbst »nirgends« sind. Es war sehr sonderbar, dieses Land, ohne eine Vergangenheit, mit der sich menschliches Leben in Verbindung hätte bringen lassen, ohne Rahmen, in den die eigenen Erfahrungen hineinpaßten, ohne Kulturkreis, ohne erkennbare Form. Völlig jungfräuliche, völlig urweltliche Inseln, auf denen Männer ohne die gewohnten Ablenkungen stärker als je auf sich selbst angewiesen waren.

Für die dort stationierten Truppen hatte das Leben, von ein paar Risiken abgesehen, nichts Dramatisches oder Gefährliches. Die Japaner waren von den weiter westlich gelegenen Inseln schon vor Monaten vertrieben worden. Und doch war es ein jammervoller Ort. Ausgesetzt auf diesen nackten Felsen, fern jeder Zivilisation, in der Abgeschiedenheit, Feuchtigkeit und Langeweile entwickelte mancher ein höheres Niveau des Empfindens, und die Musik fand Raum, sich in seinem Inneren auszubreiten. Ganz besonders bei Verwundeten, die im Lazarett lagen. Ein Verwundeter fühlt sich, wenn er überhaupt Kraft zum Denken und Empfinden hat, frei von jeder Verantwortung: Er hat den vollen Preis dieser Reise bereits bezahlt, und nun läßt er sich tragen. Niemand verlangt mehr von ihm, daß er sich anstrengt. Sein Kontakt zu den Dingen des Alltags lockert sich. Hoffnungen, Sorgen und Pläne werden samt der bedeutungslosen Welt, zu der sie gehören, abgelegt. Ungewohnte Gefühle erwachen in ihm. Menschen, von denen man das nie gedacht hätte, werden in so einer weichen, untätigen Stimmung empfänglich für Musik.

In einem Krankenhaus auf den eisigen Aleuten waren fast alle Tasten des Klaviers festgefroren. Ballers Unterstützung mußte also wegfallen. Da beschloß ich, den Soldaten ein ganzes Bach-Programm für Soloviolinе vorzuspielen: erst das Präludium und die Gavotte aus der Solo-Partita in E-Dur, dann die ganze g-Moll-Sonate und zum Schluß die Chaconne. Vermutlich hatte keiner je auch nur von Bach gehört.

Doch der Krieg verschaffte mir auch das deprimierendste Publikum, vor dem ich je gespielt hatte. Das war die Kehrseite der Medaille. In Honolulu waren es einmal mehrere tausend Soldaten eines Marineregiments, die am nächsten Tag an die Front fliegen sollten. Die Jungen hatten geistig, ja fast schon körperlich alles Irdische hinter sich gelassen. Sie waren drei Tage völlig isoliert gehalten worden, damit keine Abschiedsfeiern, keine Betrunkenheit oder Gefühlsverwirrung die körperliche Perfektion beeinträchtigte, zu der man sie hochtrainiert hatte. Jeden Nerv bereits angespannt für die künftige Schlacht, bewegten sie sich wie Gespenster unter der doppelten Last von Angst und Elend. Man hatte vergessen, sie auch für den geistigen und psychischen Druck der letzten Wartestunden zu trainieren. Zwar kämpften sie am folgenden Tag wie die Löwen, doch am Vorabend wirkten sie keineswegs heldenhaft. Möglicherweise habe ich einige dieser Männer wiedergetroffen, ehe ich den Pazifik verließ: In Honolulu befand sich damals ein Lazarett, in das Verwundete binnen Stunden nach ihrer Verwundung eingeliefert wurden. In endlosem Strom fuhren die Krankenwagen, Stoßstange an Stoßstange, und brachten die Männer von den Docks und Flugplätzen fast sofort nach der Schlacht in ärztliche Betreuung. Auch für solche Rückkehrende habe ich gespielt, unge-

fähr zwanzig Minuten lang auf jeder Station, und diese zerschlagenen Männer in ihren blutigen Verbänden waren heiter und vergnügt, ein herzerwärmender Gegensatz zu der qualvollen Spannung der Marinesoldaten auf dem Wege in die Schlacht.
Honolulu, die Trauminsel der Reisebüro-Plakate, war damals in ihrer vom Tourismus noch ungestörten Unschuld ein wahres Paradies für den, der von den öden Aleuten kam. Ich fuhr von Insel zu Insel und gab manchmal bis zu drei »Shows« pro Tag. Doch so anstrengend die Tage waren, die Nächte waren wunderbar erholsam. Man hatte mich in einem kleinen Hüttchen am Strand untergebracht, das im Inneren mit beinahe amerikanischem Komfort ausgestattet war, nachts wiegte das Rauschen des Meeres mich ein. Wir starteten früh am Morgen, doch nie, ehe ich schwimmen gegangen war, und wir konnten noch so spät heimkommen, vor dem Schlafengehen schwamm ich noch einmal. Hier sah ich eines frühen Morgens japanische Frauen Seetang sammeln. Den Männern war das Fischen verboten worden, eine Maßnahme, die den japanischen Küchenzettel aufs Empfindlichste beschnitt. Der Seetang war eine kriegsbedingte Notwendigkeit. Neugierig, welche Pflanzen dazu ausgesucht würden, watete ich mit den Frauen hinaus, und sie schenkten mir zur Erinnerung mehrere Flaschen Seetang, die ich mit nach Alma heimnahm. Das kleine Abenteuer, bei dem wir »Feinde« nebeneinander knietief im Wasser standen, war in seiner Irrealität typisch für die ganze pazifische Tournee. Es gab hawaiianische Feste und amerikanische Parties und Konzerte in köstlich ungewohntem Rahmen. So einmal auf Hawaii in einer Art Flugzeughangar ohne Seitenwände, in dem das Programm durch aus- und einfliegende exotische Vögel über den Köpfen eines in Tarnanzügen steckenden Publikums belebt wurde.
Wer für die kämpfende Truppe spielt, hat keine Reiseprobleme. Transportmittel wurden uns gestellt. Zivile Engagements aber waren eine andere Sache. Es gab damals vier Dringlichkeitsstufen für Luftbeförderung. Ohne Dringlichkeitsausweis mußte man unter Umständen wochenlang auf Beförderung warten. Wandte man sich nach Washington, so bekam man von dort mit einigem Glück die Dringlichkeitsstufe 4, suchte man an etwas obskurerer Stelle darum nach, etwa in Haiti oder der Dominikanischen Republik, konnte man Nr. 3 oder gar 2 bekommen. So gelang es mir, bei meinen Terminen auf der Tournee durch Südamerika immer pünktlich zur Stelle zu sein.
Einmal kam ich nach Lima in Peru, kurz nachdem Leopold Stokowski

mit einem Jugendorchester in der Stadt gewesen war. Das Komitee Freies Frankreich der Stadt Lima lud mich an einem erstickend heißen Nachmittag zu einem Empfang in dem schönen, alten Hotel im Rokokostil ein, in dem ich wohnte. Wie die meisten guten Hotels Südamerikas hieß es »Simon Bolivar«. Der Empfang fand in einer dunkelgetäfelten Halle mit großen Sesseln statt, und man sah eine Menge distinguierter alter Franzosen (die Franzosen ehren das Alter und verstehen es auch mit Würde zu tragen). Wir unterhielten uns ernsthaft und halblaut über die Lage des geschlagenen Frankreichs und den Ausgang des Krieges, da entstand plötzlich Unruhe an der Tür: Es erschien eine junge Dame in einem leichten, geblümten Kleid, die sich verstohlen umblickte, bis sie mich entdeckt hatte. Wortlos winkte sie mich zu sich heran. Ich gehorchte verlegen und erstaunt. Sie ging mit mir in ein Nebenzimmer in die entlegenste Ecke und fragte endlich in heiserem Flüsterton:»Kennen Sie Stokowski?«

»Aber ja.«

»Werden Sie ihn sehen, wenn Sie wieder in den USA sind?«

»Kann schon sein.«

»Wenn Sie ihn sehen, sagen Sie ihm doch bitte, daß Erdbeerchen ihn herzlich grüßen läßt.«

Damit entließ sie mich wieder zu den Freien Franzosen. Einige Wochen später gab der Schauspieler Edward G.Robinson in Kalifornien ein Fest. Der erste, den ich dort traf, war Stokowski, der mit einer Clique zusammensaß. Ich gesellte mich dazu. »Stoky«, sagte ich, »ich habe Ihnen etwas zu bestellen: Erdbeerchen aus Lima in Peru läßt Sie schön grüßen.«Doch die mir anvertraute Liebesbotschaft ließ ihn nicht einmal mit der Wimper zucken.

Während all dieser Zeit war Adolf Baller bei mir, der denkbar ungeeignetste Mensch für militärische Unternehmungen, ob nun auf den Aleuten oder im südlichen Pazifik. So sehr er sich bemühte, er paßte einfach nicht in die von der Armee gestellte Kleidung. In Seattle, von wo aus wir das erste Mal nach Anchorage flogen, hätte er fast alles abgesagt, um sich nicht den endlosen Schutzimpfungen unterwerfen zu müssen. Ein Vergnügen waren sie ja wirklich nicht, der arme Usiu aber haßte sie regelrecht. Auf Adak, das damals in fieberhafter Eile zum Luftstützpunkt ausgebaut wurde, hatten nur der Kommandeur und der Geistliche ein eigenes Klo. Ich wohnte beim Kommandeur und hatte das Glück, daß dessen Klo sich im Hause befand. Baller war beim Geistlichen einquartiert und mußte ein Häuschen im Freien benutzen, das

ihm zum Überfluß auch noch bei eisigem Sturm wie in einem Chaplin-Film über dem Kopf davonflog.
Ein anderes Mal in Phoenix, Arizona, wollte ich »mit den Wölfen heulen« und mietete ein paar Pferde. Zwei ungeschicktere Reiter als Baller und ich waren kaum denkbar. Klugerweise gab man uns die lahmsten und zahmsten Ponies des ganzen Stalles. Außerdem bekamen wir »chaparajos«, die ledernen Beinschützer der Cowboys. »Also wie denn nun«, fragte Usiu, »zieht man die unter die Hosen oder darüber?« Soviel Naivität mußte bestraft werden. »Nicht doch«, sagte ich. »Die Hosen müssen Sie vorher ausziehen.«
Die kleinen Zwischenfälle, die anstrengenden Reisen, die männliche Welt der Freiheit und Ungebundenheit wurden zum Symbol meiner Erleichterung, daß ich endlich auch meinen Teil zum Krieg beitragen durfte, wenn auch ganz bescheiden. Daß mein Programm viel zu groß war, manchmal kaum noch zu bewältigen, war meine Schuld: Bei jedem zivilen Engagement erbot ich mich freiwillig, auch gleich im nächstgelegenen Army Camp oder für sonst einen guten Zweck zu spielen. Bei eintägigen Gastspielen blieb mir nur Zeit für die Reise und das Auspacken meiner Violine, dann mußte ich bereits spielen, ohne es mit dem Üben zu genau zu nehmen.
Unvermutet wurde das Fliegen zur normalen Fortbewegungsart von einem Punkt zum anderen. In den Metallrahmensitzen der Militärmaschinen war das anfangs eine ungemütliche Sache, und wie zu erwarten, gab es bei den ersten Flügen hie und da Zwischenfälle. Einmal flog der Pilot in dickem Nebel dicht über der Wasserfläche von einer Aleuteninsel zur anderen, um beim Anblick unseres Zielhafens die Maschine mit solcher Plötzlichkeit hochzureißen, daß sich uns der Magen umdrehte. Ein andermal mußte die Maschine, die über eine kleine Landebahn am Meer hinauszuschießen drohte, so abrupt bremsen, daß sie sich auf den Kopf stellte. Einmal konnte der Pilot das Inselchen nicht finden, auf dem wir landen sollten, und flog weiter ins feindliche Gebiet. Dieses Inselchen hieß übrigens Shemya und bestand aus einer Sandbank mit zwei Hütten und einer Landebahn für Kampfflugzeuge. Rund um die Uhr flammten dort riesige Ölfeuer und beleuchteten die Rollbahn. Bei hastiger Heimkehr von der japanischen Seite des Ozeans sah man sie erleichtert durch den Nebel lodern, war dann aber ebenso froh, den einsamen, spannungsgeladenen Posten wieder zu verlassen. An einem richtigen Flugzeugunglück war ich nur einmal beteiligt, und das war kaum der Rede wert: Es war in Puerto Rico; die Maschine ver-

suchte zu starten, kam nicht hoch und landete im Zuckerrohr, zum Glück, ohne Feuer zu fangen. Einmal durfte ich eigenhändig einen viermotorigen Bomber steuern. Damals waren automatische Flugsteuerungen noch nicht überall serienmäßig eingebaut, man steuerte nach bestem Wissen und mit dem Knüppel. Ich wollte es besonders gut machen, war übervorsichtig und hob die Nase der Maschine steil himmelwärts, um einen Berg zu überfliegen, der viele hundert Fuß unter mir lag. So etwas konnte man sich im Krieg leisten – die Kommandostellen mit ihren Entscheidungen lagen weit verstreut. Manches geschah hinter ihrem Rücken. Ich habe später die Armee noch oft um Vergünstigungen gebeten, und sie sind mir, soweit ich mich erinnere, nicht verweigert worden.

In weit stärkerem Maß als meine Verheiratung zertrennte der Krieg die Bindung an das Vergangene. Außerdem bescherte er mir Situationen, die ich mir nie hätte träumen lassen. Einmal habe ich sogar eine Waffe abgefeuert, in einem Privathaus auf Long Island am Strand, als die anderen nach der Scheibe schossen. Wer weiß, dachte ich mir, zu welcher Waffengattung man dich einzieht. Ich hatte noch nie ein Gewehr in der Hand gehabt und stemmte es wie die Geige automatisch ans linke Schlüsselbein, bis man mich eines anderen belehrte. Dann traf ich mit den ersten und bisher letzten Schüssen meines Lebens zweimal hintereinander ins Schwarze. Vielleicht ist der Welt an mir ein Scharfschütze verlorengegangen, vielleicht war es nur jenes Anfängerglück – das man besser nicht zu wiederholen sucht –, und keiner war darüber erstaunter als ich. Ob der sagenhafte Tscherkesse doch noch in mir fortlebt? Die Trophäe von damals habe ich mir bis heute aufgehoben.
Ein sehr viel gewichtigerer Wettstreit während des Krieges war mein zähes Ringen mit der Musikergewerkschaft der Vereinigten Staaten, bei dem ich schließlich unterlag. Gewerkschaften sind notwendig, gewiß, sonst werden Machtlose ausgebeutet. Doch wie überall verfallen die Menschen auch hierbei gern ins Extrem. Die Macht, die verteidigen und schützen soll, wird zur Tyrannis. Nur ein Rädchen im Getriebe zu sein, wünsche ich weder mir noch anderen. Doch was nützt es: die Zeittendenz hat das Menschenwesen zur kalkulierbaren, benutzbaren Größe herabgewürdigt.
Als Musiker und Solist gehörte ich zu einer Kategorie, von der man im allgemeinen annimmt, sie sei imstande, ihre Interessen selbst zu vertreten. Als Nichtarbeitnehmer wäre ich ohnehin als Mitglied der Ameri-

can Federation of Musicians (AFM) nicht in Frage gekommen. Da sie die einzige Musikerunion in den Staaten war, betraf mich die Angelegenheit solange nicht, bis Jascha Heifetz die American Guild of Musical Artists (AGMA) gründete und mich dafür gewinnen wollte. Aus irgendeinem Grunde, möglicherweise aus Versehen, waren Ballettänzer und Chorpersonal von der Federation ausgeschlossen. (War es tatsächlich ein Versehen, dann eine echte Freudsche und insbesondere eine amerikanische Fehlleistung, denn hier braucht man zu jeder Tätigkeit Werkzeuge. So wie man nicht mit den Fingernägeln gräbt und nicht zu Fuß reist, bedarf auch die Kunst eines Instruments – menschliche Glieder und Stimmbänder genügen da nicht!) Die AGMA hoffte nun, diese noch nicht erfaßte Gruppe sowie Solisten und Begleiter an sich zu ziehen, insbesondere die jungen, die vielleicht einen Rückhalt gegen die eigenen Manager benötigten. Aber man wollte natürlich auch Namen, die der Organisation das nötige Gewicht gaben.

Ich war öfter mit Heifetz zusammengewesen, doch unsere Beziehung war sonderbar flach und schal geblieben. Trotz meiner tiefen Bewunderung für ihn hatte ich Jahre hindurch keine persönliche Begegnung herbeiführen können. Und nun reichte diese Bewunderung nicht aus, um mit ihm vertraut zu werden. So intuitiv, wie ich die Musik wahrnahm, verstand ich mich üblicherweise auch mit Kollegen. Bei dem eleganten, reservierten Heifetz, der geradezu unglaublichen technischen Perfektion seines Spiels und seiner persönlich wenig kontaktfreudigen Art war dies nicht möglich. Einige schlossen aus seinen Charakteristika, er sei kalt. Ich glaube, sie haben dabei den hohen Grad an Beherrschtheit und Methode, den kein anderer Geiger unserer Zeit besaß, mit Kälte verwechselt. Wenn Heifetz spielte, konnte man sich darauf verlassen, daß alles bis in die kleinsteModulation hinein berechnet, kontrolliert und gewollt war. Das ihm gewidmete und von ihm herausgegebene Violinkonzert von Walton ist ein Beweis für seine minuziöse Detailplanung. Es gibt darin ungewöhnliche Einzelheiten, winzige Crescendi und Diminuendi auf ein und derselben Note. Was er anstrebte, war eine durchaus akzeptable, bewundernswerte Auffassung, die ich jedoch nicht teile. Auch zu dem Menschen Heifetz fand ich durch die Mauer aus Korrektheit und Glätte, die ihn umschloß, keinen rechten Zugang.

Im vorliegenden Fall jedoch störte mich weniger sein musikalisches, sondern sein taktisches Verhalten. Heifetz war der Meinung, man solle schon deshalb in die AGMA eintreten, weil der Krieg kein Dauerzustand sei und nach seiner Beendigung Scharen europäischer Künstler das Land überschwemmen würden, in dem Milch und Honig floß. Schon aus Selbsterhaltungstrieb müßten wir Amerikaner zusammenhalten. Ich lehnte den Beitritt ab.

Desungeachtet blühte und gedieh die AGMA, bis sie eines Tages auch Orchestermusiker aufnahm und sich dadurch den Unwillen der mächtigen AFM zuzog. Sie wurde damals von einem Trompeter namens Petrillo geleitet, mit dem ich längere Zeit korrespondiert, den ich aber noch nicht gesprochen hatte. Es besteht kein Grund zur Annahme, daß er kein liebenswerter Mensch war, und trotz seiner besorgniserregenden Vorliebe für kugelsichere Fahrzeuge war er sicherlich ein ausgezeichneter Trompeter. Petrillo wiederum hatte *a priori* eine gute Meinung von mir, weil ich den Sirenengesängen der AGMA widerstanden hatte, außerdem war ich einer der letzten, wenn nicht überhaupt der letzte Musiker, der noch nicht gewerkschaftlich organisiert und schon deshalb für ihn interessant war. Er war fest entschlossen, mich zu gewinnen, teils um die AGMA dadurch zu treffen, teils aus rein strategischen Gründen. Er plante einen Streik gegen die amerikanischen Plattenfirmen, und diesem konnte ein einziger unorganisierter Geiger gefährlich werden.

Verglichen mit Petrillo hatte ich keine guten Karten. Ich wußte, wenn sich die AFM einfallen ließ, mein Auftreten mit Orchestern zu boykottieren – die größten Orchester unterstanden ihr –, würde ich klein beigeben müssen. Ich beschloß, meine Unterwerfung möglichst lange hinauszuziehen. Es gelang mir, unseren Waffengang über mehr als zwei Jahre auszudehnen.

Der erste Schuß des Duells war noch durchaus freundlich: Man würde es begrüßen, wenn ich der Gewerkschaft beiträte, ich solle meinen Eintritt bitte in Erwägung ziehen. Ich dankte für die ehrenvolle Aufforderung, meinte aber, die AFM sei für mich sicher doch nicht das richtige. Petrillo veranstaltete jeden Sommer in einem Stadion in Chicago Freiluftkonzerte. Als nächstes kam der Vorschlag, bei einer solchen Gelegenheit für ein sehr hohes Honorar zu spielen, mit dem zusätzlichen Anreiz, ich könne dabei »die wichtigsten Leute von Chicago« kennenlernen, ziemlich zweifelhafte Gestalten, mit denen die AFM anscheinend freundschaftliche Beziehungen pflegte. Als Gegenleistung verlangte man nur, daß ich vorher der Union beiträte. Mein Antworttelegramm drückte tiefste Dankbarkeit für diesen Vorschlag aus, ich ließ jedoch durchblicken, ein Beitritt unter dem Zeichen solcher Bevorzugung könne als Zwang oder Bestechung ausgelegt werden. Ich träte lieber aus freiem Willen ein. So gewann ich immerhin wieder einige Monate.

Dann kam ein etwas bestimmter gehaltener Brief: Leider gäbe es für meinen Beitritt keine Alternative. Anbei meine Mitgliedskarte. Oberhalb der gepunkteten Linie für die Unterschrift versprach die Karte im Namen des Inhabers, daß er alle Gesetze, Bestimmungen und Statuten der American Federation of Musicians erfüllen würde. Nach diesem Strohhalm griff ich und antwortete, ich wolle diese Statuten sehen, ehe ich verspräche, mich daran zu halten. Dadurch gewann ich ein weiteres Jahr Freiheit. Das kleine rote Buch (zwar weniger berühmt als ein anderes kleines rotes Buch, das der Welt seinen Stempel aufgedrückt hat, doch kaum weniger interpretationsbedürftig) führte zu einem langwierigen Briefwechsel zwischen mir und den Bürokraten der AFM, zunächst über die fehlenden Bestimmungen für meinen besonderen Fall, dann über die Machtbefugnisse der Gewerkschaftsfunktionäre. Paragraph 1 hob ich mir für den letzten Schlag auf. Er lautete: »Der Vorstand hat das Recht und die Pflicht, a) allen Gesetzen und Vorschriften der AFM notfalls mit Gewalt Geltung zu verschaffen, b) alle Gesetze und Vorschriften der AFM zu annullieren.« Es war so absurd wie in »Alice im Wunderland«. Als auch über diese Reglementierung feierlich korrespondiert worden war, gingen mir die Verzögerungstaktiken aus. (Mein Ersuchen, diese Klausel genauer zu erläutern, wurde übrigens nie beantwortet.) Als man mir drohte, das Philadelphia Orchestra würde nicht mehr mit mir spielen, gab ich nach.

Meine letzte unabhängige Tat bestand darin, einen Ort meiner Wahl zu bestimmen: ich wählte San Francisco. Einige Tage später gab Petrillo bekannt, der Streik begänne um Mitternacht. Baller und ich nahmen in einem alten Konzertsaal in New York City bis zur letzten Minute Platten auf. So vermied ich es gerade noch, meine Gewerkschaftslaufbahn als Streikbrecher zu beginnen.

Vielleicht hätte ich Petrillo länger Widerstand leisten oder die ganze Sache an die Öffentlichkeit bringen sollen. Die Schattenseiten der AFM, die kugelsicheren Wagen, die »starken Männer« in Chicago, die totalitären Machtbefugnisse der Funktionäre hätten stärker angeprangert werden müssen. Mit der Zeit haben sich die skandalösen Zustände gebessert, der Einfluß der Gewerkschaften scheint mir aber auch bei korrektem, einwandfreiem Geschäftsgebaren nichts Ersprießliches zu sein. Bei der (nicht nur innerhalb der Gewerkschaft) herrschenden

Tendenz, Menschen als austauschbare Gegenstände zu behandeln, versuchen die zentralisierten Organisationen die Verschiedenartigkeit ganzer Gruppen niederzubügeln. Es ist lächerlich, in einem Land vom Ausmaß der Vereinigten Staaten allen Mitgliedern der AFM gleiche Pflichten und Rechte aufzuerlegen, da sie vom Alleinunterhalter im Nachtclub bis zu Orchestermusikern unterschiedlichster Prominenz die heterogensten Elemente umfassen. Und doch geschieht es. Meiner Meinung nach ist das mit ein Grund für den Niedergang des American Symphony Orchestra, dessen Kern das einst von der NBC für Toscanini zusammengestellte Orchester war. Es löste sich auf, als man fand, Toscaninis Prestige rechtfertige die hohen Ausgaben nicht länger. Ihn zu entlassen war ein übler Dank für den Mann und die von ihm geleisteten unschätzbaren Dienste. Schon um der Gerechtigkeit willen hätte man ihn seine Tage in Frieden beschließen lassen sollen. Als ihm dann auch noch das Fernsehen die Hörer seiner Rundfunkübertragungen abspenstig machte, wurde er unter dem ersten sich bietenden Vorwand abgeschoben. Leopold Stokowski hielt einige der NBC-Musiker noch zusammen, ergänzte sie durch Zugänge aus dem Juilliard und anderen Konservatorien und bildete daraus ein neues Orchester, das American Symphony Orchestra. Die ›alten Hasen‹ steuerten ihre Erfahrung und Autorität, die jungen Leute ihre Begeisterungsfähigkeit, ihren guten Willen und ihre Arbeitsbereitschaft bei. Angemessene Probenarbeit aber war genau das, was die Gewerkschaftsvorschriften verboten. Die Proben durften nicht länger dauern als die festgesetzten zweieinhalb Stunden pro Tag. Das genügte für ein eingespieltes Orchester von großem technischen Können bei Repertoire-Einstudierungen. Man sollte meinen, derartige Regeln müßten flexibel genug sein – doch nein, die Gleichmacherei ist blind für die Bedürfnisse und Rechte des Individuums.

Einige Jahre später, als ich keinen Grund mehr sah, meinen Solistenkollegen die Solidarität zu verweigern, trat ich auch noch der AGMA bei.

Etwa 1944 wurde offenbar, daß Nola und ich uns völlig auseinandergelebt hatten. Die häufigen Trennungen mögen mit daran Schuld gewesen sein, doch ich bezweifle, daß es unter günstigeren Begleitumständen anders gekommen wäre. Sie war sich eher als ich darüber im klaren. Auf einem unserer ersten Urlaube, ehe die Kriegsverpflichtungen einsetzten, machte sie einmal eine Andeutung, wir hätten wohl doch nicht genügend Gemeinsames , um eine Ehe darauf aufzubauen. Jeder von uns hatte eine Illusion geheiratet, sie sowohl wie ich, denn das Leben eines Virtuosen hat nicht den Glanz, den viele Leute hineinlegen. Schließlich wurde unsere Beziehung gelöst. Wären wir jünger oder aber reifer gewesen, hätte unsere Begegnung weniger Schaden angerichtet, weniger schmerzliches Bedauern hinterlassen. So war sie halb Traum, halb Melancholie gewesen. Ich hatte eine Phantasie auf so unsicherer Grundlage aufgebaut wie mein Vater seinen Traum von der Tscherkessenvilla. Was ein völlig legitimes Liebesverhältnis hätte sein können, vermochte das Gewicht der Dauer, mit dem ich es belastete, nicht zu tragen. Erst rückschauend sehe ich meine erste Ehe als Entwicklungsstufe. Wer sich selbst so falsch einschätzt, lernt Bescheidenheit, aber auch, wie wichtig es sein kann, sich Illusionen zu erhalten. Vielleicht soll man sich nicht ein Leben lang mit Zweifeln am Wert eines ersten Impulses herumschlagen, sondern ganz einfach intensiv und überzeugt leben, um jeden Preis. Als meine Ehe in die Brüche ging, halfen mir nachträgliche Erkenntnisse nichts. Als Nola mir schließlich gestand, sie liebe einen anderen, kam es mir trotz allem überraschend. Ich wußte, es war vorbei zwischen uns, war aber noch zu unreif, um meinen Standpunkt zu ändern, und zu traditionsbewußt, um nicht vor einem offenen Bruch zurückzuscheuen. Ich war verwirrt und wußte nicht mehr ein noch aus. Nichts im Leben hatte mich darauf vorbereitet, mit einem Fehlschlag fertig zu werden. So schleppten wir uns jahrelang hin, weil ich zu unentschlossen war und sie nicht in die Scheidung einwilligte – die drei trübsten und mißlichsten Jahre meines Lebens.

Lange nach ihrer eigenen Scheidung schrieb mir Hephzibah einen Brief, mit dem sie mir aus der Seele sprach: »Das Schlimmste war wohl, daß wir nicht mit dem Leben in Berührung gekommen waren wie die anderen, die nicht wie wir vor allen Alltagssorgen behütet wurden. Wir blamierten uns schrecklich, als wir zum ersten Mal dem wirklichen Leben gegenüberstanden. Wir waren unfähig, uns wie Wesen mit freiem Willen zu benehmen. Wir kannten und wußten alles, aber nur theoretisch. Wir hatten uns schon oft überwinden und ins Unvermeidliche finden müssen, doch ein Problem wirklich gelöst hatten wir noch nie. Uns waren noch nie andere Menschen als Realitäten begegnet, die man als gegeben nehmen muß. Unser Leben war darauf aufgebaut, ein einziges, genau begrenztes Teilgebiet zu meistern. Es hatte Arbeit gegeben, strenge Arbeit im Sinne äußerster Hingabe – der Rest zählte nicht.

Sobald Menschen mit anderen Maßstäben in unser Leben traten, waren wir hilflos vor dem Konflikt zwischen dem, was man uns gelehrt hatte, und dem, was wir jetzt lernen mußten...
Nach all dieser langen Zeit habe ich das Gefühl, als liege das Beste noch vor uns. Wir haben anderen viel Kummer gemacht und haben mit den besten Absichten der Welt gerade denjenigen Schmerz zugefügt, die wir liebten...«
Ich hatte Nola geheiratet, ohne auf die Ehe vorbereitet zu sein. Ich hatte die Geige gespielt, ohne sie technisch zu beherrschen. Als nun die schweren Belastungen meines Privatlebens mit den nie dagewesenen Anstrengungen der Kriegstourneen zusammentrafen, kam der Moment, in dem dieser Mangel an Vorbereitung deutlich zutage trat. Dafür, daß ich über meine Interpretation nicht nachgedacht, sie nicht analysiert hatte, die Maschine sozusagen weiterlaufen ließ, ohne sie je zu zerlegen oder zu überholen, war mein Spiel gut. Doch ich spürte: so würde es nicht weitergehen. Ich mußte die technischen Grundlagen begreifen, ehe ich jene Leichtigkeit zurückgewann, die mir früher eigen gewesen war und die mich jetzt zu verlassen drohte. Ich merkte auch, daß ich schlechte Gewohnheiten angenommen hatte. Zweifach gewarnt, ging ich daran, die Grundprinzipien zu erforschen, was jahrelang dauerte. Im Grunde bin ich noch heute nicht damit fertig, und jeder Tag beschert mir neue Erkenntnisse, auf die ich später noch näher eingehen werde. Das Wesentliche an meinem Problem war die Bewegungstechnik. An sie mußte ich aufgeschlossen und vorurteilslos herangehen, sie von jeder erfolgversprechenden Seite her anpacken, ob nun medizinisch, athletisch, gymnastisch oder geigentechnisch. Ich las die Klassiker: Dounis' »Violintechnik«, seine »Unabhängigkeit der Finger«, Carl Fleschs »Kunst des Geigenspiels«. Ich sprach darüber mit Kollegen und Freunden, auch mit Joseph Szigeti. Ich lernte in New York zwei Geigenlehrer kennen, Theodore und Alice Pashkus. Abgesehen davon, daß sie einem vorkamen wie das italienische Intrigantenpaar aus dem *Rosenkavalier*, hatten sie manches Nützliche wie Unnütze anzumerken. Schritt für Schritt tastete ich mich vor. Dabei konnten die verschiedenartigsten Begegnungen mir helfen. Unter meinen New Yorker Freunden war Paul Draper, ein Step-Tänzer, der einen bunt gemischten, höchst anregenden Kreis zu sich einlud. Dort traf ich eines Abends den amerikanischen Langstreckenläufer Borrican. Ich befragte ihn über seine Trainingsmethoden. Er lud mich ein, ihm am nächsten Tag im Yankee-Stadion zuzuschauen. Als ich dem

Taxichauffeur die Adresse nannte, drehte er sich am Steuer zu mir um und belehrte mich freundlich: »Heut ist nix los im Stadion.« »Doch, doch«, sagte ich, »Borrican läuft, und ich laufe mit.« Selten habe ich eine so ungläubige Miene gesehen.

Gerade während dieser Zeit beruflicher Sorgen, privater Probleme und Überanstrengung wurde mir eine musikalische Begegnung zu einem echten, langwährenden Geschenk: die mit Béla Bartók. Zunächst begegnete ich seiner Musik, dann ihm persönlich.

Antal Dorati war es, der dabei Schicksal spielte. Bartók war damals einer von vielen Flüchtlingen, die eine Sintflut am Gestade Amerikas abgesetzt hatte. Er bewohnte eine kleine Wohnung mitten in New York City, war krank, arm und außerhalb Ungarns nur wenigen bekannt, darunter selbstverständlich Dorati. Auch er hielt sich 1942 gerade in New York auf, ehe er beruflich nach Dallas mußte. Wir freundeten uns an. Dorati, ein ungeheuer begabter Musiker, hatte den unschätzbaren Vorteil genossen, in Budapest ausgebildet zu werden, wo damals Bartók, Kodály, Leo Weiner und andere so hohe musikalische Maßstäbe setzten, wie sie vielleicht in der Welt einzig waren. In diesem Klima breiter öffentlicher Anerkennung gediehen Berufsmusiker ebenso wie Hunderte von Amateurstreichquartetten. Um nur ein Beispiel zu nennen: Doratis Mutter konnte jede Stimme sämtlicher Beethoven-Quartette auswendig singen. Als die Nazis sie und andere Juden zusammentrieben und einsperrten, erhielt sie sich dadurch ihren Verstand, daß sie dieses Repertoire im Kopf unermüdlich wiederholte. Dorati ist ein echter Sohn seiner Mutter und seiner Vaterstadt. Zu vielseitig, um nur als Dirigent, Komponist oder Pianist abgestempelt zu werden, zu vielseitig auch als Mensch, um nur Musiker zu sein: er zeichnet auch sehr gut. Wie viele große Dirigenten, darunter Ansermet und Monteux, hatte er in der Jugend viel Ballett dirigiert und war bei den Tänzern wegen seiner Temperamentsausbrüche gefürchtet gewesen. Zum Glück erlebte ich nie einen bei ihm, nur eine kindhafte Frische und Empfindsamkeit; lief alles glatt, war er kindlich übermütig, ging etwas schief, so schmollte er auch wie ein Kind.

Eines Tages lud Dorati einige Freunde und mich zu einem Kammermusikabend ein, der so lange dauerte, daß die empörten Nachbarn sich beschwerten. Aber vor dieser Unterbrechung erzählte er mir von Bartók, drang in mich, seine Musik kennenzulernen, und spielte mir Auszüge einiger Werke am Klavier vor. Wie alle Offenbarungen erschien auch diese mir klar, schlicht und wie seit langem bekannt. Bartóks Musik stammte aus dem Osten, schon dadurch hatte sie großen Reiz für mich, doch alles Folkloristische war durch sein musikalisches Format umgedeutet, umgestaltet in etwas, das alle anging und zu unserer Zeit und Kultur sprach wie zu jeder anderen. Bei ihm wurde Volksmusik zu etwas universell Gültigem; dem menschlichen Fühlen gab er noble Dimensionen. Bei aller erdhaft-urtümlichen Kraft hatte seine Musik das Verfeinerte, Stählerne, Kompromißlose einer Disziplin, die sich allem Schwelgerischen verschließt. Bartók, ein Komponist des zwanzigsten Jahrhunderts, hielt dem Vergleich mit den Giganten der Vergangenheit stand.

Doratis Drängen folgend, machte ich mich mit Bartóks Musik vertraut und liebte am meisten das zweite Violinkonzert und die erste Sonate für Klavier und Violine (Bartóks eigentliches Instrument war, wie bei jedem Ungarn, das Klavier, doch er begriff die Geige). Ich nahm beide Werke in mein Repertoire für 1943 auf und spielte das Violinkonzert in Minneapolis unter Mitropoulos – er dirigierte nicht nur das Konzert, sondern auch die Proben ohne Noten, ein unglaubliches Bravourstück, das er jede Woche mit einem neuen Programm wiederholte. Einige Tage später spielte ich mit Baller in der Carnegie Hall. Zwischen den beiden Konzerten im November 1943 lernte ich Bartók persönlich kennen. Ich wollte vor der ersten Wiedergabe seiner Sonate sein Urteil hören und bat ihn in einem Brief, sie ihm vorspielen zu dürfen. Meine alte Freundin, »Tante Kitty« Perera, die selbst Geigerin und eine Freundin Toscaninis war, ein reizender Mensch voller Wärme, Lebenslust und immer bereit zu vermitteln, lud Bartók, Baller und mich in ihre Wohnung in der Park Avenue ein. Als Baller und ich an jenem winterlichen Spätnachmittag bei ihr eintrafen, war Bartók schon da. Er saß in einem hart ans Klavier geschobenen Lehnsessel, die Noten vor sich, den Bleistift in der Hand: nach meinen Erfahrungen ein typisch ungarisches Verhalten. Bartók war wie Kodály erbarmungslos streng mit seinen Schülern. Höflichkeiten gab es nicht. Baller ging ans Klavier, ich suchte mir einen niedrigen Tisch, legte meinen Geigenkasten darauf, packte aus, stimmte. Wir fingen an zu spielen. Nach dem ersten Satz stand Bartók auf – das erste Nachlassen seiner starren Konzentration – und sagte: »Ich dachte, so könne man einen Komponisten erst spielen, wenn er längst tot ist.« Wäre ich wirklich bescheiden, hätte ich dieses Lob nicht erwähnt, aber es ist für mich ein unvergeßlicher Glücksfall, daß ich einen Komponisten durch Wiedergabe seiner Musik gewinnen konnte und daß er, der Lebende, dem wir sie verdankten,

sich verstanden fühlte. Damit war das Eis gebrochen. Wir wechselten kein überflüssiges Wort und kannten uns doch. Baller und ich spielten die übrigen Sätze.
Bartók wußte, daß ich kürzlich sein großes Konzert gespielt hatte, und wollte wissen, ob ich es auch erfaßt hätte. Er fragte besonders nach meiner Meinung über eine Passage im ersten Satz. »Sie ist ziemlich chromatisch«, äußerte ich. »Ja, sie ist chromatisch«, sagte er und drängte mich in die Richtung, in die er mich haben wollte: »Haben Sie gemerkt, daß sie sich mehrmals wiederholt?« (Sie kehrt, leicht abgewandelt, etwa zweiunddreißig Mal wieder.) Damit habe ich Schönberg zeigen wollen, daß man alle zwölf Töne verwenden und trotzdem tonal bleiben kann.« Das war typisch für Bartók. Ein Zwölftöner fände in jeder der wiederholten Sequenzen Material für eine ganze Oper. Aus Bartóks üppig wuchernder Phantasie strömten sie mit einer Leichtigkeit, wie es keinem Zwölftöner mit seinem Rechenschieber je gelänge. Er hatte jenen verschwenderischen Überschwang, der etwas nur einmal benutzt und dann wegwirft.
Bis auf die außergewöhnlich knappe, präzise Sprache, diamantenscharf und klar, die sich aufs Wesentliche beschränkte und jedes unnötige Wort vermied, merkte man Bartók in seinen letzten beiden Jahren, in denen ich ihn kannte, sein inneres Feuer nicht mehr an. Nichts an seinem beherrschten Äußeren ließ auf die barbarische Größe, die mystischen Visionen in seinem Inneren schließen. Hätte ich ihn in seinen gelösten Jugendjahren, als begeisterten Bergsteiger kennengelernt, hätte ich vielleicht keine so tiefe Ehrfurcht vor ihm empfunden und er wiederum vielleicht noch nicht jedes Gespräch so verachtet, obwohl ich bezweifle, daß er je redselig war. Bei einem schöpferischen Menschen tritt das Leben hinter seiner Schöpfung zurück, wird zweitrangig. Bartóks Genius zehrte den Menschen Bartók auf, ließ ihn vereinsamt und ausgesetzt zurück. Worte waren kaum noch nötig, ja das Leben selbst war kaum noch nötig, verglichen mit dem Umsetzen dieses Lebens und seiner Überzeugungen in die Musik.
Das Exil machte Bartók zum Unbehausten, Ausgestoßenen, der nichts mehr brauchte außer einem Bett, einem Tisch, um daran zu schreiben, und – was vielleicht als Luxus gelten kann – absoluter Ruhe, in der seine innere Konzentration fruchtbar werden konnte. Waren diese Bedürfnisse gestillt, so verströmte er die Reichtümer seines Geistes. Er brauchte dazu offenbar weder den Beifall der Kritiker noch die Zustimmung eines Publikums.

Was er aber brauchte und in den Straßen New Yorks schmerzlich vermißte, war der Kontakt zur Natur. Manchmal blieb er mitten in den Benzindünsten stehen, schnupperte und rief aus: »Ich rieche es, irgendwo ist ein Pferd!« Seine Sinne waren unendlich scharf. Seiner Nase folgend kam er tatsächlich zu einem kleinen Stall, in dem man fürs Reiten im Central Park Pferde mietete, und er füllte seine Lungen mit dem nostalgischen Duft. Alle Tiere kamen ihm immer vertrauensvoll entgegen, und er hatte für sie die gleiche Sympathie wie für naturverbundene Menschen. Seine Sehnsucht nach solchen natürlichen Gemeinschaften zeigt sich für mich in der immer stärkeren Schlichtheit seiner letzten Werke, die er im Wettlauf mit dem Tode im freudlosen New York geschrieben hat. Die Straßen müssen ihm unmenschlich vorgekommen sein, er verschloß sein Ohr dem Verkehrsgebrüll und öffnete es voller Interesse den Rhythmen und Melodien des Jazz, dieser Verschmelzung amerikanisch-afrikanisch-europäischer Elemente, die er teilweise in seinem Konzert für Orchester verwendete.

Ich wußte, daß es ihm finanziell schlecht ging, daß er zu stolz war, um Almosen anzunehmen – und daß er der größte zeitgenössische Komponist war. Ich verlor keinen Augenblick und bat ihn schon am ersten Nachmittag, als wir uns kennenlernten, etwas für mich zu schreiben. Ich redete ihm zu: es brauche nichts Großes zu sein, ich hoffte nicht auf ein drittes Violinkonzert, nur auf ein kleines Stück für Solovioline. Ich ahnte damals nicht, daß er eins der Meisterwerke aller Zeiten für mich schreiben würde. Und doch, als ich es im März 1944 zu Gesicht bekam, erschrak ich tief: ich muß gestehen, daß es mir fast unspielbar vorkam.

Der erste Eindruck trog: die Solo-Sonate ist ausgezeichnet spielbar, wunderbar für die Geige geeignet, eines der dramatischsten und befriedigendsten Stücke, die ich kenne, und seit Bach wohl die wesentlichste Komposition für Solovioline, ein Stück äußerster Kontraste. Der erste Satz, Tempo di Ciaconna, überträgt das größte Werk Bachs für Solovioline, den letzten Satz der Partita d-Moll, ins Ungarische, frei, aber diszipliniert. Dann kommt eine gewaltige Fuge, vielleicht das aggressivste und brutalste Musikstück meines Repertoires, gefolgt von der völlig heiteren Melodie mit den raschen, schwer faßbaren, tanzähnlichen Rhythmen des Presto. Daß ich diese herrliche Musik veranlaßte, ist mir eine Quelle der Befriedigung, und daß ich sie Bartók, ehe er starb, noch selbst habe vorspielen können, bleibt ein wichtiges Ereignis meines Lebens.

In der Urfassung sollte die Wiederholung der Sechzehntelpassage im letzten Satz in Viertelton-Intervallen gespielt werden – Intervallen also, die zwischen den Halbtönen der temperierten chromatischen Tonleiter liegen und seit Bach in der westlichen Musik verpönt sind, jedoch in der orientalischen Musik und bei gefühlvollen Improvisationen mit orientalischem oder zigeunerischem Einschlag benutzt werden, z.B. bei Enesco. Bartók ließ mir die Wahl, diese Passagen in Halbtonintervallen statt in Vierteltonintervallen zu spielen. Da mir nur Wochen zum Einstudieren der Sonate zur Verfügung standen, ängstigte mich die Forderung nach sauberen Viertelton-Intervallen in schnellem Tempo, ich wählte daher die erste Möglichkeit. Noch heute bin ich mir nicht ganz im Klaren, ob Vierteltonintervalle der Musik genügend Klarheit geben, bedaure aber, die Viertelton-Intervall-Version nicht in die veröffentlichte Ausgabe aufgenommen zu haben. Auch andere Geiger sollten, wie ich, das Recht haben, das eine oder andere zu tun. In künftigen Auflagen werde ich beide Versionen aufnehmen.
Bartók schickte mir die Partitur aus Asheville, Northcarolina, wohin er, von Leukämie gezeichnet, auf Rat seines Arztes gereist war. Er hatte meine Einladung angenommen, den Sommer 1944 in unserem Haus zu verbringen, und interessierte sich auch für den Vorschlag der Washington-Universität in Seattle, dort seine Studien der Indianermusik des Nordwestens weiterzuführen. Leider konnte er nicht mehr so weit reisen. Seine verzehrende Krankheit raubte der Musikforschung und mir, was er aus dieser ganz anders gearteten Volksmusik noch gemacht hätte. Er schrieb mir:
»Die ›Spielbarkeit‹ einiger Doppelgriffe macht mir ziemliches Kopfzerbrechen. Auf der letzten Seite gebe ich Ihnen verschiedene Möglichkeiten an. Auf jeden Fall hätte ich gern Ihren Rat. Ich schicke Ihnen hier zwei Kopien. Wären Sie so freundlich, in einer davon die erforderlichen Änderungen in der Bogenführung zu notieren, die unbedingt notwendigen Fingersätze zu ergänzen und mit anderen Vorschlägen an mich zurückzuschicken? Bitte vermerken Sie auch, was unspielbar ist. Ich werde dann versuchen, es zu ändern.«
Ich machte sehr wenige Vorschläge, weil ich das, was er geschrieben hatte, schwierig, aber durchaus möglich fand. Für einige technische Anregungen bedankte er sich in weiteren Briefen. Wir trafen uns im November 1944 wieder, unmittelbar ehe ich die Sonate zum ersten Mal auf dem Konzertpodium spielte, um noch einige Probleme miteinander zu besprechen. Zu meinen Vorschlägen äußerte er sich knapp, mit

sanfter Stimme, aber unerschütterlich. Als ich ihn bat, eine Passage auf eine andere Saite zu verlegen, sah er mich einige Sekunden lang mit seinem hypnotischen Blick an und erwiderte: »Nein.« Wieder stand er im Applaus des Publikums auf dem Podium der Carnegie Hall. Und wieder weigerten sich die Kritiker, sein Genie anzuerkennen. Nochmals genoß er es, sich »wie aus einer anderen Welt« zu hören. Seiner Freundin Wilhelmine Creel schrieb er: »Es war eine wundervolle Wiedergabe. Die Sonate hat vier Sätze und dauert ungefähr zwanzig Minuten. Ich fürchtete schon, das sei zu lang. Stellen Sie sich das einmal vor: zwanzig Minuten lang nur Solovioline zu hören! Doch es war völlig in Ordnung, zumindest für mich.«

Ihm gefiel die Wiedergabe besser als mir. Vielleicht spürte er meine gute Absicht und ahnte, daß ich zwanzig Jahre später seiner Solo-Sonate erst wirklich gerecht werden würde.

Bartók starb am 26. September 1945.

9. Befreiung

Auftreten vor de Gaulle in London · Wiederbegegnung mit Diana Gould · Diana und das Ballett · Mit Marcel Gazelle im befreiten Belgien und Paris · Filmstar Menuhin? · Mit Benjamin Britten 1945 auf Tournee durch Deutschland · Moskau – die Entdeckung der eigenen Vergangenheit, Begegnung mit Schostakowitsch, Freundschaft mit David Oistrach · Scheidung von Nola und Heirat Dianas

Seit die deutschen Truppen Europa besetzt hielten und Großbritannien belagerten, suchte ich Mittel und Wege, dorthin zu gelangen. Im Sommer 1942 wäre mir dieses Abenteuer beinahe gelungen: Die Alliierten hatten sich darauf geeinigt, daß man einen Konzertsolisten hinüberfliegen könne, wenn sich dazu Gelegenheit bot – sozusagen als Trüffel für eine Ladung Büchsenfleisch. In New York wurde ich jedoch gegen eine »geheime Eilsendung« (Flugmotoren, wie ich später erfuhr) ausgetauscht. So blieb mir nichts anderes übrig, als mitsamt meiner Kriegsrüstung vom Typ Fürst Khevenhüller wieder nach Hause zurückzufahren. Aber nichts hielt mich davon ab, weitere Versuche zu unternehmen, und schließlich, im Frühjahr 1943, fand ich mich an Bord eines RAF-Bombers über dem Atlantik, glücklich darüber, daß ich im Begriff war, vom Himmel herab in einer belagerten Festung zu landen und wieder mit Marcel Gazelle auf Tournee zu gehen. Wir spielten überall in England, in Fabriken und in Kasernen, und gaben in den Städten Wohltätigkeitskonzerte. London besaß damals für mich die geheimnisvolle Schönheit der Apokalypse; ich genoß es geradezu, mich durch die verdunkelten Straßen zu tasten und mich unter die Menge zu mischen, die in den U-Bahn-Schächten die Nacht über Schutz suchte.

London und New York, die Bastionen beiderseits des Atlantik, verbunden allein durch den Himmel, waren die beiden Hauptstädte des Kriegs: New York Zufluchtsort, Kraftzentrum und Kriegskasse; London der zerschossene Hauptgefechtsstand, wo Militärstrategen die europäischen Exilregierungen, die sich rechtzeitig von den Küsten des Kontinents abgesetzt hatten und von Europas Zukunft träumten, zusammenhielten; die ersten unter ihnen waren General de Gaulle und seine Leute des »freien Frankreich«. Marcel und ich spielten auch für die Franzosen, und zwar in der Royal Albert Hall, wo mir de Gaulle das Croix de Lorraine verlieh. Ungleich interessanter als diese öffentlichen Festivitäten waren jedoch die Male, als ich von de Gaulle und seinem »Kabinett« im Hotel Savoy zu Tisch gebeten wurde. Ich war ja noch relativ jung und hatte keinerlei Erfahrung mit Staatsmännern, fühlte mich also gar nicht in der Lage, einen so bedeutenden Mann recht zu würdigen. De Gaulle war ja auch ein Mensch, der weder besonders viel Vertrauen erwartete noch ausstrahlte; auch nach einigen weiteren Zusammentreffen hätte ich nicht behaupten können, ihn gut zu kennen. Aber wenn man als Außenstehender auch nicht alle Einzelheiten erfassen kann, vermag man doch auf Grund dessen, was man erfährt, einiges zu begreifen. Da ich bei den Streitigkeiten, Rivalitäten und Eitelkeiten, mit denen de Gaulles Beziehung zu den übrigen Alliierten gewürzt waren, überhaupt keine Rolle spielte (Frankreichs Integrität war wohl kaum durch mich gefährdet), zeigte er sich mir gegenüber von einer Seite, die seine offiziellen Begleiter an ihm entweder nicht erkennen konnten oder wollten: ein freundliches, mildes Wesen – eine wärmere Sympathie, als sie der Anlaß nahelegte. Auch bei späteren Anlässen, als ich ihm kurz nach dem Kriegsende und – nach seiner Rückkehr zur Macht – 1958 begegnete, begrüßte er mich stets mit mehr als nur diplomatischer Freundlichkeit, als ob unsere Bekanntschaft, die sich außerhalb des politischen Rahmens entwickelt hatte, noch immer ein Stück glückliche Erinnerung für ihn bedeutete.

Als ich das nächste Mal nach London kam, war mehr als ein Jahr vergangen, General de Gaulle war bereits in das befreite Paris zurückgekehrt – nicht länger als einsamer Bannerträger nationaler Freiheit, sondern als freudig begrüßter Führer des Landes. Es sollte noch vier Wochen dauern, bis ich meinerseits nach Paris zurückkehren durfte. In der Zwischenzeit änderte sich jedoch mein gesamtes Leben: Ich sah Diana Gould wieder.

Wenn ich zurückblicke, scheint es mir, als ob ich plötzlich den Entschluß gefaßt hätte, mich dem Schicksal nicht länger entgegenzustemmen. Schon im Jahre 1927 hatte ich Diana kennengelernt, hatte sie bei meinen Vorkriegsbesuchen in London gelegentlich wiedergesehen, sie später, 1943, jedoch nicht getroffen, als Dennison und Ingerson die Verbindung wieder herstellen wollten. Als mir jetzt, im September 1944, die »Jungen« die Telefonnummer gaben und ich Lady Harcourt, Dianas Mutter, anrief, hatte ich die Vorahnung, daß dies nicht nur ein unverbindlicher Anruf war. Jedenfalls verließ mich mein Savoir-faire vollständig. »Hallo, hier spricht Yehudi Menuhin«, begann ich kühn. »Aber nein, wirklich ?« antwortete eine ehrwürdige englische Stimme.

»Und was kann ich für Sie tun?« Für mich tun? Ich hatte gehofft, daß sie es mir verraten würde, aber die Chance dafür schien nicht groß, und so lud ich mich kurzerhand selbst für den nächsten Tag zum Lunch ein, ohne zu erklären, wie ich ihren Namen und ihre Adresse erfahren hatte. Unser Treffen sollte nicht in Mulberry House, dem zauberhaften Familiensitz in Chelsea,wo die »Jungen« ihnen begegnet waren, stattfinden; 1941 hatte eine Bombe das Mulberry House unbewohnbar gemacht und die Familie auseinandergesprengt – Lady Harcourt nach Bath und ihre Töchter Diana und Griselda in eine gemeinsame Wohnung in Belgravia. Als die Attraktion, sicher in der Provinz zu sitzen, nachließ, beschloß Lady Harcourt, daß London wohl wert sei, etwas zu riskieren, und kehrte dorthin zurück, und zwar in ein sehr viel größeres Appartement im selben Gebäude wie ihre Töchter. Hier versammelten sich die Mittagsgäste, Michael Redgrave, der Filmregisseur Anthony Asquith und ich. Man machte uns miteinander bekannt.
Von einem großen Sitzkissen erhob sich, um uns zu begrüßen, die schönste Frau, die ich je gesehen hatte: ein dunkelhaariges, großgewachsenes, schlankes Mädchen, deren Anmut, Intelligenz, Temperament, Lebhaftigkeit und Empfindsamkeit einander ergänzten und ineinander spiegelten. Bei manchen Menschen erkennt man das eine oder andere Charakteristikum und kann sich aus den einzelnen Elementen nach und nach ein Gesamtbild zusammensetzen. Diana machte derartige Versuche, Eigenschaften aufzuzählen und dann zu analysieren, völlig zunichte: Alles an ihr war bereits am rechten Ort, jedes Wort, jeder Ausdruck und jede Geste völlig sie selbst. Sie kennenzulernen, hieß nicht, erste Eindrücke zu ordnen, nein, man mußte sie nur vertiefen. Völlig versunken, war ich an diesem Tage wahrscheinlich ziemlich einsilbig, aber mein Unvermögen, zum allgemeinen Gespräch beizutragen, ist sicherlich in der brillanten Konversation zwischen diesem bezaubernden Mädchen und ihrer nicht minder bezaubernden Schwester untergegangen. Wie von Floretten geführt ging ihre Konversation mit unglaublicher Schnelligkeit hin und her: ein Konfetti geistvoller Epigramme stürzte auf uns hernieder. Ich sah zu und hörte zu, angeregt und erheitert, und versuchte nach dem Essen, Diana zu »entführen« – nur mit sehr geringem Erfolg: ich durfte sie lediglich zu einem Besuch beim Zahnarzt begleiten. Ich war bereits davon überzeugt, daß sie für mich bestimmt war. Ob ich für sie bestimmt war, darüber machte ich mir keinerlei Gedanken.
Dianas Schönheit – Geist, Wesen, Erscheinung – war nicht nur indivi-

duelle Gabe, sondern auch Ausdruck der Kultivierung eines menschlichen Erbes, das in der Tradition geformt und gebändigt war, bis es verfeinerten dauerhaften Ausdruck erlangt hatte. Vor vielen Jahren hatte bereits Anna Pawlowa ein solches Idealbild für mich geprägt; jetzt hatte ich eine atmende, fühlende Frau gefunden, die diesem Modell standhielt und es durch ihre Menschlichkeit verdrängte. Zu sagen, daß Diana von einer disziplinierenden Tradition geformt wurde, wäre eine Untertreibung; sie besaß die Disziplin englischen Lebens, das nichts von seiner Haltung verliert, gleichgültig, ob es von außen her durch Granaten oder von innen her durch häusliche Schwierigkeiten bedroht ist. Diana besaß die äußere Disziplin des Ballettänzers, jedoch darüber hinaus die innere Disziplin des Christen, der Schmerz ignoriert, Schwäche unterdrückt, eigene Ansprüche nicht gelten läßt, stets notwendige Pflichten sieht und sie ohne Rücksicht auf die eigene Person erfüllt. Schon der bloße Anblick machte mir klar, daß dieses Wesen in reinem Feuer gestählt war. Doch die Details dieser Erscheinung sollte ich erst nach und nach bei vielen Zusammentreffen richtig kennenlernen.

Ursprünglich entstammten die Goulds dem irischen Landadel. Doch die strengen Gesetze, die katholischen Gutsbesitzern auferlegten, ihre Ländereien unter die männlichen Nachkommen aufzuteilen, zwangen sie, um 1830 nach Frankreich auszuwandern, wo sie sowohl von der französischen wie der irischen und englischen Kultur geformt wurden. Dianas Vater, Gerald Gould, sprach Englisch kaum so fließend wie Französisch, dabei war er in einer britischen Public School erzogen worden und wollte Diplomat werden. (Auch Diana beherrscht beide Sprachen völlig, gleichgültig, auf welcher Seite des Kanals sie sich befindet.) Mit dreißig Jahren, als er seine diplomatische Laufbahn beginnen wollte, starb Gerald Gould jedoch und ließ seine Frau mit drei kleinen Kindern, acht Bediensteten, einem herrlichen Haus und einem angenehmen Vermögen zurück, auf das die Regierung ihre eiserne Steuerhand legte. Nur ein aufmerksamer Beobachter aber hätte irgendeine Veränderung im Familienleben feststellen können, denn Evelyn Gould opferte eher den Lebensstandard als den Lebensstil, indem sie die äußeren Dinge beschnitt, um die inneren zu wahren. Ihre Kinder fuhren mit Bus und U-Bahn, ihre Kragen wurden gewendet, sie lernten rasch, billige Angebote zu suchen und zu nutzen; und überwinterten in ungeheizter Pracht. Dennoch wuchsen sie nicht etwa in einer Atmosphäre vornehmen Getues auf; ihre Seelen nährten sich mit Musik,

Theater, Kunst und der Literatur zweier Sprachen, ihr Verstand schärfte sich an der Intelligenzia, die Mulberry House aufsuchte, und ihre Persönlichkeiten wurden geformt durch eine außergewöhnlich fruchtbare Kreuzung europäischer Kultur und bester britischer Tradition.

In zweiter Ehe heiratete Mrs. Gould Cecil Harcourt, einen hervorragenden Marineoffizier, dessen Verdienste erst mit seiner Ernennung zum Zweiten Seelord der Admiralität und dann zum Commander in Chief of the Nore (Themsemündung) gewürdigt wurden. Sir Cecil – er wurde schließlich geadelt – war Kapitän des Schlachtschiffs »Duke of York«, auf dem Winston Churchill zu seinem historischen Zusammentreffen mit Präsident Roosevelt in der Chesapeake Bay fuhr.

Von Kindheit an spielte Musik in Dianas Leben eine Rolle. Ihre Mutter – Evelyn Suart – war eine der bedeutendsten englischen Pianistinnen, eine Altersgefährtin von Myra Hess. Sie hatte als Kind bei Leschetitzky studiert, gab ihre ersten Konzerte mit den großen Dirigenten jener Zeit, Hans Richter und Arthur Nikisch, war befreundet mit Ysaye und machte Debussys Musik in Großbritannien bekannt. Nach ihrer Heirat konzertierte sie nicht mehr öffentlich, spielte aber in der Gesellschaft noch immer eine Rolle: Jeden Sonntag veranstaltete sie elegante Nachmittagsgesellschaften, zu denen –wie Pilger zu einem Heiligtum– englische wie internationale Musiker herangezogen wurden (ich selbst gehörte dazu sowie Louis Kentner, der später Griselda heiratete). Dianas erste Liebe war jedoch das Tanzen gewesen. Nachdem sie jahrelang davon geträumt hatte, erhielt sie mit acht Jahren ihre ersten Ballettschuhe. Was die Pantages Vaudeville Company für mich gewesen war, das bedeutete das Diaghilew-Ballett für sie; zu ihren wichtigsten Kindheitserlebnisssen gehört die Erinnerung daran, daß eines Abends ihre Mutter ins Kinderzimmer trat und aus einem Impuls heraus sie aus dem Bett holte und in das Colisium mitnahm – eine ferne Welt, deren duftende Atmosphäre ihr die Kraft geben sollte, das strenge Regime der nächsten Jahre zu überstehen. Während ich damals das Curran-Theater mit klingenden Ohren verließ, hatte Diana schon die Coliseum-Atmosphäre eingesogen. »Das Ballett hat seinen ganz eigenen Geruch«, berichtete sie. »Eine Mischung von Tarlatan und Harz und Schweiß und Benzoe, von Leim und Secotin und Staub: Schicht um Schicht aufgewühlt und umhergeweht von zahllosen Tänzerbeinen und von Hunderten von wehenden Soffitten – in Kostüme und in Leinwand eingetreten, eingebügelt, überpinselt, versiegelt und für immer den Kostümen und der Ausstattung anhaftend. Manchmal hätte ich dir im Stockdunklen sagen können, ob es der Karneval- oder der Scheherezade-Prospekt ist.«

Das Ballett verlangte von ihr völlige Hingabe. Die Konkurrentinnen schliefen nicht, die Chancen für öffentliche Vorstellungen waren begrenzt, und es gab keinerlei Gewerkschaft, die die Tänzer vor den Anforderungen der autokratischen Ballettmeister hätte schützen können. Dianas Training begann allerdings recht friedlich, als sie in die Donnerstagnachmittag-Klasse aufgenommen wurde, die auch ihr Bruder Gerard besuchte. Als Dianas Lehrer sie als talentiert bezeichnete und dafür plädierte, sie in eine richtige Ballettschule zu stecken, zog Lady Harcourt Erkundigungen ein. Obwohl eine ganze Reihe von Ballettmeistern und Ballettmeisterinnen in London lebte (Diaghilews ehemalige Tänzer zeigten eine ausgesprochene Vorliebe für diese Stadt, deren Ballettomanen die russische Truppe von Jahr zu Jahr am Leben erhalten hatten), gab es hier doch nur einen Enrico Cecchetti, denselben Cecchetti, über den seine bedeutendste Schülerin, die Karsawina, geschrieben hatte, er sei der »einzige absolut kompetente Lehrer des akademischen Tanzes in unserer Zeit«.

Das Alter hatte seine jähzornige Natur, für die er in St. Petersburg berüchtigt gewesen war, nur geringfügig gezähmt. Diana, die, an ihre Mutter gedrängt, zitternd das Probetanzen erwartete, hörte hinter der Tür zum Studio solche italienisch-russisch tönenden Wutausbrüche, daß sie wohl eher einen Menschenfresser erwartete anstatt jenen liebenswürdigen älteren Herrn mit Pfeffer-und-Salz-grauem Haar, der, kaum daß er aufgetaucht war und sich vorgestellt hatte, ihre Glieder zu verrenken begann. Nach der kürzesten aller Prüfungen behauptete er: »Ich nehme sie. Sie muß jeden Vormittag von zehn bis eins hier erscheinen.« So geschah es jedoch nicht, denn Lady Harcourt erklärte, es nicht zulassen zu können, daß Diana von der Schule abgehe und wegen ihrer Zehenspitzen das Gehirn vernachlässige. Daraufhin empfahl Cecchetti seine ehemalige Assistentin in der Diaghilewschen Truppe, Marie Rambert, die nicht völlig ausgelastet sei und vielleicht eine Schülerin für einige Stunden am Tag nehmen könne. Seitdem führte Diana ein Doppelleben: Sie wurde in ihrer Schule Klassenbeste und brachte in den verbleibenden Stunden noch das Ballettprogramm eines ganzen Tages unter.

Madame Rambert war alles andere als eine liebevolle Lehrerin: anspruchsvoll, was die russische Tradition des Balletts betraf, aber sehr rücksichtslos, und der Unterricht war ständig mit Sarkasmen und Beleidigungen gewürzt. Zehn lange Jahre studierte Diana bei ihr, aber nicht an ein tröstendes oder lobendes Wort kann sie sich aus dieser Zeit erinnern; und auch um das Wohlbefinden ihrer Kinder, die im Winter ihre Pliés im eiskalten Studio üben mußten, kümmerte die Rambert sich herzlich wenig. Dennoch galt die Schule als die beste in London (jedenfalls bis Sadlers' Wells begann), und Marie Ramberts Verdienste werden heute als unschätzbar anerkannt.

Im Frühjahr 1929 erhielt Dianas Mutter eines Montagmorgens einen Anruf der Rambert, sie solle ihre Tochter aus der Schule holen und »mit sauberem Hemd« in das Studio bringen. Dann hängte sie ohne weitere Erklärung ein.

Als Diana eintraf, flatterten die anderen Tänzerinnen durcheinander, denn der berühmte Diaghilew hatte sich zu Besuch angemeldet. Um die Mittagszeit erschien er tatsächlich – eine eher kleine Erscheinung mit bleichem Gesicht, das durch den chinesisch-schwarzen Schnauzbart noch weißer wirkte. Als die Stunde vorbei war, forderte man Diana auf, noch zu bleiben und die »Nelkenfee-Variationen« aus Tschaikowskys *Dornröschen* sowie mit Frederick Ashton das Adagio aus *Leda und der Schwan*, das Ashton im Grunde für sie konzipiert hatte, vorzutanzen. Diana, noch ganz gefangen von der Begegnung mit ihrem »Gott«, war in ihrer Garderobe und hatte einen Ballettschuh ausgezogen, als der »Gott« an die Tür klopfte: »Mademoiselle Diana, vous allez venir dans mon ballet (Sie werden in meine Truppe eintreten).« Zu Madame Rambert gewandt empfahl er, ihre Studenten nicht so gnadenlos zu drillen: »Je ne veux pas de muscles dans les femmes (Ich mag keine Muskeln an den Frauen).« Offensichtlich zog er Dianas schlanke art-nouveau-Schönheit vor, was ihn zu der galanten Bemerkung veranlaßte: »C'est la seule jeune fille que je voudrais épouser (Das ist das einzige Mädchen, das ich gern heiraten würde).« Während der folgenden beiden Wochen gab er ihr die Möglichkeit, jede Ballettvorstellung im Covent Garden anzusehen, und machte sie mit der Tschernichewa bekannt, die sie vom September an in Monte Carlo in ihre Obhut nehmen sollte.

Doch der Prinz, der sie aus der Verborgenheit ans Licht ziehen wollte, starb im selben Sommer. Zwei Jahre später sollte sich ähnliches wiederholen. Diesmal erschien die Pawlowa in Ramberts Klasse, um unter den anderen Tänzerinnen Diana – diesmal als Solistin – auszuwählen; doch auch sie starb, ehe Diana, die allmählich glaubte, daß sie nur noch auf nicht ernst gemeinte Aufforderungen reagieren könne, zusagen konnte. Schon ihr Äußeres machte sie zu etwas Besonderem; denn als Mädchen war sie immer sprungweise gewachsen, und mit jedem zusätzlichen Zentimeter hatte sie sich weiter von den konventionellen Rollen entfernt. Obwohl Arnold Haskell, der damalige Kritikerkönig des englischen Balletts, erklärt hatte, Diana sei »die beste junge Künstlerin, die das englische Ballett hervorgebracht hat«, wurde ihr die Karriere nicht leicht gemacht. Doch sie setzte sich durch: Nachdem sie den Fittichen der Rambert entronnen war, kam sie zu Balanchines Gruppe, wo sie zum Beispiel in *L'Après-midi d'un Faune* mit Serge Lifar und in anderen Rollen tanzte, währenddessen aber weiterhin in Paris bei Mathilde Kschessinskaya Unterricht nahm. Später tanzte sie in de Basils Truppe mit der Nijinska, mit Massine, mit der Markova-Dolin-Truppe, und zwar in verschiedenen Solorollen. Blieben Ballettengagements aus, übernahm sie Sprechrollen im Theater, was für sie kein Problem darstellte, weil das Schauspielerische ihre starke Seite war. Als wir uns das erste Mal begegneten, hatte sie übrigens gerade ein Engagement für die Sprech- und Tanzrolle der Frou-Frou in der *Lustigen Witwe*, inszeniert von Cyril und Madge Ritchard. In dieser Rolle war sie schon in Ägypten und Italien in Aufführungen zur Truppenbetreuung aufgetreten und sollte sie später, nur kurze Zeit, nachdem ich ebenfalls dort gastiert hatte, in Frankreich, Belgien und Holland spielen.

Im Jahr 1943 hatte ich Marcel beim Militär getroffen, wo er in strengem Zölibat lebte, von Jacqueline getrennt, die den Nazis hatte entweichen können und auf dem Weg nach England schon bis Lissabon gelangt war. 1944 war auch sie schon in London, wo Marcel sie allerdings zurückließ, als er mich nach dem Beginn der alliierten Invasion bei einer Konzertreise auf den europäischen Kontinent begleitete.
Im September 1944 landeten wir in Brüssel; die Schlacht von Arnheim wurde nördlich davon ausgetragen, Antwerpen war unter allnächtlichem Bombardement, und das Schicksal der Belgier schien noch immer auf der Kippe zu stehen. Weder physisch noch psychisch gehörte im Augenblick das Land zu irgend jemand – seine Eroberer waren verschwunden, aber die Befreier nur vereinzelt und ganz unvorhersehbar zur Stelle. Zwischen den Kampfzonen, verminten Straßen und in die Luft gejagten Brücken war das Reisen durch diese zerstörte Landschaft eine phantastische Folge von Transporten in geliehenen Wagen und Lastautos, über provisorische Ponton-Brücken und mit privaten

Fährunternehmen. Immer wieder wurde man von jemand, der sich selbst Autorität verliehen hatte, nach dem Woher und Wohin gefragt, wobei man niemals im voraus wußte, was einen erwartete: Amerikaner, Kanadier, zurückflutende Belgier oder die ortsansässigen Mitglieder des Maquis, so daß ein *laissez-passer,* der von allen von ihnen akzeptiert wurde, das schwierigste Problem für uns darstellte. Zu kurz und zu unsicher war die ganze Befreiung, um Euphorie hervorzubringen, aber die Funken der Hoffnung wurden mit jeder Stunde heller. Man kann sich vorstellen, daß unsere kleine Visite in Marcels Heimatland für ihn noch viel mehr bedeutete als für mich.

Nach unserem ersten Konzert in Antwerpen waren wir von der Stadtverwaltung zu einem Diner geladen, das in einem Gebäude neben dem verlassenen ehemaligen Gestapo-Büro stattfand. Dieses unvergeßliche Diner war die gespenstischste Veranstaltung, die ich je erlebt habe. Bei der Tafel, die mit Kristall und feinstem Silber gedeckt war und wo herrliche Weine kredenzt wurden, die man zu diesem ersten offiziellen »Freiheits-Diner« aus den Verstecken geholt hatte, sprach jedermann nur im Flüsterton. Über vier Jahre erzwungenes Stillschweigen war eine Gewohnheit, die man rascher annimmt als ablegt. Meine Nachbarn zu beiden Seiten erzählten flüsternd von den Schrecken und Schwierigkeiten, unter denen sie gelitten hatten, und mein Mitgefühl ging so weit, daß ich zurückflüsterte. Als die Gläser für den neuen Wein gewechselt wurden, gab der Ober im Flüsterton Jahrgang und Lage an; und ebenso flüsternd wurden Toasts ausgebracht, als wären sie heilige Schwüre einer verfolgten Geheimgesellschaft. Es war schon kurios; Pracht und Herrlichkeit auf leisen Sohlen. Weil man Antwerpen noch immer als sehr gefährdet ansah, durften wir dort nicht bleiben, sondern wurden auf mancherlei Umwegen und mit vielerlei Unterbrechungen nach Brüssel zurückgeschickt, wo ein weiteres Konzert stattfinden sollte. Danach hätten wir nach England zurückfliegen müssen, aber ich hatte mir in den Kopf gesetzt, den Kanal nicht wieder zu überqueren, bevor ich nicht Paris wiedergesehen hatte; Marcel, ein Pariser von ähnlicher Art wie ich, war entschlossen, ebenfalls mitzukommen.

Da die Reisemöglichkeiten beschränkt und unzuverlässig waren (wenn es sie überhaupt gab), ließen wir uns von einem amerikanischen Flugzeug nach Le Bourget mitnehmen und erreichten Paris ohne jegliche Vorankündigung in einem Jeep. Daß wir so weit gekommen waren, ließ es mir gerechtfertigt erscheinen, endlich einen alten Traum zu

16 *Arturo Toscanini, Hephzibah und YM*

17 *Edward Elgar, YM, Thomas Beecham*

18 *YM, Wilhelm Backhaus und Bruno Walter*

19 *Die Menuhins in der Carnegie Hall, 1933*

20 *Fritz Kreisler und YM*

21 *Konzert unter Georges Enesco*

22 *YM mit seinen Schwestern im Botanischen Garten von Sydney, 1935*

23 *Willa Cather (bei der Verleihung eines Ehrendoktor-Titels)*

24 *Krov und Zamira*

25 *YM mit Offizieren an Bord der HMS Duke of York in Scapa Flow, 1944*

26 *Béla Bartók*

27 *Diana mit vierzehn, als Diaghilew sie engagieren wollte* · 28 *Diana in ihrer Garderobe während ihres Engagements bei der Markova-Dolin-Truppe*

29 *Diana tanzend* · 30 *Griselda und Diana als die Misses Gunning auf einem Wohltätigkeitsball*

31 *Diana 1945*

verwirklichen: wir quartierten uns im Ritz ein. Es gelang mir, eines der wenigen Taxis aufzutreiben und den Abend über zu mieten; den Freunden, die wir nacheinander besuchten (wobei die unvermeidlichen Champagnerkorken knallten), muß es vorgekommen sein, als wären wir aus einer anderen Welt herabgefallen: meinem Manager Maurice Dandelot, Jacques Thibaud, Marcel Ciampi, Pierre Bertaux sowie Bigina und Ferruccio in ihrem Restaurant Ville d'Avray. So verging eine wahrhaft außergewöhnliche Nacht, bis der Mittwochmorgen dämmerte. Sonntagabend mußte ich wieder in London sein, um am folgenden Morgen nach Bedford in die evakuierten Studios der BBC zu fahren und dort die englische Erstaufführung des Bartók-Konzerts zusammen mit Sir Adrian Boult zu spielen. Das ließ mir weniger als drei Tage in Paris, wenig Zeit, um ein Konzert zu arrangieren und es bekanntzugeben; doch es schien mir unerträglich, wieder wegzufahren, ohne die Befreiung der Franzosen gefeiert zu haben. So wandte ich mich an meine Schutzengel bei der amerikanischen Armee, ob sie mich bei meinen Konzertvorbereitungen unterstützen wollten. Das wollten sie. Voraussetzung war, daß sie für mich am späten Samstagnachmittag einen Rückflug nach London arrangierten. Auch dazu waren sie bereit. Jetzt mußte ich nur noch den getreuen Maurice Dandelot bitten, das Konzert zu arrangieren. Dank seiner ans Wunderbare grenzenden Organisationsgabe gelang dies, als ob es weder äußere noch bürokratische Schwierigkeiten zu überwinden gelte. Die Grand Opéra wurde aufgesperrt und gefegt, die Eintrittskarten gedruckt, das Orchester und Charles Munch alarmiert; am Samstagvormittag fand eine Probe statt, ein Festessen der Stadt Paris schloß sich an, und um drei Uhr begann unser Konzert. Nach drei Stunden war noch immer sein Ende nicht abzusehen. Die Wiedereröffnung der Opéra, das erste Erklingen der Marseillaise seit 1940 machten das Konzert zu einem nationalen Ereignis von fast symbolischer Bedeutung. In der Kulisse standen zwei aufgeregte Amerikaner, die darauf warteten, Marcel und mich auf den Militärflugplatz Villacoublay zu fahren und uns vor Einbruch der Dunkelheit auf den Weg zu bringen. Der Beifall wollte kein Ende nehmen, auch nicht die Zugaben, neuer Applaus folgte; die Amerikaner nahmen mir einfach die Geige aus den Händen; für die letzte Zugabe lieh ich mir die des Konzertmeisters, verabschiedete mich endlich, und innerhalb einer halben Stunde – nach abenteuerlicher Jagd durch leergefegte Straßen – stiegen wir, noch immer im Frack, an Bord einer kleinen zweimotorigen Maschine. Mitten über dem Kanal setzte das elektrische System aus. Der Pilot steuerte das kleine Flugzeug noch bis zur englischen Küste und setzte dort, um nichts zu riskieren, bei Einbruch der Dämmerung auf einem Acker auf. Mit ihm marschierten Marcel und ich zur nächsten Landstraße, bis endlich ein Autobus auftauchte, mit seinen blauen Lichtern (was die Verdunkelungsbestimmungen vorschrieben) in der Dunkelheit kaum erkennbar. Er setzte uns an einem Bahnhof ab, wo wir einen Bummelzug nahmen und mitten in der Nacht in London ankamen. Ich blieb auf, um Korrespondenz zu erledigen, machte am nächsten Tag die vereinbarte Rundfunksendung und flog anschließend in die Vereinigten Staaten.

Zu Hause in Kalifornien erhielt ich ein Telegramm von meinem englischen Agenten Harold Holt, der mir für die Teilnahme in einer Sparte der Unterhaltungsindustrie, die ich noch nicht kannte, ein hübsches Honorar offerierte: ich sollte die Musik zu einem Film spielen, der sich »The Magic Bow« nannte und angeblich Paganinis Leben zum Thema hatte. Die Rank-Produktionsfirma wollte im Sommer 1945 mit den Aufnahmen beginnen. Harold Holt war einer der vielen großartigen Impresarios, die ich in meinem Leben kennengelernt habe, ein warmherziger, geselliger, offenherziger Mann, der herrliche Geschichten über exzentrische Virtuosen vergangener Jahre zu erzählen wußte und den jedermann liebte. Er hat erst spät in seinem Leben geheiratet, und zwar eine Frau ganz und gar nicht nach dem Geschmack seiner Mutter und seiner Schwestern, die, so vermute ich, sehr viel lieber seiner fortgesetzten, ungeteilten Aufmerksamkeit teilhaftig geblieben wären. Die alte Mrs. Holt habe ich während des Kriegs einmal in ihrer Suite im Claridge-Hotel erlebt, als ihre Töchter sie von hinten und vorne bedienten und die Obstschale neben ihrem Diwan stets mit Orangen gefüllt hielten – Sachen, die damals buchstäblich nicht aufzutreiben waren.

Natürlich flog ich auf das Angebot von Rank. Aus heiterem Himmel wurde mir die Aussicht einer Rückkehr nach London und zu Diana eröffnet, und auch wenn dieser Job doppelt so fragwürdig gewesen wäre, hätte ich ihn mit beiden Händen ergriffen. Da ich schon ahnte, daß die Auffassung, die Filmmenschen von Paganini haben, mit der meinen nicht harmonieren würde, stellte ich eine Bedingung: daß erst die Musik aufgenommen werden müsse; schließlich wollte ich vermeiden, mein Spiel nach anderer Leute Stoppuhr richten zu müssen. Zusätzlich äußerte ich die fromme Hoffnung, daß das Drehbuch sich an Geist und Buchstaben des Lebens vom Meister halten würde (es war schließlich so farbig, wie es Hollywood sich nur wünschen konnte), und kündigte an, ich würde authentisches Material, einschließlich Paganinis Briefe, die von der Stadt Genua veröffentlicht waren, mitbringen. Dieses Übergepäck hätte ich in Kalifornien lassen können. Rank hatte nämlich die Rechte an einem romanhaften »Treatment« über das Thema erworben und besaß nicht die geringste Neigung, sich von den Tatsachen irremachen zu lassen. Nach meiner Ankunft in London schickte man mir das Drehbuch, und etwas Hohleres, Primitiveres und Unsinnigeres habe ich mein Lebtag nicht gelesen. Man konnte nur lachen oder weinen, und nur wenn ich gemeinsam mit Diana diesen Unsinn las, konnte ich lachen. Mit dem Film selbst wollte ich nichts weiter zu tun haben, aber die Musikaufnahmen, die genau so wurden, wie ich es wollte, machten großen Spaß.

Aus Jux machte ich den Vorschlag, ich könne doch nicht nur Paganinis Musik, sondern ihn selbst im Film spielen. Diesen Vorschlag nahm man tatsächlich so ernst, daß eine Probeaufnahme arrangiert wurde, worüber der für die Rolle längst engagierte Stewart Granger natürlich leicht pikiert war. Er war, was sein gutes Recht ist, sehr stolz auf seine äußere Erscheinung und fragte mich, vielleicht mit einer Spur von Herablassung, wo ich denn das passende Kostüm für mich aufzutreiben gedächte. »Ach, Stewart, ich glaube, da brauchen Sie sich nicht zu sorgen«, tröstete ich ihn, »man kann Ihre Sachen doch ein bißchen ausweiten.« Dann war es soweit. Diana hatte nach Kräften versucht, mit mir zu proben, aber es war vergeblich. Als Witzfigur in Kniehosen und mit Perücke, dem heiteren Paganini so unähnlich wie nur möglich, fand ich mich mit Phyllis Calvert mitten in einer Liebesszene auf einem paduanischen Balkon. Der Text konnte einen nur erröten machen, weniger wegen seiner Gefühlsduselei als seiner Verlogenheit, und da ich ihn kaum überzeugend aufsagte, nahm meine Schauspielerkarriere ihr wohlverdientes Ende. Diese Episode hatte aber auch ihr Gutes, denn die Standaufnahmen von damals sind zum Entzücken unserer Kinder erhalten.

Der Krieg in Europa war seit einigen Wochen zu Ende, und der Kampf gegen Japan sollte noch ein paar weitere Wochen andauern, als ich im Juli 1945 zum erstenmal seit 1933 nach Deutschland zurückkehrte. Nicht etwa, wie in meiner Jugendzeit, zu einer Orchestertournee, sondern um für ausländische Flüchtlinge, die sogenannten Dp's (displaced persons), und die Überlebenden der Konzentrationslager zu spielen, die, da sie nicht wußten wohin, noch immer dort hausten. Wie viele Juden oder Nichtjuden in diesen Tagen, sah ich mich einer Wirklichkeit konfrontiert, die jegliche Vorstellungskraft überstieg und von mir, dem unversehrt Gebliebenen, Trauer, Reue und Mitgefühl den Überlebenden gegenüber forderte. Ich erkundigte mich bei den britischen Behörden, ob ich in ihrer Zone diese Lager besuchen könne, und die Briten gaben die Erlaubnis; Gerald Moore erklärte sich bereit, mich zu begleiten. Ungefähr eine Woche vor unserer Abreise traf ich auf einer Gesellschaft des Londoner Musikverlags Boosey and Hawkes den Komponisten Benjamin Britten. Nach meist in den USA verbrachten Kriegsjahren war er gerade erst nach England zurückgekehrt und hatte ebenfalls darüber nachgedacht, auf welche Weise man seine Anteilnahme an den Zuständen, deren Schrecklichkeit gerade enthüllt war, bekunden könne. Er nahm sogleich lebhaftes Interesse an meinem Vorhaben und bat, mich begleiten zu können. Dankenswerterweise trat Gerald Moore zurück.

Nicht alle Komponisten sind gute Begleiter, aber ein glücklicher Umstand hat mir die Bekanntschaft mit Komponisten wie Britten und Enesco beschert, die selbst im Dienst jener Musik, die ihnen nicht sehr liegt (und Beethovens Musik liegt Britten gewiß nicht), rasch ein so tiefes Verständnis für sie entwickelten, wie es forciertes Bemühen gar nicht hervorbringen kann. Vielleicht ist es eine tief verborgene, instinktive Zuneigung, die ein Komponist zum anderen spürt, die alle Zeiten überspringt und das Wesen seiner Musik in Gedankenschnelle voll erfassen läßt. Wie die Bewunderer von Bens Konzerten mit dem Tenor Peter Pears hören können, ist er ein außergewöhnlicher Pianist, dessen Kunst des Begleitens von bemerkenswerter Sensibilität und Klangvorstellung geleitet ist. Mit ihm zu musizieren, ist für mich stets eine Freude und ein Privileg gewesen.

Vor unserer Abreise aus London hatten Ben und ich versucht, ein Repertoire zu probieren, waren aber gleich wieder davon abgekommen: Wir stellten fest, daß wir gar nicht zu probieren brauchten – unsere übereinstimmende Auffassung gab uns intuitive Sicherheit; wir vertrauten auf unser Glück und unsere gemeinsame Musikalität und brachen nach Deutschland auf. Wir nahmen mehr oder weniger die gesamte Violinliteratur – Konzerte, Sonaten, kleine Stücke – mit auf die Reise und spielten sie ohne Probe, eine Woche lang mehrmals täglich, in den traurigsten Ruinen des Dritten Reichs. In Belsen spielten wir an einem Nachmittag zweimal. Solange ich lebe, werde ich diesen Nachmittag nicht vergessen. Erst wenige Wochen zuvor waren die Überlebenden dieses Lagers befreit worden, man hatte die Baracken niedergebrannt und die ehemaligen Gefangenen in die naheliegende ehemalige SS-Kaserne verlegt, wo sich, neben anderen Annehmlichkeiten, auch ein Theater befand. Männer wie Frauen unter unseren Zuhörern waren in Kleider und Anzüge gehüllt, die geschickte jüdische Schneider unter den Gefangenen aus amerikanischen Armeewolldecken genäht hatten. Innerhalb der wenigen Wochen seit ihrer Befreiung waren sie gewiß inzwischen wieder etwas zu Kräften gekommen, aber unseren unbefangenen Augen schienen sie entsetzlich ausgemergelt, und viele lagen noch immer im Lazarett. Unter ihnen befand sich ein kleiner Zigeunerjunge, dessen engelhafter Ausdruck mich so stark berührte, daß ich ihn – hätte mein eigenes Familienleben nicht in Scherben gelegen – auf der Stelle adoptiert hätte. In den dreißig Jahren seit jenem Nachmittag habe ich etliche dieser Belsen-Zuhörer wiedergesehen, wenn sie zu mir ins Künstlerzimmer kamen, wo auch immer – in Israel, Australien oder sonstwo – sie ein neues Leben begonnen hatten; den Zigeunerjungen habe ich nie wiedergesehen. Noch ein Bild aus diesem besiegten, zerstörten und niedergeschlagenen Land ist mir in der Erinnerung geblieben, weil es völlig anders als alles andere war: Ben und ich wurden in ein kleines, sauberes Städtchen gefahren, das gerade von den Polen übernommen worden war. Die früheren deutschen Einwohner hatte man aus den Häusern vertrieben, wenn man ihnen auch offensichtlich erlaubte, tagsüber in der Stadt weiter ihren Tätigkeiten als Arzt, Hausmädchen usw. im Dienste der Polen nachzugehen. Eine fröhlichere, scheinbar unbeschwert lebende Stadt hat es wahrscheinlich nicht gegeben. In einem fort wurden Feste gefeiert, Hochzeiten und Geburtstage; blumengeschmückte Karossen mit aufgezäumten Pferden kutschierten in den Straßen umher. Elend und Strapazen des Krieges waren erst wenige Tage vorbei, aber die Lebensfreude war wieder eingekehrt. Natürlich war sie nicht von Dauer; schon nach kurzer Zeit sollte sie dem täglichen Trott weichen. Doch selbst in ihrer Vergänglichkeit gab sie dem Städtchen ein glückliches Gesicht.

Diana war der Leitstern, der mich zu meinem Hauptquartier London zurückzog, und in ihrer Gesellschaft verlor sich meine Niedergeschlagenheit; solange wir zusammen waren, verbannte ich aus meinem Kopf den Gedanken an das notwendige Getrenntsein, ein Problem, das ich noch nicht gelöst hatte, weil ich im stillen hoffte, ich könne irgendeinen Weg finden, mit meiner Vergangenheit abzuschließen und Diana ein neues Leben ohne Belastungen zu bieten. Ich habe Diana niemals tanzen gesehen außer in einem Film, von dem ich glücklicherweise eine 16-mm-Rolle bis zum heutigen Tage aufgehoben habe), aber ich sah sie in »Jacobowsky und der Oberst« spielen und fand sie dort auf der Bühne außerordentlich gewandt und beeindruckend. Sie wiederum besuchte meine Konzerte, und gemeinsam hörten wir andere Musiker, unter ihnen Pablo Casals. So nahm ich ihre gesamte freie Zeit in Beschlag, und in endlosen Stunden des tête-à-tête machten wir die faszinierende Entdeckung, daß wir in einer gemeinsamen Welt lebten. Obwohl alle Zufälligkeiten unseres bisherigen Lebens völlig verschieden waren, trafen wir uns im Wesentlichen; wenn ich auch in ihren Augen gräßlich wohlhabend, erfolgreich und von den Problemen des Lebens unbeleckt erschien, gab es doch nichts, das uns nicht gemeinsam interessierte. Es schien mir, als sei Diana die Herrin neuer Welten, zu denen ich zwar den Schlüssel besaß, die ich jedoch niemals betreten hatte – die Welt der Dichtung und der Literatur sowie die Wunder der Sprache. Sie gab mir plötzlich die Möglichkeit, mich auszudrücken, denn die Schwierigkeiten, mit denen ich letztlich zu kämpfen hatte, ließen sie in mein Innerstes blicken, das sie besser als ich zu erkennen vermochte. Umgekehrt sah ich in ihr das Spiegelbild der eigenen Erfahrung – die Sehnsucht, im Schönen, durch die Kunst größtmöglichste Ausdruckskraft zu erlangen. Ich liebte ihre tiefe Fähigkeit zum Mitleiden, ihr Verständnis, aber nicht weniger ihren Witz, ihren Mut und ihre Vitalität, die ihr über alle Widrigkeiten des Lebens hinweghalfen.

Jeder Augenblick war kostbar, sei es ein Abendessen à deux, seien es die Absurditäten des Paganini-Films, ein Spaziergang durch das erschöpfte London oder ein Zusammensein bei anderen Menschen. Der Bildhauer Jacob Epstein bat mich, Modell zu sitzen. Nach den ersten beiden Sitzungen bat ich Diana, sie doch durch ihre Gegenwart etwas zu beleben. Die Gepräche mit ihr haben wohl das Leuchten der Intelligenz auf mein Gesicht gezaubrt, und als ich mich auf den Weg nach Osteuropa machen mußte, hatte der Künstler beachtenswerte Fortschritte erzielt. Als ich zurückkam (es wären nur noch eine oder zwei Sitzungen nötig gewesen), erfuhr ich, daß eines Nachts die Katze sich in das Studio geschlichen und Epsteins Kunstwerk umgestoßen hatte, meine edlen Züge seien nur noch ein häßlicher Pfannkuchen... Ein zweiter Kopf wurde rasch nachmodelliert und gegossen und befindet sich jetzt in meinem Londoner Haus. Ich habe bildende Künstler kennengelernt – zumindest einen Bildhauer, den verstorbenen Sir Charles Wheeler –, die wie geleckt sauber und ordentlich aussahen und die man selbst niemals in Pantoffeln oder ungekämmtem Haar antreffen konnte, als wäre jeder Tag Sonntag für sie. Epstein gehörte nicht zu ihnen: überall standen fertige Arbeiten zum Trocknen herum, andere halbfertige Dinge waren in nasse Laken eingehüllt, während der Fußboden von kleinen Kugeln und Klumpen Lehm übersät war. Wie seine Skulpturen schien er auch selbst vom lieben Gott mit ein paar großzügigen Strichen gezeichnet, ohne besondere Details. Alles an ihm hatte Größe: seine Emotionen und seine Visionen, seine Erscheinung und seine unerschöpfliche Sprachgewalt, deren Weitschweifigkeit heftig auf das Modell einstürzte und es zu unterwürfigem Schweigen verdammte.

Die kostbaren Augenblicke mit Diana mußten in den wenigen Tagen zwischen meinen ständigen An- und Abreisen untergebracht werden – Reisen, die ständig zahlreicher und länger wurden, nachdem die europäischen Länder befreit waren. Ich hatte mich bei der sowjetischen Botschaft in London nach den Möglichkeiten einer Reise nach Moskau erkundigt und noch nichts Genaueres über das Resultat meiner Bemühungen erfahren, als ich im Oktober 1945 mich wieder auf den Weg machte, diesmal nach Prag, um zur tschechoslowakischen Befreiung mit einer Aufführung des Dvorák-Konzerts beizutragen.

Diese Reise machte ich in aufregender Gesellschaft, denn ich war der einzige Außenstehende unter einer ganzen Ladung heimfliegender Exilpolitiker, die erleichtert waren, daß die Jahre in der Fremde zu Ende waren. Indessen verhinderte Nebel unsere Landung in Prag und ließ uns auf dem Flugplatz von Karlsbad niedergehen, der damals in russischer Hand war. Kaum hatten wir das Flugzeug verlassen, als zwischen dem sowjetischen Bodenpersonal und unserer englischen Besatzung Streit ausbrach. Da ich offenbar der einzige Passagier war, der ein paar Worte Russisch verstehen und auch aussprechen zu können schien, machte man mich zum Schiedsrichter, der die gesträubten Federn auf beiden Seiten glätten sollte. Die gastfreien Russen hatten sich bereit erklärt, während des Abendessens und der folgenden Nacht auf unser Flugzeug aufzupassen, aber der Pilot hatte zweifellos seine Order und sicherlich auch eine diplomatische Kuriertasche an Bord. Selbst die beleidigten Fragen »Traut ihr uns nicht? Sind wir nicht eure Verbündeten?« konnten ihn nicht zum Verlassen seines Postens bewegen. Wir Übrigen wurden jedoch in die Kantine geführt, um dort mit den Soldaten zu speisen. Das Essen war einfach – es gab lediglich einen Eintopf –, aber eine ganze Batterie von Gläsern vor jedem Teller (ein Glas für jede erdenkliche Flüssigkeit) verriet, daß gesunde Ernährung sicher nicht der Zweck dieser Party war. Zwei Stunden verbrachten wir dort und wurden mit Bier, Wein, Schnaps und Wodka traktiert (nur Champagner fehlte), bis irgend jemand meldete, man hätte ein paar Autos aufgetrieben, die mich und die Tschechen nach Prag weitertransportieren würden. Durch dichten Nebel erreichten wir die Stadt in den frühen Morgenstunden. Das Konzert erweckte nationale Begeisterung, die dem Anlaß angemessen war: das erste große musikalische Ereignis seit der Befreiung, Musik von einem nationalen Heros etc; allerdings muß ich bekennen, daß die alkoholisierte Zwischenstation in Karlsbad meinem Part nicht gerade zugute kam.

Am nächsten Tag – ich wollte gerade wieder nach London zurückkehren – reifte mein russischer Reiseplan mit beunruhigender Plötzlichkeit. Natürlich, hieß es in einer Nachricht, sei ich in Moskau herzlich willkommen; ich möge mich doch direkt zum Prager Flughafen begeben, wo eine Maschine bereitstehe, mich in die Sowjetunion zu fliegen. Nun war es an mir, die Sache etwas zu bremsen. Ich wollte einfach Diana nicht enttäuschen, indem ich nicht wie verabredet nach London zurückflog; also bat ich – während ich mein Entzücken und meine Dankbarkeit zum Ausdruck brachte –, die Reise von London aus zu arrangieren und meine Abreise um zwei Tage zu verschieben. Ungehalten, weil Pläne durcheinandergerieten, murrten sie ein bißchen, taten aber, wie ihnen geheißen. (Ein seltsames Gegenstück zu diesem Erlebnis oder vielleicht eine Art Bestrafung für meinen Eigensinn widerfuhr mir ein paar Jahre später, als ich im Juli 1948 wiederum Prag besuchte. Ich war gerade, zusammen mit Marcel Gazelle, aus Budapest eingetroffen und wollte nach London umsteigen, um zum Edinburgh Festival zu fliegen. Anstatt ein Flugzeug zu meinem persönlichen Gebrauch und eine Crew nur für mich allein bereitzuhalten, erschien russische und tschechische Militärpolizei an Bord der Maschine, in der ich es mir bereits bequem gemacht hatte, und nahm mich einfach mit. Der Vorfall hatte weder dramatische Folgen noch irgendeine Erklärung: Man steckte mich in ein Hotel, lange genug, daß ich eine volksdemokratische Parade mitsamt riesigen Stalin-Bildern etc. erleben konnte, und als ich am nächsten Tag entlassen wurde und meine unterbrochene Reise fortsetzen durfte, war ich noch immer im Unklaren darüber, was das alles hatte bedeuten sollen. Marcel war nicht festgenommen worden. Gleich nach seiner Landung rief er Diana an, die in den folgenden Stunden wahre Alpträume mit sibirischen Visionen hatte. Das war wenige Tage, bevor unser Sohn Gerard geboren wurde.)

Wenn man 1945 nach Moskau flog, stieg man in Berlin auf ein anderes Flugzeug und auf ein anderes Gesellschaftssystem um, weil Tempelhof im amerikanischen Sektor die Flüge aus dem Westen, Adlershof im russischen Sektor die Flüge nach Osteuropa abfertigte. Damals waren das simple Arrangements; heute sind daraus harte politische Prinzipien geworden, auch wenn man jetzt direkt nach Vnukovo fliegt und die Aeroflot Büros in der ganzen Welt unterhält. Kaum gelandet, saß ich in der Falle, denn der Nebel, der Tage zuvor Prag belagert hatte, hing jetzt über Berlin. Alle Flüge waren abgesagt. Die amerikanischen Behörden stellten mir ein Quartier zur Verfügung, und zwei Tage lang wanderte ich, zur Untätigkeit verdammt, durch die Ruinen der gewaltigen Stadt, die ich seit fünfzehn Jahren nicht gesehen hatte. Bei den russischen Behörden freilich mußte ich mich stets erkundigen, wann mein verschobener Flug angesetzt werden würde. Eine solche Erkundigung über den normalen Kommando- und Verbindungsweg einzuholen, nahm einen ganzen Tag in Anspruch, so daß ich mir schließlich verzweifelt einen amerikanischen Armeewagen auslieh, selbst nach Adlershof fuhr und mir von den Flugbehörden direkten telefonischen Bescheid holte. Am dritten Morgen erhielt ich die Aufforderung, mich zu melden. Alles war zum Abflug bereit.

Es war noch so früh, daß die sowjetischen Truppen gerade erst geweckt waren; kleine blecherne Rasiernäpfe in der Hand, schlichen die Soldaten in seltsamem Aufzug, halb uniformiert, halb verkleidet, durch die Gegend. Man führte mich in das Büro des Kommandanten, einem furchterregenden Weib, wie es nur Rußland hervorbringt, mit sämtlichen Attributen der Männlichkeit versehen (Schnurrbart inbegriffen) und offensichtlich unbeschränkte Herrscherin des Adlershofer Flughafens. Über den wackeligen Schreibtisch hinweg wurde ich kühl begutachtet und gefragt, ob ich je von David Oistrach gehört hätte. Nicht nur hatte ich von ihm gehört, sondern freute mich darauf, ihn am selben Tag zu treffen. Ob ich wüßte, daß er ein bedeutender Musiker sei? Aber natürlich, ich bewunderte ihn ganz enorm, sagte ich. Aber daß ich ihn kannte, ihn bewunderte und mich auf eine Begegnung mit ihm freute, beruhigte sie noch keineswegs: Ihre nächste Frage wies mich in meine Schranken. Ob ich schon irgendwelche Medaillen gewonnen habe? Verschämt gestand ich, daß ich wirklich bis jetzt noch nichts dergleichen vorzuweisen hätte. Oistrach, wurde jetzt offenbar, besaß bereits Dutzende von Auszeichnungen: Er war Held der Sowjetunion, der Liebling des Volkes, Inhaber dieses und jenes Preises; sie wußte alle

auswendig. Ich versicherte, daß er sie gewiß alle verdient habe, und so ließ sie mich gehen.
Soweit ich sehen konnte, war jedes Stück Ausrüstung auf diesem Flughafen amerikanischen Ursprungs, einschließlich der Maschine, in die ich einstieg, eine DC3. Allerdings eine DC3 mit Samtsitzen und kleinen hübschen Troddeln an den Gardinen und Fenstern nach dem Geschmack einer viktorianischen Scheherezade. Zweifellos war dies für ganz besonders hochgestellte Fluggäste gedacht, wenn auch die sieben oder acht von uns keineswegs einen so hochgestellten Eindruck vermittelten, um die Bequemlichkeit eines Samtdiwans verdient zu haben. Wir nahmen unsere Plätze ein, und dann – ohne die üblichen Vorbereitungen wie Prüfen und Anlaufen der einzelnen Motoren usw. – rollten wir zur Startbahn und hoben ab. Wenige Stunden später landeten wir auf dem Moskauer Flugplatz, und dort, in Wind und Wetter des Novembernachmittags, am Fuß der herangeschobenen Gangway, direkt auf dem Rollfeld, stand David Oistrach, der in den folgenden dreißig Jahren bis zu seinem viel zu frühen Tode 1974 in Amsterdam ein unschätzbarer Freund war.

Bei allem Einsatz an Energie und Disziplin, mit der meine Mutter die Umwelteinflüsse auf ihre Kinder überwachte, maß sie dennoch bei jeder Herausforderung den vererbten Eigenschaften die größere Bedeutung zu. Bei dieser Huldigung folge ich ihr zumindest teilweise, indem ich glaube, daß die unsichtbaren Bande zwischen Gegenwart und Vergangenheit (und der Zukunft) für mich von ganz entscheidender Bedeutung sind. Sie verbinden das menschliche Abenteuer zu einem Ganzen, geben ihm einen Sinn und gefährden uns, wenn man sie kappt. Daher hatte mein Besuch in Rußland für mich eine Bedeutung, die bei aller Kürze und bei der Beschränkung auf Moskau gar nicht zu ermessen ist. Es zog mich weiter und tiefer, als es selbst Rumänien gelungen war –, in meine Vergangenheit, in die Sprache, den Rhythmus, die Landschaft meiner Väter, in die wirklichen und in die geträumten Welten meiner Mutter. Als ich einige Jahre später Indien entdeckte, fand ich dort noch viel tiefer gehende Bindungen an jene seltsame, doch vertraute Heimat, die man den Osten nennt; doch im Jahr 1945, als Indien noch sieben Jahre weit entfernt lag, war Rußland die Inkarnation eines letzten, unendlich anziehenden Traums, der dem Sein neuen Sinn verlieh. So vieles in meinem Wesen verdanke ich dem russischen Erbe, und so glaubte ich (und tue dies heute noch), einen Anspruch darauf zu haben, das Land zu erkunden. Ich wollte unbedingt die Krim sehen und Georgien, die herrlich romantischen Länder des Südens, die meine Mutter geformt hatten. Die Kürze der Zeit machte solche Hoffnungen zunichte, doch selbst im nördlichen Moskau entdeckte ich den rücksichtslosen Idealismus meiner Mutter wieder, jene Entschlossenheit, das Leben durch Pflicht und Leistung zu meistern, anstatt es durch seine Fährnisse bestimmen zu lassen.

Zweifellos lastete eine andere Art Rücksichtslosigkeit auf Stalins Kapitale, die monströse, brutale Rücksichtslosigkeit eines Regimes, das die Ideale mit Füßen trat und das Individuum zwang, sich dem Tyrannen zu beugen; das Schlimmste blieb mir jedoch erspart. Einerseits traf ich mit wenigen offiziellen Vertretern zusammen, da die Menschen, die sich um mich zu kümmern hatten, ausschließlich Musiker waren; andererseits galt ich nicht als offizieller Gast, obgleich man mir, dem von jeglicher militärischer, politischer oder diplomatischer Wichtigkeit unbelasteten Zivilisten, ein Willkommen bereitete, das meine Person zu einem Symbol der Ost-West-Allianz erhob. Und drittens (was das Wichtigste war) traf mein Besuch mit jener euphorischen Phase zwischen Krieg und Kaltem Krieg zusammen, als Freude über den Sieg und Hoffnung auf den Frieden für mich und die einfachen Menschen, denen ich begegnete, etwas völlig Natürliches war. Das Resultat war ein Grad der Zuneigung, der meine kühnsten Hoffnungen übertraf. Mein Bewußtsein, die eigene Vergangenheit zu entdecken, fand eine gewisse Bestätigung, indem ich tatsächlich einige Verwandte ausfindig machte: Einer der Männer, der mich zusammen mit Oistrach und seiner Begleitung auf dem Flughafen begrüßte, war ein Angestellter der Gosconcert-Agentur, die sich um Musiker und Aufführungen kümmert, ein humorvoller, breitschultriger Mann, der sich als Herr Schneerson vorstellte. »Aha!« sagte ich. »Das ist ein Name aus der Familie meines Vaters! Da müssen wir verwandt sein!« Er nahm diese Vermutung gelassen hin, ging aber nicht weiter darauf ein. Später suchten mich zwei ältere Tanten (oder Cousinen) meiner Mutter auf – zwei liebenswerte, einfache, bescheidene Frauen, die ich sofort ins Herz schloß und die ich auch bei späteren Besuchen in Moskau wiedergesehen habe. Sie erzählten mir aus ihrem Leben: bescheiden, was ihr Dasein als Pensionäre betrifft, aber bereichert durch viele Konzert-, Opern- und Ballett-Besuche.

Durch die verschiedenen Verzögerungen seit meinem Reiseantrag hatte sich der ursprünglich auf zwei Wochen geplante Besuch auf fünf bis sechs Tage verkürzt, denn danach hatte ich anderweitige Verpflichtungen. So drängten sich meine drei Konzerte, zwei offizielle Essen, meine Teilnahme an verschiedenen wichtigen Veranstaltungen und Begegnungen mit möglichst vielen sowjetischen Musikern in einer einzigen Woche zusammen – nicht zu reden von den Eindrücken, die ausgereicht hätten, einen zwölfmonatigen Moskauer Besuch mit Gewinn zu füllen. Vom Flughafen aus brachte man mich zum Metropol-Hotel, einem Überbleibsel aus zaristischen Zeiten, in dessen Kronleuchtern und Teppichen noch leicht verrottete Spuren einstigen Glanzes sichtbar waren. Man gab mir eine Suite mit Blick über den Roten Platz und den Kreml, und kaum hatte ich ausgepackt, als eine fröhliche Schar junger Musiker bei mir einbrach, ausgerüstet mit gewaltigen Mengen jenes herrlichen ungesalzenen Kaviars, den es offensichtlich heutzutage nicht mehr gibt.

Vom Kaviar abgesehen, hatte Moskau nicht viel mehr als Schwarzbrot und Sauermilch zu bieten, eine Diät, für die sich meine Gastgeber entschuldigten, obwohl ich kaum etwas nennen könnte, das ich lieber gegessen hätte. Für viele Menschen in der Stadt wäre es, dessen bin ich sicher, eine lukullische Mahlzeit gewesen. Moskau zeigte das Gesicht der Erschöpfung; wenn der Krieg auch nicht so entsetzliche Wunden hinterlassen hatte wie etwa in Berlin oder auch in London, so herrschte doch der Eindruck von drangvoller Enge, von Notbehelf, von schlichtem Existenzkampf; und überall standen geduldige Bürger Schlange. An einem Tag gelang es mir, den offiziellen Führer abzuschütteln und ganz allein durch die Straßen zu wandern. Dort fühlte man sich den Nöten der Armen sehr viel näher verbunden, und ich stellte mich in eine Menschenschlange, die nach einer lang entbehrten Köstlichkeit – vielleicht zwei Äpfeln oder einem Säckchen Mehl – anstand. Die Diskrepanz zwischen solchen Menschenschlangen und der Üppigkeit der Staatsbankette war so gnadenlos wie im Frankreich vor der Revolution. Bei demselben Spaziergang, auf der Suche nach einem Mitbringsel für Diana, trat ich in eine Buchhandlung, von der ich erst annahm, sie führe nichts anderes als Fünfjahrespläne (höchst interessant auf ihre Weise, aber vielleicht nicht das richtige für Diana oder mich), doch im Inneren barg sie einen großen Schatz: »Nasch Balet« (Unser Ballett), eine bebilderte Geschichte des russischen Balletts. Da ich keine Rubel besaß, versuchte ich es mit Dollar. Der Buchhändler erschrak und wies mich in panischer Angst aus dem Laden; so mußte ich ins Hotel zurückgehen, dort meinen Begleiter suchen und mit ihm, der genauso erschrocken schien wie der Buchhändler, mein Problem zu lösen versuchen. Ich packte dieses Buch zu den vielen Geschenken, die man mir mit auf den Weg gegeben hatte.

Moskaus Grausamkeit und Stärke boten sich mir von meinem Hotelfenster aus gleichermaßen dar: der gewaltige Platz, ohne jede Intimität oder Eleganz, lag verlassen, eindrucksvoll, abweisend unter den Mauern des Kreml. Als ich gemeinsam mit ein paar russischen Kollegen eines Morgens diesen düsteren Ausblick genoß, sagte einer von ihnen: »So sieht Moskau heute aus, aber wartet: in ein paar Jahren werden wir auch Wolkenkratzer haben und Weißbrot und werden Sie willkommen heißen, wie Sie es verdienen!« Ich versuchte, sie davon zu überzeugen, daß es dazu weder Wolkenkratzer noch weißen Brotes bedürfe. Aber umsonst. Das waren für sie solche Symbole des Fortschritts, daß es nutzlos war, ihre Erwünschtheit in Frage zu stellen.

Ich beglückwünschte meine Freunde zu den Errungenschaften, die ihr Land seit der Revolution gemacht hatte, und zu denen, die die Zukunft bereithielt; ich verriet ihnen jedoch auch, daß es mir ein großes Vergnügen und eine große Beruhigung sein würde, jemanden zu sehen, der seit fünfzig Jahren an ein und demselben Platz seine Arbeit getan hatte. Ohne das Hotel zu verlassen, machte man jemanden ausfindig: den Fahrstuhlführer. Über zwei Weltkriege, einen Bürgerkrieg, ein paar Revolutionen, die Kollektivierung und zahllose Pogrome und Verfolgungen und über zwei Fünfjahrespläne hinweg hatte er seine Pflicht getan und den Fahrstuhl bedient. Ich glaube, ich hätte von vornherein wissen müssen, wo man derartige Stabilität heutzutage noch findet, denn bei meiner Rückkehr nach Europa nach dem Krieg fand ich in den alten Hotels auch stets die alten Gesichter. Andere mögen die Sintflut erlebt haben, an der Front oder im Untergrund gekämpft, in Krankenhäusern, Fabriken oder Regierungsstellen gearbeitet haben; die maîtres d'hotel und Portiers waren auf ihrem vertrauten Posten geblieben, mit ihren devoten Verbeugungen und ihrer respektvollen Fürsorglichkeit. So wie ein Rabbiner mit der Zeit ein unverwechselbares Gehabe an den Tag legt, bei dem sich göttergleiche Heiterkeit mit blanker Öligkeit zu vermengen scheint, so hat sich jeder Hotelportier eine Unterwürfigkeit anerzogen, die ihn durch Eroberung und Befreiung, Aufstieg und Niedergang jedes Regimes sicher hindurchsteuert.

Allerdings gab es auch eine etwas weniger freundliche Episode. Bevor ich nach Rußland aufbrach, hatte Gregor Piatigorsky, als Cellist inzwischen weltberühmt, mich gebeten, ob ich in Moskau jemanden aufsuchen und etwas für ihn tun könne. Ich wußte, daß er seit seiner Flucht aus Rußland niemals wieder dort gewesen war. Als ich mich bereit erklärte, Nachrichten für ihn weiterzuleiten, erzählte er mir von den Sorgen, die er sich um seinen Vater machte: All die Jahre hindurch waren seine Briefe, seine Pakete und Geldsendungen ohne jede Resonanz geblieben; ob ich nicht, wenn irgend möglich, seinen Vater aufsuchen könne? Ich versprach, mein Bestes zu tun, und bat in Moskau um die Hilfe meiner russischen Kollegen. Eines Morgens kam ich von einer Probe und sah im Foyer des Gebäudes einen älteren Mann stehen, von dem man mir sagte, das sei Piatigorskys Vater. Bevor ich ihn auch nur recht begrüßen konnte, begann der alte Mann eine leidenschaftliche Szene.

»Sie bringen Nachrichten von meinem Sohn?« rief er. »Was ist das denn für ein Sohn, den ich habe? Was für ein Sohn ist das, der seinen Vater vergißt?«

»Er hat sie keineswegs vergessen; er macht sich Sorgen um Sie. Deswegen hat er mich gebeten, Sie aufzusuchen«, versuchte ich ihn zu unterbrechen.

»Und warum hat er niemals geschrieben? Und warum hat er mir niemals etwas geschickt? Nicht *so* viel!«

»Aber das hat er! Die ganze Zeit über! Briefe, Geld, Pakete. Sie müssen Sie nicht erreicht haben.« Weit entfernt, seinen Zorn und seine Verzweiflung zu mildern, löste meine Erklärung nur weitere Vorwürfe bei ihm aus.

»Dieses elende, verfluchte Regime! Dem sind die alten Leute ganz egal. Die können ja krepieren. Die haben kein Herz, kein Mitleid!«

Er machte nicht den leisesten Versuch, seine Wut zu unterdrücken, sondern ereiferte sich, daß alle Welt ihn hören konnte. Die Musiker um ihn herum waren entsetzt, nannten ihn nur beim Vornamen und beschworen ihn, zu schweigen: »Sei doch ruhig, bitte sei ruhig!«, und als ihre Versuche nichts fruchteten, drängten sie ihn, der noch immer weiter polterte, nach draußen. Ich habe ihn nie wiedergesehen. Es war der einzige bedenkliche Sprung auf der heiteren Oberfläche meiner Moskauer Tage.

Nicht etwa, daß Geruhsamkeit bezeichnend gewesen wäre für meinen Moskauer Aufenthalt, der vollgepackt war mit Bekanntschaften und Gastfreundschaften, mit Unterhaltungen, Besichtigungen, mit einer *Cinderella*-Aufführung im Super-MGM-Stil (und dem Kennenlernen der Ulanowa), mit einer Zigeuneroper, eigenen Konzerten und denen anderer, jedesmal vor begeisterten Zuhörern, und – stets gegenwärtig – das Gefühl, eine Welt der Musik und der Gewohnheiten kennenzulernen, die jetzt meine eigene wäre, hätte die Geschichte nicht eingegriffen. Das größte Vergnügen war für mich natürlich, sowjetische Musiker kennenzulernen, die trotz der späten Bekanntschaft schließlich meine Kollegen waren, von denen ich einige auch später in Moskau wie im Westen wiedersehen sollte. Ich mußte Vorurteile korrigieren und an ihre Stelle neue Eindrücke setzen: So war die klassizistische Interpretation von Tschaikowsky für mich eine vollkommene Überraschung, nachdem ich ihn so oft so ungebändigt gespielt in Erinnerung hatte. Auch die hervorragende Ausbildung der russischen Musiker beeindruckte mich.

Weder damals noch später vermochte mich die offizielle sowjetische Musikkultur zu verführen, wenn sie mich auch fesselte (oder verwirrte) wie vor ein paar Jahren eine musikalische Huldigung an Lenin. Das war im Grunde nichts anderes als ein Oratorium, nicht nur wegen seines frommen Rituals (Lenin als Jesus – oder vielmehr Jesus als Lenin –, dessen Leiden zur Apotheose führt), sondern auch, weil die Technik aus den Bachschen Passionen entlehnt war: der erzählende Evangelist, Solorezitative und Arien, Choräle mit dem vollen Chor. In einer Szene besucht Lenin eine Fabrik; bei seinem Anblick bricht eine Arbeiterin ohnmächtig nieder und überreicht ihm, aus dieser mystischen Erfahrung erwacht, eine Rose. Das war ein außerordentliches Beispiel sozialistischer Religiosität, das ich mit größtem Vergnügen auch einmal im Westen bekanntmachen würde. Von solchen Seltsamkeiten abgesehen, erscheint mir die sowjetische Musik durchaus kompetent, wenngleich ihr Abgleiten in den Massengeschmack (oder besser: Kreml-Geschmack), der an den engen Bereich billiger Emotionen appelliert, etwas gewöhnlich und ermüdend auf fremde Ohren wirkt. Zweifellos sind Direktiven von oben an vielem schuld, obwohl ich vermute, daß sowjetische Komponisten vom Rang eines Kabalewskij oder Chatschaturian niemals die Originalität und Kraft etwa eines welterfahrenen und unabhängigen Strawinsky erreicht hätten – ungeachtet ihrer eigenen Fähigkeit, effektvoll zu schreiben. Inmitten der Direktiven und Verbote, die die sowjetische Musik beherrschten, gab es jedoch zumindest eine Tragödie.

Für jeden, der seine Musik kannte, konnte die erste Begegnung mit Dmitri Schostakowitsch ihren Eindruck nicht verfehlen: Im Gegensatz

zu der elementaren Kraft und der etwas schwülstigen Erhabenheit in vielen seiner Werke war er selbst eine fast armselige Erscheinung; das Bild des ewigen Studenten, unsicher und scheu, als ob in ihm nicht mehr musikalische Inspiration steckte als für ein paar Lieder. Lange Zeit lebte er in den Wolken, steckte dann den Hals in das Joch, schrieb Musik, um die Menge zu bewegen, und nahm alle Ehrungen entgegen. Er hat der Welt herrliche Musikwerke geschenkt, aber ich glaube, daß viele ungeschriebene Meisterwerke mit ihm ins Grab gesunken sind, als er im August 1975 starb. Wäre er frei gewesen, sich ungehindert zu entwickeln, wäre seine Musik gewiß feiner und harmonisch kühner gewesen und hätte jene Effekte vermieden, die seine besten Stücke ruinieren. Ich sehe dies als ein großes Unglück an, obwohl ich selbst ihm viel zu verdanken habe: bietet doch sein brillantes Violinkonzert uns Geigern höchst dankenswerte Gelegenheiten, unsere Hörer zum Jubeln zu bringen.
Natürlich schulde ich in vieler Beziehung David Oistrach noch größeren Dank, für den das Konzert geschrieben wurde und der mir 1955 eine Kopie der handgeschriebenen Partitur gab, damit ich das Werk zur gleichen Zeit wie er aufführen könne: ein Beispiel der Selbstlosigkeit, die diesen freundschaftlichsten aller Freunde und Kollegen kennzeichnet. Bei meinem ersten Moskauer Besuch hatte ich ihn nicht spielen hören (seltsamerweise haben wir später in der Hälfte aller Hauptstädte der Welt gemeinsam musiziert, nur niemals in Moskau), aber trotz dieser beachtlichen Lücke in meinen russischen Erfahrungen von 1945 bedeutete Oistrach für mich von Anfang an die Inkarnation meines eigenen russisch-jüdischen Erbes. Wir waren von verwandter Herkunft, spielten das gleiche Instrument und hatten den gleichen Geschmack. Dank Enesco und Busch mag ich damals ein bißchen mehr im »klassischen Stil« musiziert haben (er vielleicht ein wenig akademisch-romantisch), aber dieser Unterschied war kaum bemerkbar und verschwand, als unsere stilistischen Auffassungen sich nach dem Krieg einander annäherten. Obwohl damals Oistrach noch nicht dirigierte, war offenkundig, daß er zu jenen Musikern gehörte, die alles anpacken können: ein Vollblutmusiker, dabei alles andere als einseitig und von einer so profunden wie umfassenden musikalischen Bildung. Natürlich kam er aus Odessa, Sohn eines armen Buchhalters, der zum eigenen Vergnügen die Violine strich und seinen Sohn David früh mit ihr bekanntmachte. Nach dem Abschluß des Odessaer Konservatoriums 1926 erspielte sich Oistrach bald Ruhm und Zuneigung. Als ich ihn

traf, war er nicht nur Professor am Moskauer Konservatorium, sondern der Liebling des Landes. So erfreute er sich auch des unerhörten Privilegs, eine Wohnung für sich, seine Frau Tamara und seinen Sohn Igor zu bewohnen: zwei oder drei Zimmer, vollgestopft mit Musikinstrumenten, Noten, Büchern und Andenken. Ich liebte ihn vom ersten Augenblick an. Nicht nur war er der Freundlichste, Warmherzigste, Zuverlässigste von allen, sondern auch noch bescheiden und klug. Niemals wollte er mehr oder anders sein als er selbst, niemals wollte er klüger scheinen als andere; stets trat er einem offen entgegen, ohne Hintergedanken, unbefangen und ohne jede Scheu: ein wahrer Mensch.

Aber schon wenige Tage nach meiner Ankunft in Moskau hatte Oistrach eine auswärtige Konzertverpflichtung, und wenn ich ihn auch damals schon ein wenig zu kennen glaubte, entwickelte sich doch unsere Freundschaft erst richtig, als wir im Mai 1947 in Prag miteinander musizierten. Dabei war der Anlaß eine jener unangenehmen offiziellen Veranstaltungen, bei denen die Diplomaten auf vergoldete Sessel gesetzt werden, um ausgewählten Talenten zu applaudieren. Zu dergleichen Konzerten abkommandiert zu werden, war für einen Mann wie Oistrach genau so alltäglich wie für andere sowjetische Künstler, ja wie für jeden Künstler in jeder Diktatur. Ich kann mir nicht vorstellen, daß es ihm besondere Freude machte, in den Kreml bestellt zu werden, um auswärtige Gäste zu beeindrucken, aber es war eine Art Künstlerleben, dem sich auch Mozart und Haydn unterwerfen mußten, von Enescos Arbeit im Dienst der rumänischen Monarchie ganz zu schweigen. In Amerika aufgewachsen und völlig frei von jeglicher höfischer Verpflichtung, war mir solche behördliche Anmaßung, einfach über die Künstler zu verfügen, stets etwas unbehaglich, doch diesmal war ich auf Oistrachs persönliche Einladung hin in Prag und hatte mich darauf gefreut. Bei dieser ersten Gelegenheit (der unzählige weitere folgen sollten) spielten wir, wenn ich mich recht erinnere, nur mit Klavierbegleitung, und wenn sich irgend jemand Hoffnungen darauf gemacht hatte, hier einen Wettkampf der Gladiatoren zu erleben, der über Vorherrschaft und Niederlage entscheiden würde, so sollte er enttäuscht werden: wie auch später stets, waren David und ich von Respekt voreinander erfüllt und von künstlerischer Harmonie durchdrungen.

Ich glaube, es war bei dieser Gelegenheit, daß David mir die Prokofjewsche Violinsonate zum Geschenk machte. Das war eine freundliche

Geste des Dankes, denn als ich 1945 Rußland wieder verließ, hatte ich die Orchesterpartituren und Solostimmen von zwei Violinkonzerten dort gelassen: von dem von Elgar und dem von Bartók, wobei ich herausfand, daß man beide Stücke durch Übertragungen der BBC dort bereits kannte, obwohl Partitur und Orchesterstimmen nicht zu haben waren. Mein Gastgeschenk war nicht überall auf Zustimmung gestoßen. Elgars englischem Verleger Novello war keineswegs behaglich zumute bei dem Gedanken, daß Elgars Musik des langen und breiten in der Sowjetunion aufgeführt werden, der Verleger jedoch keinen Pfennig dafür erhalten würde; denn damals hatten die Kommunisten für die kapitalistischen, bürgerlichen Skrupel bei Aufführungsrechten nur Verachtung übrig. Novello hatte sich umsonst gesorgt: Soviel ich weiß, ist das Elgar-Konzert in Rußland niemals aufgeführt worden, und nach den etwa dreißig Jahren muß die Partitur in der Bibliothek des Konservatoriums inzwischen Staub angesetzt haben. Dem Bartók-Konzert erging es nicht viel besser. Es wäre wohl noch immer in Rußland ungehört, wenn ich es nicht 1962 in Leningrad aufgeführt hätte, wo es – wenn man das dortige musikalisch unvorbereitete Publikum in Betracht zieht – ganz gut ankam. Als Oistrach mir das Konzert von Schostakowitsch gab, konnte es jeder von uns überall aufführen (ich spielte es zuerst 1956 in Johannesburg); zur Zeit der Prokofjew-Sonate durfte er jedoch nur in Ostblockländern konzertieren, und so hatte ich das alleinige Recht, sie in der übrigen Welt bekanntzumachen. Als Ort der Erstaufführung wählte ich New York.
Leider mußte ich viel zu früh Moskau wieder Lebewohl sagen und meine Maschine zurück nach Berlin besteigen, und zwar für einen Flug, der sich von der einsamen Fracht der Hinreise sehr unterschied. Das Flugzeug war vollbesetzt mit Russen, die zum Wiedersehen mit ihren in Deutschland stationierten Eheleuten flogen und diese Gelegenheit zu einer Party nutzten. Sie wußten, daß ich Geiger war, fütterten mich mit Leckerbissen aus ihren fettigen Papiertüten (aus Versehen hatte man mir keine ausgehändigt), und ich mußte einfach die Geige auspacken. Sie sangen, einzeln, im Chor zu meiner Begleitung; sie rezitierten Puschkin, Lermontow und andere Dichter, und die ganze Gesellschaft hatte ihr Vergnügen an diesen ihnen allen vertrauten Herrlichkeiten. Es war herzerwärmend, festzustellen, wie stark die traditionelle Kultur noch immer war. Nach dieser fröhlichen Reise erreichten wir Adlershof in Ostberlin, wo alle meine Reisegenossen ausstiegen, während ich auf ausdrückliches Verlangen des Piloten an Bord

blieb, um – ein ziemlich kostspieliges Unternehmen – zum amerikanischen Flughafen in Tempelhof hinüberzufliegen. Mir war klar, daß dies nur ein Vorwand war: die russischen Piloten nutzten jede Ausrede, um dort von ihren reichen Verbündeten ihre Maschinen warten und wieder auftanken zu lassen, und wußten auch für sich persönlich ein paar Stunden in Tempelhof wohl zu schätzen. Kaum hatte ich Berlin erreicht, als wieder einmal sämtliche Flüge wegen Nebel abgesagt wurden. Glücklicherweise hatten jedoch wichtigere Persönlichkeiten als ich – eine sowjetische Delegation mit Gromyko – eine dringende Verabredung in London, und so konnte ich mich an ihre Rockschöße hängen. Ein Konvoi von vielleicht einem Dutzend Wagen setzte sich nach Bad Oeynhausen in Bewegung, jenem Kopfbahnhof in der britischen Besatzungszone, von dem aus die Nachtzüge nach Calais starteten: elf schwarze Staatslimousinen mit der Delegation, der zwölfte Wagen, ein graues amerikanisches Armeeauto, mit mir. An der Spitze und am Schluß fuhren je ein Spähwagen, gefolgt von einem Abschleppfahrzeug. Diese schwerfällige Prozession brauchte fast einen ganzen Tag für die Reise, und diesmal hatte ich keine Gelegenheit, für mein Abendbrot aufzuspielen: Man hielt verschiedentlich an, aber ich fand es nicht schicklich, zu den schwarzen Limousinen vorzulaufen und Gromyko und seine Genossen um ein Stückchen aus ihren Lunchpaketen zu bitten. So hielt ich mich still an meine eigenen Vorräte.
Am nächsten Morgen in Calais mußten wir Nachzügler warten, bis ein Truppentransporter mit heimkehrenden britischen Soldaten bis zum letzten Winkel vollgeladen wurde. Während dieses Vorgangs, der einige Zeit beanspruchte, sprachen die russischen Delegierten nicht ein einziges Wort mit mir, kaum ein Wort miteinander, sondern standen schweigend da – böse, unnahbar,voller Argwohn: ein Gesicht der Sowjetunion, das mir in all den Tagen in Moskau verborgen geblieben war. Schließlich wurden wir an Bord gelassen, wo man uns großzügigerweiße ein paar Quadratmeter freien Raum anwies. Ich blieb an Deck, umgeben von meinen Geigen und meiner Beute: dem Buch für Diana, einer Kiste Krimweine für meine Mutter sowie drei großen Dosen Kaviar, Geschenken von Oistrach und anderen Freunden. London war in jenen Tagen nur wenig ärmlicher dran als Moskau, und der Kaviar schien ein verehrungswürdiges Relikt aus frühen, verschwenderischen Zeiten, das Phantasieprodukt hungriger Träume. Diana füllte ihn halbpfundweise in Marmeladengläser und verteilte diese unter ihr Volk.

Dann brach ich zu meiner Wintertournee in die Vereinigten Staaten auf, todunglücklich und völlig im unklaren darüber, wie ich die Knoten in meinem Leben würde lösen können. Diese zwei Jahre nach dem Herbst 1945 empfinde ich nicht als Glanzstück in meinem Leben. Man kann Fehler machen, um daraus zu lernen; man kann sogar klüger und stärker daraus hervorgehen; aber diesen Fehler bedauere ich von Herzen, denn nichts war erreicht: Diana blieb vielmehr monatelang in Ungewißheit, fühlte sich mir verbunden, ohne zu wissen , wann und für wie lange ich wieder ausfliegen würde.Der Kindertraum von ewigem Frieden und Harmonie war ausgeträumt. Und die Musik erwies sich als völlig ungeeignet, mich in meinen persönlichen Sorgen zu trösten. Ich hatte mich meinen Eltern, meiner Frau, selbst meinen Kindern entfremdet. Viele Fehler – heute möchte ich sie fast Verbrechen nennen – lagen mir schwer auf der Seele, aber ich vermochte nichts dagegen zu tun. Ich war mir damals gar nicht bewußt, daß das, was mir wünschenswert schien, niemals eintreten würde. So begann ich mich zu quälen und schob es immer wieder auf, das Richtige zu tun. Fraglos war dies in meinem Leben die schlimmste Zeit, ohne Ziel und ohne Plan, und ich ließ mich und die Dinge treiben wie nie zuvor.

Im Sommer 1946 lernte ich in Rom einen jungen Mann kennen, der als britischer Armeeoffizier mit Flüchtlingsfragen befaßt war und der im Lauf der Zeit ein naher und treuer Freund wurde: Richard Hauser, der jetzt mit Hephzibah verheiratet ist. Richard war – und ist immer noch – ein außergewöhnlich fähiger Graphologe. Mit Handschriftenproben meines Vaters, meiner Mutter und Dianas stellte ich ihn einmal auf die Probe und war beeindruckt, wie sehr ich, der die Genannten ja genau kannte, mit seiner Beurteilung übereinstimmte. Während er ein Blatt mit Dianas Handschrift prüfte, sagte er: »Das hat eine außerordentliche Person geschrieben: Sie wäre in der Lage, ein Geschäft, eine Behörde, ja ein Land zu führen... Sie könnte jede Art von Verantwortung übernehmen.« Dann bat er mich, selbst etwas für ihn zu schreiben, er studierte die Schrift ein paar Augenblicke lang und erklärte dann rundheraus: »Also, entweder werden Sie in ein paar Monaten über den Berg sein, oder Sie sind tot.« Keine besonders freundliche Alternative.

Im Winter vor diesem verwirrenden Erlebnis hatte Diana ihre schwer an Tuberkulose erkrankte Schwester Griselda in ein Sanatorium nach Davos in der Schweiz gebracht; belastet mit der Angst um ihre Schwester, in ihrer Arbeit gelähmt, bis Griselda gesund war, saß Diana einsam in den Bergen und brauchte selbst alle Kräfte, um diese Zeit zu meistern. Niemals in meinem Leben habe ich die Erfindung des Telefons so gepriesen wie damals. Jeden Abend nach meinen Konzerten rief ich sie an, wo auch immer ich in den Vereinigten Staaten war, und wir sprachen buchstäblich jedesmal eine Stunde lang. Einmal wurden wir gegen Ende eines solchen Gespräches vom Fernamt mitten im Satz getrennt. Ich war wütend: Nichts hasse ich mehr, als wenn man eine Sache nicht ordentlich zu Ende führt. Ich rief nochmals im Fernamt an und bestand darauf, daß die Verbindung in die Schweiz wieder hergestellt würde, damit wir uns verabschieden konnten. Im Frühjahr danach lief mein Leben noch immer in zwei gleichermaßen ungeordneten Bahnen, und ich mietete für Nola und die Kinder ein Haus in Montreux; damit blieb ich aber monatelang von Diana getrennt, so als wäre ich in den USA geblieben, und war weiterhin aufs Telefon angewiesen.

Antal Dorati und ich waren im Sommer 1946 zu einigen Konzerten nach Wien und Budapest eingeladen worden, und ich hatte – wie schon häufig während des Kriegs – wegen der Transportfrage mit der amerikanischen Armee verhandelt, die mir, gegen ein Benefiz-Konzert für die Truppe, ein Flugzeug zur Verfügung stellte. Diesmal waren es zwei offene Zweisitzer, in denen neben dem Piloten nur ein Passagier Platz hatte (ein drittes, in dem unser Gepäck befördert werden sollte, nahmen wir nicht in Anspruch). Da die amerikanische Airforce keinen Flughafen im neutralen Schweizer Ausland anfliegen durfte, kletterten wir in Friedrichshafen an Bord und flogen im Sonnenschein die Alpen entlang nach Wien, wo man auf einer Hauptstraße den Verkehr angehalten hatte, um uns dort landen zu lassen. Damals unterlag Wien dem Viermächtestatus, und jeder der vier Allierten hatte sein Hauptquartier in einem Hotel im ersten Bezirk aufgeschlagen: die Amerikaner logierten im Bristol, wohin ich mich sogleich begab, um Diana anzurufen. So rasch nach dem Krieg waren Auslandsgespräche innerhalb Europas noch immer eine schwierige Sache. Es gab drei Sorten von Gesprächen: das gewöhnliche, auf das man drei Wochen warten mußte; ein etwas teureres, das nur einige Tage Geduld verlangte; und das Blitzgespräch, bei dem man sofort Verbindung bekam, dafür auch zehnmal soviel bezahlen mußte. Obwohl ich stets Blitzgespräche anmeldete, war auch das nicht einfach. Die von der amerikanischen Armee benutzte »magische Nummer« hingegen ließ alle Verzögerungen und Schwierigkeiten wie den Morgentau in der Sonne verschwinden. Natürlich hatte ich die Nummer längst auswendig gelernt, machte in Wien täglich davon Ge-

brauch und war so mit Diana stets in Verbindung. In Budapest wurden die Schwierigkeiten allerdings wieder sehr »normal«, aber zwei oder drei anschließende Tage in Wien machten die Sache wieder wett.
Zum Rückflug nach Friedrichshafen (von wo ich nach Montreux weiterfahren mußte) starteten wir am späten Nachmittag. Aus Furcht, bei Tageslicht den Bodensee nicht mehr zu erreichen, schlug der Pilot vor, die Nacht in Salzburg zu verbringen; diese Fahrplanänderung paßte mir ausgezeichnet, da ich dort wieder die Möglichkeit hatte, die Geheimnummer der Armee zu benutzen. Das gelang auch ungefähr vierzig Minuten lang, als eine freundliche englische Stimme uns unterbrach: Dies sei kein militärisches Gespräch, und zu seinem Bedauern sei er gezwungen, uns zu trennen. Immerhin gestattete er uns freundlicherweise, uns in Ruhe zu verabschieden. Sehr früh am folgenden Morgen bei Sonnenaufgang starteten wir wieder im Vertrauen auf einen herrlichen Flug (es gibt kaum aufregendere Erlebnisse, als von einem winzigen Flugfeld bei Sonnenaufgang abzuheben: dieses Vergnügen habe ich in verschiedenen Ecken der Welt erleben können). Aber der Bodensee lag in dichtem Nebel. Ich schlug vor, in Zürich zu landen, was mir sehr zupaß gekommen wäre, für den amerikanischen Piloten jedoch eventuelle Festnahme und Internierung bedeutete. »Können Sie die Schweizer Sprache?« brüllte er durch Wind- und Motorlärm zurück. Weder hatte ich die Zeit noch die nötige Lungenkraft, um ihn über die vier Sprachen in der Schweiz aufzuklären, versicherte ihm jedoch, ich würde ihm bei Schwierigkeiten mit den Behörden helfen. Doch auch Zürich lag völlig unsichtbar hinter einer Nebelwand, woraufhin mein Pilot sein Maschinchen auf einen Platz am Schweizer Ufer des Bodensees dirigierte, der nach seiner Erfahrung selbst bei schlechtem Wetter nebelfrei sein würde. Tatsächlich, der Platz war groß genug für unser Flugzeug zum Landen. Ich kletterte aus meinem Sitz, und bevor ich auch nur danken oder Aufwiedersehen sagen konnte, war er bereits durchgestartet. Seine Mission war erfüllt.
Es war ungefähr halb sieben in der Früh. Ich wanderte auf das nächste Bauernhaus zu und klopfte. Schließlich kam der Bauer herunter, noch immer im Pyjama, bat mich herein und ließ mich ohne viel Fragerei sein Telefon benutzen, damit ich ein Taxi bestellen konnte. Ich wartete draußen. An diesem Seeuferstück hatte man eine Art Damm gebaut, um die Felder vor Überflutung zu schützen. Als wir darauf entlangfuhren, hielt uns ein Zöllner auf dem Fahrrad an. Ob wir nicht Motorengeräusche eines Flugzeuges gehört hätten, wollte er wissen. Mit Be-

dauern, daß wir ihm nicht dienen könnten, schüttelten der Fahrer und ich unsere Köpfe, und wir durften weiterfahren. Das war tatsächlich das einzige Mal, daß ich illegal in ein Land eingereist bin.

Während ich im selben Herbst in die Vereinigten Staaten zurückfuhr, um meine jährliche Tournee zu absolvieren, setzte sich Diana (deren geliebte Schwester inzwischen wieder gesund und die Frau von Louis Kentner geworden war) ganz allein nach New York ab, um dort eine neue Karriere zu beginnen; nach einem Winter voller Enttäuschungen luden sie »die Jungens«, unsere gemeinsamen Freunde aus der Kinderzeit, ein, bei ihnen in Cathedral Oaks zu wohnen. In der Zwischenzeit war Hephzibah, die den ganzen Krieg in Australien verbracht hatte, zusammen mit Lindsay und ihren zwei kleinen Söhnen Kronrod und Marston in Los Gatos eingetroffen. Seit 1940 hatten Hephzibah und ich nicht mehr miteinander gespielt. Im Jahr 1947 sollten wir gemeinsam ein Konzert in der Metropolitan Opera geben, und zur Vorbereitung dieses Ereignisses versammelte sich der gesamte Familienclan, einschließlich Yaltah und ihrem Sohn Lionel, insgesamt acht Personen, in St. Petersburg, Florida. Dort mietete ich für einen Monat ein Haus und bat Diana, ohne daran zu denken, daß ich sie damit »ausbeutete«, den Haushalt zu führen. Kurz zuvor hatte ich Walter B. Prices bahnbrechendes Buch »Nutrition and Physical Degeneration« gelesen und deshalb Petersburg ausgewählt, weil hier ein Zahnarzt, Dr. Page, praktizierte, der dieselbe neue Ernährungsweise (die gegen die schädlichen Wirkungen von Zucker und Weizenmehl zu Felde zieht) vertrat. Dr. Page machte uns einen Diätplan, nicht besonders streng, doch unter Vermeidung dieser beiden Dinge, aber Diana wußte dennoch herrliche Mahlzeiten zu fabrizieren. Nola hatte in eine Trennung eingewilligt, war sogar bereit gewesen, Zamira und Krov Diana und mir für die Sommerferien 1947 anzuvertrauen. Schließlich brachte es Lindsay fertig, sie zu überreden, den letzten Schritt zu tun, vor dem ich mich bisher gescheut hatte. Sie willigte in die Scheidung ein.

Diana und ich wollten ganz still in Kopenhagen heiraten, was indessen durch die Pedanterie eines Beamten der dortigen britischen Botschaft unmöglich gemacht wurde, der nicht bereit war, auf das Aufgebot zu verzichten und eine Sonderbewilligung zu erteilen. So mußte es in London sein. Glücklicherweise erwiesen sich Mr. Marsh und Mr. Stream (die Herren vom Standesamt von Chelsea hießen tatsächlich Fluß und Sumpf) als hilfsbereiter unserem Problem gegenüber als der Kopenhagener Diplomat. Mit Hilfe freundlicher Ausflüchte hielten sie uns die Presse vom Leibe, als wir am Sonntag, den 19. Oktober 1947, heirateten.

Sofort nach dem Hochzeitsfrühstück, das uns Louis und Griselda gegeben hatten, fuhren wir zur Probe des ersten Paganini-Konzerts in die Albert Hall.

10. *Diana*

Ehe auf Reisen · Die wenigen festen Stationen: Alma in Kalifornien, London, Gstaad, Mykonos · Die Kinder Zamira und Krov, Gerard und Jeremy · Freundschaft mit Malern · Neue künstlerische Aufgaben

Noch heute, nach fast dreißig Jahren, wirft mir Diana halb im Scherz vor, daß ich an unserem Hochzeitsmorgen so traurig dreingeblickt hätte. Dabei war ich mir, was Diana betrifft, meiner Sache weiß Gott sicher, aber mich plagten starke Zweifel, ob ich selbst inzwischen erwachsen geworden war. Bisher hatte ich mich als ziemlich unfertiger Ehemann erwiesen, weder besitzergreifend noch dominierend und wohl nicht einmal fürsorglich. Meine Moral verbot es mir, Rechte geltend zu machen und sie anderen gegenüber zu verteidigen; man *verdiente* diese Rechte allenfalls, und daher war es für mich schwierig bis unmöglich, mich als »Eigentümer« einer Sache oder gar eines Menschen zu empfinden. Meine Unsicherheit, ob ich denn Diana überhaupt »verdiente«, war Grund genug, ein so verzweifeltes Gesicht zu machen; es schien mir eine Herausforderung des Schicksals, einen Sieg zu feiern, den ich noch nicht errungen hatte.
Seitdem habe ich eine Reihe nützlicher Lektionen gelernt. Heute bin ich weniger geneigt, natürliche Reaktionen zu unterdrücken; heilige Prinzipien sind mir inzwischen verdächtig, und ich entdecke im stillen, daß ich, was meine Frau betrifft, einen starken Besitzerinstinkt entwickelt habe.

»Sie könnte jede Art von Verantwortung übernehmen«, hatte Richard Hauser Diana vorhergesagt, und wenn es damals keiner graphologischen Hilfe bedurfte, meine Bewunderung für sie zu untermauern, wieviel weniger brauche ich sie jetzt! Es hat wohl kaum einen Augenblick im Leben meiner Frau gegeben, in dem sie nicht »Herr« der Situation gewesen wäre, gleichgültig, welche Anforderungen an ihre Phantasie und Geduld gestellt wurden.
Diese Fähigkeit der Selbstdisziplin ist ihr seit der entbehrungsreichen Jugend zur zweiten Natur geworden und läßt alles, was sie tut, gelingen, so daß es zwischen dem, was ist, und dem, was sein könnte, keine Wahl gibt. Von Anfang an ist sie für mich und meine Kinder eine stän-

dige Quelle der Anregung und Begeisterung, der Inbegriff der lebendigen Schönheit gewesen.

Die erste Woche in unserer Ehe war, so muß ich bekennen, ein Paradigma aller späteren Wochen: nach dem Hochzeitsfrühstück ein Konzert; nach dem Konzert Flitterwochen für eine Nacht in dem Haus eines Freundes auf dem Lande; nach den Flitterwochen verschiedene Konzerte in England; anschließend in die USA zur Wintertournee. Erst danach, im Frühjahr 1948, kamen wir in Alma zur Ruhe, das für acht Jahre unsere Heimat werden sollte – vielmehr unser Hauptquartier, weil ja so etwas wie ruhige Häuslichkeit bei meinem Leben stets auf der Strecke bleibt. Die Sommer verbrachten wir in Alma, den Frühling und Herbst in Europa, die Winter in Nord- oder Südamerika. Während des Hin und Her dieser saisonbedingten Wanderungen brachte Diana unsere beiden Söhne zur Welt: Gerard 1948 während des Edinburgh-Festivals und Jeremy 1951 in San Francisco; immer wurden sie, wie sie es ausdrückt, dort geboren, »wo die Geige eben zufällig im neunten Monat war«. Ein drittes Kind wurde uns sogleich wieder genommen.

Schon ehe Gerard und Jeremy sich ankündigten, hatte Diana sich die Familienpflichten zu Herzen genommen und erfüllte sie mit bewundernswerter Ausschließlichkeit und liebevoller, pflichtbewußter Sorgfalt. Schon vor unserer Heirat hatte sie sich selbstverständlich um Zamira und Krov gekümmert, die auch jetzt wieder in unsere kalifornischen Sommer mit aufgenommen wurden. Diana übernimmt nicht nur jede Verantwortung, ja sie kann einfach nicht nein sagen, wenn sie gebraucht wird. Schon früh gewann sie die Liebe und den Respekt meiner Eltern. Während der Zeit der Trennung von Nola und auch danach war ich meinem Vater und meiner Mutter (auch mir selbst) gegenüber befangen gewesen, aber Diana gelang es, die Natürlichkeit unserer Beziehungen wieder herzustellen und mich sozusagen endgültig erwachsen zu machen: Denn dieser Status ist erst dann erreicht, wenn Eltern und Kinder sich auf der gleichen, von Liebe und Respekt getragenen Ebene begegnen, und manchmal muß sogar ein Außenstehender dabei helfen. Meine Eltern hatten in Diana einen Menschen von Haltung und Qualität erkannt und konnten gar nicht anders, als ihr auf gleicher Ebene zu begegnen und sich an meinem Glück zu freuen.

Gegenüber dem angespannten und entbehrungsreichen Leben im Nachkriegs-London fand Diana Kaliforniens Fülle und Schönheit so recht geeignet, Geist und Sinne zu beflügeln; aber selbst wenn unser

Tageslauf es zugelassen hätte, hätte ein Temperament wie Diana nur kurze Zeit das Nichtstun genießen können. Und als die Frage der Ausbildung unserer Söhne auf uns zukam, beschlossen wir, ihnen die gleichen Möglichkeiten zu geben, die wir gehabt hatten. San Francisco vermochte solche Möglichkeiten nicht zu bieten; New York dagegen sehr wohl, aber auf New York lag immer noch der Bannstrahl meiner Ablehnung. Los Angeles besaß und besitzt noch immer, was der Mensch begehren kann (und was er nie für begehrenswert gehalten hat); doch dort ist alles importiert, abgepackt und liederlich zur Schau gestellt; keine rechte Lebensform, sondern eher eine Art surrealer Kramladen: chinesische Sprachkurse und nächtliche Spielhöllen, dazwischen Schönheitssalons für Hunde, ein Andachtsraum für Buddhisten, eine Fahrradhandlung, eine Schnapsbude, ein Wahrsager-Stand, ein nächtlicher Massagesalon, eine Schießbude – ein absurdes Durcheinander von Mystizismus und Materialismus, das jeglicher Ordnung Hohn spricht und jedenfalls für mich völlig unverdaulich ist. So wählten wir lieber Europa.

Diana war zu bescheiden, um London, ihre Lieblingsstadt, vorzuschlagen, und so fiel unsere Wahl auf die Schweiz, deren Solidität, gutes Schulwesen, gesundes Klima und zentrale Lage die Weisheit unseres Beschlusses untermauerten. Auch eine finanzielle Klugheit lag darin verborgen, weil in jenen Tagen amerikanische Staatsbürger, die im Ausland lebten, sämtliche außerhalb der USA verdienten Einkünfte nicht zu versteuern brauchten. Nun hatte ich meine Schallplattenverträge mit London abgeschlossen, nicht etwa aus eigener Initiative, sondern weil Jahre zuvor, während der Weltwirtschaftskrise, die amerikanische Plattenfirma mich (und andere finanzielle Belastungen) auf ihre etwas stabilere Schwesterfirma, die Vorgängerin von EMI, abgetreten hatte. Im Gegensatz zu anderen amerikanischen Künstlern hatte ich nach der Krise meine Verträge nicht zurücktransferiert, so daß ich mich jetzt steuerfreier Einkünfte erfreuen konnte. Auf Grund dieses Vorteils war es uns möglich, zwei Häuser – in London und in Gstaad – zu erwerben, was sowohl vor wie nach den Jahren dieser liberalen Steuerbestimmungen ganz unmöglich gewesen wäre. Zunächst wohnten wir in einem gemieteten Haus in Gstaad, bis Bernard Berenson uns 1958 dazu überredete, zu ihm nach Florenz zu ziehen. Dieses italienische Zwischenspiel sollte eines der schönsten unseres Lebens werden. Wie viele herrliche Dinge traf es uns gänzlich unerwartet.

Schon lange hatten wir uns gewünscht, den heimlichen König von Florenz kennenzulernen, und als es uns schließlich gelungen war, entwikkelte sich, besonders zwischen Diana und BB, eine herzliche Freundschaft, die sich unter anderem in einem ganz regelmäßigen, fast vierzehntägigen Briefwechsel äußerte. Von seinem Ruf als Autorität in Kunstdingen einmal abgesehen, rühmt man Berensons historische Kenntnisse. Angeblich haben seine Eitelkeit und seine Selbstbewußtheit viele Menschen vor den Kopf gestoßen, und ich kenne viele, die keineswegs nur freundliche Erinnerungen an ihn hegen. Als Musiker trat ich freilich nicht als Konkurrent auf seinem Gebiet auf, und als Jude empfand ich angesichts seines Alters und seiner großen Erfahrung einen natürlichen Respekt. Wäre er jünger gewesen, hätte sich unsere Beziehung ohne Frage völlig anders entwickelt, und ich vermute, daß ich es dann nicht so lange (wenn überhaupt) unter seinem Dach ausgehalten hätte. So aber fand ich nur Großzügigkeit und eine gewisse weltmännische, anregende Weisheit.

Ein oder zweimal im Jahr besuchten Diana und ich ihn von der Schweiz aus, nahmen den Nachtzug und blieben jedesmal fast zwei Tage. Bei einem dieser Besuche machte er uns den Vorschlag, wir sollten doch das Villino, ein entzückendes, I Tatti benachbartes Bauernhaus für uns einrichten. Mir war schon klar, daß wir eines Tages wieder in die Schweiz zurückkehren und uns letztlich einmal in London für immer niederlassen würden, aber solche Entschlüsse müssen reifen, und die Zeit war noch nicht gekommen. So gingen wir auf seinen Vorschlag ein.

Wie meine Mutter liebe ich Italien und die spontane, unkomplizierte Menschlichkeit der Italiener. Ich erinnere mich an eine Geschichte, die sich zutrug, als wir mit der Familie zum ersten Mal nach Rom fuhren. An einem Marktstand hatte meine Mutter Dattelpflaumen gekauft, die ich so gerne mag, und als der Mann sie in die Tüte steckte, schien es ihr, als wenn es vielleicht doch nicht ein volles Dutzend gewesen wäre, für das sie gerade zahlen wollte; also bat sie ihn, nochmals nachzuzählen. Natürlich waren es nur elf. Warum hatte er versucht, sie zu beschummeln? »Ma, Signora«, war seine entwaffnende Antwort, »era tanto facile!« (»Es war so einfach!«) Ein großer Vorzug der Italiener ist ihre Abneigung gegenüber Theorien. Nach dem Krieg haben viele wohlmeinende Leute Anstrengungen unternommen, die Deutschen umzuerziehen. Denn was die Deutschen getan hatten, war offensichtlich ganz bewußt geschehen, das Ergebnis von Theorien, von Systemen, von Drill und von Indoktrination. Die Italiener dagegen hat niemand

»umerziehen« wollen, und tatsächlich können wir von ihnen eine Menge lernen: Alles im Leben hat für sie die Würze des Witzes, und sie betrachten die menschliche Komödie mit theatergeschulten Augen; sie wissen genau, daß die Linie zwischen Spiel und Wirklichkeit nie ganz genau zu ziehen ist.

Berenson war ein unermüdlicher Spaziergänger. Mit ihm eroberten wir die Hügel; und keine Landschaft lädt so zum Wandern ein wie jene Wege, die in die überraschend unberührten Regionen oberhalb von Florenz führen. Trotz ihrer dichten Bevölkerung haben es die Italiener verstanden, sich einen unberührten Wald- und Berggürtel zu erhalten, der sich auf die gesamte Länge des Stiefels erstreckt; er ist sozusagen ein Gesundheit und Kraft, Männlichkeit und Spontaneität spendendes Gegengewicht zur fast überzivilisierten italienischen Gesellschaft. Dieser Grüngürtel produziert übrigens, wie der Markt in Florenz bezeugen kann, herrliche Dinge zum Essen: dort häufen sich Früchte, Gemüse, Wild und Lammfleisch. Je weiter man ostwärts reist, desto jünger werden die Tiere, deren Fleisch man verzehrt, bis hin zum nahen Orient, wo schon das ungeborene Lamm verspeist wird. Ohne so weit zu gehen, bietet Italien auf kulinarischem Gebiet die zartesten Produkte der Jugend – saftige Lämmer, junge Schoten, frischen wilden Spargel. Diese Herrlichkeiten genossen wir im Villino, und solche Köstlichkeiten – auf die wir stolz waren, als hätten wir sie selbst geerntet – tischten wir Louis und Griselda Kentner auf, als sie uns besuchten. Bei dieser Gelegenheit machte ich einen der schwersten Fehler in meinem Leben, der mir damals gar nicht bewußt war und den ich, fürchte ich, auch heute glatt wiederholen könnte.

Um den Leser einzustimmen, muß gesagt werden, daß für Lou und Griselda das Essen, neben der Liebe und der Musik, zur Dreieinigkeit himmlischer Vergnügen zählt; und von diesen dreien ist das Essen das Beständigste und das Sicherste und dasjenige, das der geringsten Anstrengung bedarf. So kauften wir auf dem Markt die herrlichsten Viktualien ein und verhießen ihnen ein Mahl, das ihren gewohnten Ansprüchen genügen sollte. Nur eines war übersehen worden – daß unsere neue Köchin keine Ahnung hatte, wie mit dem alten, holzgeheizten Küchenherd umzugehen war. Schließlich wurde das Mittagessen serviert: Das junge Lamm war rosig roh, die jungen Schoten junge Schrotkugeln, *et ainsi de suite*. Besonders gräßlich war es jedoch, daß ich nichts Böses bemerkte und – höchst unschicklich für den Gastgeber – das, was wir anboten, auch noch in den Himmel hob. Die Geschichte

machte in London die Runde. Ich bereute es nicht: Selbst wenn es nicht immer das Erwartete war, bekamen unsere Gäste doch stets etwas Herrliches zum Essen, wenn wir sie anderswohin ausführten.
Aber schließlich mußten wir Italien Lebewohl sagen. Anfang 1959 ließen wir uns schließlich in Highgate nieder, einem ehrwürdigen Londoner Vorort im Grünen, der heute von der wuchernden Großstadt eingeschlossen und von Autobahnen umzingelt ist, aber immer noch in seiner Hügellage, von der man das Dickicht der Großstadt überblicken kann, einen Hauch seiner einstigen Individualität bewahrt hat.
Alles schien auf London hinzudeuten: Für Diana war England die Heimat, für die Kinder gab es gute schulische Möglichkeiten, und für mich war England, seit ich es dreißig Jahre zuvor kennengelernt hatte, das Land geblieben, in dem man am ehesten leben konnte. Es war das Land, das man am leichtesten »erobern« konnte und das auch außermusikalische Anregungen bot; denn England ist – ganz anders als die vertikal strukturierten Gesellschaften in den USA oder vor allem in der Sowjetunion – in seiner Gesellschaft horizontal angelegt, und auch auf einer bestimmten Ebene steht einem alles offen. Zufällig ist man Geiger, und zufällig erwirbt man sich dabei einen gewissen Ruf; und man merkt plötzlich, daß man dadurch auch die Bekanntschaft mit Wissenschaftlern, mit Soziologen, Malern, Industriellen und Politikern gewinnt. In den Vereinigten Staaten dagegen erklimmt man die Spitze einer ganz bestimmten Leiter; man ist vielleicht der höchstbezahlte Physiker (oder Historiker oder Geiger) der Welt; und indem man sich auf Tod und Leben an dieser Leiter festkrallt, ruft man zu dem Mann auf der Spitze nebendran hinüber, in der Hoffnung, ein Echo zu hören. Und auch in Rußland verbleibt man für immer, das ganze Leben lang, in der einmal gewählten Berufsbahn; man wohnt im selben Haus wie die Kollegen, man verbringt seine Freizeit mit ihnen, macht am selben Ort Ferien wie sie, abgeschirmt von jeder Möglichkeit, mit Vertretern fremder Zünfte zusammenzutreffen. Nur unter den Dissidenten, so scheint es, begegnen sich die verschiedenen Disziplinen.
Unter den Freunden, die mir England schenkte – zu zahlreich, als daß ich ihnen einzeln meinen Tribut zollen könnte –, waren die beiden bemerkenswerten Brüder Aldous und Julian Huxley sowie ihre bezaubernden Frauen Laura und Julietta. Jedermann weiß, wie gebildet Julian Huxley war, doch nicht, wie außergewöhnlich höflich. Begab sich eine Diskussion etwa auf das Gebiet eines obskuren Leuchtkäfers und die Frage seiner Fortpflanzung, dann pflegte Huxley seine ein-

schlägigen Bemerkungen mit einem »Sie wissen ja« oder »Wie Sie sich gewiß erinnern...« einzuleiten und ihnen dann Details folgen zu lassen, die vielleicht einem unter hunderttausend bekannt waren; aber alle pflegten ihm gebannt zuzuhören, denn es gab kaum jemanden, der faszinierender erzählen konnte. Auch das Zuhören verstand er wie kaum jemand, wobei er den Partner aus sich herauszulocken verstand und dem Studenten Mut machte, indem er ihm ohne jede Spur von Eitelkeit oder Überheblichkeit gegenübertrat. Es genügt nicht zu behaupten, daß er vornehm gewesen ist. Vornehmheit ist eine Lebensart, aber sie war sein nobelster Ausdruck. Meine lebendigste, persönlichste Erinnerung an Julian ist ein Dinner bei uns, wo er uns mit überströmender Fröhlichkeit den Regentanz der Affen in der trockenen afrikanischen Steppe vortanzte. Wofür ihm tiefster Respekt gebührt, ist jedoch seine Tätigkeit bei der UNESCO, wohin ich ihm im Lauf der Zeit, in weitaus bescheidenerer Rolle, folgen sollte.

Heute ist eine der englischen Säulen meines Lebens Lord Goodman, selbst Politiker und Vertrauter vieler Staatsmänner: der beste Redner, den ich kenne; ein Mann von Witz, Intelligenz und Großzügigkeit. Ein Mann, in den sich Diana sofort verlieben würde, wenn ich es zuließe. Wann immer ich Hilfe und Unterstützung für ein Projekt benötige, gehe ich zu Arnold Goodman, weil ich weiß, daß er positiv reagiert und mein Problem binnen fünf Minuten zu lösen versteht. Ein anderer, den ich ebenso gerne um Rat frage, ist Isaiah Berlin, der große Gelehrte. (Ich kann sagen, daß ich ausgezeichnete Berater besitze.) Isaiah ist übrigens, wie ich mit Vergnügen erfuhr, ein Vetter und Freund zugleich: Als er seine chassidischen Vorfahren erforschte, fand er heraus, daß es auch die meinen sind.

Diana besitzt den Blick des Künstlers: jede Frage nach Proportion, nach Farbe oder optischem Effekt wird sofort und gültig beantwortet. Sie zeichnet, sie liebt Malerei, versteht auch von anderen Künsten etwas und zählt zahlreiche Maler zu ihren Freunden. Und ich kenne niemanden in der Welt, der sich so elegant oder vielmehr so intelligent kleidet. Sie mag aussehen wie jemand, der gerade ein Vermögen in einem Pariser Salon angelegt hat; höchstwahrscheinlich trägt sie dann gerade etwas, das sich aus einer *trouvaille* aus einem New Yorker Geschäft und seinem perfekten Gegenstück, das sie im Ausverkauf in Melbourne/Australien entdeckt hatte, zusammensetzt. Denn Diana macht aus der Not eine Tugend und kauft dort, wo sie gerade ist. Bei unserem Nomadenleben hat sie stets notiert, welche Kleidung in jedem

Klima zu jeder Jahreszeit vonnöten ist, und ich bin sicher, daß sie, wenn uns der Zufall unerwartet nach Angkor Wat oder auf den Popocatepetl verschlagen würde, perfekt gekleidet aus dem Zelt heraustreten würde. Da sie ihre Kleider selbst kauft, habe ich nur selten das Vergnügen gehabt, es für sie zu tun. Aber kürzlich ergab sich eine solche Gelegenheit: zusammen mit Freunden waren wir im Tessin und besuchten Missonis Werkstatt, um uns seine Modelle aus selbstentworfenen Stoffen anzusehen. Hier erlebte ich meine erste Modenschau, bei der Diana ein herrliches Gewand nach dem andern probierte und ich mich zurücklehnen konnte und nur auszuwählen brauchte.
Da unsere häuslichen Umstände viel zu lange Zeit ihre Talente fesselten, hat sie sie dazu eingesetzt, unsere Umgebung umzugestalten. Im Idealfall ist eine schöne Wohnung das Produkt langer Arbeit, aber da Zeit auch für Diana stets ein Luxus gewesen ist, mußte sie darauf verzichten und dafür lernen, unsere Häuser kurzfristig und aus der Entfernung nach dem Grundriß einzurichten. Alma verlangte von ihrer Phantasie nur wenig, denn es war schon möbliert; aber es gelang ihr, die Wohnung auf eine neue Ebene der Eleganz zu heben. Ihre großartigsten Ergebnisse erzielte sie in den Häusern in Highgate und in dem Chalet, das wir 1960 in Gstaad bauten, wobei ihr jedesmal nur rund zehn Tage Zeit blieben, um es bis zum letzten Gästehandtuch oder Schmuckstück auszustatten. Die meisten Möbel für London hatten wir aus Mulberry House geerbt, aber Gstaad mußte von Anfang an geplant werden, und Diana machte das ganz allein. Schon war sie nach dorthin unterwegs, damit die Maurer auch mauerten; stand jeden Tag mit der Sonne auf, um den ersten Zug nach Bern oder Zürich zu erreichen, schlidderte den eisigen Weg zum Bahnhof hinunter; kam in der Stadt an, wenn die Geschäfte ihre Mittagspause machten; inspizierte die Schaufenster, plante, wählte aus, verwarf, entschied; machte ihre Einkäufe und kam am Abend heim. Als ich Gerard und Jeremy in das neue Haus brachte, kam uns Diana bis Spiez entgegen (der Bahnabzweigung, wo die Bergstrecke anfängt), denn es machte ihr Spaß, uns ihr Werk vorzuführen. Bisher hatten wir nichts anderes gesehen als andere Touristen auch; hier befanden wir uns nun in einem bezaubernden Haus, bis ins kleinste Detail komplett eingerichtet, mit österreichischen und Schweizer Bauernmöbeln, mit ehemaligen Bänken zum Brotteig-Kneten, die zu Tischen, und dreibeinigen Hockern, die zu Stühlen geworden waren. Eine eigene Erwerbung hatte den Ehrenplatz erhalten – ein Lurçat-Wandteppich mit den Bildern aller Tiere, Vögel

und Insekten des Feldes. Während des Krieges angefertigt, verbirgt er eine revolutionäre, patriotische Botschaft: die Augen der Eule sind in den blau-weiß-roten Farben der Trikolore gewebt.
Zwei Jahre danach erwarben wir mit Hilfe meiner Freundin Peggy Glanville Hicks ein verlassenes Bauernhaus auf Mykonos (Asien so nahe wie möglich, ohne Europa zu verlassen), und in Zusammenarbeit mit Jim Price, einem begabten jungen Amerikaner (der auf der Insel blieb, um die Reparaturen zu überwachen), machte es Diana, aus der Ferne dirigierend, wieder wohnlich.
Die Architektur auf Mykonos sieht aus wie geschmolzenes Vanilleeis: Jahr für Jahr erhalten die Häuser einen neuen Farbanstrich, so daß die Ecken und rechten Winkel unter herrlichen Wölbungen allmählich verschwinden. Wir haben die Einfachheit dieses kleinen Bauernhäuschens bewahrt. Es ist aus Stein gebaut, das Dach besteht aus Stroh und Seegras, das man zwischen die schmalen Balken gezogen hat (denn Holz ist auf der Insel kostbar), und hat einen charakteristischen kleinen Schornstein; es ist kühl, weiß, sauber und völlig unverdorben. Ein paar Jahre lang war es ein idyllisches Sommerrefugium, wo wir in den ältesten Kleidern herumliefen, im einsamen Meer schwammen und abendliche Spaziergänge zum dortigen »Supermarkt« (wie Diana ihn taufte) unternahmen: zu den Abhängen, wo Wein und Feigen, Granatäpfel und Quitten wild wuchsen. Als 1967 die Obristen an die Macht kamen, war diese Idylle für sieben Jahre zu Ende. Heute, da ich dies schreibe, sind die Obristen gestürzt, und Griechenland hat wieder eine gewählte Regierung, aber noch sind wir nicht in unser kleines Haus auf Mykonos zurückgekehrt. Eines nicht mehr fernen Tages wird es so weit sein.
Ich hoffe, daß weder Tourismus noch Kommerz die Insel Mykonos allzusehr korrumpieren werden. Was diese Insel so besonders attraktiv macht, ist die Tatsache, daß hier die Menschen ungehindert seit Jahrhunderten ihrem bäuerlichen Leben nachgehen. Am ersten Tag, als Diana und ich durch die engen, gewundenen Straßen streiften, die offensichtlich so angelegt sind, um eindringende Piraten zu verwirren und zu entmutigen, standen wir plötzlich unterhalb eines weinbewachsenen Gitters, das zwei Seiten eines Weges miteinander verband. Wir waren ganz in Bewunderung versunken, als uns eine Frau auf einem kleinen Balkon bemerkte, herabstieg und uns eine herrliche Riesentraube überreichte. Nur wenige Schritte davon trafen wir auf einen Mann, der ein Tablett voll getrockneter Feigen (die man mit Mandeln

gespickt hatte) auf dem Kopf trug. Vielleicht sah er mir an, daß mir das Wasser im Mund zusammenlief; jedenfalls hielt er inne, setzte schwungvoll sein Tablett nieder und bot uns eine Handvoll seiner Köstlichkeiten an. Solche bäuerliche Großzügigkeit habe ich auch in der Türkei gefunden, zumindest in jenen Teilen, die vom Tourismus noch unberührt sind. Ich weiß noch, daß wir in einem kleinen türkischen Dorf zum Essen einkehrten und ich hinterher meine Rechnung bereits von einem älteren Herrn, der am Tisch in der Ecke gesessen hatte, beglichen fand. Dank wollte er nicht nehmen: »Sie sind fremd hier«, behauptete er, »und daher sind Sie Gäste.«

Eines allerdings versteht Diana überhaupt nicht, nämlich sich zu schonen. Während ich in der Musik ein Perfektionist bin und mich damit abfinde, daß ich diese Perfektion auf anderen Gebieten nicht erreichen kann, ist sie ein Perfektionist *tout court.* Mit dem Ergebnis, daß drei unerledigte Kleinigkeiten – und dergleichen findet man immer – ihr so wichtig erscheinen, als hinge das Leben von ihnen ab. Ihre Ansprüche erwarten, daß jeder Knopf an seinem Platz liegt, daß jeder im Haus glücklich ist, daß alles, was die makellose Ordnung stört, ohne Vorwurf behoben wird; und da ich stets eine Menge zum Aufräumen hinterlasse, hat sie genügend zu tun.

Diana ist eine wahre Meisterin darin, das letzte Wort zu haben; aber in der Regel benutzt sie ihr Talent eher dazu, mich zu beschützen als mich zu ärgern. Vor nicht langer Zeit dirigierte ich das National Symphony Orchestra in Washington, ein außerordentlich angenehmes Orchester, dessen Mitglieder nicht nur begabt, sondern auch sehr nett sind. Nach zwei ereignislosen Probetagen erschienen Diana und ich am dritten Morgen im Kennedy-Center zur letzten Probe für das Konzert am selben Abend. Im Kennedy-Center liegt der Künstlereingang wie bei manchen anderen modernen Gebäuden im Inneren des Hauses neben dem Eingang für die Allgemeinheit. An jenem Morgen war dieser Eingang von einem Pförtner blockiert, der vor einer Liste am Tisch saß und von einem bewaffneten Polizisten flankiert wurde. Der Polizist verlangte unsere Passierscheine.

»Was für Passierscheine?« sagte Diana rasch, indem sie sich vor mich stellte, wohl weil sie befürchtete, daß meine Ungeduld mit offiziellen Stellen mich zu einer Dummheit verleiten würde. »Man hat uns keinerlei Passierscheine gegeben, aber wir sind ja auch vorher hineingekommen.«

»Dann kommen Sie eben heute nicht hinein«, sagte der Polizist hochmütig.
»Dann findet eben das Konzert nicht statt«, antwortete Diana, »und, wissen Sie, das Orchester ist sehr, sehr teuer. Aber natürlich, wie Sie wollen, aber auf Ihre Verantwortung.« Und sie erklärte die Rolle, die ich dabei spielen sollte.
Nunmehr verließ den armen Mann offensichtlich sein Selbstvertrauen. Dann arbeitete es in ihm, wie er wohl aus dieser Geschichte herauskommen könnte, ohne sein Gesicht zu verlieren. »Okay«, sagte er, »aber er muß das hier unterschreiben«, und zeigte auf das Papier vor sich auf dem Tisch.
In Diana erwachten alle dramatischen Instinkte; sie sah sich verstohlen um und sagte dann in einem durchdringenden Theater-Flüsterton, den man zwanzig Meter weit hören konnte: »Aber Wachtmeister, er kann doch gar nicht schreiben!« Ohne Passierschein und ohne Unterschrift ließ man uns hinein.
Manche Eigenschaften teilt Diana mit meiner Mutter – die hohen Ansprüche, die Selbstdisziplin und, vor allem, ein genaues Gefühl für Sprache. Die Erziehung unserer Kinder ist jedoch völlig anders als meine eigene verlaufen. Während meine Eltern uns ihr Leben völlig widmeten, mußten wir unsere Kinder immer wieder der Obhut ihrer Kindermädchen oder, später, ihrer Schulen überlassen. So gut es ging, teilte Diana ihre Pflichten, indem sie mich einen Monat lang auf meiner Tournee begleitete und einen Monat zu Hause bei den Jungen verbrachte, wobei sie sich stets um das Familienmitglied sorgte, das sie gerade sich selbst hatte überlassen müssen. Streng zu sich selbst, ist sie großzügig zu anderen, ihren Kindern gegenüber aber keineswegs dominierend. Genau so wenig wie ich hat sie sie jemals als ihr privates Eigentum betrachtet, auch niemals versucht, sie – wie in traditionellen jüdischen Familien – zu isolieren; von Anfang an hat sie sie als Individuen behandelt, sich mit ihnen unterhalten, bevor sie recht zu antworten wußten – sie vertraut auf die Wirkung mündlicher Kommunikation, und wenn irgend jemand die Welt durch Worte ändern könnte, dann ist es Diana. Ich glaube, es hat ihr stets Kummer bereitet, wenn sie entdecken mußte, daß Worte nicht überall wirken. Manche Ohren bleiben taub.
Nicht jedoch die Ohren unserer Jungen, deren wachsende Sprachgewandheit Dianas Methode rechtfertigte. Dabei verkehrte sie den Nachteil meiner ständigen Abwesenheit ins Gegenteil: Ich tauchte

einfach viel zu selten auf, um all die prometheischen, augustäischen und herkuleischen Eigenschaften, die sie mir zuschrieb, Lügen zu strafen. Als Vater habe ich mit meinen Kindern weniger Zeit zugebracht als jemand, der lebenslänglich im Gefängnis sitzt. An freien Sommertagen vor dem Krieg konnte ich mich um Zamira und Krov mehr kümmern als später um Gerard und Jeremy; und selbst die ersteren beiden haben mich als nur selten auftauchenden Gast ihrer Kindheit in Erinnerung. Ich bin nicht sicher, ob die Kinder dadurch etwas entbehrt haben (von mir weiß ich es ganz genau), aber das war leider nicht zu ändern. Allzuoft mußte Diana Vater und Mutter zugleich sein. Sie machte das vortrefflich, wobei sie achtgab, daß ich trotz meiner Abwesenheit stets in ihrer Vorstellung gegenwärtig blieb und meine Erscheinung mit soviel Autorität ausstaffierte, wie ich sie in eigener Person niemals hätte ausstrahlen können.

Ob anwesend oder nicht, fand ich doch Möglichkeiten, meine väterliche Sorge zum Ausdruck zu bringen. Ich erinnerte mich noch gut an die unglückselige Geschichte mit dem Karo-Sirup für Zamira und fing an, mich für die Ernährung der Jungen zu interessieren. Wenn ich zu Hause war, begann ich für sie große Vorräte an Keksen aus Vollweizenmehl zu backen, die hart und dauerhaft waren, die von mir abgelehnten Trostbonbons ersetzten und breite, braune Spuren auf ihren Lätzchen hinterließen.

Da ich immer so lange Zeit von zu Hause weg war, blieben mir die Kinder, solange sie klein waren, innerlich ein bißchen fern, und erst als sie größer wurden, entwickelte sich allmählich eine Beziehung. Wenn man sich auf das unbekannte Abenteuer einläßt, das eigene Kinder stets mit sich bringen, ist man oft versucht, die eigene Unsicherheit dadurch zu überwinden, daß man die Kinder in eigenen, vertrauten Bahnen aufwachsen läßt: Musiker produzieren neue Musiker, und ganze Dynastien entstehen. Und wenn die sozialen Möglichkeiten keine innere Beweglichkeit oder Freiheitlichkeit gestatten, ist es ganz natürlich, daß man die alten, ausgetretenen Pfade wählt, weil dies den Kindern anscheinend die größte Sicherheit vermittelt und den Eltern die Gewißheit, keine Überraschungen zu erleben. Überraschungen gibt es jedoch immer, in meinem Fall die, Vater eines Pianisten zu werden. Weder Zamira noch Krov oder Gerard und Jeremy hatten eine genaue Vorstellung von dem, was sie tun würden, und keinem von ihnen wurde etwa eine musikalische Karriere aufgezwungen. Tatsächlich habe ich als Kind durch die chassidischen Lieder meines Vaters viel eher mit der

Musik Bekanntschaft gemacht als etwa meine Kinder durch mein Geigenspiel; keines von ihnen wurde in frühem Alter in Konzerte geschleppt, und als Jeremy mit der Schule aufhören wollte, um sich ganz dem Klavier zuzuwenden, versuchte ich, es ihm auszureden. Diese Taktik verstärkte natürlich seinen Ehrgeiz, und sein Entschluß samt seinem Talent brachten ihn schließlich ans Ziel. Nachdem ich so wenig wie möglich zu seinem beruflichen Lebensweg beigetragen habe, genieße ich es heute um so mehr, mit ihm zu musizieren. Von den vier Kindern hat er als einziger diesen Beruf ergriffen; doch auch die anderen, vor allem Zamira, sind alle hochmusikalisch.

Zamira und Krov, um mit ihnen zu beginnen, lebten mit Ausnahme der Sommerferien bei ihrer Mutter, bis Zamira mit zwölf Jahren darum bat, zu uns kommen zu dürfen. Sie war ein tapferes, selbständiges kleines Mädchen, das in New York mehr oder weniger für sich selbst sorgte und dort brav in die Schule ging. Sie war sich darüber klar, daß Diana und ich ihr kein ruhiges Zuhause bieten konnten, weil wir ständig unterwegs waren, und nahm unseren Vorschlag an, ein Internat in den Schweizer Bergen zu besuchen – ein ordentliches Institut mit guter Schule (wenn auch etwas altmodisch), das ihr, glaube ich, ganz gut gefallen hat. Ich erinnere mich noch, wie tapfer sie war, als ich sie zum ersten Mal auf dem Züricher Hauptbahnhof dorthin in Marsch setzte. In den Ferien besuchte sie uns, und wenn das mit meinen Tourneen kollidierte, nahmen wir sie manchmal mit. Nach dem Schulabschluß in der deutschen Schweiz lebte sie in Paris, später in Florenz und schließlich in London; die vier Sprachen beherrscht sie seitdem fließend. Von allem Künstlerischen angezogen, bewunderte sie Diana sehr und eiferte ihrem ästhetischen Feingefühl nach, was Malerei und Musik, aber auch, was Erscheinung und Mode betraf, obwohl sie nie ausübende Künstlerin gewesen ist.

Eine Zeitlang war sie mit dem Pianisten Fou T'Song verheiratet, was ihr neben einem Baby (Lin Siaio, mein erster und bislang einziger Enkel) auch eine solide Kenntnis der Klavierliteratur bescherte und ihren kritischen Verstand für Stil- und Interpretationsprobleme schärfte. Fou T'Song war ein faszinierender Schwiegersohn, der mich mit einem neuen Volk, einer neuen Mentalität, einer neuen Lebensform bekanntmachte. Sein Vater, ein hervorragender Romanist, schrieb uns Briefe aus China, die wir getreulich aufbewahren: In kultiviertem Französisch verfaßt, doch mit einem Pinsel geschrieben (oder vielmehr gezeichnet), teilte er uns darin mit, wie glücklich er sei, daß zwei der äl-

testen Rassen der Welt, die chinesische und die jüdische, nunmehr in einer Ehe vereint seien.
Fou T'Song jedoch sollte seine Rolle als Schwiegersohn zufriedenstellender spielen als die des Ehemanns (was er, dessen bin ich sicher, als erster zugeben würde). Die Ehe dauerte nicht lange. Inzwischen ist Zamira, so kann ich glücklicherweise sagen, mit jemandem verheiratet, der auch der netteste aller Ehemänner zu sein verspricht: Jonathan Benthall stammt aus einer alten englischen Familie, die seit dem sechzehnten Jahrhundert in ihrem elisabethanischen Herrenhaus lebt, das jetzt vom National Trust verwaltet wird. Außer seinen Talenten als Schriftsteller, als Anthropologe und als Computerfachmann besitzt Jonathan alle Freundlichkeit und Güte, die man sich für einen Mann an Zamiras Seite denken kann. Das ist mir eine große Freude. Möge diese Verbindung andauern.
Während Zamira von der Welt der Ästhetik geformt ist, ist dies bei Krov weitgehend durch die Welt der Natur geschehen: auf den Bahamas, bei seiner Mutter, wurde er ein guter Schwimmer, fuhr schnelle Wagen, und so war es gar nicht überraschend, als er sich nach dem Besuch verschiedener Schulen und der Universität von Louisiana freiwillig zu einer Spezialeinheit in der amerikanischen Armee meldete. Er zeichnete sich bei einer ganzen Reihe haarsträubender Unternehmen aus, sprang mit dem Fallschirm aus 40 000 Fuß Höhe, tauchte von U-Booten aus, um den Meeresboden zu erforschen, half mit, ein abgestürztes Flugzeug vom Grund des Lake Michigan zu heben, sprengte Brücken in die Luft und beteiligte sich an geheimen Missionen, deren Einzelheiten niemals öffentlich bekannt wurden. Wenn ich auch darüber höchst erstaunt war, einen so sportlichen und unternehmungslustigen Sohn zu haben, so war dies vermutlich nicht erstaunlicher als die Tatsache, daß jüdische Väter, die ihr Leben lang in Schulen und in Büros hockten, die heutigen Soldaten Israels in die Welt gesetzt haben. Krov hatte überdies noch ein australisches Erbe zu erfüllen. Ich machte mir Sorgen, daß ihn seine verschiedenen Fähigkeiten vielleicht in den Vietnamkrieg hineinziehen würden, aber er war bei seinen Leuten so hoch geschätzt, daß man ihn als Ausbilder in der Heimat ließ, bis er eines Tages seinen Abschied nahm, nachdem die Vereinigten Staaten Tausende von Dollar auf seine militärische Ausbildung verwandt hatten. Ich kann der Regierung versichern, daß sie dieses Geld nicht zum Fenster hinausgeworfen hat: Er macht nicht nur seinen Eltern, sondern auch seinem Land alle Ehre.

Krov hat seine vielen Gaben aufs glücklichste weiterentwickelt: Bei all seinem körperlichen Mut besitzt er eine große Ehrfurcht vor dem Leben, die sich in seinem Interesse an der Natur ausdrückt. Vor ein paar Jahren verkaufte er alles, was er besaß, und machte sich, gemeinsam mit seiner schönen jungen Frau Ann und mit der nötigen Ausrüstung, auf den Weg nach Patagonien, einem der unwirtlichsten Landstriche, wo er Wale und Pinguine, Kormorane und andere Tiere filmte. Ihr Film über den weißen Wal (für den ich Edwin Roxburgh die Musik zu schreiben bat) fand im englischen Fernsehen so großen Anklang, daß die BBC Krov und seine Frau auf eine zweite Abenteuerreise nach Mittelamerika schickte. Nach weiteren, anstrengenden Monaten im Dschungel stellte er über die Flora, die Fauna und die Maya-Kultur des Gebietes einen zweiten herrlichen Film fertig, der überall in England gezeigt wurde. Während ich dies schreibe, bereiten sich Krov und Ann auf ihre dritte Expedition in die unwirtliche Natur vor, die sie diesmal in die Antarktis führen wird.

Gerards Familienspitzname ist Mita, was mit einer Geschichte zusammenhängt. Bevor er geboren wurde, nannten wir ihn einfach »Smith«, weil Diana entschlossen war, dem Kind (dessen Geschlecht wir ja nicht kannten) exotische Phantasienamen zu ersparen. Schließlich wurde er ganz respektabel auf den Namen Gerard Anthony getauft, und zwar nach seinem Großvater und seinem Patenonkel Anthony Asquith. Im täglichen Umgang blieb er jedoch weiterhin »Smith« oder »Smithy«, und »Mita« war sein erster Versuch, das selbst zu sprechen. Wenn ich ihn mit seinem Bruder Jeremy vergleiche, bemerke ich denselben Gegensatz, den meine Mutter und mein Vater verkörpern: Gerard hat sehr viel Sinn für Stil, ist nicht ganz einfach, unnahbar und konservativ; Jeremy dagegen ist flexibel, wißbegierig, hat einen analytischen Verstand und ein Temperament wie Quecksilber.

Gerard hat Dianas literarische und dramatische Ader, die durch Dianas Strategie, sich mit ihm schon im Kindesalter zu unterhalten, verstärkt wurde. Schon mit drei Jahren trug er immer ein Buch in der Tasche mit sich herum. Er will nie gern daran erinnert werden, aber schon mit elf Jahren war er der Star des Abends, als er in Bernard Miles' Inszenierung von »Emil und die Detektive« im Mermaid Theatre in London auftrat. Er hat sich seitdem auf verwandten Gebieten umgetan, konnte sich aber nie richtig entschließen, Schauspieler zu werden. Sowohl er als auch Jeremy sind ziemlich zurückhaltend, und wenn sie etwas für sich behalten wollen, dringen wir nicht in sie. Nach Eton wollte Gerard nicht mehr auf die Universität, sondern gleich ins Berufsleben; doch ein Jahr verging, ehe wir überhaupt erfuhren, daß er in der Cutter-Abteilung einer Filmfirma tätig war. Als 1971 die Dreharbeiten in Italien für einen Trotzki-Film beginnen sollten, erhielten wir plötzlich ein Telegramm von ihm aus New York: »Bin hier, nicht dort.« Wir fragten nicht, aber erhielten bald die Antwort: Gerard hatte angenehme Erinnerungen an seine Kindheit in Kalifornien und wollte zweifellos auch ein gutes Stück Entfernung zwischen sich und seine Eltern legen; das Hauptmotiv seiner Flucht aus Europa waren jedoch nicht wir, sondern der Umstand, daß er – im Ausland geboren – nur *ein* amerikanisches Elternteil hatte, so daß er gezwungen war, im Alter zwischen zwölf und achtundzwanzig Jahren vier Jahre ununterbrochen in den Vereinigten Staaten zu verbringen, um seine Staatsbürgerschaft zu behalten (obwohl von denselben Eltern, doch in San Francisco geboren, bleibt Jeremy stets Amerikaner, ob er dort nun wohnt oder nicht).

Inzwischen ist Gerard ein solider, unerschütterlicher amerikanischer Bürger geworden und hat an der Stanford University studiert. Regelmäßig hat er meine Eltern im nahen Los Gatos besucht, sie zu Ausflügen eingeladen und kümmert sich auch sonst um sie. Er ist der Lieblingsenkel meiner Mutter. Sie sind sich in vielem ähnlich, sind sich ihrer jeweiligen Stärken und Schwächen bewußt und lieben sich zärtlich. In den Jahren, die Gerard in der Fremde verbrachte, ist er außerordentlich gereift. Er kennt sein Ziel genau. Sein Lebensstil ist exakt auf seine persönlichen Bedürfnisse zugeschnitten. Möglicherweise ist er seiner Umwelt gegenüber zu anspruchsvoll, so daß es ihm nicht leicht gelingt, kritiklos einen großen Freundeskreis um sich zu scharen. Wie Diana ist er sarkastisch; Falschheit, Affektiertheit, Dummheit sind ihm unerträglich; so bilden er und Diana ein anregendes Gegengewicht zu meiner eigenen Natur, die viel zu selbstsüchtig ist, als daß sie sich mit der Erziehung anderer abgeben möchte. Seine große Tugend ist die Ehrlichkeit, deren kritische Komponente niemanden, ihn eingeschlossen, verschont. Wenn es ihm gelingt, diese Anlagen mit seinem betont anständigen Charakter zu versöhnen, wird sich seine Persönlichkeit noch weiter festigen. Auch ich habe zu Gerard ein engeres Verhältnis denn je, was ich ohne Zweifel auf sein Selbstbewußtsein und sein Unabhängigkeitsgefühl zurückführe. Ich möchte hoffen, daß ihm große Aufgaben noch bevorstehen, in die er automatisch hineinwächst, wenn sie ihn fordern. Ungenutzte Fähigkeiten sind nicht nur eine schlimme Vergeudung, sondern auch irgendwie demoralisierend. Er hat so viele Gaben, die nicht brachliegen sollten, aber es ist ja seine Begabung, nicht meine.

Nach Gerards Geburt und bevor Jeremy auf die Welt kam engagierten wir eine ausgezeichnete Schweizer Kinderfrau, Schwester Marie. Sie betete das neue Baby an und verwöhnte es, als wäre es ihr eigenes, aber als sie uns schließlich wieder verließ, brach nicht Jeremy, sondern Gerard in Tränen aus. Er besitzt wie meine Mutter das unbedingte Gefühl ausschließlicher Treue; Jeremy dagegen wird immer andere Menschen, andere Frauen, andere Liebschaften finden. Jedermann mag ihn, und er mag (fast) jedermann.

Seine musikalischen Talente machten sich früh bemerkbar. Er konnte früher Noten schreiben als Worte, wobei er die Viertel- und Achtelnoten mit kleinen Zweigen schmückte, so daß sie aussahen wie Weihnachtsbäume. Eine seiner frühesten Kompositionen, die er Ben Britten schenkte, war mit »Jeremy Brahms Menuhin« signiert, aber bisher hat er sich weit mehr als Interpret denn als Komponist hervorgetan. Mit fünf Jahren begann er in Florenz mit dem Klavierspiel bei Madame Nardi, einer erstklassigen Pädagogin, die ihm eine gute Grundlage mitgab. Es dauerte nicht lange, da spielten Jeremy und ich unsere erste Sonate zusammen. In London schickten wir ihn auf eine »fortschrittliche« Schule, wo die Kinder es himmlisch fanden, während des Unterrichts Bänke und Tafeln umzustürzen und mit Tintenfässern nach den Lehrern zu werfen; dann kam er – scheinbar von einem Extrem ins andere – auf die Westminster Under School, über die er nach dem ersten Tag zu berichten wußte: »Das ist eine richtige Schule: wir dürfen keine Sachen herumwerfen und müssen die Lehrerin ›Sir‹ nennen.« Schließlich entschied ich, wir sollten ihn zu Gerard nach Eton schicken, denn er führte ein allzu behütetes Leben und kam kaum ins Freie. Von seiten Dianas und vor allem Jeremys hatte ich einige Widerstände zu überwinden, aber der Erfolg rechtfertigte die Entscheidung. Jeremy wurde groß und kräftig und – was uns wichtiger erschien – schloß sich enger an seinen Bruder an.

Zu dieser Zeit hatte ich meine eigene Schule gegründet, für die Jeremy mit seinen musikalischen Voraussetzungen gewiß geeignet war; doch, wie schon erwähnt, riet ich ihm eher ab, schon so früh endgültig alle Brücken hinter sich abzubrechen. Nach anderthalb Jahren in Eton schrieb er mir jedoch von seinem Wunsch, nach Paris zu gehen und

dort bei Nadia Boulanger zu studieren; als die Schule ihn für drei Monate beurlaubte, ließ ich ihn fahren.
Ich brauche hier Nadia Boulangers Ruf als Lehrerin für Komposition nicht mehr laut zu verkünden. Ihre Sommerkurse in Fontainebleau haben ihren Namen überall dort bekanntgemacht, wo man Musik hört. Der große Eindruck, den sie auf mich machte, datiert von einem Bankett in Paris, als ich ihr mit fünfzehn Jahren begegnete; er wurde während der Kriegsjahre in den Vereinigten Staaten bestätigt und festigte sich, als sie mir 1954 eine Handvoll ihrer Geigenschüler anvertraute. Ich habe vergessen, was man bei jenem Pariser Diner, wo ich ihre Bekanntschaft machte, gerade feierte, aber ich weiß noch, wie stolz ich war, daß ich neben ihr sitzen durfte und ihr das Thema einer Bach-Fuge ins Ohr summte, um zu zeigen, warum ich es so und nicht anders spielte. Sie ist eine außergewöhnliche Person und besitzt die Qualitäten ihrer französischen und russischen Vorfahren – hat die warme, spontane, gastfreie und großzügige slawische Natur ihrer Mutter, vom Vater jedoch die Klarheit des Verstandes geerbt. Ihr ganzes Leben lang hat sie sich für ihre Schwester Lili, eine begabte, früh verstorbene Komponistin, eingesetzt, deren Werke ich verschiedentlich auf Platten eingespielt habe. Das Maß der Verehrung für Nadia mag man daran ermessen, daß die Straßenkreuzung in der Nähe ihrer Wohnung in der Rue Ballu in Paris heute »Place Lili Boulanger« heißt. Nadia ist überzeugte Katholikin und schätzt, als Konservative, die Ordnung in allen ihren Manifestationen: Sie gibt Gott, was Gottes, und dem König, was des Königs ist, und ist überzeugt, daß allein die Würde des Amtes jedem Papst, König, Präsidenten den gebührenden Respekt abverlangt. Ihre Fürsorge und ihre Liebe kennen praktisch keine Grenzen. Zuzusehen, wie sie mit Menschen umgeht, ist ein Erlebnis: Sie zittern vor ihr und beten sie an, sie verlangt von ihnen das Äußerste und erreicht es.
Wenn Jeremy für die Musik bestimmt sein sollte, konnte er keinen besseren Lehrer haben. Die drei Monate Urlaub wuchsen sich zu sechs aus, dann zu neun, und da hatte Jeremy bereits so beachtenswerte Fortschritte gemacht, daß man an seiner musikalischen Karriere nicht mehr zweifeln konnte. Natürlich hatte man ihn bevorzugt behandelt – tägliche Stunden bei Nadia, in deren unmittelbarer Nähe er untergebracht war, darüber hinaus mehrere Wochenstunden bei Ciampi; aber er wußte diese Chancen auch zu schätzen, ergriff sie mit beiden Händen. Er stellte sich einen Stundenplan auf, der vierzig Wochenstunden Klavierüben vorsah (ohne sonstige musikalische Studien), und fand

dennoch Zeit, Zeitung zu lesen, Theater und Konzerte zu besuchen, Freundschaften zu schließen und eine herrliche Zeit zu verleben.
Nach achtzehn Monaten schickte ich ihn nach Wien zum Dirigierstudium bei Hans Swarowsky. Denn Pianisten, selbst hervorragende, gibt es hier zu viele. Außerdem war ich überzeugt, daß Jeremy das Zeug zum Dirigenten hatte, nicht nur musikalische, sondern auch allgemeine Anlagen dazu – natürliche Bewegungen, Taktgefühl, Charme sowie ein Talent, mit anderen Menschen umzugehen und das Beste aus ihnen herauszuholen. Und schließlich finden wir heutzutage bei vielen Dirigenten die Neigung, auch als Komponisten und Pianisten zu wirken – denken wir nur an Boulez, Barenboim, Prévin, Bernstein und viele andere.
So blieb Jeremy weitere anderthalb Jahre in Wien, wo er sich in der Wohnung einer Gräfin einmietete und sogleich sein Badezimmer mit Teppichboden auslegte (er ist ein richtiger Genießer: wie mein Vater haßt er es, barfuß auf kaltem Fußboden zu laufen, nur löst er das Problem nicht mit Hilfe von Socken oder Pantoffeln, sondern durch einen dicken, weichen Teppich). Dieses Wiener Zwischenspiel brachte ihn jedoch nicht davon ab, ein Pianist, und zwar ein außerordentlich guter Pianist zu werden. Wir sind in vielen Konzerten zusammen aufgetreten, sind in der Bundesrepublik verschiedentlich herumgereist und haben auch in Israel konzertiert; in Holland jedoch begründete Jeremy seinen Ruf ganz selbständig. Mit ihm über Musik zu sprechen und gemeinsam zu spielen ist außerordentlich befriedigend. Wenn ich auch nur wenig auf seine musikalische Bildung eingewirkt habe (außer bei den Stücken, die wir gemeinsam spielen), stimmen wir musikalisch völlig überein. Sein energischer Zugriff unterstützt mich, und er besitzt Sensibilität, Kraft und musikalisches Verständnis. 1974, als er schon etwas bekannter war, beschloß er, eine Zeitlang nicht mehr zu konzertieren, sondern für sich Repertoire und Technik zu erarbeiten. Ich glaube, das war ein weiser Entschluß, denn wann hat man wieder die Möglichkeit dazu, wenn man einmal ganz im Konzertleben steht? Zur Zeit, da ich dies schreibe, geht seine freiwillige Klausur zu Ende: im März 1976 soll eine Konzerttournee beginnen, auch sind einige gemeinsame Konzerte aus Anlaß meines 60. Geburtstages geplant.

Schönheit in ihrer verschiedenartigen Ausprägung – der Klang einer Violine, die Dinge, mit denen ich mich umgebe, und vor allem die Schönheit meiner eigenen Frau – empfinde ich als etwas Herrliches, als etwas Beruhigendes und Anregendes. 1975 ließ Diana sich porträtieren, was meine Sammlung um ein weiteres Stück vermehrte. Es sind schon eine ganze Anzahl beieinander, denn ich habe mir angewöhnt, alle Zeichnungen und Gemälde, die man je von ihr gemacht hat, in meinen Besitz zu bringen. Nur bei zwei oder drei ist es mir bisher nicht gelungen. In meiner Galerie hängen zwei Bilder aus ihren Kindertagen, eine ganze Reihe aus ihrer Ballettzeit, als sie verschiedenen Leuten von der Royal Academy Modell saß, sowie eine Büste von David Wynne. Am liebsten hat Diana eine Federzeichnung von André Derain, eine Skizze, die hinter der Bühne rasch auf der leeren Seite eines Ballettprogramms entstand. Außerdem habe ich eine große Sammlung von Aufnahmen, die zum Teil von bedeutenden Fotografen stammen und sowohl auf der Bühne wie im Privatleben gemacht wurden. Alle diese Bilder hüte ich mit Fleiß, aber merkwürdigerweise habe ich die Entstehung von keinem von ihnen miterlebt – mit einer Ausnahme: dem Porträt, das 1975 von Diana gemacht wurde.

Wir waren Gäste des Malers Niko Ghika und seiner Frau Barbara in ihrem herrlich und abgeschieden gelegenen Haus auf Korfu; wir waren ganz unter uns, und den ganzen Tag über tauchte niemand auf, um unsere Gemeinsamkeit zu stören. Das Erlebnis, die äußeren Züge der Erscheinung und die inneren des Charakters meiner Frau aus den hingeworfenen Farbstreifen und Klecksen allmählich erwachsen zu sehen und zu dieser Art Mysterium zugelassen zu sein, war eines der liebsten und erregendsten meines Lebens. Normalerweise vermag man nicht rückhaltlos ehrlich über seine Frau zu sprechen: jede Frau wird dann Vergleiche anstellen, und jeder Mann wird denken, man möchte prahlen. Was unsere Gefühle anbetrifft, so lassen Scheu und Konvention sie nicht über unsere Lippen. Bei Ghika wurde das plötzlich völlig natürlich. Auf einmal war es möglich, etwa eine Linie des Ohrs oder der Augenbraue oder des Busens zu diskutieren, die Länge von bestimmten Gliedmaßen, den traurigen oder nostalgischen Ausdruck ihrer Augen, Dianas Humor, ihre innere Kraft und ihre Sanftheit. Nicht nur zu beschreiben vermochte ich diese Eigenschaften, nein, man verstand mich auch; das empfindsame Auge des Künstlers dringt tiefer und vermochte die Zärtlichkeit meiner Äußerungen zu begreifen.

Ghika hat in seinem Porträt Diana sitzend dargestellt, gleichzeitig dabei das Schwebende, das Fließende, aber auch das Angespannte des Tänzerischen eingefangen: ein Geschöpf, dessen Elemente Licht und Luft sind, ruhig, doch voller innerer Bewegung, fragil, doch von innerer Haltung. Das Bild hat jene Zeitlosigkeit, in der Jugend und Reife sich vereinen. Man erkennt, daß diese Frau auch gelitten, daß sie Schwierigkeiten und menschliche Schwächen gemeistert hat und dennoch fröhlich und souverän geblieben ist.

Es war nur angemessen, daß das Malen mich Worte für meine Gefühle für Diana finden ließ, denn sie ist vor allem eine künstlerische Erscheinung. Man hätte ihr vorhersagen können, daß sie Tänzerin werden würde, denn das Ballett ist in seinem Wesen eine Grunddisziplin des menschlichen Körpers, der sich mit jedem Nerv, mit jedem Muskel und mit allen Gliedmaßen einem ästhetischen Prinzip unterwirft. Dafür zeugt ihre gesamte Haltung dem Leben gegenüber. Sie selbst behauptet von sich, keine eigentliche Moral zu besitzen, sondern nur einen Sinn für ästhetische Proportionen. Was in der praktischen Erprobung in dieselbe Richtung weist wie die Zehn Gebote, die das Böse im Menschen zurückhalten und seine Tugenden animieren. Die Gesetze der Schönheit sind klarer, genauer und sicherlich tröstlicher als die Gesetze der Moral. Schönheit kann sowohl berauschen wie ernüchtern – berauschen, weil sie inspiriert und Hingabe verlangt; ernüchtern, weil sie ein außergewöhnliches Maß von Disziplin verlangt. Moral ist dagegen zu oft in der Nachbarschaft von Hochmut und Vorurteil und in der Nähe der Selbstgerechtigkeit jener Strenggläubigen angesiedelt, die fanatisch ihren Geboten folgen, gleichgültig, ob sie damit Freude oder Schmerz, Gutes oder Böses bewirken. Dianas Moral duldet das »Böse« allenfalls im Dienste der Schönheit, und dann wird sie durchaus zu strengen Maßstäben greifen. Indem sie alles in ästhetischen Normen betrachtet, öffnete sie für mich eine Fülle ganz neuer Dimensionen, insbesondere die der bildenden Kunst.

Ich liebe es, mich mit dem destillierten Ausdruck menschlicher Träume und Phantasien zu umgeben, und habe im Lauf der Zeit viele Gemälde oder andere Kunstgegenstände erworben. Mein Interesse an diesen Dingen ist allerdings spät geweckt worden. Weder mein Vater noch meine Mutter besaßen ein künstlerisches Auge; und bis ich siebzehn Jahre alt war, galten meine bewundernden Blicke nur konkreten Gegenständen wie Autos oder Fotoapparaten. Mehr als jeder andere hat mich Diana gelehrt, Gemälde und Skulpturen in ihrem Wert zu erkennen und ausgewählte Stücke zu erwerben. Eines der ersten Bilder, das wir gemeinsam kauften, war von Marie Laurencin, die wir bald nach dem Krieg in ihrem Pariser Atelier besuchten. Schon als wir das erste Mal in Israel waren, entdeckte Diana Moshe Castel, einen der talentiertesten Maler seines Landes; wir besitzen einige seiner Bilder. Einmal war ich allein in Berlin, verliebte mich in die Arbeiten des Malers Jaenisch und kaufte auf der Stelle drei Ölbilder. Jaenisch hat jahrelang in Nordafrika gelebt und das helle Licht jener Gegenden in seinen Bildern eingefangen.

Die Hand des Künstlers zieht auf dem Papier eine Linie, die sofort präzise und doch ganz frei ist. Diese Verbindung von Disziplin und Hingabe, dieses wesentliche Paradox der Schönheit, erscheint mir als das Höchste, das der Mensch erreichen kann. In jedem Kunstwerk wird es sichtbar, ob durch einen großen Musiker oder einen großen Maler oder einen Menschen wie Edmond Rostand, der in Alexandrinern zu improvisieren verstand. Aber es ist nicht auf die Schöpfungen des Menschen beschränkt: Auch dic Brandung, die eine Muschel aus dem Ufersand ans Licht spült und sie mit absoluter Unfehlbarkeit auf den Felsen schleudert, auch die Katze, deren Sprung von absoluter Genauigkeit ist – all dies zeigt die Balance von Spontaneität und Disziplin, für mich die höchste Form des Lebens. So haben Maler in ihrem Atelier stets etwas besonders Faszinierendes für mich gehabt, und ich schätze mich glücklich, einige von ihnen zu meinen Freunden zu zählen.

Ganz besonders nahe steht mir die kanadische Malerin Myfanwy Pavelic; sie ist ein Beispiel dafür, wie man durch eigene Erfahrung ein Einfühlungsvermögen entwickeln kann und diese Fähigkeit ins Allgemeinverständliche umsetzt. Sie ist, wie Willa Cather, in den Prärien großgeworden, und so fühlt sich Myfanwy (so signiert sie ihre Bilder) diesem Erdenwinkel, den Wäldern, den Seen und den Bergen des Nordwestens, ganz zugehörig. Als Mädchen ist sie in der kanadischen Wildnis viel geschwommen und Kanu gefahren, mußte sich später jedoch einer Reihe von orthopädischen Operationen unterziehen. Naturverständnis und Einsamkeit haben ihren Charakter geprägt. Jede Publizität ist ihr ein Greuel, und als man sie unlängst in die Reihen der Royal Canadian Academy of Arts wählte, beschloß sie, während der Feier lieber zu Hause in ihrem Atelier zu bleiben. Am liebsten arbeitet sie, aber wenn sie ein Bild vollendet hat, ist es ihr nicht mehr so wichtig. In einem Dasein, das von der Spontaneität des Ausdrucks lebt, hat es seinen Zweck erfüllt. Ein anderer großer Künstler, den ich besonders verehre, ist Oskar Kokoschka, der in der Schweiz unser Nachbar war. Kokoschka ist für mich ein großer Künstler, dessen Werk eine humane Botschaft verkündet. Ich stehe gleichermaßen in Bewunderung vor seinen Bildern aus London und vor den Landschaftsbildern und habe mit Interesse feststellen können, daß er, der selbst eine imponierende große Erscheinung ist, im Laufe der Zeit das Detail außer acht läßt und sich mehr auf Farbe, auf Gewicht und Form konzentriert. Jedes Jahr freute ich mich von neuem, ihn beim Gstaad-Festival wiederzusehen, wenn er nicht gelegentlich den Sommer auf seiner »Schule des Sehens« in Salzburg verbrachte.

Von Anfang an hatte die Musik in Dianas Welt ihre Rolle gespielt, jedoch nur als eine Muse unter einem halben Dutzend anderer, denen sie sich widmet. Diese Vielseitigkeit kam ihrer Natur ohnehin entgegen, denn sie ist eine Persönlichkeit mit unzähligen Facetten, die ständig widerspiegeln, glitzern und sich gegenseitig anstrahlen. Sie liebt das Äußere, wenn es ein inneres Gesicht reflektiert, und flieht das Öde, Passive, Unreflektierte – sei es Mensch oder Ding. Sie sucht Reaktion, provoziert sie. Aus Irland hat sie den Sinn für Poesie geerbt, den Witz aus Frankreich, die Leidenschaft für den Reichtum der Sprache von beiden. Fromme Generationen haben ihr eine religiöse Grundhaltung vererbt, ein angeborenes Gefühl für das Metaphysische; als sie – ohne den Schutz des Elternhauses – den kirchlichen Ritus ablegte, blieb ihr stets ein Sinn für die Unendlichkeit erhalten. Wie meine Eltern oder auch ich würde sie niemals handeln ohne diese unsichtbare Gegenwärtigkeit, ohne jenes Auge der Ewigkeit, das in uns und um uns allgegenwärtig ist. Aus diesen Quellen und aus der reichen Vielfalt ihrer Begabungen hat sie ein außerordentlich erfülltes und reichhaltiges Leben gemacht, das sie mir widmet.

Und dafür war sie wie geschaffen – sowohl durch die Selbstverleugnung, mit der sie automatisch auf eine Situation reagiert, als auch durch die Tatsache, daß eine ähnliche Disziplin die kleinste Zelle eines Balletttänzers wie eines Geigers regiert; die Forderungen, welche die Kunst stellt, schrecken sie nicht. Auf musikalischem Gebiet ist sie ständige Helferin: auf Proben und nach Konzerten äußert sie mit Überzeugung wohlfundierte Meinungen, die man sich zu Herzen nehmen kann. Und außerhalb der Musik hat sie mir das Leben erleichtert, ihm einen Mittelpunkt gegeben. Wann immer ich einen Artikel schreibe (was bei meinen vielseitigen Interessen oft geschieht), zeige ich ihn stets Diana, bevor ich ihn wegschicke; und wenn sie mir das Manuskript wiedergibt, kann ich sicher sein, daß es jetzt völlig in Ordnung ist, treffend und sparsam formuliert, wie ich es nicht zustande brächte, und säße ich fünfmal so lange daran. Alle Zitate aus der Bibel oder Literatur, die meine Reden und Artikel zieren, sind, dessen kann man sicher sein, Dianas Werk. Seit unsere Jungen erwachsen geworden und aus dem Hause sind, lebe ich in einem Frauenhaushalt, der mir jede Gelegenheit bietet, die Stärke des »schwachen Geschlechts« zu würdigen. Außer unserer Haushälterin Milly Lowe, dem ruhenden Pol in unserem Leben – einem Menschen, der intelligent ist, verläßlich wie der Sonnenaufgang und der uns liebt –, unterstützen uns Kathleen Smith, die in ihrer Zuverlässigkeit und Liebenswürdigkeit seit über zwanzig Jahren die Bürde der Sekretariatsarbeiten trägt – vom ersten Klingeln des Postboten am Morgen bis zum letzten Anrufer spät am Abend; und Eleanor Hope, die erst vor kurzem zu uns gekommen ist und in der Lage war, das Bild der perfekten Sekretärin gleichsam zu »humanisieren«, indem sie die Aufgaben, die ich ihr auflaste – seien sie noch so ermüdend oder schwierig – stets mit Phantasie und Humor erledigt.

Ich habe oft bedauert, daß mein Beruf Diana nur sehr begrenzte, von Selbstverleugnung diktierte Entfaltung ihrer vielen Talente brachte; ich wußte, es war fast unmoralisch, daß diese Gaben sich nicht frei entwickeln durften. In den letzten Jahren, seit unsere Jungen erwachsen sind und meine Tätigkeit sich auch aufs Dirigieren und die Leitung von Festivals verlegt hat, wurde es möglich, Dianas Talente auch »öffentlich« nutzbar zu machen, was mir große Befriedigung verschaffte und, so muß ich bekennen, mir auch meine Schuldgefühle nahm. Im Sommer 1969 erhielt sie die erste Gelegenheit seit unserer Heirat. Damals sollte beim Bath-Festival Mozarts *Der Schauspieldirektor* in der Inszenierung von Wendy Tone aufgeführt werden; da das originale Libretto reichlich dünn ist, wurde der Schauspieler Robert Morley gebeten, es etwas umzuschreiben, was er mit großem Erfolg tat. Er schuf nicht nur einen Text, der es wert war, als Vehikel für Mozarts Musik zu dienen, sondern baute auch eine Sprechrolle für Diana ein und fand sogar für mich etwas auf der Bühne zu tun, bevor ich zum Dirigieren in den Orchestergraben hinunter mußte. Ich fand es herrlich, Diana wieder auf der Bühne zu sehen, zusammen mit anderen Schauspielern, und mich daran zu freuen, daß nach all den Jahren, in denen sie im Hintergrund für mich gewirkt hatte, sie nun selbst strahlen konnte. Aber das war lediglich ein kleiner Anfang von dem, was folgen sollte.

Im nächsten Jahr – zuerst in Bath, später auch für das BBC-Fernsehen – wurde Diana aufgefordert, bei einer Aufführung von Saint-Saens' *Karneval der Tiere* Gedichte von Ogden Nash zu rezitieren; nachdem sie einen Blick auf den Text geworfen hatte, griff sie lieber selbst zur

Feder. Ich konnte ihre Reaktion durchaus verstehen: So wie sich Diana nicht überwinden konnte, diese Zeilen zu sprechen, habe ich mich oft außerstande gefühlt, bestimmte Kadenzen zu spielen – es gibt eben Dinge, mit denen man sich nicht identifizieren mag. Nur zwei oder drei Tage standen zur Verfügung, eigene Verse zu verfassen – wir waren gerade in Gstaad und hatten nichts Besonderes vor –, und in dieser verhältnismäßig kurzen Zeit schrieb sie Verse von echter Schönheit und durchschlagendem Witz. Die Fernsehproduktion war ein großer Erfolg. Zwei Jahre später wurde sie von Humphrey Burton aufgefordert, etwas zu seiner Aquarius-Serie im British Weekend Television beizutragen, und sie rezitierte dort ein paar Gedichte von Edward Lear zu der Musik von Edwin Roxburgh; danach, Weihnachten 1973, machte sie ein Programm mit Dichtungen von E.E.Cummings. Ich hatte stets angenommen, Diana allmählich wirklich zu kennen, aber immer wieder gelang es ihr, mich in Erstaunen zu versetzen. Es war eine Offenbarung, sie so völlig selbständig agieren zu sehen, wie sie sich der Poesie hingab, wie sie sprach, wie sie zusammenfaßte, wie ihr die gesamte Ausdruckspalette der dramatischen Effekte, von der Satire über das Komische bis zum Tragischen, zur Verfügung stand. Diese Programme wurden schließlich auch in Kanada ausgestrahlt, zu meinem Bedauern allerdings nicht in den Vereinigten Staaten. Keine amerikanische Fernsehstation würde sich bereitfinden, eine Sendung über einen amerikanischen Dichter ins Programm zu nehmen.

Ich bin sicher, daß Diana noch eine Reihe weiterer Pfeile in ihrem Köcher für mich bereithält und daß sie in den etwas ruhigeren Jahren, die vor uns liegen, die Möglichkeit haben wird, sich in der Poesie, in der Malerei und auf der Bühne selbst zu verwirklichen – was ihr Erfüllung bringen und mir Freude bereiten wird.

11. *Abenteuer eines Neutralisten aus Leidenschaft*

Bei Enesco in Rumänien (1946) · In Ungarn als Interpret Bartóks und Freund Kodálys · Die Musik darf nicht kuschen · Eintreten für Furtwängler und erstes gemeinsames Konzert 1947 in Berlin · Anfeindungen · Tournee im jungen Staat Israel · Abenteuerliche Fahrt in die Provence · Zu Casals nach Prades und San Juan (Puerto Rico) · Südamerika oder die bedrohte Ursprünglichkeit

Wie kaum in einem anderen Land der Welt ist das Leben der Ungarn und Rumänen von Musik durchdrungen. Andere kleine Länder, die plötzlich ihre eigene Identität entdecken, mögen sich in der Gestalt eines Despoten oder Revolutionärs widerspiegeln, der Feuer an die Festung gelegt oder die Nachbarn mit seiner Rache verfolgt hat. In Ungarn und Rumänien dagegen sind die Nationalhelden Musiker: in Ungarn muß sich Zoltán Kodály diese Ehre mit Bartók teilen, aber in Rumänien erfreut sich Georges Enesco der Verehrung seiner Landsleute ungeteilt und unumstritten. Selbst in unserer urbanen, stromlinienförmigen, vom Computer beherrschten internationalen Zivilisation ist die Stärke der rumänischen Musiktradition etwas, das man nur bestaunen und preisen kann. Jede kleine Ecke des Landes pflegt ihren eigenen Stil, und der wahre Kenner, der hier eines Bauern Flötenspiel oder dort eines Zigeuners Kunst auf dem Zymbal oder der Fiedel oder der Flöte kostet, vermag – wie ein Weinprobierer die Lage – ihre musikalische Herkunft zu bestimmen: von den Nordabhängen eines bestimmten Tals etwa oder dem Westufer eines bekannten Flusses. In einem Land, dessen musikalische Wurzeln so stark sind, kann man wohl erwarten, daß die Musiker einiges Ansehen genießen; auch ist es nicht verwunderlich, daß die Nation stolz darauf ist, den bedeutendsten »All-round-Musiker« dieses Jahrhunderts geboren zu haben. Aber dennoch hat es auf den ersten Blick etwas herrlich Ungewöhnliches, daß der einstige Diener der höfischen, feudalstaatlichen Ordnung vergangener Zeiten zur Galionsfigur der heutigen Volksrepublik aufgestiegen ist. Man mag sagen, daß die Toten jeder Verehrung standhalten; alles in ihrem Leben läßt sich umbiegen und interpretieren, ohne daß man ihren Protest fürchten muß. Ich bin aber der Meinung, daß Enescos sozialistische Kanonisierung rechtens und gut war; wenn er auch am dortigen Hof diente und wenn er auch – kaum daß die Kommunisten an die Macht kamen – seine Prinzessin außer Landes schaffte, war sein Musikertum desungeachtet ein Produkt der Heimat, das aus der Begegnung mit Paris und Wien neue Kräfte sog und sich mit saftiger Musikalität, wie sie Erde, Land und Wasser der Moldau hervorbringen, wieder revanchierte. Zu Recht hat er eine Brücke geschlagen von der Monarchie zur Volksrepublik, beide haben von seiner Bedeutung profitiert. Wäre er geblieben, bis die alte Ordnung der neuen Platz gemacht hatte, wäre er gewiß nicht glücklich gewesen; allerdings bezweifle ich, daß er dies im Exil war. Natürlich hatte er keine Wahl: Prinzessin Cantacuzène war nicht in der Lage, die Welt und den Enthusiasmus der Genossen zu teilen, so daß es nötig wurde, sie und ihre zusammengeschmolzene Schar ins Ausland zu führen. Ich kann mir vorstellen, daß er ohne die Verpflichtung ihr gegenüber vielleicht nach Bukarest zurückgekehrt wäre, um die verdiente Verehrung dort zu genießen.

Als ich im Mai 1946 meinen ersten Nachkriegsbesuch in Rumänien machte, gab es dort noch die Monarchie (auf dem Thron, den ich einmal zum Spaß ausprobiert hatte, saß Michael, der mit den weißen Ponys), und Enescos Exil lag noch in der Zukunft. Das Land war von den Alliierten besetzt, man sah russische und amerikanische Soldaten, aber selbst diese Belastungen vermochten den Aufschwung friedlicher Aktivität nicht zu hindern. Finanz- und Geschäftsleute gingen in Bukarest ihrem Gewerbe nach, es gab viel und gut zu essen, der Verkehr in den Straßen war vergleichsweise stark, und die Luft vibrierte von Unternehmungsgeist. Die stets hilfsbereiten Amerikaner stellten mir ein Auto zur Verfügung, damit ich nach Sinaia hinausfahren konnte, dessen zauberhafte Atmosphäre – jene Harmonie von Wäldern und Bergen, Tier- und Pflanzenwelt – wiederum ganz stark auf mich wirkte. Seit 1946 hat diese Atmosphäre eines goldenen Zeitalters der üblichen Entartung durch den Tourismus Platz gemacht: neue Häuser aus Stein haben die frühere Wildnis gezähmt, Menschenmengen das einheitliche Bild gesprengt. König Michael gab ein Essen für mich und stellte mir, als ich Rumänien wieder verließ, eine Ehrengarde, die sich fast zwei Stunden lang in Habt-Acht-Stellung am Flughafen präsentieren mußte, während ich auf die Flugerlaubnis aus den Ländern wartete, die wir auf dem Weg in die Schweiz überfliegen würden. Ich muß einer der letzten Ausländer gewesen sein, denen solch königliche Ehren widerfuhren, denn Michaels Tage waren gezählt; die Kommunisten, die ihn

stürzen sollten, befehligten bereits die Streitkräfte. In ihren Plänen ließ sich alles unterbringen – selbst mein Besuch: auf ihren Wunsch hin spielte ich für Arbeiter, wobei allerdings die Musik keineswegs die vorherrschende Rolle spielte, sondern ein Pressefoto, welches mich in offensichtlich liebenswürdigem Geplauder mit den Parteifunktionären zeigte und das am nächsten Tag überall veröffentlicht wurde.
Derartige widersprüchliche Tendenzen entgingen mir natürlich nicht, wenn sie auch für mich keineswegs so wichtig waren wie die Wiederbegegnung mit Enesco, den ich zuletzt im Frühjahr 1939 in Paris gesehen hatte. Wir trafen uns am Flughafen und fuhren zusammen nach Bukarest hinein, das ich merkwürdigerweise (Sinaia lag ja in geringer Entfernung von der Hauptstadt) noch nicht kannte. Ähnlich wie in Paris liegen die eleganten hohen Häuser an Straßen und Boulevards, die von sternförmigen Plätzen ausgehen, und die Stadt machte einen freundlichen, soliden Eindruck. Ich sagte das Enesco. »Sch«, flüsterte er und hielt die Hand vor den Mund, als ob er mir zum Scherz etwas ganz Vertrauliches mitteilen wollte. »C'est la Boue-qui-reste!« (»Der Dreck bleibt liegen!«) Er fuhr mich zur Stadtwohnung der Prinzessin Cantacuzène, einem kleinen Palais, wo er – im Gegensatz zu ihren mit Diwans und allerlei Dekorationen komfortabel ausgestatteten Gemächern – eine mönchische Zelle bewohnte: weißgekalkte Wände ohne ein einziges Bild, ein schmales Metallbett und nur ein Fenster. Schon als Junge hatte er sich in die Prinzessin verliebt, die damals eine bekannte verheiratete Aristokratin war, aber als Mitte der dreißiger Jahre ihr Mann starb und sie selbst – krank und elend – ständiger Hilfe bedürftig darniederlag, krönte Enesco seine lebenslange Treue und heiratete sie. Hier schlich er sich aus seiner kargen Zelle, hinüber in der Prinzessin Gemächer – ein Höfling, der den verfeinerten Geschmack seiner Dame und ihres Kreises durch musikalische Darbietungen ergötzt. Ein um so rührenderes Schauspiel, als doch außerhalb dieser Palastmauern Enesco das absolute Idol und Ideal eines ganzen Landes war.
Keiner meiner Besuche irgendwo auf der Welt war so von wirklich ununterbrochener Begeisterung begleitet wie diesmal in Rumänien: es war ein Enesco-Festival, eine Enesco-Orgie, ein Enesco-Delirium – alles durch meinen Besuch ausgelöst. Zwei Wochen lang gaben wir jeden Tag ein Konzert: öffentliche Proben am Vormittag, wobei wir den größten Teil der Geigenliteratur absolvierten, jeden Tag ein anderes Programm, Enesco am Klavier, Enesco am Dirigentenpult des Orche-

sters. Bei jedem Konzert und bei jeder Probe mußte uns die Polizei einen Weg vom Auto zum Bühneneingang bahnen, mehrere Nächte lang war mein Hotelzimmer von begeisterten Anhängern regelrecht belagert, so daß ich es gegen ein geheimes Privatquartier wechseln mußte (ein liebenswürdiges Ehepaar tauschte seine Wohnung gegen mein Hotelzimmer und nahm dabei mögliche Belästigungen mit in Kauf). Das Symbol, das man in meinem Auftreten sah, war von dreierlei Art: einmal war ich Enescos Schüler, was zumindest in Rumänien etwas ganz Besonderes war und mich von vornherein eine Menge Vorschußlorbeeren genießen ließ; zweitens war ich Amerikaner, Vertreter eines großherzigen Volkes, das sein Blut für die europäische Sache vergossen und für die Zukunft Hoffnung und Freiheit prophezeit hatte. Drittens war ich Jude. Zu dieser Zeit war Bukarest noch immer die jüdische Hauptstadt Europas und hatte buchstäblich Tausende von Juden, die dem Tode entronnen waren (und zwar nicht aus Rumänien allein, sondern aus allen umliegenden Ländern), in seinen Mauern aufgenommen. In der Stadt lebten ungefähr zweihunderttausend, von denen bald viele in alle Welt, nach Israel und andere Länder, verstreut sein sollten, und sie bereiteten mir ein Willkommen von fast messianischen Ausmaßen. Als man zu meinen Ehren einen Gottesdienst abhielt, standen die Juden ganze Straßen weit um den Tempel, dicht an dicht, eine tiefbewegende Demonstration ihrer Existenz, deren tödliche Gefährdung noch nicht lange zurücklag. Rumänien sollte weiterhin ihr Freund bleiben; bis zum heutigen Tag hat es als einziger sozialistischer Staat gute Beziehungen mit Israel unterhalten.
Angesichts dieses überwältigenden Empfangs war es für Enesco und mich ein leichtes, eine beträchtliche Geldsumme aufzubringen, die unter dem Roten Kreuz, den jüdischen Wohlfahrtsorganisationen und rumänischen Jugendlichen aufgeteilt wurde. Allerdings war ich etwas enttäuscht, als ich entdeckte, daß man die Mietkosten für das Privatflugzeug, das mich nach Rumänien und wieder zurück gebracht hatte, gleich von dieser Gesamtsumme abgezogen hatte.
Enesco sollte noch neun Jahre leben; traurige Jahre, Exiljahre – wieder in Paris –, Jahre fortschreitender Rückgratschwäche, die ihn immer stärker deformierte, Jahre der Taubheit, der Armut. Noch einmal quartierte er sich in der Rue de Clichy 36 ein, ging auf Konzertreisen, um für die Prinzessin und sich das Leben zu verdienen, doch dann mußte er die schöne Wohnung im zweiten Stock, wo er mich zwanzig Jahre zuvor unterrichtet hatte, aufgeben. Die Einrichtung wurde ver-

kauft, der Flügel machte einem schlichten Klavier Platz, und der Haushalt übersiedelte in eine kleinere Wohnung im Erdgeschoß. Hier hielt die Prinzessin weiter Hof, den Umständen entsprechend etwas bescheidener, weniger pompös, gezeichnet vom Makel der Sinnlosigkeit und Verbannung, doch stets unter Beachtung des üblichen Rituals. Ich erinnere mich noch an einen Abend, wo die Prinzessin Cantacuzène ihren zusammengeschmolzenen kleinen Kreis um sich scharte und Enesco für sie spielte. Obwohl er sich damals schon ganz gekrümmt hielt, besaß seine Wiedergabe des *Geister-Trios* eine Größe und geistige Vitalität, die der Beethovens nicht nachstand. Sie machte ein sehr wichtiges Geheimnis des Geigenspiels offenbar: daß die innere Vorstellungskraft äußere technische Defekte vergessen machen kann. Die Zahl der Geiger, die trotz Schwächen der linken Hand herrlich spielen, ist Legion, aber doch nur, weil sie musikalisch etwas mitzuteilen haben, das ihnen auch so gelingt. Enesco dagegen demonstrierte eine ähnlich gültige Wahrheit: daß künstlerische Überzeugung und Inspiration, einmal erworben, unverlierbar sind. Infolge seiner großen Gabe, sich durch die Violine mitzuteilen, vermochte er trotz seines körperlichen Handicaps und der wachsenden Taubheit noch immer so zu spielen, daß es kaum zu übertreffen war; versteht doch auch ein alter Mann, selbst wenn er nicht mehr zur Liebe fähig ist, noch sehr viel mehr davon als ein stürmischer, aber ahnungsloser junger Mann.
Königin Elisabeth von Belgien, die, in ihrer Bewunderung für Enesco, dem geschlagenen Geigerfürsten gern alle Bequemlichkeit verschafft hätte, setzte sich in Paris mit mir und anderen Verschwörern in Verbindung, um ihn zu unterstützen; aber das schlug fehl, weil er dahinterkam und unsere Hilfe verweigerte; wohl auch, weil die Prinzessin unser Vorhaben sabotierte und weil sich einige Leute aus seiner Umgebung als unzuverlässig herausstellten. Ob zu Recht oder nicht, er lebte in der Furcht, daß seine Guarneri-Geige, die Jahre zuvor der rumänische Hof gemeinsam mit den rumänischen Bürgern für ihn erworben hatte, eines Tages vielleicht vom Staat zurückverlangt werden würde. So bat er mich eines Tages in das Musikzimmer seiner kleinen Wohnung und vertraute mir die Guarneri an. »Ich werde doch niemals mehr spielen«, sagte er. »In Amerika wird sie sicherer sein als hier.« (Schließlich kehrte das Instrument – und zwar völlig zu Recht – wieder nach Rumänien zurück.) Er machte mir auch seine erste schöne Geige zum Geschenk, eine Santo Serafino, die er von seinen Einkünften als Student in Wien erworben hatte; noch immer hüte ich sie sorgfältig. So

trennte er sich ganz unfeierlich und ohne große Worte von den Gefährten seines Lebens, entblößte sich von dem letzten Besitz, von dem letzten ihm verbliebenen Glanz, um sich auf den Tod vorzubereiten. Am 4. Mai 1955 starb er in Paris.

Ich bin seitdem einige Male in Rumänien gewesen und stets, im Andenken an Enesco, mit großer Herzlichkeit empfangen worden. Begreiflicherweise ist es für mich immer eine Genugtuung, meine Liebe und Bewunderung für ihn von einem ganzen Land bestätigt zu finden; festzustellen, daß Enesco, dessen Persönlichkeit überall in der Erinnerung verblaßt und dessen Werke leider nicht oft aufgeführt werden, zumindest hier noch immer eine überragende Figur darstellt. Der Tribut des Landes wird in dem Enesco-Museum sichtbar, wo man Manuskripte, Partituren, Briefe, Bilder, Dokumente und alle möglichen Erinnerungsstücke zusammengetragen hat. Doch er ist und bleibt Rumäniens »Genius loci«, der das dortige Musikleben durchdringt. Das Konservatorium ist das Enesco-Konservatorium, der Geigerwettbewerb ist der Concours Enesco, und sein bedeutendstes Werk *Oedipe* hat einen festen Platz im Repertoire der rumänischen Staatsoper. Vielleicht wird es eines Tages auch in anderen Opernhäusern erklingen. Es hat es verdient: Es ist eines Meisters Meisterstück, an dem er jahrzehntelang feilte, eine Partitur, die ihn überallhin begleitete und die Jahr für Jahr Seite um Seite wuchs – während der Ferien, an den Wochenenden und in nächtlichen Hotelzimmern.

In Rumänien war Enesco mein Förderer gewesen, aber in Ungarn, bei meinem ersten Nachkriegsbesuch in Budapest, vermochte Bartók diese Aufgabe nicht mehr zu übernehmen. Im Jahr 1946 war Ungarns Nationalheld schon ein Jahr tot. Doch ich hatte ihn persönlich gekannt, hatte seine Werke aufgeführt, und er hatte seine Solo-Sonate für mich geschrieben. Allein diese Beweise seiner Freundschaft und meiner Verehrung öffneten mir den Weg in die Herzen der Ungarn. Bei manchen überfüllten Konzerten wurden Lautsprecher installiert, um die vielen, die keinen Einlaß erhalten hatten und nun auf der Straße standen, ebenfalls teilnehmen zu lassen.

Ich bin überzeugt, daß die reichste Kultur aus einer Verbindung von Ost und West erwächst. Innerhalb des österreichisch-ungarischen Imperiums war Ungarn ein wichtiges und wirksames kulturelles Ferment, das in einem langen historischen Prozeß auf die ungarische Folklore selbst (die Türken, die bis nach Wien vorstießen, hinterließen viele Spuren), auf die Tradition der Balkanvölker, auf die Deutschen, die

Franzosen und die Italiener einwirkte. Wien selbst zeigt eine besonders reiche Ernte dieser Ost/West- und Nord/Süd-Spannung, eine Stadt, in der kaum jemand lebt, dem Musik nicht vertraut wäre, und wenige, die sie nicht auf die eine oder andere Art ausüben. Selbst heute noch ist die Musik die Seele der Stadt – was sich vielleicht auf etwas nachteilige Weise bemerkbar macht, indem das Wiener Intrigenspiel Politik, Diplomatie und Handel außer acht läßt und sich völlig auf das Opernhaus am Ring konzentriert. So wie Wien zu seiner Glanzzeit Mozart, Beethoven und Brahms anzog, die es dann durch ihre Werke bereicherten, so war Budapest in diesem Jahrhundert zu einer Art musikalischem Wallfahrtsort aufgestiegen – doch fröhlicher, verrückter, aufregender, als man es einem Wallfahrtsort zutraut: eine Mischung von großartigem musikalischen Raffinement und einem Schuß Reno, Nevada. Leider habe ich Budapest während seiner Blütezeit zwischen den Kriegen, als Bartóks Größe der unabhängig gewordenen Nation musikalische Kraft schenkte, nicht erlebt. Bei meinem ersten Besuch 1930 war ich viel zu jung und auch zu kurz dort, um auf eigene Faust die verschiedenen Schichten des Budapester Musiklebens kennenzulernen; das folgende ständige Auf und Ab der politischen Ereignisse hat seinen Charme vielleicht gedämpft, aber nicht auslöschen können.

Meine deutlichste Erinnerung aus dem Jahre 1946 ist, so muß ich bekennen, ein außerordentlich üppiges Mittagsmahl, das die Stadtväter für mich im Park arrangierten und das der legendäre Stadtkoch Gerbaud zusammengestellt hatte. Budapest war noch immer vom Krieg mitgenommen, und es gab keineswegs schon viel zu kaufen. Dies war für die Ungarn offensichtlich eine Herausforderung, mir ein Mahl vorzusetzen, an das ich noch nach Jahren mit nostalgischen Schlemmergefühlen zurückdenke. Auf der Pontonbrücke über die Donau stolzierten die schäbig gekleideten Bürger von Budapest, stolz wie kaum ein siegreiches, geschweige denn ein besiegtes Volk, als ob es in Zeiten der Mühsal und der geringen Hoffnungen die ganze Welt gewonnen hätte. Nicht zu wissen, wann man am Boden liegt, heißt die Wirklichkeit verkennen; heißt, immer wieder den Phönix aus einer Handvoll Staub aufsteigen lassen; aber wenn man blind ist gegenüber anderen Qualitäten, gegenüber Klugheit oder gar List, wird dieser Phönix nach kurzem schicksalhaften Aufstieg immer wieder rasch zu Asche verbrennen. Anders als die Polen, die über Jahrhunderte hinweg die Fremdherrschaft zu überleben verstanden, und anders als die klug berechnenden Rumänen, die selbst das Unglück zu ihrem Vorteil zu wenden verste-

hen, gehen die Ungarn immer einen Schritt zu weit. Ich war noch einmal, wenige Monate vor dem Aufstand 1956, in Budapest, wo ich während einer Pressekonferenz auf eine Reihe von außerordentlich unvorsichtigen und unklugen Fragen antworten mußte, was mir zeigte, wie wenig man sich seiner kleinen Position innerhalb des Gleichgewichts der Mächte bewußt war. Als die Russen intervenierten und ein ihnen gefügiges Regime etablierten, wurde ich mit mir uneins, ob ich dort konzertieren sollte: einerseits wollte ich dem geschlagenen Volk meine Verbundenheit bekunden, andererseits würde ich nicht umhin können, mich dann auch mit den neuen Führern zu solidarisieren. Eine Zeitlang überwog das zweite Argument, und ich ließ Ungarn bei meinen Reisen aus; aber mit der Zeit verloren die Argumente an Überzeugungskraft. Unter den gegenwärtigen Umständen war Kádárs Regime zweifellos das einzig mögliche; es hat sich, zieht man alles in Betracht, mehr oder weniger menschlich verhalten und den unruhigen Ungarn einen Grad individueller Freiheit beschert, wie ihn die Rumänen, auch wenn sie ein größeres Maß von Unabhängigkeit gegenüber der sowjetischen Bevormundung erlangten, niemals kennengelernt haben.
Zoltán Kodálys Musik hat sicher auf ihre Weise zum Aufstand 1956 mit beigetragen; doch als nach seiner Niederschlagung abgerechnet wurde, blieb Kodály, geschützt von der Verehrung des Volkes, unbehelligt. Er war ein gefürchteter Mann mit sanfter Stimme, doch beißendem Witz, den er unter einer scheinbar harmlosen Bemerkung lächelnd zu verbergen verstand, ein verbindlicher, eleganter Herr, dessen Ritterlichkeit beinahe an die Enescos heranreichte. 1946 war Emma, seine außerordentliche Frau, noch immer am Leben – ungefähr hundert Jahre alt, von denen sie, erinnere ich mich, zweiundneunzig zugab. Sie war ein sehr liebenswerter Mensch, was ganz wörtlich und unbestreitbar zu nehmen ist, denn die Musiker von halb Europa müssen ihre Liebhaber gewesen sein. Noch immer wärmte ein großer Kreis von Anbetern ihre alten Tage. Sie erzählte von der goldenen Vergangenheit und schleppte ganze Fotoalben heran, in denen festgehalten war, wie sie und Bartók und Kodály splitternackt in den Bergen herumkletterten. Als wir zu Tisch gingen, nahm Emma am oberen Ende der Tafel Platz, während Zoltán sie bediente und sie auf rührende Weise umsorgte. Als sie einmal ins Krankenhaus mußte, ging er einfach mit, um an ihrer Seite zu bleiben. Als es ihr dann besser ging, schaffte er sich einen amerikanischen Wagen an (was damals eine teure Angelegenheit war), um mit ihr ein bißchen aufs Land hinauszufahren.

Emma vergalt ihm diese liebevolle Behandlung, indem sie ihre eigene Nachfolgerin bestimmte und dafür ein Mädchen erwählte, das um so viele Jahrzehnte jünger war wie Zoltán jünger als Emma. Aber es war schließlich an ihm, ihr den typisch ungarischen Antrag zu machen: »Würdest du gern meine Witwe werden?« Auch nach Emmas Tod blieb stets bei Tisch ein Platz für sie reserviert.
Ich traf Kodály 1946 bereits auf dem Flughafen und fragte ihn rundheraus, ob er für mich etwas schreiben wolle. Er akzeptierte und fügte hinzu, eine bevorstehende Schiffsreise würde ihm sicherlich Zeit dazu geben. Ich wußte, daß er sehr langsam komponierte, und war daher nicht besonders enttäuscht, als die Jahre vergingen, ohne daß sie mir ein Manuskript beschert hätten. Hin und wieder schrieb ich jedoch, um mich in Erinnerung zu bringen. Einmal antwortete er, die ersten beiden Seiten wären bereits vollendet. Ich schrieb ihm zurück und machte, wie ein Versicherungsagent, folgende Rechnung auf: so viele Jahre für zwei Seiten; soundso viele Lebensjahre habe er noch zu erwarten (er war stets in hervorragender körperlicher Verfassung und schwamm jeden Morgen); ich sähe also, schrieb ich, allen Grund zum Optimismus, und er möge doch den beiliegenden Scheck als entsprechende Anzahlung entgegennehmen. Der Scheck kam jedoch zurück mit dem Bemerken, seine »schlechte Musik« würde von so vielen Leuten aufgeführt, daß er keine finanziellen Sorgen hätte, in der Zwischenzeit werde er aber versuchen, das Stück fertig zu komponieren. Bedauerlicherweise kam ich nie in die Verlegenheit, ihm einen zweiten Scheck zu übersenden: das Stück ist niemals fertiggeworden, und auch die ersten beiden Seiten habe ich nicht bekommen.

Kann man von der Musik vielleicht zuviel erwarten? Als Kind sah ich in der Musik eine unwiderstehliche Macht des Guten, etwas, das die Menschheit über alles Trennende hinweg vereinen könne, jenes Wunder, das Schiller in seinem »Lied an die Freude« mit den Worten »deine Zauber binden wieder, was die Mode streng geteilt« umschreibt. Ein Leben im zwanzigsten Jahrhundert kann jedoch solche Hoffnungen nicht vor schrecklichen Enttäuschungen bewahren. In der heutigen, zusammengeschrumpften Welt ist die Musik zu einem beliebig exportierbaren Handelsartikel geworden, deren Botschaft in den Tonarten sämtlicher Kulturen jedermann zugänglich ist, aber die Barrieren sind unverrückbar geblieben, und die Musik dient allzu oft dazu, sie noch zu feiern. Auch wenn mein eigener Ehrgeiz, wenigstens gelegentlich die Menschen zu versöhnen, vom Fehlschlag bedroht ist, bedeutet das nicht, daß ich dieses Ziel völlig aufgegeben habe. Ich bin mit meinem Kopf schon gegen eine ganze Reihe von ideologischen Wänden gerannt, aber die Erfahrung hat mich nicht davon überzeugt, daß die Musik vor der Unversöhnlichkeit der Menschen kuschen muß oder daß der Musiker nur dumpf vor sich hinfiedeln darf, während die Welt in Flammen steht. Tatsächlich stelle ich meine ketzerischen Ansichten weiter auf die Probe: denn die Musik ist mein *laissez-passer* in fremde Länder geblieben; wohin ich auch reise, fühle ich mich frei und achte die Völker und Kulturen anderer Länder wie die meines eigenen: ohne Frage ein großes Glück. Ich wünschte, viel mehr Menschen hätten dieses Glück mit mir teilen können, wenn auch erfahrungsgemäß die Gutwilligen zuweilen dabei in Konflikt geraten, ich selbst mich dabei in lebhafte Kontroversen verwickele und Leidenschaften entfache, die ich eigentlich zu besänftigen hoffe.

Dennoch habe ich mich nie gescheut, in Wespennester hineinzustechen. Warum wohl? frage ich mich selbst. Um wie ein freundlicher Narr in schwierige Situationen hineinzustolpern, über deren Lösung selbst die klügsten Köpfe atemlos brüten? Um die Rolle des selbstgerechten Pedanten zu spielen, der glaubt, daß alle anderen auf dem falschen Weg sind? Oder die Stellung des Märtyrers einzunehmen, der genau weiß, daß er kein Monopol auf Wahrheit besitzt und dennoch seine Überzeugung gegen die übliche Meinung ins Feld führt? Natürlich hoffe ich, daß sich genug Beweise werden anführen lassen, wie sehr ich dieser letzten Interpretation zuneige. Die erste Polemik, die ich bewirkte, ist im Laufe der Jahre, glaube ich, für mich positiv ausgegangen (es sei denn, daß auch hier die Zeit nur die bösesten Wunden hat heilen lassen). Das war, als ich nach dem Zweiten Weltkrieg für Wilhelm Furtwängler eintrat.

Furtwängler war ein Dirigent, den ich – obwohl nur aus der Entfernung – hoch achtete. Bis 1947 hatte ich nie mit ihm gespielt, aber aus Berichten und von Schallplatten her wußte ich, daß es ein außergewöhnliches Erlebnis sein müßte, unter ihm zu musizieren. Das stellte sich auch sehr bald heraus. Obwohl er sich von Bruno Walter durchaus unterschied, nahm Furtwängler, indem er die deutsche Tradition zu einem Höhepunkt führte, in meinem privaten Pantheon die Stellung als Walters Nachfolger ein. Ich war ihm jedoch noch nie begegnet. Nach einem ersten Besuch im befreiten Europa war ich nach New York zurückgekehrt und wurde dort wie ein frisch eingetroffener

Zeuge vom Schlachtfeld des Sieges auf einer Pressekonferenz ausgefragt, ob man nicht der Kultur in Deutschland nach Hitler mit Mißtrauen begegnen müsse. Ich sah keinen Sinn darin, die Wunden für alle Zukunft offenzuhalten, und glaubte mich verpflichtet, auch über gute Dinge zu berichten, wenn sie zutrafen; so gab ich das Urteil weiter, das ich in Paris gehört hatte: Französische Musiker hatten mir erzählt, berichtete ich, daß von allen ihren in Deutschland gebliebenen Kollegen Wilhelm Furtwängler derjenige gewesen sei, dem sie das herzlichste Willkommen bereiten würden; nicht etwa nur wegen seiner hervorragenden musikalischen Fähigkeiten, sondern weil er sich zum Beispiel geweigert hätte, die Berliner Philharmoniker auf ihren Propagandatourneen durch das besetzte Frankreich zu dirigieren. So weit, so gut. Allerdings konnte ich nicht voraussehen, daß diese spontan geäußerte Information flugs zu einer Waffe in einem Kampf geschmiedet werden würde, von dem ich gar nicht wußte, daß ich ihn kämpfte. Am folgenden Tag verkündeten die Schlagzeilen der Zeitungen, ich wolle Furtwängler nach Amerika holen. Es gab einen Aufschrei unter den Juden in Amerika.

Furtwänglers Fehler, und vielleicht auch meiner, lag darin, die Macht der Musik etwas zu überschätzen. Wenn er auch nicht erwartete, daß sie uns von den Sünden freisprechen könne, glaubte er doch daran, daß sie Vergiftungen werde heilen helfen. Noch kurz nach dem Reichstagsbrand 1933 hatte Furtwängler Artur Schnabel, Bronislaw Huberman und mich eingeladen, als Solisten in der Berliner Philharmonie aufzutreten. Wir alle sagten ab. Als Direktor der Berliner Staatsoper entschloß er sich 1934, Hindemiths Oper *Mathis der Maler* herauszubringen, obwohl er wußte, daß dieser »dekadente« Komponist offiziell gar nicht existierte; als Göring die Vorstellung unterband, reichte er seinen Rücktritt ein. Man mag der Meinung sein, daß die folgenden Schläge, die er einstecken mußte, ihn hätten überzeugen müssen, daß der Mittelweg, den er einzuhalten versuchte, nur ein Niemandsland war, ein veralteter Ehrenplatz des neunzehnten Jahrhunderts, der kaum länger zu verteidigen war. Falls ihn dies tatsächlich überzeugte, dann entschloß er sich zur Rolle des lebenden Selbstmörders. Sein Prestige reichte nämlich nur so weit aus, in diesem Dschungel weiterhin den Aristokraten zu spielen, sich durch humane Hilfeleistungen »strafbar« zu machen, vergebliche Proteste zu erheben und ungehindert den Fehdehandschuh hinzuwerfen: Niemals kam es so weit, daß er von sich aus endgültig den Hut nahm oder aber ins Konzentrationslager gesteckt würde. Richard Wagners Enkelin Friedelind, die 1939 aus Nazideutschland emigrierte, hat von einem Treffen zwischen Hitler und Furtwängler im Bayreuther Haus ihrer Mutter 1936 berichtet.

»Ich erinnere mich, daß Hitler sich Furtwängler zuwandte und ihm mitteilte, er müsse es sich gefallenlassen, von der Partei zu Propagandazwecken eingesetzt zu werden, und ich weiß genau, daß Furtwängler ablehnte. Hitler wurde ganz ärgerlich und ließ Furtwängler wissen, in diesem Falle wäre ihm ein Platz in einem Konzentrationslager sicher. Furtwängler hielt einen Augenblick inne und sagte dann: ›Herr Reichskanzler, dann werde ich in guter Gesellschaft sein.‹ Offensichtlich war Hitler von dieser Abfuhr so überrascht, daß er nicht eine seiner langen Tiraden begann, sondern einfach wegging.«

Im selben Jahr hatte Furtwängler jedoch ein Angebot abgelehnt, als Toscaninis Nachfolger ständiger Dirigent der Philharmoniker in New York zu werden, und zwar auf Grund einer jüdischen Intervention, derzufolge er in New York nicht dirigieren könne, »bevor die Öffentlichkeit bereit ist, zuzugeben, daß Politik und Musik verschiedene Dinge sind«. Weder Hitler noch die Juden konnten sich auf einen gemeinsamen Nenner einigen, so daß Furtwängler sich im Abseits befand: ein Fremder im nationalsozialistischen Deutschland und ein Nazi in den Augen der Fremden.

Ich wünschte, es wäre mir bei jenem Abendessen in Mailand 1946, als Toscanini nacheinander alle seine Dirigentenkollegen auf den Müllhaufen der Geschichte zu werfen beliebte, der Gedanke gekommen, ihn nach seiner Meinung über Furtwängler zu befragen (aber ich vermute, ich war einfach zu feige). Damals war Furtwängler kein Unbekannter mehr, aber eine schwer einschätzbare Größe für mich, wenn ich auch wußte, daß dies eine Kardinalfrage gewesen wäre. Denn sie beide waren große Rivalen, die in einer Atmosphäre hitziger Parteinahme musikalische und menschliche Ziele verkörperten, die einander fast ausschlossen; sie waren wie zwei Gladiatoren, die in derselben Arena vor ihren eigenen Mannen gegeneinander antreten und den Sieg für sich reklamieren. Beide hatten in Wien dirigiert, beide bei den Bayreuther Festspielen, und kaum hatte der eine den andern übertrumpft, als es sofort neue Parteinahmen gab. Ich glaube, Toscanini war zumindest teilweise dafür verantwortlich, daß New York sich gegen Furtwängler sträubte. Nicht nur ihre verschiedene Nationalität, nicht nur ihr entgegengesetztes Temperament trennte sie, sondern auch Herkunft und Erziehung: Toscanini, das Kind armer Bauersleute, dessen Hoffnung auf eine musikalische Karriere sich schon im Orchestergraben der Oper zu erfüllen begann; daneben Furtwängler, der Sohn eines Archäologie-Professors, der seine Kindheit mit klassischen Studien und bei Ausgrabungen verbrachte – jemand, für den Musik nicht eine erste und einzige Tätigkeit bedeutete, sondern Krönung des Lebens. Furtwängler war höchst eigenwillig, sowohl durch natürliche Anlage wie durch gesellschaftliche Herkunft, und es ist möglich, daß er darum innerlich etwas weniger gut gewappnet war als der Selfmade-man Toscanini. So scheute er jede Kritik: Ob er sich, hochmütig, darüber erhaben fühlte oder eine Unsicherheit verbarg, die nur durch Bewunderung aufgehoben werden konnte, vermag ich nicht zu sagen. Im Gegensatz dazu war Toscanini – dessen hervorragende Stellung in New York ihn, von gelegentlichen feindlichen Äußerungen abgesehen, genereller Kritik entrückte – sich seiner Stellung als Priester der Musik viel zu sicher, um nicht jedermann zu verachten, der so irregeleitet war, anderer Meinung zu sein als er.

All diese Gegensätze des Charakters, der Lebensumstände und der Empfindungswelt prägten, ja überschatteten ihr jeweiliges Verhältnis zur Musik. Einmal, in Luzern, verglich Furtwängler die Musik mit dem Fließen eines Stromes: ihm müsse der Dirigent folgen, dabei auch die Topographie beachten, ob die Flut durch enge Stromschnellen jage oder in die ruhige Ebene hinausführe. Er hielt nichts von Methode, von metronomischer Strenge, jenen Maßen und Gewichten musikalischen Krämertums; er verließ sich auf seine Intuition, die ihn traumwandlerisch durch die Partituren leitete. Glücklicherweise führte ihn diese Intuition nicht auf Abwege: sie wurde von der Musik geformt, die sie ihrerseits formte. Furtwängler war schließlich alt genug, um Brahms noch gekannt zu haben. Wie seine Plattenaufnahmen zeigen, dirigierte er dasselbe Stück niemals gleich: jedesmal unterwarf er sich dem Strom, der sich ja inzwischen verändert haben mochte – vielleicht war es Frühling, und der Fluß floß von geschmolzenem Schnee über, vielleicht hatte es einen trockenen Sommer gegeben oder einen plötzlichen Gewittersturm mit Wolkenbruch. Carl Flesch hat diese Art des Suchens folgendermaßen beschrieben: »Furtwängler musiziert aus einer gewissermaßen sublimierten Sinnlichkeit heraus, nach dem Ausspruch des Ekklesiasten: ›Wenn ich mit Menschen- und Engelszungen redete und hätte der Liebe nicht, so wäre ich eine klingende Schelle.‹ In seinem Musizieren gibt es keinen toten Punkt. Alles lebt, liebt, leidet und jubelt... Diese Jagd nach dem unmittelbaren klanglichen Genuß, diese don-juaneske Ruhelosigkeit der Empfindung, diese Sucht nach steter Erneuerung des Fühlens bewirken, daß sein Musizieren den Zuhörer eher erregt als bewegt...«

»Furtwängler«, schließt Carl Flesch, »hat mir unter allen Dirigenten am nächsten gestanden. Ein wohltuender Mangel an selbstherrlichem Größenwahn, dem Charakteristikum seiner Kaste, Bescheidenheit, die sich zuweilen selbst in innerer Unsicherheit äußerte, und vor allem etwas Naiv-Kindliches, das stets den echten Künstler auszeichnet.«

Diese Fähigkeit, durch Abstraktion zu einer Art Ekstase zu gelangen, war nicht sein Privileg, sondern in der deutschen Kultur nicht unbekannt: degradiert und deformiert gebar sie den grotesken Mythos des Nationalsozialismus; wenn man sie in der reinen Luft zweckfreier Wahrheitsliebe sich entwickeln ließ, entsprang daraus Philosophie, Musik von Beethovenscher Universalität und musikalische Interpretation von hohem Rang. Heute verkörpert zum Beispiel Wilhelm Kempff diese Tradition. Toscaninis Größe lag woanders. Für den Deutschen mag ein Ding zum Symbol werden, welches das Universum umgreift; für Toscanini blieb das Ding ein Ding, eine Komposition war kein sich schlängelnder Flußlauf, sondern eine Römerstraße, keine unvorhersehbare Naturkraft, kein Mystizismus, dem er sich unterwerfen mußte, sondern Ausdruck menschlichen Geistes, den lateinische Klarheit zu durchdringen und zu erleuchten vermochte.

Während in unseren Tagen Wilhelm Kempff, wohin er auch kommt, deutsche Tradition überall entdecken kann, fühlte sich Furtwängler tief in seiner Vergangenheit verwurzelt, und er mag geglaubt haben, daß die Verpflanzung in ein anderes Land seine Identität gefährden würde und daß es tatsächlich eine ethnische oder gar nationale Seele gebe, deren »Melos« zu einem Land gehört wie seine Hügel und Ebenen, und daß seine musikalische Vorstellung am ehesten in Deutschland, von einem deutschen Orchester gespielt, vor einem deutschen Publikum zu verwirklichen sei. Während Toscaninis metronomischer Puls transportabel und überall anwendbar war, verlangte Furtwänglers ständiges Vibrieren, sein unvergleichliches nervöses Verwischen der Linien sowie seine Forderung nach »Fließen« tatsächlich eine fast telepathische Vertrautheit mit dem Orchester. Von diesem »Geheimnis« sagte er, es liege in der »Vorbereitung des Schlags, nicht im Schlag selbst – in der kurzen, oft winzigen Bewegung des Niederschlags, bevor der Zusammenklang des gesamten Orchesters erreicht ist. Die Art und Weise, in der dieser Niederschlag, die Vorbereitung dazu, ausgeführt werden, bestimmt die Klangqualität mit absoluter Genauigkeit. Selbst der erfahrenste Dirigent ist immer wieder erstaunt von der unglaublichen Genauigkeit, mit der ein gut eingespieltes Orchester auf seine winzigsten Gesten reagiert.«

Diese seine »winzigsten Gesten« waren oft nur um weniges winziger als die übrigen. Furtwänglers Scheu vor präzisen Einsätzen, vor Akzenten, vor Anfängen und Schlußakkorden war so groß, daß es ihn schiere Angst kostete, den Taktstock herunterzuschlagen; wenn man einem Musiker, der oft unter ihm spielte, Glauben schenken soll, tat er es, nachdem der Taktstock »dreizehnmal vorher gezittert« hatte. Derartige Skrupel öffnen zwar den Weg zur Musik, lassen einen jedoch schutzlos angesichts des moralischen Dilemmas, das ein Tyrann uns allen aufzwingt.

Und weil er ein so großer Künstler war, zog er den Haß auf sich. Ich glaube, nicht völlig zu unrecht: denn wem viel gegeben ist, von dem wird man viel fordern. Furtwängler wurde auf höchst unfaire Weise zu einem Zeitpunkt angegriffen, als es in der Welt üblich war, sich zu empören. Sehr viel kompromißbereitere Musiker als er, die sich mit Hilfe der Parteizugehörigkeit und durch ihre Haltung den Nazis gegenüber ihre Karrieren ebneten, sind inzwischen längst wieder wohlgelitten und geachtet, und kein Makel ist ihnen zurückgeblieben. Furtwängler jedoch stand sichtbar in aller Öffentlichkeit, Zielscheibe jeder Verleumdung. In seinem Fall vermochte er jeden Verdacht leicht zu entkräften. Ohne ihn wäre es Carl Flesch gewiß nicht gelungen, aus dem besetzten Holland in die Schweiz zu fliehen; eine Reihe jüdischer Musiker, die gesund und glücklich in Amerika saßen, bezeugten seine Bemühungen, sie vor Deportation zu bewahren. Aber er hatte im NS-Staat ein offizielles Amt innegehabt, und bevor man ihn von den Vorwürfen freisprach, durfte er keinen neuen Posten annehmen.

Auf Einladung der amerikanischen Militärregierung spielte ich 1946 und 1947 in Berlin. Ich wollte unbedingt dorthin, sowohl als Jude, der bei den Deutschen ein Gefühl von Schuld und Reue wachhielt, wie als Musiker, der etwas mitbrachte, für das zu leben sich lohnte. Beim ersten Mal war Furtwängler noch suspendiert, und das Orchester spielte unter Sergiu Celibidache, aber 1947 war Furtwängler zurückgekehrt.

Ich hatte mir vorgestellt, daß großartige deutsche Musik mit dem großartigsten deutschen Dirigenten von geradezu intensiver Frömmigkeit sein würde. Ich fiel aus allen Wolken, als man mich einen Verräter nannte.

Im Jahre 1947 beherbergte Berlin, wie so manche andere Stadt in Europa, ganze Lager von vertriebenen Menschen, meistens Juden. Natürlich wollte ich auch für sie spielen. Die amerikanischen Militärbehörden arrangierten dankenswerterweise ein Konzert – nicht im Lager selbst, das damals »Düppel-Center« genannt wurde, sondern im Tivoli, einem Filmtheater in einem Berliner Vorort – und erboten sich, die Zuhörer mit Autobussen dorthin zu transportieren. Dort hätten über tausend Menschen Platz gefunden, aber nur fünfzig der »displaced persons«, die geladen waren, erschienen. Die Erklärung erfolgte durch den Lagerältesten, der sich »Jonas von Lemberg« nannte:

»Wenn ich von Ihren ›humanen Taten‹ für die ›notleidende deutsche Jugend‹ lese und darüber, daß Ihre neuen Anhänger Ihnen applaudieren, weiß ich, daß unter Ihren Zuhörern auch die beiden passionierten Musikliebhaber Eppel und Kempke gesessen haben – SS-Männer aus dem Lager Jurewitz bei Lemberg, die sich von uns vorsingen ließen, während sie unsere Brüder niederschossen... Wohin Sie auch reisen, unsere Zeitung wird Ihnen wie ein Fluch folgen, bis Ihr Gewissen erwacht.«

Diana und ich beschlossen, selbst in das Lager zu fahren. Als wir in Düppel an den Stacheldraht und die bewachten Tore kamen, erfuhren wir am eigenen Leibe, wie langsam die Lagerinsassen ins Leben zurückgefunden hatten. Der Wagen fuhr am Eingang einer langgestreckten Baracke vor und war sofort von einer feindseligen Menge umgeben. Diana stieg zuerst aus. Sie streckte dem nächststehenden Mann ihre Hand entgegen und wollte ihn begrüßen: »Guten Morgen.« Der starrte sie an und zögerte, aber sie hielt ihm die Hand entgegen, bis er sie einfach ergreifen mußte. Dann war ich an der Reihe, ihm die Hand zu reichen. Zwei Militärpolizisten eskortierten uns ins Innere der Baracke, wo sie uns mit Mühe durch eine dichte Menschenmenge auf die Bühne bugsieren konnten. Johlen, Pfiffe und Flüche begleiteten uns. Da der Lärm nicht abebben wollte, erhob ich mich, um mich meinen Richtern zu stellen. Schulter an Schulter, zusammengekauert auf Bänken und auf Fensterbrettern, saßen sie dort und erwarteten meine Verteidigung: hohläugige Männer in abgetragenen Anzügen und Frauen mit Kopftüchern – die Einsamsten unter allen Verlassenen, verloren im Niemandsland der Völker; Menschen, die verurteilt, aber nicht gestorben waren.

»Ich kann euch eure Verbitterung nicht verdenken«, erinnere ich mich gesagt zu haben. »Ihr habt zuviel gelitten. Und doch behaupte ich, daß ihr auf euer Leid allein kein neues Leben gründen könnt. Eure Zukunft könnt ihr nicht darauf bauen, daß ihr Opfer, sondern nur darauf, daß ihr Schneider, Ärzte, Schuster, Musiker oder Bauern seid. Eure Zukunft liegt in harter, ehrlicher Arbeit, genau wie für mich und alle Menschen in der Welt. Ihr wollt dies vielleicht nicht wahrhaben, aber ihr müßt mir glauben und nicht denken, ich sei ein Verräter an meinem Volk.« Diese Worte ließen sie aufspringen und mit den Rufen »Unser Yehudi! Unser Yehudi!« auf mich zukommen – wie Schatten, die zunächst Orpheus in der Unterwelt nicht erkannt hatten. Jonas, der ebenfalls mit auf dem Podium war, versuchte, gegen mich zu sprechen, aber man ließ ihn nicht zu Wort kommen. Die Konfrontation, die so böse begonnen hatte, löste sich in Freundlichkeit und Vergebung auf; ja, man verlangte ein zweites Konzert. Unglücklicherweise ließ sich das nicht ermöglichen: bis ich am folgenden Tag Berlin verließ, gab es keine freie Stunde. Aber der bewegendste Augenblick sollte erst folgen: am selben Abend suchte mich Jonas von Lemberg auf und bat um Verzeihung für seine Anschuldigungen. Später erzählte er amerikanischen Reportern, daß sie alle zu einem zweiten Konzert erschienen wären. »Vielleicht ist es zuviel verlangt, daß diejenigen, die Verfolgung und Lager nicht kennengelernt haben, unsere Gefühle verstehen.«

In Wahrheit war der Haß des Jonas von Lemberg auf seine Unterdrükker genau so leicht zu verstehen, wie der Haß der Unterdrücker auf ihn unbegreiflich blieb: Was ist eher zu verstehen als das Verlangen nach Vergeltung? Jonas hatte recht, aber: wir alle sind durch unsere Erfahrungen bestimmt. Ich selbst hatte keinen Menschen in Deutschland verloren. Wäre das der Fall gewesen, hätten meine Worte auch dann so kühn-versöhnlich geklungen? Wahrscheinlich nicht. Aber ich glaubte und glaube auch heute noch, daß das Beharren auf Vergeltung, das alles andere ausschließt, zwar verständlich, aber doch ein Zeichen von Schwäche ist. Patriotismus allein genügt nicht, wenn er die übrige Menschheit völlig außer acht läßt. Auch ich war durch meine Erfahrung bestimmt, und sie hatte mich meinen jüdischen Brüdern in der ganzen Welt, auch in Deutschland, begegnen lassen. Ich muß gestehen, daß es mir eine gewisse Genugtuung bereitete, mein Volk zu repräsentieren, dort, wo man es so verachtet und unterdrückt hatte. Jedoch hatte diese Episode auch ihren ernsten Hintergrund. Wie Furtwängler vor mir erfahren hatte, ist die Musik keineswegs eine Garantie der Versöhnung: manchmal muß man zu anderen Mitteln greifen.

Bei diesem Besuch in Berlin war ich stark davon beeindruckt, wie human die Amerikaner sich benahmen. Von den obersten Stellen – Robert Murphy war politischer Berater der Militärregierung, General Lucius Clay oberster Militärgouverneur – bis hinunter zum einfachen Soldaten gaben sie ein Beispiel dafür, wie Besatzungsmächte sein sollen. Man kann behaupten, daß weder ich noch meine amerikanischen Landsleute jemals unter deutscher Besetzung, unter Bombardement oder Repressalien haben leiden müssen und daß daher Bestrafungsaktionen und Rachegefühle ausgeblieben sind; doch die Wahrheit liegt tiefer als solche negativen Argumente. Schon damals kündigte sich in dem amerikanischen Verhalten die spätere Marshallplan-Hilfe an. Trotz allen mißglückten Interventionen und trotz manchen diplomatischen Aktionen, die in Geschäftemacherei steckenblieben, haben sich dic Vereinigten Staaten (und tun es immer noch) für die Freiheit in der Welt eingesetzt. Noch immer empfinde ich dies als eine große Hoffnung in der Welt.

Die Kontaktleute, mit denen ich in Berlin besonders eng zusammenarbeitete, waren diejenigen, die das Berliner Kulturleben wieder auf die Beine stellen sollten: Mateo Lettunich und Dr. Beryl McClasky, eine großartige Person, wie sie nur die Vereinigten Staaten hervorbringen können – dynamisch und voller Witz, tüchtig und doch ausgesprochen weiblich –, deren herrliche Kollektion von Hüten dazu beitrug, selbst die Berliner Ruinen ein wenig freundlicher zu machen. Sie war mit uns nach Düppel gefahren und hielt Dianas Hand, bis das Pfeifkonzert zu Ende war. Und dann gab es noch den amerikanischen Lagerkommandanten, Oberst Fischbein, dem man diese Aufgabe unter anderem deswegen aufgetragen hatte, weil er Jiddisch sprach. Dieser Oberst Fischbein war einer der vielen Amerikaner, denen ich in Berlin begegnete und auf die ich als Amerikaner stolz sein konnte.

Das Verständnis dieser armen Männer und Frauen aus dem Lager Düppel zu gewinnen, war schmerzlicher und doch einfacher, als mit den Protesten der Juden in Amerika fertigzuwerden. Einmal akzeptiert von denen, die am meisten gelitten hatten, trieb es mich, andere aus Prinzip zu enttäuschen. Anläßlich einer Tournee, die ich in Mittel- und Südamerika unternehmen wollte, organisierte man einen Boykott. Irgendwie brach er auch ohne mein Zutun zusammen. Dic jüdische Gemeinde in Buenos Aires veranstaltete einen Sondergottesdienst und

lud mich dazu ein, um mir zu versichern, wie willkommen ich bei ihnen sei. Die wahre Probe war jedoch nicht Europa, weder Nord- noch Südamerika; das war Israel.
Der Staat Israel war schon beinahe zwei Jahre alt, als ich im Frühjahr 1950 seine Küsten zum ersten Mal erblickte. Immer neue Wellen von Einwanderern strömten in das Land – Menschen, die in Deutschland, in Rußland und Polen viel durchgemacht hatten und leidenschaftlich darauf brannten, hier mitzuarbeiten. Mein Freund und Impresario Baruch Gillon, selbst Russe, hatte mich eingeladen. Nachträglich gab er allerdings zu bedenken, daß auf Grund der Tourneeankündigung Morddrohungen von seiten einer Terroristengruppe bekanntgeworden waren. Ich telegraphierte zurück, ich würde trotzdem kommen: »Ich habe in Berlin gespielt; deshalb will ich auch in Israel spielen.« Das lag vielleicht gar nicht so sehr an meinem Mut als vielmehr an meiner Eigensinnigkeit: ich wußte, daß ich den Juden vertrauen konnte, die bei allem Temperament doch ein lebendiges Gefühl für Gerechtigkeit besitzen. Ein Heer von Journalisten am Flughafen Tel Aviv war das einzig Bedrohliche bei der Ankunft, aber es zog sich zurück, als wir eine Pressekonferenz für den folgenden Tag ankündigten. Dann war es soweit: es war wie Jahre zuvor im Lager Düppel, wieder mit Diana neben mir, aber diesmal auch mit Hephzibah. Meine Erklärung für die israelische Presse ähnelte ganz bewußt jener, die Jonas von Lemberg seinerzeit für den Amerikaner bereitgehalten hatte: »Ich verstehe, daß es vielleicht für diejenigen von Ihnen, die Unbeschreibliches, Entsetzliches erlebt haben, unmöglich ist, jetzt oder jemals meine Überzeugungen zu teilen. Es ist mir auch klar, daß ich, ohne es zu wollen, alte Wunden aufgerissen habe, die schmerzen. Das bedaure ich zutiefst und bitte all diejenigen, die ich verletzt haben könnte, um Vergebung. Doch ich kann die Prinzipien, nach denen ich lebe, nicht aufgeben.« Jemand wollte mir in den Mund legen, ich würde nie wieder in Deutschland konzertieren; ich sagte, natürlich würde ich es wieder tun.
Nachdem damit das Kriegsbeil einstweilen begraben war, machte ich mich daran, in zwölf Tagen vierundzwanzig Konzerte zu geben, in Städten, in Kibbuzims und in Lazaretten; Diana und Hephzibah blieben an meiner Seite. Hephzibah war gerade erst aus Australien gekommen und bei der Kontroverse völlig unbeteiligt gewesen, was sicher dazu beitrug, die Wogen zu glätten. Doch das schien inzwischen kaum noch notwendig. Vor dem ersten Konzert wurden alle Zuhörer

nach Waffen durchsucht, kein Auto durfte in der Nähe des Konzertsaals parken, und als wir spielten, stand ein bewaffneter Posten daneben. Nach zwei Tagen hatten diese Sicherheitsvorkehrungen einer Atmosphäre einhelliger Begeisterung Platz gemacht, und meine lange, bisweilen bewußt kritische, aber stets von Sympathie bestimmte Beziehung zum Staat Israel hatte begonnen.

Bevor Israel ein Staat wurde, hatte mich das Gelobte Land stets wie ein inneres Bild begleitet, das mit der Jugendzeit meiner Eltern eng verknüpft war und sich einfach nicht verscheuchen ließ. Wir glauben oft, daß wir die Vergangenheit abschütteln können, aber je weiter wir uns von ihr zu entfernen trachten, desto fester hält sie uns umklammert. In Jerusalem sah ich eine dieser wiederhergestellten Schulen, wie sie mein Vater besucht hatte (vielleicht war es sogar dieselbe), wo die Jungen in den Schriften lasen und sich in frommen Gebeten wiegten. Ich sah meinen Vater, mit Schläfenlocken, wie er Schulter an Schulter mit seinen arabischen Freunden durch die engen Straßen ging, verbündet in dem gemeinsamen Haß auf die türkischen Herren. Lauwarmer Idealismus ist meinem Vater unerträglich, und als er dem Zionismus Lebewohl sagte, tat er dies endgültig; doch weiterhin tritt er stets für die Sache des Schwächeren gegenüber dem Stärkeren ein, und wären die Juden heute die »underdogs«, die Araber dagegen Israels Herren, bin ich sicher, daß er mit ganzem Herzen pro-israelisch wäre. Mein Vater ist sehr jüdisch. Er weiß um die Träume und die Sehnsüchte, die der Gründung Israels vorausgingen, aber als es dazu kam, einen veritablen Staat zu gründen, machte er nicht mehr mit. Er konnte sich einfach nicht mit dem Drum und Dran des Staates abfinden: mit der Armee, mit dem Militarismus, mit dem Flaggenhissen, mit der Verengung einer Vision, die plötzlich ein Land über alle übrigen erhob.

Was mich betrifft, so vermag ich keine Tugend darin zu erblicken, einseitigen Argumenten bis ins letzte zu folgen. Nicht weniger als andere Besucher war ich jedoch beeindruckt von der außerordentlichen Dynamik des Landes, und zwar nicht nur beim ersten Mal, sondern auch bei meinen vielen folgenden Besuchen. Daß man mich so völlig akzeptiert hatte, mein eigensinniges Eintreten für Furtwängler hinnahm und mir meine non-konformistische Haltung beließ, machte mich froh. Ebenso das Wiedersehen mit meinen Onkeln und Cousinen. Obwohl durch die weite Entfernung von der Vergangenheit abgeschnitten, hatte ich mir doch eine lebendige Vorstellung von meinen Vorfahren bewahrt – ja vielleicht war sie so lebendig geblieben, weil ich sie nur mit

fast mythischen Ahnenbildern bevölkern konnte statt mit leibhaftigen Menschen aus Fleisch und Blut. Israel bescherte mir jedoch nicht nur eine Ahnengalerie, sondern wirkliche, wenn auch entfernte Verwandte – Vettern und ihre Nachkommen, die im Kibbuzim arbeiteten, die Musikinstrumente herstellten oder in der Fremdenindustrie tätig waren, allesamt Repräsentanten jener jüdischen Energie, die der Staat Israel freigesetzt hat. So waren die zwei kurzen Wochen für mich eine Reise in die eigene Vergangenheit und zugleich eine Vision der Zukunft – eine wahre Explosion von Eindrücken, unter denen die Einladung ins »Weiße Haus« von Israel, in Rehovoth etwas außerhalb von Tel Aviv, einen besonderen Platz einnimmt. Ich sollte mit Präsident Chaim Weizmann und seiner Frau zusammentreffen. Weizmann entstammt dem englischen Judentum, das den Pogromen am wenigsten ausgesetzt war und wahrscheinlich die abgeklärtesten Juden in der Welt hervorgebracht hat, während Frau Weizmann aus einer reichen, emanzipierten russischen Familie kommt. Keiner von ihnen hat jene schrecklichen Erfahrungen der Verfolgung durchmachen müssen, und so hatten sie volles Verständnis dafür, daß ich eine Position kritischer Anhängerschaft einnehmen wollte. Die autokratische Stellung innerhalb der Familie, die Vera Weizmann in Rußland zugestanden hätte, hatte sie auch hier inne. Ich erinnere mich, daß sie uns in Begleitung eines Adjutanten in ihrem Garten herumführte und plötzlich, ohne auch nur den Kopf zu wenden, im Gespräch innehielt: »Hauptmann Fischbein (wer weiß, ob er wirklich so hieß), wollen Sie bitte meinen Garten nicht als Aschenbecher benutzen! Heben Sie den Zigarettenstummel auf und stecken Sie ihn ein!« Als wir später in Gstaad lebten, besuchte sie uns mehrere Male und lud jedesmal Gerard und Jeremy zum Lunch ins Palace Hotel ein; Jeremy betete sie geradezu an.
1950 war der Präsident schon recht betagt. Sein Lebenswerk war von Erfolg gekrönt, und man hätte es ihm durchaus nachgesehen, wenn er sich auf den Lorbeeren des siegreich Errungenen ausgeruht hätte. Doch seine Gedanken, auch kritische, wanderten bereits in die Zukunft. So vertraute er mir an, wie groß seine Befürchtungen seien, daß die beruflichen Möglichkeiten – Militär, Landwirtschaft, Bauwirtschaft, Straßenreinigung etc. – die traditionellen, in der Diaspora erworbenen Fähigkeiten der Juden, nämlich Philosophie, Gelehrsamkeit oder Musik, in den Hintergrund zu drängen drohten. Darin hatte er, glaube ich, nicht recht bzw. sollte er nicht recht behalten: die Gründung des Staates Israel brachte auch eine gewaltige Befruchtung in rein

künstlerischen Berufen mit sich und eröffnete Möglichkeiten für neue. Seitdem ist ein Vierteljahrhundert vergangen, aber vieles von dem, was Weizmann damals voraussagte, ist inzwischen versickert; nicht jedoch der ständige Anspruch auf Frieden.

Im Sommer 1947, als ich das Odium, mit Furtwängler gespielt zu haben, noch frisch mit mir herumtrug, fuhr ich nach Prades in der Nähe von Perpignan am Ostabhang der Pyrenäen, um Pablo Casals aufzusuchen und – obwohl dies nicht allein der Zweck der Reise war – seine Hilfe und Unterstützung für Furtwängler zu erbitten.
Für diesen Sommer hatten Diana und ich ein Bauernhaus in der Provence gemietet. Diana hatte spontan Zamira und Krov (damals fünf und sieben Jahre alt) aufgefordert, unsere Ferien *à deux* zu begleiten. Aber zuerst galt es, dorthin zu gelangen. Die Reise von Paris in den Süden war eher abenteuerlich als bequem. Mit Maurice Dandelots Hilfe hatte ich für den Sommer ein Auto, einen betagten Renault, gemietet, der seine besten Tage hinter sich hatte, aber das einzige war, was man in diesen frühen Nachkriegsjahren aufzutreiben vermochte. Schwer beladen mit gewaltigem Gepäck und den beiden Kindern, machten wir uns in diesem Vehikel auf den Weg in der Hoffnung, am selben Abend bis Lyon zu kommen, wo mein alter Freund und einstiger Tutor, Pierre Bertaux, Präfekt war. Zunächst ging alles gut (wenn auch reichlich träge und geräuschvoll, was unseren längst pensionsreifen Motor anbelangte), aber als wir am frühen Abend Saulieu erreichten, gab es einen lauten Knall, und das Auto gab mit pfeifendem Geräusch den Geist auf. Gottlob war eine Werkstatt in der Nähe, deren Mechaniker uns versprach, den Wagen innerhalb einer Stunde wieder in Gang zu bringen; währenddessen sollten wir zu Abend essen.
Diana hatte die hübsche Angewohnheit, die Kinder mit selbsterfundenen, stets in neuen Fortsetzungen erzählten Geschichten zu unterhalten, bei denen ein Junge und ein Mädchen mit Namen Jerry und Hippatica eine abenteuerreiche Rolle spielten. Kaum waren wir in dem Restaurant, als die Kinder nach einer neuen Fortsetzung verlangten, und bis das Essen aufgetischt wurde, hingen Zamira, Krov und ich atemlos an Dianas Lippen. Wie sich später herausstellen sollte, hatte ein amerikanischer Major, der am Nachbartisch mit einem hübschen Mädchen zu Abend aß, alles mitangehört. Ungefähr um neun Uhr machten wir uns wieder auf den Weg nach Lyon. Vielleicht zwanzig Kilometer vor Chalon-sur-Saône, in einer verlassenen Ebene, platzte ein Reifen. Um

bei dem Renault ans Rad zu gelangen, mußte man erst eine Platte, eine Art Schutzschild, abschrauben. Diana und ich hatten den Wagen aufgebockt und wollten uns gerade daranmachen, dieses Schild abzuschrauben, als der Wagenheber unter gräßlichem Geräusch zusammenbrach und mitsamt dem Rad in dem lockeren Boden versank (den Wagenheber haben wir nie wiedergesehen). Tiefes Schweigen der inzwischen stockdunklen Landschaft senkte sich auf uns nieder.
Das Dumme war, daß wir offensichtlich die einzigen Touristen auf dieser Landstraße waren. Nur sehr gelegentlich, etwa alle Viertelstunde, kam ein Wagen vorbei, aber soviel wir auch riefen und Zeichen machten, man nahm uns nicht zur Kenntnis. Es war fast Mitternacht, als mit hoher Geschwindigkeit ein großer amerikanischer Wagen an uns vorüberschoß, plötzlich abbremste und erst ein ganzes Stück weiter zum Stehen kam. Heraus stieg der Major aus dem Restaurant. »Ich dachte mir schon, daß Sie es sind«, sagte er zu Diana. »Noch niemals habe ich eine so herrliche Gutenacht-Geschichte gehört! Aber was ist denn los?« Eine Geste enthüllte ihm unsere mißliche Lage. Er klärte uns darüber auf, warum kein anderer Autofahrer angehalten hatte, um uns zu helfen: Offensichtlich hatte damals gerade diese Gegend einen bösen Ruf; im Kriege hatte die Résistance nicht nur Patrioten, sondern auch den einen oder anderen Gangster angezogen, und da der Friede ihnen ein ziemlich langweiliges Dasein bescherte, hatten sie sich durch Raubüberfälle schadlos gehalten. Erst in der Woche zuvor seien zwei Autofahrer gerade auf dieser Strecke umgebracht worden.
Alles, was der Major, der es eilig hatte, für uns tun konnte, war, uns nach Chalon mitzunehmen. Ich mußte mich bereiterklären, über unser armseliges Auto und das Gepäck zu wachen, während Diana und die Kinder einwilligten, sich zur Gendarmerie nach Chalon mitnehmen zu lassen. Was dort sich abspielte, hat mir Diana erzählt. Das Städtchen war natürlich längst schlafengegangen, das Schnarchen seiner Bewohner schien das einzige hörbare Geräusch, und die Hüter des Gesetzes entpuppten sich als drei schläfrige Jungs vom Lande mit kurzgeschorenen Haaren. Die Telefonvermittlung war geschlossen, das Fräulein vom Amt schlief den Schlaf der Gerechten. Dianas Verlangen, koste es was es wolle, ein Taxi zu organisieren, war schwierig: Sämtliche Garagen waren zu, keiner war dazu zu bringen, zu dieser Nachtzeit aus dem Bett zu steigen. Doch da sie insistierte, besann sich einer der Gendarmen auf einen Algerier, der erst seit kurzem in der Stadt wohnte und vielleicht zu bewegen sein würde, die Fahrt zu unternehmen. Tat-

sächlich ließ er sich dazu überreden, aber als Diana vorschlug, daß die Kinder bei den Gendarmen bleiben sollten, protestierten Zamira und Krov: »Aber nein! Wir können Daddy doch nicht alleinlassen!« Also wurden sie nach hinten ins Auto gepackt, wo sie versuchen sollten zu schlafen, während Diana neben dem Fahrer Platz nahm. Kaum hatte sie sich niedergesetzt, als sie einen harten Gegenstand unter sich fühlte, ihn herauszog und einen Revolver in der Hand hielt. Verblüfft wandte sie sich an den Algerier, der ihr sofort seine Hand über den Mund hielt, »nicht ein Wort!« zischte und Gas gab. Arme Diana! Die Erzählungen des Majors noch frisch im Gedächtnis, war sie sicher, Zamira, Krov, sich selbst und mich in die Hände von Banditen gegeben zu haben. Doch der Fahrer beruhigte sie: Er besaß nur keinen Waffenschein, und der Revolver, versicherte er, diente lediglich zur Selbstverteidigung. Als ich die Lichter des Taxis aus der Dunkelheit auf mich zurasen sah, war ich mir nicht ganz sicher, ob es sich um Freund oder Feind handelte, und empfing die heimkehrende Familie eher mit Mißtrauen denn mit Freude. Weitere Zwischenfälle gab es dann allerdings nicht. Kaum waren wir mitsamt unserem Gepäck in Chalon, als ich Pierre anrief, der uns mit seinem großen, schwarzen Citroen, der ihm als Dienstwagen zugeteilt war, abholte. Der Renault wurde abgeschleppt und repariert, und ich fuhr ihn den ganzen Sommer lang. Allerdings gefiel es ihm, uns stets an schwierigen Steigungen im Stich zu lassen, so daß er kaum drei Tage hintereinander nicht in der Werkstatt stand.

Das Bauernhaus, das wir gemietet hatten, lag zwischen Gassin und Ramatuelle im Departement Var. Hier konnten wir im Freien kampieren, sowohl auf warmes Wasser verzichten wie auf den Besuch etwaiger Touristen, die unsere Idylle hätten stören können. So kurz nach dem Krieg hatte die Kommerzialisierung der Riviera noch nicht eingesetzt, und ihre Strände, zum Teil noch vermint, säumten in angenehmer Einsamkeit das Mittelmeer. Später kam noch Pierre Bertaux mit seiner Familie hinzu. Darunter befand sich auch sein sechs Jahre alter Sohn, dessen Fähigkeit, sich auszudrücken, und dessen Sprachkenntnisse mich tief beschämten. Er war ein typischer Vertreter der Bertaux-Tradition, ein geborener *académicien,* der sich bereits gewandt auszudrücken verstand, noch ehe er zur Schule ging.

Pierre und ich beließen die Kinder in Dianas Obhut und machten uns auf den Weg nach Prades, nicht in meinem armseligen Renault, sondern in seinem zuverlässigen Citroen. Unterwegs bot mir Pierre eine Wette an. »Ich kenne den Nationalismus der Katalanen«, sagte er.

»Bevor du wieder fortfährst, wird dir Casals erzählt haben, daß das erste europäische Parlament ein katalanisches war, daß der beste Bergsteiger der Welt ein Katalane ist und daß die katalanische Fahne einst von jeder Festung am Mittelmeer geflattert ist.«

Casals war damals bereits über siebzig und wurde ob seiner Weigerung, Franco anzuerkennen, nicht nur von seinen katalanischen Landsleuten, sondern auch von Emigranten und Patrioten aus ganz Spanien hoch verehrt, von denen eine ganze Reihe nach Prades wallfahrteten. Ich hatte ihn schon viele Jahre früher in San Francisco spielen hören und kurz vor dem Krieg seine Bekanntschaft gemacht, als er nach einem meiner Konzerte zu mir ins Künstlerzimmer kam. Ich weiß noch, daß mir damals gar nicht sehr behaglich zumute war; denn Enesco und er, die beiden alten, weisen Herren, steckten ihre Köpfe zusammen und tauschten flüsternd ihre Ansichten über meine Karriere aus. Dann waren wir noch einmal später, 1944, in London im Haus der Sängerin Elena Gerhardt zusammengetroffen, wo wir einen Abend lang gemeinsam mit Gerald Moore Trio spielten. Aber jetzt sollte ich ihn erst richtig kennenlernen.

Er hatte die Kriegsjahre über in einem kleinen, bescheidenen Haus gelebt, das an einem Ort lag, an dem sich seine patriotischen Freunde aus dem Exil versammelten. Außen am Haus führte eine Freitreppe zu der Wohnung im ersten Stock, die er gemietet hatte, während im Erdgeschoß ein katalanischer Dichter hauste, mit dem er gerade gemeinsam an einer katalanischen Messe arbeitete. Er war in diesen Jahren nicht direkt gefährdet gewesen (obwohl ihn die deutsche SS eines Tages aufstöberte, zum Verhör mitnahm, aber schließlich wieder entließ), doch das Leben war mühsam gewesen im täglichen Kampf gegen Hunger und Kälte. Er erzählte von den Erlebnissen dieser harten Zeit und setzte sich ans Klavier, um uns, mit Tränen in den Augen, aus seiner Messe vorzuspielen. Dann wollten wir uns verabschieden. Als Pierre und ich nach unseren Mänteln griffen, sagte Casals ganz ernst: »Wissen Sie, es gab einmal eine Zeit, wo die Katalanen das Meer beherrschten, wo von jedem Mast ihre Fahne flatterte und sie das erste europäische Parlament gründeten...« Ich mußte mich beherrschen, nicht laut loszulachen, und hütete mich, Pierre anzusehen.

Casals war ein Mann, der fest und unerschütterlich zu seinen Prinzipien stand: so hatte er sich geweigert, seinen Fuß in sein Heimatland zu setzen, solange der Diktator Franco an der Macht war – ein Schwur, den er niemals brach und der dazu führte, daß er schließlich im Exil

sterben mußte. Dieselbe Unversöhnlichkeit zeigte sich in seinem leidenschaftlichen Haß auf Cortot, der unter der deutschen Besetzung eine offizielle Stellung im Musikleben akzeptiert und damit eine bevorzugte Behandlung (inklusive Dienstwagen) erfahren hatte, während andere Musiker von seinem Kaliber ihr Brennholz im Wald zusammensuchen mußten und mit der Métro in ihre Konzerte fuhren. So hatte man nach dem Krieg Cortot verboten, in Frankreich zu konzertieren, aber inzwischen hatte er seine Karriere mit Hilfe meines Agenten Hans Adler in Deutschland fortgesetzt. Er hatte eine Entscheidung getroffen, die nach seiner Überzeugung richtig war, und hatte – wie Pétain – feststellen müssen, daß er geirrt hatte. Er war ein vornehmer alter Herr und ein großer Musiker geblieben, aber er war kein Held. Ich fragte Casals nach seiner Meinung über Furtwängler; mit Cortot wolle er niemals wieder zusammen spielen, war seine Antwort, aber Furtwängler bewundere er, nicht nur als Dirigenten, sondern auch als Deutschen: der sei völlig zu Recht in Deutschland geblieben, um sich für die Musik und die Musiker einzusetzen. Ich war ein bißchen beruhigt und machte den Vorschlag, ob wir nicht gemeinsam das Doppelkonzert von Brahms auf Schallplatten aufnehmen lassen wollten, Casals, Furtwängler und ich. Er sagte grundsätzlich zu.
Ich unternahm verschiedentlich Anstrengungen, diesen Plan weiterzuverfolgen; die EMI-Schallplattenfirma, von der Casals sehr großzügig behandelt wurde, indem man ihm jederzeit Vorschüsse auf spätere Tantiemen hin überwies, war interessiert; und für Furtwängler wäre eine solche Zusammenarbeit mit dem berühmtesten Antifaschisten unter den Musikern eine kolossale Hilfe gewesen; aber allen diesbezüglichen Ersuchen begegnete Casals mit Ausflüchten: er würde gern die Aufnahmen machen, sei aber im Augenblick verhindert... Schließlich, nach dem vielleicht dritten Versuch, schickte er mir einen Brief, in dem er mit entwaffnender Offenheit auf die Grenzen seiner eigenen Unabhängigkeit hinwies: Gegen Furtwängler, versicherte er mir, habe er überhaupt nichts und könne sich kaum etwas Schöneres vorstellen, als mit ihm zu musizieren, aber die Tatsache allein würde seine Haltung als Antifaschist kompromittieren und seine Anhänger enttäuschen. Mit anderen Worten: er scheute sich nicht zuzugeben, daß er einfach nicht den Mut hatte, zu seinen Grundsätzen zu stehen; solange seine Bewunderer diese Grundsätze guthießen, waren sie stark genug; änderten sich die Umstände, waren sie zu schwach, seine Solidarisierung mit einem Menschen, den man grundlos angeklagt hatte, zu gestatten.

Der Brief war ehrlich, aber enttäuschend. Ähnlich enttäuschend fand ich Casals' Haltung anläßlich des New Yorker Boykotts gegen seinen Lieblingsschüler Gaspard Cassadó. Cassadós Vergehen bestand darin, daß er im Krieg in Italien gelebt und, auf Drängen seiner Freundin, einmal sogar für Mussolini gespielt hatte, Dinge, die man wohl kaum als verbrecherisch bezeichnen kann. Cassadó war politisch naiv, ein durch und durch anständiger, liebenswerter Mann, der das Cello spielte, und ein guter Mensch – eine ganze Menge mildernder Umstände. Der Boykott, der sogar mit physischen Bedrohungen einherging, bewirkte tatsächlich, daß er nicht in New York auftreten konnte und von Ellis Island abgeschoben wurde. Als er vernahm, daß Casals diese Sanktionen gutgeheißen hatte, war er restlos verzweifelt.

Sicherlich war Casals gar nicht mit dem Herzen dabei: wahrscheinlich hatte er sich eher von jener New Yorker Musikerclique ins Schlepptau nehmen lassen, die das erste Musikfest in Prades mehr oder weniger ins Leben gerufen hatte. Sie machten mit Casals herrliche Musik, gebrauchten aber sein Prestige zu eigenen Zwecken, auch zu Bestrafungs-Kampagnen gegen unliebsame Musiker, zu denen insbesondere Furtwängler und ich (der ich für ihn eintrat) gehörten. Von Cassadó hatten sie Heldentum erwartet. Doch auch sie waren keine Helden, waren nie in seine schwierige Lage gekommen, hatten das eigene Bankkonto hübsch wachsen sehen und riefen jetzt nach Vergeltung für derartige »Sündenfälle«. Ich habe schon erwähnt, daß der große Bruno Walter sich weigerte, mit diesen Leuten mitzumachen: auch er war Jude, Flüchtling aus Nazi-Deutschland, aber niemals gab er seinen Namen dazu her, Furtwängler anzuschwärzen. Als wir uns beim ersten Edinburgh-Festival 1947 wieder trafen, sagte ich ihm, wie dankbar ich ihm sei.

Nach meinem ersten Besuch blieb ich Prades ein paar Jahre lang fern, später war ich oft dort, und ich glaube, man hieß mich willkommen, weil ich in die damalige etwas sterile Atmosphäre, die von Schmeichelei für Casals und zugleich von der Ausbeutung des alten Herrn bestimmt war, etwas frischen Wind brachte. Ich konnte mir kaum ein größeres Vergnügen vorstellen, als mit Casals zu musizieren, und unsere Beziehung war herzlich und unbeschwert. Bei einem dieser Besuche hatte ich Casals vor meiner Abreise gebeten, ihn allein sprechen zu können. Ich erzählte ihm, wie unglücklich Cassadó wäre, verhehlte nicht, daß man ihn meiner Ansicht nach höchst ungerecht behandelt hatte, und bat ihn, doch die Hand zur Versöhnung auszustrecken. Der gute Mann

war dazu sofort bereit, was Cassadó veranlaßte, nach Prades zu fliegen, um sich von ihm umarmen zu lassen. So hatte diese traurige Geschichte wenigstens ein gutes Ende. Gaspard Cassadó starb 1966.
Nachdem das hektische Nachkriegsfieber sich ein wenig gelegt hatte, war das Prades-Festival für jeden müden Geist ein menschliches wie musikalisches Labsal. Ich liebe diesen Teil Frankreichs, wo die Berge direkt von den Feldern aufsteigen, glatte, saubere, glänzende Felder mit den Früchten des Landes, deren Geschmack noch nicht durch Kunstdünger und Überwässerung verdorben ist. An einem frühen Sommermorgen wanderte ich einmal ein paar Meilen weit durch die Aprikosenplantagen, die hinter Prades auf den Hängen der Pyrenäen wachsen, stets entlang jener Linie, welche die Obstgärten von der unbebauten Wildnis trennt. Diese Linie ist von einem vielleicht ein Meter breiten Bach markiert, der den Windungen des Gebirges folgt und hier und da unterbrochen wird von kleinen Schleusen, wo die Bauern das Wasser anzapfen können. Ich legte meine Kleider ab, glitt ins Wasser und ließ mich ganz sanft von der Strömung wegtreiben, von Zeit zu Zeit von herabhängenden Zweigen gestreichelt, in friedlicher Stille, die nur gelegentlich durch einen Vogelruf unterbrochen wurde. Das war ein geradezu himmlisches Erlebnis, sowohl für den Körper wie für die Seele, wie es mir selten zuteil wurde. Jedesmal, wenn ich nach Prades kam, benutzte ich einen Tag dazu, den Canigou zu besteigen, einen Gipfel, der die ganze Gegend beherrscht und der einst ein heiliger Berg gewesen sein muß (Casals behauptete, daß es der Canigou gewesen sei, an dem ein Katalane das Bergsteigen als Sportart begründet habe). Ich habe mir oft gewünscht, selbst bergzusteigen, bin aber nie recht dazu gekommen. Es gibt eine Reihe von Musikern, die hervorragende Bergsteiger sind: Dimitri Mitropoulos zum Beispiel pflegte jeden Sommer in die Rockies zu fahren, und sein Nachfolger in Minneapolis, Stanislav Skrowaczewski, steht ihm darin nicht nach und erklimmt mit Seil und Haken die steilsten Wände. Der Aufstieg auf den Canigou ist jedoch kaum mehr als eine langwierige Bergwanderung, die auf dem Gipfel durch ein großartiges Panorama mit Blick auf die Berge, die Hügel, Täler und die Küste, ja im Osten sogar auf das Mittelmeer belohnt wird. Bei dieser Exkursion ist mein Begleiter jedesmal Casals' Freund, der Arzt Dr. Puig.
In meinem Leben hat es immer wieder herausragende Erlebnisse gegeben, die jeden Vergleich scheuen, ganz ähnlich wie der Canigou in den Ost-Pyrenäen ohne Vergleich ist. Ein solches Erlebnis war Furtwäng-

lers Wiedergabe der vierten Symphonie von Brahms, die ich nie schöner gehört habe. Aber die meisten dieser Ereignisse waren gastronomischer Natur: den besten Blattspinat zum Beispiel habe ich im Pariser Hotel George V kurz nach dem Krieg bekommen; die beste Wildente, die man über einer besonders fruchtbaren Ebene geschossen hatte, in Denver; die besten Meringuen, die der Hausmeister der israelischen Philharmonie bereitet hatte, in Tel Aviv; den besten Kaffee in Havanna, wo der Kaffee endlich einmal so gut schmeckte, wie er duftete. Und als ich das letztemal auf den Canigou kletterte, war es der Champagner, mit dem ich eine unvergeßliche Erfahrung machte.
Puig und ich wurden auf dieser Tour von Alberto Lysy, einem jungen argentinischen Geiger, begleitet, den ich, wann und wo es immer möglich war, gern unterrichtete. Er fühlte sich etwas schwach und war ein wenig zurückgeblieben, Puig schritt voraus, ich rannte zwischen den beiden hin und her und legte dabei die dreifache Strecke zurück. Als wir die Berghütte kurz unter dem Gipfel, wo wir Rast machen wollten, erreicht hatten, fühlte ich mich vollständig ausgetrocknet. Anstatt vernünftigerweise meinen Durst mit Wasser zu löschen, tat ich dies mit zwei Flaschen Champagner, was einen ebenso kühlenden wie erheiternden Effekt hatte, der sich nicht beschreiben läßt. Es gelang mir zwar, wieder nach Prades abzusteigen und am selben Abend sogar mit Casals zu musizieren, aber ich bekam doch eine hartnäckige Erkältung, die in einer Mandeloperation gipfelte. Seitdem will mir der Champagner nicht mehr recht schmecken.
Nach und nach verlor Prades selbst für Casals etwas von seinem Zauber. Die Stadt war stolz auf ihn, aber ihre Dankbarkeit wurde aufdringlich. Die Leute entwickelten unvermeidlich eine provinzielle Kurzsichtigkeit, wie ich sie selber schon bei ähnlichen Festivals, die ich leitete, erlebt habe. Und dann erschien die schöne und intelligente Martita. Sie entdeckten ihre Liebe zueinander, und sie nahm ihn mit nach Puerto Rico, wo die dortige Regierung ihn mit solcher Hochachtung aufnahm, die Frankreich seinen Musikern gegenüber nie aufgebracht hat. In Puerto Rico erfreuten sich seine Festivals ungeteilter Beliebtheit, und dort lernte ich auch ein paar Musiker aus seinem New Yorker Kreis kennen und schätzen.
Sascha Schneider, Geiger und Dirigent, ein Urrusse (obwohl ich glaube, daß er tatsächlich in Polen zur Welt kam), war die treibende Kraft dieser Festspiele, denn ich weiß, daß er noch vor mir in Prades gewesen ist. Als Mann von Vitalität und Enthusiasmus setzte er alles daran, sich

das Letzte an Tiefe und Weite des Ausdrucks abzuringen. Ihm zuzusehen, wie er ein Orchester anspornt, seine Überzeugung und seine Gefühle bis zum letzten Jota wiederzugeben, ist schon ein Erlebnis. Seine Idee war es, aus den besten Musikern der USA ein Ensemble zusammenzustellen und mit ihnen nach San Juan zu pilgern, um dort für und mit und unter Casals zu musizieren. Man mußte Sascha einfach ins Herz schließen. Dabei war es ein ganz besonderes Vergnügen, hier keinen Vertretern irgendeiner Gruppe, sondern ausgesprochenen Individualitäten zu begegnen; sie als Menschen schätzenzulernen, ohne alle ihre Anschauungen teilen zu müssen.

Das größte Vergnügen in Puerto Rico war es natürlich, mit Casals zu spielen. Ich habe in meinem Leben keinen anderen Menschen getroffen, der mich beim Musizieren so inspirierte wie er. Unauslöschlich ist meine Erinnerung an ihn auf der Probe: die goldgeränderte Brille ganz vorn auf seiner kurzen Nase, summend wie eine Hummel, den Bogen hoch erhoben, um die Saiten zu attackieren oder damit auf einen von uns zu zeigen, eine lästige Fliege verscheuchend, über seine Schüler wachend wie ein wohlwollender, vergnügter, gütiger Vater. Dennoch arbeitete er mit der Genauigkeit eines Uhrmachers, die von lebenslanger Erfahrung kontrolliert wird, und hatte stets eine ganz eigene Vorstellung. Sein Beachten jedes Akzentes und jedes Tempos, sein Erfassen jeder Bewegung und Gegenbewegung, sein dynamischer Sinn für Rhythmus waren eine Offenbarung. Ich weiß noch, daß er mir riet, den Auftakt zum letzten Satz in Bachs E-Dur-Partita, einer Gigue im Sechs-Achtel-Takt, stärker zu betonen, um die Phrasierung noch charakteristischer zu machen. Wie Nadia Boulanger, die Doyenne der französischen Kompositionslehrer, glaubte auch Casals, man müsse den Auftakten ganz besondere Wichtigkeit beimessen: Noten, die ohnehin auf den guten Taktteil fallen, könnte man sich selbst überlassen; der Auftakt war jedoch für ihn die Ankündigung von Willen und Entschluß (wie ja auch der synkopierte Rhythmus beispielsweise der ungarischen Musik ihre zündende Kraft verleiht; dabei hat oft die zweite Geige nichts weiter zu tun, als ständig mpá, mpá, mpá zu machen, was eine ständige Herausforderung des »guten« Taktteils bedeutet und von elementarer Wirkung ist; die ungarischen Geiger machen das mit einer solchen Schnelligkeit und Genauigkeit, wie ich es selbst nicht fertigbringe). Obwohl Casals seine Überzeugung, daß Bach auch ungarisches Blut gehabt habe, durch keinen dokumentarischen Beweis erhärten konnte, spielte er Bachs improvisierende Präludien so, daß man versucht war zu glauben, er hätte eine Zymbal-Begleitung mit ständig wechselnden Harmonien im Sinn gehabt. Casals spielte nicht besonders gut Klavier, aber doch gewandt genug, um uns seine Gedanken, die eher Andacht als Wißbegier verrieten, deutlich zu machen. Jeden Morgen pflegte er seine Vertrautheit mit Bach am Klavier zu erneuern: regelmäßiger, verehrungsvoller Auftakt eines erfüllten Lebens.

In meiner Jugend glaubte man noch allgemein, die westliche, d. h. die europäische Musik hätte sich ganz natürlich in den USA fortentwikkelt. Inzwischen weiß man ja, daß dies nur eine Seite, vielleicht sogar die erschwindelte Seite der Medaille ist. Die bedeutendste amerikanische Hervorbringung ist das Musical – weder Oper noch Vaudeville, sondern aus beiden Gattungen und vor allem, was wichtiger ist, aus dem amerikanischen Leben unmittelbar gegriffen und gespeist. Es ist nur natürlich, wenn ein Land – mit zwei Jahrhunderten Unabhängigkeit auf dem Rücken – die Gewohnheiten des Vater-Erdteils vermeidet und etwas Neues ins Leben ruft; doch wie betrüblich, daß meine Landsleute, als sie noch Siedler, aber noch nicht Einheimische waren, die Weisheit der amerikanischen Ureinwohner in den Wind schlugen! Hätte es diesen Einwanderern gefallen, sich mit den Indianern zu vermischen und von ihnen zu lernen, ständen die Vereinigten Staaten heute gewiß auf sichereren Füßen; ihre Bevölkerung fühlte sich mit dem Heimatboden viel enger verbunden, hätte sich im wahrsten Sinne des Wortes eher akklimatisiert, und die amerikanische Musik hätte nicht so lange dazu gebraucht, eigene Formen zu entwickeln.
Tragischerweise ist diese Gelegenheit vertan. Und ich fürchte, daß viele südamerikanische Länder dabei sind, diesen tragischen Prozeß zu zu wiederholen: indem sie das wichtige Element, das ihnen Sicherheit verschafft, zerstören und damit auch ihre geistige Ausgewogenheit, ihre Überlebenschance und ihre innere Bindung mit dem Land. Dies betrübt mich außerordentlich, denn ich liebe Südamerika sehr. Bietet doch die Neue Welt als Ganzes ein so herrlich variationsreiches Panorama: Was könnte beispielsweise verschiedener sein als Haiti und Jamaika, wo das englische Kricket und die britische Fairneß noch ungehindert florieren? Oder als das amerikanische Puerto Rico und Curaçao, dieses kleine holländische Dorf mit seinen zierlichen Giebeln? Ich finde es beglückend, daß die menschliche Gesellschaft eine solche Fülle verschiedener Ausdrucksmöglichkeiten bereithält.
Doch für Lateinamerika empfinde ich etwas ganz Besonderes: Die Na-

tur selbst wie die Bevölkerung, in der Indianer, Afrikaner und Europäer miteinander verschmolzen sind, die gewaltigen Gebirge, die unendlichen Ströme, der immense Raum – all dieses ist von einem solchen Reichtum, dabei von solchem Kontrast, ja dramatischer Ausprägung, daß trotz aller Mißwirtschaft und aller Ungerechtigkeit, trotz schrecklicher Lebensbedingungen diese Länder für mich etwas so Aufregendes besitzen, daß es kaum zu beschreiben ist. Die Lebenskräfte des Dschungels wie der Bevölkerung scheinen zu wetteifern, auszuufern und sich in einem Farben- und Formenreichtum zu durchdringen, daß die einzelnen Fäden kaum noch zu erkennen sind. Natürlich liegen die Geheimnisse der Indianerkultur sehr viel dichter unter der Oberfläche als etwa in den Vereinigten Staaten, aber auch diese Kultur ist, wie alles übrige, von einem Katholizismus durchdrungen, der die gesamte soziale Struktur mit einer Art dämonischem Mystizismus durchdringt. Hier besitzt das Leben noch eine organische, animalische Kraft, die von der intellektuellen Kraft der Nordamerikaner oder Westeuropäer grundsätzlich verschieden ist. Hier bezieht das Leben seine Stärke noch aus der Kraft der Natur.

Ich kann nicht behaupten, daß mein erster Kontakt mit den Südamerikanern auf südamerikanischem Boden mich all dies sofort erfassen ließ; dennoch war es auf seine Weise ein herrliches Erlebnis. Schon früh, 1938, unternahm ich mit Nola und meinem Vater den ersten Besuch auf dem Subkontinent, wobei wir uns auf Brasilien beschränkten und von New York nach Rio de Janeiro mit dem Schiff fuhren. Von der Höhe des Decks aus präsentierte sich der Hafen wie ein konfuses Bild von Ballen, Kisten, Kasten, Kränen, Wagen und Menschen, die wie die Ameisen scheinbar kopflos durcheinanderliefen; an diesem Tag bescherte Rio uns noch zusätzlich unerträgliche Hitze, schwitzende, blanke Brustkästen und eine enorme Dosis von Gerüchen. Als wir im Begriff waren, in diesem Durcheinander das Schiff zu verlassen, eilte der dunkelste, behaarteste, schwitzendste Hafenarbeiter des Kais auf mich zu, packte mich am Arm, zog mich beiseite und zischte mir ins Ohr: »Moi aussi, je suis coupé!« (»Ich bin auch beschnitten!«).

Während des Krieges war ich verschiedene Male in Südamerika zu Gast, kehrte öfter auch nach Brasilien zurück und kam einmal mit einem sehr wertvollen Souvenir heim. Die Bilder des Malers Portinari hatten mich sehr beeindruckt, so daß ich eines davon erwerben wollte; so fuhr ich eines Abends zu ihm hinaus, um mich porträtieren zu lassen. Da mein Flugzeug am nächsten Morgen um fünf Uhr abgehen sollte, mußte Portinari die Nacht über konzentriert arbeiten, wenn er auch das Bild nicht ganz vollendete: Bis heute ist ein Ohr nicht mehr als eine rohe Skizze geblieben – ein Umstand, der, so hoffen wir, keine tiefere Bedeutung besitzt. Portinari ist einer der vielen Künstler in Brasilien, deren Phantasie und Talent von einer kaum versiegenden, unerschöpflichen Vitalität geprägt sind, was mich jedesmal sprachlos macht.

Obwohl die »westliche« Musik in Südamerika den »Europäern«, also dem Bevölkerungszweig, der mit dem Land am wenigsten verwurzelt ist, gehört, haben sich die verschiedenen Traditionen der Kultur so vermischt, daß ich fast überall meine Zuhörer finde. Von den vielen Reisen, die ich dorthin gemacht habe, scheint mir die von 1949 besonders erinnernswert.

Als wir in Peru, dem faszinierendsten aller dieser Länder, waren, begann Diana plötzlich gegen das enge Korsett des festen Terminplans zu opponieren. »Schau«, sagte sie, »jetzt reisen wir in dieser herrlichen Gegend herum, und was sehen wir? Den Flughafen, den Konzertsaal, das Hotel – und die ausgestreckte Hand des Portiers. Wir werden so lange in Peru bleiben, bis wir Cuzco gesehen haben.« Ein Ultimatum ist ein Ultimatum. Wir billigten uns drei Tage Ferien zu und flogen mit einer kleinen Maschine hinauf in die Anden. Es gibt kaum etwas Herrlicheres als den Anblick der Erde aus zweitausend Meter Höhe, vor allem wenn – wie hier – sich die Ebenen zu sanften Hügeln, die Hügel sich zu gebieterischen Gebirgen aufrollen. Ebene und Hügel waren ein buntes Muster von unvorstellbarer Lebendigkeit: gelbe, orangefarbene, rote, lila, dunkelrote und schwarze Felder grenzten aneinander. Erst nach der Landung sollten wir die Erklärung erfahren: es war Mais, der da in der Sonne trocknete, aber Mais von einem Dutzend oder mehr verschiedenen Sorten, weil die dortige Landwirtschaft noch nicht versucht hat, ihre Vielfalt zu beschneiden.

Dieser herrliche Anblick allein rechtfertigte unsere Eskapade, und auch Cuzco war (wie es im Baedeker heißt) einen Umweg wert. Wir erreichten diese liebenswürdige kleine spanische Stadt noch rechtzeitig, um die Fronleichnamsprozession zu erleben; die meisten Teilnehmer waren Indianer, deren adlergleiche Gesichtszüge und schräge Augenpartien ihre Inka-Abstammung verrieten. Nachdem wir uns so weit von der Route der Konzertreise entfernt hatten, lockte mich Diana noch weiter – bis nach Machupichu, jener alten Inkastadt, deren dschungelbewachsene Ruinen Anfang dieses Jahrhunderts entdeckt worden sind. Heute besitzt Machupichu vielleicht einen Postkartenstand und ein Hilton-Hotel und eine Tanzbar; ich bin nicht wieder dort gewesen. Aber 1949 war es für einen Touristen noch ziemlich beschwerlich, dorthin zu gelangen. Von Cuzco aus führt der Weg ungefähr hundertsechzig Kilometer weit ziemlich steil bergab, durchquert ein Tal, um dann nochmals ein oder zwei Meilen steil bergan zu führen. Die erste Bergab-Etappe meisterten wir in einem Auburn (einer früheren amerikanischen Automarke, die als erste den Frontantrieb benutzte), dessen Reifen man entfernt hatte, so daß das Fahrzeug auf blanken Metallrädern wie auf Schienen lief: eine Methode des Fortbewegens, bei dem sich jeder Knochen im Körper loszulösen scheint und bei dem jegliche Unterhaltung sich verbietet, es sei denn, man wolle seine Zunge spalten. Nur dem Umstand, daß wir sechs Passagiere (die anderen vier waren eine Gruppe fröhlicher junger Chilenen, die diesem Abenteuer nur Heiterkeit abgewannen) und der Fahrer waren und so dicht aufeinander hockten, daß wir uns kaum bewegen konnten, war es zu verdanken, daß wir nicht aus unserer ungastlichen Kutsche einfach herausgeschleudert wurden. Nach vier aufregenden Stunden hatten wir das Tal erreicht; in einem kleinen Dorf, das aus zehn oder zwanzig Lehmhütten bestand, machten wir halt. Wo das Dorf aufhörte, fing der Dschungel an: eine üppige, wuchernde Wildnis von Orchideen, Begonien und anderen Pflanzen, die ich nicht kannte.

Eigentlich war ausgemacht gewesen, daß uns eine Anzahl Maultiere in dem Dorf erwartete, um uns nach Machupichu hinaufzutragen; aber das hatte nicht geklappt, und von jetzt an waren wir auf uns selbst gestellt. In der Annahme, daß auch hier das Wasser eines Flusses von oben nach unten fließt, beschlossen wir, in seinem Bett aufwärts zu steigen, und begannen bei sinkender Sonne unsere Expedition – erst unter Gelächter und Gesang, bald aber wortlos schnaufend. Das war, glaube ich, der härteste körperliche Test, dem ich mich je unterworfen habe. Machupichu machte damals für die Touristen eine Konzession: es gab ein Rasthaus, das in spartanischem Komfort ein Bretterbett, eine Sandsackmatratze und eine rauhe Wolldecke für jeden bereithielt. Nach dieser Tortur war dies alles, was wir uns erhofft hatten. Als am nächsten Morgen die Sonne aufging, traten wir auf den Gipfel hinaus, und da lagen sie, die Ruinen von Machupichu: herrliches, rätselhaftes Zeugnis einer entschwundenen Kultur.

Ein solches Erlebnis muß man sich erarbeiten und dafür Lunge und Muskeln in Betrieb nehmen; die Schönheiten, für die man lediglich ins

Auto steigen oder einen Fernseher einschalten muß, sind zumeist unter Wert angeboten. Aber die Menschheit – nicht nur die im industrialisierten Westen – hat die Fähigkeit verloren, sich nach der Natur zu richten. Die großartige menschliche Eigenschaft, beweglich zu bleiben und in der Arktis, in der Wüste, im Amazonas-Dschungel oder auf den Gipfeln der Anden Familien großzuziehen und Kulturen zu schaffen, ist im Begriff auszusterben, und an ihre Stelle ist ein Leben in der Konserve getreten – eine Konserve, die air-conditioned oder auf eine bestimmte Temperatur aufgeheizt ist, ausgestattet mit Konserven-Nahrung, mit Konserven-Information und sogar Konserven-Religion –, eingezwängt in Kirchen, Gebete und Katechismen, seien sie kommunistisch, christlich oder was auch immer. Nur wenig erreicht uns noch direkt von der Quelle. Wir Menschen sind arm geworden und lassen uns anonym verwalten.

Im Jahre 1949 war Peru jedoch noch weit von solcher sterilen Modernisierung entfernt. Nach Cuzco zurückgekehrt, waren wir gar nicht besonders fröhlich, als uns jemand erkannte und meinen Protest, ich mache hier Ferien, in den Wind schlug mit der Bemerkung, daß meine Weigerung, hier ein Konzert zu geben, als ein böser Akt der Unfreundlichkeit gegenüber der Stadt und seinen Bürgern aufgefaßt werden würde. So wurde ein Konzert arrangiert. Als ich den Saal betrat, prallte ich zurück, weil ich ein altes, ehrwürdiges Klavier vorfand, dessen Innereien, an denen sich irgend jemand emsig zu schaffen machte, auf dem Fußboden ausgebreitet waren. Mein Gesichtsausdruck muß sehr beredt gewesen sein. »Er stimmt es gerade«, versicherte man mir. »Seit fünf Jahren hat niemand mehr darauf gespielt.« Über dieses Konzert, bei dem ich von einem nur ungefähr gestimmten Klavier begleitet wurde, wollen wir den Schleier des Vergessens breiten; aber an eines erinnere ich mich mit ehrlicher Bewunderung: die ganze Zeit des Stimmens und danach verhielten sich die Zuhörer freundlich und geduldig. Solche kleinen Widrigkeiten nahm man offensichtlich gern in Kauf.

Von Peru aus fuhren wir nach Ecuador, um in Guayaquil zu spielen. Hier lauerte eine andere Gefahr. Diana und ich wurden von einem charmanten Herrn und seiner Frau, die das Konzert organisiert hatten, im Hotel abgeholt. Kaum waren wir die Stufen hinab ins Freie getreten, als uns plötzlich von allen Seiten irgendwelche Gegenstände um die Ohren flogen. Schnell zogen wir uns in das sichere Gebäude zurück und fragten, was denn los sei. Die Antwort klang wie eine Entschuldi-

gung: »Es ist Heuschreckenzeit. Wir müssen zum Auto rennen.« Genau das taten wir und sausten mit eingezogenem Kopf durch das Sperrfeuer. Zwar waren es nur harmlose Grashüpfer, doch war es lästig, daß sie in so unvorstellbarer Anzahl und völlig sinnlos mit großer Geschwindigkeit auf irgendwelche Gegenstände losflogen, ohne auf ihr Ziel zu achten. Mit geschlossenen Wagenfenstern erreichten wir unbehindert den Konzertsaal und stürzten ins sichere Künstlerzimmer. Ein halbes Dutzend Heuschrecken gelang es dennoch, uns zu begleiten. Jeder der Zuhörer im Saal muß wohl auf solche Weise seine »Quote« mit hereingelassen haben, denn das Konzert wurde von einem fortwährenden Summen begleitet, mit dem die Tierchen hin und zurückflogen und gegen Menschen und Sitze krachten; aber nichts konnte mich mehr aus der Ruhe bringen, nachdem ich zu Beginn des Programms meine Geige auf die Schulter hob, den Bogen ansetzte, mich auf meine Musik konzentrierte – und auf dem Griffbrett eine Heuschrecke sitzen sah, die mich freundlich anblickte.
Das nächste Konzert war in Maracaibo in Venezuela angesetzt, und von dort sollten wir nach Caracas fliegen, um dann in die USA heimzukehren. Wie in Cuzco ließ ich mich ein zweites Mal überreden, ein Extrakonzert, und zwar diesmal in Barranquilla in Kolumbien, zu geben. Ich kabelte meinem Agenten Quesada, daß ich nicht, wie verabredet, am Samstagabend in Caracas eintreffen würde, sondern erst gegen Mittag des folgenden Tages. Also fuhren wir nach Barranquilla, gaben ein schönes Konzert, blieben dort über Nacht und flogen am Sonntag nach Caracas. Quesada erwartete uns am Flughafen, wo ihn Diana gleich fragte, ob ihm diese Änderung unserer Pläne Schwierigkeiten gemacht hätte. »Überhaupt nicht«, erwiderte Quesada. »Es ist nur schade, daß das Konzert eigentlich in diesem Augenblick hätte sein sollen.« Daraufhin waren wir natürlich entsetzt und entschuldigten uns, aber Quesadas Gleichmut zeigte uns, daß derartige Erregungen gar nicht am Platze waren. »Ich habe allen Leuten Bescheid gesagt. Sie kommen dann heute abend«, versprach er fröhlich. Und genau das geschah. Das spanische Wort *manana* hat ohne Frage seine guten Seiten.

12. *Sinn und Zeit*

Musik-Agenten und Reiseabenteuer · Südafrika: Konzerte vor farbigem Publikum · Hephzibah und Richard Hauser · 1951: Indien und Yoga · Iyengar, der vierte große Lehrer · Die Mechanik des Geigens · Verlernen, um zu lernen · Mit Nehru durch Indien · Die indische Musik

Jeder reisende Künstler merkt ziemlich bald, welch ein Segen es ist, einen guten Agenten zu haben. Was mich betrifft, so habe ich Glück gehabt und lasse mich – in jedem Land, in jedem Kontinent oder jedem kulturellen Einzugsgebiet – von Leuten vertreten, mit denen ich zusammenarbeite, seit ich überhaupt spiele. In den Vereinigten Staaten haben mich Laurence Evans und Jack Salter bereits in meinen Kindertagen unter ihre Fittiche genommen und mich auch seither betreut, als sie 1938 zusammen mit anderen Managern eine Firma gründeten, die sich Columbia Concerts nannte. Bis zum heutigen Tage ist dies mein amerikanisches Management. Mr. Evans und Mr. Salter sind inzwischen gestorben, und Kurt Weinhold, der mich »erbte«, hat sich inzwischen mehr oder weniger zurückgezogen (freilich nicht von unserer lebenslangen Freundschaft) und mich in die vortrefflichen Hände von Tommy Thompson gelegt. In Großbritannien hat mich Harold Holt von seinem Vorgänger Lionel Powell übernommen und mich an seinen Nachfolger Ian Hunter weitervererbt. So haben sich die Dinge geändert, ohne daß ich dazu selbst beitrug: Und da ich – dank meiner vorzüglichen Agenten – niemals Anlaß hatte, es mir anders zu überlegen, sind wir zusammengeblieben.

Natürlich gab es auch eine Bindung, die auf schreckliche Weise unterbrochen wurde. Wie ich schon erwähnte, waren Louisa Wolff und Emil Sachs in Hitlers Todeslagern verschwunden und mit ihnen ihre Agentur; niemand überlebte, um das Geschäft wieder zu beginnen. Als ich schließlich wieder in Deutschland konzertierte, wurden die ersten Termine von Frankreich aus arrangiert, aber mit der Zeit lernte ich Hans Adler in Berlin kennen und schätzen, so daß es ganz natürlich war, mit ihm direkt abzuschließen. Seit über zwanzig Jahren betreut er mich in Deutschland. In Holland kam ich unter die Fittiche der de-Koos-Concert-Agentur, die – obwohl ihr Gründer längst verstorben ist – noch heute unter seinem Namen betrieben wird. Sylvio Samama, der heutige Chef, ist ein sehr ungewöhnlicher Manager: Er verfügt über gewisse private Mittel, die er dazu benutzt, jungen Künstlern zur Karriere zu verhelfen. Einige von ihnen habe ich ihm empfohlen, und mit allen hat er Glück gehabt. Mein erster Besuch in Spanien 1932 brachte mir die Verbindung mit Ernesto de Queseda und seinen Söhnen, unter deren Ägide ich Lateinamerika, von der mexikanischen Grenze bis hinunter nach Argentinien, bereist habe. Ernesto, ein strenger Vegetarier von Jugend auf, ist erst kürzlich im Alter von fünfundneunzig Jahren gestorben. Seinen in alle Welt verstreuten Söhnen bewahre ich meine Anhänglichkeit.

In Frankreich bin ich inzwischen vom Vater zum Sohn bis in die dritte Generation der Dandelots gereicht worden, und in Paris vertritt mich gegenwärtig Yves. Mit Yves Dandelot, der ein Baby war, als ich zu konzertieren begann, teile ich die Begeisterung für technische Spielereien. Er ist mir nicht nur ein treuer Freund, sondern nimmt es mit allen Dingen äußerst genau. Ich bin überzeugt, daß jeder technische Apparat, den er besitzt – sei es sein elektrischer Rasierapparat oder sein Auto – den hygienischen Ansprüchen eines Operationssaals genügen; so peinlich sauber pflegt er sie.

Yves' Vater, Maurice Dandelot, pflegte bisweilen Diana und mich auf unseren Tourneen zu begleiten, und so hatten wir das eine oder andere gemeinsame Abenteuer zu bestehen, darunter eines 1951 auf meiner ersten Tournee nach Nordafrika. Zwischen einem Konzert in Tanger und einem zweiten, das in Casablanca angesetzt war, fuhren wir fröhlich im Auto dahin, als beim Verlassen eines Dorfes der Wagen nach einer Kurve ganz unvermutet in einem veritablen See, der die Straße völlig überflutete, steckenblieb und der Motor absoff. Wir waren nicht die einzigen Reisenden, die durch diese Flut aufgehalten wurden, denn kurz zuvor hatte, wie wir später erfuhren, ein Sturm gewütet. So weit man sehen konnte, lagen die Straße und die Umgebung unter Wasser, in dem ein Dutzend halb eingesunkener Fahrzeuge trauriges Zeugnis von den Grenzen der menschlichen Kraft über die Natur ablegten. Aufgeregt rannten die Dorfbewohner am und im Wasser umher, betrachteten interessiert die gestrandeten Wagen und versicherten den Fahrern, daß es keinerlei Aussicht auf Rettung gebe.

Auf Dianas Vorschlag hin kletterten sie, Maurice und ich auf das Trittbrett und wateten von dort durch das Wasser, bis wir von sichererem Grund aus nach Hilfe Ausschau halten konnten. Begreiflicherweise mußten die Bauern uns klarmachen, wie wenig mehr sie für uns tun konnten als für die gestrandeten Fahrer vor uns. Gab es eine Eisenbahn? In der Tat war dies der Fall, aber die Flut hatte auch die Züge außer Gefecht gestzt. Gab es vielleicht in der Nähe ein Telefon, damit wir Casablanca von unserer Verzögerung unterrichten konnten? Bevor wir diese Hoffnung in die Tat umsetzen konnten, erschien die Rettung in der unerwarteten Gestalt eines kleinen Knirpses inmitten der Menge. »Aber schaut doch!« begann er plötzlich auf Französisch zu schreien. »Das ist doch Yehudi Menuhin!« Daß ein arabisches Bauernkind mich erkannte,war schon erstaunlich genug, noch mehr jedoch, was nun folgte. Natürlich mußte etwas geschehen, darüber waren sich alle einig; um nicht noch mehr Worte zu verlieren, ließ sich die Hälfte der Dorfbewohner ins Wasser plumpsen und schob das steckengebliebene Auto auf eine höhergelegene Seitenstraße, damit der Motor trocknen konnte. Von irgendwoher wurde ein Lastwagen organisiert, zwei Planken als eine Art Rampe von hinten heraufgeschoben, und mit nochmaliger gemeinsamer Kraft hievte man den Wagen von hinten auf das Lastauto. Diana, Maurice und ich kletterten an Bord und winkten von unserem Hochsitz aus den Dorfbewohnern Lebewohl. Einen Kilometer weit planschte der Lastwagen durch die Flut, setzte uns dann auf trockener Straße ab, so daß wir Casablanca ungefähr eine halbe Stunde vor Konzertbeginn erreichten.

Wie diese Geschichte zeigt, ist es zuweilen von Vorteil, ein Gesicht zu besitzen, das jedermann kennt; es hat aber auch seine Vorteile, anonym zu bleiben. Einmal gelang es mir nur um Haaresbreite, diese Anonymität zu wahren. Eine Kette von unglücklichen Umständen hatte dazu geführt, daß Diana nur noch Strümpfe mit Laufmaschen besaß, weshalb sie in ein kleines Geschäft auf der Madison Avenue ging, um sich ein paar neue zu kaufen. Hinter dem Ladentisch stand ein älteres Ehepaar. Während Diana ihre Strümpfe kaufte und sie bezahlte, betrachtete der alte Mann mich intensiv und fragte mich schließlich: »Hat Ihnen niemals jemand gesagt, daß Sie genau wie Yehudi Menuhin aussehen?« Wenn ich irgendein Schlupfloch erblicke, dann, so hoffe ich, benutze ich es auch. »Aber nein! « erwiderte ich und zauberte nach bestem Vermögen den Ausdruck freudiger Überraschung auf mein Gesicht. »Das ist aber nett! Ich habe ihn schon immer bewundert!« Und wir machten uns davon, bevor noch irgend jemand etwas Peinliches hinzufügen konnte. Ein andermal begleitete uns Maurice Dandelot in die Schweiz, wo sich wieder einmal der Nutzen der Popularität herausstellte; jeder Reisende, der dort in kleineren Orten umgestiegen ist, wird mir zustimmen, daß der Fahrplan der Schweizer Bundesbahn von einem Uhrmacher entworfen sein muß, und er wird verstehen, daß ein reisender Künstler, der mit seinen Siebensachen durch die Schweiz fährt, sich dort manchmal fühlt wie ein Kameltreiber in der Wüste, der seine Herde plötzlich durch Treibeis hindurchführen muß. Der Zug von La Chaux-de-Fonds an diesem betreffenden Tag deponierte uns auf der einen Seite des Neuchâteler Bahnhofs; der Zug, der uns zu unserer Verabredung in Genf fahren sollte, startete fünf Minuten später von der anderen Seite. Während also ein betagter Gepäckträger, von Maurice und den Geigen flankiert, seine Tour mit dem Gepäckwägelchen durch den Bahnhof begann, marschierten Diana und ich einfach über die Gleise, machten den Stationsvorsteher ausfindig und überredeten ihn (dachte ich) zu fünf Minuten Verzögerung. Der arme Mann! Sollte er etwa den Staat betrügen? Im letzten Augenblick siegte sein Beamtensinn für Pünktlichkeit, und Diana und ich fanden uns plötzlich, von Maurice, den Geigen und dem Gepäck getrennt, in einem fahrenden Zug. Ohne auch nur nachzudenken, zog ich die Notbremse und brachte damit den Zug und die Katastrophe zu einem schrillen Halt. Wir befanden uns noch längs des Bahnsteigs.

Was hierauf ausbrach, war – mit einem Wort – ein Tollhaus. Man konnte meinen, wir seien in Sizilien, nicht in der nüchternen Schweiz. Unter den Schreien und Beschwerden der empörten Fahrgäste gegen den betäubenden Lärm des Alarmsystems des Zuges ankämpfend, eilte der Stationsvorsteher, außer sich, den Bahnsteig hinab, erkletterte unser Abteil und nahm uns mit. Sogleich waren wir von einer Menschenmenge umgeben, die empört argumentierte und den Vorschlag machte, man sollte mich ins Gefängnis stecken. Inmitten des Aufruhrs erschien Maurice. Er hatte den Zug anfahren gesehen, hatte sich kurzentschlossen von dem Gepäckträger und unserer Habe getrennt und war ins letzte Abteil gesprungen; hätte ich das gewußt, wäre unserem Termin in Genf nichts Ärgeres beschert worden als der Mangel an properer Konzertkleidung. Schließlich gelang es, die Alarmglocke abzustellen, und wir durften wieder den Zug besteigen, wo uns der Zugschaffner in Empfang nahm. Ich mußte Strafe zahlen. Aber die Episode, die in den Annalen der Schweiz wie eine Revolution wirken mußte, nahm ein freundliches Ende, als auf der nächsten Bahnstation, in Lausanne, ein weiterer goldbetreßter Stationsvorsteher auftauchte und mir die Hälfte der verlangten Strafe wieder zurückzahlte.

Auch wenn ich die volle Strafe bezahlt hätte, wäre es letztlich billig abgegangen. Mein Leben lang habe ich mich, zumindest in der Öffentlichkeit, ganz anständig betragen. Aber schon immer hatte ich insgeheim zwei Wünsche gehegt: Erstens, einmal im Leben die Notbremse zu ziehen, zum andern, mich einmal völlig meinem Zorn hinzugeben, ohne es nachher zu bereuen (ähnlich wie Toscanini, als er das Telefon aus der Wand riß; aber ich müßte schon triftigere Gründe für so etwas haben). Die Erfüllung dieses Wunsches widerfuhr mir 1950 in Südafrika, als ich zum ersten und einzigen Mal mit dem Problem der Apartheid zusammenstieß und erfreulicherweise als Sieger daraus hervorging.

Als Diana, Marcel Gazelle und ich Anfang 1950 in Johannesburg eintrafen, hatte ich Alan Patons »Denn sie sollen getröstet werden« gelesen und wollte ihm gern schreiben, wie sehr mich das Buch beeindruckt hatte. Ich rief ihn in seiner Schule in Diepkloopf an, fragte, ob er mich brauchen könne, und wurde eingeladen, für die Jungen zu spielen. Auf dem *stoep,* wie man in dieser Gegend die Veranda nennt, stand ein heruntergekommenes altes Klavier, dem Marcel sein Bestes abforderte, während die Jungen im Sonnenschein auf dem Boden kauerten. Wir spielten ein paar Stückchen, die ihnen gefielen, und tauschten dann die Rollen und hörten zu, wie frisch die Kinder ein paar Choräle sangen. Das Ende dieses kleinen Freiluftkonzerts war, daß mein südafrikanischer Agent Einspruch erhob, denn es sei in unserem Vertrag nicht vorgesehen gewesen. Im allgemeinen sind meine Beziehungen zu den verschiedenen Agenten, die meine Konzerte organisieren, seit Jahr und Tag ausgezeichnet. Diese Regel wurde durch die Ausnahme bestätigt, zumal auch sonst in Afrika einiges anders war: Dort kontrollierte ein weitverzweigter, mächtiger Verband nicht nur Kinos und Theater, sondern auch Konzertsolisten und ihre Veranstaltungen. Der Mann, der innerhalb dieses Verbandes für mich zuständig war, war ein Mr. Dick Harmel.

Als er mich des Vertragsbruches beschuldigte, gab ich Mr. Harmel zu bedenken, daß dies völliger Unsinn sei, denn Schwarzafrikaner-Jungen in einer Reformschule wären doch gar nicht zu meinen Konzerten zugelassen. »Oder etwa doch?« fügte ich hinzu.

»Natürlich nicht!«

»Nun«, sagte ich, »dann werde ich an den Vormittagen vor meinen Konzerten immer für die Afrikaner spielen.« Bevor die Apartheid völlig durchgesetzt war, konnten Schwarze und Weiße – wenn auch nicht gleichzeitig – dieselben Einrichtungen benutzen, zumindest in Johannesburg, wo die Stadthalle, in der ich spielte, beiden Bevölkerungsgruppen offenstand. Das Vorkonzert wurde arrangiert (freilich nicht durch meinen Manager, der dies mißbilligte), und die Matineegäste wurden im Bus herangefahren. Zu dieser Zeit hatte Johannesburg einen sehr aufgeschlossenen jüdischen Bürgermeister, durch dessen Fürsprache ich mich außerdem der Dienste des städtischen Orchester bedienen konnte, mit dem ich für einen Tag nach Sophiatown fuhr, jener immer größer werdenden Barackenstadt, wo die Schwarzen hausen, die nach Johannesburg zur Arbeit fahren. Inmitten dieser riesigen Ansammlung von Hütten stand ein einziger solider Ziegelbau, nicht sehr schön, aber zweckmäßig – gestiftet von den Schotten in Südafrika, die von allen weißen Emigranten sich noch am ehesten der Nöte der Schwarzen angenommen haben. Dieses Haus diente als eine Art Freizeitzentrum, mit Lese- und Spielräumen, war in der Regenzeit allgemeiner Zufluchtsort und verfügte sogar über ein kleines Theater. Das Konzert, das wir dort gaben, war eines der ergreifendsten, das ich erlebt habe. In gewähltem Oxfordenglisch wurden wir von zwei Vertretern des Ortes willkommen geheißen: Dieses, sagten sie, sei ein wichtiges Ereignis; wenn sie über dieses Land und seine Schätze verfügen könnten, würden sie uns jetzt ein Geschenk aus Gold und Edelsteinen überreichen; da diese Rechte ihnen aber noch immer vorenthalten seien, hofften sie, wir wären mit der üblichen Begrüßung zufrieden: worauf sie mir und dem Dirigenten ein Halsband aus Glasperlen umlegten und ein drittes Diana überreichten, die im Saal saß. Dann standen alle auf und stimmten ein Lied an, das unter anderen Umständen wahrscheinlich ihre Nationalhymne gewesen wäre (und vielleicht sogar eines Tages werden wird, obwohl man mit Schrecken an das Blutvergießen denkt, das diesem Tag vorausgehen wird). Dieser inbrünstige Gesang der Afrikaner im Jahr 1950 hatte eine ähnlich elektrisierende Wirkung wie – sagen wir – die Marseillaise, wenn sie unter der deutschen Besetzung in Frankreich erklang. Ich spielte ein Bach-Konzert und das von Mendelssohn, und jedesmal, wenn eine Passage sie besonders zu beeindrucken schien, sah man die Reaktion auf den schwarzen Gesichtern wie eine Wellenbewegung durch den Saal gehen, aus dem sich Dianas Gesicht sowie ein oder zwei andere als helle Flecken abhoben. Ich machte den Vorschlag, die Orchestermusiker sollten doch regelmäßig nach Sophiatown fahren, um dort Musikunterricht zu geben, und ich glaube, dies ist auch eine Weile lang geschehen.

Auf dem Weg zwischen Johannesburg und Kapstadt unternahmen

Diana, Marcel und ich einen kurzen Ausflug nach Lourenço Marques. Kaum waren wir von dort zurückgekehrt und im Begriff, das Flugzeug nach Kapstadt zu nehmen, wurde ich aufgefordert, Mr. Schlesinger aufzusuchen, den Generalmanager, dessen Verband von irgendeinem unteren Gefechtsstand aus auch meine Auftritte kommandierte.
Ich ahnte nicht, daß dies einer der ganz großen Augenblicke in meinem Leben werden sollte. In einem saalartigen Büro, das seiner imperialen Wichtigkeit angemessen war, hinter einem Schreibtisch, dessen spiegelnde Wucht je nach Bedarf bevorzugten Kunden schmeichelte und ärgerliche Bittsteller durchaus einschüchtern konnte, thronte Mr. Schlesinger wie ein kleiner Mussolini. »Es tut mir leid«, begann er, »aber wir werden Sie verklagen müssen. Sie haben alle diese Konzerte ohne unsere Erlaubnis gegeben. Sie sind eindeutig vertragsbrüchig geworden. Wir können dies unter keinen Umständen hinnehmen und werden daher Ihre Honorare einbehalten.«
Das war mein Stichwort. Jahrelang aufgestauter und unter freundlicher Oberfläche schlummernder Zorn konnte sich jetzt endlich mit gutem Grund Bahn brechen. Diese Gelegenheit war zu verlockend, als daß ich zurückhaltend hätte reagieren können. Ich sprang auf und machte meinem Herzen Luft: Die Leute, für die ich außerhalb der arrangierten Konzerte gespielt hatte, seien doch, sagte ich, überhaupt nicht in der Lage gewesen, die regulären Veranstaltungen zu besuchen; daher habe dies auf die dort zahlenden Zuhörer nicht den geringsten Einfluß haben können. Er habe für seine Sanktion nicht die mindeste moralische Berechtigung, und ich würde schon dafür sorgen, daß die ganze Welt von dieser Angelegenheit erführe. Dann marschierte ich hinaus und warf mit Hingabe die Tür hinter mir ins Schloß. Das Außerordentliche (was ich mir nie ganz habe erklären können) geschah: diese Strategie wirkte. Es war natürlich gar keine Strategie, sondern nur eine impulsive Reaktion, von der ich mich frage, ob sie nicht auch in Zukunft manchmal wirken könnte. Als wir am selben Tag später in Kapstadt landeten, erschien eine höchst devote Abordnung von Schlesingers örtlichen Vertretern, die mit schüchtern gefalteten Händen nur auf eine neue Kapriole meiner Launen zu warten schienen. Bedauerlicherweise hat aber mein so kurzfristiger Sieg keinen nachhaltigen Einfluß auf die südafrikanische Geschichte ausgeübt.
Die beiden anderen Zwischenfälle symbolisieren für mich Südafrikas Hoffnungen, Befürchtungen und Gefahren. Das eine war ein Zusammentreffen mit General Smuts, einem wundervollen Menschen: sensi-

bel und intelligent, gerecht und weise; eigentlich ein Mann, der all die staatsmännischen Qualitäten in sich vereinte, die sein Land so bitter nötig hatte. In Wahrheit respektierte er die Afrikaner, obwohl er sie nicht so wie die Weißen behandeln zu können glaubte. Er erzählte uns, daß die Häuptlinge der verschiedenen Stämme ihn aufsuchten, um ihn zu einzelnen Reformen zu bewegen. »Was ich versuche, ist folgendes«, sagte er. »Wenn sie um fünf Sachen bitten, bewillige ich zwei; von den dreien gebe ich ihnen eine; jedesmal finde ich sie ganz glücklich mit dem, was sie erreicht haben. Aber ich weiß genau, daß sie das auf die Dauer nicht befriedigen wird.« Am Ende unserer Unterhaltung, die übrigens durch Harold Holts Schwestern zustandegekommen war, stand Smuts auf deren Bitte hin auf, um ein Foto von sich zu suchen. »Ich werde es Diana überreichen«, verkündete er, als er wieder zurückkam, setzte sich an seinen Schreibtisch und schrieb auf sein Geschenk die Worte: »Für Diana, die Wasserstoffbombe.«

Smuts war sich darüber im klaren, daß Sozialpolitik, wie jede Maschine, Sicherheitsventile benötigt; im Gegensatz dazu versuchten die Nationalisten den Deckel des kochenden sozialen Kessels immer kräftiger niederzudrücken – eine Politik, welche die Gefahr einer Explosion heraufbeschwor.

Obwohl meine Erfahrungen mit den Ungerechtigkeiten der Apartheid nur kurz und flüchtig waren, bin ich einmal selbst nicht weit davon entfernt gewesen zu explodieren. Ein Parlamentsmitglied namens Blomberg, ein ehemaliger Bürgermeister, hatte Diana und mich eingeladen, in Kapstadt einer Parlamentsdebatte beizuwohnen. Am Tag zuvor hatte ich mir bei einem ausgedehnten Spaziergang durch die Stadt ziemlich große Blasen an den Fersen geholt, so daß ich auf der Besuchsgalerie nur in Pantoffeln erscheinen konnte; ich vergaß sehr rasch die Merkwürdigkeit meines Aufzugs und hörte mit großem Interesse der Debatte zu. Als wir hereinkamen, sprach gerade ein Mitglied der Nationalisten, und zwar in Afrikaans, einer Sprache, die ich bis dahin ausgelassen hatte. Blomberg übersetzte flüsternd. Ausdrucksweise und Gesinnung dieser Rede erschütterten Diana und mich bis ins Mark. Vielleicht hätte es uns gar nicht so überraschen dürfen, aber es hat etwas besonders Niederschmetterndes an sich, wenn man zum ersten Mal mit eigenen Ohren hört, wie ein Mensch über andere Menschen spricht, als wären es Tiere.

Dem Nationalisten folgte ein Mitglied der Unabhängigen, der Englisch sprach. Ihm zuzuhören war wie eine Rückkehr in die Welt der eigenen

moralischen Werte, wo der Wert des Individuums an erster Stelle steht. Ich war so begeistert, daß ich am Schluß der Rede aufsprang und einfach »Bravo!« rief. Erst als uns der arme Mr. Blomberg hastig aus dem Parlamentsgebäude führte (um dem sich grimmig nähernden Saaldiener den Ärger zu ersparen), wurde mir bewußt, daß dieser Applaus hier im Parlament sicherlich unangebracht gewesen war. Aber ich bedauerte nicht, meine Meinung kundgetan zu haben. Am nächsten Morgen brachten die englischsprachigen Zeitungen (die übrigens bis heute eine bemerkenswert freie Sprache führen können) meinen Zwischenruf als Schlagzeile und kommentierten erfreut und zustimmend.
Noch einmal, 1956, sollten wir nach Südafrika zurückkehren. Danach fand ich jedoch, daß ich es nicht mehr mit meinem Gewissen vereinbaren konnte, in einem Land aufzutreten, in dem eine mächtige Minderheit eine machtlose Mehrheit derart ungerecht unterdrückt (was genau so ungerecht ist, als wenn eine mächtige Majorität eine machtlose Minorität drangsaliert). Eine ganze Reihe von Künstlern trafen eine ähnliche Entscheidung, und mit ihnen Sportler, Kirchenmänner und einige Politiker. Das südafrikanische Regime hat sich unverändert gehalten; aber wie lange noch? Gibt es nicht schon Anzeichen dafür, daß der Druck zunimmt, der endlich echte Gleichheit herbeiführen wird?
Das Jahr 1951 sah mich auf einem anderen, ganz gegensätzlichen Außenposten des alten britischen Commonwealth, wo etwas geschah, das sowohl mein wie Hephzibahs Leben ändern sollte.
Als Diana, Hephzibah und ich eines Morgens im Hotel in Sydney, Australien, zusammensaßen, läutete das Telefon. »Hier spricht Richard Hauser«. sagte die Stimme. »Können Sie sich noch an mich erinnern? Von Rom?« Meine Erinnerung an Menschen, die ich nur zufällig getroffen habe, ist, muß ich gestehen, nicht besonders gut, aber natürlich erinnerte ich mich an ihn, wenn auch nicht mit besonderer Sympathie. Ob er wohl vorbeikommen könne, wollte Hauser wissen. Es tue mir leid, sagte ich, aber ich sei zu beschäftigt. Ob ich zum Mittagessen noch frei sei? Nein, ich hätte schon eine Verabredung. Und bitte wann? Um fünf Minuten vor eins. Nun gut, dann würde er um dreiviertel eins im Hotel sein. Und hängte ein. Pünktlich um zwölf Uhr fünfundvierzig erschien er, fröhlich und etwas außer Atem, um mir zu erzählen, daß er auf Verlangen der Sydneyer Verwaltung nach Australien gekommen sei, um dort die sozialen Bedingungen der Arbeiter und Angestellten in den öffentlichen Verkehrsmitteln zu untersuchen. Die zehn Minuten, die er meinem vollgepackten Tagesplan abgezwackt

hatte, waren rasch vorbei; Diana und ich gingen zu unserer Verabredung, doch Hephzibah, die eigentlich hätte mitkommen sollen, schützte eine diplomatische Migräne vor und blieb bei Richard sitzen. Nach fünfundzwanzig Jahren sind sie noch immer zusammen. Hephzibah hat ihm nicht nur eine Tochter, Clara, geschenkt, sondern hat sich von ganzem Herzen und mit aller Kraft der Sozialarbeit ihres Mannes gewidmet, sowohl in der Praxis als auch in den Büchern, die sie gemeinsam darüber verfaßt haben. So rückhaltlos widmen sie sich den in unserer Gesellschaft Benachteiligten, daß ich fast glaube, Hephzibah und ich würden einander gar nicht mehr sehen, wenn nicht die Konzerte wären. Richards Theorie ist es, den Blinden von dem Lahmen führen zu lassen: Er sieht das verlassene Kind, die geschlagene Ehefrau, den Delinquenten, den Verurteilten, den Süchtigen, den armen Alten und alle anderen benachteiligten Menschen, für die er sorgt, innerhalb eines ganzen Netzes gegenseitiger Bedürftigkeit, in dem – weil ein Problem aus dem anderen erwächst – ein Opfer dem andern helfen kann. Ich bewundere ihn und Hephzibah, nicht nur wegen ihrer inneren Haltung, sondern weil sie dieser Haltung auf höchst praktische, humane und realistische Weise Ausdruck verleihen.

Das für mich wichtigste Erlebnis dieser Reise von 1951 trug sich in Auckland zu. Hephzibah und ich waren zu einer Reihe von Konzerten noch nach Neuseeland geflogen und hatten Diana, die gerade Jeremy erwartete, bei Lindsay gelassen, auf dessen Schaffarm sie relativ gut aufgehoben war. An einem Julitag saß ich im Wartezimmer eines Chiropraktikers, der Hephzibah gerade behandelte, blätterte in der dort ausliegenden Lektüre und stieß auf ein kleines Bändchen über Yoga. Yoga, sowohl als körperliches Exerzitium wie als philosophisches System, kannte ich nur vom Hörensagen, aber diese kurze Einführung in das Hatha-Yoga, auch Asanas genannt, traf mich mit der Kraft einer Erleuchtung. Ohne auch nur zu wissen, was ich suchte, hatte ich den Schlüssel gefunden, um vergangene Rätsel zu lösen, mir meiner Fähigkeiten und Möglichkeiten körperlicher Entspannung (ein Versäumnis der Kindheit) bewußt zu werden, die physiologischen Fragen des Geigenspiels vollständig zu begreifen und vielleicht, bei genügender Ausdauer, endlich zu lernen, richtig auf dem Kopf zu stehen (weil ich schon in meiner Kindheit alle Kinder beneidete, die derartige Kunststücke vorführen konnten). Von diesen Möglichkeiten fasziniert, bat ich den Arzt, das Buch auf meine Tournee mitnehmen zu dürfen und Ende der Woche wiederzubringen. Diese ganze Woche über – es

sei denn, wir reisten, probten oder spielten – schloß ich mich jedesmal in mein Hotelzimmer ein, um mit dem Asanas zu experimentieren; die Übungen, die ja keine Anstrengung, sondern – im Gegenteil – innere Entspannung verlangten, begeisterten mich. Sie waren frei von jedem Element von Aggression oder Wettkampf, erforderten keinerlei Gerät, sondern nur Abgeschiedenheit und ein, zwei Quadratmeter Fußboden. Nach der Tournee gab ich das Buch seinem Eigentümer zurück, hatte jedoch schon genug gelernt, um mit meinen Übungen – wenn auch etwas unbeholfen – fortfahren zu können.
So kam es, daß ich sieben Monate später in Indien eintraf und bereits etwas über das Land wußte. Sich auf eine neue Kultur vorzubereiten, hat mir stets große Freude gemacht, selbst wenn dies nur relativ oberflächlich geschieht wie z. B. bei meinem ersten Besuch (mit Adolf Baller) in Japan, den ich zwischen Neuseeland und Indien eingeschoben hatte. 1951 benötigte man für den Flug von San Francisco nach Tokio zwei Tage, von denen ich einen guten Teil damit zubrachte, mit den Eßstäbchen zu hantieren, was mir zunehmend besser gelang und meine japanischen Gastgeber höchlichst amüsierte. Ungefähr genauso hatte ich mich auf Indien durch meine Yogaübungen vorbereitet, eine Nachricht, die mir dorthin vorauseilte. Am ersten Abend in Delhi forderte Pandit Nehru mich heraus, so daß ich ihm zeigte, was ich konnte: etwas unsicher stand ich auf dem Kopf, kritisch beäugt von seiner Tochter Indira Gandhi, seiner Schwester Nan Pandit und einigen Regierungsmitgliedern. »Nein, das ist nicht richtig!« unterbrach mich Nehru in seiner strengen Art. »Ich will's Ihnen zeigen.« Er nahm seine kleine Gandhi-Kappe vom Kopf und stellte sich auf dem Zimmerteppich auf sehr elegante Weise (mittlerweile kann ich es sogar noch besser) auf den Kopf. Pflichtschuldigst versuchte ich, meinem ersten Guru nachzueifern, so daß wir beide nebeneinander auf dem Kopf standen, als ein Butler mit herrlichem Turban und Schärpe die Portale aufstieß, um anzukündigen, das Dinner sei serviert.
Kaum hatte die Nachricht von diesem Ereignis den Weg in die Zeitungen gefunden, als die Gurus bei mir Schlange zu stehen begannen, natürlich jeder auf besondere, prominente Empfehlung. Am Tag, als Diana und ich von Delhi nach Agra fliegen wollten, durfte ich morgens um vier Uhr mit dabeisein, als ein verehrungswürdiger, vielleicht achtzig Jahre alter Weiser mit langem Bart, nackt bis auf einen Schurz, umgeben von seinen Schülern, in einer Waldlichtung auf einem Leopardenfell seine Übungen machte. Wie vieles sonst in Indien hat der

32 *YM im Paganini-Kostüm bei einer Probeaufnahme, 1945*

33 *YM und Benjamin Britten, 1945*

34 35 *Moskau 1945: YM mit David Oistrach (oben) und mit Dmitri Schostakowitsch*

36 *YM und der sechsjährige Jeremy beim gemeinsamen Musizieren, 1958*
37 *Gerard im Alter von neun Jahren, 1958*

38 *Die junge Generation heute; v. l. n. r.: Krov, Anne, Jeremy, Zamira, Lin und Gerard*

39 *Georges Enesco und YM kurz vor Enescos Tod*

40 *Zoltán Kodály, YM und Emma Kodály*

41 *Konzert unter Wilhelm Furtwängler*

42 *Berlin 1947; links von YM ›Jonas von Lemberg‹*

43 *Pablo Casals und YM in Prades*

44 *Königin Elisabeth von Belgien mit YM und Casals in Prades*

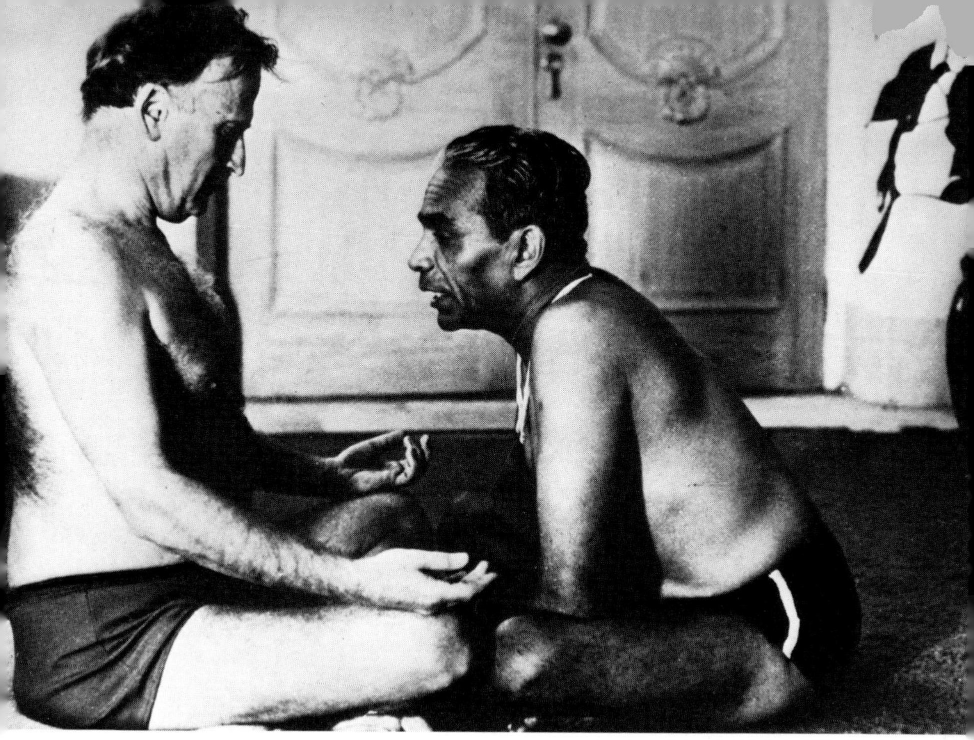

45 *Yoga-Unterricht bei Iyengar*

46 *Nehru und Diana, 1951*

Respekt vor dieser kleinen Zeremonie mir gezeigt, daß man das Leben in seinen Ausdrucksformen dort auf eine Weise schätzt, wie sie uns im Westen (wenn wir sie je besessen haben) verlorengegangen ist. Wir verleugnen unseren Körper, schämen uns seiner und bedecken ihn, während die Inder in ihrer Weisheit – die erotischen Tempelskulpturen und Yoga bezeugen es – den Körper verehren und sich an ihm freuen. Für diese unsere moralischen Kategorien ist vielleicht das Christentum, nicht aber Christus selbst verantwortlich: Jeder, der vorurteilslos im Johannes-Evangelium blättert, wird finden, daß Jesus (wie die Hindu) Ehrfurcht vor dem Leib predigt und sich weitläufig über die Notwendigkeit von Luft, Sonne und Wasser ausläßt. Die elenden Puritaner unter seinen Anhängern begannen, Körper und Geist zu scheiden und damit die Barrieren von Himmel und Hölle zwischen sich aufzurichten. In der Kühle des frühen Waldmorgens legte ich meine Kleider ab und lernte von dem alten indischen Heiligen, den Körper zu respektieren.

Noch anderen Gurus bin ich begegnet, aber erst als ich Iyengar – keinen bärtigen Asketen, sondern einen jungen Mann mit Frau und Kindern – traf, nahm ich regelmäßigen Unterricht. Wir lernten uns in Bombay kennen. Auf Zureden eines gemeinsamen Freundes war er Hunderte von Kilometern weit aus Poona im westlichen Gebirge angereist, tauchte eines Morgens, ich war kaum aufgewacht, in meinem Zimmer auf und machte mir in seiner fast bäuerlichen Autorität kurzerhand klar, daß die nun folgende »Prüfung« gleichermaßen mir und ihm selbst gelte. Er wußte wohl, daß ich ein berühmter Mann war, hatte aber selber von mir noch nichts gehört. Wenn er sich auch ausrechnen mochte, daß mein Unterricht bei ihm nur zu seinem Vorteil sein konnte, war ich doch bei all meiner »Berühmtheit« nur jemand aus dem Westen, dessen Körper durch und durch verkrampft war. Ich erklärte ihm, ich könne bei meinem genau eingeteilten Tageslauf nur fünf Minuten opfern. Er befahl mir, mich ruhig hinzulegen, und begann, bestimmte Körperstellen zu berühren. Als ich eine volle Stunde später erwachte, fühlte ich mich so erfrischt wie seit langem nicht. Wie bei den anderen Malen, als ich intuitiv meine Lehrer »erkannte«, war ich auch diesmal von Anfang an von einer Art Zauber eingefangen. Iyengar ist seitdem auch außerhalb Indiens berühmt geworden, hat viel über Yoga publiziert und wird von Universitäten im Ausland zu Gastvorlesungen eingeladen. Als diese vielen Aktivitäten seine Zeit immer mehr in Anspruch nahmen, sahen wir uns seltener; doch fast fünfzehn

Jahre lang fuhr er jeden Sommer nach Europa, um mit mir zu arbeiten. Jedesmal, wenn ich nach Indien kam, stand er mir die ganze Zeit über zur Verfügung und wachte über meine täglichen Übungen.
»Yoga« heißt »Eins-Sein«. Sein Ziel ist die Vereinigung mit dem »Ewigen«, dem Grenzenlosen – ein Ziel, zu dem man auf verschiedenen Wegen gelangen kann; aber so wie es dies eine Endziel gibt, so gibt es das Anfangsziel: das Asanas (oder Hatha-Yoga), das die Voraussetzung für jeden weiteren Schritt ist. Es wäre ohne weiteres möglich, Yoga zum Lebensinhalt zu machen, indem man mehr und mehr Zeit für seine Verfeinerung aufwendet. So etwas habe ich niemals im Sinn gehabt. Für mich ist Yoga vor allem ein Maßstab inneren Friedens: wenn man von Depressionen geplagt ist, von Eifersucht zu reichlichem Essen oder von den tausend anderen menschlichen Mißhelligkeiten, wenn man sich die Lungen mit Nikotin und den Magen mit Alkohol vollpumpt, kann man einfach nicht tief, gleichmäßig und ruhig atmen, wie Yoga es verlangt. Das fängt mit einer bestimmten, ruhigen Konzentration an, und wenn der Atem gleichmäßig geht und der Körper entspannt ist, kann man mit dem Asanas beginnen, das Bewußtsein der eigenen Beweglichkeit und Ausgeglichenheit genießen und die Fähigkeiten, über die man plötzlich verfügt. Yoga bedeutet in meinem Leben eine Hilfe für das Wohlbefinden, das mir erlaubt, mehr zu tun und es besser zu tun.

In erster Linie hat Yoga mir natürlich bei meinem Bemühen geholfen, die Mechanik des Geigens zu ergründen – ein Bemühen, das schon lange vor 1951 wesentlich für mich gewesen war. Wenn ich als Kind bemerkte, daß ich ein bestimmtes Musikstück plötzlich sehr viel besser als meine Lehrer spielte, war mir nur eines klar: daß ich im Grunde gar nicht wußte, wie ich das machte. Und da ich von Natur aus nicht zum Selbstbetrug neige, versetzte es mich immer in Verlegenheit, auf irgendwelchen Formularen als Beruf »Geiger« angeben zu müssen. Daß ich Geige gespielt hatte, war bis jetzt eine tägliche Selbstverständlichkeit gewesen, daß ich es aber auch noch morgen tun sollte, empfand ich als eine Forderung, die angesichts meiner traurigen Unwissenheit, was »Violinspielen« überhaupt bedeutete, geradezu leichtsinnig war. Lange bevor ich systematisch dieses Problem ergründen konnte, versuchte ich – in der Regel ohne Erfolg – einzelne Teile des Problems anzugehen, wie ein Vorfall aus meinem zehnten oder elften Lebensjahr illustriert. Im San Francisco Symphony Orchestra gab es einen hervorragenden Geiger namens Piastro, der später Louis Persinger als Konzertmeister ablösen und nach weiteren Jahren Konzertmeister bei den New Yorker Philharmonikern unter Toscanini werden sollte. Ich kannte Piastro gut und bewunderte unter anderem sein Staccato. Eines Tages fragte ich ihn, wie er das eigentlich mache. Da nahm er die Geige und ratterte einfach ein paar Takte sehr beeindruckend herunter. »Ich mache es einfach so«, sagte er. »Und so.« Die Demonstration geriet makellos, das war genau das Staccato, das ich suchte, aber die Erklärung ließ mich genau so ratlos wie zuvor. Er hatte mir nichts erklärt, einfach weil er es selbst nicht zu erklären wußte. Er war nicht in der Lage, die Mechanik von Muskeln und Bewegung zu untersuchen, die ihn zu seinem (oder auch zu meinem) Staccato befähigte. Und genau das wollte ich wissen. Während der anderthalb Jahre, die ich nach den ersten zehn Jahren meiner Konzertreisen mehr oder minder müßig in Kalifornien verlebte, wurde ich immer ratloser: Ein paar Wochen lang hatte ich meine Geige überhaupt nicht angerührt, und als ich sie wieder zur Hand nahm, wollte sich das gewohnte, vertraute Verhältnis nicht sofort wieder einstellen. An einem Tag griffen die Finger mit der alten Sicherheit, am anderen jedoch nicht. Diesmal nahm alles ein gutes Ende; Zuhörer und Kritik behaupteten, ich spielte so gut wie zuvor, wenn nicht sogar besser, und damit war ich zufrieden. Doch unter der Oberfläche des Könnens nagte weiterhin der Zweifel. Ein falscher Schritt, und ich wäre ihm ausgeliefert gewesen; der zweite falsche Schritt folgte auf dem Fuße, als ich den persönlichen Belastungen während der Kriegsjahre ausgeliefert war und die unzähligen Konzertverpflichtungen mich nicht zur Ruhe kommen ließen.

Ein anderer Künstler, der seinen musikalischen Anlagen vertraut, hätte die Dinge, die er nicht erklären konnte, vielleicht beiseite geschoben und diese unsichere Wegstrecke unbekümmert zurückgelegt. Ich jedoch, gesegnet (oder belastet) mit einem talmudischen Erbe, mußte erst die Ursachen dieser Störung ergründen, um sie beheben zu können. Folgendes war geschehen: der Zusammenhang zwischen musikalischer Vorstellung und ihrer Verwirklichung, den ich bislang intuitiv erfaßt hatte, war unterbrochen – nicht vorhersehbar und auch nicht immer, aber doch eine latente Gefährdung. Ich konnte mich nicht mehr auf die Intuition allein verlassen; der Verstand mußte an ihre Stelle treten.

War dies etwa eine mißliche Lage, die nur mir selbst und meiner Wißbegierde zuzuschreiben war? Die Erfahrung hat mich gelehrt, daß viele

Menschen diesen selben Kreislauf von Intuition über verstandesmäßige Analyse bis zur wiedererlangten Spontaneität durchlaufen müssen und daß dieser Kreislauf einen Lernprozeß darstellt, auf dessen Bewältigung der immer neue Reiz einer wahren Kultur beruht. Manche Individuen (oder Gesellschaften) sind es zufrieden, auf dieser Reise nur ein Stück zurückgelegt zu haben – der Primitive, der ohne intellektuelle Anstrengung allein durch die Intuition ein harmonisches Verhältnis zu seiner Umgebung herstellt; oder der ideologische Fanatiker, der das Stadium reiner Abstraktion erreicht hat, dessen Theorien auf keinerlei Intuition gegründet sind und auch nie von ihr kontrolliert werden; und schließlich die meisten von uns, die sich irgendwo in der Mitte des Weges abquälen, weil ihnen beides verlorengegangen ist. Das Violinspiel ist eine »natürliche« Tätigkeit, aber damit ist noch nicht viel gesagt, denn wie viele »natürliche« oder selbst automatische Tätigkeiten werden in unserer unnatürlichen Zeit noch wirklich richtig ausgeübt? Wieviele Menschen gehen schlecht, atmen schlecht, kauen schlecht, verdauen schlecht? Das ist der Preis einer Zivilisation, die der Intuition entraten muß und sie noch nicht wiederentdeckt hat. Für jeden von uns ist dies ein herber Verlust, nicht zuletzt für den Künstler, der in seinem Künstlertum einem Baum gleicht, dessen Wurzeln im Urgrund verankert sind und dessen Zweige nach dem Licht der Bewußtheit streben.

Diese intuitive, natürliche Begabung in früher Jugend war, wenn man so will, ein Vor-, aber auch ein Nachteil. Es hat einen Vorteil, wenn man das Haus mit dem Dachstuhl beginnt: man weiß, wie hoch man hinaus kann, man kennt das Ziel und überblickt, was wichtig ist. Wenn man das Gebäude so lange aufrecht halten kann, daß auch die Lücken gefüllt werden, erweist sich diese Methode, oben zu beginnen, letztlich als die richtigere. So fröhlich und unbefangen auf die Bühne zu treten, wie man einen Spaziergang unternimmt, habe ich mir stets gewünscht. Viele Male ist es mir auch gelungen, ich habe mit Elan und Temperament gespielt, ich wußte genau, was ich wollte. Da war die Schlacht schon halb gewonnen. Ein weiterer Beitrag zum endgültigen Sieg war die Überzeugung, daß der Schlüssel zum Ganzen der richtige Bewegungsvorgang war. Von jeher hat mich der Bewegungsvorgang fasziniert – der Vogelflug, radschlagende Kinder im Park, die Hand des Malers, die über die Leinwand fährt. Als Teenager habe ich einmal ein Flugzeug »erfunden«, dessen Flügel in einzelne Segmente unterteilt waren, deren jedes einen eigenen Motorantrieb besaß, so daß es bei Bedarf unabhängig operieren konnte. Sicherlich hatte meine Erfindung keinerlei Einfluß auf die Entwicklung der Aeronautik, wohl aber auf das, was mich am meisten beschäftigte; der Flügel meine Hand, jeder Motor eine Sehne, jedes Segment ein Finger, der sich selbständig in jede Richtung bewegen konnte. So versuchte ich damals, in ein Problem einzudringen, lange bevor ich den grundlegenden Voraussetzungen auf die Spur kam. Hatte man sie erst entdeckt, schienen sie völlig selbstverständlich – sowohl die fürs Violinspiel als auch die für die Aerodynamik; immerhin hatte es Jahrhunderte gedauert, bis der Mensch das Fliegen erlernte.

Zweifellos habe ich Zeit verloren, als ich mich in meiner Jugend mit Tonleitern, Arpeggios, Etüden etc. aufhielt, aber wenn man als Erwachsener dieses Problem angeht, wird man mit Tonleitern nur auf gut Glück Erfolge erzielen, weil man nur die Symptome behandelt, ohne die Ursachen zu finden, und weil ja nur eine mechanische Antwort erklingt, die das Geheimnis nicht preisgibt. Eingebüßt habe ich auch sicherlich einen Teil der Intuition, aber das wurde im Erwachsenenleben durch wachsende Erkenntnis mehr als wettgemacht. Wie jede musikalische Vorstellung durch bewußte Analyse der Komposition gerechtfertigt sein muß, so war es nun unerläßlich, mit derselben Gründlichkeit jenen Prozeß zu erkunden, der musikalische Gedanken und Gefühle in Aktion, Vorstellung in unzählige körperliche Bewegungsvorgänge übersetzt. Nachdem ich auf dem richtigen Weg war, brachte mich jede Erfahrung weiter: das eigene Üben wie der Erfahrungsaustausch mit Kollegen, die physikalischen Gesetze, meine Bekanntschaft mit Indien, und vor allem natürlich das Yoga, das mich Dinge lehrte, für die ich allein Jahre gebraucht hätte. Gemeinsam war allen diesen Einflüssen: mehr Lockerheit, sinnvoller Einsatz von Kraft, keinerlei Verkrampfung, Koordination sämtlicher Bewegungen zu einem Vorgang; all das lief auf die grundlegende Wahrheit hinaus, daß Kraft sich nicht auf pure Kraft gründet, sondern auf das Verständnis eines ganzen Prozesses.

Nun, da der Kompaß die Richtung angab, war der Fortschritt (wenn man von ein paar Ratschlägen absieht, die nur Zeit kosteten und in Sackgassen führten) unaufhaltsam. Zunächst mußte ich mir bewußt machen, daß ich, wollte ich weiterkommen, mindestens soviel verlernen wie lernen mußte. Die Geiger unter uns, die sich Unarten angewöhnt haben und sie loswerden wollen, müssen auf den absoluten Nullpunkt der Entspannung zurückkehren, gleichsam zurück ins Fegefeuer, wo man erst seiner Sünden ledig wird. Man muß jede falsche Kraftanstrengung bewußt ablegen und eine Periode der »Kraftlosigkeit« erdulden. Bei mir begann sie mit dem Schlaf, in den Iyengar mich versetzte.

Seitdem ist ein Vierteljahrhundert vergangen, lange genug, um festzustellen, daß seine Lektionen (und die Lektionen, die sich darauf gründen) zu einer Routine geworden sind wie das tägliche Bad, wenn ich sie auch nach Möglichkeit nicht als Routine betrachte.

Hinter diesem Ergebnis verbirgt sich eine lange, harte Arbeit während der mittleren Zeit meiner Karriere, etwas, auf das ich recht stolz bin. Mancher, der im Begriff ist, neu zu lernen oder umzulernen, mag sich dazu in die stille Kammer zurückziehen, aber das einsame Vakuum des Forschungslaboratoriums ist nicht meine Sache. Selbst in kritischen Zeiten habe ich die Herausforderung (oder Bestätigung) des Publikums gebraucht. Heute jedoch sehe ich keine Gefahr mehr und weiß (1936 war dies keineswegs so), daß die Begabung kein *ignis fatuus* ist, das kommt und geht und sich sowohl dem Verständnis wie der Kontrolle entzieht. Was erst eine abschreckende Herausforderung schien, hat nun sich als richtig erwiesen und unschätzbare Früchte getragen. Nicht nur was die Kontrolle der Technik, die Wiedergabe und den Unterricht anbelangt, sondern allgemeine menschliche Erfahrung. Dieses Suchen hat mich mein Leben lang beschäftigt, war ein Element, das mir Halt gab, mich voran trieb und mir bleibende Befriedigung brachte. Jetzt ist die Sicherheit, die ich als Kind besaß, wieder da, doch durch den Verstand gefestigt. Wenn ich auch nur eine halbe Stunde vorher Zeit zum Üben habe, weiß ich, daß ich spielen kann; habe ich nur ein paar Tage, ein neues Stück kennenzulernen, kann ich erwarten, daß es gelingt. Ich weiß inzwischen ganz genau, daß die Zuchtrute des festen Willens allein nur durch ruhiges Exerzitium einiger Grundübungen zu erreichen ist, die der Verstand begriffen und der Körper sich angeeignet hat, und das unverdrossen über Jahre hinweg. Ich habe ebenfalls festgestellt, daß sich keine Erfahrung vom Violinspielen isolieren läßt, daß die Beweglichkeit, mit der man Geige und Bogen hält, jene Kunst, bei aller Festigkeit locker zu bleiben, zu höchst interessanten Parallelen bei menschlichen Beziehungen führen kann: Ich bin dankbar, daß ich gezwungen war, so viel zu entdecken und zu verarbeiten, was mir eine innere Bereicherung verschafft hat, an der ich nun auch andere teilhaben lassen kann.

Daß ich Indien sofort als eine wiederentdeckte Heimat empfand, deren Kräfte mich in ihren Bann schlugen, war nur verständlich; denn der Genius loci, der die größten Widersprüche in einer größeren Gemeinsamkeit versöhnt, hatte etwas Faszinierendes für mich. Natürlich besteht zwischen den Erwartungen, die man etwas Neuem entgegenbringt, und dem Extrakt, den man schließlich daraus erhält, ein bestimmtes Verhältnis; auch wird es dem Leser inzwischen klar geworden sein, daß mein Leben von dem Leitmotiv bestimmt wurde, immer schon zuerst die Antwort zu wissen, den Beweis aber erst danach zu erfahren. Und dies betraf nicht nur das Geigespiel. Daß ich schon als Junge öfter den Versuch machte, den Atem anzuhalten – das erstemal mit dreizehn in Basel, wo ich bis auf vier Minuten kam –, mag die Vorahnung meines Vertrauens in Yoga gewesen sein. Als Diana und ich uns 1952 auf den Weg nach Indien machten, hatte ich im Grunde keine Ahnung von dem Land, war aber dennoch überzeugt, daß die Reise tiefe Eindrücke in mir hinterlassen würde.

Wenn auch nicht bekannt ist, wieviele Generationen nötig sind, um atavistische Verbindungen zwischen Nachkommen und ihren Ahnen aus ferner Zeit herzustellen – je weiter ich in den Osten vordrang, desto stärker wuchs jedenfalls mein Gefühl, mich dem Land meines Ursprungs zu nähern, dessen nach Westen fließende Ströme, über die Jahrhunderte hinweg, meine Haltung, meine Gedankenwelt und meine Musik befruchtet haben. Dieses Gefühl hatte nicht getrogen. Allerdings hatte mich die Philosophie Constantin Brunners in gewisser Weise vorbereitet. Brunner, ein deutscher Jude, der beim Einmarsch der Deutschen in Holland verhaftet wurde und in einem KZ umkam, war im Jahr 1938 durch seine Schriften in mein Leben getreten. Da mein Deutsch damals keineswegs perfekt war, quälte ich mich mit den ersten hundert Seiten redlich ab, ließ mich dann aber von der Schönheit seiner Sprache und seiner allumfassenden »Weltanschauung« gefangennehmen. Später erfuhr ich, daß Brunner Hinduismus studiert hatte; das mag zu seiner Anschauung beigetragen haben, daß die Schöpfung von einer einzigen Kraft zusammengehalten wird. Und es war gewiß die das ganze Leben in all seinen Äußerungen durchdringende Kraft der Hindu, die sofort, kaum daß ich auf indischem Boden stand, ein tiefes Gefühl der Sympathie in mir weckte.

Diana und ich waren über Nacht nach Delhi geflogen, so daß es früher Morgen war, als wir vom Flughafen zu Lutyens' Palace fuhren, wo wir wohnen sollten. Unvergeßlich diese Fahrt durch ein Land, das von Leben pulsierte: Trauben von Menschen, die Männer in weißen Dhotis, die Frauen in leuchtendrote, grüne und gelbe Saris gehüllt; Vögel aller Arten, die in den Bäumen eine unbeschreibliche Kakophonie veranstalteten; schnatternde Affen, die zu Tausenden rechts und links des Straßenverkehrs von Ast zu Ast hüpften; und überall Kühe, freundliche Kreaturen mit elegant gebogenen Hörnern, auf der Straße, neben der Straße, in den angrenzenden Feldern; und dieser Reichtum an Leben schien in einem friedlichem Miteinander und Nebeneinander vereint.

Mir wurde klar, daß man das Leben von zwei verschiedenen Seiten betrachten konnte: Hier war alles auf Wettbewerb eingestellt, bei dem das eine nur auf Kosten des anderen gedieh; dort auf das Zusammenwirken aller und dem Glauben an eine Welt, die allumfassend und damit dauerhafter war. Beide Systeme haben ihre Berechtigung, wenn auch keines in strenger Reinheit allein zu verwirklichen ist; doch kommt es darauf an, zu welchem man mehr neigt. Ich bin in der amerikanischen Wettbewerbswelt aufgewachsen, in der man nur durch Willenskraft und Kampf gegen den Nächsten überlebt; und so öffnete ich mich mit Freuden einer anderen, herrlichen Welt, die ihre Kraft aus soviel Lebensbejahung bezieht. Die Kühe rechts und links der Straße, die ein lebendiger Menschenstrom begleitete, waren nicht nur geduldet, sondern geachtet – nicht nur als Lebewesen mit natürlichen Rechten, sondern als Mitwirkende im Lebenskreis: als Milchspender die Hauptquelle für Protein, als Spender von Dung (stets die erste Rate, die Mensch und Tier der Mutter Erde zurückzahlen), der Nahrung für den Boden, Mörtelersatz und Brennstoff abgab. Zu Fladen geformt, wird er auf flachen, runden Brettern gestapelt, die die Frauen auf ihren Köpfen tragen. In den USA sähe man so etwas nicht gern. Ich habe es stets bedauert, daß von meinen verschiedenen Heimatländern diese beiden sich so gar nicht vestehen; daß vielmehr die dynamische, manchmal aggressive Mentalität der Moslems für den Amerikaner sehr viel eher zu verstehen ist als die der sanften Hindu, deren Entsagung Frucht einer Sehnsucht ist, die Paradoxien dieses Daseins – Geist und Materie, Leben und Tod, Freud und Leid, sich selbst und alle Kreatur – zu einem harmonischen Ganzen zu vereinen.

In über zwei Jahrzehnten habe ich sicherlich ein halb dutzendmal Indien besucht, bin kreuz und quer im Lande umhergereist, habe dort Torheit und Schlechtigkeit, aber auch Weisheit kennengelernt, habe festgestellt, daß auch dort die Uhren – nicht immer zum Vorteil – weitergehen, aber immer wieder hat mich dort eine reiche, bunte und dichte Kultur begeistert, der es gelingt, Dinge, die wir längst aufgegeben haben, zusammenzuhalten und an jahrtausendealten Werten zu messen. Indien hat, glaube ich, meine strengen talmudischen Auffassungen von Gut und Böse etwas gemildert, hat mich mit einer naiven Freude an den schönen Dingen des Lebens und mit Neuem beschenkt, das ich gern in mich aufnahm und verarbeitete. Meine erste Einladung war auf Vorschlag von Lady Nye, der Gattin des ersten britischen Hochkommissars nach der Unabhängigkeitserklärung, zustandegekommen. Nehru, der in seinem Kampf gegen die Raj im Gefängnis gesessen hatte, wollte jedoch mit der alten Kolonialmacht freundliche kulturelle Beziehungen aufrechterhalten und hatte dazu mich auserwählt, obwohl ich damals noch nicht, wie heute, zum ehrenwerten Briten avanciert war, sondern nur eine langjährige Beziehung, ähnlich wie Nehru selbst, zu Großbritannien hatte. Damals gab ich eine Reihe von Konzerten zugunsten der Hungerhilfe.

Es überraschte mich nicht, daß sich spontan ein freundschaftliches Verhältnis zwischen Diana und Pandit Nehru entwickelte. Diana ist ja in einem gesellschaftlichen Kreis aufgewachsen, in dem nicht nur Literaten und Vertreter der Musik- und Theaterwelt verkehrten, sondern auch Diplomaten, Bekannte ihres verstorbenen Vaters. Noch heute zählt sie Vertreter des auswärtigen Dienstes in allen Enden der Erde zu ihren Freunden und ist in Diplomatenkreisen (wie in denen des Theaters) so zu Hause, daß sie sich bisweilen selber als »Foreign Office moll«, als Diplomatenliebchen, bezeichnet. Meine Reiserei bringt es mit sich, daß ich auch mit Politikern zusammentreffe, und dann ist Diana ganz in ihrem Element. Noch immer hat sie dann die Zuneigung des Staatsmanns, den wir gerade besuchten, erringen können. So war es ihr mit Smuts und jetzt mit Nehru ergangen.

Nicht, daß sie ihn etwa anhimmelte. Ganz im Gegenteil. Am ersten Abend in Nehrus Haus bemerkten wir eine Büste von ihm, die von Scheinwerfern angestrahlt und mit Blumen geschmückt war. »Ist das vielleicht schon ein Ehrenmal?« mokierte sie sich. Und am nächsten Morgen hatte man sie entfernt. Bei Tisch bestimmte Nehru die Unterhaltung und fand außerordentlich kritische Worte über die ehemalige Herrschaft der Raj-Kaste, als ob er uns dazu verleiten wollte, sie ebenfalls zu verdammen oder zu ihrer Verteidigung anzutreten. »Mein Gott«, sagte Diana betrübt, »ich dachte eigentlich, ich würde einem großen Brahmanen begegnen. Und wen finde ich? Einen jähzornigen

englischen Anwalt!« Und Nehru erhob sich und dankte für diese Respektlosigkeit.
Nehru, von hohem geistigem Format und großer charakterlicher Noblesse, ist einer der wenigen absolut ehrlichen Politiker gewesen, die ich (oder unsere Zeit) kennengelernt haben. Auch wenn es für ihn oder andere schmerzlich war, zögerte er nicht, die Wahrheit zu sagen. Gewiß war er ein wenig eitel, war sich, die täglich frische rote Rose im Knopfloch, seiner unumstrittenen Stellung als Gandhis Erbe sehr bewußt; aber er war kein Heuchler, der Schwierigkeiten vertuschte. Nach dem Dinner am ersten Abend in Delhi (leider mit englischem Menü) führte er uns auf den Balkon hinaus in die schwüle indische Nacht voller Myriaden von Sternen; bis auf ein einsames Bellen, das Brüllen eines Ochsen war kein Laut zu hören. Während wir die würzige Luft tief einatmeten, sprach er bereits von seinem Scheitern. Indien zu regieren, sei eine unmöglich zu lösende Aufgabe; keiner werde damit fertig; doch man dürfe es nicht im Stich lassen. »Alles was ich tun kann, ist hoffen, arbeiten und beten.« Als die Regierungsgewalt auf seine Tochter überging, änderte sich manches. Indira Gandhi kannte, wie jeder andere, die großen Entwicklungsprobleme des Landes, weigerte sich jedoch jahrelang, das Amt des Ministerpräsidenten zu übernehmen. Doch das Schicksal war mächtiger, und der einzige Mensch, der imstande war, das Land zusammenzuhalten, konnte nicht zusehen, wie es auseinanderfiel. 1952 war sie eine liebenswürdige junge Frau, Schülerin ihres Vaters und von ihm, dessen Zuneigung sie erwiderte, geformt. Was in ihr steckte, vermochte ich damals kaum zu vermuten, obwohl ich bereits die Erfahrung machte, daß sie stets nur Gefühle und Gedanken äußerte, von denen sie wußte, daß sie ihr in der Öffentlichkeit von Nutzen sein würden.

Bei unserem ersten Besuch blieben Diana und ich ein paar Wochen. Nehru hatte Sorge, daß die verschiedenen Wohlfahrtsorganisationen uns nicht aus ihren Fängen lassen würden, und wollte uns etwas von Indien zeigen: So schickte er uns im Land herum, natürlich auch in sein geliebtes Kaschmir. Gefühlsmäßige Gründe sind schon ihrem Wesen nach vom Verstand her kaum zu ergründen, geschweige denn abzuhandeln; so war es mit Nehrus Bindungen an Kaschmir, dessen Abtrennung von Indien er einfach nicht verwinden konnte. Eine solche persönliche Bindung hatte ich nicht, fühlte aber doch, daß Kaschmir ein Teil Indiens war, das Dach seiner Welt, das kühle Land der Zu-

flucht und der Klöster, in denen der Mensch die letzte Vereinigung mit dem Unendlichen sucht, ein Gebiet, wo das Leben die Landschaft widerspiegelte.
Unter den Fittichen Nehrus und anderer sahen wir mehr, als man erzählen kann, ohne die Litaneien eines Reiseführers oder die braven Schnappschüsse aus dem Familienalbum zu Hilfe zu nehmen, die blaß bleiben und dem Fremden nichts sagen: die gelassenen Hindu, die temperamentvollen Bengali, den archaischen, wenig erforschten Süden, die Parsen (die als emigrierte Perser Anhänger Zarathustras sind), von mir als die Juden Indiens bezeichnet, die ihr Monotheismus zu einem praktischen Volk formte, das heute die indische Finanz-, Industrie- und Handelswelt beherrscht; die echten Juden trafen wir in Cochin, der heute vielleicht ältesten Diasporagemeinde auf der Erde, aus der einige nach Israel emigriert und wieder zurückgekehrt waren. Wir lernten auch die Kunst des Landes kennen – Musik, Tanz, Malerei, Skulptur und Architektur, die bezeugten, wie stürmische Emotionen sich zu feinen, disziplinierten Formen sublimiert hatten –, eine Kunst, vital wie der Wilde Westen, doch bis zur höchsten Verfeinerung getrieben. Unvergeßlich der Eindruck der ungeheuren Gegensätze, die mit- und nebeneinander existierten: Hier der entsagungsvolle Verzicht eines Gandhi, dort die Sinnlichkeit einer Kunst der Massage, wie ich ihr nie wieder begegnet bin, oder etwa die mit Blütenblättern gewürzten Wasserströme, die jedem Raum im ältesten der Yaipur-Paläste Kühlung bringen und ihn mit herrlichem Duft erfüllen; die breite Palette menschlicher Kulturen, die von den Halbpygmäen und anderen primitiven Völkern (wo man in den Wäldern noch Tieropfer bringt) über alte, völlig unberührte Dörfer bis hin zu einer Gestalt wie Homi Baba reicht, einem Atomwissenschaftler und Universalgenie – einem Leonardo da Vinci unserer Zeit, dessen umfassende Bildung (seiner wie unserer Kultur) und dessen künstlerische Begabung nur von seiner wissenschaftlichen Genialität übertroffen wurde. Auch als großer Forscher war er durch und durch Inder geblieben; selbst die Kernphysik war ein selbstverständlicher Teil seines Weltgebäudes, in dem Geist und Körper, Energie und Materie nicht zu trennen sind.
Wir empfanden es als großes Glück, die Wirklichkeit und die Kultur eines Landes kennenzulernen, das sonst den Fremden oft nur seine Exotik zur Schau stellt. Mir schien Indien wie eine Leiter, welche die Jahrhunderte miteinander verbindet, und ich entdeckte mit Freuden, daß Indien diese Leiter im Lauf der Zeit nicht nach und nach verkürzt,

sondern stets neu angestückt hat. Nichts war zerstört, kein Bulldozer hatte die Vergangenheit ausgelöscht.
Schon immer hatte ich mich danach gesehnt, meinen Fuß auf soliden, gesicherten Boden der Geschichte zu setzen, und neben vielem anderen hat Indien mir diesen Wunsch erfüllt. Zwei Parabeln (zwei von ungefähr hundert) mögen verdeutlichen, was der Zeitbegriff der Inder für mich bedeutet:
Die erste spielt in Kalkutta. Nehru hatte mit den dortigen Gouverneuren Gespräche zu führen, und wir hatten ihn begleitet. In einer freien Stunde führte er uns in einen Park, wie ich ihn vorher nie gesehen hatte. Seine Lichtungen und seine Pfade, seine Sonnenflecken und Schatten bedeckten viele Morgen Landes, und doch bestand er aus einem einzigen, riesigen, weitverzweigten Feigenbaum! Hier war etwas, das nur die Zeit geschaffen haben konnte; hier wurde mir bestätigt, daß Geduld alles ist – gültig für einen Feigenbaum, für eine Ehe oder eine ganze Kultur; daß man geduldig warten muß, bevor man ernten kann.
Ein andermal wurden wir in Bangalore zu einer Buddhastatue geführt, die, auf dem Gipfel eines gewaltigen Felsen, die Ebene beherrschte. Unzählige Stufen führen den Pilger nach oben, wo die Statue – vielleicht in fünfzigfacher Lebensgröße – ihren Blick über die Landschaft schweifen läßt. Einmal im Jahr, erzählte man mir, wird sie mit Milch und Honig gesalbt. Diese Zeremonie habe ich nicht miterlebt, aber während meines Aufenthalts vollzog sich eine andere: kurz vor Mittag liefen wir zum Rand des Felsens, der Hunderte von Metern über der Ebene hängt, als wir am weiten Horizont einen Punkt ausmachten, der immer größer wurde, bis er nach einigen Minuten, leibhaftig geworden, sich neben uns niederließ: ein Adler, der Nahrung suchte. Das war für einen sonnigen Vormittag schon ein Erlebnis, doch seltsamerweise war dieser Adler nur der letzte von einer ganzen Generationenfolge von Adlern, die aus einem Instinkt heraus jeden Tag um zwölf Uhr an der Buddhastatue Nahrung zu finden hoffen. In welchem anderen Lande könnte man ein Beispiel solchen Zeitgefühls erleben? Dieses Zeitgefühl bildet den Hintergrund des Glaubens an die Wiedergeburt – ein Glaube an eine Kontinuität, in der das Gegenwärtige der Vergangenheit und der Zukunft, der Erde wie dem Himmel angehört. Dieses unendliche Zeitgefühl ist es, das Indien bis heute seine Stabilität bewahrt hat. Ich hatte den letzten einer langen Ahnenreihe von Adlern gesehen; das schien nur eine Bestätigung dessen, was Nehru selbst mir einmal erzählt hatte: das Prinzip der Erbfolge im Lande sei unerhört

stark. So habe es z.B. ganze Gilden von »Ohrenkratzern« gegeben, Väter und Söhne in ununterbrochener Erbfolge, denen es gelang, ihre Tätigkeit bis zur Ekstase zu steigern. Der Fluch eines solchen Gesellschaftssystems ist es natürlich, daß seine Unerschütterlichkeit irgendwelche Veränderungen eigentlich ausschließt. Nun, seit ich Indien kenne, hat es dort auch Veränderungen gegeben: immer mehr anschwellende Städte, zunehmende Industrialisierung, einige Schritte auf dem zweifelhaften Weg des »Fortschritts«. Ich muß sagen, keine sehr glückliche Veränderung.

Die Parsen, die in vielem an die Juden erinnern (ich habe eine Hochzeit und die Mündigkeitsfeier eines Jungen erlebt, und beides schien eine solche Verwandtschaft zu bestätigen), pflegen eine sehr eigene Sitte: Die Gebeine ihrer Toten werden auf dem Turm des Schweigens den Geiern ausgesetzt. Damit ist nichts übriggeblieben, der Körper zur Erde zurückgekehrt und der Kreis des Lebens geschlossen. In einen solchen Kreis einbezogen zu sein, ist für den einzelnen, glaube ich, eine Erleichterung. Leben und Tod sind nicht ein und alles, sondern nur Stationen in einem Prozeß, Episoden in einem unendlichen Strom, dem man sich und alle Dinge anvertraut.

So reflektiert auch die indische Musik das Leben der Inder, sie hat keinen genauen Anfang noch ein Ende, sondern fließt ununterbrochen durch die Finger des Komponisten und Spielers: Die Stimmung des Instruments vermischt sich unmerklich mit den Verzierungen der Melodie, die sich über zwei oder drei Stunden oder noch länger ununterbrochen hinziehen kann (die sich aber heutzutage für Rundfunksendungen mit einer halben Stunde begnügt).

Trotz meiner Unvoreingenommenheit zugunsten Indiens muß ich bekennen, daß mich die indische Musik überraschte. Ich kannte weder ihre Eigenart noch ihren Reichtum, aber hier – wenn überhaupt – wurde ich davon überzeugt, daß ich in Indien die wahren Quellen gefunden hatte. Die beiden westlichen Tongeschlechter Dur und Moll (mit dem harmonischen Moll als Variante) und die sechs alten griechischen Modi waren hier von Modi und Skalen scheinbar unerschöpflicher Vielfalt überschwemmt. Selbst die geheimnisvollen Regeln der Zwölftonkomposition waren vorweggenommen und bereits überwunden; während nämlich das dodekaphonische System – nach meiner Meinung etwas willkürlich – verlangt, daß sämtliche zwölf Töne, ohne sich zu wiederholen, in einer Tonfolge aufscheinen müssen, besteht die indische Raga nur aus fünf oder sechs (niemals mehr als sieben oder

acht) Noten, so daß die verbleibenden Raga-Kombinationen Hunderte von neuen Möglichkeiten ergeben, deren Verschiedenartigkeiten für unsere westlichen Ohren kaum zu erfassen sind. So hat die indische Musik melodisch und rhythmisch schon vor langer Zeit eine Verfeinerung erfahren, von der im zwanzigsten Jahrhundert allenfalls die Musik Bartóks und Strawinskys eine Andeutung zu geben vermag.
Was die westliche Musik in hohem Maße, die indische jedoch gar nicht besitzt, ist Reichtum an Harmonie. Dies ist kein Zufall. So wie der Inder sich eher mit dem Unendlichen als mit seinem Nachbarn verbindet, so ist auch seine Musik. Ihr Zweck ist es, die Seele zu reinigen und den Körper zu erziehen, das Gefühl für die Unendlichkeit zu wecken, auf den Atem des Universums zu lauschen und sich selbst mit den Schwingungen des Kosmos in Einklang zu bringen. Außerhalb der Familie schließt sich der Inder nicht leicht einer Gruppe an. Europa dagegen gelang es, die Vielzahl von Individualitäten in eine Gemeinschaft zu führen, wobei jeder im Interesse des Ganzen einen Teil seiner Freiheit opferte. Das Resultat: gemeinsame gottesdienstliche Verehrung, Armeen, Industrien, parlamentarische Demokratie und in der Musik vielstimmige Choräle, in denen jede Stimme unabhängig, doch in strenger Relation zu den übrigen geführt wird.
Man hatte mich 1965 eingeladen, an dem Commonwealth Arts Festival, das in verschiedenen englischen Städten im Herbst jenes Jahres stattfand, teilzunehmen. Dort konnte ich auch einen Blick auf andere Kulturen werfen, was mir wiederum klarmachte, daß zwischen sozialen und musikalischen Ordnungsprinzipien ein enger Zusammenhang besteht. Kann man die indische Melodik und die westliche Harmonik noch miteinander in Vergleich setzen, so scheinen indischer Individualismus und afrikanischer Kollektivismus unvereinbare Pole zu sein. Die afrikanische Musik ist stammesbestimmt, die Musik einer Gesellschaft, in der gemeinsam gearbeitet, gebetet, gefastet, gefeiert, getrauert und erzogen wird, ohne europäischen Kompromiß zwischen dem einzelnen und der Gemeinschaft und ohne Verlangen nach harmonischer Struktur. Die Komplexität des Rhythmus, die indischer und afrikanischer Musik gemeinsam ist, gründet sich in afrikanischen Gruppen auf Arbeitsteilung, indem verschiedene Spieler ihren Rhythmus gegenüber dem der anderen durchhalten, was oft genug nur in einer Art Trance gelingt. Die Summe dieser Aufsplitterung ist eine rhythmische Vielfalt, wie sie nicht einmal der Jazz bisher hervorgebracht hat.

Die Vielfalt indischer Rhythmik ist dagegen das musikalische Ergebnis eines einzelnen Spielers. Bevor die indische Musikergruppe – in der Regel einzelne Spieler, die Melodie, Rhythmus und einen gleichbleibenden Bordun übernehmen – beginnt, einigt sie sich auf eine Raga und eine Tala, sozusagen auf die »Webart« dessen, was sie musizieren will. Die Raga bezeichnet Tonfolge plus Melodie, eine bestimmte Notensequenz, deren Beziehungen untereinander also bereits feststehen, so daß jede Note nur von bestimmten Positionen aus und auf bestimmte Weise angespielt werden kann. Die Tala steht für den Rhythmus. Deren gibt es Dutzende; der Inder kennt sowohl unseren Dreiviertel- wie Viervierteltakt, darüber hinaus jedoch alle nur denkbaren Zahlenkombinationen (einige dieser Variationen entdeckte Bartók in der ungarischen Volksmusik und beschenkte mit ihnen die Kulturwelt). Um die Anwendungsmöglichkeiten zu erhöhen, wird der Inder, der etwa eine Tala von elf Schlägen gewählt hat, in Gruppen von zehn Schlägen rhythmisch improvisieren und den Zuhörern überlassen, den Grundrhythmus zu schlagen oder zu klatschen; was sie dann auch mit unerschütterlicher Genauigkeit zu tun pflegen. Das wird zu einem Spiel, in dem jeder versucht, des anderen Rhythmus zu »schlagen«, eine Art intellektuelles Wettrennen, in dem die beiden Rhythmen – die gleichzeitig einsetzen, auseinandergehen, dann wieder zusammenfallen – nur durch Konzentration und Genauigkeit auseinandergehalten werden können. Die Erregung steigt, bis beim hundertzehnten Schlag – wenn die beiden rhythmischen Gruppen auf einen Schlag zusammenfallen – die Zuhörer in ein lautes, heiteres Ha! ausbrechen. Als wenn die Aufgabe des indischen Rhythmus-Spielers nicht bereits kompliziert genug wäre, trägt er auch zur Melodik bei. Die Tabla, die indische Trommel, besitzt fast melodische Eigenschaften, weil der Spieler die Spannung des Felles und damit die Tonhöhe verändern kann; mit äußerster Genauigkeit vermag er die Tonhöhen zu variieren, um so den Rhythmus durch Modulation der Tonhöhe sowie der Tonstärke vom sanftesten Piano bis zum mächtigen Forte anzureichern.
Man kennt also in Indien das Gruppenmusizieren, aber der einzelne bleibt stets Solist, ohne sich auf eine gemeinsame Harmonie festzulegen. Aus indischen Musikern Orchester zusammenzustellen, heißt gegen ihre Natur angehen; ich weiß gar nicht, ob man dies versucht hat (obwohl zum Beispiel ein solcher aberwitziger Impuls die rumänischen Zigeuner verleitet hat, sich scharenweise an die Orchesterpulte zu begeben, nur um, als die Kommunisten an die Macht kamen, Lebensmit-

telkarten zu erhalten). Ich habe in Indien nur einmal die fürchterliche Erfahrung gemacht, daß ein indischer Sithar- oder Geigenspieler sich von einem Harmonium begleiten ließ, dem Relikt jenes christlichen Missionseifers, der die Kultur gründlich mißverstand, die er zu ändern versuchte.

Der Westen mußte das »wohltemperierte« System erfinden, das die einzelnen Töne in der Stimmung so angleicht, daß man von einer Tonart in die andere modulieren kann, um eine Weiterentwicklung der Harmonik zu ermöglichen. Ich möchte nicht behaupten, daß ich diese Entwicklung, die das tägliche Brot meines Musikerlebens geworden ist, etwa bedauere, doch man darf nicht leugnen, daß die temperierte Skala unsere westlichen Ohren verdorben hat. Eine reine Quinte, wie sie der indische Dudelsack als Ouvertüre der Darbietung hören läßt, wird dabei zum Maßstab für alle übrigen Intervalle; ihre ständige Präsenz verhindert das versehentliche Abgleiten von der einmal gegebenen Tonart. Das Ergebnis solch genauer Vorbereitung ist, daß die indischen Musiker auf winzigste Abweichungen der Tonhöhe reagieren – Detonierungen, die man auf der Violine hörbar machen kann, die aber auf der vereinfachten »temperierten« Skala eines Klaviers (oder Harmoniums) nicht mehr vorhanden sind.
In Delhi hat man mir einmal eine Lektion über musikalische Prioritäten in Indien erteilt: Anläßlich eines Kongresses hatten sich die Musiker aus allen Teilen des Landes versammelt, von denen über achtzig Jahre alte Sänger besonders verehrt wurden; nach unseren westlichen Begriffen hatten sie ihre Stimme bereits »verloren«, aber die Genauigkeit ihrer Intonation hätte die berühmtesten Koloratursänger erröten lassen, ganz zu schweigen von ihrem Improvisationstalent, einer Fähigkeit, die man von unseren Sängern im allgemeinen gar nicht erwartet: alte, ehrwürdige Sänger und alte, ehrwürdige Gurus – gemeinsame Symbole eines Wertsystems, in dem sich der Zeitbegriff dem Dienst an der Vollkommenheit unterordnet.
Das Musizieren ist zwar kein ererbter Beruf wie derjenige der »Ohrenkratzer«, doch beginnt man damit schon früh, vielleicht im Alter von drei Jahren, mit der Aussicht, es mit Dreißig zu einer gewissen Könnerschaft gebracht zu haben. Wie bei anderen Improvisationskünsten, beispielsweise dem Jazz, muß man das Grundgerüst beherrschen, bevor sich eigene schöpferische Gedanken daraus entfalten können. Sonst gliche die Improvisation einer Sprache, die man sich soeben erst

ausgedacht hat. Grammatik, Syntax und Vokabular müssen sitzen, wenn sich das tägliche Wunder der Sprache ereignen soll. Genauso ist es mit der Improvisation. Sie sucht sich ihren Pfad zwischen dem Befehl des Verstandes und dem Gehorchen der Finger und verlangt jahrelange technische Übung. Ich habe untalentierte, nicht genügend ausgebildete indische Musiker spielen hören; es war das langweiligste von der Welt, blieb stets innerhalb der engen Grenzen einer bestimmten Raga, ohne über die ausgetretenen Pfade des Klischees hinauszuwachsen. Aber ich habe auch die Meisterspieler gehört (und habe geholfen, sie im Westen bekanntzumachen): Ravi Shankar, den Sitharspieler; Ali Akhbar Khan, dessen Instrument die ältere, vielleicht nicht so brillante Veena ist; Chatúr Lal, den Tablaspieler, der in den Vereinigten Staaten stürmisch gefeiert wurde und viel zu jung an Krebs starb. Keines dieser oder anderer Instrumente der klassischen Musik Indiens (die für das Spiel im Tempel entwickelt wurden) besitzt eine große Tonfülle – ein Nachteil, dem man heutzutage mit Hilfe elektrischer Verstärkungen begegnet, so daß man sie jetzt auch in Stadien mit vielen tausend Zuhörern spielen kann. Doch einem »Kammermusik«-Konzert dieser beiden großen Könner beigewohnt zu haben, bei dem einer den anderen an Erfindungskraft zu übertreffen suchte, ist ein Erlebnis von magischer Kraft wie kaum etwas auf dieser Welt. Man glaubt, die Schöpfung selbst zu erleben.

So wie ein Dichter, der sich an das Schema eines Sonetts oder einer Ballade halten muß, legt der indische Musiker von Anfang an Form und Metrum fest und gleicht darin mehr dem mittelalterlichen Troubadour als dem Komponisten, der ein Notenblatt vor sich hat. Er komponiert in aller Öffentlichkeit, aber nicht für die Ewigkeit. Ich bin auf diesem Gebiet ein völliger Neuling, der es versäumt hat, bereits mit drei Jahren das notwendige Training zu beginnen und sich mit der Tradition vertraut zu machen; wenn ich mit Ravi Shankar musiziere, muß ich mir die Dinge vorher zurechtlegen. Aber selbst dann bedeutet es mir unendlich viel, an der Musik Indiens aktiv teilzunehmen: in immer neuen Sequenzen jede Note und jede Geste auszukosten; mit den flexiblen Spannungen von Ton und Rhythmus das Gehör zu schulen; die allgemeine Aufnahmefähigkeit zu steigern (wie man dies Rauschgiften zuschreibt); den Schalheiten der Wiederholung aus dem Weg zu gehen. Große Künstler wie Rubinstein oder Rostropowitsch wiederholen ja nicht ihr Repertoire, sondern erleben es neu, vom Orchester und den Zuhörern ebenso animiert wie von dem Drang, dieses Leben mit den ihnen verfügbaren Mitteln von neuem auszuschöpfen. Die Wiederholung bleibt aber eine Gefahr für uns alle – im Büro, in der Fabrik, selbst im Konzertsaal; und sie nimmt wahrscheinlich zu, sobald wir in ein Alter kommen, in dem weniger Abenteuer und weniger Neugierde auf neue Musik uns locken können.

Ich sagte, daß die indische Musik mich überraschte – was der Wahrheit entspricht, aber doch der Erläuterung bedarf. Unwissentlich habe ich bereits eine Lehre durchlaufen, als ich mich mit der Zigeunermusik beschäftigte, die letztlich ihre Quellen in Indien besitzt. Eines der ersten Stücke, die mich beeindruckten, war Sarasates *Zigeuner-Air,* was ganz natürlich war für einen jüdischen Geiger russischer Herkunft, aber auch als ein Vorgriff auf spätere Leidenschaften zu werten ist. Die Phrase »ich habe Zigeunerblut in mir«, gewöhnlich als Entschuldigung für liederlichen Lebenswandel gebraucht, entspringt jedoch einem Wunsch, größer als meiner, das Leben mit etwas zu würzen, das uns bisher völlig unbekannt gewesen ist. Vielleicht war es mein Temperament oder meine Fertigkeit, die mich dazu brachte, noch in meinen »besten« Jahren Reichtum und Schwung der Zigeunermusik, dem ich mich schon seit langem hatte hingeben wollen, zu erproben. Wie das Yoga in der Lage war, physische Hemmungen abzubauen, so verschaffte die Improvisation Gelegenheit, sich völlig dem musikalischen Impuls hinzugeben. Aus diesen Gründen hat sich auch Ravi Shankar mit der Zigeunermusik beschäftigt, und ihm folgte Stephane Grappelli, der große Jazzgeiger: zwei Freunde auf einem Weg, der neue Spontaneität verhieß.

Ich habe Grappelli durch seine Schallplatten kennengelernt, die mich so beeindruckten, daß ich ihn vor ein paar Jahren dazu überredete, doch einmal mit mir zu spielen. Wieder war ich es, der sich (mit Hilfe von Max Harris, einem ausgezeichneten Musiker) darauf vorbereiten mußte, aber während der Aufnahme hat sich Grappelli nicht ein einziges Mal wiederholt; jeden »take« spielte er auf verschiedene Weise, wie die Inspiration des Augenblickes es ihm eingab. Grappelli ist jemand, den ich sehr liebe und fast ebenso stark beneide. Er ist ein Musiker, der es nur so aus dem Ärmel schüttelt, über jedes Thema zu improvisieren und dabei jede mögliche Nuance – Aggressivität oder Virtuosität, Sehnsucht oder Ironie – blitzschnell, mit großer Genauigkeit und Überzeugungskraft auszudrücken. Wenn wir unsere gemeinsamen Sessions lang genug fortsetzen, werde ich sogar in meinem Alter vielleicht noch den »Pfiff« des Improvisierens erlernen. Das ist ein Prozeß, den man nicht erzwingen kann, wenn ich auch nicht die Zeit habe, die eigentlich dazu nötig wäre. So bin ich gegenwärtig mit meiner Rolle als Novize ganz zufrieden und glücklich, vom Jazz annehmen zu können, was er mir bietet. Die Traditionen des Extemporierens und des Interpretierens können sich nur gegenseitig befruchten; und Musiker, die beides vereinigen, sind unserer Bewunderung wert. Deswegen werde ich auch immer Enesco verehren. Ich sagte ja, daß die Linie meines Lebens ziemlich einfach verläuft, aber – wenn nötig – auch einmal im Kreise geht.

Ein Jahr nach unserem ersten Besuch in Indien faßten Diana und ich den Entschluß, nicht mehr zu fliegen, und haben dies fast neun Jahre lang durchgehalten. Nachdem unsere Söhne geboren waren, hatte Diana sich klaglos, aber nur noch mit zusammengebissenen Zähnen in ein Flugzeug gesetzt, bis ich das herausbekam. Wir hatten schon manche schwierige, unbequeme, ja gefährliche Flugreise in der Zwischenzeit erlebt, wie zum Beispiel 1951 in Lissabon, als unsere kleine Maschine auf der ständig von atlantischen Meeresbrechern überfluteten Piste zur Landung ansetzte und immer wieder hochgeschleudert wurde, so daß es die Passagiere wie einen Topf Erbsen durcheinanderschüttelte; schließlich konnte sich der kleine Flieger nur auf der Erde halten, indem man die Flügel mit Hilfe von Haken an der Erde festzurrte.

Vor fünfundzwanzig Jahren war das Fliegen noch ein riskanteres Unternehmen als heute. Ich erinnere mich vor allem an eine Atlantiküberquerung, die Diana unseren »Schreckensflug« getauft hat.

Am 27. Januar 1950 sollte ich in der Londoner Albert Hall unter Sir Adrian Boult das Elgar- und das Mendelssohn-Violinkonzert spielen. Diana und ich wollten New York am 25. Januar verlassen, so daß uns – dachten wir – genügend Zeit blieb. Nachdem sich jeder festgeschnallt hatte, schoß das Flugzeug die Piste entlang, um unter entsetzlichem Kreischen der Bremsen kurz vor dem Abheben plötzlich zum Stehen zu kommen. Das wiederholte sich noch zweimal, bevor die verstörten Passagiere ausgeladen wurden mit der Aufforderung, am nächsten Morgen wieder auf dem Flughafen zu erscheinen. (Der unvorhergesehene Abend in New York hatte auch sein Gutes: Wir hörten Jascha Heifetz in der Carnegie Hall in einem herrlichen Konzert.) Am folgenden Morgen machten wir uns zum zweiten Male auf nach England. Es begann damit, daß der Verkehr in der Stadt so dicht war, daß wir das

Flugzeug fast verpaßten, was vielen anderen Leuten eine Menge Ärger erspart hätte. Aber es ging noch einmal gut, wir flogen um elf Uhr dreißig ab, und kurz danach machte der Pilot in der Kabine seine Runde. Um Diana zu beruhigen, fragte ich ihn, ob der Zwischenfall am Tag zuvor hoffentlich nichts Ernstes gewesen wäre. In seiner herrlich ruhigen, unmißverständlich englischen Art gab er zur Antwort: »Flugmotoren sind aus Tausenden einzelner Teile gemacht, und es ist ganz unmöglich vorauszusagen, welcher von ihnen plötzlich nicht mehr funktionieren wird«, und schritt mit dieser Hiobs-Botschaft von hinnen. Kurze Zeit später begann tatsächlich einer dieser vielen Teile nicht mehr zu funktionieren. Plötzlich spritzte Öl über die Tragflächen, und wir mußten nach Idlewild zurückfliegen, das damals noch in Betrieb war. Beim dritten Anlauf, am selben Nachmittag, kamen wir immerhin bis über den Atlantik, nachdem wir einen Halt zum Auftanken in Neufundland und einen weiteren in Shannon in Irland absolviert hatten; denn in jenen Tagen flog man vom östlichsten Punkt des einen zum westlichsten Punkt des anderen Kontinents.
Hier machte uns das englische Wetter einen Strich durch die Rechnung: der Londoner Flughafen war wegen Nebel geschlossen. Inzwischen war es sechs Uhr dreißig morgens Ortszeit, als wir in Shannon eintrafen, also noch zu früh, um völlig zu verzweifeln. Ich rief meinen Agenten Harold Holt an und mietete im Flughafen ein Zimmer, um zu üben. Als jedoch die Stunden verrannen und der Londoner Nebel sich nicht auflösen wollte, bekam ich es doch mit der Angst zu tun und versuchte, ein kleines Flugzeug der Air Lingus zu chartern, das in der Lage sein würde, auch unter Bedingungen zu landen, denen die große Maschine nicht gewachsen war. Aber Air Lingus schien es verwehrt zu sein, uns zu retten, so daß wir nach weiteren endlosen Stunden doch das Transatlantikflugzeug nehmen mußten, das erste Mal um drei Uhr fünfundvierzig und – als man kurz nach dem Start herausfand, daß das Radio nicht funktionierte – das zweite Mal um vier Uhr fünfzehn. Jeder Gedanke an eine Orchesterprobe war längst dahin, aber das Konzert selbst schien noch nicht gefährdet. Doch der Nebel hatte noch ein paar böse Trümpfe im Ärmel. Nachdem wir über Heathrow gekreist waren und vergebliche Versuche unternommen hatten, in dem weißen Teppich unter uns ein Loch zu erspähen, landete der Pilot schließlich an der Ostküste in Manston. Diana und ich schlüpften durch den Gepäckschacht im Bauch des Flugzeugs ins Freie, wurden rasch durch den Zoll geschleust und in ein wartendes Auto geschoben,

das sofort vom Flugfeld preschte. Nach einer Weile hatte uns aber der lautlose Nebel auf dem Lande eingeholt und wälzte sich uns in dicken, sanften, gelben Wolken entgegen. Fast im Schritt krochen wir den Rest des Weges dahin; Diana saß zitternd im ungeheizten Auto, denn in ihren Pelz hatte sie die Geigen eingewickelt.

Natürlich kamen wir zu spät. Adrian Boult war es nicht möglich gewesen, den Beginn zu verschieben, weil das Konzert im Radio direkt übertragen werden sollte. Offensichtlich hatte er seinen sichtbaren und unsichtbaren Hörern mitgeteilt: »Unser Hamlet ist noch nicht eingetroffen. Wir werden daher mit der Symphonie beginnen.« Diese Symphonie war noch im Gange, näherte sich aber ihrem Ende, als unser Auto vorfuhr; kaum hatten Diana und ich das Künstlerzimmer erreicht, als Adrian erschien und mich auf die Bühne scheuchte. Kein Gedanke daran, sich etwas aufzuwärmen oder gar umzuziehen. So marschierte ich los, wie ich war, im Tweedanzug; in letzter Minute griff Diana ein, sonst hätte ich das Elgar-Konzert mit einer Bordkarte am Rockaufschlag gespielt. Nach dieser Kette von Fast-Unglücken wurde es doch noch ein gutes Konzert. Nachher machte uns der Portier im Claridge's Hotel Vorwürfe, welche Sorgen wir ihm bereitet hätten, und zeigte uns die Spätausgaben der Zeitungen, die den jeweils neuesten Stand unseres Schreckensflugs gemeldet hatten.

Solche Alpträume, selbst wenn sie mit heilem Erwachen enden, dienten nicht dazu, Dianas Nerven zu beruhigen.

Überdies hatten in den vierziger und fünfziger Jahren Flugunfälle gerade unter den großen Musikern, vor allem Geigern, schrecklich gewütet: als erste verunglückte Ginette Neveu, dann mein guter Freund Jacques Thibaud, kurz nach ihm der amerikanische Pianist William Kapell, dessen Maschine am 29. Oktober 1953 nicht weit von uns entfernt in Los Gatos abstürzte. Nach Kapells Tod hatte ich genug: An diesem Tag spielte ich gerade in Indianapolis und bat die Zuhörer um eine Minute des Schweigens zu seinem Gedächtnis. Nach dem Konzert rief ich Diana an, um ihr zu versichern, daß es erst einmal mit dem Fliegen vorbei sei, es sei denn, man könne es wirklich verhindern, daß die Maschinen gegen einen Berg fliegen. (Die Unfälle der letzten Zeit waren geschehen, weil den Piloten das Gelände nicht vertraut gewesen war, genauer, weil Zivilmaschinen noch kein Radar hatten.) Ein Zeitungskolumnist fand jedoch, ich benähme mich wie ein Hasenfuß, und schrieb das auch, wodurch er eine Reihe von Verteidigungsbriefen provozierte, unter denen ich mich an denjenigen eines Obersten aus

Wiltshire erinnere, der mir Mut machte: »Verdammt, Menuhin, wenn Sie wollen, reiten Sie auf einem Kamel!«
Unser Verzicht aufs Fliegen verlangsamte eine Zeitlang unser Tempo. Solange es dauerte, genossen wir es. Aber heute, selbst wenn ich es wollte, würde mir ein solcher Entschluß schwerfallen. Die herrlichen Tage der amerikanischen Eisenbahnen und der großen Atlantikschiffe sind endgültig vorbei.

13. Sprecher in eigener und fremder Sache

Wiedersehen mit Oistrach 1955 · Mstislaw Rostropowitsch · Konzerte in Ostblockländern · Nationale Eigenheiten des Publikums · New York: die verbotene Zugabe · Moskau 1971: Kongreß des Internationalen Musikrats · »Verhör« wegen öffentlicher Nennung Solschenizyns · Swjatoslaw Richter und der Winterschlaf · Der Staat Israel als Gefahr und Herausforderung für das Judentum · Israel und die UNESCO

Als Diana und ich im Frühsommer 1955 David Oistrach, in Begleitung von Aram Chatschaturian, zum Dinner ins Londoner Claridge's Hotel luden, hatten wir uns zwar schon einige Male in verschiedenen Städten Europas getroffen. Jetzt drängte mich Oistrach, ich solle doch wieder einmal nach Moskau kommen; nichts würde mir, sagte ich, mehr Vergnügen bereiten, aber eine solche Reise war nicht im Handumdrehen zu verwirklichen (es sollten einige Jahre vergehen, bevor ich meine Hand »umdrehen« und nach Moskau ausstrecken sollte); ob es aber nicht an der Zeit für ihn sei, seine erste Exkursion in meine Heimat zu unternehmen? »Amerika!« rief David: das sei völlig undenkbar; das würde man ihm niemals gestatten. Stalin war tot, die McCarthy-Hysterie hatte ihren Höhepunkt überschritten, aber Chruschtschow hatte noch nicht vor dem XX. Parteikongreß gesprochen, und das Tauwetter des Kalten Krieges ließ sich Zeit. Trotzdem machte ich den kühnen Vorschlag, wir könnten ja wetten, daß die Vereinigten Staaten ihn zu einer Tournee einladen würden. David akzeptierte.

Was ich nun unternahm, war vielleicht nicht das beste Beispiel sportlicher Wett-Fairneß, aber schließlich stand Wichtigeres auf dem Spiel. Am selben Abend noch schickte ich zwei Telegramme los, in denen ich für Oistrachs Einladung plädierte. Das eine ging an das State Department mit der Bitte, in diesem Fall von der Abnahme von Fingerabdrücken abzusehen (ich hatte herausgefunden, daß die Russen eine ganz besondere Abneigung dagegen haben, weil sie es vermutlich mit einer Art Verbrecherjagd assoziieren; obwohl ich keinen Grund sehe, alle Geiger a priori von potentieller Mitgliedschaft in der Verbrecherkaste auszuschließen; ich fügte freilich hinzu, daß ich bei Oistrach keinerlei Bedenken hätte!). Das andere Telegramm schickte ich an meinen amerikanischen Manager Kurt Weinhold bei Columbia Concerts und schlug vor, er möge im Herbst des Jahres für Oistrach eine Tournee zu denselben Bedingungen wie für mich arrangieren. Diese letzte Bedingung war etwas heikel: Natürlich durfte Davids Honorar nicht niedriger als meines sein, aber durfte es höher sein? Innerhalb von vierundzwanzig Stunden hatte ich auf beide Anfragen eine zusagende Antwort und fuhr sogleich zu David ins Hotel, um meinen Wettgewinn zu kassieren.

Das Glück wollte es, daß ich gerade in den USA war, als Oistrach eintraf. Ungefähr zehn Jahre waren vergangen, daß wir uns zuerst an der Gangway am Moskauer Flughafen getroffen hatten. Da durfte ich nicht zurückstehen. Ein Telefonanruf, und man gab mir eine Sondererlaubnis. In Idlewild marschierte ich an den wartenden russischen Diplomaten vorbei, durch Polizei- und Zollkontrolle, bis ich allein auf dem Rollfeld stand, um David in Amerika willkommen zu heißen. Als wir zurück ins Flughafengebäude gingen, sagte er leicht verlegen: »Sei mir nicht böse. Ich glaube, daß ich doch mit meinen Leuten in die Stadt fahren muß. Ich kann sie nicht einfach da drinnen stehen lassen.« Wir unterhielten uns, bis sein Gepäck kam, und dann übergab ich ihn seiner Eskorte. Natürlich haben wir uns während seiner amerikanischen Tournee oft getroffen, und bei einer dieser Gelegenheiten überreichte er mir das Schostakowitsch-Konzert.

Mein Versuch, die Frage der Honorare so fair wie möglich zu handhaben, wurde durch die sowjetische Vorschrift durchkreuzt, derzufolge Einnahmen aus dem Ausland vom Staat kassiert und bei der Rückkehr des Künstlers zum offiziellen Kurs in Rubeln ausgezahlt werden. Bedeutende Musiker genießen allerdings innerhalb der Sowjetunion große Vorteile. Wenn sie bereit sind mitzumachen, behandelt sie das Regime freundlich, sorgt in ihrer Jugend für hervorragende Ausbildung, garantiert Honorare und belohnt die Erfolge durch eine Reihe von Privilegien. Und: sie sind die Lieblinge des Volkes, in dessen Verehrung sich die Dankbarkeit für den Kunstgenuß mit einer Art vergötterndem Respekt mischt. Ich glaube, daß gerade die Musik in den sowjetischen Herzen ein besonderes Echo findet – gleichermaßen Ausdruck einer seit langem verschütteten russischen Vergangenheit wie Trost für die Wirklichkeit des grauen Alltags. Einer meiner liebsten russischen Freunde, ja, einer meiner liebsten Freunde überhaupt ist Mstislaw Rostropowitsch, ein Mann, dessen Energie man kaum beschreiben geschweige einengen kann. Ein paar Jahre nach Oistrachs erstem amerikanischen Auftreten war es nicht mehr so sensationell, wenn russische Musiker im Westen konzertierten, und so standen Slawa und ich eines Tages in New York auf derselben Bühne, und zwar anläßlich eines Wohltätigkeitskonzerts.

Allerdings spielten wir nicht zusammen. Die sowjetischen Zügel mochten sich gelockert haben, waren aber noch fest geknüpft, und Hurok, der Impresario, der Slawa in die Vereinigten Staaten geholt hatte, nahm seine Moskauer Instruktionen sehr ernst. Ich hätte bei dieser Gelegenheit nur zu gern mit Leonard Bernstein und Rostropowitsch Trio gespielt, aber Hurok wollte es nicht riskieren, über die schriftlichen Abmachungen mit Goskonzert hinauszugehen. Er hatte auch seine persönlichen Gründe: Nur zu oft hatte er vergeblich versucht, Lennie Bernstein und mich dazu zu bewegen, unseren Managern Lebewohl zu sagen und unter seine Fittiche zu schlüpfen. »Ich lasse Rostropowitsch doch nicht mit diesen Kerlen zusammen spielen!« brummte er und hielt Slawa somit unter Verschluß, bis er ihn ungehindert vorstellen konnte. Als Slawa dann bei der öffentlichen Generalprobe erschien, bedauerte er herzlich, daß er nicht mit uns zusammen musizieren könne, aber wir hatten keinen Augenblick gedacht, daß es an ihm gelegen hätte. Später lernte ich Hurok schätzen. Er war einer der letzten großen, selbstherrlichen Impresarios: bewundernswerte *entrepreneurs,* die etwas riskieren und den Künstlern zu Karrieren verhalfen. Das letzte Mal sah ich ihn in Moskau, eingehüllt in einen gewaltigen Pelz, auf dem Wege zu Goskonzert, wo er mit großer Geduld seine Verhandlungen führte.

Mein Verhältnis zu den verschiedenen Ländern des Ostblocks ist weniger vom gemeinsamen Charakter der dort herrschenden Regimes als vielmehr von dem der einzelnen Völker bestimmt. Obwohl beispielsweise häufig in Rumänien und Ungarn zu Gast, habe ich Ostdeutschland nur einmal besucht, wobei ich allerdings zu betrübliche Erfahrungen machte, als daß ich sie zu wiederholen gedächte.

Seit meinem Konzert mit Fritz Busch und Bruno Walter in Dresden und Leipzig waren über zwei Jahrzehnte vergangen, als ich Mitte der fünfziger Jahre mit Hilfe meines neuen deutschen Agenten Hans Adler dorthin zurückkehrte, tief bewegt, daß man sich dort noch an mich erinnerte. In Leipzig brachte man uns in einem großen, ausländischen Messebesuchern vorbehaltenen Hotel unter, einem protzigen Gebäude, dessen massive eckige Säulen an die NS-Architektur erinnerten, hier aber den Informanten der Geheimpolizei willkommene Deckung zu geben schienen. Man machte geringe Anstrengungen, die Beobachtungen einigermaßen diskret anzustellen: folglich hatte ich unausgesetzt das Gefühl, überwacht zu werden. Das Konzert versöhnte mich einerseits mit diesen frostigen Begleiterscheinungen, unterstrich andererseits die triste Atmosphäre. Zwei oder drei Orchestermitglieder konnten sich noch aus dem Jahre 1931 an mich erinnern; obwohl der ziemlich häßliche neue Saal, der das zerbombte Gewandhaus ersetzt hat, bis zum letzten Platz gefüllt war, mußten Scharen junger Leute draußen stehenbleiben und drängten ebenfalls auf Einlaß. Adler, der im Saal saß, fing meinen Blick auf und sah mich fragend an. Als ich nickte, wurden die Saaltüren aufgestoßen, und die jungen Leute drangen herein und postierten sich hinten im Saal und in den Gängen. Als das angekündigte Programm unter herzlichen Ovationen zu Ende gegangen war, sagte ich dem Dirigenten, daß ich bereit sei, die beiden Beethoven-Romanzen als Zugabe zu spielen, wenn die Noten fürs Orchester vorhanden wären. »Wir können jemand mit dem Fahrrad losschicken, sie zu holen«, sagte er rasch. Während der Orchesterdiener kräftig in die Pedale trat, um die Noten zu holen, hielt der Beifall im Saal an. Dann wurden die Noten auf die Pulte gelegt, und wir spielten die beiden Romanzen ohne Probe. Schließlich mußte ich mich losreißen, um den Zug nach München noch zu erwischen, wo Diana auf mich wartete.

Seitdem hat sich in der DDR zweifellos vieles geändert, man ist auch dort heutzutage gelassener geworden, wenn auch möglicherweise auf Kosten jener nostalgischen Atmosphäre, die für das Leipziger Konzert so kennzeichnend war. Doch was ich von diesem Land gesehen habe, datiert aus jener deprimierenden Zeit, deren Schatten meine Erinnerung bestimmt. Ende der fünfziger Jahre mußte ich einmal von Berlin aus durch die DDR reisen und hatte dabei ein höchst unerfreuliches Erlebnis. Da ich im Besitz eines in Frankfurt ausgestellten Rückreisebilletts sowie eines Transitvisums war, hatte ich, wenn auch irrigerweise, angenommen, daß dieses Visum – wie das Billett – für beide Richtungen Gültigkeit hätte. So wurde ich bei der Rückreise am Kontrollpunkt in Westberlin und der DDR unerwarteterweise der illegalen Grenzübertretung beschuldigt. Ich hatte mich bereits in meinem Schlafwagenabteil ausgezogen und las, freute mich auf eine ruhige Nacht und auf ein Wiedersehen mit Diana in Frankfurt am nächsten Morgen. Da klopfte die Grenzpolizei und trat ein, entdeckte, daß ich kein Visum hatte, und befahl mir, den Zug zu verlassen. Ich hatte gar nicht ganz mitbekommen, worum es ging, und nahm das Ganze für einen schlechten Scherz, schloß die Tür und legte mich wieder zu Bett, um zu lesen. Immer noch stand der Zug, und die Minuten vergingen. Da erschien die Polizei von neuem, diesmal viel energischer, weil ich ihre Befehle nicht befolgt hatte. Natürlich blieb mir jetzt nichts anderes übrig, als zu tun wie mir geheißen, doch ein instinktiver Groll angesichts meiner Hilflosigkeit ließ mich in aller Ruhe mich ankleiden und meine Koffer zusammenpacken. Vom Zug aus brachte man mich in das Büro des Chefs der Bahnhofspolizei. Zwei weiteren Passagieren war es ähnlich ergangen.

Dort ließ man uns stundenlang sitzen. Der Polizeichef prüfte nochmals unsere Papiere, und wenn er meinen Namen gekannt haben sollte, so ließ er sich dies nicht anmerken. Nichts geschah. Ich tröstete mich mit dem Gedanken, daß noch die halbe Nacht vergehen mußte, bevor mein Ausbleiben in Frankfurt Diana alamieren würde. Plötzlich und ohne jede Erklärung wurden einer der Passagiere und ich in ein Automobil verfrachtet. Wir wurden zu einer S-Bahn-Station gefahren und dort mit unserem Gepäck ausgeladen. Gottlob gab es noch einen späten Zug, der uns schließlich in die Stadt zurückfuhr. Ohne daß sich jemand darum kümmerte, ob ich eine Fahrkarte besaß oder nicht, fand ich mich plötzlich am Kurfürstendamm wieder, dessen Lichter nach der bedrohlichen Finsternis der DDR mich wie liebe Freunde wiederbegrüßten. Am nächsten Morgen nahm ich das Flugzeug, das einzige Mal in diesen Jahren.

In Polen habe ich nur ein einziges Mal konzertiert, aber die Charakterstärke der Polen hat bei mir einen nachhaltigen Eindruck hinterlassen. Auch wenn ihnen Grausamkeit und Antisemitismus nicht fremd sind, sind die Polen doch ein großes Volk – begabt und tapfer und in der Lage, auch für lange Zeit fremde Herrschaften zu überleben; im Gegensatz zu uns sehen sie den Wert des Lebens nicht im unmittelbar notwendigen Materiellen, sondern eher im Geistigen, im historisch Gewachsenen. Nach dem letzten Krieg haben sie die Warschauer Altstadt Stück um Stück wieder aufgebaut, bevor sie die Probleme der Wohnungsnot und des öffentlichen Verkehrswesens in Angriff nahmen. Die Polen brauchen das Gefühl, eine Heimat zu haben.

Die einzige Reise, die Diana und ich 1956 nach Warschau machten, war eine denkwürdige Unternehmung, typisch für jene Zeit (wir hatten zwar das Fliegen aufgegeben, nicht aber unsere Lust am Abenteuer). Wir kamen aus Wien, saßen in unserem bequemen, altmodischen österreichischen D-Zug, als wir an der tschechoslowakischen Grenze angehalten und in einen sehr viel weniger komfortablen tschechischen Zug umgeladen wurden, dessen Sitze so eng und schlüpfrig waren, daß allein die Zentrifugalkraft uns bisweilen auf den Fußboden zu schleudern drohte. So verbrachten wir sechzehn Stunden. Das Umsteigen auf einen anderen Zug war – wie wir später erfuhren – eine ganz übliche Prozedur, will sagen, eine kleine feindselige Geste im Kalten Krieg. Ich werde nicht so bald vergessen, wie ich Diana den Bahnsteig hinunterlaufen sah – ein paar Kissen unter den Arm geklemmt, die die zu erwartende Unbequemlichkeit etwas mildern sollten – und der österreichische Zugschaffner hinter ihr hereilte mit den beschwörenden Worten: »Gnädige Frau! Aber diese Kissen gehören der Österreichischen Schlafwagengesellschaft!« Schließlich gab er es auf. Unvergeßlich auch die endlosen, schlaflosen Stunden im überfüllten Zug, der an jedem Heuhaufen anhielt, ohne daß den gefangenen Passagieren auch nur ein Stück Brot oder eine Tasse Tee angeboten wurde. Das bemerkenswerteste Erlebnis jener Nacht war jedoch, daß jeder Versuch, mit den mitfahrenden Tschechen auf Russisch ins Gespräch zu kommen, dazu führte, daß sie sofort unser Abteil verließen.

Müde, schmutzig und aufgelöst kamen wir schließlich an und fanden das halbe musikalische Warschau am Bahnhof, uns zu begrüßen.

So wie ich mit mir gerungen hatte, ob ich nach 1956 nach Ungarn zurückkehren sollte, so ging es mir zwölf Jahre später mit der Tschechoslowakei. Bevor die russische Intervention den »Prager Frühling« eingefroren hatte, war ein Wohltätigkeitskonzert arrangiert worden. Sollte ich fahren? Verschiedene tschechische Bekannte, die in England und im Ausland lebten, waren entschieden dagegen, aber andere schienen davon überzeugt, daß ich fahren sollte. Das tat ich schließlich auch und erlebte die bewegendsten Tage meines Lebens. Es war ja nicht allein die Musik, die zu den Menschen sprach: Tatsächlich war es – wie in dem Jahre 1945 – der amerikanische Musiker, der für sie Freiheit, Hoffnung und Rettung (die wir allerdings unterließen) repräsentierte. Es wurde eine Demonstration des Mutes und der Solidarität mit dem, was lebenswert schien. Hätte die Tschechoslowakei dieses Experiment weitergeführt, wäre vielleicht für die Welt eine neue Art Kultur entstanden, eine Kultur, die das Beste im Kommunismus und das Beste der westlichen Welt vereinte: vielleicht etwas, das die Menscheit als neuen Weg hätte beschreiten können.

In einem Leben, das sich in der Öffentlichkeit abspielt, entwickelt man feine Antennen für ihre Reaktionen. Wie ein Hund, der genau wittert, ob man ihm freundlich, ängstlich oder ungeduldig entgegentritt, verspüre ich sofort die unmißverständliche, wenn auch nicht greifbare Atmosphäre im Saal vor mir. In all den Jahren habe ich in der Regel eine freundliche Atmosphäre der Erwartung vorgefunden, auf die ich mich freue und auf die ich bauen kann. Wenn dies nicht der Fall war, blieb die Atmosphäre kalt, und das Konzert mißlang. Das ist mir einmal während des Krieges in Adak auf den Aleuten widerfahren. Baller und ich machten dort auf der Durchreise an einem Mittag Station, und da der Terminplan es zuließ, schlug der dortige Offizier vor, wir sollten doch rasch ein Konzert einschieben, das im Lagerkino stattfand, wo man eine Filmvorführung unseretwegen verschoben hatte. Es war schrecklich. Die Hälfte der Leute waren von der vorhergehenden Filmvorstellung sitzengeblieben, um sich diesen Geiger, der ihnen da beschert wurde, anzuhören; und der anderen Hälfte ging es gegen den Strich, daß sie auf ihren Filmstar plötzlich warten mußte. Nach zwei oder drei Nummern war es klar, daß bei diesen Hörern nichts zu holen war: ich spielte noch als letztes das *Ave Maria* und verschwand. Einen ähnlichen Mißerfolg erlebte ich in Puerto Rico. Dort hatten die zuständigen Leute, die ein Spektakel erwarteten, ein Freiluftkonzert arrangiert und eine ziemliche Menschenmenge zusammengebracht, die sie in Lastwagen von einem in der Nähe gelegenen Armeecamp herankarrten. Die jungen Rekruten hatten nie von mir gehört; die Musik, die ich spielte, war ihnen nicht vertraut, und sie vermochten sie ohnehin nicht zu hören: die Verstärker waren so schwach, daß man über die dritte Reihe hinaus kaum etwas hören konnte. So fingen sie an, sich laut zu unterhalten, und sich zu fragen, wozu sie eigentlich hergekommen waren und hier ihre Zeit vergeudeten. Auch hier war das Ende kurz und schmerzlos.

Solche Debakel kann man in der Regel vermeiden. Durch Vorankündigungen und den Vorverkauf wird bereits eine bestimmte Zuhörerschaft angesprochen und zugunsten des Künstlers eingestimmt – ein Ausleseprozeß, der wichtiger ist, als die reinen Idealisten zugeben. Ein plötzlich arrangiertes Konzert mit unbekannten Größen lockt in den meisten Fällen ein vergleichsweise unbeteiligtes Publikum herbei – ungeduldige Tyrannen, die nur allzu gern bereit sind, Scheherezade zu köpfen, wenn sie sie nicht in ihren Bann schlägt. Die Ausnahme von dieser Regel ist die Zuhörerschaft der Sommerkonzerte im New Yorker Central Park. Auf der anderen Seite hat das Publikum von Wohltätigkeitsveranstaltungen mit ihren überhöhten Preisen mich oft fühlen lassen, daß die Musik in seinen Augen teuer erkauft war und man nicht erwarten konnte, daß es, nachdem es seine Pflicht getan hatte, nun auch noch Begeisterung zeigte. In jeder Stadt gibt es die verschiedensten Zuhörer (wie überall auf der Welt), aber dennoch kann man von gewissen nationalen Eigenheiten sprechen – nicht nur, daß das Publikum für seine nationalen Komponisten wie Elgar in England, Fauré in Frankreich oder Max Reger in Deutschland ein besonders offenes Ohr hat, sondern auch was den Grad seiner Aufgeschlossenheit im allgemeinen betrifft.

Zunächst einmal die Deutschen und die Japaner, die sich gleichermaßen mucksmäuschenstill verhalten. Vor allem bei den Japanern ist diese Diszipliniertheit fast unglaublich – man vergißt einfach, daß sie da sind. Zwei Amerikaner beanspruchen mehr Platz und verursachen mehr Störungen als tausend Japaner, deren hingebungsvolle Aufmerksamkeit und schiere Unsichtbarkeit einen Künstler, der nicht daran gewöhnt ist, fast irritieren können. Dort war es früher gar nicht üblich zu applaudieren, aber wie viele andere gute und schlechte westliche Angewohnheiten hat man es sich nach dem Krieg auch in Japan angewöhnt, so daß auch dort jetzt Ovationen ein beachtliches Ausmaß annehmen können. Der Deutschen Disziplin und Musikliebe hat eine Reaktionsfreudigkeit bewirkt, wie ich sie in keinem Land erlebe. Zum Schluß eines Stückes bricht der Beifall niemals sofort los, sondern setzt erst nach einer gewissen Atempause ein, so daß die Musik am Anfang und Ende durch einen Moment der Stille quasi eingerahmt wird. Dann aber applaudiert der Saal einhellig, denn in deutschen Konzertsälen sitzen keine Dissidenten. Ganz im Gegensatz dazu Israel, wo man schon in der ersten Reihe des Frederic Mann Auditoriums in Tel Aviv vielerlei Ausdrucks-Variationen unter den Zuhörern erkennen kann. Der eine klatscht wie wild, sein Nachbar dagegen scheint nicht überzeugt und hält die Arme vor der Brust verschränkt. Nach einem ganzen Konzert sind diese Individualisten in der Regel zu einer einheitlichen Meinung gebracht, aber man fühlt genau, daß man jeden einzelnen hat überzeugen müssen.

Die Engländer stehen – nach meiner Meinung zu Unrecht – in dem Ruf, daß sie mit Vorliebe während der langsamen Sätze husten und niesen. Diese Erfahrung kann ich nicht bestätigen. Selbst in den kleinsten englischen Städten habe ich rührende, ehrliche Aufnahmebereitschaft gefunden. Aber vielleicht bin ich den Engländern gegenüber nicht ganz unvoreingenommen: So viele Zeichen der Sympathie habe ich – im Künstlerzimmer hinter der Bühne wie morgens beim Öffnen der Post – erfahren dürfen, daß ich bei jedem Konzert in England von vornherein glaube, ich spielte für lauter Freunde. Ganz besonders lieb ist mir das Moskauer Publikum, das ich in meiner Erinnerung stets mit jenen Studenten verbinde, die jeden, noch so versteckten Winkel des Saales kannten, so daß ihre Köpfe – wie die illegitimen Kinder des Baron Ochs im letzten Akt des *Rosenkavalier* – an den unerwartetsten Stellen des Saales plötzlich auftauchten. Russische Zuhörer können auch überraschen: Nach einem Konzert in Odessa, in einem Saal, der vollgepackt war mit Musikkennern, unter ihnen sicher die Hälfte Juden, erschienen viele Besucher im Künstlerzimmer, die mir gar nicht etwa viele Komplimente machten oder sich zur Interpretation äußerten, sondern alle genau wissen wollten, welchen Fingersatz ich bei einer bestimmten Passage gebraucht hätte.

Nach den Israelis sind in meinen Augen die Franzosen die größten Individualisten. Kurz nach dem Krieg gaben mein Schwager Louis Kentner und ich in der Salle Pleyel in Paris einen Sonatenabend. Der Saal war vollbesetzt bis hin zu den Notsitzen an den Seitendurchgängen, und diesem Massenauditorium sollten wir ein Stück des damals in Frankreich kaum bekannten Bartók vorsetzen. Man hörte sich seine erste Violinsonate mit willigem (oder unwilligem?) Schweigen an, und als wir geendet hatten, gab es sogar etwas Beifall. Von der Galerie kamen jedoch laute Rufe wie »ridicule!«, »absurde!« – die einzige spontan ablehnende Reaktion, die ich meines Wissens je erlebt habe. Tomaten wurden allerdings nicht geworfen; tatsächlich veranlaßten die Rufe von der Galerie die übrigen Zuhörer, ihren Applaus zu verstärken, was schließlich zur Folge hatte, daß Kentner und ich auf die Bühne zurückkehrten, um den letzten Satz zu wiederholen. Nun ist dieser letzte Satz relativ lang, und die Aussicht, ihm noch ein zweites Mal ausgesetzt zu werden, war mehr, als ein Mann im Saal füglich zu schlucken bereit war. Er saß auf einem der Notsitze am Mittelgang, war also von der Bühne aus direkt zu sehen. Er zog eine Zeitung aus der Tasche, entfaltete sie in aller Ruhe (und die Franzosen falten ihre Zeitung kleiner zusammen als alle anderen) und begann sie mit aufreizender Konzentration zu studieren, während Bartók, Kentner und ich unser Bestes taten. Ich hatte erwartet, daß er den Saal verlassen würde, aber die Franzosen wissen den Wert des Geldes zu schätzen. Er hatte für

seine Karte bezahlt, hatte seine Meinung kundgetan und gedachte den Rest des Programms in aller Seelenruhe zu genießen.
Der große Vorzug des amerikanischen Publikums ist, wie ich schon erwähnte, seine Bereitwilligkeit, Neues zu akzeptieren. So war es kein Zufall, daß die ersten indischen Musiker, die ich in die USA brachte – Ali Akhbar Khan und Chatúr Lal, die 1955 einer Einladung des Museum of Modern Art Folge leisteten –, sofort akzeptiert wurden; denn die Amerikaner müssen sich nicht dazu zwingen, die Barrieren des Vorurteils abzubauen; so etwas ist ohne Frage Ausdruck eines Nationalcharakters. Das zeigte sich auch in der Reaktion auf eine Kontroverse, die ich im Dezember 1957 erlebte – eine Reaktion, die bezeugte, daß meine Landsleute letztlich die spontane Initiative über die Reglementierung durch Autorität oder Tradition stellen.
Der szenische Hintergrund wurde von der New York Philharmonic Society gestellt, mit der ich an vier aufeinanderfolgenden Tagen vier Konzerte geben sollte. Während des ersten Konzerts, dem 12. Dezember (einem Donnerstag), spielte ich das Violinkonzert von Ernest Bloch, ein oft übersehenes, zu selten gespieltes Werk, das ich in voller Absicht ins Programm genommen hatte, um damit einem bedeutenden, vergessenen, kranken Künstler (Bloch starb zwei Jahre später) den ihm gebührenden Tribut zu zollen. Die Ovationen danach waren so anhaltend und so ehrlich, daß ich den Dirigenten Previtali bat, er möge eine Zugabe gestatten, und mit seinem Einverständnis ein Stück für Violine solo von Bach spielte, das mit Freuden aufgenommen wurde. Alles Routine, möchte man denken. Sofort danach sollte ich hinter der Bühne erfahren, daß diese Zugabe (alles andere als Routine) die Traditionen des New York Philharmonic Orchestra gebrochen, nein, entweiht hätte. Bis zum heutigen Tage gibt es in New Yorker Musikkreisen die Meinung, daß Zugaben lediglich zur Selbstbefriedigung des Solisten taugen, wobei diese hohe Meinung sowohl von Dirigenten, die ihre Programme pünktlich zu absolvieren wünschen, unterstützt wird als auch von den Orchestervorständen, die es vermeiden wollen, daß die Musiker ganz nutzlos (so sehen sie es) Überstunden machen, während der Solist für die Galerie aufspielt. Dem Gastdirigenten Previtali konnte man seinen Faux-pas wohl verzeihen, aber ich, als alter Routinier, hätte es besser wissen müssen. Im Eifer des Augenblicks hatte ich dieses Verbot vergessen und auf den Jubel des Publikums so reagiert, wie ich es in Paris, in Rom, in Wien, in Berlin oder in London ebenfalls getan hätte.

Die Kritiken am nächsten Tag ließen keinen Zweifel an dem Ausmaß meines Verbrechens; aber während einige Kritiker mein Verhalten schlichtweg bedauerten, machten sich andere aus der »dramatischen« (und komischen) Begebenheit ein großes Vergnügen. Unter ihnen befand sich der Kritiker der »Herald Tribune«, der seinen Bericht mit den Worten überschrieb: »Menuhin fiedelt, während Orchestervorstand kocht.« Das Ergebnis war, daß diese Publizität das zweite Konzert am Freitagnachmittag, das sonst von der großen Welt unbeachtet vorübergegangen wäre, mit besonderer Spannung auflud. Freitagnachmittag ist Abonnententag, und dazu finden sich Leute ein, die mit derselben pflichtbewußten Regelmäßigkeit ihren Friseur, ihren Zahnarzt oder ihren Club aufsuchen. Wenn ich durch die Zähne gepfiffen hätte, wäre ihr Verhalten nicht anders gewesen; sie klatschten und riefen und trampelten so lange, bis ich ein drittes, ein viertes, ein fünftes Mal auf der Bühne erschien. Aber auch ich war inzwischen erregt: vom Orchester ermuntert, spielte ich meine Zugabe.
Damit verlagerte sich die bisher musikalische Auseinandersetzung auf eine moralische Ebene, was eine Fülle von Kommentaren in der Presse des ganzen Landes zur Folge hatte. Zu meiner Befriedigung trat die überwiegende Mehrheit, vielleicht neunzig Prozent, *für* die Behauptung der Individualität und *gegen* jedes von oben verordnete Reglement ein und verfocht die Wünsche des Publikums gegenüber irgendwelchen Anordnungen vom grünen Tisch. In dem Bewußtsein, so viele Hilfstruppen hinter mir zu wissen, riskierte ich bei dem Konzert am Samstagabend eine noch kühnere Herausforderung. Wieder gab es nach dem Ende des Konzerts außerordentlichen Beifall; aber diesmal ließ ich nicht die Geige für mich (oder für sie) sprechen: ich hielt eine Rede (ich glaube, heute würde ich dieser Versuchung nicht nachgeben): »Man gestattet mir nicht, daß ich eine Zugabe spiele«, begann ich. »Es wird soweit kommen, daß man auch *Ihnen* nicht mehr gestattet zu applaudieren. Wenn Bach gewußt hätte, daß nur zwei Minuten seiner Musik den Traditionen und dem Budget der New Yorker Philharmoniker einen derart irreparablen Schaden zufügen, wäre er, dessen bin ich sicher, zutiefst betrübt. Trotz der Tatsache, daß diese Konzerte – anders als in anderen großen Orchestern – offensichtlich von außermusikalischen Kräften dirigiert werden, möchte ich Ihnen im Namen meiner Kollegen auf der Bühne und in meinem eigenen Namen versichern, wie sehr wir uns Ihnen verbunden fühlen und wie dankbar wir für Ihre Begeisterung und Ihre Unterstützung sind. Sie sollen applau-

dieren können, wo Sie wollen und so lange Sie wollen.« Diana hat mich wegen dieser sicherlich nicht sehr weisen Worte gescholten, und mein Agent Kurt Weinhold pflichtete ihr bei. Ich war so beeindruckt von ihrer ablehnenden Haltung, daß ich bei dem vierten Konzert am Sonntagabend keinerlei weitere Versuche unternahm. Aber die Ovationen wollten gar nicht enden. Sie dauerten länger als jede Zugabe, die ich hätte spielen können; aber das war offensichtlich ihre Absicht.

Als Musiker, der weiß, daß die Kunst im Nationalen wurzeln muß, wenn sie in der Welt etwas gelten soll, betrachte ich diese nationalen Unterschiede (wenn sie auch nicht große Bedeutung haben mögen) mit Wohlgefallen und mit Interesse. Die Sehnsucht, die eigene Kultur zu erhalten, läßt die Basken gegen Madrid, die Schotten gegen London und die Indianer gegen das Weiße Haus (diese Beispiele zeigen allerdings verschiedene Grade) opponieren, und das erweckt von vornherein meine Sympathie. Kein Zweifel, daß solche Bestrebungen legitim und wichtig sind. Doch ist es dabei wirklich möglich (das liegt in der menschlichen Natur), bei solchen Bestrebungen gut und schlecht, den Wunsch nach Autonomie der eigenen Kultur von dem Bestreben genau zu unterscheiden, das nur darauf gerichtet ist, das Leben des Nachbarn bestimmen zu wollen? Mir scheint, daß eine gewisse Engstirnigkeit sowohl die militanten Vertreter nationaler Bewegungen wie ihre Gegner, die sie nur zu gerne schlucken wollen, auszeichnet, wobei der eine die Kurzsichtigkeit vom anderen übernommen hat. Jeder von ihnen behauptet sich, indem er den anderen verunglimpft; beide sind blind gegenüber den Realitäten, beide verwechseln Macht mit Kultur, so daß, sagen wir, die Basken eigentlich erst zufrieden sein werden, wenn eine eigene baskische Finanzwirtschaft eigenes baskisches Geld druckt, um eigene baskische Armeen, Diplomaten und Fluglinien zu finanzieren. Ist die Glorifizierung bestehender nationaler Hoheitsrechte etwa weniger lächerlich?

Ich betrachte den Nationalismus als eine ideologische Analogie des unausrottbaren Verbrennungsmotors: Längst verdammt, allgemein als primitiv, ungenügend, schädlich erkannt, doch nach wie vor in unverminderten Quantitäten von den Fließbändern rollend; dasselbe gilt für Nationen, die ihre Regimenter verdoppeln, obwohl die Eigenbrötelei dieser Tage nicht besonders hoch im Kurs steht. Ohne Ansehung geologischer, geographischer, klimatischer oder kultureller Erfordernisse, oft sogar im Gegensatz zu allen diesen Faktoren, sind Nationalgrenzen ein schwacher Kompromiß und ein schlechter Ersatz für die verschiedenen flexiblen Abgrenzungen, die gleichzeitig möglich sein und sich miteinander vertragen sollten. Natürlich sollen die Basken leben können, ebenso wie die Spanier und die Europäer, die – jeder auf ihrer Ebene – der menschlichen Gemeinschaft dienen. Aber das ist offensichtlich für uns viel zu subtil; die Computer haben wahrscheinlich längst einen Mittelweg ausgerechnet, und auch die menschliche Vernunft versucht, irgendeinen Mittelweg einzuschlagen; und der Nationalismus, trotz seiner Belanglosigkeit weiterhin von unerschütterlicher Stärke, dreht die Uhr zurück, friert die Gegnerschaften ein, blockiert den Fortschritt in Richtung auf größere Gemeinschaften, die allein in der Lage wären, Raumfahrt und Gesundheitsdienst, Hungerhilfe, Katastropheneinsatz und Austausch von Informationen zu meistern; er blockiert ebenso die Entwicklung kleinster Einheiten, in denen allein spezifisch Eigenständiges sich verwirklichen könnte. Es scheint mir unvermeidlich, daß die opponierenden Fronten sich allmählich angleichen; ich muß einfach daran glauben, daß es eines Tages so weit sein wird, daß die Nationalstaaten innerhalb eines Prozesses, der ihre wirklich wichtigen Funktionen definiert, an Bedeutung verlieren.

Für mich – jemanden, der nicht ausschließlich jüdisch, nicht ausschließlich amerikanisch noch auf irgendeine andere Art ausschließlich erzogen worden ist; für einen, der in vielen Teilen der Welt gelebt hat und mit Asiaten, Afrikanern und Europäern wie auch mit seinen geliebten Amerikanern freundschaftliche Bande geknüpft hat; für einen, der sein Leben lang Brücken geschlagen hat – für den ist die Ausschließlichkeit, wie der Nationalismus sie verkörpert, einfach unzulänglich. Ich finde sie erdrückend. Ich finde sie auch gefährlich, denn sie trägt die Saat ihrer Zerstörung bereits in sich. Die erste Prämisse unserer Existenz ist die gegenseitige Abhängigkeit – nicht nur auf der Ebene zwischenmenschlicher Beziehungen, sondern im gesamten Daseinsgefüge der Menschen und Mikroben, Würmer und Schwalben, in einem Komplex ineinandergreifender Funktionen, die dem ewigen Rhythmus von Leben und Tod gehorchen. Diese meine Idealwelt gegenseitiger Abhängigkeit läßt sich ausdrücken in dem Bild eines guten Arztes, der es ernst mit seinen Patienten meint und sie alle heilt – seien sie Heilige oder Sünder, Freund oder Feind.

Ich begreife den Reiz der Ausschließlichkeit und ihre Vorzüge, ja sogar ihre Notwendigkeit. Aber mein Weg ist dies nicht.

Man ist in der Musik oft versucht, Technik und Interpretation getrennt zu betrachten oder aber – wenn einem eine solch unkünstlerische Antithese widerstrebt – die Interpretation als gegeben anzusehen, die lediglich eines Vehikels, eben einer mehr oder weniger großen technischen Perfektion, bedarf, um sie ausdrücken zu können. Als ich vor ein paar Jahren Beethovens *Eroica* dirigierte, gelang es mir, diese irrige Theorie auf ziemlich einzigartige Weise ad adsurdum zu führen. Im Laufe der Jahrzehnte hatte sich eine bestimmte Auffassung der *Eroica* in mir festgesetzt, doch als ich, im Zuge meiner Vorbereitungen, die erste Violinstimme durchspielte, entdeckten meine Finger dabei Interpretationsmöglichkeiten, die das bloße Hören oder das Partiturstudium gar nicht hätten vermuten lassen. Eine derartige Wechselwirkung von Mittel und Zweck scheint mir für jede menschliche Bemühung ebenso zu gelten wie für das Streben des Künstlers. So kann man nur darauf hoffen, daß das Postulat der Gleichberechtigung, das, obwohl in der amerikanischen Verfassung verankert, dennoch die Massaker an den Indianern und die Versklavung der Neger zuließ, inzwischen auf diese verachteten Minderheiten angewendet wird und hoffentlich eines Tages jedem lebenden Wesen zugutekommt. Auf ähnliche Weise überlebte das christliche Ethos, weil es im nachhinein die Inquisition zu verurteilen vermochte, während der Kommunismus heute seine Unterdrükkungsmaßnahmen mit dem großen gemeinsamen Ideal rechtfertigen muß. Phantasie ist eine Herausforderung an die Praxis, ein Prozeß, bei dem immer wieder die Grenzen der Phantasie neu gesteckt werden. Dabei erweisen sich manche dieser phantastischen Ideale als zerbrechlicher denn andere; während jedoch die Verfassung der Vereinigten Staaten (oder Christentum oder Kommunismus) ihre Kraft als Vorbilder weiterhin beweisen, hat der »amerikanische Traum« an Überzeugungskraft verloren. Mein Leben hat mich zum Zeugen gemacht, wie die Vereinigten Staaten Machtbewußtsein und Missionseifer entwikkelten, nur um, nach einer Periode wiederholter Fehlschläge und des Machtmißbrauchs in aller Welt, in eine neue Unsicherheit zurückzufallen. Der Amerikaner von heute ist eine so beklagenswerte wie sympathische Figur – eine Mischung, welche die Generationen vor ihm nicht kannten. Man ist versucht, ihm zu raten, nicht gleich in Sack und Asche zu gehen, und darauf hinzuweisen, daß andere Träume – die französische und russische so gut wie die amerikanische Revolution – auch nicht Wirklichkeit geworden sind und daß man, wenn man nicht besser sein kann als andere, es ihnen zumindest gleichtun kann. In solcher Entdeckung liegen Gewinn wie Verlust. Selbst Watergate hat uns verschiedene Lektionen erteilt: Wenn es auch die Schwächen der Demokratie sichtbar machte und zeigte, daß ein Mehrheitsbeschluß einem Mann zur Macht verhelfen kann, der unfähig ist, sie zu verwalten, so hat Watergate zugleich auch auf die Grenzen hingewiesen, die der Macht in einer Demokratie gesetzt sind. Die Erkenntnis, wie gefährlich es ist, die Spitze einer sozialen Pyramide mit so viel Macht auszustatten, war dabei für mich die größte Lehre.

Großbritannien, von allen Ländern der Welt dasjenige, das mit einem Minimum an Revolution und Blutgericht ausgekommen ist, kann sich glücklich schätzen, weil man dort andere Werte als die reine Macht zu schätzen weiß. So wie ein Korallenriff die Überbleibsel früherer Generationen zum eigenen Schutz verwendet, so bildet das Erbe der Vergangenheit für den Engländer eine Art Kontrolle und zugleich Gegenkontrolle, was sich am deutlichsten in der rudimentären, eher symbolischen Gegenwart der Monarchie ausdrückt, die ohne Machtanspruch Loyalität erwartet. Macht muß immer parteilich sein: sie gehört der Finanzwelt oder dem Militär, den Republikanern oder den Demokraten, Links oder Rechts, den Besitzenden, den Arbeitern oder den Bürokraten – denen, die an der Macht sind. Daß in England über dieser Macht eine »machtlose« Kraft waltet, bedeutet für mich das Äußerste an Sicherheit. Die republikanische Schweiz ist ein weiteres Land, dem es gelungen ist, Demokratie mit dem überkommenen Erbe zu vereinen und sich damit, wie Großbritannien, abzusichern.

So bin ich, der ich mich einst zierte, eine königliche Hand zu küssen, ein Freund der konstitutionellen Monarchie geworden, ohne daß ich mein amerikanisches Erbe jemals habe verleugnen müssen. Vielleicht habe ich ein eher passives Temperament: Wohin man mich stellt, dort schlage ich Wurzeln, die durch noch so ausgedehntes Herumreisen nicht zu kappen sind. Nimmt man seine Verpflichtungen ernst, verwandelt sich die bloße Hinnahme des Status quo in bewußte Loyalität: so wie ich mein Leben lang meinen Managern und der Schallplattengesellschaft, die den ersten Vertrag mit mir abschloß, Treue bewahrt habe. Und so habe ich auch keinerlei Verlangen, anders zu sein, als mich das Leben geformt hat, und niemals würde ich daher meinen Namen ändern oder mich taufen lassen oder etwas anderes sein wollen als Amerikaner.

Allerdings gab es einen Augenblick, in dem mein Amerikanertum ernsthaft bedroht war. Mitte November 1970 hatte ich bei der amerikanischen Botschaft in Bern die Erneuerung meines Passes beantragt,

doch man teilte mir unter dem Titel »Vorläufige Entscheidung« mit, daß ich meiner amerikanischen Staatsbürgerschaft verlustig gehen würde, da ich wenige Monate zuvor eine Ehrenbürgerschaft in der Schweiz angenommen habe. Diese Ehre hatte ich zwei Schweizer Kantonen zu verdanken: Bern, wo ich seit langem die jährlichen Festspiele in Gstaad leitete, und Solothurn, wo ich eine Stiftung zur Unterstützung junger Musiker ins Leben gerufen hatte. Da man in der Schweiz (wie auch in den USA) über keine Titel verfügt, die man Zivilisten verleihen kann, haben die Schweizer nur diese eine – selten in Anspruch genommene – Möglichkeit, ihrer höchsten Wertschätzung Ausdruck zu verleihen. Es ist zugleich ein wichtiger, folgenreicher Vorgang; denn er macht nicht nur die ganze Familie zu Schweizern, sondern auch ihre Nachkommen, die, einmal Schweizer geworden, es auch bleiben. Diese Tatsache hat manchem mitteleuropäischen Juden das Leben gerettet.
Andere Länder mögen ohne große Bestürzung der Ehrung eines ihrer Landsleute zusehen, aber in den USA scheint ein zweiter Treueschwur den ersten zu lösen. Immerhin wurde mir unter jener »Vorläufigen Entscheidung« mein Paß verlängert, so daß ich meine Verpflichtungen in London und in New York erfüllen konnte. Aber ich setzte mich hin und schrieb an den Außenminister, William P. Rogers, einen Protestbrief, in dem ich ausführte, daß auch Winston Churchill die amerikanische Ehrenbürgerschaft verliehen worden sei, ohne daß jemand in London plötzlich Zweifel an seiner Loyalität geäußert hätte. Wenn man mir die amerikanische Staatsbürgerschaft aberkennen wolle, schrieb ich kurz und bündig, müßte dies durch eine einseitige Handlung der Regierung geschehen. Ich würde dazu keinen Finger rühren. Die Zeitungen griffen den Vorfall auf, und nachdem die Sache in die Öffentlichkeit gedrungen war, wurde die Angelegenheit in zwei Tagen beigelegt, während derer mich die Zeitungsleute über die Entwicklung der Ereignisse auf dem laufenden hielten. Es stellte sich heraus, daß in diesen Tagen Mr. Rogers bei einer Konferenz in Brüssel weilte und nach seiner Rückkehr sofort, kaum daß er das Flugzeug verlassen hatte, einen Brief an mich unterzeichnete: Das Ganze sei ein bedauerliches Mißverständnis, er gratuliere mir zu der Schweizer Ehrung und hoffe, ich würde stets amerikanischer Bürger bleiben. Noch am selben Abend unterrichtete mich ein Reporter der »New York Times« über den Inhalt des Schreibens, das dann einige Tage später tatsächlich eintraf.
Zu dieser Geschichte mag als Fußnote auch über den Augenblick mei-

ner tiefsten Demütigung berichtet werden. Seit dem Alter von zwölf Jahren mit einem Führerschein der USA ausgerüstet, machte ich später in England den britischen wie den internationalen Führerschein (die Fahrprüfung war in Edinburgh) und war damit eigentlich qualifiziert, überall auf der Welt ein Auto zu lenken. Aber ich hatte mir gedacht, daß es mir als Schweizer Ehrenbürger wohl anstehen würde, in der Schweiz mit einem Schweizer Führerschein umherzufahren. So bewarb ich mich für einen Fahrertest, der an einem bestimmten Tag in Thun, in der Nähe von Gstaad, abgehalten werden sollte.
Der Prüfende verlangte mir die schwierigsten Fahrkünste im Stadtverkehr wie auf den benachbarten Bergstraßen ab; er ließ mich auf abschüssigen Straßen rückwärts fahren und in enge Zwischenräume und am Berg einparken und was sonst ein Schweizer Automobilist alles an wichtigen Fahrkünsten vorweisen mußte. Alles ging ausgezeichnet. Und dann kamen wir zur mündlichen Prüfung, zu den Straßenverkehrszeichen. Nun verfügen die Schweizer über eine Unzahl von kabbalistischen Straßenschildern jeglicher Varietät; einige von ihnen scheinen aus dem Runen- oder Druiden-Zeitalter zu stammen, andere lassen sich von ägyptischen Hieroglyphen ableiten, einige sind von einer bestimmten Farbe, andere wiederum nicht, und all diese unzähligen Nuancen haben ihre bestimmte Bedeutung. Hier versagten natürlich meine Künste, und das Ergebnis war, daß ich durchfiel. Gerard hatte mich begleitet und fand keine Worte dafür, wie ungerecht man mich seiner Meinung nach behandelt hatte; ich fand das dagegen nicht ungerecht, denn die Verkehrsunfälle verlangen, daß die Prüfungen streng sind. Solche Überlegungen waren jedoch ein geringer Trost dafür, daß ich meinem Ehrenbürgerstatus Schande gemacht hatte. Ich fahre weiterhin in der Schweiz – entfernte mich übrigens völlig legal per Auto vom Ort der Niederlage –, habe aber noch nicht den Mut gefunden, eine zweite Prüfung hinter mich zu bringen. Die Ehre gebietet, daß ich es, bevor ich ganz senil werde, doch noch einmal versuche.

Etwas auswählen heißt, anderes zurückweisen – schmerzlich für jeden, der Neues kennenlernen will. Mein ganzes Leben hindurch habe ich zugunsten meiner Verpflichtungen auf vieles verzichten müssen, habe dabei manches Pflänzchen ausgerissen, um Platz für ein neues zu machen. Als ich Ende 1962 gemeinsam mit Diana und Hephzibah in der Sowjetunion konzertierte und dabei schließlich auch nach Odessa, der Vaterstadt der russischen Geiger und also gewissermaßen meiner

»Großvaterstadt«, kam, ließ es sich zeitlich einfach nicht einrichten, auch die Krim kennenzulernen. So habe ich dieses herrliche Land, von dem meine Mutter schwärmte, noch immer nicht gesehen.
Mein Verhältnis zur Sowjetunion hat sich in den letzten Jahren um einige Grade verschlechtert. Meinen zweiten (und längsten) Besuch unternahm ich 1962, auf dem Höhepunkt der Chruschtschowschen Liberalisierung, in jenem Jahr, als Alexander Solschenizyn seinen Roman »Ein Tag im Leben des Iwan Denissowitsch« publizierte. Ich konzertierte in vielen Städten: in Kiew, Minsk, Lwow, Odessa und Kischinew wie auch in Moskau und Leningrad. Im Laufe der dann folgenden Jahre sind die Schrauben der Zensur wieder schärfer angezogen worden, die Russen besetzten die Tschechoslowakei, Juden gingen ihrer Stellungen verlustig, wenn sie Emigrationsanträge nach Israel einreichten. Mein laut ausgesprochenes Bedauern über diese Entwicklung zog mir überdies die Ungnade vor allem der damaligen Kultusministerin, Frau Furzewa, zu. Als der alle zwei Jahre stattfindende Kongreß des Internationalen Musikrats im Oktober 1971 nach Moskau einberufen wurde, kam es zur Krise.
Zwei Jahre zuvor war ich in New York einstimmig zum Präsidenten des IMR, einem selbständigen Abkömmling der UNESCO, gewählt worden, so daß man natürlich von mir erwartete, bei den Moskauer Beratungen zu präsidieren und mich für eine Wiederwahl zur Verfügung zu stellen. Frau Furzewas Animosität drohte jedoch dieses Programm zu Fall zu bringen. Wir haben zwar nie das zweifelhafte Vergnügen gehabt, unsere gegenseitige Bekanntschaft zu machen, aber offenbar war sie entschlossen, mich schon aus der Entfernung nicht zu mögen. In den Jahren vor 1971 hatte ich mich, mit freundlicher Unterstützung der Schweizer Botschaft in Moskau, für David Oistrachs Teilnahme an dem Musikfest in Gstaad eingesetzt. Nach verschiedenen Fehlschlägen hatte der Botschafter selbst um einen Termin bei Frau Furzewa gebeten, die ihm kurz und bündig erklärte, sie würde es fortan keinem russischen Künstler erlauben, mit mir zu spielen. Unter diesen Umständen sah ich kaum eine Möglichkeit für mich, an dem Moskauer Kongreß teilzunehmen – es sei denn, ich ließ mich von der perversen, doppelgleisigen Logik verleiten, anzunehmen, daß der willkommene IMR-Präsident und der nichtwillkommene Geiger zwei verschiedene Personen seien. Als diese Überlegungen, durch das IMR-Sekretariat vermittelt, der Furzewa zu Ohren kamen, lenkte sie wenigstens so weit ein, zwar nicht David, aber wenigstens Igor

Oistrach im August 1971 nach Gstaad zu entsenden, ein Kompromiß, den ich mit Freuden akzeptierte.
Meine Jahre als Musikratspräsident hatten mir zu der großen internationalen Schar von Musikern, die ich im Laufe meiner Reisen kennenlernte, viele neue Freunde gebracht, so daß ich mich darauf freute, sie alle in Moskau wiederzusehen. Narayana Menon wollte kommen, der früher selbst Präsident gewesen und seit meinem ersten Indienbesuch, als er Diana und mich mit nach Kaschmir genommen hatte, ein guter Freund war. Auch Schostakowitsch, Chatschaturian und Dimitrij Kabalewskij sollte ich wiedertreffen. Zwei Freunde aber, die ich vermißte, waren David Oistrach, der in Stockholm konzertierte, und Mstislaw Rostropowitsch, der in der hohen Begleitung der Ministerin Furzewa nach Wien gereist war (allerdings habe ich keinen Beweis dafür, daß die Furzewa diese Reise eigens zu diesem Termin unternahm, um in Moskau nicht meine Präsidentenhand schütteln zu müssen). Die ersten Tage waren mit der Berichterstattung der Delegationen der einzelnen Länder ausgefüllt, danach sollten die verschiedenen Repräsentanten und ganz zum Schluß der neue Präsident gewählt werden. Während dieser letzten Wahl war ich nicht im Saal anwesend, wurde dann hineingerufen und erfuhr, daß ich einstimmig wiedergewählt worden sei, nachdem die Russen meinen Namen vorgeschlagen und die Amerikaner den Antrag unterstützt hatten.
Was konnte ich mehr erwarten? Dennoch schien es mir ganz unmöglich, einfach nur in den allgemeinen internationalen Goodwill einzustimmen; denn gerade die einstimmige Wahl verpflichtete mich, einmal Dinge zur Sprache zu bringen, die andere, in weniger sicheren Positionen, gar nicht auszusprechen wagen. Was ich nun bei dem Moskauer Kongreß sagte, war gar nicht etwa besonders mutig, denn was hätte mir schon passieren können? Ich sah es lediglich für meine Pflicht an. Ich hatte die Möglichkeit, als freier Mann mich in Rußland zu äußern, und mußte diese einzigartige Chance nutzen, so zu reden, als gäbe es in der Welt keine Grenzen und keine Vorurteile: weder die Sowjetunion verdammen noch als Repräsentant der kapitalistischen Gesellschaft (mein Gott, nein!) auftreten, der die Russen undemokratischen Verhaltens beschuldigt; aber offen und menschlich sprechen, unsere Schwächen aufzeigen, dankbar sein für alles, was Dank verdiente, und die Hoffnung auf eine schönere Zukunft aussprechen. Und während ich dies alles sagte, würde mich niemand unterbrechen.
Die Wahl der verschiedenen Repräsentanten war am Vormittag zu

Ende gegangen, und um drei Uhr nachmittags sollte das Plenum des Kongresses tagen. Zwischen diesen beiden Terminen fuhr ich ins Hotel zurück und bereitete meine Rede vor, die ich auf Russisch verfaßt hatte (so daß ich keinen Dolmetscher brauchte) und die ich in verschiedene andere Sprachen, zur Verteilung an die Presse, hatte übersetzen lassen. Ich marschierte zum Rednerpult und begann meine Ansprache: Ich sprach von meiner Liebe zu Rußland, dem Land meiner Vorfahren, von der Bedeutung der Musik für die Menschheit, von Rußlands Beitrag zur Musik, von der wechselseitigen Abhängigkeit aller Nationen in der heute so klein gewordenen Welt; ich beschwor die Gefahren sowohl politischer Unterdrückung wie kommerzieller Ausbeutung der Kunst und sprach davon, daß derartiger Mißbrauch dem Unterdrücker wie den Unterdrückten Schaden brächte. Und es sollte noch weiteres folgen – die Notwendigkeit des Menschen, zu sich selbst zu finden und dort leben zu können, wohin sein Herz ihn zog; Komplimente an die Russen für ihre Erfolge auf musikpädagogischem Gebiet und so weiter. Doch was ich auch alles in der zweiten Hälfte meiner Rede ausführte, ob ich versteckte Vorwürfe oder unverhüllte Komplimente aussprach: es prallte von den steinernen Gesichtern der Russen ab wie die Wellen an einer Felswand. Mein Verbrechen war es gewesen, als ich von der Phantasie und der Tiefe der heutigen russischen Kunst sprach, als Repräsentanten dieser Kunst nicht nur die Namen Schostakowitsch und Jewtuschenko zu erwähnen, sondern auch den Namen Solschenizyn. Kaum hatte ich den Namen dieses Verfemten ausgesprochen, als sich eine eisige Atmosphäre im Saal ausbreitete, gegen die alles, was ich noch sagte, machtlos blieb. Ich kam mir plötzlich vor wie einer, der wenige Tage vor der Kreuzigung den Juden zu ihrem Landsmann Jesus Christus gratulierte.
Ich vermute, daß normalerweise die Rede eines prominenten Ausländers, der zudem Gast der Sowjetunion war, in der Presse ihren Niederschlag gefunden hätte, aber weder in der »Prawda« noch in der »Iswestija« noch in irgend einer anderen Zeitung, weder im Fernsehen noch im Radio, wurde auch nur ein einziges Wort erwähnt. Doch die Kanäle der Flüsterpropaganda waren offenbar gut instand, und am selben Abend und den ganzen nächsten Tag hindurch stellte ich zu meiner Freude fest, daß eine große Zahl mir unbekannter Moskauer genau Bescheid wußte. Auf der Straße, im Künstlerzimmer nach den Konzerten konnte ich fühlen, wie jemand meine Hand suchte, ein kleines Andenken mir in die Tasche schob oder mir ein anerkennendes Wort ins Ohr

flüsterte. Der Dichter Jewtuschenko, ein großartiger Bursche, dessen Namen ich in so gefährlichem Zusammenhang erwähnt hatte, setzte sich über alle Heimlichkeiten hinweg. In Begleitung seines Mentors, eines charmanten älteren Herrn, suchte er mich auf und gratulierte mir in aller Öffentlichkeit, ohne auf möglicherweise verborgene Mikrofone zu achten. Ich wußte nicht so recht, was ich davon halten sollte: war dies Jewtuschenkos eigene Initiative? Oder war er nur der Harlekin, dem man seine nonkonformistischen Späße erlaubte, um staatliche Toleranz zu demonstrieren? Oder war es ein kurioses Zeichen von seiten der Offiziellen, daß man mir vergeben hatte?

Bevor ich selbst eine Lösung dafür fand, erfuhr ich von Jack Bornoff, dem Generalsekretär des Musikrats, daß die offiziellen sowjetischen Stellen sehr ärgerlich über mich seien; während meines weiteren Aufenthalts ließen sie sich diesen Ärger jedoch nicht öffentlich anmerken, und der Kongreß verlief ohne weiteren Zwischenfall wie vorgesehen zu Ende.

Ich hatte gehofft, in Moskau zugunsten zweier sowjetischer Bürger intervenieren zu können, auf deren Schwierigkeiten ich in London hingewiesen worden war: Der eine war aus politischen Gründen inhaftiert worden, während der andere in den Westen geflohen war und jetzt seine Familie nachholen wollte. Hilferufe dieser Art erreichen mich oft, und normalerweise schreibe ich dann einen Bittbrief oder unterzeichne ein Protestschreiben. Da ich nun nach Moskau fuhr, beschloß ich, in diesen Fällen persönlich zu intervenieren, und bat um die Möglichkeit einer Unterredung mit einem Regierungsmitglied. Vielleicht war eine solche Bitte für die Russen sehr ungewöhnlich; jedenfalls gelang es ihnen erst in letzter Minute, meinen Wunsch zu erfüllen. Am letzten Morgen, wenige Stunden vor unserem Abflug, wurde ich zum Büro der Goskonzert gefahren, nicht etwa, um die Furzewa, die noch in Wien war, oder ihren Stellvertreter Kucharskij (der auch nicht in Moskau war) sprechen zu können, sondern den dritten Mann im Kulturministerium, Supagin. Bei dieser Unterredung fühlte ich mich wie jemand, der sich für einen Job beworben hat. An der offiziellen Seite eines Tisches, der lang genug für die ganze Regierung gewesen wäre, hatte Supagin Platz genommen; links von ihm ein weiterer Funktionär, der gelegentlich eine Bemerkung machte, rechts ein dritter, der die ganze Zeit den Mund hielt und sich Notizen machte. Auf der Seite des Bewerbers saßen Diana und ich sowie die uns attachierte Dolmetscherin, eine Wagner-Blondine, die wir Brunhilde tauften, deren Englisch

so gut wie meines war und die die verschlungenen Wege der englischen Literatur entschieden besser kannte als ich.
Die Unterhaltung begann ziemlich freundlich. Nach dem Austausch von Höflichkeiten begann ich mit einer Frage, die ein gewöhnlicher Russe mir wahrscheinlich nicht beantworten könne: Ich sei von der sowjetischen Erziehung außerordentlich beeindruckt und könne mir denken, daß in zehn oder fünfzehn Jahren Rußland die kultivierteste und am besten ausgebildete Bevölkerung in der Welt haben würde. Ob es dann die Regierung für möglich halte, daß man dieses Land noch immer so wie heute regiere? Supagins Antwort war ohne Frage ehrlich. Er erkenne wohl an, daß im Westen größerer Wert auf das Individuum und seine Freiheit gelegt würde, aber schon jetzt müsse der Westen in Form von Gewaltverbrechen und Drogenmißbrauch dafür bezahlen. »Wir können es uns nicht leisten, die Leute tun zu lassen, was sie wollen; denn wir haben große Pläne«, fügte er hinzu.
Nun, auch darauf hätte ich eine Antwort gehabt, aber ich machte mich daran, den wahren Grund meiner Unterredung mit ihm zu offenbaren, als Supagin plötzlich sagte: »Wir haben uns doch jetzt ganz freundlich unterhalten, nicht wahr? Aber ich habe eine deutsche Ausbildung« (ich vermute, er wollte damit sagen, daß er ernsthafte Gespräche dem Plaudern vorzog), »und ich habe eine Frage an Sie: Warum haben Sie den Namen Solschenizyn erwähnt?«
Diese Wendung des Gesprächs überraschte mich, aber ich hatte genügend Geistesgegenwart, ihm zu antworten, ich hätte den großen Russen von heute meine Hochachtung aussprechen wollen.
»Solschenizyn«, erklärte er, »ist weder ein bedeutender Russe noch ein bedeutender Schriftsteller. Er hat es gar nicht verdient, frei zu sein. Wenn die Gesetze dieses Landes angewendet würden, wäre er verhaftet.« (Wie jedermann weiß, ist das sowjetische Strafsystem gegenüber internationalen Protesten nicht völlig immun, und Solschenizyn wurde letztlich nicht verhaftet, sondern ins Exil abgeschoben.)
»Haben Sie ihn hier besucht?«
Glücklicherweise hatte ich es nicht – glücklicherweise, weil ich sonst damit Solschenizyn und auch Rostropowitsch, der dem Schriftsteller seine Datscha abgetreten hatte, geschadet hätte. Das Gespräch, von seiten Supagins immer schärfer geführt, entwickelte sich nach und nach zu einer Art Verhör. Einmal erwähnte er, sehr anerkennend, den Namen Stalin, was mich nicht überraschte. Es war mir bereits klar, daß dieser Mann immer auf der richtigen Seite stehen würde und daß der

Stalinismus wieder zu Ehren kam. Doch ich wollte bald ins Hotel zurück, weil wir abreisen mußten, und brachte daher ziemlich abrupt meine beiden Petitionen vor. Als ich die Einzelheiten meines ersten Falles vorzulesen begann, machte Brunhilde den Vorschlag, das Dokument gleich aus dem Stegreif ins Russische zu übersetzen, und ich gab ihr die Unterlagen. Trotz der zunehmend scharfen Wendungen, die unsere Unterhaltung genommen hatte, war Brunhilde weiterhin freundlich-neutral geblieben, doch als sie die Ungerechtigkeiten, die einem sowjetischen Bürger widerfahren waren, im einzelnen aufzählen mußte, wurde sie recht ärgerlich.
»Kapitalistische Propaganda!« bemerkte Supagin ruhig, als sie geendet hatte: Sein Gleichmut war jedenfalls durch solche Belanglosigkeiten nicht zu stören. Meine Verbitterung im Zaum haltend, stand ich auf, um fortzugehen.
»Wenn ich Sie beleidigt haben sollte«, sagte ich, »dann dies nur deshalb, weil es keinen Menschen in der Welt gibt, der sich mehr wünschte, Ihr Freund zu sein. Wenn wir nicht mehr miteinander sprechen können, ist es traurig um diese Welt bestellt. Ich habe mein Bestes getan. Ich weiß nicht, ob Sie es in demselben Geist aufgenommen haben, in dem es gemeint war. Aber das ist nicht zu ändern. Good bye.«
Draußen im Auto ließ ich mich etwas gehen: »Wenn es irgendeinen Menschentyp gibt, der mir verhaßt ist, dann ist es der Bürokrat, der auf Kosten der Leute lebt, die ihm untertan sind«, fing ich an, wurde dann aber ganz mutlos: »Das ist vermutlich ohnehin alles völliger Unsinn. Ich habe meine Worte verschwendet. Das wird ja doch nicht den geringsten Eindruck machen.« – »Oh, nein nein!« widersprach Brunhilde. »Das ist äußerst wichtig!« Weder sie noch ich sagten die ganze Fahrt über ein weiteres Wort. Boris Jarustowskij, Vorsitzender des russischen Nationalkomitees im Internationalen Musikrat, war zu unserer Verabschiedung am Flughafen erschienen und sollte das letzte Wort haben:»Wenn Sie nur das nicht gesagt hätten!« Ja, wenn ich »das« nicht gesagt hätte, wäre alles herrlich und wie geschmiert verlaufen, aber die Vergessenen wären vielleicht noch vergessener. Ich hatte keinen Anlaß, einen Triumph zu feiern, aber ich bereute auch nichts. Ungefähr drei Jahre später lernte ich Alexander Solschenizyn und seine Frau in Zürich kennen. Nach einem Konzert hatten Diana und ich sie zu einem Abendbrot in unser Hotel geladen – ein Essen, das mit freundlicher Hilfe von Jehan Giri zustandekam, einem persischen Geschäftsmann, dessen Hobby es ist, sich mit Geigern gutzustellen. Ein

Bestandteil dieses Essens war nämlich eine große Dose herrlichsten iranischen Kaviars. Wenigstens etwas konnten wir unseren Gästen bieten, das ihrer wert war.
Auch jetzt, bei der persönlichen Begegnung, beeindruckte mich Solschenizyn außerordentlich. Wenn es außer Parzival einen heiligen Toren, einen Fürst Myschkin, einen heiligen Narren gab, so fand ich ihn in ihm. Hier konnte man sehen, daß auch das Gute ewige Wurzeln besitzt, daß da ein Mensch ist, der die Kraft hat, nur das Gute zu akzeptieren und keine Kompromisse zu schließen. Man mag nicht immer mit allem, was er tut, übereinstimmen, aber daß er kein Taktiker ist, macht ihn unentbehrlich in einer Welt, die lau und bequem geworden ist. Er ist mehr als ein Schriftsteller. Er personifiziert das Reine, ist ein Prophet, dessen Mission für uns und für sein Land bestimmt ist.
Wie alle Welt weiß, hatte Slawa Rostropowitsch einen Rüffel bekommen, weil er sich für Solschenizyn einsetzte. Ich kenne Rostropowitsch schon seit vielen Jahren: Er ist ein hinreißender Mensch und ein großartiger Musiker, und es wäre mir schon schmerzlich genug gewesen, ihn in dieser mißlichen Lage zu sehen, doch, wie die Dinge lagen, war ich selbst am Rande mitbetroffen.
Anfang Januar 1974 sollte die fünfundzwanzigste Wiederkehr der IMR-Gründung in Paris mit einem Konzert begangen werden, an dem Rostropowitsch, Dietrich Fischer-Dieskau, Wilhelm Kempff, Régine Crespin und andere, darunter auch ich, teilnehmen wollten. Die ganze Sache war arrangiert, das Programm gedruckt, und das Fernsehen stand Gewehr bei Fuß, als ich kurz vor Weihnachten hörte, daß Slawa eine Herzattacke gehabt hätte. Ich griff sofort zum Telefon, um seine Frau, die Sängerin Galina Wischnewskaja, in Moskau anzurufen. »Eine Herzattacke?« rief sie. »Wer hat dir denn das erzählt? Er ist kerngesund. Im Augenblick dirigiert er in Georgien, aber ich erwarte ihn am Wochenende in Moskau zurück.«
So gut diese Nachricht war, bestätigte sie doch meinen Verdacht und offenbarte ein unerfreuliches Manöver. Das Gerücht von Rostropowitschs Krankheit, das über aus der Sowjetunion in die Tschechoslowakei heimkehrende Musiker das Sekretariat des Musikrats erreicht hatte, besagte nichts anderes, als daß es Slawa verboten worden war, nach Paris zu reisen, wobei man den wahren Grund dieser Verbannung Außenseitern gegenüber verheimlicht hatte. Schon in den zwei Jahren zuvor hatte man ihm alle Auslandsreisen gestrichen, und er hatte andere Maßnahmen hinnehmen müssen – man erlaubte ihm nur selten, in

Moskau zu konzertieren, schickte ihn dafür in die Provinzen, verbot ihm in letzter Minute, eine Operette einzustudieren und zu dirigieren, und zwar mit der Begründung, für so einen großen Musiker wäre sie »nicht gut genug«. Nadelstiche, gewiß, im Vergleich zu dem, was ein unbotmäßiger Künstler noch eine Generation früher hätte erleiden müssen, aber doch deprimierend. Aber angesichts der reichlich ungeschickten Geheimnistuerei der Sowjets wußte ich nun, was ich zu tun hatte.

Zu dieser Zeit war ich gerade in Berlin. Von dort aus schickte ich ein Telegramm an das Moskauer Kulturministerium. Im Gegensatz zu allen Meldungen befände sich Rostropowitsch bei bester Gesundheit. Wir seien keineswegs so schwachsinnig, uns von Lügen irreführen zu lassen, und erwarteten ihn, wie vereinbart, zu seinem Konzert in Paris. Das Antworttelegramm versuchte uns zu bestechen: Das Ministerium schlug vor, anstelle von Slawa Dmitri Schostakowitsch und sein frischkomponiertes Streichquartett zu schicken samt den vier Musikern für die Aufführung; alle Kosten übernehme die sowjetische Regierung. »Sehr freundlicher Vorschlag«, kabelte ich zurück. »Schostakowitsch herzlich willkommen, werden aber keinen Ersatz für Rostropowitsch akzeptieren.« Die zweite Antwort wiederholte den ersten Vorschlag und erbat offizielle Einladungen für Schostakowitsch und seine Begleiter. Diese Korrespondenz wäre sicherlich noch ein halbdutzendmal nutzlos hin und hergegangen, so daß ich mich entschloß, ein drittes Telegramm, über Furzewas Kopf hinweg, direkt an Leonid Breschnew zu schicken: Ich drohte damit, die Geschichte von Rostropowitschs Bestrafung an die Weltpresse zu geben, und wies darauf hin, daß dies der Detente sicherlich sehr schaden würde. Am selben Nachmittag erhielt Slawa sein Visum.

Als er in Paris ankam, erinnerte er mich an jene Hunde, die man auf Ozeandampfern eingesperrt hält und die, an Land endlich losgelassen, wie verrückt umhertollen, als wüßten sie nicht, wohin sie gehören. Slawa war wie ein kleiner Junge, er lachte, sang, kniff sich, um sich zu vergewissern, daß er wirklich in den Straßen von Paris herumlief. Daß ich ihn bei dieser Gelegenheit nach Paris gebracht hatte, freute ihn so, daß er mir anbot, anläßlich meines sechzigsten Geburtstags 1976 an einigen Konzerten mitzuwirken, eine Zusage, die er eingehalten hat.

Das Heimatland zu verlassen ist für einen Künstler, für den doch die heimatliche Kultur das Lebenselement ist, bestenfalls eine unbefriedigende Lösung. Da Musik naturgemäß die kulturellen Barrieren leichter übersteigt als die Literatur, mag das Exil für einen Rostropowitsch nicht so schmerzlich sein wie für einen Solschenizyn; doch obwohl Slawa das Beste aus seiner Freiheit zu machen weiß, hat er viel verloren, nicht zuletzt seinen Posten als Lehrer am Moskauer Konservatorium. Eine der bewundernswertesten Eigenheiten der russischen Musikerziehung ist die Verpflichtung für die bedeutenden Virtuosen, ihre Kenntnisse an ihre Schüler weiterzureichen. Die einzige Ausnahme von dieser Regel ist meines Wissens Swjatoslaw Richter, dessen Exzentrizität sich eigene Gesetze diktiert.

Ich lernte Richter in London kennen, und wir nahmen gleich die Gelegenheit wahr, um ihn und seine reizende Gattin zu uns nach Highgate zum Dinner einzuladen. Doch lange zuvor hatte ich und jedermann im Westen von ihm gehört, und sein Ruhm war weit verbreitet. In den ersten Nachkriegsjahren hatten andere russische Pianisten behauptet: »Wir sind ja nur der schwache Abglanz des Besten von uns, und der heißt Richter.« Es war ein herrlicher Herbstabend bei seinem Besuch in Highgate, wir schnappten in unserem kleinen Garten ein wenig frische Luft, und ich versuchte mich in höflicher Konversation: »Fahren Sie jetzt nach Moskau zurück?«

»Ja.«

»Werden Sie dort konzertieren?«

»Aber nein! Ich spiele niemals im Winter.«

»Also werden Sie dann unterrichten?«

»Ich unterrichte niemals! Ich hasse es zu unterrichten!«

»Dann ziehen Sie im Winter wahrscheinlich die Krim vor?«

»Ich finde die Krim abscheulich.«

»Gehen Sie eigentlich viel aus, ins Theater, in die Oper?«

»Ich gehe niemals aus.«

»Mein Gott, was *machen* Sie dann?« fragte ich, weil mir nichts anderes mehr einfiel.

»Ich halte Winterschlaf. Im Sommer gebe ich so viele Konzerte, wie Sie wollen, aber im Winter halte ich Winterschlaf.« Bei dem Versuch, mir das zu erklären, wurde er ganz aufgeregt: Man hatte ihm nämlich gestattet, an einem Fluß in der Nähe von Moskau – einer Gegend, die normalerweise den Fischern vorbehalten ist – ein kleines Haus zu bauen, das, so behauptete er, über ein Meter dicke Wände und runde Fenster nicht größer als fünfzehn Zentimeter im Durchmesser habe. Geschützt gegen die Unbilden des Wetters, war es ebenso geschützt gegen

Eindringlinge; es gab keine Straße, und nur ein Jeep – »und auch der nicht immer« – konnte bis zum Haus vordringen. Als der Abend weiter fortschritt und wir zusammen die G-Dur-Brahms-Sonate spielten, konnte ich mir immer schwerer vorstellen, daß er der ungesellige Misanthrop sein könnte, den er so gern aus sich macht. Er war gerade aus den Vereinigten Staaten zurückgekehrt und wußte auf Dianas Frage, wie ihm das Land gefallen habe, nur zu antworten, daß er insbesonders Chicago ins Herz geschlossen habe. Auf unsere erstaunten Blicke erklärte er folgendes: »Wenn ich in Chicago mein Hotel verlasse, habe ich das Gefühl, daß wirklich *alles* hier passieren kann.« Ich habe einmal selbst erlebt, wie etwas »passierte«, das Richters Durst nach unerwarteten Aufregungen vielleicht gestillt hat.

Anfang 1970 hatten Diana und ich in New York einen gemeinsamen Abend von Swjatoslaw Richter und David Oistrach in der Carnegie Hall gehört. Das erste Stück, Beethovens A-Dur-Sonate (natürlich herrlich gespielt), war ohne Zwischenfall vorübergegangen, als plötzlich, während des ersten Satzes der Brahms-d-Moll-Sonate, ein junger Mann den Gang hinauf zum Podium lief, sich auf die Bühne schwang und drohte: »Sowjetrußland ist nicht besser als Nazi-Deutschland!« Die Musik wurde unterbrochen, und Oistrach ging von der Bühne, aber Richter saß weiterhin am Flügel und beobachtete mit Interesse den hageren, fanatischen jungen Mann, der immer weitere Proteste gegen die sowjetische Behandlung der Juden in den Saal schrie. Daß die Militanten in New York eine Demonstration planten, war bekannt, aber die zwei oder drei Polizisten im Saal hatten damit wohl nicht gerechnet. Ein untersetzter Beamter, dessen Hüften von seinen Waffen ganz ausgebeult waren, setzte sich schwerfällig in Richtung auf den Demonstranten in Marsch, ließ sich von Konzertbesuchern auf die Bühne helfen und nahm den Jungen ins Schlepptau. Oistrach erschien wieder, die Brahms-Sonate begann von neuem und war bis zum letzten Satz gediehen, als ein zweiter junger Mann auf die Bühne zusprang, diesmal aber von den Zuhörern daran gehindert wurde. In der Pause gingen Diana und ich nach hinten. Richter strahlte, aber der arme David saß ganz traurig und mitgenommen auf der Couch, während Tamara bekümmert herumhuschte: Zwei Herzattacken hatte er bereits hinter sich, und so war kaum zu vermuten, daß solche Erlebnisse ihm oder ihr guttaten. »Yehudi«, fragte er mich mit traurigem Lächeln, »waren das deine Juden oder meine Juden?« »Das waren unsere Juden«, erwiderte ich. Und das war die Wahrheit.

Ich glaube, es ist inzwischen genügend klargeworden, wie groß mein Interesse an allem ist, was sich hat behaupten und erhalten können. Die Kehrseite dieses Enthusiasmus ist ein gewisser Mangel an Zuversicht in das Neue, ein Skeptizismus gegenüber allen Revolutionen und anderen plötzlichen Veränderungen, angesichts derer (das gilt auch für die Gründung Israels) ich von Sorge über die Zukunft erfüllt bin. Über zweitausend Jahre lang haben wir Juden überlebt, ohne ein eigenes Land zu besitzen, haben aus Vorurteil und Verfolgung, aus Inquisition und Vernichtung unsere Kräfte gesogen, haben uns, da wir nichts zu verteidigen hatten, unsere Beweglichkeit bewahrt und haben aus eben diesem Grunde unsere Energien der abstrakten Welt der Ideen, der Worte, des Geldes, der Mathematik und der Musik widmen können, die mit den bloßen materialistischen Kategorien strenger Gesetze gar nicht zu erfassen waren. Wir haben zum Wissen aller Länder beigetragen, wir waren das Salz der Erde, weil wir auf diese Erde keinerlei Anspruch erhoben. Nun hat in meinen Augen Israel das Bild des Judentums verkleinert. Das erfüllt mich auch mit Sorge. Ewige Opfer irgendeiner mächtigen Autorität, fochten wir in der Vergangenheit unsere Schlachten in ganz anderen Dimensionen und für einen ganz anderen Sieg als unsere Verfolger. Heute müssen wir denselben Krieg wie unsere Feinde führen und mögen ihn gewinnen oder verlieren. Die Juden haben für ihre Religion und ihre Rasse gebüßt; nun müssen sie auch noch für ihre Nationalität büßen. Vielleicht ist das die größte Gefahr.

Wenn ich auch niemals Zionist sein könnte, weil der Nationalstaat als Struktur meiner Meinung nach seine Brauchbarkeit inzwischen eingebüßt hat (könnte man den Israelis und der israelischen Kultur Sicherheitsgarantien geben, dann könnte man den Staat ja ruhig auflösen), bin ich doch angesichts der Errungenschaften in Israel voll Staunen und Bewunderung. Allein die Tatsache, daß eine der ältesten Kulturen der Welt eine so strahlende Wiedergeburt erlebt hat, ist verblüffend. Trotz aller Schwächen, die nach meiner Meinung allen nationalistischen Bewegungen innewohnen, ist offensichtlich eine Revolution oder eine Gewinnung der Unabhängigkeit oder die Gründung eines eigenen Staates ein Lebenselixier, wie es ein ruhiger, historischer Prozeß niemals bieten kann; im Falle Israels ein Lebenselixier, das von der Begeisterung genährt wurde, alles Vergangene überstanden zu wissen – die jahrhundertelangen Opfer und die Geduld, die der Glaube verlangt hatte; die Gebete und Träume, daß das Gelobte Land wieder jüdisch

werden würde, und schließlich jene schreckliche Kette von Ereignissen, die zur Verwirklichung Israels führten.
Das alles hat eine Welle von Ehrgeiz und Aktivität geweckt, die die frühere Fähigkeit abwägenden Urteils schier wegschwemmte. Sich aus zweitausend Jahren geistigen Lebens zu lösen und zu entdecken, daß man auch in der Lage ist, Schwert und Pflug zu schmieden, die Sprache der Vorväter auszugraben und sie bereits in den Kindergärten zu verwenden, in einem kleinen Landstreifen Abertausende von Menschen aus allen Enden der Welt bei sich aufzunehmen und daraus eine Gesellschaft zu formen, die von Leben und Energie pulsiert, eine Gesellschaft, die kultiviert und demokratisch und im allgemeinen zivilisiert auftritt – von all dem nicht gefesselt zu sein, dazu braucht es einen nüchterneren Sinn und einen kühleren Kopf als meinen. In historischer und ethnischer, in philologischer, ja sogar medizinischer Hinsicht bleibt Israel ein faszinierendes Experiment. So hat unter anderem die medizinische Forschung erwiesen, daß allein in diesem kleinen Land eine so große Variabilität der Blutgruppen zu finden ist, daß man hier geradezu ideale Studien über die Anfälligkeit und Widerstandsfähigkeit gegen bestimmte Krankheiten machen kann. Wenn Israel überlebt, werden die Juden der Welt noch einen großen Beitrag leisten.
Dieses jüngste aller Länder hat sich in seine Geschichte versenkt, ohne sich jedoch von ihr fesseln zu lassen: Historische und archäologische Forschung, Sitte, Sprache und Kunst werden wieder zum Ausgangspunkt neuer Bestrebungen, so als ob die Diaspora das Endziel nur hinausgeschoben hätte. Ich war ganz besonders von einem Menschen wie David Ben-Gurion beeindruckt, der mitten im zwanzigsten Jahrhundert ein wie von der Bibel vorgezeichnetes Leben zu führen schien. Ich bin ihm verschiedentlich begegnet, einmal in Engev, der Siedlung unterhalb der Golanhöhen, deren vom gegnerischen Feuer sichtbar mitgenommene Konzerthalle das Israelische Philharmonische Orchester als regelmäßige Gäste sieht. Auch Ben-Gurion praktizierte Yoga, und so war er der zweite Staatsmann, in dessen Gesellschaft ich auf dem Kopf stand. Er war sowohl Schriftsteller wie Gelehrter, und sein temperamentvoller Charakter erinnerte mich oft an den Komponisten Ernest Bloch; seine Wachheit und seine Stärke und die Integrität, die ihn sanftes Diplomatengeschwätz verachten ließ und schließlich dazu brachte, sich aufs Land zurückzuziehen, machten ihn zu einer Art israelischen Abraham Lincoln.
Im Laufe der Zeit widerfuhr mir auch die Ehre, Golda Meir kennenzu-

lernen, eine bezaubernde Person von wahrhaft russischer Natürlichkeit, warmherzig genug, die ganze Welt zu umarmen, von der Geschichte aber ausersehen, ihre mütterlichen Fähigkeiten allein auf die Welt der Juden zu beschränken. Anfang 1974 machte ich den Versuch, Golda Meir für die palästinensischen Flüchtlinge zu interessieren, weil ich glaubte, daß der gesunde Menschenverstand (wenn keine nobleren Motive) dagegen spräche, neue Feinde heranzuziehen, doch sie vermochte mir nicht so weit zu folgen: Ihre Flüchtlinge waren die Juden, die verständlicherweise gekommen waren, um hier Fuß zu fassen, nicht, um andere zu befreien. Dennoch bedauere ich, daß die Chancen, Großmut zu zeigen, vertan sind. Der gute Name meines Volkes ist mir so wichtig, daß ich wünschte, Israel würde ein Beispiel für andere geben, würde jüdische Ideale nach draußen tragen und an den Minderheiten im eigenen Lande erproben. So würde ich Jerusalem gern als eine Hauptstadt ganz neuer Prägung sehen, wo ein geistiger Brennpunkt für Moslems und Protestanten, Orthodoxe und Katholiken, natürlich auch für die Juden entsteht. Egoistisches Eiferertum hat Jerusalem zu oft zerstört; das darf nicht wieder geschehen; es wäre schrecklich.
Ist es zuviel verlangt, von Israel eine Toleranz zu erwarten, wie sie anderen Ländern nicht möglich gewesen ist? Und zwar gerade in der gegenwärtigen Phase des ekstatischen Nationalismus und des Druckes von seiten seiner Nachbarn? Wenn irgendein Land diesen Zipfel der Weisheit ergreifen kann, dann ist es, glaube ich, Israel. Nach dem Sechstagekrieg 1967 spielten Hephzibah und ich in einem Londoner Wohltätigkeitskonzert zugunsten der palästinensischen Flüchtlinge. Ich hatte zuvor den Oberrabbi informiert; denn ich wollte, daß die jüdische Gemeinde meine Absicht begriff und guthieß; er und der israelische Botschafter wären sogar bei dem Konzert erschienen, wenn es möglich gewesen wäre, die Royal Festival Hall zu einer anderen Zeit als Freitagnacht um zwölf zu mieten. Als ich kurz danach in Israel konzertierte, wurde mir, wie immer, ein herzliches Willkommen bereitet. Bei jenem Konzert wirkte als Rezitator Sir John Gielgud mit, der unter dem Motto »Erbarmen« eine Reihe von Gedichten und dann die herrlichen Worte des Paulus aus dem Brief an die Korinther vorlas.
Es gibt für mich Gründe genug, von Israel und den Juden noch viel zu erwarten. Nehmen wir einen guten Israeli wie Teddy Kollek, den Bürgermeister von Jerusalem: ein außerordentlicher Mann, der sich seiner Verantwortung und seiner Stellung bewußt ist und der seine Energie

daransetzt, die Menschen innerhalb der Stadt zusammenzubringen. Oder nehmen wir eine Gestalt aus dem Weltjudentum wie Nahum Goldman, der höchste Stellungen innegehabt hat, ohne Sklave irgendeiner Partei zu werden. Goldman ist ein Mann von unabhängigem Geist, von großer Bildung und von herrlichem Humor; er ist offensichtlich in jedem Land der Welt zuhause und sieht Israel weiterhin als einen Ort internationaler Beziehungen, nicht nur schlicht als Heimat der Juden. Er sieht über das Heute weit hinaus, und es ist kein Zweifel, daß er ein hervorragender Verhandlungspartner ist.

Jemand anderer, den ich ganz besonders bewundere, der zu seinen Grundsätzen steht, der demütig ist und doch mutig (vielleicht nicht mutig im gewöhnlichen Sinne, denn er tut lediglich, was er für richtig hält), ist Joseph Abileah. Als ehemaliger Geiger im Orchester von Haifa hat er sich für eine Konföderation »Nahost« eingesetzt. Schon während einer meiner frühen Tourneen erschien er, um mich für sein Ziel einzuspannen. Er spricht Arabisch so gut wie Hebräisch, ist bei den Arabern wie bei den Juden stets willkommen und arbeitet unermüdlich für den Abbau des blinden Nationalismus, dem er den Gedanken einer wahren Menschlichkeit gegenüberstellt; so hat er aus israelischen Jungen und Mädchen Arbeitsgruppen zusammengerufen, die arabische, vom Krieg zerstörte Häuser wieder aufbauen helfen.

Hätte ich über den Friedensnobelpreis zu bestimmen, würde Abileah ihn bekommen: gelegentlich sollte er an diejenigen gehen, die im Verborgenen ihr Leben der Versöhnung widmen.

All dies sind Zeichen der Hoffnung. Mögen sie weiterwirken. Doch inzwischen müssen sich die Juden in Israel und außerhalb des Landes natürlich mit einem Staat identifizieren und mit politischen und militärischen Mitteln seine Verteidigungsmöglichkeit sicherstellen; die Konsequenz: in der kurzen Zeit von dreißig Jahren haben wir den guten Willen der Welt verspielt und sind zu ihren Sündenböcken geworden. Auch dies fraglos eine Errungenschaft, um die Welt zu einen, aber welchen Preis zahlen wir dafür! Der größte Kummer, der mich erfüllt, ist der Gedanke, daß die Juden in Israel diesen Preis zahlen müssen, und mein heißester Wunsch ist es, zu erleben, daß der jüdische Staat mit seinen Nachbarn im Frieden lebt; ich bin entschlossen, wo es auch geht, daran mitzuwirken; aber es wird mir vielleicht bestimmt sein, die Nation gegen meine eigenen Ideale verteidigen zu müssen.

Im Jahr 1975 machte sich dieses Dilemma in höchst unerfreulicher

Schärfe bemerkbar. Das Ganze begann, als in der UNESCO-Generalversammlung im November 1974 eine Resolution verabschiedet wurde, die Israel dafür rügte, daß es die kulturelle Autonomie der Araber auf dem besetzten Westufer nicht garantiert habe; daß es durch archäologische Ausgrabungen die heiligen Stätten der Moslems verletzt habe; daß es in Jerusalem arabische Häuser niedergerissen und durch neue Siedlungen ersetzt habe und so weiter – alles ernsthafte Beschwerden, wenn auch gekleidet in das Kriegsgeschrei internationaler Beschimpfung, was zeigte, daß man hier aus sachlichen Problemen politisches Kapital schlagen wollte und daß es offensichtlich gar nicht darauf ankam, diese Streitfragen um einer Einigung willen zu diskutieren. Mir sank das Herz, als ich sah, daß die UNESCO im Begriff war, wie die UNO zur fruchtlosen politischen Arena abzusinken. Der Internationale Musikrat, der sich wie die UNESCO aus nationalen Kommissionen zusammensetzt, erfreut sich jedoch einer größeren Aktionsfreiheit als seine Mutterorganisation und muß sich nicht nach den UNESCO-Resolutionen richten, ja muß keine politische Stellung beziehen. Der Aufforderung, der Insel Taiwan die Mitgliedschaft zu kündigen, um dadurch möglicherweise die von Rotchina einzuhandeln, verweigerten wir uns: Man kann eine Kultur nicht einfach durch politische Direktiven von der Erde tilgen. So waren wir bei der Auseinandersetzung über Israel durchaus bereit, eigene Wege zu gehen – wenn auch nicht so eigene, daß wir unsere Bindungen an die UNESCO aufs Spiel setzen wollten, wie es in einem in New York, Paris und London veröffentlichten Protest von zweihundert Musikern gefordert wurde.
Leonard Bernstein hat diesen Aufruf mitunterzeichnet. Lennie ist ein hervorragender Musiker, ein kultivierter, brillanter, gescheiter, verantwortungsbewußter und liebenswerter Kollege – ich weiß nicht, wen ich von beiden bezaubernder finde, ihn oder seine Frau Felicia, eine liebenswerte und weise Person. Er ist einer von jenen großzügigen Menschen, die man respektieren muß, weil sie in aller Öffentlichkeit für ihre Freunde eintreten, aber er kann auch die Argumente anderer anerkennen; und wenn er mit meiner Anschauung über Israel nicht übereinstimmt, hat er doch zu meinen grundsätzlichen Überzeugungen Vertrauen. Als der Vorschlag, mit der UNESCO zu brechen, vom Exekutivausschuß des Internationalen Musikrats einstimmig verworfen wurde, schrieb ich ihm einen Brief, in dem ich meine Haltung erläuterte:
»...So wie der Musiker von seiner Interpretation, der Komponist von

seinem Stück absolut überzeugt sein muß, so bin ich, als Freund Israels und als Kollege der Künstler in aller Welt, verpflichtet, eine Meinung zu vertreten, von der ich bestimmt glaube, daß auch meine Kollegen sie teilen werden; denn auch sie sind von der Sorge um die Menschheit im allgemeinen und um Israel im besonderen erfüllt.
Die Abstimmung über den Tadelsantrag der UNESCO gegenüber Israel hat fraglos derselben Gruppe von Nationaldelegationen als Kraftprobe gedient, die sich bereits in den Vereinten Nationen zu demselben Zweck zusammengeschlossen haben. Nur, daß diesmal eine kulturelle Frage als Rechtfertigung herhalten mußte.
Einer derartigen übertriebenen Verurteilung mit einer gleichermaßen übertriebenen Antwort von seiten meiner jüdischen Kollegen zu begegnen, wird, so bin ich überzeugt, das Problem nur verschleiern... Und dieses Problem heißt: Krieg oder Frieden; einfacher: das Überleben Israels. Dies hängt davon ab, in welchem Maße eine feste und gemäßigte Haltung in Israel die Oberhand gewinnt, die von den jüdischen Gemeinden in aller Welt und von den Völkern der Erde, einschließlich der Nachbarn Israels, verstanden wird. Jeder weise und mutige Freund ist jetzt ein wertvoller Faktor für Israel...
Wenn Israel bereit ist, Tadel und Kritik mit Verständnis aufzunehmen (wie wir Musiker es stets tun müssen), wird Israel viele Freunde gewinnen unter denen, die heute dem Land feindlich gesonnen sind oder bisher zögerten, ihre jüdischen Freunde und Kollegen zu brüskieren. Ich kann gar nicht genug betonen, wie wichtig ich es für Israel finde, weiterhin in allen Konferenzen und Beratungen in unserer Mitte zu bleiben. Herausforderungen sind uns durch den Lauf unserer Geschichte vertraut; es gilt, unserem Schicksal mit Würde zu begegnen... Wenige Völker der Erde haben härter zu spüren bekommen, was es heißt, entwurzelt, arm und verachtet zu sein. Der einzige Weg für das jüdische Volk, seine große historische Erfahrung zugunsten der Juden in aller Welt, Israels und der Völker der Erde zu nutzen, besteht darin, anderen jenes Verständnis und Mitleid entgegenzubringen, das sie selbst so selten erfahren durften; nur so wird es gelingen, die Kette jener bösen Ereignisse zum Halten zu bringen, die sie selbst und die Welt bedroht...«
In der Zwischenzeit hatte Israel sowohl die UNESCO wie den Internationalen Musikrat boykottiert, weigerte sich, mit dem Generaldirektor der UNESCO, dem Senegalesen Amadou Mahtar M'Bow, zusammenzutreffen und ließ sämtliche Gelder (nicht viel, aber immerhin

eine symbolische Geste) zurückschicken, die wir trotz der Resolution überwiesen hatten. Die allgemeine Haltung schien unversöhnlich. So sehr ich auch diese hilflose Halsstarrigkeit bedauerte, so fand ich sie doch verständlich: Man kann nicht erwarten, daß sich jemand – wie ein gehetztes Tier in die Enge getrieben – philosophisch verhält. Ich tat, was ich konnte, um die Spannungen abzubauen, schrieb auf Wunsch des Generaldirektors an verschiedene Bekannte in Israel, setzte mich für ein gemeinsames Treffen ein, auf dem – notfalls im Geheimen – verhandelt werden sollte. Mein letzter Trumpf war jedoch eine Geste der Hilflosigkeit: Wenn sich der Exekutivrat der UNESCO nicht gegen den verhängnisvollen Geist der Resolutionen wenden würde, wollte ich die Präsidentschaft im Internationalen Musikrat niederlegen. Ich war in einer scheußlichen Lage: kaum selbst in den Mahlstrom geraten, hatte ich nur eine negative Antwort zu bieten. Drohte ich mit Rücktritt, galt ich als Zionist, tat ich es nicht, als Anti-Zionist. Aber die Alternative hieß ja nur, daß die UNESCO zunehmend politisiert werden würde und in Gefahr war, bestenfalls ein Klub zum Austausch von Propagandaklischees zu werden.
Bei diesen ganzen Auseinandersetzungen war es ermutigend zu sehen, mit welchem diplomatischen Mut, mit welcher entschlossenen Menschlichkeit und welchem Geschick der Generaldirektor agierte. M'Bow ließ es weder an Geduld noch an Energie fehlen, Israel und die UNESCO an einen Tisch zu bringen. Diesen Bemühungen war Erfolg beschieden, als Israel einwilligte, im Juli und September 1975 Abordnungen der UNESCO zu empfangen, und als der Exekutivrat dafür eintrat, den anti-israelischen Standpunkt vom vergangenen Oktober zu mildern.
Somit brauchte ich meine Rücktrittsdrohung nicht wahrzumachen: Ich blieb die vollen vier Jahre über im Amt und präsidierte der 16. Generalversammlung des Internationalen Musikrats im September 1975 in Kanada.
Folgenreicher als dieses Abwenden einer Krise war jedoch M'Bows Einsicht in die innere Schwäche der UNESCO, die, aus Nationalkommissionen zusammengesetzt, sich kurzsichtigen nationalen Wünschen nicht entziehen kann. Die Konsequenz war, daß er Unterstützung in Gestalt eines aus unabhängigen Persönlichkeiten bestehenden Beratergremiums herbeirief, das regelmäßig zusammentreffen und in konstruktiver Kritik gemeinsame Pläne erarbeiten sollte. Ich gehörte zu diesen Beratern, und unsere drei Zusammenkünfte 1975 verschaff-

ten mir ein weiteres Forum, vor dem ich für die moralische Verpflichtung der Toleranz und für die Trennung von Kultur und Politik eintreten konnte. In jedem Parlament sollten auch diejenigen ihre Vertreter haben, so schlug ich vor, die sich selbst nicht äußern können – die Vögel der Lüfte, die Fische der Meere und die ungeborenen Generationen. Ebenso sollte die UNESCO eine Organisation sein, in der sämtliche Kulturen ihren Ausdruck finden. Wer, zum Beispiel, spräche denn in den internationalen Versammlungen unserer Tage für die Kurden oder für die Indianer oder für die Neger in Amerika? Indem ich den israelischen Fall verallgemeinerte, schlug ich vor, daß – zumindest in der UNESCO – die nationalstaatlichen Vertreter durch die wahren Repräsentanten der Kulturen der Menschheit ersetzt oder zumindest vermehrt werden sollten. Für dieses Ziel werde ich mich stets einsetzen.

Als Ende September 1975 die Delegierten des Internationalen Musikrats in Toronto zusammenkamen, fand ich sie in Sorge darüber, daß sich auch hier nationale Streitigkeiten bemerkbar machen würden. Die israelische Delegation – der verehrungswürdige Joseph Tal, dessen Sohn im Sechstagekrieg gefallen war; die warmherzige Madame Smoira-Cohen vom Jerusalemer Rundfunk; und Israel Adler, der hervorragende Musikwissenschaftler – brachte eine Erklärung mit, in der die Verurteilung Israels durch die UNO zurückgewiesen wurde. Diese Erklärung wollten sie auf dem Kongreß verlesen. Inoffiziell war sie bereits verbreitet worden. Es lag auf der Hand, daß die musikalischen Fragen, die wir zu behandeln gedachten, in den Hintergrund zu geraten drohten, wenn die Delegierten sich verpflichtet fühlten, alte Stellungen zu beziehen und wie Pawlowsche Hunde auf alte Stichworte zu reagieren. Ich war entschlossen, daß dies, solange ich präsidierte, nicht geschehen würde.

Am Abend vor dem Beginn des Kongresses erklärte ich meinen israelischen Kollegen, daß ich gegen jeden Delegierten – sowjetisch oder amerikanisch, arabisch oder israelisch – einschreiten würde, wenn er irgendwelche Formulierungen, die verletzend oder beleidigend gemeint seien, äußere. Ich würde ihn oder sie auffordern, den Saal zu verlassen. »Und ihr wißt ganz genau, was es mich kosten würde, die israelische Delegation zum Verlassen des Saales aufzufordern«, sagte ich. »Ich flehe euch an, laßt uns diesen Kongreß in Harmonie beginnen. Laßt uns der UNESCO und den Vereinten Nationen ein Beispiel geben. Wir wollen ihnen zeigen, daß wir Musiker es verstehen, Harmonie zu wahren.« Meine Eröffnungsansprache machte es mir möglich, diesen Appell auch der Allgemeinheit zukommen zu lassen:

»...Die verschiedensten Arten der Musik, mögen sie auf noch so divergierenden Theorien aufgebaut sein, müssen sich – anders als in der Politik – keineswegs gegenseitig ausschließen. Wie Erde und Luft, Feuer und Wasser ist die Musik überall zu Hause; der Mensch vermag nicht ohne Brot und nicht ohne Fähigkeiten zum Mitleid zu leben. Auch ohne Musik nicht...

Vergessen wir niemals, daß wir hier nicht *nur* als Abgesandte einzelner politischer Staaten versammelt sind, sondern als Musiker, die die Kulturen der Menschheit vertreten. Es ist unsere ernste und vornehme Pflicht, unser Verhalten danach zu richten, daß wir der gesamten Menschheit Hoffnung und Zufriedenheit vermitteln können und uns der Hingabe an unsere Aufgabe würdig erweisen...

In diesem Geist appelliere ich persönlich an meine Kollegen aus Ägypten, aus dem Irak, aus Syrien und Tunesien wie auch an meine Kollegen aus Israel, diesem Zusammensein durch Besonnenheit zum Erfolg zu verhelfen, so daß wir aus der einzigartigen Chance, gegenseitiges Verständnis zu suchen, den größtmöglichen Gewinn ziehen. Wir sind freie Vertreter der Musik. Zumindest vermögen wir eine Art Nahost-Föderation der Kulturen und Völker zu bilden, die sich auch auf politischem Gebiet, so hoffe ich inständig, in nicht zu ferner Zukunft verwirklichen lassen wird. Menschlich und musikalisch gesehen, mag sie bereits in erreichbarer Nähe sein...

In der UNESCO in Paris habe ich Leute kennengelernt, die neben ihrer Loyalität zu ihrer Heimat oder ihrem Staat bereits eine Loyalität zur Menschheit entwickelt haben. Ich habe Europäer und Afrikaner, Araber, Juden, Inder und andere getroffen, die wahre Weltbürger geworden sind. Wir alle wissen um die Ängste des Konflikts zwischen privater und öffentlicher Loyalität, zwischen Gesellschaft und Big Business, zwischen Profit und Moral. Ohne daß wir unseren Nationen untreu werden müssen, verlangt unser Zeitalter nach einer neuen, weiteren Treue und Loyalität. Wir haben mit Schmerzen erfahren müssen, daß wir nicht länger darauf hoffen dürfen, exklusive Lebensbezirke zu schaffen. Aber wir wollen auch nicht unsere Meinungsverschiedenheiten in völliger, öder Anonymität austragen...

Finden wir zu uns selbst: Seien wir loyal zu unseren Nächsten, doch nicht auf Kosten anderer. Und üben wir uns in jener neuen, höheren

Loyalität, die nicht nur für uns Menschen, sondern für alles Leben auf dieser Erde gilt, an dem wir ganz bewußt alle teilhatten, bevor uns die Technologie verschlang...«

In den folgenden Tagen arbeiteten wir tatsächlich ganz harmonisch zusammen – doch nur wir unter uns; denn die Politiker sind noch nicht entschlossen, aus unserem Beispiel zu lernen. Ein bescheidener, aber immerhin ein Fortschritt. Weder politische Machenschaften noch böse Worte störten unsere musikalischen Debatten; israelische und arabische Teilnehmer trafen sich zweimal bei gemeinsamen Essen, um zu feiern, was sie verband, und zu ignorieren, was sie trennte. Am letzten Tag, als nur noch die Wahl für verschiedene Ämter auf dem Programm stand, bat ein Israeli ums Wort. Nach der Geschäftsordnung war dies ungewöhnlich, aber ich erteilte ihm das Wort. Er erhob sich. Er und seine israelischen Freunde, erklärte er, seien so beeindruckt von der Zusammenarbeit ihrer Kollegen aus aller Welt – selbst aus Ländern, die sich als Feinde Israels betrachten –, daß er selbst eine Geste des guten Willens zu machen bereit sei. »Ich möchte hiermit offiziell und öffentlich unsere Erklärung zurückziehen.«
In diesem Augenblick empfand ich höchste Befriedigung. Wenn jemals mein Kindheitstraum, der Menschheit Friede und Versöhnung zu bringen, Wirklichkeit geworden war, dann jetzt.

Es paßt, glaube ich, ganz gut, dieses Kapitel mit einem Bericht über einen Fehlschlag zu beenden – einen mißlungenen Versuch, den Gang der Geschichte zu ändern. Ich war Ende 1974 in Athen eingetroffen, einige Monate nach dem Zypern-Abenteuer, bei dem die Obristen in Griechenland gestürzt wurden, und da im Lande der Volksentscheid über die Wiedereinführung der Monarchie kurz bevorstand, war ich entschlossen, dafür einzutreten – für eine wiedergewonnene Kontinuität, für die »Nicht-Macht« über der Macht, die über alle Wechsel hinweg die Stabilität garantierte. Ich hätte wissen müssen, daß meine Intervention überhaupt nichts nützte, sondern nur verschiedenen Leuten Sorgen aufbürdete: einmal Diana, zum anderen unseren Gastgebern in der britischen Botschaft (Engländern mißtraut man heutzutage in Griechenland etwas weniger als den Amerikanern) und den griechischen Behörden, die mich unter Polizeischutz stellen mußten.
Die Sache begann auf einer Pressekonferenz am Tag unserer Ankunft. Ich war keineswegs politisch so naiv anzunehmen, daß meine Äußerung

irgendein positives Echo haben würde, aber obwohl mich mein Agent Cretas energisch am Ärmel zupfte, gab ich meine Meinung kund: Das Ergebnis waren zwei Zeitungsartikel am nächsten Morgen, in denen die Leser aufgefordert wurden, sich gegen den Feind im eigenen Land zur Wehr zu setzen – eine schöne Ouvertüre zu dem Konzert am selben Abend. Als Louis Kentner und ich auf die Bühne kamen, brach ein Sturm los: »Faschist!« »Wir verlangen Entschuldigung!« »Geh nach Hause!«

Ein wahres Konfetti von Propagandamaterial flog im Saal umher, während der unpolitisch eingestellte größere Teil der Zuhörer applaudierte – sei es, um seine Empörung zu zeigen oder den peinlichen Vorfall zu kaschieren. Emotionen folgen ihren eigenen Gesetzen: Das dauerte ungefähr fünf Minuten, während derer Louis Kentner ganz still auf seinem Sessel sitzen blieb und ich dem Aufruhr zu meinen Füßen gelassen zusah, getreu dem Grundsatz, daß man wilden Tieren keine Furcht zeigen soll. Ich bin es ja gewohnt, auf dem Podium zu stehen, und so wartete ich einfach, bis dem Tumult der Dampf ausging. Als es soweit war, sprach ich voller Bewunderung von dem beispielhaften Widerstand der Studenten unter den Diktatoren, klärte die Zuhörer darüber auf, daß der Erlös dieses Konzerts zur Gründung eines Stipendienfonds für Musikstudenten bestimmt sei, und schlug vor, wir sollten doch nun mit der Musik anfangen; danach könnten wir uns ja noch zusammensetzen und diskutieren.

Das war das Ende der Geschichte; leider folgte keiner meiner Aufforderung; auch mein Angebot, am nächsten Tag für die Studenten zu spielen, die den Eintritt am Abend vorher nicht hatten bezahlen können, wurde von den Behörden, die neue Unruhen befürchteten, abgelehnt. Das war schade: die Chance, mit ihnen zu reden, hätte ich gern mit ein bißchen Beschimpfung erkauft. Zwei Tage später entschied sich Griechenland gegen die Monarchie.

14. Verhaltensregeln

Über Stradivari- und Guarneri-Geigen · Vom Umgang mit Geigen · Geige oder Klavier? · Die Salontradition der Geige: Thibaud und Kreisler · Das tägliche Training: Yoga und Geigenübungen · Diät · Die Beziehung zum Publikum · Verehrer und Verehrerinnen · Eine Galerie von Ersatzgroßmüttern

Es ist schwer zu erklären, warum man etwas liebt. Um wieviel schwerer muß es sein, die Wirkung eines Instruments zu beschreiben, mit dem man zu anderen spricht! Dies ist in der Regel keine Frage des Verstandes, sondern des Gefühls. Schon vor siebzig Jahren machten die hervorragenden englischen Geigenbauer William Hill and Sons in ihrem klassischen Werk über Stradivari folgende Beobachtung: »Da die gefeierten Violinisten offensichtlich weder die Neigung noch die Fähigkeit dazu besaßen, müssen wir angesichts des völligen Mangels an schriftlichen Äußerungen von seiten der großen Interpreten, die Stradivari-Instrumente spielten und ihnen einen Großteil ihres Ruhms verdanken, es versuchen, diesem bedauerlichen Mangel abzuhelfen.... Trotz der zunehmenden Beschäftigung mit Erziehungsfragen während des 19. Jahrhunderts und trotz des angeblich gestiegenen Interesses und der erweiterten musikalischen Sicht ist uns bis jetzt noch kein Beispiel bekannt geworden, in dem gefeierte Interpreten sich die Mühe gemacht hätten, ihre Meinungen über ein Instrument einmal ganz nüchtern zu Papier zu bringen, wie es sogar Mozart mitten in seinem gehetzten Leben versuchte, als man ihn mit den Klavieren von Stein bekannt machte.«

Der Rationalismus hat angesichts der Stradivari kapituliert; diese begabten Herren, deren Geräte, deren Messungen und chemische Analysen zu demonstrieren vermochten, daß eine Violine mehr ist als die Summe ihrer Teile – sie riefen jetzt die Geiger zu Hilfe. Und wie tun sie das? Natürlich wie ein überlegener Schulmeister, der einen unartigen Schüler ausschimpft, dessen Naturell er verabscheut und fürchtet: »Na komm schon«, scheint er zu sagen. »Du sitzt jetzt bereits ein Jahrhundert lang in deiner Schulbank! Es ist höchste Zeit, daß du gelernt hast, wie man seine Gedanken zu Papier bringt.« Als wenn einem Geigenvirtuosen, selbst wenn er sich anstrengte, andere Worte einfielen als den armen Geigenbauern! Zwar hat Mozart seine Meinung über die

Steinschen Klaviere aufgeschrieben; aber es ist doch klar, daß es den Pianisten die Sprache verschlagen würde, sollten sie sich selbst darüber äußern.

Ein Klavier, so herrlich es gebaut sein mag, bleibt leblos und neutral; wenn es auch auf die Absichten des Pianisten reagiert, tut es dies nach eigenen, mechanischen Gesetzen. Es stellt zwar sieben Oktaven, aber nicht einen einzigen enharmonischen Ton zur Verfügung, es produziert Töne, entkleidet sie aber allen sinnlichen Reichtums, als wäre dies der Leckerbissen, den es für seine Dienste in Anspruch nimmt. Eine herrliche Geige dagegen ist ein lebendiges Wesen; schon ihre Form verkörpert die Absicht ihres Schöpfers, und ihr Holz speichert die Geschichte, die Seele ihrer verschiedenen Besitzer. Ich selbst spiele niemals, ohne zu fühlen, daß ich diese Geister befreit oder absorbiert oder (auch das) verletzt haben könnte. Der Pianist mag sich Gedanken über die Qualitäten einer unberührbaren Mechanik machen: etwas anderes ist es für den Geiger, ganz bewußt dem Geist seines Instruments nachzuspüren.

Mein ganzes Leben könnte ich beschreiben als eine Art dialektischen Abwägens zwischen Stradivari und Guarneri del Gesù. Damit sei nicht gesagt, daß nicht jede Stradivari oder Guarneri eine eigene Persönlichkeit besitzt, die sie von ihren Geschwistern unterscheidet: Meine »Khevenhüller«-Stradivari besitzt einen süßeren Ton als meine »Soil«-Stradivari, verfügt jedoch nicht ganz über die Kraft der »Soil«, sich über ein ganzes Orchester zu erheben. Natürlich ist man versucht, diese Eigenschaften als allgemeingültig zu erklären, was bei den Instrumenten beider Familien geschieht, die, so glaube ich, auch die Kunst ihrer Schöpfer ein wenig widerspiegeln.

So wie Stradivaris Laufbahn ganz regelmäßig verlief und ihm Ruhm und Reichtum einbrachte, so zeigen seine Geigen eine bewundernswerte formale Ausgewogenheit. Er erreichte ein biblisches Alter, zeugte zahlreiche Kinder und schuf zahlreiche Instrumente; wie die Sonne, die ihrer Position so sicher ist, daß sie sich nicht zu bewegen braucht, blieb er 57 Jahre in ein und demselben Haus wohnen. Er ist der Schöpfer des brillanten, leuchtenden Tons, der – jedenfalls für mich – eine Vorstellung der Erhabenheit vermittelt. Zu einer »Strad« muß man sich emporarbeiten, ehe sie ihre kunstvolle Seele sprechen läßt. Die Hand, die sie zu stark umkrampft und deren Finger noch so geringfügig danebengreifen, weist sie zurück. Sie ist der Meister, den nichts zufriedenstellt als fehlerloses Können: denn jeder Makel läßt sie

hörbar reagieren. Sie ist ein Wesen, das man nur durch den Sieg über sich selbst, durch Demonstration genauester Kontrolle, gewinnen kann.
Von Bartolomeo Giuseppe Guarneris Geigen, deren Etiketten die Initialen IHS (Jesus hominum salvator) tragen, kann man die entgegengesetzten Eigenschaften ableiten. Er war ein leidenschaftlicher und empfindsamer Mann, ein temperamentvoller Nonkonformist, ein ebenso heiliger wie aufsässiger Sünder, der auch in der Ehe das Glück nicht fand, der keine Kinder hatte und jung starb, gerade als er sich eines gewissen Wohlstandes zu erfreuen begann. Das Holz seiner Instrumente ist, im ganzen gesehen, nicht so wertvoll wie das der Stradivaris. Ihre f-Löcher sind offensichtlich nach rohem Augenmaß geschnitten. Seltsamerweise erscheint auf vielen seiner Instrumente ein gebeiztes oder aus Splintholz eingelegtes Zeichen, das an beiden Seiten parallel zum Griffbrett verläuft – ganz so, als ließe seine Identifizierung mit Christus Stigmata zurück. Als Erscheinung von logischer Asymmetrie, als ein Kamerad, der die Fehler seines Spielers gnädig vergibt, versteht es die Guarneri gleichsam durch ihre Poren zu singen, »de profundis« und mit irdischer Stimme, was vergessen läßt, daß sie oftmals von etwas kleinerem Ausmaß als die meisten Stradivari-Geigen ist. Bei ihr muß man nicht über sich selbst hinauswachsen, sie ist gewöhnlichen Sterblichen zugänglich. Obwohl die Stradivaris in meinem Leben die dominierende Rolle spielten, habe ich in regelmäßigen Abständen auf der Guarneri konzertiert; der Ton der ersteren ist golden, während die zweite an das Rot in den farbigen Fenstern der Sainte Chapelle denken läßt.
Meine erste Tournee unternahm ich mit einer geliehenen Guarneri, der sogenannten »Bâle«, so daß die Wahl einer Strad kurz danach unter den gütigen Augen des Mr. Goldman eine ganz bewußte Entscheidung war. Genauso überlegt lieh ich mir fünf oder sechs Jahre später von Emile Français die Guarneri von Ysaye. Ich kann mich noch an die öde Leere der Saison 1933/34 erinnern, als ein jünglingshafter »Weltschmerz« mich verfolgte und es mir ausgesprochen schwer machte, mehr als das gerade Notwendige zu tun. Wo Ysayes drohende Präsenz (von seinem unheilvollen Rat einmal abgesehen) mich eingeschüchtert hatte, konnte ich nun, da er tot war, seine Lektionen auf magische Weise direkt durch seine Violine beziehen; und als weiteres Lernen mich plötzlich abstieß, war ich überzeugt, daß der Geist, der aus dieser Guarneri sang, mich wieder beleben könne – ein höchst bemerkens-

werter Effekt. Solange ich diese Geige spielte, fühlte ich mich als ganzer Mann, der auch größeren Anforderungen als je zuvor gewachsen sein würde. Bei einer großen Geige gibt es eine dünne Linie zwischen Beseelung und Wissenschaft. Wenn man Emile Français glauben kann, der behauptete, daß schlecht gespielte Instrumente sich verschließen, als wenn ihre Moleküle sich der Unordnung widersetzten, und nur dann sich wieder öffnen, wenn Expertenhände sie geduldig umwerben, dann mag man auch die Schlußfolgerung ziehen, daß sich mit der Zeit jeder Ton in Form eines molekularen Bildes der Geige einprägt: daß das Holz sozusagen die Seele des Künstlers bewahrt.
Warum habe ich sie oder eine andere dann nicht erworben? Indem ich Strads besaß und eine Guarneri auslieh, entging ich der Angst, ich könnte ohne des Meisters Einverständnis seines Einflusses verlustig gehen – wie in jenem Kindheitstraum, in dem mir Kreisler seine Geige, eine Guarneri, überreichte, und sie dann doch behielt. (Am Ende vermachte er sie der Library of Congress – ein Umstand, der es mir ermöglichte, sie vor einigen Jahren schließlich doch einmal zu spielen.) In dem Monat, in dem Zamira geboren wurde, schenkte mir meine erste Frau eine wunderschöne Joseph Guarnerius del Gesù aus dem Jahr 1742; ich habe sie selten gespielt und einige Jahre später meinem ersten Protégé Alberto Lysy geliehen, der sie viele Jahre gespielt hat. Als ich 50 Jahre alt wurde, besah ich mir das Verzeichnis außerordentlich schöner Guarneris von Hill und hatte schon auf die Instrumente, die zum Verkauf standen, mein Auge geworfen. Kohanskys, die ich stets bewundert hatte, war unerreichbar; aber eine andere, die sogenannte »Count d'Egville«, die einem Braunschweiger Sammler gehörte, hatte es mir angetan. Bei erstbester Gelegenheit nahm ich ein Flugzeug nach Deutschland. Es mag seltsam erscheinen, daß der Eigentümer zweier Strads und einer Guarneri in solche Erregung gerät, wenn die Aussicht auftaucht, ein weiteres herrliches Instrument aus dem 18. Jahrhundert zu spielen; vielleicht ist es ebenso merkwürdig, daß ich bis dahin noch nicht zugeben mochte, wie gern ich über ein Serail befehligte. Alle meine Instrumente waren Geschenke oder Leihgaben gewesen, je nach Glück oder Umstand – alle mit Ausnahme der »Soil«. Aber ich würde viel eher eine Strad als eine Guarnerius kaufen, weil ich genau weiß, daß sie mich, kaum daß ich sie besitze, selbst besitzen wird. Ich lieh mir die d'Egville aus und spielte sie mit Begeisterung achtzehn Monate lang, bis ich sie ihrem Eigentümer zurückgab. 1971 fand ich endlich eine außerordentlich schöne Guarneri, die einer Cousine von Charles

Munch, Mademoiselle Ebersholt, gehörte, deren Vater sie ihr mit 15 Jahren geschenkt hatte; ein Jahr später kaufte ich sie.
Da ich überzeugt bin, daß alle Gegenstände aus Holz ein eigenes Leben führen, können sie Tribute in Form von Wachs und Politur beanspruchen. Ich finde es schön, mich mit den sympathischen Gesichtern alter Sessel und alter Schränke umgeben zu können, und fühle mich in der glatten Anonymität moderner Möbel verhältnismäßig einsam. Vor allem meine Geigen haben einen Anspruch darauf, ihr ferneres Schicksal gesichert zu sehen, was sich meinerseits in einem Gefühl der Verpflichtung sowie in einer sehr behutsamen Sorge und liebevollen Pflege niederschlägt. (Wer könnte solche liebevolle Pflege einem Klavier entgegenbringen? Oder es in den Arm nehmen, es in Samt und Seide betten?) Pflegen und polieren tue ich meine Instrumente mit Präparaten aus der Werkstatt des Parisers Etienne Vatelot, der sich übrigens die Verantwortung für etwaige Reparaturen mit der ehrwürdigen Firma Hill and Sons und meinem lieben Freund Charles Beare teilt. Ich beziehe sie mit deutschen Pirasto-Saiten oder, wenn ich in Amerika bin, mit Kaplan-Saiten, die dem dortigen Klima eher angemessen sind; dabei ziehe ich den Stahlsaiten (die, der augenblicklichen Mode entsprechend, klar, brillant, zuverlässig, auf jede falsche Weise praktisch und von fast schmerzhafter Spannung sind) die metallumsponnenen Darmsaiten vor, wobei ich bisweilen zu unbespannten Darmsaiten zurückkehre, die Stradivarius und die Guarneri wohl im Sinn hatten, als sie ihre Instrumente anfertigten. Was mich bestimmt, die eine oder die andere Geige zu spielen, ist ein schweigsames Colloquium zwischen ihnen und mir, viel zu geheimnisvoll, als daß ich es selbst begreifen könnte; niemals wird es von der Musik bestimmt, die ich gerade spiele. Jedes Instrument hat seine Ruheperioden, nach denen wir erst wieder miteinander vertraut werden müssen. Das ist ein Prozeß, der jedes Mal ein paar Wochen in Anspruch nimmt.
Natürliche Auswahl setzt manchmal, so scheint es, dem Ehrgeiz seine Grenze. So weiß ich zum Beispiel, daß die Ameise, sicherlich die häufigste aller Arten, sich in den nächsten Millionen Jahren nicht weiterentwickeln wird. Cum grano salis trifft dies auch für die Geigen zu: Das 18. Jahrhundert stellt einen Gipfel dar, von dem nur Abstieg möglich ist. Aber vor und neben der Cremonenser Perfektion hat die Geige in tausend unvollkommenen Formen existiert, seit sie als volkstümliches Musikinstrument des Mittelalters hervortrat. Ihren neuen Status zu gewinnen, mußte sie von der Gesellschaft und von der höfischen

Musik akzeptiert werden; mußte in Kammermusikgruppen und Symphonieorchestern ihre Disziplin erproben; blieb als unangefochtenes Soloinstrument subjektiv genug, um Charakter zu haben, anonym genug, um überall heimisch zu werden, beweglich wie der Künstler, der sie von Stadt zu Stadt, vom Konzertsaal ins Opernhaus trägt. Generationen solcher Musiker haben eine Tradition begründet, in der ich stehe; und diejenigen, die nicht Zigeuner sind, sind in der Regel Juden.
Das russisch-jüdische Monopol im Violinspiel ist nicht mehr so ausschließlich wie noch vor etwa sechzig Jahren, als jedem musikbegabten jüdischen Kind russischer Herkunft gar nichts anderes übrig blieb, als Geiger zu werden. Sollte diese Bemerkung irgendwie traurig klingen, möchte ich hinzufügen, daß ich selbst über die Umstände meiner Geburt nur glücklich sein kann: Ich preise das Schicksal, das mich dem Klavier ferngehalten und mich ein Leben lang an eine Stradivari gebunden hat. Solange ich denken kann, stand in unserem Hause ein schmales Mathushek-Klavier, auf dem meine Mutter, wenn sie in der rechten Stimmung war, einen Chopin-Walzer spielte (dieses Klavier war der einzige Besitz, den meine Eltern von New Jersey nach San Francisco expediert hatten). Später wurde ein Mason & Hamlin-Flügel, danach sogar ein zweiter, dem Haushalt zugefügt, um meinen Schwestern zu dienen. Aber keines dieser Instrumente hat mich je von meiner Geige abbringen können, wie übrigens die Familie auch niemals zu Klavierabenden ging, während Konzerte von Jascha Heifetz, Mischa Elman, Toscha Seidel, Fritz Kreisler und Georges Enesco zu unserem täglichen Brot gehörten. Ein Mensch, der gewissermaßen seine Stimme mit sich herumträgt, hat offensichtlich ein romantischeres, direkteres Verhältnis zu seinen Zuhörern als ein Klavierspieler. Würde ich nach einem Leben vor dem entblößten Gebiß der Klaviertastatur anders denken? Ich glaube nicht. Das Klavier spricht mit vielen Stimmen, die Geige mit einer einzigen, und ich glaube, es hat sich im Laufe der Geschichte herausgestellt, daß sie für viele und zu so vielen eindrucksvoller sprechen kann als jede Vielheit von musikalischen Stimmen, wie harmonisch sie sich auch vertragen.
Es mag merkwürdig klingen, aber häßliche Geiger pflegen schöne Frauen zu ehelichen. Das läßt sich natürlich im einzelnen schwer beweisen, zumal Urteile und Vergleiche, auf Kollegen angewandt, stets dubios bleiben. Aber auch, wenn ich mich um Beweisführung nicht besonders kümmere, behaupte ich, daß Geiger häßlich und ihre Frauen schön sein können und, wie dieses Phänomen zu beweisen scheint,

daß der Geiger eine magnetische Anziehungskraft besitzt, die anderen Sterblichen vorenthalten ist. Typischerweise ist er eher sinnlich als intellektuell, etwas beschränkt in seinem Horizont und höchstwahrscheinlich eitel. Er ist stolz auf den Klang, den er produziert, was man mit dem Stolz der Frau vergleichen kann, die auf ihr gutes Aussehen achtet – ein Stolz, dem man nie gestatten sollte, in Gleichgültigkeit abzusinken. Der Geiger ist romantisch auf eine Weise, die ihm erlaubt, seine Gefühle überströmend auszudrücken; romantisch jedoch nicht im Sinne »schmalziger« Interpretation, bei der er ungebremst und unkontrolliert seinem Impuls nachgibt. Ganz im Gegenteil: er ist ein Wesen, das durch die Tretmühle seiner eigenen Wahl getrieben wird, bis sich nach ungezählten Arbeitsstunden das gebührende Quantum mürrischer Befriedigung zeigt, welches (wenn er gut spielt) wenigstens bis zum Ende der Vorstellung anhält, in der Regel aber vor dem Applaus zerplatzt ist. Wenn man bedenkt, daß die Menschheit ihre Tage ohnehin in der einen oder anderen Tretmühle (wenn auch für geringeren oder keinen Gewinn) zubringt, dann ist der Geiger letztlich gut dran. Einmal hatte ich Gelegenheit, das ermessen zu dürfen – zumindest nach der Berechnung eines einzigen Mannes.
Wenn ich in den Jahren nach dem letzten Krieg nach Chicago kam, wohnte ich oft bei Edward Ryerson, dem Chef von Inland Steel und Präsidenten des Chicago Symphony Orchestra – einem schlanken, ranken Amerikaner der alten Schule, der so völlig anders ist als jenes mehr oder weniger ballonförmige Wesen, das den heutigen amerikanischen Businessman darstellt. Unsere Freundschaft begann auf ungewöhnliche Weise: Nach dem Krieg hatte die Chicago Symphony Furtwängler eingeladen, der akzeptierte und seinen Vertrag unterschrieb. Als jedoch die Anti-Furtwängler-Lobby mit einem Chicagoer Boykott drohte, wurde das Abkommen storniert und stattdessen Kubelik berufen. Mitten in diesen Auseinandersetzungen kündigte ich einen Gegenboykott an – den ich einige Jahre eingehalten habe, um gegen die Behandlung Furtwänglers zu protestieren. So wurde ich durch meine Weigerung, mit Ryersons Orchester zu konzertieren, rasch mit ihm bekannt. Bei einem meiner Besuche gab Nora Ryerson ein Dinner, um Diana und mich mit dem ansässigen Schlachthof-Adel bekanntzumachen, als beim Abschied ein Herr meine Hand nahm und sie nachdenklich in der seinen wog; für einen Augenblick hatte ich das Gefühl, er hielt sie für einen Schweinsfuß: »Wenn ich denke«, sagte er mit ernstem Nachdruck, »wieviel Geld diese Hand verdient hat...«

Es ist unbestreitbar, daß im Lauf meines Lebens das Einkommen eines Geigers gesunken ist – nicht etwa, weil plötzlich andere Instrumente in Mode gekommen sind, sondern weil die Geige von der ungeheuren Menge von Musik, die aus dem unergründlichen Füllhorn technischer Klangproduktionen über unsere Köpfe gestülpt wurde, erdrückt worden ist. Selbst in San Francisco (einem westlichen Odessa, was die Hervorbringung von Musikern betrifft) wie auch sicherlich in Odessa selbst konnte ein eifriger Musikfreund der zwanziger Jahre kaum je eine Oper hören, und seine übliche Musiknahrung beschränkte sich auf ein germanisches Menu des teuren Alfred Hertz, der in der Regel nur schlichte Tagesgerichte wie Beethoven, Brahms und Wagner servierte. Die Musikexplosion des letzten halben Jahrhunderts – aus frühen Tagen gerettete, von anderen Kulturen befruchtete Musik, wie sie in den Hinterhöfen von Johannesburg, Rio oder Kingston, Jamaica, oder von den Köchen in den elektronischen Laboratorien gepflegt wird – hat der Violine einen Dämpfer verpaßt. Wenn auch die damalige Anhängerschaft teilweise zu attraktiven Konkurrenzen abgewandert ist, so zieht doch die Geige heutzutage besser informierte Zuhörer an, deren Musikliebe von kritischem Bewußtsein gewürzt ist. Die Konzerte von Brahms und Beethoven sind zwar auch in meinem Repertoire die beliebtesten geblieben, aber inzwischen haben auch Bach und Bartók – nach meiner Meinung die beiden Komponisten, welche die intensivste Kenntnis der Geige besitzen – ein begeistertes Publikum gefunden.
Vielleicht haben wir nur den Mut verloren. So kann ich mich nicht freuen, daß der Stern der Salonmusik so völlig verblaßt und daß der Stil, den sie kultivierte, so in Mißkredit geraten ist. Vor nicht langer Zeit spielte ich in Sarasates Heimatstadt Pamplona in Nordwestspanien, und als ich feststellte, wie sehr er dort in Ehren gehalten wird (Plätze, Gebäude und Institute tragen seinen Namen), gab mir dies genügend Mut, hier einen Sarasate-Wettbewerb ins Leben zu rufen, der die Violine als Soloinstrument vorstellen sollte, also nicht gedacht war als Konkurrenz zu den üblichen Wettbewerben, wo mit immer steigenden Anforderungen bedeutende Werke, großer Ton und überragende (nicht elegante) Technik gefordert werden. Kaum war mir diese Idee gekommen, als ich sie den dortigen Stadtvätern bekanntgab und auf ihre Vorteile hinwies: die Unkosten würden gering bleiben, weil man kein Orchester benötigte; der Wettbewerb würde sofort eine Zuhörerschaft anziehen, denn die Konzertmanager haben Unrecht, wenn sie

glauben, daß Unterhaltung billig ist – ganz im Gegenteil, die Öffentlichkeit reagiert auf solche Musik mit Heißhunger; man brauche sich auch nicht auf das Repertoire des 19. Jahrhunderts zu beschränken, sondern könne Jazz-Improvisationen aus der heutigen Unterhaltungsmusik einbeziehen.

Noch steht dahin, ob der Stein, den ich in den Pamplona-Teich geworfen habe, seine Kreise ziehen wird; aber ich finde es schade, daß ein so vielseitiges Instrument einer seiner vielen Facetten verlustig gehen soll. Mit dem Verschwinden dieser wahrhaft virtuosen Art von Musik ist in einem inzwischen unentwirrbaren Wechselprozeß von Ursache und Wirkung jene Spezies von Geigern verschwunden, die sich in allem, was sie taten, durch Eleganz auszeichneten. Sarasate war ein solches Beispiel und, wenn auch auf andere Weise, Kreisler und Thibaud. Thibauds elegantes Geigenspiel war Ausdruck seiner französischen Herkunft, seine angeborene Fähigkeit, ein Thema zu forcieren, ohne zuvor das Metronom um Erlaubnis zu fragen. Die Franzosen sind zwar die ruppigsten Verkehrsteilnehmer dieser Welt, aber ihre Salonmanieren sind exquisit, und sie verstehen sich auf Höflichkeiten. Ich kann mich noch aus der Kindheit daran erinnern, daß nicht nur die erstklassigen französischen Orchester Mozart Gerechtigkeit angedeihen ließen, während ihn die Orchester in Deutschland (mit Ausnahme der allerbesten) mit schwerer Hand vergröberten. Dieser Vergleich hat mich gelehrt, daß Mozart nur in ritterlicher Tradition gedeiht. In meiner Jugend war Thibauds Mozart ohne jede Konkurrenz. Als ich Kreisler kennenlernte, brauchte ich meine Verehrung, die ich von klein auf für ihn hatte, nicht zu revidieren. Ganz im Gegenteil: Für mich blieb er stets der Geiger, der vor allem anderen die Musik *artikulierte*, als sei jedes Musikstück ein Gedicht, das es einer Geliebten vorzutragen galt. Darüber hinaus hatte ich viele Male Gelegenheit, seine Freundlichkeit und Großzügigkeit zu erleben. Kreisler besaß ein ganz besonderes Geschick, den von ihm adaptierten klassischen Stücken ein bißchen mehr Farbe und Abwechslung zu geben – gelegentlich mag er ein wenig übertrieben haben, aber im ganzen gesehen zeigte er das rechte Maß an Eleganz, an Genauigkeit und harmonischem Reichtum, durch das die Musik der Konvention entrissen und dem Repertoire wieder einverleibt wurde. Sein Arrangement von Viottis a-Moll-Konzert Nr. 22 ist besonders erfolgreich gewesen; er überreichte es mir: ich könne es spielen, so oft ich wolle.

Von der Veranlagung her eher zivil, brachte er Zucht und Ordnung in sein Leben, indem er Harriet heiratete, eine ziemlich herrschsüchtige Frau, die ihn streng und an kurzer Leine hielt. Er liebte sie inniglich, klagte, wenn er ohne sie war, und betonte immer wieder, wieviel er ihr verdankte; aber ich habe mich immer schwer getan, diese offensichtlich echten Gefühle mit der Art, wie Harriet ihn behandelte, in Einklang zu bringen. Bei einem Mittagessen in New York begannen Thibaud und er Erinnerungen an jugendliche Eskapaden auszutauschen – sie spielten innerhalb und außerhalb von Schlafzimmern, erzählten von verspäteten Konzerten, weil andere Abenteuer verführerischer waren, von Krisenzeiten, in denen sie füreinander eingestanden hatten usw. –, als Harriet dazwischenfuhr: »Aber Fritz!« rief sie. »Wen interessieren schon die Erinnerungen von alten, senilen Männern?« Um seine Finanzen in Ordnung zu bringen, gab er auf einer Tournee in England einmal 32 Konzerte in 30 Tagen; die Engländer liebten ihn besonders, und er erwiderte ihre Zuneigung. Es ging auch um England – genauer gesagt um Honorarstaffeln und Kartenpreise bei Londoner Konzerten, ohne besonderen Anlaß, sondern nur als eine charmante Art der Erinnerung –, als ich ihn zum letzten Mal besuchte. Es war ein Sommernachmittag in New York kurz vor seinem Tode 1962. Die Stadt brütete, der liebe alte Freund saß mit offenem Hemd bequem in seinem zerschlissenen Ledersessel, und sein Agent und Freund Charles Foley machte harmlose Konversation; Foleys Büro, drei oder vier Stockwerke hoch in einem alten Haus in einer der engen Nebenstraßen der Fifth Avenue gelegen, war nicht mehr Zentrum aktiver Geschäfte, sondern lag ebenfalls verlassen – das alles zusammen war Ausdruck einer liebenswürdigen Gelassenheit am Ende des Weges...

Jeder konzertierende Künstler prüft in den Stunden, den Tagen oder Wochen, die einer Aufführung vorausgehen, alle jene Umstände, die sein technisches Können freisetzen – oder es behindern können. Wenn sein Körper trainiert ist und der Blutdruck stimmt, wenn sein Magen unbelastet und der Kopf klar ist, wenn er die Musik im Herzen fühlt, wenn die Geige sauber und poliert, der Saiten- und der Bogenbezug makellos sind, dann – aber nur dann – sind alle Voraussetzungen erfüllt. Schon die Vernachlässigung eines dieser Dinge muß sein Gewissen belasten. Die Zuhörer, selbst die Kritiker, mögen nichts von seinem Unbehagen ahnen und einen Fehler irgendeinem anderen Umstand anlasten, ohne zu erraten, daß sich der Spieler seiner Unvollkommenheit, seiner Unzufriedenheit, seinem geheimen Wunsch, es ein andermal besser zu machen, durchaus bewußt ist. Selbst wenn nichts davon an die Öffentlichkeit dringt und die Zuhörer applaudieren, trampeln oder von den Sitzen springen, wird ihn dies nicht beruhigen können.

Wie jeder andere Artist lebt auch der Geiger in ständigem Training. Auch er muß seinen Körper stets von neuem erforschen. Seine Haltung muß aufrecht, aber so elastisch sein, daß er gleich einem Rohr im Winde hin- und herschwanken kann, ohne etwa das Gefühl der Stabilität von Kopf bis Fuß einzubüßen. Er ist ein lebendiges Bauwerk, eingespannt zwischen die Magneten Sonne und Erde. So wie nur eine gespannte Saite vibrieren kann, tut es auch der Körper des Geigers; er muß sich nach oben gezogen fühlen; sein Kopf ruht locker auf dem Rückenwirbel, und der ganze Körper scheint auf dem Luftkissen zu schweben, das das Zwerchfell aufpumpt, während die tätigen Anatomieteile – Schultern und Arme, Hände und Finger – auf den verschiedenen Ebenen ihre lockeren Bewegungen absolvieren. Elegante Beherrschung des Körpers ist etwas, das uns die Zivilisation versagt, und so geschieht es allzu oft, daß die Anforderungen der Geige uns noch stärker verkrampfen. Ich weiß noch, wie enttäuscht ich war, als mir eine Reihe von Geigern in San Francisco vorspielten. Unter ihnen befand sich ein junger Schwarzer, dessen Bewegungen etwas außerordentlich Lockeres, Flexibles an sich hatten. Meine Erwartungen waren hochgespannt; aber kaum hatte er die Geige angesetzt, wurde er unbeholfen und steif wie seine weißen Kollegen. Die Japaner und Koreaner, die jetzt immer stärker unsere Konzertsäle und Orchesterpulte bevölkern, zeigen dagegen in der Regel eine bewußte Körperbeherrschung, auf der echtes technisches Können basiert.

Bevor ich mein tägliches Pensum beginne, das nicht im Spielen von Stücken, sondern im Kontrollieren aller genau definierbaren Bewegungsabläufe besteht, ist allerdings noch etwas viel Wichtigeres zu erledigen. Bei mir beginnt das Geigeüben auf dem Rücken oder in verschiedenen anderen Lagen auf dem Fußboden, wobei ich jedesmal die Gesetze, die die menschliche Anatomie leiten, neu entdecke.

Wenn ich auf dem Boden liege, hebe ich beide Arme, beide Beine, einzeln und zusammen; ich lasse sie rotieren und baumeln, mache mir jede Bewegung bewußt, versuche, das Gewicht jedes einzelnen Gliedes zu erfassen, suche der Schwerkraft mit einem Minimum an Anstrengung zu begegnen, und beobachte, wie der Körper reagiert. Diese entspannten Bewegungen gehen Hand in Hand mit Atemübungen: einatmen,

wenn ein Glied gehoben wird, anhalten der Luft auf dem Höhepunkt, beim Entspannen ausatmen und dabei mit geschlossenen Lippen summen, so daß die Vibrationen im ganzen Körper zu spüren sind, wenn nicht irgendeine Verspannung es verhindert.
Ich hebe, sagen wir einmal, den linken Arm, mache mir bewußt, daß die Bewegung zunächst von einem Gefühl in der Schulter ausgeht, daß, noch bevor der Arm den Boden verläßt, der Körper eine leichte Drehung nach links macht, um damit der bevorstehenden zusätzlichen Belastung begegnen zu können. Der hocherhobene Arm ist dann nur das letzte Glied in einer Kette von Vorgängen, die der Verstand auslöste. Sich solche Vorgänge bewußt zu machen, bevor das Auge sie bestätigen kann, ist ein höchst diffiziler Vorgang, der für das Geigenspiel von kardinaler Bedeutung ist; sich diese Vorgänge bewußt zu machen, ist schon genug. Das gilt freilich nicht für die Exhibitionisten unter den Geigern, nicht für das Gehopse der Virtuosen auf dem Klavierschemel und die Akrobatik mancher Dirigenten. Vielmehr ist der Geiger selbst Teil seiner Geige, die linke Hand greift, ohne Spielraum für Fehlgriffe, die genauen Intervalle, in millimeterweiser Aufteilung einer Strecke, die sich wie die Zahlen auf dem Rechenschieber verjüngen; der Bogen, dessen Druck genau kontrolliert ist, haftet auf der Saite. Da ist kein Platz für Extravaganzen, für mehr als ein Schwingen der Hüften, für Gewichtsverlagerungen von einem auf das andere Bein, für eine Drehung des Kopfes, ein Heben der Zehen. Von allen Instrumentalisten ist der Geiger derjenige, der vor allen anderen lernen muß, die Bewegung in der Bewegung zu erkennen, den Schwung zu erhalten und ihm neuen Auftrieb zu geben, wobei er nirgends statischen Rückhalt findet noch suchen kann. Er muß lernen, sich locker gehenzulassen, mit dem Strom zu schwimmen, eine Bewegung in Gang zu bringen und dann harmonisch fortzusetzen wie die rhythmische Bewegung eines musikalischen Themas.
Beim Geigenspiel muß man sich immer darüber im klaren sein, daß hier vier widerstreitende Kräfte involviert sind, nennen wir sie einmal Vektoren, die die vier Linien des Kräfteparallelogramms bezeichnen: horizontales Stoßen, horizontales Ziehen, vertikale Gewichtsverlagerung nach oben, vertikale Gewichtsverlagerung nach unten (so wie manche Brückenkonstruktion auf den Prinzipien von Zug und Druck beruht). Alle vier Bewegungen müssen von zwei Händen mit zehn Fingern völlig erfaßt werden, bei jeder Saitenlänge und an jeder Stelle des Bogens. Erst dann lassen sie sich koordinieren. Jede Bewegung

muß in jeder Lage funktionieren, wobei in ihr noch ihre Gegenkraft wirksam wird, so daß sich zwei Bewegungen in einer kontrollierten Spannung befinden und wir zum Beispiel in der Bewegung das Gewicht verlagern oder unter Druck die Geschwindigkeit erhöhen können. Dieses Kräftespiel wird von den Fingerspitzen reguliert und erlaubt uns eine Vielzahl elastischer Bogen-, Wellen-, Kreis- und Spiralbewegungen. Im Augenblick des Spielens vermag man diese einzelnen Bewegungen gar nicht zu kontrollieren, aber um diese Automatik einzuleiten, habe ich mir angewöhnt, mir diese Grundelemente immer wieder ganz bewußt zu machen.

Im Laufe der Jahre habe ich daher eine spezielle, zeitsparende Übung entwickelt, die man auch anderen beibringen kann. Jeder Teil dieser Übung muß einzeln trainiert und einzeln erprobt werden, aber allmählich lassen sich diese Grundübungen, sowohl für die linke wie für die rechte Hand, in einer unendlichen Variationsreihe kombinieren: Koordination beider Hände in gleicher oder in Gegenbewegung, mit und ohne Lagen- oder Bogenwechsel, unabhängige Übungen für jeden Finger der linken Hand, während die rechte mit dem Bogen verschiedenste Übungen macht; dabei versuche ich Verkrampfungen zu beheben. Das Gewicht des Bogens auf der G-Saite unterscheidet sich sehr von dem auf der E-Saite, und dieser Unterschied verlangt natürlich auch eine Veränderung beim Greifen der Finger, wobei auf der G-Saite der dritte und vierte Finger mehr Kraft aufwenden müssen. Das ist bereits ein neuer Bewegungsvorgang. Jeder ausgebildete Geiger verfügt über diese unendliche Variabilität von Bewegungen. Meine Übung versucht sie zu lokalisieren und bewußt zu machen. Mit wie wenig Aufwand kann man, beispielsweise, den Bogen halten? Vielleicht nur mit dem ersten und vierten Finger? Wenn man sich nach vorn legt, ist der Daumen fast nicht nötig; lehnt man sich zurück, muß er mehr Gewicht halten. Oder, wenn man mit einem Finger der linken Hand die Saite herunterdrückt, sollten die ganze Hand, der Arm und die Schulter daran Anteil nehmen und dem Druck des Fingers entgegenwirken. Sonst bleibt der Ton leblos, so groß die Willensanstrengung auch sein mag, einen schön klingenden Ton zu produzieren.

Für diese abstrakten Übungen benutze ich einen Dämpfer besonderer Art: Ich stecke ein Papiertaschentuch unter die Saiten, wobei ich die Zipfel in die f-Löcher stopfe. Ich habe die Erfahrung gemacht, daß das Üben mit einem solchen Dämpfer oder (auch das habe ich einmal gemacht) mit eingeseiften Bogenhaaren mein Ohr vom Aufnehmen überflüssigen Klanges verschont und daß diese selbstverordnete Enthaltsamkeit (vor allem bei so bekannten Stücken wie zum Beispiel dem Brahms-Konzert) die Freude, wenn man es dann laut spielt, nur steigert. Dieses stumme Spielen zwingt mich auch dazu, die Musik körperlich in mich aufzunehmen, bis ich sie in meinen Fingern, Muskeln und Gelenken »höre«; bis der Körper eine Art auraler Intelligenz entwickelt, eine »reine« Stimme wird, ein wohlgestimmtes Instrument, das völlig selbständig agiert. Wenn man wie ich der Meinung ist, daß ein schöner Klang auch einen sichtbaren Koeffizienten besitzt, würde ich, wenn dies überhaupt möglich wäre, dessen Form oder Gestalt realisieren; ich würde eine Figur ersinnen, die fähig ist, ganz nach meinen Wünschen eine Note genau zu treffen, wie Zen, der Bogenschütze, der sich so zu konzentrieren vermochte, daß er sein Ziel blind traf.

Wenn ich genügend Zeit habe, verbringe ich mit solchen Übungen ungefähr eine Stunde und mache dabei stets neue Entdeckungen; Erkenntnis ist schließlich kein einmaliges Ereignis, kein Wunder am Weg nach Damaskus, sondern permanentes Forschen. Man kann Perfektion nur erreichen, wenn man sich täglich um sie bemüht. Mein Ziel ist es immer gewesen, so Violine zu spielen, daß alles, was ich spiele, zugleich eine Übung für das ist, was ich noch spielen werde. Ich habe mich dazu erzogen, konzentriert zu beobachten und stets auf Genauigkeit zu achten; das bewußt arbeitende Hirn läßt sich kurzschließen; doch so oft es geht, erlöse ich diese winzigen Kräfte des Unbewußten und lasse ihnen freien Lauf. Die Geschichte, wie Paganini übte, ermutigt dazu: Jahrelang war ihm ein eifriger Bewunderer auf seinen Tourneen gefolgt, entschlossen, die Geheimnisse seines Übens aufzudekken; das wollte ihm nie gelingen, bis er eines Tages durchs Schlüsselloch den Meister seine Violine zur Hand nehmen sah. Sein Herz begann zu klopfen, umsonst: nach nur wenigen Bewegungen legte Paganini das Instrument wieder weg. Gleichgültig, ob diese Geschichte wahr ist oder nicht, ihre Moral bleibt erbaulich. Ist nämlich einmal der Zeitpunkt gekommen, da alles gemeistert, integriert, koordiniert und vollständig erfaßt ist, ist es nur mehr nötig, sich kurz zu vergewissern, daß sämtliche Teile der Konstruktion noch perfekt funktionieren.

Obwohl mein Leben von Terminen bestimmt ist, kann ich mir die einzelnen Tage wohl einteilen. Natürlich habe ich oft genug in der Frühe einen Zug besteigen müssen, doch niemals den berühmten 7-Uhr-40-Zug ins Büro. An Tagen, an denen sich besonders viel zusammendrängt, ist es mein größter Luxus, der Uhr, die für jede Stunde eine

Pflicht bereithält, ein Schnippchen zu schlagen. Wenn irgend möglich, stehe ich früher auf als alle anderen (ehe sie zum Telefon greifen oder mir Briefe schicken), mache meine Yogaübungen frühmorgens in aller Ruhe und gehe noch einmal eine Stunde ins Bett, während jetzt alle anderen aufstehen müssen. Erfrischt, entspannt und voller Tatendrang kann ich mich der Violine zuwenden, was nach Möglichkeit am Vormittag geschieht. Jedoch bin ich kein Sklave meiner eigenen Routine. So wichtig ich auch jedes Konzert nehme, gibt es doch oft wichtigere Probleme meiner Mitmenschen, die die Geige verdrängen. Aber ich habe gelernt, selbst eine kurze Zeitspanne zu nutzen: So vermag ich mich schon durch kurzes Üben in Form zu bringen und praktisch jede Tag- oder Nachtstunde zu einem kurzen Schlaf zu nutzen.

Aber es gibt eine Versuchung, der ich nicht immer widerstehen kann. Wenn ich beispielsweise nach vierzehn Tagen täglichen Konzertierens einen freien Tag habe, müßte ich ihn eigentlich, ohne etwas zu essen, mehr oder weniger im Bett verbringen und nur eben so viel tun, daß der Körper geschmeidig bleibt. Aber der Drang, irgend etwas zu unternehmen, ist immer da, und ein so mißbrauchter freier Tag macht sich zuweilen beim nächsten Konzert nachteilig bemerkbar. Den Sabbat in der alten strengen Form zu feiern, wäre für Geiger eine herrliche Sache. Der größte Feind des Konzertierens ist aber das zu reichliche Essen.

In dieser Hinsicht bin ich gesund aufgewachsen: Meine Mutter setzte uns oft Salate, viele Gemüse und Obst und nur wenig Fleisch vor, niemals Gebratenes oder Saucen und selten Süßigkeiten. Einmal ließ sie sich von einem freundlichen Händler dazu überreden, anstelle des mühsam wachsenden Spinats doch die soviel fortschrittlicheren Dosengemüse zu versuchen. Wir fuhren mit dem Auto hin und brachten eine ganze Kiste Dosenspinat heim. Meine Mutter kochte ihn, wir probierten ihn, und das war bereits das Ende jeglicher Konservennahrung zu Hause; die unverbrauchten Dosen wanderten einfach in den Müll. Heute weiß man, daß der Spinat das Büchsenmetall angreift und dann sehr giftig werden kann. So ist mir von Jugend an gesunde Nahrung vertraut gewesen, was Dr. Walter B.Price, wie ich schon erzählte, nur bestätigt hat. Auf Grund seiner Erkenntnisse habe ich meine Diät geändert und versucht, in dieser Richtung auch auf die Menschen meiner Umgebung einzuwirken.

So gibt es in meiner Schule weder weißes Mehl noch weißen Zucker, mit dem Resultat, daß die Kinder nur selten krank werden, immer

fröhlich sind und ihrer Arbeit mit großer Energie nachgehen. In meinem Eifer habe ich auch dazu beigetragen, daß in London ein Geschäft für Wholefoods sich etablierte – eine Organisation der Soil Association, die organisch gewachsene und gedüngte Nahrungsmittel vertreibt. Ich bedauere sehr, daß ich nicht selbst eine solche »organische« Farm besitze, doch um diesen Mangel in meinem Leben zu kompensieren, habe ich einmal Sam Mayalls Farm in Shropshire besichtigt. Ich erinnere mich, daß mir dort eine eindrucksvolle Lektion zuteil wurde: es gab zwei aneinander grenzende Felder mit Weizen, wovon der künstlich gedüngte ungefähr doppelt so hoch war wie der andere, den man nur mit Naturdünger behandelt hatte; doch ein heftiger Sturm hatte das Land heimgesucht, und nun lag der hohe Weizen darnieder, während der kurze unversehrt geblieben war. Nach einigen finanziellen Schwierigkeiten macht Wholefoods inzwischen Gewinn, und da es ein Non-Profit-Unternehmen ist, steckt man die Gelder in neue Niederlassungen und in die Aufklärung der Öffentlichkeit.
Inzwischen bin ich selber auf dem besten Wege, Vegetarier zu werden. Es scheint mir, daß die Konsumenten dabei sind, sich vom Fleisch der Vierbeiner abzukehren, und sich stattdessen dem Geflügel und den Fischen, ja eher noch Obst, Gemüsen und Getreidearten völlig zuwenden. So weit bin ich noch nicht. In Gesellschaft esse ich bisweilen Fisch, selten Fleisch. Mir scheint es nicht nur humaner und gesünder, sondern auch vom ökonomischen Standpunkt empfehlenswert: Wenn sich jeder direkt von der Erde und nicht auf dem Umweg über das Tier ernährte, gäbe es wahrscheinlich genug Land, uns alle zu ernähren. Das schlagende Argument ist für mich die Wirkung im Konzert: hier ein voller Magen, der seine Mittagspastete noch nicht völlig verdaut hat, dort ein unbeschwerter, der ein leicht verdauliches Mahl bereits verwertet hat. Unmittelbar vor einem Konzert nehme ich, falls es nötig ist, gesunde Kost zu mir: einen nahrhaften Trank aus Schrot, Trockenhefe, Vitaminen und Honig oder einen der lebenverlängernden Extrakte, die es inzwischen zu kaufen gibt.
Ich hoffe, daß der Leser die Bedeutung dieser Details nicht unterschätzt. Ich bin überzeugt, daß selbst in den grundsätzlichen Funktionen unseres Körpers ein Teil unserer Glückseligkeit liegt. In politischen Philosophien oder Annalen wird man keinerlei Hinweis auf Verdauung oder Stuhlgang finden, obwohl alles Leben von diesen Vorgängen abhängt, und zweifellos geben sie uns eine erste Lektion hinsichtlich unserer Rücksichtnahme auf die Zukunft wie auch hin-

sichtlich der Bedeutung des verzögerten Glücksgefühls. Soviel ich weiß, kalkulierten die Chinesen – die gleich den Indern ein Gefühl für Zeit haben – in ihrer Küche sowohl die verzögerte als auch die unmittelbare Befriedigung mit ein. Täten wir alle das doch! Vieles in unserer kranken Welt (das englische Wort dis-ease bedeutet eigentlich »gestörte Entspannung«) kommt einfach daher, daß wir uns selbst zu viele Unbequemlichkeiten bereiten, während wir zugleich jemand anderem die Schuld dafür geben; die menschliche Natur wird überleben, wenn man sie von ihren angenehmen, doch schädlichen Gewohnheiten befreit. Nur der Musiker kann niemanden verantwortlich machen: die Bürde der falschen Noten muß er selbst tragen.
Manchmal aber ist nicht einmal die Völlerei schuld, wie z.B. bei jener Matinee in Mailand, die ich damals so schnell wie möglich vergessen wollte, inzwischen aber mit einer gewissen Gelassenheit betrachte.
Diana und ich hatten die Reise von Südfrankreich nach Mailand in einem dieser entsetzlich überfüllten italienischen Züge zurückgelegt, in denen zahlreiche Matronen ihre mütterliche Güte und ihre Knoblauchwurst gleichmäßig unter ihre Lieben verteilen und jedem nicht daran teilnehmenden Fremden ein gewisses Gefühl der Verlassenheit vermitteln. Schließlich kamen wir am frühen Nachmittag in Mailand an und legten uns – in der Annahme, das Konzert sei am Abend – im Hotelzimmer nieder, um ein wenig auszuspannen. Schon nach wenigen Minuten schrillte das Telefon, um mir zu vermelden, daß ich in der nächsten Stunde auf dem Podium zu erscheinen hätte. Wir sprangen aus den Betten, nahmen ein Bad, zogen uns an und machten uns zu meinem Publikum auf, ohne daß ich auch nur eine Minute Zeit gehabt hätte, in die Noten zu schauen. Ich wußte, daß ich Paganinis d-Moll-Konzert spielen sollte, das ich seit Monaten nicht im Repertoire hatte, und als ich das Stück noch einmal im Kopf memorierte, vergaß ich völlig, daß der erste Satz ja einige Solokadenzen enthält.
Wir kamen im Teatro Nuovo an, einem unterirdischen Konzertsaal, in dem ich mich fortan geweigert habe zu konzertieren. So wenig ich gegen unterirdische Fabriken habe, so glaube ich, daß zumindest dieser Saal sich als ein Desaster herausgestellt hat. Die Atmosphäre, die Bühne, das Licht und die Akustik sind über alle Maßen deprimierend. In dieser düsteren Umgebung brachen die vergessenen Kadenzen über mich herein, und alles, was davon übrig blieb, waren ein paar Arpeggien, denen sogleich der letzte Triller folgte. An diesem Tag war ich nicht besonders stolz auf mich, um so weniger als der gute Rafael Kubelik

nach hinten kam und so freundlich und ermutigend war wie immer. Als Junge ist er viel mit seinem Vater, dem großen Geiger Jan Kubelik, herumgereist, und ich vermute, er weiß ganz genau, daß es in der Karriere jedes Künstlers ein paar beschämende Augenblicke gibt.
Sofort nach dem Konzert flohen wir ins Hotel zurück, um uns nach dem nächsten Zug nach Venedig zu erkundigen; wir stürzten nach oben, packten fieberhaft unsere Sachen, jagten zum Bahnhof, erwischten den Zug gerade noch und entflohen. Wenige Stunden später schaukelten wir in einer Gondel unter dem Sommerhimmel auf dem Canal Grande. Das Konzert war im Nebel zurückgeblieben, Venedigs Magie beherrschte die Gegenwart. Ich war glücklich.
Das Gefühl, der Stätte seiner Untaten rasch entfliehen zu können, ist für jeden reisenden Geiger immer wieder eine Wohltat. Selbst wenn ein Konzert ohne Besonderheiten zu Ende ist, freue ich mich, danach allein und in Frieden gelassen zu sein. Nachdem die Arbeit getan ist, will ich mich der nächsten Verpflichtung zuwenden können. Eine denkwürdige Flucht dieser Art widerfuhr mir einige Jahre vor dem Mailänder Konzert in Texas, als man noch per Zug in den Vereinigten Staaten herumreisen konnte.
Ich hatte in Abilene gespielt, einer kleinen Stadt, die von Bohrtürmen erobert ist wie von einer Besatzungsarmee. Wo immer das Öl in die Höhe spritzt – in einer Straße, im Rathaus, in einem privaten Grundstück –, schießen auch diese merkwürdigen Gerüste (damals waren sie noch aus Holz und ziemlich schmutzig) unerwartet in die Höhe, als würde eine Landschaft über die andere gestülpt. Das Konzert war zufriedenstellend verlaufen, und ich mußte ungefähr 90 Meilen mit dem Auto fahren, um den Transcontinental Express von Los Angeles nach Chicago und New York zu besteigen, und zwar an einem sogenannten Whistlestop, wo die Züge nur anhalten, wenn jemand dort steht und mitgenommen werden will. Ich kann noch immer nicht pfeifen, aber selbst wenn ich es könnte, hätte es angesichts eines solchen Stahlmonstrums wenig bewirkt; gottlob war der Lokomotivführer verständigt worden. Das Pfeifen des Zuges dagegen konnte man über gewaltige Entfernungen hin vernehmen, ein aufregender und zugleich romantischer Ton, den Diesel-Lokomotiven nie zustande bringen.
Als ich an die verabredete Stelle kam, war der Zug weder zu hören noch zu sehen. Es gab dort buchstäblich nichts und niemanden; keinen Bahnhof, keine Menschenseele. Lediglich einen einspurigen Schienenstrang inmitten des immensen, weiten Landes und den Sternenhimmel

darüber. Schließlich erschien ein Mann mit der roten Fahne, und plötzlich sah man am fernen Horizont ein kleines Licht auftauchen, das nach und nach größer und heller wurde, bis das enorme, mechanische, Hitze ausströmende, zischende, keuchende, herrliche Ungeheuer zum Halten kam. Ich stieg ein und fühlte mich sofort wunderbar geborgen; keiner konnte mich stören, keiner wollte etwas von mir: der vollkommene Abschluß eines Konzerts.

Jedes Konzertpublikum besteht aus einem reichhaltigen Sortiment von Leuten, reich und arm, verschlossen und anregend, vornehm und liederlich. Mit einer solchen Vielzahl von Menschentypen auf gutem Fuß zu stehen, ist eine der angenehmeren Nebenerscheinungen eines Musikerlebens. Vielleicht bedeutet es mir auch nur deshalb so viel, weil ich in meiner Jugend so wenige Menschen um mich hatte; jedenfalls genieße ich die vielen Freundschaften, die sich ohne persönliche Begegnung entwickelt haben und die sich in Briefen oder Geschenken, oft über Jahre hinweg, ausdrücken, bis sie fast zur Tradition werden. Das schafft in manchen Fällen eine wirkliche Verbundenheit, z.B. mit einer Dame namens Angela Marris. Miss Marris besucht jedes meiner Konzerte in England und zahlreiche im Ausland – und vor ein paar Jahren haben wir, wenn man so sagen kann, unser tausendstes gemeinsames Konzert gefeiert. Sie besitzt eine vollständigere Sammlung meiner Platten als ich oder die EMI und hat ihre Treue durch eine Kollektion selbstgestrickter Pullover aller Größen für meine Familienmitglieder bekundet.

Diese menschliche Verbundenheit, die mir meine Musik verschafft, ist für mich etwas Beglückendes, und ich muß gestehen, daß mir dabei die Beziehungen zur Damenwelt am liebsten sind und daß ich sie um so lieber pflege, je älter diese Damen sind. Ein hohes Alter zu erreichen und dabei seinen Verstand, seinen Humor, seinen Witz und seinen Charme zu behalten, ist vielleicht das Schönste, was das Leben einem schenken kann. Diese alten Damen nehmen in meinem Gedächtnis einen Ehrenplatz ein, wo ich ihrer mit der gebührenden Bewunderung und Dankbarkeit herzlich gedenke. Sie füllen gewissermaßen jene Lücke, die mir meine Jugend ohne Großmutter hinterlassen hat.

Einige dieser Damen habe ich bereits erwähnt: Königin Elisabeth von Belgien, selbst Geigerin und eine bedeutende Mäzenatin der Musik; nicht nur war sie eine imponierende Monarchin, die – selbst deutscher Herkunft – ihre Untertanen gegen die deutsche Besatzung zu verteidigen wußte und die nach dem Krieg trotz mancher Kritik im eigenen Lande Polen und die Sowjetunion besuchte. Sie praktizierte auch Yoga und war Schülerin meines eigenen Guru Iyengar. Sie hatte sich so jung erhalten, daß sie noch in ihren Achtzigern lernte, auf dem Kopf zu stehen.

Aus meiner Kindheit erinnere ich mich der Godchaux-Schwestern, ferner der königlichen Mrs. Koshland, meiner ersten »great lady«, Mrs. Casserly in New York sowie Mrs. Leventritt, die ihr charmantes Lachen ihrer Tochter Rosalie vererbt hat. Ein wenig später fanden Emma Kodály und Nadia Boulanger in meiner Ehrengalerie Platz sowie Magdalena Kash, eine Schülerin Constantin Brunners, die bis heute, im Alter von neunzig Jahren, im Brunner-Institut in Den Haag tätig ist. In England erwarb ich die Gunst von Lady Cholmondeley, von Lady Meade-Featherstonehaugh, einer Vegetarierin, die geheimnisvolle Zaubertränke zu mixen versteht, sowie von Prinzessin Alice, der Duchess of Athlone, die mir immer wie eine Königin aus dem Märchenland erschien. Es war ihre königliche Autorität, die unsere damalige Nurse bestimmte, sich mit der Linkshändigkeit meines ersten Sohnes Jeremy abzufinden. Zu meinen Grand Old Ladies zählen auch Margot Hausenstein, die Witwe des früheren deutschen Botschafters in Paris, und Nesta Obermer, eine herrlich temperamentvolle amerikanische Dame. In Gstaad besitze ich eine besondere Konstruktion zum Entspannen: Man schnallt seine Knöchel mit einer elastischen Binde fest, lehnt sich zurück und kann in dieser umgestülpten Lage verbleiben, solange man möchte, wobei das Gewicht der Füße aufgehoben ist. Kaum hatte Nesta Obermer diese Einrichtung gesehen, mußte sie sie schon ausprobieren und fand so großen Gefallen daran, daß sie es bei jedem neuen Besuch in Gstaad wiederholt. Ich nehme an, daß es nicht viele achtzigjährige Damen mit solcher Lust am Abenteuer gibt.

Unter allen meinen Ersatz-Großmüttern ist mir Vienoula Kousathana, unser Schutzengel in Mykonos, eine der liebsten. Sie ist im Laufe ihres Lebens eine weise Frau geworden, Oberhaupt der Kousathana-Sippe, die in Norwegen und New York, in Athen und auf Mykonos verstreut lebt. Von Beruf ist sie Weberin, hat mehrere Jahre in Manchester gelebt und sehnt sich dorthin zurück – eine Leidenschaft, die sie sicherlich nicht mit allen auf Mykonos geborenen Emigranten teilt.

15. *Blick vom Podium*

Die Zusammenarbeit mit Dirigenten: Herbert von Karajan, Paul Paray, Pierre Boulez, Edmond de Stoutz · Klavierbegleiter und Duo-Partner: Wilhelm Kempff, Gerald Moore, Louis Kentner, Hephzibah · Die Akustik in Sälen und im Freien · Die optimalen Konzertsäle des 19. Jahrhunderts · Sie komponierten für Menuhin: Ernest Bloch, Béla Bartók, Frank Martin, Darius Milhaud

Auf einer amerikanischen Tournee in den späten vierziger Jahren spielte ich auch in einer kleinen schäbigen Bergwerksstadt namens Wheeling, die sich ganz unpassend mitten in der schönen Landschaft von West-Virginia breitgemacht hat. Sie besitzt keinerlei Attraktionen, dafür aber ein Orchester, eine Orchester-Gesellschaft, in der sich die örtlichen Geldgeber versammeln, sowie einen energischen, talentierten jungen Dirigenten, Henry Mazer (er ist jetzt in Chicago), auf dessen Schultern das Unternehmen ruhte und der – so schien es mir – dort als Hausmeister, Kassierer, Propagandist und Dirigent fungierte. Als er mich nach der Probe ins Hotel zurückfuhr, lud er mich zu einem Essen nach dem Konzert ein, wobei er meinen Wunsch, eigentlich früh zu Bett zu gehen, mit der Mitteilung abtat, es handele sich bei dem Gastgeber um einen der wichtigsten Geldgeber für das Orchester.
»Vor einem muß ich Sie allerdings warnen«, fügte er hinzu. »Er kann Beethoven nicht leiden.«
»Aha!« Ich erfuhr, daß die jährliche Spende unseres Gastgebers zweihundert Dollar betrug, eine Summe, für die man nach Mazers Ansicht schon ein gewisses Maß an Takt verlangen konnte; also versprach ich, mit meiner Ansicht über den Wiener Meister hinter dem Berg zu halten. Nach dem Konzert, in dem Beethoven natürlich nicht figurierte (ich steuerte Lalos *Symphonie espagnole* bei), wurden Mazer und ich mit den letzten Kräften des Fahrstuhls in ein Penthouse hinaufbefördert, wo ich schon am Eingang einen kräftigen Schlag zwischen die Schultern verpaßt bekam und, kaum daß ich die Balance wieder erlangt hatte, eine herzlich dröhnende Stimme vernahm: »Nun, Mr. Menuhin, was halten *Sie* denn von Beethoven?« »Es gibt viele Menschen«, gab ich vorsichtig zu bedenken, »die ihn zu mögen scheinen.«
»Ach!« dröhnte unser Gastgeber, »der hat doch keinen Mumm in den Knochen!«

Ich weiß genau, wer von uns, Beethoven oder ich, sich jetzt hätte schämen müssen, aber ein Versprechen ist ein Versprechen. Einmal abgesehen von Wheeling, gibt es immer wieder so viele Bewunderer Beethovens, daß sein Violinkonzert im Laufe der Jahrzehnte für mich eine Art Maßstab geworden ist, an dem sich das gestiegene Niveau und die verschiedenen Moden des Orchesterspiels ablesen lassen; ich wünschte, er hätte zwei oder drei weitere geschrieben. Wir Geiger bedauern immer wieder, daß die großen romantischen Komponisten uns jeweils nur ein Konzert hinterlassen haben, so als ob sie es nur pro forma komponiert hätten, um sich dann der wahren Arbeit an ihren Symphonien widmen zu können. Im Gegensatz zum wunderbaren Brahms-Konzert, das wie weicher Lehm ist, den man bei der Aufführung modelliert und das daher einen Dirigenten und ein Orchester von hohem Standard verlangt, wenn man ihm Gerechtigkeit widerfahren lassen will, ist das Beethoven-Konzert ein Stück von vollendeter Schönheit, das man nur mit größten Skrupeln aufführen kann. Diese Wahrheit wurde mir kurz nach dem Krieg einmal mit ziemlicher Deutlichkeit demonstriert.
Ungefähr einen Monat, bevor ich zu einer Südamerika-Tournee aufbrach (auf der ich auch in Guatemala City spielen sollte), erreichte mich in San Francisco ein Brief des ständigen Dirigenten in Guatemala City, einem Mann mit Namen Paco. Er lautete etwa so: »Verzeihen Sie bitte, wenn es vermessen klingt; seit wir wissen, daß Sie uns besuchen, haben wir uns gefragt, ob Sie vielleicht das Beethoven-Konzert mit uns spielen wollen. Wir verstehen es völlig, wenn Sie das nicht möchten. Wir sind kein besonders gutes Orchester, aber wir werden vorher daran arbeiten; und wenn Sie bei der Probe merken, daß wir unmöglich sind, müssen Sie es ehrlich sagen; es wird uns dann eine große Ehre gewesen sein, es einmal mit Ihnen durchzuspielen...« Eine solche Bitte konnte man nicht abschlagen. Ich versicherte ihm, daß, wenn die Probe gut verlaufe, wir dieses Konzert in der zweiten Hälfte des Programms spielen würden. Als ich ankam, war ich tief gerührt. Paco hatte nicht nur einen Monat lang täglich mit dem Orchester probiert, sondern auch mit jeder Gruppe und jedem einzelnen Spieler gearbeitet. Jedes Detail war da, jede Note sauber und rhythmisch genau, jedes Piano und jedes Forte beachtet. Sicherlich hat es bedeutendere Aufführungen gegeben, aber hier bemerkte man gewissenhafteste Arbeit, die Beethovens Schönheiten keineswegs verdunkelte.
Pacos Orchester war bescheiden genug, nichts als selbstverständlich zu

betrachten. Am anderen Ende dieser Skala befinden sich die Berliner Philharmoniker, die ebenfalls nichts als selbstverständlich hinnehmen. Aber dazwischen liegen sehr verschiedene Grade des Könnens und der Selbstgefälligkeit. Zum Ausgleich für den Beethoven in Guatemala gab es ungefähr zehn Jahre später eine verzweifelt schlechte Beethoven-Aufführung in Texas, in einer kleinen Stadt, deren Name nicht genannt wird – weniger um ihr barmherzig ihre Anonymität zu belassen, als vielmehr, weil ich ihren Namen tatsächlich vergessen habe. Ich schrieb gerade, daß Beethoven nur mit großen Skrupeln gedient ist. Ob man sich ihm auf solche Weise nähert, merkt der Solist bei den ersten Takten, ja bereits bei den ersten Tönen der Pauke, die oft schlecht gestimmt ist oder nicht im Takt spielt. Die vier kurzen Töne beim ersten Einsatz der Streicher – nicht leicht perfekt zu spielen – sind ein weiteres Signal dafür, was einen erwartet. Als das Orchester in Texas auf der Probe sein Tutti begann, war ich so entsetzt, daß ich zum ersten Mal in meinem Leben ernsthaft erwog, die Aufführung abzusagen. Ich schämte mich zutiefst: Hatte ich dreißig Jahre mit Arbeit, Reisen, Gedanken, Disziplin und Hingabe an die Musik verbracht, um jetzt an Beethoven ein Massaker zu begehen? Doch der Ruf des Gewissens wurde von dem Solidaritätsgedanken an die Musiker, die offensichtlich keine Ahnung hatten, wie entsetzlich sie spielten, beiseite geschoben. So freundlich ich konnte, bat ich den Dirigenten, das erste Tutti selber dirigieren zu dürfen, und so ungewöhnlich und beschämend mein Vorschlag auch war, ließ er mich gewähren. Irgendwie brachten wir das Konzert zu Ende.

Im allgemeinen sind meine Beziehungen zu den Dirigenten ausgezeichnet gewesen. Als Kind mochte ich ohnehin nicht viel sagen, und auch heute halte ich von Diskussionen zwischen Solisten und Dirigenten nicht sehr viel. Die Musik hat ihre eigene Sprache, der man nicht mit Worten auf die Beine hilft; die Interpretation muß für sich sprechen; sensible Ohren sind da vonnöten, aber keine Überredungskünste. Grundsätzlich geht man von der Annahme aus, daß der Dirigent den Solisten begleitet, aber andererseits gibt es viele Manövriermöglichkeiten, die von der Autorität und der Erfahrung beider und der Freiheit abhängen, welche die Musik dem Solisten läßt. Er ist in der Regel für die Wahl des Tempos verantwortlich, und da viele Konzerte mit einem Tutti beginnen, wird der Dirigent, nachdem er das Tempo angeschlagen hat, bisweilen den Solisten anschauen, ob der damit einverstanden ist, anstatt sein Tempo eisern durchzuhalten, um es später dann doch korrigieren zu müssen. Geschieht dies nicht, und er spielt beispielsweise schneller als ich möchte, wird mein erster, betont langsamerer Einsatz ihn eines Besseren belehren. Hier gibt es ohnehin keine Hierarchie von Kommandieren und Gehorchen. Der Dirigent ist nicht nur für die Tutti-Passagen verantwortlich, sondern auch für diejenigen, in denen das Orchester schnellere Noten zu spielen hat als der Solist – denn diese Noten bestimmen das Grundtempo. Es gibt gewisse Details der Interpretation, die ich mir manchmal nicht verkneifen kann dem Dirigenten nahezulegen: beispielsweise das Crescendo in den zwei Auftaktnoten der ersten Violine in der Reprise des ersten Satzes im Brahms-Konzert, einer der großartigsten Augenblicke der Musik, der oft übersehen wird. Wenn man solche Wünsche äußert, wird man natürlich höflich vorgehen. Nach Möglichkeit soll man auch dem Dirigenten nicht vor dem Orchester widersprechen, und wenn ich, als Geiger, mit den ersten Geigen einen bestimmten Fingersatz oder eine Strichart absprechen möchte, frage ich natürlich erst um Erlaubnis. Jedesmal wird sie erteilt.

Das geschieht bisweilen im Beethoven-Konzert. Als ich ein Junge war, begannen die ersten Geigen ihr Thema mit einem Abstrich, und zwar folgendermaßen:

Nach meinem Gefühl kann man das eigentlich gar nicht anders spielen; denn der Anfang eines Themas verträgt sich nicht mit dem Aufstrich, wie man auch kein Gesetz verkündet, indem man den Arm hebt. Vor ungefähr fünfzehn Jahren begann sich jedoch die Praxis einzubürgern (und fast alle Orchester befolgen sie heute), den Anfang im Aufstrich zu spielen, als ob dies die Struktur verdeutlichen würde. Es klingt fast pedantisch, wenn man dies bedauert, denn wenn auch der optische Effekt ungünstig ist, bleibt der Unterschied im Klang kaum wahrnehmbar. Die Wahl des Aufstrichs geschieht ja in guter Absicht, so daß man zögert, es zu kritisieren. Obwohl es mich immer durchzuckt, lasse ich es bei dem Aufstrich, doch bei meinem eigenen Orchester bestehe ich darauf, daß man zu der Strichart aus meiner Jugend zurückkehrt.

Die großen Orchester der Vergangenheit waren von hohem Niveau.

Was sich inzwischen verbessert hat, sind die Qualitäten der zweit-, dritt- und viertrangigen Orchester, und selbst Amateurvereinigungen sind sehr bemüht; sogar Jugendorchester klingen heutzutage professionell. Ohne Frage haben die Plattenaufnahmen (die uns gestatten, uns selbst wie die anderen zu hören), aber auch beispielhafte Aufführungen dazu mitgeholfen; ein anderer Faktor ist, daß wir gerade eine Zeit erlebt haben, die den Absichten der Komponisten größten Respekt zollt. Der Gewinn hat freilich manchen Verlust mit sich gebracht; beide Faktoren sind nach meiner Ansicht Aspekte des mechanischen Zeitalters, welches das Legalistische, das Kontrollierte, das Vorausgeplante über die Empfindung des Individuums stellt. Marcel Ciampi behauptete, daß vor dem Ersten Weltkrieg jeder Künstler etwaigen Einwendungen gegenüber seiner Interpretation mit den schlichten Worten begegnen konnte: »So fühle ich es eben.« Seit ich regelmäßig Musik höre, hat die romantische Lässigkeit einer »Korrektheit«, einem fanatischen Gleichmaß des Tempos und einer Überzeugung Platz gemacht, daß man Musik nur auf Instrumenten spielen sollte, für die sie geschrieben ist, in der Manier der damaligen Zeit und mit der Anzahl von Musikern, über die der Komponist verfügte. Als ich 1926/27 zum ersten Mal in Paris war, hörte ich ein Konzert des Capet-Quartetts, dessen Hingabe an solche Korrektheit sie dazu verleitete, ohne Vibrato zu spielen. Ohne Vibrato zu spielen, ist eine hervorragende Kontrolle der eigenen Intonation und daher auch geeignet, die Genauigkeit eines Ensembles zu prüfen, aber für meine Ohren war diese Wiedergabe so unerträglich, daß ich aus dem Saal lief. Später habe ich das bedauert, denn das Capet-Quartett bestand aus hervorragenden Musikern, von denen ich viel hätte lernen können. In den letzten Jahren scheint das Pendel wieder nach der anderen Seite zurückzuschlagen – nicht etwa, daß man den Komponisten jetzt wieder Respekt versagt, aber doch soweit, daß Emotionen wieder gefragt sind. Ich glaube, daß mein eigenes Spiel den Schwingungen dieses Pendels nicht gefolgt ist, aber ich mag mich täuschen: Weiß der Fisch, ob er im Salz- oder im Süßwasser schwimmt?
Es gibt Dirigenten, die sind Ausdruck ihres Orchesters, ihre Schöpfer wie ihre Schöpfung, wie z. B. Eugene Ormandy und das Philadelphia Orchestra oder Herbert von Karajan und die Berliner Philharmoniker. Dort haben sich herrliche Instrumente vererbt, und dort weiß man, wie man sie pflegt. Karajan steht in der Reihe der großen Dirigenten, aber er ist mehr als das: er ist ein Menschenführer. Er steht zu seinen

Musikern, achtet darauf, daß sie genug verdienen und daß sie auf guten Instrumenten spielen, und ermutigt sie, wenn sie in kleineren Ensembles Kammermusik betreiben; wo er immer kann, unterstützt er sie. Es ist offensichtlich eine deutsche Eigenschaft, die Talente des eigenen Landes zu pflegen – ganz im Gegensatz zu den Franzosen, die trotz ihres berüchtigten Chauvinismus dazu neigen, die Großen des eigenen Volkes zu verkennen. So hat man die Leitung des Orchestre de Paris nicht etwa Paul Paray, Pierre Boulez, Ernest Bour oder einem anderen Franzosen übertragen, sondern Ausländern, die nicht unbedingt qualifiziert sind, ein französisches Orchester zu verstehen; dabei ist Paray mit neunzig Jahren noch aktiv und lebhaft wie vor beinahe fünfzig Jahren, als er mein erstes Konzert in Europa dirigierte. Und Boulez besitzt eine Kenntnis der Partituren und eine Klarheit des Verstandes, die kaum glaublich ist. (Für New York war es ein außerordentliches Erlebnis, als man ihn kürzlich dorthin holte – ihn, der mit den Schwierigkeiten eines Berg und Webern so vertraut ist wie mit Brahms' Violinkonzert.)

Wie so oft, bilden die Engländer einen Kompromiß zwischen der französischen und der deutschen Haltung; sie ehren die eigenen Meister und haben doch ein offenes Ohr für Musiker aus dem Ausland. Diese Großzügigkeit zeigt sich in der Person von Sir Charles Groves, der in Liverpool einen zweiten Dirigentenposten einführte, um der jungen Generation eine Chance zu geben. Zubin Mehta z.B. verdiente sich in Liverpool seine ersten Sporen. Ich habe von Sir Charles' Selbstlosigkeit ebenfalls profitiert. Beim Carl-Flesch-Concours in London, dem ich verbunden bin, dirigiert er sämtliche Konzerte der Preisträger, was mehr als ein Liebesdienst, eigentlich eine anstrengende Schinderei ist. Nicht zufällig hat England, neben Israel, die meisten vielversprechenden jungen Dirigenten hervorgebracht; vielleicht ist es auch kein Zufall, daß England ein paar Jahre lang einen musikalischen Premierminister besaß. Bei allem Respekt, den ich vor Edward Heaths Integrität, politischem Können und Intelligenz habe, glaube ich, daß er sich unter Musikanten am entspanntesten fühlt. Anfang 1976 wurden er, ich und vier weitere Männer in Anerkennung unserer Beiträge zur europäischen Einheit mit Ehrendoktorgraden der Sorbonne ausgezeichnet – ich weiß nicht, was mir größeres Vergnügen machte: der erste Musiker zu sein, der Doktor der Sorbonne wurde, oder die Großzügigkeit, mit der man mir als Amerikaner gutes Europäertum bescheinigte. Bei dieser Gelegenheit spielte ich einen Satz für Violine solo von Bach, während Heath die Feierlichkeiten beendete, indem er mit dem Chor und dem Orchester der Sorbonne das Hallelujah aus Händels *Messias* dirigierte (seit Händels Tagen sind Outsider in England willkommen; wie Shakespeares Stücke und die King James Bible ist der *Messias* inzwischen ein Teil des britischen Bewußtseins). Noch eindrucksvoller schien mir ein Abendessen, das Heath 1972 in der Downing Street (er war damals Premierminister) gab, um Sir William Waltons siebzigsten Geburtstag zu feiern; zwischen den Gängen hatte er musikalische Zwischenspiele arrangiert, die er jedesmal mit gut gewählten Sätzen ankündigte. Es war und bleibt beruhigend zu wissen, daß ein so kultivierter Abend sozusagen im Zentrum eines Staates stattfand. Wäre das in jedem anderen Land möglich? Ich bezweifle es.

Ein Berufsmusiker, wie ich zum Beispiel, kann sich ein Werk vornehmen und es ganz leidenschaftslos studieren und sich die »Exaltationen« für den Augenblick der Aufführung reservieren.

Unter den vielen berufsmäßigen Dirigenten, die ich im Laufe von fünfzig Jahren kennengelernt habe, gibt es aber einen, der gleichsam die Frische des Amateurs bewahrt hat. Das ist Edmond de Stoutz, der Dirigent des Zürcher Kammerorchesters. Er nimmt in der Welt der Musik einen ganz besonderen Platz ein, der ganz ihm gehört und der von der Hingabe an sein Orchester belebt ist. Darin sitzen erstklassige und weniger erstklassige Musiker, doch unter seiner Leitung werden sie alle zu ausgezeichneten Leistungen angefeuert. Kaum ein Tag vergeht, ohne daß er mit ihnen probt, und er dirigiert in der Probe mit demselben Eifer wie im Konzert. Mit seinen Musikern teilt er die Beschwerlichkeiten der Busreisen und der schlechten Unterkünfte, doch seine Autorität bleibt unangefochten, weil er die Last der Verantwortung trägt. Ich habe niemanden kennengelernt, der weniger eitel ist als er; und das ist ein Widerspruch in sich, denn einen uneitlen Dirigenten gibt es fast nicht auf der Welt.

Seit den ersten Nachkriegsjahren habe ich keine ständigen Begleiter mehr verpflichtet, aber die letzten beiden, Marcel Gazelle und Adolf Baller (deren Zeit sich überschnitt, als Baller die amerikanischen Tourneen mitmachte und Gazelle die in Europa), spielten in meinem Leben weiterhin ihre Rolle: mit Gazelle unternahm ich das große Abenteuer, eine Schule zu eröffnen. Für die eine oder andere Tournee habe ich andere Begleiter verpflichtet, vor allem Leon Pommers, einen charmanten Burschen, der noch heute mit russischem Akzent spricht; er ist ei-

ner der besten Begleiter in den USA und hat jetzt eine Professur am Brooklyn College übernommen. Er ist auch ein hervorragender Jazz-Pianist. In Australien setzte er sich einmal nach dem Konzert an das Klavier in unserer Hotelsuite und ergötzte uns mit herrlichen Boogie-Woogies: ein denkwürdiges Ende der Soirée.
Jetzt spiele ich immer häufiger mit den Pianisten meiner Familie und habe auch mit bekannten Virtuosen unserer Zeit, z. B. mit Vladimir Ashkenazy, konzertiert, den ich 1972 zum Windsor Festival einlud. Für den, der Festivals organisiert, ist es ein besonderer Vorteil, Musiker dazu einzuladen, die er selbst gern kennenlernen und hören möchte. Ashkenazy revanchierte sich, indem er mich nach Island, seiner schönen und seltsamen Wahlheimat, brachte. Ein weiterer großartiger und anregender Pianist ist für mich Wilhelm Kempff. Wie wir uns kennenlernten, entbehrte nicht einiger Komik.
Ende 1955 war ich für ein Konzert in Athen verpflichtet worden, zu dem sich König Paul und Königin Friederike, das diplomatische Corps und le tout Athènes angesagt hatten. Ich wollte nicht eigens dafür einen Begleiter mobilisieren, wollte auch nicht die Bachschen Solo-Sonaten spielen und erkundigte mich daher, ob sich nicht in Athen zufällig ein Pianist befände; es stellte sich heraus, daß Kempff in Athen angesagt war, und so beschlossen wir, gemeinsam aufzutreten. Diana und ich waren mit dem Zug gekommen (es war in den Jahren, wo ich nicht flog), und als wir in der britischen Botschaft eintrafen, wo wir wohnen sollten, stellte sich heraus, daß das Gepäck nicht mitgekommen war. Man fragte in verschiedenen Botschaften nach passender Abendgarderobe an, aber mit geringem Erfolg: die Hosen (aus Frankreich) schienen völlig verquer gebügelt, die Schuhe (aus Spanien) waren zu groß, die Schöße des Fracks (aus Deutschland) hingen bis auf den Boden, das Frackhemd (aus Italien) beulte sich auf, daß ich aussah wie eine Diva, und die Kombination dieser Dinge wirkte so komisch, daß der italienische Botschafter sich versucht sah, Diana nach meinem Schneider zu fragen. Nur die sowjetischen Diplomaten schien nichts zu stören.
Kempff und ich hatten kaum probieren können. Wir gingen flüchtig das Programm durch und stellten sogleich fest, daß wir uns verstanden. Diese Methode hat sich bewährt: Als er und ich alle Beethoven-Sonaten auf Platten einspielten, taten wir dies ohne Probe und haben dabei oft den ersten »take« eines bestimmten Satzes für die Platte übernommen. Kempff – als der nobelste Vertreter deutscher Tradition – ist jener

Zeit treu geblieben, in der noch nicht Stoppuhr und Metronom den organischen Rhythmus der Musik bestimmten, und ist doch, was seine Selbstdisziplin betrifft, ein Künstler unserer Zeit. Ihm ist es gelungen, die natürliche Spontaneität mit dem unbedingten Respekt vor dem Wunsch des Komponisten zu vereinen.

Kein Musiker unseres Jahrhunderts wird umhin können, einen der großartigsten Begleiter unserer Tage zu rühmen: den Engländer Gerald Moore. Moore, der jetzt leider zurückgezogen lebt, hat mich jedes Mal überrascht: bei der Größe seiner Hände und der Spannweite seiner Finger würde man nicht vermuten, wie herrlich zart und zurückhaltend er spielen kann. Wenn man ihn so am Flügel sitzen sieht, möchte man annehmen, er spiele kräftig und robust, aber ich glaube nicht, daß es einen sensibleren Begleiter auf der Welt gibt. Die beiden englischen Begleiter, die ich am besten kenne, Ivor Newton und Gerald Moore, haben viele gemeinsame Vorzüge, aber sie sind am entgegengesetzten Ende des Nationalspektrums angesiedelt: Ivor ist eher eine gewandte und kultivierte Salongestalt, während Gerald wie das verkörperte Landleben wirkt. Künstler mit einem Hang zum Landleben scheinen eine englische Spezialität zu sein – auch die Londoner Parks sind keineswegs »urbanisiert«; noch immer liegen sie wie ein Stück Bauernland inmitten der Metropole. Elgar gehörte zu solchen Künstlern, Britten und Moore ebenfalls. Im Gegensatz zu den meist völlig »verstädterten« Musikern in Deutschland oder Frankreich fahren die englischen Musiker, so oft sie können, zur Erholung aufs Land, besitzen vielleicht eine Farm oder züchten irgendwelche Tiere oder ziehen sich, wie Gerald Moore nach Box Hill, aufs Land zurück, um ihr Leben umgeben von Blumen, Bäumen und Feldern zu genießen.

Die Pianisten, mit denen ich jetzt am häufigsten konzertiere, sind mein Schwager Louis Kentner und meine Schwester Hephzibah. Louis, von Geburt Ungar, ist ein herrlicher Musiker, einer der letzten grandiosen Virtuosen aus der Welt der Liszt, Busoni und Anton Rubinstein. Schon bevor wir schließlich »verwandt« wurden, haben wir oft zusammen musiziert und inzwischen zweimal in Paris und einmal in London den ganzen Beethoven-Zyklus aufgeführt. Louis, der von Kennern in aller Welt verehrt wird, hat einen bewundernswerten Charakter, weil er überhaupt nicht neidisch ist. Er hat eine liebende und geliebte Frau, seine Bücher, seine Musik und seine Schüler, und er liebt dieses Leben. An meiner Schule hat er Wunder gewirkt: Seit er dort Leiter der Klavierklassen geworden ist, spielen die Kinder mit einer Si-

cherheit und Phantasie, die nur ein großer Künstler ihnen vermitteln kann. Auch in dieser Arbeit ist er, das weiß ich, völlig glücklich.
Mit Yaltah habe ich eigentlich ziemlich selten gespielt, obwohl sie jetzt auch in London wohnt und verschiedentlich bei den von mir geleiteten Festivals aufgetreten ist. Yaltah ist eine betont weibliche Erscheinung, zart und sensibel, ja zerbrechlich, und ihr Musizieren ist stark vom Gefühlsmäßigen her bestimmt. Als meine Schwestern in Basel noch kleine Mädchen waren, hielt Rudolf Serkin (der beide unterrichtete) Yaltah für talentierter. Gerechterweise sollte man sagen, daß ihre Talente verschieden sind: Hephzibah ist gleichsam ein ästhetischer Felsen von Gibraltar, der sich jeglicher Trivialität, Vulgarität, ja jeder Übertreibung widersetzt; Yaltah dagegen, obwohl technisch nicht so gewandt, ist außergewöhnlich musikalisch, und ihr Spiel ist subjektiver. Sie hat lange Jahre in Los Angeles gelebt, wo sie viele moderne Komponisten kennenlernte, so daß sie mehr in der zeitgenössischen Musik zu Hause ist als Hephzibah, deren Autorität und Sicherheit sich auf das klassische Repertoire gründen, das sie in den Kriegsjahren in Australien studierte. Ich bezweifle, daß Yaltah den Strapazen einer Konzerttournee gewachsen wäre, deren rigorose Anforderungen sie im Gegensatz zu Hephzibah niemals hat trainieren können. Vielleicht hat sie auch einfach nicht die physische Kondition, um sich ihnen zu stellen. In einer Welt voller Widrigkeiten hat sie sich zu ihrem Klavier zurückgezogen. Yaltah ist ein wahrer Engel, der jedem Trost und Rat spendet, der danach verlangt; so wird ihr eine dankbare Zuneigung zuteil, die das Leben ihr auf anderen Gebieten versagt hat.
Ich bin, ob zu Recht oder zu Unrecht, davon überzeugt, daß man aus dem musikalischen Vortrag eines Menschen seinen Charakter ersehen kann. Hier enthüllt ein Künstler sein verborgenes Temperament, seine verborgenen Qualitäten und riskiert, daß man seine Seele erkennt. Das trifft auch auf meine Schwester Hephzibah zu: Ihr Spiel hat eine reine, klare, gleichbleibend sinnvolle Qualität, der jedes Brimborium abgeht. Wie an ihr selbst ist nichts daran gekünstelt, und wie sie selbst sich nie in den Vordergrund stellt, so lehnt sie jede aufgebauschte, augenfällige Gestik beim Spielen ab.
Hephzibah ist stets gern in Gesellschaft, und wir in der Familie lächeln darüber. Wenn ich mit ihr reise, bin ich jeden Morgen neugierig, wen sie wohl diesmal zum Frühstück eingeladen hat. Doch dahinter liegt eine Wahrheit: Ähnlich wie Richard Hausers soziale Arbeit ihrer Mithilfe bedarf, so gibt sie sich lieber der Kammermusik hin als dem ein-

samen Ruhm des Solospiels. Im großen und ganzen ist sie meist mit mir aufgetreten. Sie braucht einfach die Anregung (mit Vorliebe die ihres Bruders) zusätzlich zur Musik; es geschieht in einer ganz anderen Sphäre, aber sie muß das Gefühl haben, daß sie sich den Absichten eines anderen unterordnet. Hephzibah ist sich ihres Naturells völlig bewußt. Sie gibt zu, daß sie die Überzeugungen anderer Menschen braucht, um sich selbst anzutreiben; sie weiß, daß sie wenig eigenen Antrieb hat und es vorzieht, im Licht eines anderen zu leuchten. Mit ihrer Energie und Zielbewußtheit braucht sie sich vor nichts zu fürchten. Ich möchte annehmen, daß sie in die dritte Kategorie jenes Sprichworts fällt: »Wer es weiß und nicht weiß, daß er es weiß: weck ihn auf!« Denn ich glaube, sie ist sich ihrer Gaben voll bewußt. Mein musikalischer Einfluß auf sie hat dem von anderen Platz gemacht; Efrem Kurtz und seine Frau, die Flötistin Elaine Schaffer, und der italienische Bratschist Luigi Bianchi haben sie eine ganz neue Expressivität entdecken lassen; in jüngster Zeit hat sie sich (es scheint paradox) für Women's Lib interessiert – vielleicht, um dadurch das Selbstlose ihres Charakters ein wenig zu kompensieren, vielleicht auch nur, weil sich ihr Charakter einen größeren Maßstab des Selbstbewußtseins leisten zu können glaubt.

Auf unseren Tourneen haben Hephzibah und ich unsere Rituale: Als erfahrene Nomaden wissen wir, daß man unnütze Anstrengungen vermeiden muß; so verzichten wir darauf, den Konzertsaal im Laufe des Tages zu besichtigen; das Hin- und Herfahren und der ganze Aufwand sind eigentlich umsonst, so daß wir es vorziehen, in unseren Hotelzimmern zu bleiben, zu üben, zu arbeiten und auszuruhen. Ungefähr zwei Stunden, bevor das Publikum eingelassen wird, fahren wir zum Saal und üben, zuerst jeder für sich – sie auf dem Podium und ich im Künstlerzimmer –, dann zusammen. Ich ziehe es vor, mich ganz allmählich in Form zu bringen, aber die Stunde auf der Bühne, vor leeren Sitzen, hat auch noch einen anderen Sinn: wir probieren die akustischen Verhältnisse aus. Wenn es für einen reisenden Virtuosen die Pest gibt, dann ist es schlechte Akustik: dazu haben die Architekten oftmals getan, was sie konnten.

Mitten in einem Zeitalter, das sich der Technik unterworfen hat, gibt es jedoch besonders schlimme Beispiele von Irrwegen auf diesem Gebiet: der perfekte Konzertsaal existiert wirklich; unsere Vorväter haben ihn erdacht, und noch immer gibt es Städte, die sich seiner herrlichen Vorteile glücklich schätzen dürfen. Wie oft geschieht es hingegen, daß cle-

vere Architekten, Ingenieure und Akustiker die Erfahrungen der Vergangenheit beiseite schieben, um mit vereinten Kräften fürchterliche Modernismen auszubrüten. Daß man mit Begeisterung die falschen Lösungen in Angriff nehmen kann, zeigen sowohl die Royal Festival Hall in London als auch das Lincoln Center in New York. Die akustischen Verhältnisse in der Festival Hall sind das törichte Produkt der gleichen Leute, die sich vor fünfundzwanzig Jahren Aufnahmestudios ohne jeden Nachhall ausdachten, als wenn Musik, wie die Chirurgie, am schicklichsten unter Lampen vonstatten gehen müßte, die keinen Schatten werfen, und keine Tiefe, keine Perspektive, keine Struktur vertragen könnte. Jedenfalls besaß die Royal Festival Hall, bevor man sie umbaute, genau jene trockene, ärmliche Akustik, welche die Ingenieure sich ausgedacht hatten.
Als man das Lincoln Center plante, übersandte ich John Rockefeller III, der damit befaßt war, die Pläne der Stuttgarter Liederhalle, die – weil nicht aus der Blaupause eines Ingenieurs, sondern dem Entwurf eines Künstlers erwachsen – einen der eindrucksvollsten und akustisch hervorragendsten modernen Konzertsäle darstellt. Die Liederhalle ist eine asymmetrische Konstruktion mit fließenden Linien: das unregelmäßige Oval des Zuschauerraums wird von zwei gekrümmten Wänden aus Holz bzw. geädertem Stein umgrenzt; gekrümmt verlaufende Gänge führen wie ein Flußdelta, von der Bühne her sich ausbreitend, zu den hinteren Türen: nur ein genialer Kopf kann sich so etwas ausdenken.
Mein Versuch, den Bau des Lincoln Center zu beeinflussen, blieb aber erfolglos. Zubin Mehta dagegen hat in jedem Planungsstadium des Dorothy-Chandler-Pavillons in Los Angeles beratend mitgewirkt und damit erreicht, daß die dortigen akustischen Verhältnisse für den einsamen Sänger auf der Bühne wie für das volle Orchester gleichermaßen befriedigend sind. Sowohl in der Festival Hall wie in der Philharmonic Hall im Lincoln Center haben die an der Decke installierten schwebenden Tonblenden geholfen, die Akustik zu verbessern, aber die Sache hat eine Million Dollar gekostet (und inzwischen rechnet man mit weiteren Millionen, um zusätzliche Verbesserungsversuche zu unternehmen). Die Technik vermag vieles; sie vermag anscheinend den Architekten die Verantwortung abzunehmen; doch das Ideale bleibt nach wie vor eine ökonomische Eleganz, bei der zugleich die physikalischen Gesetze beachtet sind.
Die beste Klangentfaltung garantiert ein Gehäuse, das hoch, geräumig

und nicht allzu lang gestreckt ist. In dieser Hinsicht sind die Opernhäuser des neunzehnten Jahrhunderts ohne Ausnahme (unabhängig von ihrer Größe) die vollkommensten. Ihre Hufeisenform macht es den Zuhörern möglich, die Musik aus vernünftiger Entfernung zu hören; Logen und Balkone sind nicht zu tief eingelassen, so daß sie weder das Publikum noch den Schall ganz verschlucken und die Wände den Schall zur Decke zurückwerfen können. Welche Art akustisches Wissen die Errichtung dieser Säle geleitet hat, vermag ich nicht zu sagen, da ich an dieser Frage eher pragmatisch denn historisch interessiert bin, aber ich werde mich stets fragen, warum man diese Erkenntnisse so leichtfertig ignoriert hat. Die Antwort liegt vielleicht in der Voreingenommenheit, mit der unser Zeitalter dem Image und dem Auge schmeichelt, die Ansprüche des Ohrs jedoch vernachlässigt. Vor allem aber daran, daß man nur das Kino für fähig hält, uns neue Erkenntnisse, neue Freuden und neue Zerstreuungen zu vermitteln. Der böse Einfluß des Kinos hat sich auch den Konzertsälen mitgeteilt: man hat ihre hohen Decken heruntergezogen, hat das Auditorium gestreckt und verlängert, hat die Zuschauer unter gewaltigen vorspringenden Balkonen begraben, die Zuhörer zu passiven, auf Polsterstühle gebetteten Zuschauern degradiert und den Klang zu betäubender Phonstärke gesteigert. Ein Lichtstrahl vermag einen ganzen Tunnel zu erleuchten, aber der Klang braucht Höhe, über die er sich sogar flüsternd mitzuteilen weiß. Ein Konzert im Tunnel ist tatsächlich ein anstrengendes Unterfangen, so als ob man gegen eine Welle von Sirup anschwimmen wollte.

Venedigs Juwel, das Teatro Fenice, verlangt nach Mozart oder Paganinis Kantilenen; gewaltige Sakralbauten wie die Canterbury Cathedral oder das Basler Münster scheinen für den vollen barocken Klang eines Bach geschaffen; und die traditionellen europäischen Konzertsäle – das Amsterdamer Concertgebouw, das ehemalige Leipziger Gewandhaus und seine Bostoner Imitation, die Symphony Hall – entsprechen der großen Musik des 19. Jahrhunderts. Wie die Opernhäuser dieser Zeit bieten diese herrlichen rechteckigen Hallen, in denen Höhe und Weite ideal proportioniert, die Ränge schmal und unaufdringlich bleiben, eine makellose Akustik.

Einer ihrer Vorzüge ist die großzügige Verwendung von Holz. Die Violine, in einer Zeit geboren, in der man Holz als ideales Material ansah und dort Wälder rauschten, wo sich dem Auge heute nur die Konturen blanker Erde darbieten, respondiert in getäfelten Räumen am be-

sten. Das habe ich während des Krieges wiederholt erfahren, als ich in den verschiedensten Holzunterkünften der amerikanischen Armee konzertierte. Das hat sich auch zum Beispiel im Opernhaus von Sydney bewahrheitet, das völlig mit weißer australischer Birke ausgekleidet ist. Eine solche vollkommene Holztäfelung findet sich nicht in vielen älteren Konzertsälen, wo schon der hölzerne Fußboden und das hölzerne Podium im Zusammenwirken mit idealen Proportionen eine warme, lebendige Akustik ergeben. Sogar die etwas unpersönliche Salle Pleyel in Paris mit ihrem Holzpodium hat eine schöne Akustik. Im Laufe der Jahre habe ich sogar für diesen etwas plump geratenen Saal eine gewisse Vorliebe entwickelt, so daß ich seine Nachteile übersehe. Wenn es nicht gerade Holz sein kann, spiele ich gern gegen Stahl und – wie ich 1941 in Mexiko City entdecken konnte – auch gegen Glas an: Der dortige Belles-Artes-Saal besitzt eine Rückfront aus gefärbtem Glas, das den Ton mit einer Brillanz und einer Klarheit zurückwirft, die seiner farbigen Lebendigkeit in nichts nachsteht.
Erfahrung hat mir gezeigt, daß Freiluftkonzerte ziemlich heikel sind. Selbst in milden Klimata kommen die drei wichtigsten Voraussetzungen – Ruhe, trockene Luft und perfekte Akustik – nur selten zusammen. Die verläßlichsten Voraussetzungen für solche seltenen Konzerte bot das Dell in Philadelphia, eine natürliche, von Rasenböschungen umgebene Talsenke, aus der in Sommernächten die bunten Kleider der weiblichen Zuhörer wie herrliche Blumensträuße leuchteten. Bei aller Schönheit mußte man aber auch hier den Ton (wenn auch sehr behutsam) für die entfernter sitzenden Zuhörer verstärken. Dann hat man durch Umbauten das Dell ruiniert: die Böschungen wurden mit Bulldozern abgetragen, um mehr Platz zu schaffen, der Boden wurde zementiert, Zuschauerbänke installiert, das Ganze stark vergrößert. Jetzt wirkt das Dell wie ein Viehgehege. Vielleicht macht man den Schaden wieder gut: Freddy Mann, unermüdlich im Dienst der Stadt Philadelphia, hat ein neues Dell geschaffen, in dem ich hoffentlich eines Tages konzertieren werde. In antiken Amphitheatern habe ich zahlreiche Konzerte mit Erfolg absolviert, da dort der Stein, die steilen Ränge und die Abgeschlossenheit viele akustische Probleme, die im Freien auftauchen, lösen. Aber ich kann mich an schreckliche Beispiele erinnern, beispielsweise an das erste Konzert, das ich im römischen Amphitheater von Caesarea in Israel gab. Dort hätte man die Bedingungen einfach vorher ausprobieren müssen.
Maurice Gendron, Alberto Lysy, Odeon Partos, Ernst Wallfisch und

ich sollten dort einen Kammermusikabend geben; der Bratschist Wallfisch war Enescos Schüler, den ich in Rumänien bei einem offiziellen Essen, das die dortige »Gauleiterin« Anna Pauker gab, kennenlernte; später gelang es mir, ihn in die USA zu bringen. Wir setzten uns nieder, schlugen die Noten auf, legten sie auf die Pulte, setzten den Bogen an und fingen an zu spielen. Alles ging gut, bis plötzlich ein Windstoß vom nahegelegenen Mittelmeer im Nu unsere Noten umblätterte, den einen in den 2. Satz, die anderen ins Finale verwies. Wir begannen abermals. Der zweite Windstoß meinte es noch besser. Zwei Notenhefte flogen völlig vom Pult. Einer schlug vor, Wäscheklammern zu benutzen, aber das hieß, am Ende jeder Seite innehalten, losmachen, umblättern und wieder festmachen; schließlich bat ich um Umblätterer (d. h. Notenfesthalter) aus dem Publikum. Einer von ihnen war Jeremy, der damals zehn Jahre alt war. So halfen wir uns dann bis zur Pause, in der unsere Frauen und Freunde kamen, um uns zu trösten – mich ausgenommen. Prustend vor Lachen erschien Diana und rief: »Das war das lustigste Konzert, das ich je erlebt habe!«
Ob lustig oder traurig, dieses Experiment hat mich gelehrt, daß man bei Freiluftkonzerten auf Windschutz und Resonanzboden nicht verzichten kann. Inzwischen gibt es hervorragende Freiluft-Konzert-»Hallen«, und auch Caesarea kann sich ganz auf seinen Charme verlassen.
Nur selten geschieht es, daß man in einem Saal spielt, der überakustisch ist. Große Ausnahme von dieser Regel sind natürlich Kirchen. Ich habe sehr viel in Kirchen gespielt, zum Beispiel beim jährlichen Gstaad-Festival in Saanen, und habe ihre Problematik und ihre Vorzüge kennengelernt. Tatsächlich gibt es Vorzüge: Unter den großen Augenblicken meiner Karriere figuriert eine Aufführung von Bachs Solo-Sonaten in der Westminster Abbey. Es war ein eigentümliches und herrliches Gefühl, zu wissen, daß auch der kleinste Ton sich seinen Weg in den hintersten Winkel des majestätischen Gebäudes bahnen muß und daß die gewaltigen Wände, gleichsam selbst ein Musikinstrument, einer einsamen Violine Wärme und Glanz verleihen, wie das Pedal dem Klavier. Diese Resonanz verlangt natürlich nach veränderter Spielweise: ein schneller Satz muß beispielsweise langsamer genommen werden, aber oft ist dies nicht einmal nötig. Viel öfter muß man gegen eine Akustik ankämpfen, die zu dumpf, zu flach und zu tot ist. Am schlimmsten wird es, wenn die wohlmeinenden Kleinstadtväter die Bühne mit schweren Samtvorhängen verhüllen.

Den bösesten akustischen Mord mittels Samtvorhängen erlebten Adolf Baller und ich, als wir in Mayaguez in Puerto Rico (übrigens dem Geburtsort von Martita Casals) auftraten. In dem kleinen Saal hatte man nicht nur einen, sondern einen ganzen Satz Vorhänge zwischen Kulisse und Bühnenöffnung gehängt, zwischen denen wir Versteck spielen konnten und uns beim Abgehen von der Bühne schrecklich verirrten. Es war, als landete man auf dem Flughafen Heathrow an einem verhangenen Londoner Tag, wenn man die erste Wolkendecke durchstößt, die Erde zu sehen glaubt und stattdessen von einer zweiten oder dritten Wolkendecke überrascht wird.
Aber wenn man diese Samtbarrieren zwischen Bühne und Publikum eine Stunde vor dem Konzert bemerkt, ist man machtlos: man kann sie weder herunterreißen noch ihren Effekt mildern; man muß einfach so intensiv wie möglich spielen. Ist der Saal nicht so hoffnungslos verhüllt, kann man sich helfen. Ob die Spieler sich einander gegenüber oder den Zuhörern zugewandt aufstellen, kann schon die Ausgewogenheit der Aufführung beeinflussen. In einem Saal von geringer Resonanz wird man den Deckel des Flügels weit aufsperren, dagegen nur halb öffnen, wenn die Akustik dem Klavier auf Kosten des Geigers schmeichelt. Spielt dies keine Rolle, lasse ich gern den Flügel ganz öffnen und stelle mich in seine Krümmung, damit der Klang beider Instrumente verschmilzt. Sobald wir die Akustik des Saals kennengelernt und unsere Entscheidung getroffen haben, pflegen bereits die Leute zu kommen, und Hephzibah und ich verschwinden hinter der Bühne. Dort bin ich ihr gegenüber im Vorteil: selten steht im Künstlerzimmer ein Klavier, so daß sie nur die Daumen drehen kann, während ich bis zum letzten Augenblick meine Lockerungsübungen mache.
Meines Erachtens gibt es drei Voraussetzungen, die in einem Saal zum Erfolg des Konzerts beitragen können: eine akustische, eine visuelle und eine gesellschaftliche; und alle drei hat man in der Vergangenheit sehr viel besser erfüllt als heutzutage. Die Doktrin, derzufolge alle Menschen gleich seien, hat die Architekten von Konzertsälen zur Annahme verleitet, daß jeder einen Sessel benötigt, wenn er Musik hören will. Diese Annahme ist nicht nur vom Standpunkt der Kosten für alle Beteiligten ganz unrealistisch, sie geht auch von falschen Voraussetzungen aus. In England zum Beispiel meiden die Studenten das Parkett und bevorzugen Promenadenkonzerte, und zwar nicht nur, weil sie weniger kosten, sondern weil sie sich dort wohler fühlen. Pierre Boulez hat bei seiner Bemühung, die New Yorker Proms etwas lockerer zu

48 *Ravi Shankar und YM*

49 *Stephane Grappelli und YM*

50 Kongreß des Internationalen Musikrats, Moskau 1971; die Rednertribüne kurz vor YMs aufsehenerregender Rede

51 Mstislaw Rostropowitsch und YM, Paris 1974

52 *Bequemes Üben*

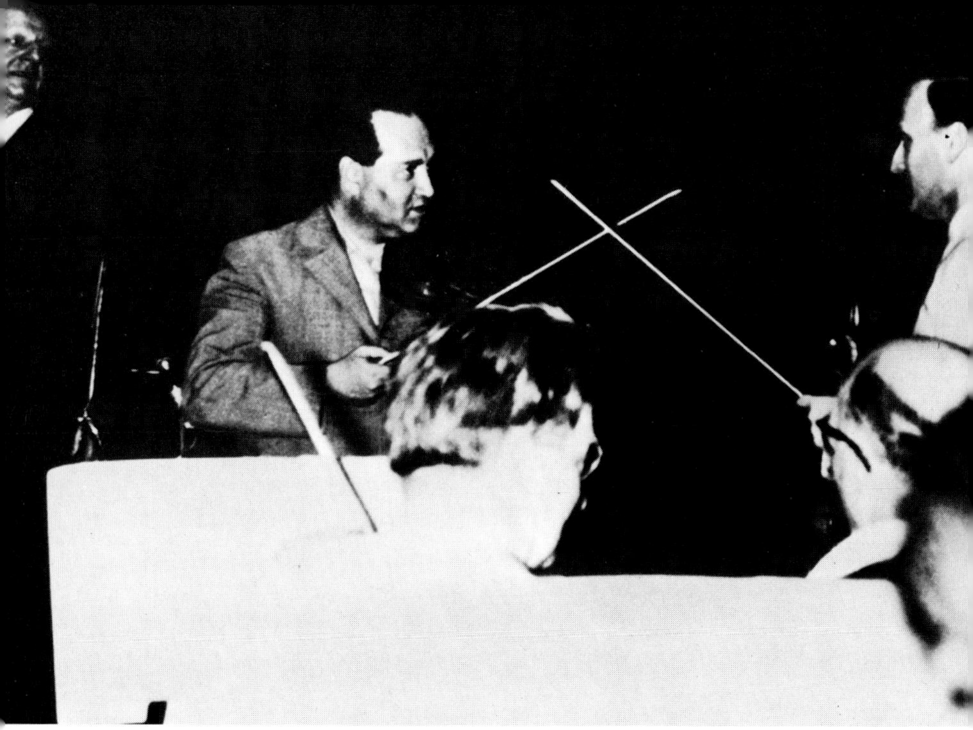

53 *David Oistrach und YM bei einer Probe des Doppelkonzerts von Bach*

54 *Mit passender Kopfbedeckung beim Edinburgh-Festival; v.l.n.r.: Louis Kentner, Gaspar Cassadó und YM*

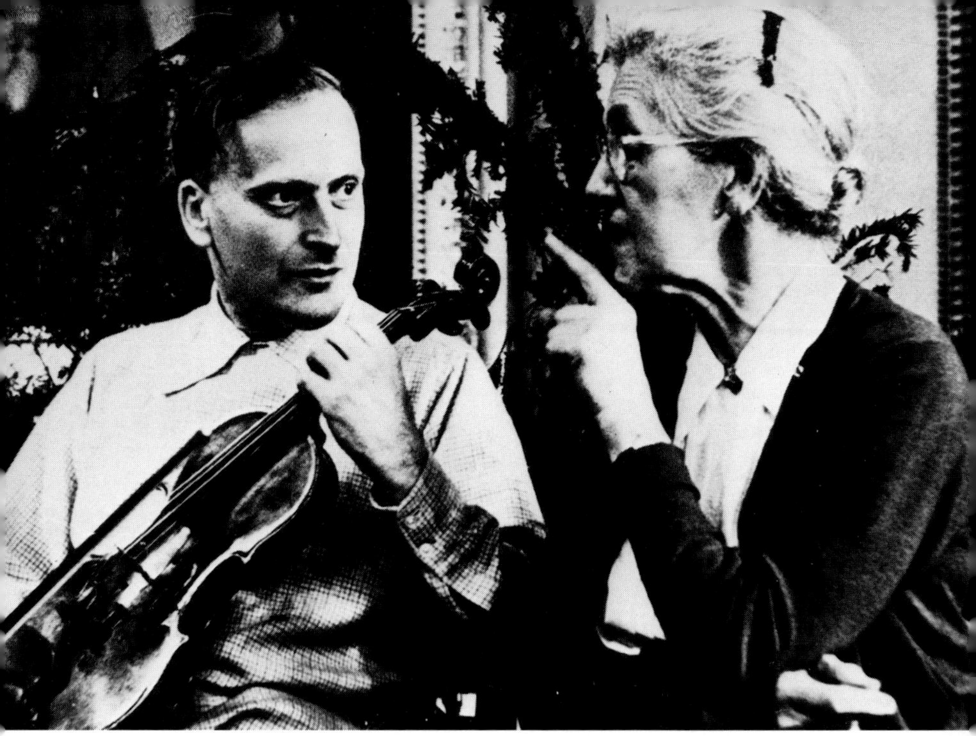

55 Nadia Boulanger, Bath-Festival 1961

56 YM mit Hephzibah, Yaltah und Jeremy bei den Proben für das Konzert zu seinem 50. Geburtstag, bei dem sie unter seiner Leitung Mozarts Konzert für drei Klaviere spielten · 57 YM und Margot Fonteyn, Bath-Festival 1962

58 *YM und Rudolf Nurejew, Bath-Festival 1964*

59 *YM probt mit seinem Orchester*

60 Eröffnung der Yehudi-Menuhin-Schule am 18. 9. 1963. Die Erwachsenen v.l.n.r.: Margaret Hubicki, Barbara Kerslake, Robert Masters, Christopher Bunting, Marcel Gazelle, Fred Grinke, Maurice Gendron, YM, George Malcolm

61 Yehudi-Menuhin-Schule; v.l.n.r.: Maurice Gendron, Marcel Ciampi, YM, Jacqueline Gazelle

62 *YM beim Dirigieren*

63 *YM und Diana, Schweiz 1975*

gestalten, beispielsweise die Sessel im Parkett entfernen und durch Sitzkissen ersetzen lassen. Das hat sich als populär herausgestellt, obwohl man gar nicht so weit gehen muß, wenn es sich um Konzertsäle handelt, die für die bürgerliche Gesellschaft gebaut wurden.

Außerdem müssen die Zuhörer in die Lage versetzt werden, während des Konzerts sozusagen Tuchfühlung zu behalten. Daß man heute diese Art gemeinsamer Zuhörersolidarität mißachtet, gehört beispielsweise zu den vielen Sünden der Royal Festival Hall in London, bei der ich manchmal glaube, daß sie ersonnen wurde, um den Künstler abzusondern und seine und jedermanns Freude an der Musik auf ein Minimum zu reduzieren. Hephzibah und ich gaben dort das erste Konzert – einen Tag, nachdem sie offiziell mit Fanfaren und Orchestern eingeweiht worden war. Damals war das Podium kaum einen halben Meter höher als der Saal, und da die Ausgänge auf gleicher Höhe waren, fanden sich die Musiker, die auf die Bühne zurückkamen, um den Applaus entgegenzunehmen, von den Leuten, die den letzten Bus erreichen wollten, wie durch eine Wand von der anderen Hälfte des Saals getrennt. Als wir das nächste Mal dort spielen sollten, verlangte ich, daß das Podium erhöht würde. Das hat man jetzt zu einer dauernden Einrichtung gemacht, aber die Festival Hall ist noch immer dazu angetan, ein Konzert zu einem Zufallsereignis für Fußgänger herabzuwürdigen (als sei man auf der Straße auf einen Geiger gestoßen und lasse ihn, da einen die rote Ampel ohnehin für zwanzig Sekunden aufhält, sein Stückchen spielen, weil man im Augenblick ja doch nichts anderes tun kann). Etwas weniger funktionalistisch ist die jüngere Schwester der Festival Hall, die Queen Elizabeth Hall, deren dunkel getönte Steinwände zumindest einen düsteren Zauber ausstrahlen, wie es vielleicht einem Königsgrab zukommt. Aber welche Assoziationen sie auch herbeiruft: Düsternis bleibt ein schlechtes Mittel, um Begeisterung zu entfachen.

Diese beiden kaum zufriedenstellenden Konzertsäle haben für jedermann die Vorteile ins Licht gerückt, welche die so häufig geschmähte Royal Albert Hall in Kensington auszeichnen. Sie besitzt nicht nur eine gewisse festliche Atmosphäre und eine gute musikalische Tradition; auch ihre Akustik ist nicht schlechter als die der anderen. Sie vermittelt darüber hinaus dem Solisten eine Position, von der aus er sofort das ganze Haus übersehen kann, und damit eine optimale Bedingung, zum Publikum eine Beziehung herzustellen. In der Festival Hall dagegen (und in vielen anderen) betritt der Künstler das Podium von der

Seite. Der Weg zur Bühne dient in der Regel dazu, den Applaus entgegenzunehmen, aber weil er die ganze Zeit parallel zum Publikum marschiert, kann er sich dem Publikum nicht zuwenden, nicht lächeln, nicht für die Begrüßung danken; das Ganze führt zu einem verlegenen Theaterspiel, bei dem beide Seiten eher zu künstlicher als zu spontaner Freundlichkeit angehalten werden. Das alte Shriners' Auditorium in Los Angeles, wo ich oft in meiner Jugend gespielt habe, besaß das am wenigsten einladende Podium. Tausende hatten dort Platz, und die Bühne besaß fast die Länge eines Häuserblocks, dessen Mitte man erst nach so langer Zeit erreichte, daß der Begrüßungsapplaus des Publikums (so ehrlich er auch sein mochte) bereits verebbte, kaum daß man seinen Platz erreicht hatte; und nach dem Ende eines Stückes kam man selten über den zweiten »Vorhang« hinaus.
Ich beobachte immer mit Vergnügen, wie verschieden die Atmosphäre im Künstlerzimmer vor und nach dem Konzert ist. Zu Beginn Schauplatz ernster Vorbereitungen (selbst in Gegenwart anderer kann ich mich konzentrieren, wenn ich auch lieber allein bin), versammeln sich nach dem Konzert dort die komischsten Leute, über deren Komplimente, wenn ich gut gespielt habe, ich mich freue. Am meisten freue ich mich auf Diana und auf die Kommentare von Freunden und Kollegen, wobei mir jeder, der mir etwas sagen will – und sei es noch so unbeholfen –, stets willkommen ist. Gewiß gibt es dabei auch Peinlichkeiten: Ich erinnere mich an einen Sonatenabend mit Hephzibah in Vevey am Genfer See – in einer kleinen, aber sehr vornehmen musikalischen Gesellschaft, der ich mich verbunden fühle, seit ihr Direktor mir einmal einen ziemlich unhöflichen Absagebrief zeigte, den mein Vater vor vielleicht vierzig Jahren ihm geschrieben hatte. Als ich nun dort mit Hephzibah aufgetreten war, erschien unter den Leuten, die ins Künstlerzimmer strömten, eine Dame, deren Gesicht durch ein schreckliches Schielen auf das Bedauernswerteste entstellt war. Sie verriet mir, daß ihr erstes Musikerlebnis eines meiner Konzerte gewesen sei, und fügte hinzu: »Et cela m'a marquée pour la vie.« (Und das hat mich fürs Leben gezeichnet.)

Welche ist die Rolle des Interpreten? Gewiß ist er mehr als ein simpler Übermittler. Gewiß vermittelt er zwischen dem Komponisten und den Zuhörern, aber er erweckt die trockenen Noten erst zum Leben. Eine schöpferische Interpretation besteht in den kleinen Unwägbarkeiten, die das eigene Temperament kreiert. Da ich in dieser Frage ziemlich orthodox bin, habe ich dieses immanente Prinzip der »Zerstörung« einer Arbeitsmethode unterworfen und versucht, mit Unterstützung des Instinktes genau festzuhalten, welche Töne wichtiger, welche weniger wichtig sind, welche Phrase aufsteigt und welche abfällt, welche Passage mehr und welche weniger Anstrengung erfordert. Es gibt Musikstücke, die weniger »Veränderungen« ertragen als andere. Die herrliche Einheit der Bachschen Chaconne, diesem bedeutendsten Tongebäude für Violine solo, kann durch zu impulsive Behandlung zerstört werden. Ein zu lang ausgehaltener Ton, ein zu hastiges Weitergehen, eine nutzlose Verzierung oder eine unbedachte Veränderung des Tonvolumens vermögen den Zauber zu brechen. Es ist hochinteressant zu beobachten, daß Bachs Musik im allgemeinen durch die Reduzierung von Tonvolumen, Vibrato, dynamischen Gegensätzen und Bravour an Überzeugungskraft gewinnt. Ähnliches gilt für Schubert: Vielleicht eher als bei jedem anderen Komponisten des 19. Jahrhunderts wird der Interpret dazu verleitet, eine leise Stelle zu verschleppen oder bei einem Crescendo schneller zu werden; spielt man dagegen Schuberts Musik mit fast metronomischer Strenge, stellt sich eine überwältigende Wirkung ein. Dies ist eine »Beseelung« von entscheidender Wichtigkeit, aber es ist ein Tanz auf dem Seil, denn jeder Effekt, der über die Absicht des Komponisten hinausgeht, ruiniert die Musik.

Von dreierlei Art sind die Pflichten des Interpreten. Zunächst einmal muß er den Bewegungsapparat völlig beherrschen, der ihm die Hervorbringung aller notwendigen Tonqualitäten in jeder Lage und auf jeder Saite garantiert. Hat er dann die Phonetik seiner »Sprache« erfaßt, muß er sie dazu gebrauchen, eine Botschaft zu übermitteln, deren Qualität von dem Ausdrucksreichtum in seinem Innern abhängt, noch bevor er auf die Anforderungen des Komponisten reagiert. Schließlich muß er den musikalischen Stil des Werks kennen, was ihm als ein Korrektiv gegenüber einer übertriebenen Selbstdarstellung dient. Auf diese Weise stellt der Interpret sein Werkzeug, seinen Kunstverstand, die Erfahrung eines ganzen Lebens in den Dienst der Vision eines anderen – einer Vision, die im Augenblick der Aufführung zu seiner eigenen geworden ist, ohne daß er sie vom Verstand her nachvollziehen muß. Dabei besteht die technische Überlegenheit in der Fähigkeit, auf Impulse automatisch reagieren zu können; in den Instinkt-Computer des Gehirns eingefüttert, werden diese Impulse auf geheimnisvolle Weise auf die richtigen Bewegungen der Finger übertragen, auf den Bogenstrich, die Weite oder Enge des Vibratos, des richtigen Tempos, Tonvolumens, Bogendrucks. Es ist so, als trüge man ständig eine Liste bei sich, in der Instinkt, Erfahrung, Intellekt und Gefühl verzeichnet sind und jeden Augenblick zur Verfügung stehen, falls das interpretatorische Konzept es verlangt.

Interpretation ist freilich auch ein Schöpfungsvorgang, aber wenn man Enesco glauben darf, bleibt die Komposition auf der Skala der Schöpfungen die höchste. Mein Prinzip ist es, Kompositionsaufträge zu vergeben, was vielerlei Befriedigung vermittelt. Für den Komponisten ist es die Befriedigung, für jemanden zu schreiben, der mit dem Werk ein Risiko eingeht; für den Interpreten bedeutet der Kompositionsakt die Erfüllung eines Wunsches, den er sich sonst versagen müßte. Das Schöpferische ist nach meiner Überzeugung dem Menschen ganz natürlich gegeben, ob sich das in der Küche und im Haushalt, im »Haushalt« des Geigers oder auf hundert andere Arten manifestiert. Ich weiß, daß man das Normale auch ganz anders definieren kann, aber ich wehre mich dagegen, das Normale mit jener körperlichen und geistigen Unterernährung gleichzusetzen, in der die meisten Menschen tatsächlich leben müssen. Den Maler in seinem Atelier zu besuchen, den Komponisten zu beobachten, wie er über seine Partitur gebeugt sitzt, selbst ihm sein Werk zum ersten Mal vorzuspielen – das bedeutet für mich die höchste, perfekteste Form der Normalität.

So habe ich Ernest Bloch stets zum Komponieren angeregt, wann und wo sich eine Gelegenheit bot: Blochs letzte Werke, die 1. und 2. Suite für Violine solo, sind für mich geschrieben. Bloch war für mich der erste Komponist, und ich sollte sein letzter Interpret bleiben. Als ich ihn 1957 um diese beiden Kompositionen bat, war er bereits krank; das war in Agate Beach, Oregon, einem gottverlassenen, unberührten Küstenstrich, von dem aus man die Pazifikwellen von Asien her an die Küste heranbranden sehen konnte, eine Gegend, die der Größe und Intensität von Blochs Charakter durchaus entsprach. Diese Solo-Suiten sind herrlich für das Instrument geschrieben: ausdrucksvoll, melodisch, klassisch auf eine Weise, die an einen modernen Bach erinnert; vielleicht werden sie aus diesem Grunde unterschätzt und wenig gespielt. Es ist seltsam, daß man ein Kunstwerk nie nach seinen eigenen Gesetzen beurteilt, sondern nach dem Kanon der jeweiligen Mode. Wäre es möglich, würde ich mit diesen beiden Stücken gern ein kleines Experiment machen, würde sie in den Konzerten als unlängst wieder aufgefundene Arbeiten eines bis dato unbekannt gebliebenen Zeitgenossen Bachs vorstellen – vielleicht eines, der als Jude von Rußland

eingewandert oder in den Osten ausgewandert und unter den Einfluß der Zigeunermusik geraten wäre, der dann die Kontrapunktik der Kompositionsmethode beiseite geschoben und sich der Improvisation hingegeben hätte ... Ich bin sicher, man würde Blochs Violinsuiten »die« Entdeckungen des Jahrhunderts nennen.
Ohne jeden Zweifel ist Bartók der bedeutendste Komponist, den ich persönlich gekannt habe. Als Mensch und als Musiker hatte er eine gewisse Verwandtschaft mit Bloch. Beide kannten und liebten die Natur; beider Musik ist der Ausdruck menschlichen Leides; beide waren von einem gleichsam heroischen Charakter, der gewöhnlichen Sterblichen gar nicht erreichbar ist; beide verfügten über große künstlerische Kraft. Selbst in technischer Hinsicht verraten sie eine gemeinsame Vorliebe für Quarten und Quinten. Doch diese Ähnlichkeiten sind zugleich geeignet, die Distanz zwischen ihnen zu betonen. Wo Blochs Verzweiflung vielleicht zu direkt das menschliche Leid anspricht, stellt sich Bartók ihm mit unjüdischer Entschlossenheit entgegen. Bloch mag sich von dem Bild der Klagemauer leiten lassen, mag das Schicksal anklagen, an den Säulen der Menschheit rütteln, Gott zürnen, daß er die Welt nicht anders geschaffen hat. Bartók ist beherrschter, sein Heldentum kommt ohne Heroismus aus, sein Erbarmen ist aus Stahl gegossen.
Die Solo-Sonate, die Bartók für mich geschrieben hat, war – so glaube ich – das letzte Werk, das er vollendete. Später folgten noch das dritte Konzert für Klavier und das für Viola – ein herrliches Stück, das sein alter ego Tibor Serly hervorragend instrumentierte und das ich häufig spiele. Nach Bartóks Tod wurde mir das große Glück zuteil, die Welt mit seinem ersten Violinkonzert bekanntzumachen, einem liebenswürdigen zweisätzigen Stück von jugendlicher Zartheit und Heiterkeit. Jahre zuvor hatte er es für seine geliebte Steffi Geyer komponiert, die es aber niemals spielte. Bartók hat später den ersten Satz in die zwei Orchesterporträts übernommen. Steffi Geyer vermachte die erste Konzertaufführung testamentarisch ihrem Schweizer Kollegen Hansheinz Schneeberger; danach erhielt ich mit Hilfe von Bartóks New Yorker Rechtsanwalt und Testamentsvollstrecker Bator das exklusive Aufführungsrecht für ein Jahr.
Meine Verehrung für Bartók hat mich einmal für einen kurzen Augenblick in Verlegenheit gebracht. Anfang der fünfziger Jahre spielte ich in Helsinki und besuchte dort Sibelius, der sein Lebenswerk bereits vierzig Jahre zuvor vollendet hatte. Er lebte in vornehmer Zurückgezo-

gezogenheit und empfing mich auf dem Balkon seines anheimelnden Holzhauses, das – wie jedes bessere Besitztum in Finnland – inmitten eines Waldgrundstücks gelegen war. Bald stellte er mir die Frage, wer wohl nach meiner Meinung der bedeutendste Komponist dieses Jahrhunderts sei? Zur Antwort aufgefordert von jemandem, der selbst Anspruch auf diesen Titel gehabt hätte, schwankte ich zwischen Höflichkeit und Ehrlichkeit, aber er kam mir zu Hilfe: »Unser bedeutendster Komponist ist Bartók«, verkündete er und erwähnte, daß er als Student in Berlin Bartók gekannt hätte. Ich hätte ihn umarmen mögen – nicht nur weil er mir zu Hilfe gekommen war, sondern wegen seiner großherzigen Einsicht. Dabei ist Sibelius' Schaffen bewundernswert und erfreut sich nicht nur in Finnland, sondern auch in der angelsächsischen Welt großer Beliebtheit. Sir Thomas Beecham hat ihn in England stark gefördert und auch in den USA oft gespielt. Andererseits vermag er den Romanen wenig zu sagen, deren cartesianische Nüchternheit die ekstatische Romantik ablehnt, die jeden Nebel zum Mythos erhöht und jede Finsternis in endlose Wintermärchen verwandelt.
1955, bei einem meiner Besuche in Helsinki, sollte ich aus Anlaß des neunzigsten Geburtstags des Komponisten das Konzert von Sibelius aufführen. Angesichts dieser Ehre wagte ich nicht zuzugeben, daß ich es noch nie gespielt hatte, und sagte zu, bevor ich mich ans Studium des Werks machte. Nach dem Konzert, dessen Übertragung Sibelius nur im Radio hören konnte, rief er mich an und drückte mir seine Zufriedenheit aus. Eines lebenden Komponisten Zustimmung hat etwas Ermutigendes; nicht zuletzt vermittelt sie einem das beruhigende Gefühl, daß man wohl auch die toten Meister nicht ganz entstellt.
Der nach Bartók vielleicht bedeutendste Komponist, den ich um ein Werk bat, ist der inzwischen verstorbene Frank Martin, dem man wohl erst in den letzten Jahren seines Lebens die verdiente Anerkennung gezollt hat. Bei den Vorbereitungen zum Kongreß des Internationalen Musikrats 1973 in Genf und Lausanne wurde der Vorschlag gemacht, ein bedeutender lebender Schweizer Komponist solle ein Werk für das Eröffnungskonzert schreiben, das ich als Präsident aufführen würde. Gemeinsam mit Edmond de Stoutz wandte ich mich an Martin, und das Resultat war sein Werk *Polyptique,* eine Suite für Solovioline und Streichorchester, das nach Dianas Vorschlag den Untertitel *Six images de la vie du Seigneur,* sechs Bilder aus dem Leben Jesu, erhielt. Während der Zeit ihres Entstehens und der Plattenaufnahme 1974 lernte ich den Komponisten näher kennen: einen noblen, gottesfürchtigen, im

weitesten, tolerantesten Sinne frommen Mann, der jedoch auch sarkastisch sein konnte. Sein ganzes Werk durchzieht eine tiefe Gläubigkeit. Niemals ist er Modeströmungen erlegen, schrieb weder ausschließlich in der Zwölftontechnik noch nach anderen Rezepten, sondern entwikkelte im Lauf der Jahre einen Stil, der unmißverständlich modern ist und in seiner Harmonik individuell und unverwechselbar bleibt. Als er vom Internationalen Musikrat den Auftrag bekam, habe er, so erzählte er mir, zunächst nicht gewußt, was er schreiben wolle, bis er eines Tages im Museum von Siena das Polyptychon sah, eine Folge kleiner Bilder auf Holztäfelchen mit den verschiedenen Stationen der Passion. Martin hatte bereits brieflich angedeutet, daß er kein regelrechtes Konzert, sondern lieber eine Folge von kürzeren Sätzen komponieren werde, ein Aufbau, der der Inspiration durch einen Ort wie Siena trefflich entspricht. Er wählte die sechs Szenen »Die Palmenzweige«, »Im großen Saal«, »Judas«, »Im Garten Gethsemane«, »Die Verurteilung« und »Die Lobpreisung«. Ich sei dankbar, schrieb ich ihm, daß er mir die Kreuzigung erspart hätte. Denn die Stimme der Solovioline verkörpert sowohl Jesus als den Evangelisten, während die Jünger, die Menschenmenge und die allgemeine Schilderung dem Orchester vorbehalten bleibt. Wiederholte Aufführungen in verschiedenen Ländern seit 1973 haben die Überzeugungskraft der Musik nur bestätigt. *Polyptique* ist eines der Werke, auf die unser Jahrhundert stolz sein kann.
Ich habe schon erwähnt, daß ein Interpret großzügiger verfahren kann als der Komponist. Dieser darf nur Einflüsse aufnehmen, die seine eigenen schöpferischen Kräfte speisen (sie können ruhig exotisch sein und unerwartet auftreten), und alles zurückweisen, was für ihn nicht verwendbar ist; er wird also starke Abneigungen entwickeln. Ich selbst empfinde weder gegenüber Werken eines bestimmten Zeitalters oder Landes noch gegenüber bestimmten Komponisten betonte Abneigung, sondern nur gegenüber allen Kräften, die gute Musik billig vermarkten. Je umfassendere Kenntnisse der Interpret besitzt, um so besser für ihn. Eine besondere Vorliebe für die Vergangenheit garantiert freilich noch kein Verständnis für die Gegenwart, wobei dieses Verständnis nicht einfach eine Fortsetzung traditioneller musikalischer Erfahrungen darstellt, sondern eher einem halben Dutzend Reisen in ebenso viele unbekannte Länder gleicht.
Wenn man ein zweihundertfünfzig Jahre altes Instrument in der Hand hält und auf ihm eine Musik spielt, die kaum jünger ist, kann man leicht das Gefühl verlieren, in der Welt von heute zu leben; das aber ist für

eine lebendige Kultur genau so wichtig wie das Wissen um die Wurzeln der Tradition. Freilich wünschte ich mir, daß die heutigen Komponisten mehr Gefallen an der Geige fänden, aber ich weiß natürlich, daß Melodik und Kontrapunkt – das heißt das Zusammenwirken melodischer Linien, für das sich das Instrument besonders anbietet – die meisten von ihnen nicht primär beschäftigt. Doch habe ich eine ganze Reihe guter und einige hervorragende Werke kennengelernt, und der gegenwärtige Trend weg vom abstrakten Experiment in Richtung eines erneuerten Ausdrucksgefühls wird mir hoffentlich noch weitere bescheren. Doch bin ich da im Nachteil: Wer nicht selbst spielt, kann mit Hilfe von Schallplatten und Partituren Neues kennenlernen, während ich die meiste Zeit damit verbringe, meine Konzerte vorzubereiten. Folglich kenne ich den gesamten Bereich der neueren Kompositionen nicht so genau, wie ich gern möchte. Auch bin ich mir nicht sicher, ob die am klassischen Repertoire entwickelte analytische Methode sich erfolgreich auf die so verschiedenartigen zeitgenössischen Kompositionen anwenden lassen wird, die sich nicht nur von denen der Vergangenheit, sondern auch unter sich stark unterscheiden.
Die Diversifikation der kompositorischen Mittel – morgens balinesisch oder armenisch, nachmittags elektronisch oder à la Mozart – mag durch ihren schieren Reichtum eine Gefahr darstellen. Als Viotti seine Geigenkonzerte (im Gegensatz zu den Romantikern an die neunundzwanzig) komponierte, ging er mit seinen Einfällen höchst sparsam um. Man kann wohl vermuten, daß jede Neuigkeit auf die Ohren des frühen 19. Jahrhunderts größeren Effekt hatte als heute, nachdem Brahms und Tschaikowsky, Strauss und Strawinsky unsere Ohren an höchst komplizierte Klangorganismen gewöhnt haben. Heute wird nur das ganz Neue geschätzt, jedes Idiom muß persönlich, jede Persönlichkeit ein Original sein und jede Komposition dadurch verblüffen, daß sie mit der Tradition bricht.
Dabei wäre ich der letzte, der leugnete, daß die Erforschung fremder Kulturen sowie der Klangstruktur selber ihre Faszination hat. Unsere Neugierde, gewiß eine unserer anziehendsten Eigenschaften, kennt die Wellenlängen, die bereits entdeckt sind, und muß neue kennenlernen, sie versteht, den Klang zu manipulieren, und erweitert unsere Kenntnis des Universums. Mit Hilfe der Elektronik das Gähnen eines Fisches oder das Verhalten einer Pflanze im Sonnenlicht zu erkennen, aus dem Rohmaterial von Schwingungen Geräusche zu »kreieren«, das sind faszinierende Unternehmungen; doch sie bleiben intellektu-

elle Spielereien, die unseren Gaumen reizen und unser Materialverständnis vergrößern, führen aber noch nicht zu jener Kristallisation von Wissen und Emotion, die ein Kunstwerk ausmacht. Bis sie nicht von einem lebendigen Geist ausgewertet werden, bleiben solche Entdeckungen bedeutungslos.

Unser Zeitalter verfügt zwar über eine breite Grundlage von Technologie, Handel, Propaganda und Vorurteilen, doch unsere Kultur ist nach dem Modell eines Wolkenkratzers geschaffen, der unten und oben gleichermaßen schmal ist. Die Künste aber sollten einer Pyramide gleichen, deren Basis geringere Ansprüche befriedigt und die in ihrer Spitze einen Beethoven hervorbringt. Wir brauchen Zeit, das Alte mit dem Neuen zu versöhnen, und viele Talente, die uns dabei helfen. Die Evolution von einer Volksgemeinschaft zur Industriegesellschaft – eine Verwandlung, die das Menschheitserbe aufs Spiel setzt – verlangt nach Hunderten von Bartóks, die dieses Erbe so weiter vermitteln, daß wir es nutzen und neu formen können. Wir brauchen eine starke Kultur, damit sie die Einflüsse, mit denen wir von allen Seiten bombardiert werden, zu assimilieren vermag. Inzwischen steckt die ganze Welt in einem Topf, doch dieser Eintopf ist noch nicht gar gekocht. Wen also wundern die Verdauungsstörungen?

Selbst in der Vergangenheit mußte jede Neuigkeit eine Karenzzeit erdulden, bevor die Hörer sich damit abfinden konnten. Heute dagegen muß der betäubte Hörer sofort seine Wahl treffen, welchem der zahllosen Erneuerer er nachlaufen will.

Oft wird der erste Zuhörer des Erneuerers sein Interpret sein. Eigentümlicherweise haben sich in Italien verhältnismäßig viele kleine musikalische Gesellschaften gebildet, die das Interesse an progressiver Musik kultivieren, was vielleicht als eine unwirsche Reaktion auf das italienische Schwelgen in der Welt der Oper zu verstehen ist. In diesen Gesellschaften, deren Mitglieder Musiker und die wohlhabende Intelligenz sind, gilt die Musik als um so besser, je progressiver sie ist. Doch sie bilden nur eine winzige Minderheit, ein schmales Fundament für den Wolkenkratzer der Kultur. Im üblichen Konzertbetrieb läßt sich mit der Ankündigung auch nur eines Werkes von einem unbekannten Komponisten die ganze Zuhörerschaft vertreiben.

1958 hatte ich vom amerikanischen Komponisten Ross Lee Finney eine Solo-Sonate erbeten, die ich bei der Eröffnung des amerikanischen Pavillons auf der Brüsseler Weltausstellung spielen wollte, und setzte sie danach auf das Programm meines Londoner Sonatenabends. Diese Sonate ist ein ziemlich schwieriges Zwölftonstück, und wir placierten es zwischen zwei sichere, bekannte Werke. Ungefähr eine Woche vor dem Konzert ließ mein Londoner Manager Ian Hunter wissen, der Vorverkauf sei miserabel. Daher riet ich, auf die Finney-Sonate zu verzichten und stattdessen Beethovens *Kreutzer-Sonate* aufs Programm zu setzen. Sie ist ein sicheres Zugmittel, und im Nu war das Konzert ausverkauft. Am Abend wandte ich mich sehr liebenswürdig an die Zuhörer: »Ich hoffe, daß Sie nicht glauben, unter falschen Voraussetzungen heute erschienen zu sein«, begann ich. »Die Ross-Lee-Finney-Sonate, die ich für Sie spielen wollte, mochte offensichtlich keiner von Ihnen hören. So beschlossen wir, die *Kreutzer-Sonate* zu spielen, und werden dies auch tun. Aber zuerst hören Sie bitte Ross Lee Finney...« Mit solchen Tricks versuchen Manager und Künstler die Basis der Pyramide zu verbreitern. Vielleicht sind wir, im ganzen gesehen, gar nicht so schlimm, denn Programme, die nur die Vergangenheit beschwören, sind heutzutage selten geworden.

Zu den neuen Werken, die für mich geschrieben worden sind, gehören die Konzerte von Lennox Berkeley, Easely Blackwood, Arnold Cooke, Odeon Partos, Andrzej Panufnik und Malcolm Williamson; des weiteren ein Doppelkonzert des Geigers und Komponisten Stanley Weiner; ein Konzert für Geige und Sithar von Alan Hovhaness; Sonaten von Paul Ben Haim und Weiner; Stücke für Violine solo von Harry Somers; ein Duett für zwei Geigen, das Darius Milhaud eines Abends in meinem Haus in Kalifornien niederschrieb, ohne sich von der lauten Unterhaltung, die ihn umschwirrte, ablenken zu lassen; Stücke von Edwin Roxburgh für Dianas Lear- bzw. Cummings-Fernsehsendungen; und verschiedene Orchesterwerke bzw. Konzerte für andere Instrumente von Peter Maxwell Davies, Antal Dorati, Nicholas Maw und Oliver Knussen. Einer der begabtesten jungen englischen Komponisten, Alexander Goehr, schrieb ein Trio, das Hephzibah, Maurice Gendron und ich zuerst auf einem der Bath Festivals spielten. Auf den ersten Blick schienen mir einige Passagen unnötig kompliziert, und ich fragte Sandy, warum er denn nicht einfacher schriebe. Seine entwaffnende Antwort war, daß er sehen wollte, ob ich es auch schaffte. Aber das Stück hat durchaus seine Meriten. Daneben habe ich natürlich, angefangen vom Elgar-Konzert, eine große Reihe von Konzerten gespielt oder dirigiert, an deren Entstehung ich keinen Anteil hatte: von Enesco, Bartók, Britten, Hindemith, Bloch, Ravel, Ildebrando Pizzetti und vielen anderen.

Eine weitere Dankesschuld gegenüber unserem Jahrhundert ist die Freundschaft mit dem ungewöhnlichsten aller meiner Kollegen, dem kanadischen Pianisten Glenn Gould. Mit ihm habe ich zuerst ein Stück von Arnold Schönberg gespielt. Es gibt wohl niemanden auf der Welt, der Schönberg besser kennt als Glenn Gould, und auch sein Wissen über Aufnahme- und Wiedergabetechniken ist enorm. Er führt ein rätselhaftes Leben, wohnt in hermetischer Abgeschlossenheit in seiner Wohnung in Toronto, die selbst seine Sekretärin nicht betreten darf, nimmt seine Mahlzeiten in einem unbekannten Motel, damit ihn keiner erkennt, verbringt die Sommermonate aber im wilden Norden, wo er bei den Holzfällern lebt und Goldminen erforscht. Als wir für ein Fernsehprogramm übten, wurde mir das Privileg zuteil, die verteidigte Barriere seiner Wohnung zu durchbrechen. Vom Flügel abgesehen, machte die Einrichtung einen etwas heruntergekommenen Eindruck. »Ist es Ihnen niemals eingefallen, daß eine Frau hierher gehört?« fragte ich. Etwas beleidigt antwortete er, es käme ja eine Frau einmal die Woche. Ihre Besuche hätten aber keinen sichtbaren Eindruck hinterlassen, meinte ich. Ob er denn noch nie daran gedacht hätte, zu heiraten? »Ach!« sagte er entwaffnend, »wenn ich jemand wie Diana fände, würde ich keinen Augenblick zögern.«

16. *Einflüsterungen des Schicksals*

Musikerfreundschaften · Versuche auf Bratsche, Alphorn und Triangel · Geigenwettbewerbe: der Brüsseler Concours und der Carl-Flesch-Wettbewerb in London · Festivals unter eigener Regie: Gstaad, Bath, Windsor · Konzerte mit David Oistrach · Die zweite Karriere: das Dirigieren · Die Berliner Philharmoniker · Schallplattenaufnahmen einst und jetzt

Für Enesco war die Geige zu klein, um seiner Begabung zu genügen; ich dagegen, mit meinen sechzig Jahren, habe die Grenzen der Geige noch nicht erreicht. Wenn ich auch Enescos Vielseitigkeit nicht besitze, habe ich doch, gleich ihm, die Licht- und Schattenseiten des reisenden Virtuosen kennengelernt. Das ist nur natürlich. Einige meiner Kollegen mögen mit kleinem Gepäck durch die Welt reisen und darin Genüge finden, während andere ihren Horizont zu erweitern wissen. Anderen mitzuteilen, was man gelernt hat, gehört zu den wichtigsten menschlichen Regungen, und so haben auch wir Geiger Bücher geschrieben, Stücke ediert, Schüler unterrichtet, Quartette gegründet und Orchester dirigiert. Was das betrifft, habe ich mich, glaube ich, auf wohlbekannten Pfaden bewegt, wenn ich auch vermute, daß mein persönliches Schicksal mich auf diesem Weg etwas weiter voran getrieben hat als meine Kollegen.

In dem demokratischen Familienverband, den in meiner Jugend die Eltern, meine Schwestern und ich bildeten, kam niemals jemand auf die Idee, wissentlich und willentlich jemanden unter uns auszuschalten. Wenn man von dem Entscheid, mir meine erste Geige zu kaufen, einmal absieht, habe ich kein einziges Mal den Familienfrieden durch eine eigene selbstherrliche Geste gestört, bis ich erwachsen war. Unsere Tage waren den täglichen Pflichten, den Unterrichtsstunden und dem Üben gewidmet, während die große weite Welt, durch die wir reisten, uns innerlich kaum berührte, weil deren Probleme für uns Theorie blieben. Meine eigene Initiative wurde durch diese Art der Erziehung nicht etwa unterdrückt, sondern nur aufgeschoben. Keiner der wichtigen Einflüsse in meinem Leben hat mich eingeengt, und meine Lehrer, vor allem Louis Persinger und Georges Enesco, haben als Pädagogen wie als Persönlichkeiten meinen Horizont nur erweitert. So war es natürlich, daß sich frühzeitig der Drang, neue Menschen und neue Dinge kennenzulernen, mit anderen Musikern zu arbeiten, selbst Initiative zu entwickeln und auszuüben, bemerkbar machte, ohne daß schon die Möglichkeit bestand, ihn in die Tat umzusetzen – Samenkörnern gleich, deren Schale im rechten Augenblick nachgibt, nicht um kleine, empfindliche Schößlinge, sondern voll entwickelte Pflanzen freizusetzen.

Solche Entwicklungsstationen, die sich mehrmals wiederholten, habe ich stets als Wohltat empfunden. Denn die Umstände haben sich immer so günstig getroffen, daß sie mir nicht nur Gelegenheit zu neuem Start gaben, sondern mich sogar aus verfahrenen Situationen retteten: so die Chance, durch die Tourneen während des Kriegs meine Persönlichkeit zu festigen; die Entdeckung des Yoga und sein Beitrag zu neuem Durchdenken des Violinspiels; die Menschen oder Ereignisse, die mich zum Festspieldirektor oder zum Dirigenten gedrängt haben, oder auch außermusikalische Fragen, die mich veranlaßten, über Probleme der Gesundheit, der Erziehung und der Ökologie nachzudenken. Man kann einwenden, daß, abgesehen von den täglichen Pflichten, meine Schule die einzige Leistung ist, die ich eigener Initiative verdanke; daß alle andere Pflichten, die ich mir aufgeladen habe, durch Vorschläge und Bitten anderer zustande gekommen sind. Dennoch sind sie meine ureigensten Interessengebiete, sozusagen die Ausrüstung für all die verschiedenen Leben, die ich ebenfalls gern geführt hätte. Was sich mir auch bot, ich habe es mit ungeheurem Appetit verschlungen, wobei ich gleich hinzufügen muß, daß mein Appetit auf Faulenzerferien ebenso groß ist wie auf Mühe und Arbeit.

Eine Erfahrung, die ich in meiner Jugend vermißt habe (und später fleißig zu beheben suchte), ist der Kontakt mit anderen Musikern gewesen. Vielleicht klingt es seltsam, daß jemand, der sein ganzes Leben schon mit der Musik verbringt, auch noch Sehnsucht nach Musikerbekanntschaften empfindet. Tatsächlich gibt es für einen Solisten, der an einem Abend in Poughkeepsie, am anderen in Kalamazoo spielen muß, keinerlei Zeit, irgendwelche musikalischen Freundschaften zu pflegen. Und wenn der Applaus des Publikums ihn auch immer wieder bei der Stange hält, so hemmt er doch seine musikalische Entwicklung, und sei es nur dadurch, daß er ihn des schlichten Vergnügens beraubt, einmal zu fachsimpeln. Teilweise ist daran die zugegebenermaßen schon reichlich strapazierte Hektik des modernen Lebens schuld, ein Gegenstück zur finanziellen Inflation, indem sie ein größeres Quantum von Energie schluckt, ohne etwas dafür zu liefern. Als es infolge niedriger Steuern noch möglich war, von den Honoraren eines Winters das ganze Jahr zu leben, und die Zahl der möglichen Engagements sich allein aus der relativ geringen Beweglichkeit der Ozeandampfer und Eisenbahnzüge ergab, konnte es durchaus geschehen, daß man in der Stadt, die man besuchte, auch die dortigen musikalischen Berühmtheiten kennenlernte, daß man Salons besuchte, sofern es sie gab, daß man auch einmal gemeinsam musizierte und – vor allem – daß man den ganzen Sommer zum Nachdenken, zur Erholung und zum Gespräch mit den Kollegen frei hatte. Als Kind war das natürlich nicht möglich: ich konzentrierte mich auf meine Aufgaben, absolvierte sie vor meinen Lehrern oder Zuhörern und kehrte in den Sommermonaten in den Schoß der Familie zurück. Kontakte zu Musikern, sozusagen auf gleicher Basis, ergaben sich fast nie. Als ich erwachsen wurde und der Krieg uns alle zerstreute, änderte sich das für jeden von uns. Von da an übernahmen die Musikfestivals die Funktionen des Salons, des sommerlichen Gedankenaustauschs und der engagementfreien Abende in unseren Musikzentren. Bei den vielen Festivals, in denen ich als Interpret oder als Direktor mitwirke, habe ich nach besten Kräften solche Möglichkeiten wieder geschaffen. Doch nicht nur bei den jährlichen Festivals und bisweilen auch bei den verschiedenen Wettbewerben, sondern vor allem beim Dirigieren und beim Unterrichten habe ich eine viel größere Welt der Musik kennengelernt, habe Freundschaften von unschätzbarem Wert geschlossen und mir damit alte Sehnsüchte erfüllt.

Wenn ich auch nicht wie Enesco glaube, daß die Geige zu klein ist, hat mich dies doch nicht daran gehindert, die etwas größere Bratsche schätzen zu lernen! Meine Beziehung zu diesem Instrument schulde ich, wie so vieles, dem Anstoß von außen, in diesem Falle meinem lieben Kollegen Nathan Firestone, der, wie schon erwähnt, mir seine Testori vermachte. Bratsche zu spielen ist gleichsam eine andere Stimme anzunehmen, als ließe man sich einen Bart wachsen und finde plötzlich sein fliehendes Kinn sehr männlich. Lange Jahre nach Nathans Beerdigung, auf der ich den langsamen Satz aus Brahms' Violasonate spielte, habe ich nur für mich auf dem Instrument musiziert, bis ich 1959 mit meinem neugegründeten Orchester beim Bath Festival alle Brandenburgischen Konzerte einstudierte, von denen das 6. gar keine Violinen, dafür drei Violastimmen verlangt. Seitdem habe ich mich der Bratsche

etwas systematischer zugewandt, nicht nur in Konzerten und bei gelegentlichen Plattenaufnahmen, sondern auch um – besonders in den Ferien – darauf zu üben. Sie ist eine Quinte tiefer gestimmt als die Geige, ist ein wenig schwerer, breiter, länger und gedämpfter und vermag, indem sie ein Gefühl der Stärke vermittelt, das Spiel auf der Geige ebenfalls zu stärken. Es ist kein Instrument für den ehrgeizigen Virtuosen, der sein Feuerwerk abbrennen will, sondern eher für den ernsten Musiker, der bereit ist, seinen Platz im Harmoniegefüge eines Orchesters oder Streichquartetts einzunehmen. Dem Geiger bietet die Bratsche eine Erweiterung seines Repertoires und seiner Erfahrung, ohne daß er sich deswegen eine neue Technik aneignen müßte.
Noch an einem weiteren Instrument habe ich mich versucht: dem Schweizer Alphorn; bedauerlicherweise kann man nie vorher sagen, was für ein Ton herauskommt – weder was Tonhöhe noch Lautstärke betrifft, wenn es überhaupt einmal gelingt. Ohne große Ahnung von Schlagzeugen, Blech- oder Holzbläsern kann ich meine Verwendungsmöglichkeit nur als begrenzt bezeichnen, wenn ich mich auch mit dem Gedanken tröste, daß ich im Notfall wohl ganz erträglich mit der Triangel zurecht käme.

Ich habe mir nie ganz darüber klar werden können, ob Musikwettbewerbe jungen Geigern letztlich mehr schaden oder mehr nützen. Für ein Mitglied der Jury ist das immer eine sehr angenehme Zeit, wie ich sie mir sonst nicht erlauben kann – ab und zu eine Woche in der Gesellschaft anderer Geiger zu verbringen. Außerdem dienen sie zweifellos dazu, Gutes für das Geigenspiel zu tun – nicht nur, indem sie das allgemeine Niveau heben helfen, sondern indem sie die Öffentlichkeit auf etwas hinweisen, was der Kenntnis des Laien oft entgeht. Es macht große Freude, festzustellen, daß bei dem alle vier Jahre stattfindenden Geigenwettbewerb in Brüssel, dem vielleicht wichtigsten der Welt, das ganze Land Belgien Anteil nimmt – wobei sich die Kandidaten ganz unerwartet (vielleicht auch etwas eingeschüchtert) in die Rolle eines Nationalhelden gedrängt sehen und wo ihre Chancen nicht nur in Fachkreisen, sondern selbst in Cafés und im Kreise von Taxifahrern ernsthaft erörtert werden. Man kann natürlich beklagen, daß bei einem solchen rein musikalischen Ereignis auch die nationalen Gefühle mitsprechen, aber diese Art von Chauvinismus ist nicht ausschlaggebend. Als Mitglied der Brüsseler Jury wird man sogar auf der Straße angehalten, damit sich jemand über den Ton des einen Kandidaten und die

Technik eines anderen äußern kann, und es wird einem ganz warm ums Herz, wenn man feststellt, daß wenigstens für kurze Zeit ein ganzes Land das Geigenspiel ernst nimmt.
Jedes Ereignis, das das Spiel auf der Violine fördert, kann meiner Unterstützung gewiß sein. Was die Wettbewerbe anbelangt, so bin ich mir allerdings nicht ganz sicher. Natürlich bedeuten sie für jeden Kandidaten einen ungeheuren Streß, wobei der Sieg gar nicht notwendigerweise eine Karriere garantiert. Das liegt nicht daran, daß inkompetente Juroren am Werke sind, sondern schlicht an der Tatsache, daß eine Karriere etwas ganz anderes ist als ein Wettbewerb. Daß ein Scheitern im Wettbewerb auch eine Karriere völlig vernichten kann, habe ich als Juror 1967 in Brüssel erlebt.
Seit dem Zweiten Weltkrieg hatten die Russen in Brüssel in der Regel die meisten Preise eingeheimst, so daß man gar nicht wagte, ihre hervorragende Stellung in Zweifel zu ziehen. In diesem besonderen Falle hatte mir David Oistrach von den Hoffnungen erzählt, die das Land in den jungen Geiger Sitkoviezkij setzte, der sehr virtuos spielte. Alle russischen Lehrer und Schüler, Wettbewerbsteilnehmer und Juroren reisten gemeinsam, und wenn auch diese Kontakte zwischen den Juroren und den Wettbewerbsteilnehmern dem Prinzip der Unparteilichkeit zuwiderzulaufen schienen, mußte man sich doch darüber im klaren sein, daß die Russen zu dieser Zeit ohnehin allen anderen überlegen waren. Daß David mich über seinen jungen Landsmann unterrichtete, sollte ja mein Urteil gar nicht beeinflussen (und es geschah auch, nachdem die Preise längst vergeben waren), sondern lediglich mein Interesse erwecken. Sitkoviezkij, hatte er mir verraten, sei ein unermüdlicher Arbeiter und habe sich seit seinem siebten Lebensjahr endlos abgerackert, um ein Virtuose von Weltruf zu werden. Doch nun, in Brüssel, erhielt er nur den zweiten Preis. Was für die meisten Aspiranten ein Triumph gewesen wäre, erwies sich für Sitkoviezkij als Tragödie, und Oistrachs Verzweiflung sollte mir das klar machen: Erster Preis, das bedeutete frei atmen, bedeutete Reisen in die Welt; nicht den ersten Preis erringen, bedeutete Verbannung in irgendein sibirisches Orchester oder zurück in ein Provinzengagement. Das war tatsächlich ein Unterschied wie zwischen Leben und Tod. Ich selbst hatte einen rivalisierenden Kandidaten für überzeugender, für musikalischer gehalten, wobei ich in dieser Situation gar nicht einen solchen Unterschied zwischen Gewinner und Verlierer machte – vor allem als ich wenige Monate später erfuhr, daß Sitkoviezkij plötzlich an einem Gehirntumor

gestorben war, wozu sein »Versagen« in Brüssel zweifellos beigetragen hatte.
Dieser Brüsseler Wettbewerb trägt den Namen der verstorbenen Königin Elisabeth von Belgien, die ihn gemeinsam mit ihrem Lehrer Eugène Ysaye begründete; er wird jetzt unter dem Patronat der Königin Fabiola fortgeführt. Der nächste Wettbewerb hätte eigentlich 1975 stattfinden müssen, aber er wurde um ein Jahr verschoben, um 1976 zugleich den hundertsten Geburtstag der Gründerin mitzufeiern. Dabei wird man auch traurigerweise des Todes von David Oistrach gedenken, der bis 1974 zur Jury dieses Wettbewerbs gehört hat. Meine Verbindung zu diesem Concours datiert aus den Nachkriegsjahren, aber im Gegensatz zu Oistrach habe ich es nie dazu gebracht, den ganzen Monat vom Anfang bis zum Schluß sämtlichen Durchgängen beizuwohnen, sondern bin in der Regel erst in der letzten Woche erschienen. Dann ist der Kreis der Bewerber auf eine Gruppe von zwölf Geigern zusammengeschrumpft, von denen in der letzten Woche je zwei pro Abend ein Konzert geben, dessen Ergebnisse genau errechnet und dann im ganzen Land bekanntgemacht werden. Jeder dieser zwölf, die bereits mehrere nervenaufreibende Runden hinter sich haben, muß ein Werk für Geige und Klavier spielen, ferner eines der großen Konzerte nach seiner Wahl sowie ein »oeuvre imposée«, das für den Wettbewerb komponiert worden ist – in der Regel ein kürzeres Konzert, das dem Kandidaten der Endausscheidung wenige Tage zuvor bekanntgegeben wird. Da die Veranstaltungen dieses Wettbewerbs im Rundfunk übertragen werden, können die Kandidaten, die erst später drankommen, dieses unbekannte Werk bereits an den Tagen zuvor von ihren Kollegen hören, doch sonst geht es auf diesem Wettbewerb so fair zu, wie man es verlangen oder auch nur erwarten kann.
Für jemanden wie mich, der niemals, weder als Student noch als Lehrer, je ein Konservatorium besucht hat und niemals im Orchester gespielt hat, sind diese Wochen, in denen ich andere Geiger kennenlernen kann, ganz besonders aufschlußreich, weil ich mich plötzlich mit Menschen unterhalten kann, mit denen ich das meiste gemeinsam habe und die ich sonst so gut wie nie treffe. Besonders freute ich mich immer auf den Gedankenaustausch mit Oistrach: wir unterhielten uns viel über Musik, aber auch über tausend andere Dinge. Politischen Diskussionen sind wir dabei aus dem Wege gegangen: es wäre nutzlos gewesen, schmerzliche Wahrheiten, die uns beiden ohnehin bewußt waren, auch noch zu betonen.

Ich muß allerdings zugeben, daß nicht alle Geiger gute Juroren sind. Ich erinnere mich an einen von ihnen (dessen Namen wir vergessen wollen), der uns zu schaffen machte, weil er seine eigenen Schüler begünstigte. Dabei ist die Parteilichkeit eines Jurymitglieds viel weniger häufig als die Tatsache, daß jemand einfach sehr sonderbar urteilt. Ein Beispiel dafür lieferte Joseph Szigeti.

Szigeti war ein Geiger, den ich sehr bewunderte und den ich sehr gern mochte. Schon aus dem Grunde, daß wir beide in Kalifornien und in der Schweiz ansässig waren, sind wir uns häufig begegnet, und ich habe ihn stets außerordentlich großzügig, freundlich und schätzenswert gefunden. Von Enesco abgesehen, war er der gebildetste Geiger, den ich kennengelernt habe, wobei Enesco im Gegensatz zu dem schmalen, vorsichtigen, etwas überzüchteten Szigeti so etwas wie ein Naturbursche gewesen ist. Während man sonst von einem Ungarn Energie und ein ungezügeltes Temperament erwartet, war Szigeti ein ausgesprochener Intellektueller. Einer seiner jungen Begleiter erzählte mir einmal, daß sie nach zwei Stunden konzentriertester Probe oft kaum über die ersten drei Takte einer Sonate hinaus gediehen seien, weil alles genau analysiert und vom Verstand her erarbeitet werden mußte. Wenn Szigeti schon als junger Mann so gearbeitet hätte, wäre er sicherlich nicht ein so bedeutender Geiger geworden; ich erinnere mich vor allem an ein Brahms-Konzert in New York sowie an einen Violinabend in einer Kleinstadt in Texas (wo wir uns zufällig trafen), die ihre beeindrukkende Qualität keineswegs einer betont intellektuellen Konzeption verdankten. Doch bei den Wettbewerben ging er recht pedantisch vor: Kurz vor seinem Tode 1973 fungierte er als Jury-Mitglied beim City of London Carl Flesch Concours, den Yfrah Neaman und ich alle zwei Jahre betreuen. Ich war nicht nur von der Schärfe seines intellektuellen Urteils beeindruckt, sondern auch von der Halsstarrigkeit seiner Ansichten. Irgendein spezieller Aspekt eines Bewerbers konnte ihn so gefangen nehmen, daß er sich dafür, auf Kosten aller anderen Faktoren, ganz besonders stark machte. Er brachte es fertig, auf Grund eines geigerischen Details, das für mich überhaupt keine Rolle spielte, einem Geiger einen Preis zu- oder abzuerkennen. Gottlob sind solche Idiosynkrasien für die Bewerber in der Regel nicht ausschlaggebend.

Der große Violinvirtuose und -pädagoge Carl Flesch konnte sich mitten im Zweiten Weltkrieg (mit Wilhelm Furtwänglers Hilfe) dem Zugriff der Nazis in Holland entziehen und nach Ungarn fliehen, bis er sich gegen Ende des Kriegs in der Schweiz niederließ, wo er 1944 starb.

Zu seinem Gedächtnis wurde vor ungefähr dreißig Jahren ein Violinwettbewerb ins Leben gerufen, der etwas im Verborgenen blühte, bis sich eines Tages Ian Hunter der Sache annahm und die City of London dazu bewegte, diesen Concours in sein alle zwei Jahre stattfindendes Festival mit einzubauen. Mich dazu zu überreden, dabei mitzuwirken, war ungleich leichter.
Ian Hunter ist mein englischer Manager, doch dies ist (möchte ich annehmen) das kleinste seiner Probleme. Er ist ein Mann, der sich nicht damit begnügt, Konzerte zu arrangieren und Honorare auszuhandeln, sondern er hat sich auch einen Namen dadurch gemacht, daß er eine Reihe von Festivals ins Leben rief oder umzumodeln verstand, von anderen Phantasie erfordernden Ereignissen abgesehen, unter denen zumindest ein Geigenwettbewerb, eben der City of London Carl Flesch Concours, figuriert. Verständlicherweise hat man diesem Wettbewerb nicht sofort großes Augenmerk geschenkt, und trotz der russischen Jurymitglieder hat er noch keine Kandidaten aus der Sowjetunion angelockt; aber im Laufe der Zeit haben wir unseren Ruf gefestigt und erwarten unsere Bewerber aus Ost- wie aus Westeuropa, aus den USA, aus Japan und Israel.
Der Carl-Flesch-Wettbewerb zeichnet sich, glaube ich, durch eine Reihe von Zügen aus, die menschlicher und musikalischer scheinen als in anderen Wettbewerben. Jeder der Aspiranten erhält z. B. die Möglichkeit, sich eine halbe Stunde (oder länger) mit zwei Mitgliedern der Jury zu unterhalten – was beweisen soll, daß man in ihm nicht nur ein Bündel von Fähigkeiten sieht, das einen Preis verdient oder nicht, sondern einen aufstrebenden Geiger, der vielleicht Rat braucht. Der Sohn von Carl Flesch, der in der Versicherungsbranche tätig ist, hat darüber hinaus einen Preis für Kammermusikspiel ausgesetzt, so daß die geigerischen Qualitäten nicht nur nach der Virtuosität gemessen werden. Alle Publikumsmitglieder, die sich sämtliche Durchgänge angehört haben, können danach ihre Favoriten benennen. Ich halte dies für eine glückliche Neuerung: schließlich konzertiert ein Musiker ja vor dem Publikum und muß daher seine Anziehungskraft kalkulieren können, die ihm die Karriere garantiert. Schließlich sind die Entscheidungen der Jury nicht (wie in Brüssel) geheim, sondern werden offen diskutiert. Ich habe stets herausgefunden, daß die Diskussion über Wiedergabe und Technik der Kandidaten im Interesse der Jury-Mitglieder lag und daß die absolute Diskretion angesichts bestimmter Vorzüge eines Kandidaten stets etwas Verkrampftes und Unnatürliches hatte. Nach-

dem jeder für sich zu einer Beurteilung gelangt ist, einigen wir uns in offener Debatte.
Um extrem subjektive Beurteilungen zu vermeiden, möchte ich (wenn die anderen Mitglieder der Jury einverstanden sind) ein Beurteilungssystem einführen, das ich für mich schon vorher gebraucht habe. Unter den Abteilungen »linke Hand« und »rechte Hand« gibt es Unterabteilungen, die man mit entsprechenden Punkten bewerten kann. So gibt es unter »linke Hand« gesonderte Bewertungen für »Vibrato«, »Triller«, »Lagenwechsel«, »allgemeine Reinheit«, »Haltung der Geige« und so weiter. Für die Funktion der »rechten Hand« gibt es eine ähnliche Auffächerung, und für Interpretation, Musikalität und Auftreten werden gesonderte Punkte berücksichtigt. Diese Punkte würden dann als Diskussionsbasis dienen und dafür sorgen, daß nicht nur ein einziger geigerischer Aspekt zum entscheidenden Faktor wird, und vielleicht eine gerechtere Beurteilung ermöglichen. Ob wir zu anderen Ergebnissen kommen werden, vermag ich noch nicht zu sagen, aber wenn ich an den armen Sitkoviezkij denke, scheint es mir wichtig, so gewissenhaft wie möglich vorzugehen.

Ohne gleich abergläubisch zu sein, muß ich sagen, daß der Zufall mich dreimal ernsthaft herausgefordert hat. So ist z.B. das Gstaader Festival 1956 auf den Vorschlag von anderen hin zustande gekommen, den ich dankenswerterweise nur zu akzeptieren brauchte. Es war in demselben Jahr, als Diana und ich unsere Familie von den USA nach Europa zurückverpflanzt hatten; und kaum hatten wir unser Haus in Gstaad gemietet, als der Kurdirektor der Stadt sich an uns wandte mit dem Vorschlag, daß man der flauen Sommersaison durch ein Festival auf die Beine helfen könnte. Auch die beiden anderen Herausforderungen verdanke ich dem Vorschlag von Freunden.
Kaum war der Krieg zu Ende, als hier und da Festivals aus dem Boden zu schießen begannen – zunächst bescheiden und anspruchslos wie Frühlingsblumen, doch später zu sommerlicher Üppigkeit erblühend, so daß bald jede Stadt sich mit einem Festival zu schmücken begann und die Musiker ein halbes Dutzend von ihnen in einer Saison absolvieren mußten. Aldeburgh in Suffolk war eines der ersten: hier war es Benjamin Britten, der in den tristen Nachkriegsjahren Freunde um sich scharte, um für sie seine eigenen Stücke und die Werke anderer aufzuführen. Nach unserer Tournee durch die norddeutschen Lager nach dem Krieg hatten wir Verbindung gehalten, und als er mich nach Alde-

burgh einlud, sagte ich mit Freuden zu. Das war längst bevor Aldeburgh und Ben zu internationalem Ruf gelangten, als man ohne große Abmachungen aus Freude an der Sache mitmachte und übrigens gratis oder für ganz geringes Honorar spielte. Manchmal sprang die BBC ein, um ein Konzert zu übertragen (damit die Musiker wenigstens zu ihrem Geld kamen), aber darum ging es damals gar nicht; das Schöne daran war, daß man sich mit Kollegen zusammenfand und mit ihnen musizierte.

Ben versuchte jedoch nach ein paar Jahren in Aldeburgh, mir seine Dankbarkeit zu bezeugen, und gedachte wohl, seine Schulden irgendwie abtragen zu können: Wenn ich ein eigenes Festival auf die Beine stellen wollte, würden er und Peter Pears für die ersten Konzerte zur Verfügung stehen, sagte er. Warum eigentlich nicht in Gstaad? Es war herrlich gelegen und verfügte über die Kirche in Saanen als Konzertsaal. Die Sterne schienen günstig für dieses Unternehmen zu stehen, zumal der Zufall wollte, daß Antal Dorati gerade zuvor in Gstaad zu Gast gewesen war und mich angesichts seiner Festival-Möglichkeiten überredete, die Sache in die Hand zu nehmen. Ohne große Schwierigkeiten wurde der Gedanke in die Tat umgesetzt, und Ben und Peter gaben ihre beiden versprochenen Konzerte, aus denen das erste Gstaader Festival im Sommer 1956 bestehen sollte: Vivaldis *Vier Jahreszeiten*, in denen Peter Vivaldis eigene Beschreibungen des musikalischen Geschehens vortrug, sowie ein Schubertscher Liederzyklus. Das Programm hätte also kaum bescheidener sein können, aber das junge Pflänzchen erwies sich als so lebenstüchtig, daß es heute, 1976, auf eine Blütezeit von zwanzig Jahren zurückblicken kann.

Inzwischen waren zahllose weitere Festivals in allen Ecken der Welt entstanden, so daß die verschiedensten Verpflichtungen bald so dicht aufeinanderfolgten wie in der Wintersaison. Eines der ersten war das Edinburgh-Festival, das ich 1948 im zweiten Jahr seines Bestehens besuchte und an das sich drei Ereignisse knüpfen: Gerards Geburt, das Wiedersehen mit Bruno Walter und eine herrliche Aufführung von Mozarts Sinfonia concertante für Violine und Viola mit Isaac Stern und William Primrose. Drei Jahre nach dem Beginn in Gstaad wurde ich Direktor des Bath Festival, ein Posten, den ich bis 1968 inne hatte und dem weitere vier Jahre in Windsor folgten; dabei habe ich gelernt, daß ein Festival zu leiten eine bessere Art von Ferien bedeutet: Man macht sich Gedanken, um seinen Horizont als Solist zu erweitern und das übliche Konzertrepertoire zu erforschen, man trifft eine Menge Musikerkollegen in einer freundlichen und freundschaftlichen Atmosphäre, man arbeitet siebzehn Stunden täglich, trabt nach dem Üben von der eigenen Probe in die eines anderen, von dort in ein Konzert oder zu einer Besprechung und fühlt sich am Ende völlig erholt und erfrischt.

Für so ein Festival ist Bath ideal geeignet. Jeder, der zum ersten Mal diese schönste aller englischen Städte besucht, kann nur wünschen, daß auch andere sie kennenlernen. Nachdem mich, wie gewöhnlich, andere auf die dortigen Möglichkeiten hingewiesen hatten, mußte ich feststellen, daß dies sich ganz mit meinen eigenen Vorstellungen traf. Das Bath Festival hatte in der Vergangenheit eine wechselhafte Blüte erlebt, und es schien notwendig, daß ein Außenstehender die Begeisterung der Bürger neu entfachte und nach ein paar handfesteren Geldgebern auf die Suche ging. Während der Zeit, als Sir Thomas Beecham es unterstützte, spielte ich (das erste Mal in Bath und das letzte Mal unter Sir Thomas' Leitung) das a-Moll-Konzert von Viotti; doch das war mein einziger Beitrag in Bath, bis Ian Hunter, der das Management übernommen hatte, 1959 vorschlug, ich sollte doch die Programmgestaltung übernehmen. Seiner Energie und Phantasie ist es zu verdanken, daß Bath sich wieder erholte; und wenn er das Gefühl gehabt hat, daß er mir mit der Verantwortung auch zugleich die Gelegenheit gab, meine geheimsten Wünsche zu verwirklichen, dann hatte er völlig recht.

Es gibt Festivals, die ihre Eigenart aus einer bestimmten Zweckvorstellung beziehen; manche wollen sich dem Werk eines bestimmten Komponisten widmen; manche werden von einer Person geprägt. Dies mag auf meine Jahre in Bath und in Windsor durchaus zutreffen; die Programmplanung konzentrierte sich auf keinen bestimmten Mittelpunkt, kein Mensch fühlte den Drang, das Publikum in irgendwelche esoterischen Höhen zu entführen, und kein Leitmotiv sollte das Programm einengen. Die Stücke waren vielmehr ein Spiegelbild meiner Erfahrungen, meiner Vorlieben und meiner Hoffnungen, wobei ich mir meiner Verantwortlichkeit gegenüber der zeitgenössischen Musik und den Musikerkollegen bewußt war. Und ich spannte meine Familie, meine Freunde und meine Vergangenheit ein.

Wie in Gstaad, so halfen mir Benjamin Britten und Peter Pears drei Jahre später bei meinem Anfang in Bath; dazu kamen (wie später noch häufig) Hephzibah und Yaltah, und wir setzten u. a. Enescos Oktett in C-Dur aufs Programm. In späteren Jahren gab es weitere Beiträge von seiten der Familie: von Diana, Jeremy, meinen Schwagern Louis

Kentner und Joel Ryce, von Fou T'Song (der damals mit Zamira verheiratet war) und von Alberto Lysy, meinem ersten Schüler und Kollegen, der inzwischen zur Familie zählt. Ich versuchte geographische und Alterslücken zu füllen, brachte Nadia Boulanger und Pierre Monteux aus Frankreich sowie meinen Freund Maurice Gendron dazu mitzuwirken; aus Indien erschienen Ali Akbar Khan und Ravi Shankar sowie andere; aus Persien Hossein Malek, der den Santour in England bekannt machte; aus Griechenland Gina Bachauer, die von einer Warmherzigkeit ist, die in meiner Vorstellung immer an einen jener gemütlichen Kachelöfen in Deutschland erinnert; und aus Rußland einmal Igor Oistrach sowie zweimal Rudolf Barshai mit dem Moskauer Kammerorchester. Die Programme sind zu zahlreich, um sie alle aufzählen zu können, aber ein herrliches Experiment, ein »musical encounter«, ist mir in Erinnerung, als wir 1963 mit Johnny Dankworth und den verschiedensten Musikern aus dem klassischen und dem Jazz-Bereich unter Raymond Leppards Leitung zu improvisieren begannen und William Russos *Music for Violin and Jazz Orchestra* spielten.

Ravi Shankars Eintreffen beim Festival 1966 verwandelte unsere Zimmer im Lansdowne Hotel für kurze Zeit in einen Winkel Alt-Delhis und konfrontierte mich mit einer der schlimmsten Herausforderungen meines Lebens. Ravi war nur erschienen unter der Bedingung, daß ich mit ihm und seiner Gruppe gemeinsam ein Konzert gab: zuerst ich allein mit einer Bach-Sonate; dann die Inder; dann als Finale West und Ost gemeinsam in einer sorgsam ausgewählten Raga, um meiner geringen Erfahrung dabei Rechnung zu tragen. Um mir das Improvisieren in der Öffentlichkeit zu erleichtern, nahmen wir uns eineinhalb Tage frei, um zu proben. Am frühen Morgen drängten sich Ravi, sein Tabla-Spieler und sein Dudelsackpfeifer in unser bescheidenes Hotelzimmer und mit ihnen ein ganzer Trupp von Anhängern, wie sie jedem indischen Musiker folgen. Ein Teppich wurde ausgebreitet, Räucherkerzen wurden entzündet; wir nahmen die Lotus-Position ein und begannen. Ich hatte mir vorsichtshalber zuvor auf einem Notenblatt ein paar Anhaltspunkte für meine Improvisationen notiert. Nach anstrengenden Stunden erschien Diana mit Schüsseln voller mit Curry gewürzten Gemüsen und anderen Köstlichkeiten, die wir, ohne groß den Tisch zu decken, am Boden sitzend zu uns nahmen. Der Curryduft, der sich rasch mit dem Aroma der Räucherkerzen verband, schlug nach und nach die Lammbratendüfte der Hotelküche in die Flucht. Nach

Tisch legte sich jeder zur Siesta nieder, und danach probten wir weiter. Das Konzert sollte am folgenden Nachmittag stattfinden. Am Morgen dieses Tages verlegten wir unseren Teppich, unsere Räucherkerzen und unsere Anstrengungen in den Sitzungssaal des Rathauses, wo wir unter den Augen der Stadtväter, deren Porträts die Wände schmückten, weiter probierten. Dann kam das Konzert: Als ich in Begleitung von Ravi und den anderen samt Teppich und Räucherwerk auf die Bühne kam, begrüßte mich das fröhliche Gelächter der Zuhörer. Ohne Zweifel wirkte ich, barfuß und in einem geliehenen indischen Hemd, ein wenig irritierend, aber das Gelächter war nicht böse gemeint. Gottlob brachte ich unser gemeinsames Stück durch keine auffallend falsche Wendung durcheinander, und am Schluß verlangten die Zuhörer, mehr zu hören. »Sie machen den größten Fehler Ihres Lebens«, erklärte ich ihnen, »einmal habe ich es jetzt fertiggebracht, aber es wird mir nicht wieder gelingen.« Doch sie drängten: »Macht weiter! Riskiert es!« So machten wir weiter, und noch ein zweites Mal gelang es mir, mich auf diesem unsicheren Terrain einigermaßen zu behaupten. Solche herzerwärmenden Konzerte sind die Würze jedes Festivals.

Bei meinen Programmen habe ich stets versucht, durch Kompositionsaufträge auch für die neue Musik ein aufnahmebereites Klima zu schaffen. Meinen Zeitgenossen die Gelegenheit zu geben, sich hören zu lassen, war dabei nicht nur eine Pflicht, der ich mich unterzog, sondern hatte noch den egoistischen Nebeneffekt, daß ich immer mehr Komponisten in einer kreativen Phase ihres Lebens beobachten konnte. So sind auf meinen Festivals eine Reihe von Stücken uraufgeführt worden: Stanley Weiners Konzert für zwei Violinen und Orchester (Windsor 1970, Diana gewidmet); oder, 1962 in Bath, Thema und Variationen für Violine und Cembalo von Stephen Arnold, der damals noch die Cirencester Grammar School besuchte. Diese Arbeit war dem Dirigenten Peter Maxwell Davies zu verdanken, der mit seiner fast fanatischen Energie junge Menschen zum Komponieren – allein oder in Gemeinschaft – anhielt: So ist er indirekt dafür verantwortlich, daß ich eines der kniffligsten Stücke, die ich je gespielt habe, kennenlernte. 1971 wurde in Windsor Edwin Roxburghs Musik zu Dianas Rezitationen »How pleasant to know Mr. Lear« uraufgeführt, bevor es im englischen Fernsehen weithin bekannt wurde. Doch nicht nur neue Musik wurde gefördert, sondern auch neue Interpreten, unter ihnen drei junge Geigerinnen, die recht bekannt geworden sind: Claire Bernard aus Frankreich, Silvia Marcovici aus Rumänien und Miriam Fried aus

Israel (die den Brüsseler Wettbewerb 1971 gewonnen hatte). Auch die Amateurgruppen und die Kinder vergaßen wir keineswegs. In jedem Jahr gab es in Bath öffentliche Proben des dortigen Jugendorchesters, und als ich später das Windsor Festival betreute, hatten die Schüler meiner eigenen Schule so große Fortschritte gemacht, daß sie bereits auftreten konnten, um zu zeigen, was sie gelernt hatten. Diana hat einmal sarkastisch unsere Unternehmung als »Bathfest« bezeichnet, wobei ich finde, daß das Wort Fest zutreffenderweise etwas fröhlicher und nicht so ernsthaft klingt wie »Festival«. Ich blicke auf diese turbulenten Jahre mit Freude und Dankbarkeit zurück und empfinde großes Vergnügen daran, daß Gstaad noch immer jedes Jahr sein »Fest« veranstaltet.

Im Laufe der Jahre haben wir in Gstaad eine Reihe ehrgeiziger Pläne, z.B. die h-Moll-Messe, verwirklicht, doch da wir uns auf Unternehmungen beschränken müssen, die den Zuhörern und den Ausführenden in einer kleinen Kirche Platz bieten, konzentrieren wir uns auf klassische und zeitgenössische Kammermusik oder Musik für Kammerorchester. Diese Beschränkung finde ich nicht schlimm: der Dorfcharakter wird gewahrt. Außerdem hat uns unsere Lehrzeit in Gstaad ermöglicht, größere Unternehmen in Bath und Windsor zu versuchen, wo uns die Möglichkeiten zu größeren Anstrengungen animieren. Eine Ballettaufführung steht fast immer auf dem Programm; ein Höhepunkt war 1964 in Bath, als Margot Fonteyn und Rudolf Nurejew einen Satz der Bartókschen Solo-Sonate tanzten. In jedem Jahr gibt es auch Theateraufführungen; bisweilen auch Oratorien, wie z.B. Haydns *Die Schöpfung* bei meinem letzten Windsor Festival. Dabei beschränken wir uns nicht nur auf die Aufführungen selbst, sondern halten – auch Dianas Vorschlag – Diskussionsveranstaltungen ab, zu denen ich, wie auch zu den konventionelleren Veranstaltungen, meine Freunde, unter ihnen Pierre Bertaux, Sir Isaiah Berlin oder Nicolas Nabokov, einlade. Ihre Thematik, die dazu helfen soll, die Barrieren des Spezialistentums abzubauen, reicht von der Architektur, Fragen der europäischen Einheit, der Kritik und der Randgebiete der Medizin bis zu musikalischen Problemen. Und schließlich wagten wir uns an die Oper.

Schon immer habe ich mir heimlich gewünscht, einmal eine Oper zu dirigieren. Das ging 1966 im Theatre Royal in Bath mit *Così fan tutte* in Erfüllung: ich leitete mein eigenes Orchester, und auf der Bühne sangen Mitglieder der Phoenix Opera Company, begabte junge Künstler, die am Anfang ihrer Karriere standen. Das Unternehmen hatte natürlich auch seine technischen Probleme (wie man sehen wird), wobei übrigens mein Opernehrgeiz eines Tages auch meine Beziehung zu Bath beendete. Nach *Così* gaben wir zwei weitere Mozart-Opern, die *Entführung aus dem Serail* 1967 und den *Schauspieldirektor* 1968, der in letzter Minute durch einen privaten Zuschuß gerettet werden mußte, als die Stadtväter sich plötzlich außerstande sahen, meine Budgetwünsche zu erfüllen. Als der Stadtrat die Finanzierung einer vierten Opernproduktion verweigerte, hielt ich die Zeit für gekommen zu gehen. Zehn Jahre sind eine schöne runde Zeitspanne, und es ist vielleicht ganz klug, danach jemand anderem eine Chance zu geben. Ich war froh, als Sir Michael Tippett meine Nachfolge antrat. Er ist Komponist und ein guter Pädagoge, der sich um die musikalische Ausbildung der Kinder in seiner Umgebung gekümmert hat. Da er dort auch lebt, hoffte ich, Bath würde, wie Sir Benjamin Brittens Aldeburgh, »sein« Festival werden, aber er hat es wohl nur ein paar Jahre geleitet.

Bath machte mich nicht nur zum Ehrenbürger der Stadt, sondern gab mir auch einen sehr stilvollen Abschied. Die Musik von Johann Strauß, Vater und Sohn, habe ich stets bewundert. Ich kann mich noch an die Max-Reinhardt-Inszenierung der *Fledermaus* 1929 in Berlin erinnern, nach der ich noch drei Tage lang auf Wolken zu schweben glaubte, doch solche einzigartigen Geschenke sind selten. Von den federnden Strauß-Melodien habe ich, wie von denen Fritz Kreislers, eine präzise Idealvorstellung, weiß genau, wie sie gespielt gehören – mit Schwung, der einem in die Beine fährt –, aber diese Vorstellung habe ich leider viel zu selten verwirklicht gehört. Am letzten Abend meines letzten Bath-Festivals spielte mein Orchester ein Programm mit Strauß-Walzern, wobei ich, ganz im Stil von Willy Boskovsky oder Johann Strauß selbst, spielte und dirigierte; in dem von Kerzen erleuchteten Rathaussaal hatte sich das Publikum im Stile der Zeit kostümiert eingefunden und war so begeistert, wie es sich Strauß und ich nur hätten wünschen können. Ein ähnliches Programm habe ich am Silvesterabend mit den Berliner Philharmonikern dirigiert, und obwohl ich es eigentlich nicht sagen sollte, fand ich die Aufführungen wundervoll.

Das Windsor Festival, das Ian Hunter und ich von seinem Beginn 1969 bis 1972 (als ich mich zu meinem Bedauern wegen Überlastung zurückziehen mußte) leitete, gab mir einen nicht minder prächtigen Abschied. Das dortige Festival ist so besonders köstlich, weil die Bürger von Windsor einen so aufrichtigen, regen Anteil daran nehmen, wenn auch die Königin selbst nie dabei sein konnte. Ihre Majestät stellte jedoch alljährlich Teile des Windsor Castle zu unserer Verfügung – die St. George's Hall, das herrliche Waterloo Chamber mit seinen Wellington-Porträts sowie die St. George's Chapel –, eine Umgebung, in der zu musizieren eine Freude war. Leider hatte die königliche Familie nie den Konzerten beiwohnen können, da sie den Festival-Monat September stets in Balmoral in Schottland verbrachte. Angesichts der Großzügigkeit der Königin wollte ich nicht undankbar erscheinen und schlug für das Jahr 1973 ein Abschiedskonzert zu ihren Ehren im Schloß vor. Dieser Vorschlag wurde nicht nur angenommen, sondern sozusagen in sein Gegenteil verkehrt, indem die Königin beschloß, ihrerseits den Gastgeber zu spielen, den Tag und das Programm dafür auszuwählen und danach eine Party zu geben, zu der alle Musiker und Musikliebhaber geladen waren – von den ausübenden Künstlern bis hin zu jenen typisch britischen Gestalten des öffentlichen und militärischen Lebens, die im Grunde heimliche Musiker, Maler und Poeten sind. Es wurde eine herrliche Party in herrlicher Umgebung: der Morgen dämmerte schon, als sie zu Ende ging.

Meine verschiedenen Verbindungen mit den einzelnen Festivals haben mir also aus mancherlei Gründen große Bereicherung gebracht. Das wichtigste Geschenk, das ich durch sie erfuhr, war – wie ich vorausgesehen hatte – eine zunehmende Vertrautheit mit dem Kammermusikspiel und eine Verfeinerung meiner Fähigkeit zu dirigieren.

Im Jahre 1958, wenige Monate, bevor ich meine Arbeit in Bath begann, schlug die EMI mir vor, alle Brandenburgischen Konzerte aufzunehmen, und beschloß, zu diesem Zweck ein eigenes Kammerensemble zusammenzustellen. Als erstes wandte sie sich an zwei bekannte Musiker, Robert Masters und Ronald Kinloch Anderson, denen sie diese Aufgabe übertrug. Schließlich versammelten wir uns, ich glaube, es war schon im Aufnahme-Studio, um etwas in Angriff zu nehmen, das zwar nicht mein erster Versuch war, zu spielen und gleichzeitig ein Orchester zu dirigieren, doch zumindest meine erste längere Unternehmung auf diesem Gebiet. Sie war bereits nach wenigen Tagen beendet, und die Platten erwiesen sich als ein solcher Erfolg, daß wir unsere gemeinsame Arbeit nicht einfach sang- und klanglos enden lassen wollten, sondern die Brandenburgischen Konzerte, für die Konzertveranstaltung frisch aufpoliert, in das Programm des ersten Bath-Festivals übernahmen. Dieses Orchester existiert noch heute, macht unter meinem Namen Schallplattenaufnahmen und gibt Konzerte. Während unserer Verbindung mit Bath wurde es unter dem Namen Bath Festival Orchestra bekannt und war die Kerntruppe für all unsere Planungen, ob wir nun in der Oper, auf dem Podium oder in der Kirche spielten. Die Stimmführer unter den Streichern haben ein ausgezeichnetes Quartett gegründet; so standen mir auf einen Streich ein Kammermusik- und ein Kammerorchesterapparat zur Verfügung, zugleich eine großartige (schlimmstenfalls erfolglose) Schule des Dirigierens.

Was David Oistrach und mich besonders verband, war unsere gemeinsame Liebe zum Dirigieren. Fast dreißig Jahre lang habe ich das Vergnügen gehabt, nicht regelmäßig, aber doch immer wieder mit ihm zu musizieren; von unseren vielen gemeinsamen Konzerten hat sich dennoch nur eine einzige Schallplattenaufnahme erhalten: als wir 1958 in Paris anläßlich des zehnten Jahrestages der Gründung der UNESCO Bachs Doppelkonzert spielten. Ich bin froh, daß sie noch existiert, zumal ich bei den anderen gemeinsamen Konzerten mich auf mein Gedächtnis stützen muß: nicht nur spielten wir das Bach-Konzert zusammen, sondern erweiterten unsere Partnerschaft, indem wir Igor Oistrach für Vivaldis Tripelkonzert hinzuzogen. Wir dirigierten auch füreinander, tauschten unsere Rollen von einem Konzert zum anderen. Einmal mußte ich als Solist für ihn einspringen: im Oktober 1971 erlitt er einen Herzanfall, der ihn zwang, sein angekündigtes Konzert in London abzusagen; und obwohl ich gerade in Madrid konzertierte, konnte ich seinen Platz einnehmen. Nach dem Matinee-Konzert in Madrid flogen Diana und ich nach Heathrow und fuhren direkt zur Probe in die Royal Albert Hall. Dies war seit dem Krieg einer der wenigen Fälle, in denen ich zwei Konzerte an einem Tag gab, und zwar in Städten, die Tausende von Kilometern weit voneinander entfernt liegen, ein Notfall sozusagen, der die Sache etwas spannend machte. Nach dem Konzert besuchte ich David in seinem Hotel und traf ihn bereits wieder ganz munter an: mit Partitur und Tonband studierte er ein Werk, das er in Kürze zu dirigieren gedachte.
Was kann es Schöneres geben als das Dirigieren? Das einsame Studium der Partitur, die gemeinsame Arbeit bei den Proben, schließlich die Hingabe an die Verwirklichung durch den Klang und zugleich die Erfüllung aller musikalischen und geistigen Wünsche, ja selbst des Verlangens nach Geselligkeit und körperlicher Aktivität. Kein Wunder, daß Dirigenten so alt werden. Für den Geiger, der sein Leben lang um Millimeter auf dem Griffbrett gekämpft hat, bedeutet es ein ganz be-

sonderes Erlebnis, plötzlich mit den Armen frei zu hantieren, ja – wenn es sein muß – in die Luft zu springen (obwohl ich bisher immer mit den Füßen auf der Erde geblieben bin). Einen gewissen Trost bietet das Dirigieren auch dann, wenn die Anstrengungen, die körperlichen Mechanismen mit fortschreitendem Alter beweglich zu halten, zu einer Plage werden; und schließlich rückt man nach des Lebens Mühe in der Hierarchie der Handarbeiter dadurch um einen Dienstgrad auf, daß einem ein Orchester zum Spielen gegeben wird.

Die Zeit, sich ausschließlich dem Dirigieren zu widmen, hat David leider nicht mehr erleben dürfen. 1974 unternahm er es, eine Reihe von Konzerten mit sämtlichen Orchesterwerken von Brahms mit dem Concertgebouw-Orchester zu veranstalten; jeden Vormittag Probe und jeden Abend Konzert – das war einfach zu anstrengend. Als er mit dem Dirigieren begann, hatte er eine sehr viel sicherere Technik als ich, wobei er gewiß von kompetenter Seite Hilfe erhielt, um das technische Rüstzeug zu erwerben, während seine Musikalität für das übrige sorgte. Was mich betrifft, so warf man mich gleich ins tiefe Wasser, freilich ohne mich dann etwa allein zu lassen.

Von den Musikern, die man dirigiert, erst zum Dirigenten gemacht zu werden – wie es mir geschah –, dürfte wohl einzigartig sein. Wenn ich mich über die Technik des Geigespiels äußere, tue ich dies aus jahrelanger Vertrautheit mit dem Gegenstand. Was die Technik des Dirigierens anbelangt, so habe ich sie noch keiner genauen Analyse unterzogen, ja kann nicht einmal behaupten, dafür eine ganz durchdachte Methode entwickelt zu haben. Doch seit jenen Tagen, da ich lediglich eine Vorstellung von der Musik besaß und willens war, jede Anregung aufzunehmen, habe ich gewiß einige Fortschritte gemacht. Dafür schulde ich meinem Orchester und vor allem Robert Masters Dank.

Daß meine beiden liebsten Kinder, mein Orchester und meine Schule, sich so erfreulich entwickelt haben, ist vor allem Masters' Verdienst. Nicht nur ist er ein exzellenter Geiger, sondern auch ein sensibler, zuverlässiger Mensch, der ein sicheres Urteil besitzt. Er hatte an der Royal Academy of Music in London unterrichtet, ein eigenes Quartett gegründet, war dann Konzertmeister der London Mozart Players geworden; so brachte er Qualitätsgefühl und Erfahrung mit, als ich mein Abenteuer mit dem Kammerorchester begann. Wir sind viel zusammen gereist und haben unzählige Gespräche geführt. Es gibt keinen Menschen auf der Welt, mit dem ich so viele Gedanken über das Geigespiel, über Interpretation, über Musik im allgemeinen ausgetauscht habe, gleichgültig, ob wir uns auf Stücke von Boyce oder Bartók, Schubert oder Strawinsky vorbereiteten oder uns überlegten, wie man den Kindern den Spaß am Geigespielen erhalten kann. Er hat nicht nur, mit Kinloch Andersons Hilfe, das Orchester zusammengestellt, sondern ist auch seitdem sein Konzertmeister geblieben. Seine Frau Noel kümmert sich um Engagements und Honorarfragen, so daß ich mich, ohne durch diese Probleme selbst belastet zu sein, den Freuden und Problemen des Dirigierens ganz widmen kann. Daß die EMI einen solchen Freund und Kollegen für mich gefunden hat, ist ein weiterer Glücksfall in meinem Leben: nachdem wir uns zu gemeinsamer Arbeit im Aufnahmestudio kennengelernt hatten, ist Robert Masters inzwischen zu einer starken Stütze geworden, auf die ich mich ohne Zögern verlassen kann.

Seiner unentbehrlichen Präsenz bedurfte es, um mich das Dirigier-Experiment wagen zu lassen. Er und seine Musiker haben mich bei dieser Aufgabe mit außerordentlichem Takt unterstützt. Vielleicht habe ich mich ihrer Hilfe gar nicht würdig genug erwiesen, aber eine bessere hätte ich nicht haben können. Freundlich und mit dem Willen, mich zu fördern, sind sie gleichermaßen wohlwollende Lehrer wie bereitwillige Diener gewesen und haben sich dem Taktstock eines Amateurs unterworfen, der zwar genau wußte, was er hören wollte, doch kaum die Erfahrung besaß, seinen Wünschen Ausdruck zu verleihen; so vollzogen sie, um was ich sie bat, und ließen mich zugleich wissen, wie ich sie darum bitten konnte. Ihr guter Wille hat meine Offenheit redlich belohnt: Wenn ich herausfinden wollte, welcher Einsatz deutlicher war oder wie meine musikalischen Vorstellungen am besten zu übermitteln wären, wußten wir uns stets ohne irgendwelche Hemmungen zu verständigen. Man hört schreckliche Geschichten, auf welche Weise bösartige Orchester an verachteten Dirigenten Rache zu nehmen verstehen. Meine Erfahrung dagegen ist das glatte Gegenteil – eher eine Art von Selbstverleugnung hervorragender Musiker, die sich zu gemeinsamem Tun zusammengefunden haben. Daß sie hervorragende Musiker sind, ist natürlich entscheidend, aber ebenso das Gefühl für Gemeinsamkeit. Wir haben stets so viel Freude miteinander, daß man es sich kaum vorstellen kann; gibt es doch kaum eine lebendigere und ausgelassenere Gesellschaft als die von Orchestermusikern, die zufrieden und glücklich sind. Niemals spielte die Frage der Autorität als Ausdruck hierarchischer Rangordnung irgendeine Rolle; vielmehr herrschte eine völlig entspannte Beziehung zwischen ihnen und ihrem

Dirigenten, der noch viel zu lernen hatte. All das, glaube ich, kann man wohl nur mit einem englischen Orchester erleben.
Seine Ermutigung machte mir meine Aufgabe zusehends leichter. Wir hatten mit den Brandenburgischen Konzerten und ähnlichen Stücken begonnen, die ich vom ersten Pult aus leitete, indem ich dem Orchester im wesentlichen seine Freiheit ließ, wenn ich mich mit ihnen über Tempi, Phrasierungen und dergleichen geeinigt hatte. Der Leser mag die Erregung des Novizen ermessen, der zum ersten Mal hört, wie seine Vorstellung von anderen verwirklicht wird, selbst wenn ich in meiner Doppelrolle als Geiger und Dirigent nicht für jede Einzelheit der Interpretation verantwortlich zeichnen konnte. Mich darauf ganz zu konzentrieren gab es bald Gelegenheit: mit den Symphonien von Haydn und Mozart sowie mit Bartóks Divertimento für Streichorchester.
Für einen Fast-Anfänger war dies ein ehrgeiziges Unterfangen, aber ich war mit dem Werk sehr vertraut und liebte es; und da ich mich Enescos Ratschlag erinnerte, der mich auf diesem Weg ermuntert hatte (dem ich weiter gefolgt bin), war ich entschlossen, es 1961 auf das Programm des Bath Festival zu setzen. Man hat es wohlwollend aufgenommen, wenn es auch noch weitere vierzehn Jahre dauern sollte, bis ich das Problem gelöst hatte, es richtig zu dirigieren; und das verdanke ich sowohl meinem Temperament wie meiner Erfahrung als Dirigent.
Das Temperament verdanke ich zu gleichen Teilen meinen beiden Eltern: Einerseits habe ich die kluge Vorsicht meines Vaters geerbt, während ich auf der anderen Seite meiner Mutter nachgeraten bin, die jede hemmende Vorsicht zu verachten wußte. Indem meine Mutter den Versuchen ihres Mannes, die Zukunft abzusichern, mit ihrem spöttischen »P-p-p-pläne!« zu begegnen pflegte, machte sie sich nicht nur über die falsche Theorie lustig, daß bloße Wiederholung zur Meisterschaft führt, sondern sprach damit auch ein wahres Wort über den künstlerischen Impuls. Sicherlich ist die Kunst das Ergebnis langer Arbeit und strikter Disziplin – eine Wahrheit, die keiner mehr respektiert als sie; doch wenn es dann gilt, den Bogen über die Saite zu ziehen, ist keine Zeit für Sicherheiten, für Vorsichtsmaßnahmen, ob auch der Ton, den man spielt, ganz sitzt. Dieser instinktive Glaube, daß die Brücke hält, die Straße frei ist und der Partner mich nicht betrügt, ist eine notwendige, lang erprobte jüdische Erfahrung. Auf musikalischem Gebiet macht sie sich bemerkbar, indem sie meine Intuition

rechtfertigt und mich gegen eigene und fremde Zweifel wappnet. Doch Nomadentum und Talmud halten sich die Waage: meine Vorsicht zu überwinden und sich der Sicherheit der Hingabe auszuliefern, ist mir das größte Vergnügen. Diese beiden Seiten meines Temperaments haben sich Bartóks Divertimento mitgeteilt.

Das Stück beginnt dramatisch, ja robust, und verlangt einen rhythmisch extrem heftigen Einsatz. Um dessen ganz sicher zu sein, schlug ich im Tempo zwei Schläge voraus, so daß die Musiker beim dritten einsetzen konnten. Theoretisch gab es dabei keine Unsicherheit, und doch blieb der Anfang oft nicht ganz überzeugend. Erst ganz spät, 1975, beschloß ich in einem Anflug von Kühnheit, die beiden Vorausschläge ganz zu lassen und dem Orchester mit einem energischen Schlag den Einsatz zu geben. Das Resultat grenzte ans Wunderbare: niemals gelang der Anfang so gut. Danach versuchten wir es noch ein paarmal und bemerkten zu unserer Freude, daß das Wunder sich stets wiederholte. Je entschlossener ich dirigiere, um so zufriedener ist das Orchester mit mir.

Jede wertvolle Musik verträgt verschiedene Interpretationen. Ich verdamme nicht, was andere Leute tun, aber natürlich ziehe ich das vor, was ich selbst mache, und habe auch stets Argumente zur Hand, es zu belegen. Möglich, daß das Erbe der Propheten und Gesetze mich dazu verführt, alles erklären zu wollen. Das wäre schade. Ich habe unter Mengelbergs Lektionen gelitten, und ich würde nicht gern unnötige Worte über etwas machen, das kluge Musiker ohnehin beherrschen. Selbst wenn mein Verlangen, sichtlich im Recht zu sein, nicht gerade für Autorität spricht, halte ich meine Erklärungen für angebracht. Es gibt Leute, die sich nicht sehr um die Meinungen anderer kümmern und die vielleicht aus solcher Unbekümmertheit ihre Stärke beziehen. Ich tue dies nicht. Mich verlangt es nicht nach Macht über Maschinen noch nach Orchestermusikern, die wie perfekt gedrillte Automaten reagieren und nicht nach dem Warum fragen – von Zustimmung oder Ablehnung ganz abgesehen. Was ich mir wünsche, sind Gefährten, mit denen gemeinsam ich meine Vorstellungen in Musik umzusetzen vermag. Außerdem glaube ich, daß Orchestermusiker es genießen, wenn ein Dirigent sie in sein Vertrauen einbezieht; jedenfalls haben mir dies keine geringeren als die Berliner Philharmoniker zugegeben.

Meine Beziehung zu dem Berliner Philharmonischen Orchester datiert aus dem Jahr 1929. Noch vor ein, zwei Jahren gab es unter ihnen einige Mitglieder, die schon zur Zeit meines Berliner Debüts dort gespielt hatten. Gleich nach dem Krieg hatte ich mich darum gekümmert, daß die Musiker ordentliche Instrumente und Saiten erhielten; so hatte sich bereits ein gewisses Maß an Vertrautheit mit ihnen eingestellt, als sie mir vor einigen Jahren dafür Dank sagten, daß ich die Musik mit ihnen diskutierte. Natürlich habe ich davor oder danach keinen Zweifel gehabt, daß ein Orchester dieses Ranges auch die Wünsche eines schweigsamen Dirigenten auszuführen, ja gewiß auch ohne Dirigenten großartig zu spielen versteht. Als ich die Berliner Philharmoniker zum ersten Mal dirigierte, machte ich nämlich die Erfahrung, daß ich im Grunde nur die Interpretation eines anderen beaufsichtigte. Es handelte sich damals um Beethovens 7. Symphonie, die das Orchester gerade auf einer Tournee unter Herbert von Karajan gespielt hatte, so daß bei der ersten Probe Karajans Beethoven herrlich erklang. Ich nahm meinen ganzen Mut zusammen und unterbrach. »Sie spielen wunderbar«, erklärte ich dem Orchester. »Wahrscheinlich kennen Sie die Symphonie besser als ich. Doch habe ich über diese Musik ein wenig nachgedacht und dabei ein paar eigene Ideen entwickelt, so daß ich Ihnen dankbar wäre, wenn Sie mir helfen würden, sie zum Klingen zu bringen.« Sie hätten kaum bereitwilliger auf mich eingehen und meine Vorstellungen schöner verwirklichen können.

Seltsamerweise sind die Berliner Philharmoniker ein Orchester, das man niemals dazu anzuhalten braucht, langsam zu spielen. Es gibt Orchester und Künstler, die man zügeln muß, die vielleicht nicht über genügend Geduld oder rhythmisches Gefühl verfügen, einen Ton oder eine Pause lange genug auszuhalten. Nicht so die Berliner Philharmoniker: Voller Intensität spielen sie die Töne und vermögen sich kaum davon zu trennen, so daß man jeden ein wenig antreiben muß; doch welch ein Geschenk, mit solchen Musikern einen langsamen Satz zu spielen: ein herrliches Erlebnis.

Nun möchte ich nicht den Eindruck erwecken, als befriedige mich nur das Musizieren mit meinem eigenen Orchester oder den Berliner Philharmonikern. Mehr herrliche Orchester, als ich jetzt aufzählen kann, habe ich inzwischen leiten dürfen. Dabei haben eine Reihe bedeutender Dirigenten mir meine Verantwortung tragen geholfen. Einer unter ihnen, ein lieber Freund und Nachbar in Gstaad, ist der geschätzte Kollege Efrem Kurtz, der mir jederzeit bereitwilligst seine eigenen Partituren der Beethoven-Symphonien leiht, in die er Toscaninis, Furtwänglers und anderer Dirigenten Charakteristika sorgfältig notiert hat. Ein anderer ist der Doyen der englischen Dirigenten, Sir

Adrian Boult, den ich seit Kindertagen kenne. Nur einmal habe ich erlebt, daß er die Fassung verlor. Das war damals, als die Kameraleute des Fernsehens mit ihren Apparaten noch bis unter die Nase ihrer Opfer kutschieren mußten, um Nahaufnahmen zu machen. Nachdem er diese Störungen eine Zeitlang ertragen hatte, explodierte Sir Adrian und weigerte sich, unter solchen Bedingungen weiter zu spielen. Ich kann ihn verstehen. Als ich Berlioz' *Symphonie fantastique* in Washington dirigieren sollte, suchte ich seinen Rat. Er gab ihn mir bereitwillig und schenkte mir einen seiner Taktstöcke, die, eigens für ihn angefertigt, an einem Ende verstärkt und mit einem Gummiband überzogen sind, damit die drei Finger, mit denen man ihn greift, genügend Halt haben. Das Konzert gelang vortrefflich, wobei ich das immense Orchester mit einem Minimum an Spannung leitete und – nach Sir Adrians Art – meine Finger die meiste Arbeit tun ließ. Ich vermag nicht zu sagen, ob ich auch seine »britische« Haltung und seine vornehme Reserviertheit gezeigt habe, möchte es aber bezweifeln.
Wie meine Bemühungen beim Bartókschen Divertimento gezeigt haben, ist eines der heikelsten Probleme beim Dirigieren, das Stück in Gang zu bringen, es auf möglichst eindeutige und ökonomische Weise aus dem Nichts zu erschaffen – Tempo, Stärke und Struktur sofort zu erfassen. Im Grunde ist es ein technisches Problem, das in meinem Falle nur durch meine fixe Idee von Anfang und Anfängen erschwert wurde. Schon als Kind habe ich mich mit dem Gedanken herumgeplagt, wo zum Beispiel eine Stadt anfängt und wo sie endet. Für mein legalistisches Forschen mußte es doch eine Antwort geben. Und irgendetwas außerhalb der täglichen Routine neu anzufangen, konnte lähmend auf mich wirken. Als ich etwa sechs Jahre alt war, beschloß man im Familienrat, daß ich einen Spielkameraden haben müßte, woraufhin Max Kahn (den ich noch ab und zu in San Francisco sehe) eingeladen wurde. Wir standen uns auf dem Bürgersteig gegenüber und blickten uns an. Bis heute kann ich nicht vergessen, wie verlegen ich war. Ich überließ Max das Problem: »Und was machen wir jetzt? Und wie fangen wir an?« Ich hoffe, es ist inzwischen etwas besser geworden, was musikalische und andere Anfänge angeht, doch der allererste Einsatz bleibt für jeden Dirigenten ein Problem.
Das betrifft vor allem auch die Oper, und dort insbesondere die begleitenden Rezitative. Jede Geste der Hand im voraus so anzulegen, daß sie bis zu einem Bruchteil einer Sekunde genau das Orchester zum Einsatz bringt, ist gar nicht so einfach, und ich kann nicht behaupten, daß

es mir beim ersten Mal in Bath stets gelungen ist. Selbst wenn es bei den Proben gut gegangen war, blieb es für mich problematisch, aber nach jeder weiteren Oper wuchs das Vertrauen. Zur Zeit, da ich dies schreibe, besitze ich noch immer mit Mozarts Opern die größte Erfahrung auf diesem Gebiet, wenn wir uns auch einmal 1969 in Windsor mit *Dido und Aeneas* einen Ausflug in das Purcellsche Idiom leisteten. Außerdem gab es natürlich Kantaten- und Messen-Aufführungen, wobei mir der junge ungarische Chordirektor Laszlo Heltay sehr geholfen hat. Ich würde mich gern wieder in der Oper versuchen, schon um herauszufinden, was ich in den dazwischen liegenden Jahren gelernt habe, und mich mit dem italienischen Repertoire vertraut machen, jener Vollblutaufgabe des Dirigenten, von der ich im Augenblick nur träumen darf.

Die italienische Oper ist jedoch nur eine der neuen Welten, die ich zu erforschen hoffe. Ich bin reichlich kopfüber in meine Dirigenten-Karriere gestürzt, wobei mir – wie von einem reichen Onkel spendiert – ganz unverdiente Geschenke in den Schoß gefallen sind; dabei werde ich in den kommenden Jahren noch viele erste Erfahrungen machen, die jeder »normale« Dirigent bereits in seinen Jugendjahren hinter sich bringt. Wo sich die meisten angehenden Dirigenten mühevoll durchs Konservatorium kämpfen und von dem fernen Tag träumen, an dem man ihnen vielleicht Schuberts Symphonien anvertraut, habe ich, der ich doch erst seit einigen Jahren zeitweilig dirigiere, bereits Mitte der sechziger Jahre Gelegenheit gehabt, diese herrlichen Werke auf Platten aufzunehmen. Natürlich habe ich alles Wissen und alle Sensibilität, deren ich fähig bin, für diese Aufgabe mobilisiert, und doch empfand ich es nicht als gerechten Lohn, sondern als ein Geschenk. Da mein Orchester für die späteren Symphonien nicht ausreichend besetzt ist, wurde es durch Hinzuziehen von Konzertmeistern und Vorgeigern der Hälfte der Londoner Orchester erweitert, die es durchaus zufrieden waren, dabei an einem der hinteren Pulte zu sitzen. Das Ergebnis war vielleicht das beste Orchester, das man je zusammengestellt hat.

Ich habe zwar spät das Podium des Dirigenten erklommen, aber gegenüber anderen Neulingen bin ich im Vorteil: durch lange Schallplattenerfahrung habe ich eine Art objektives Gehör entwickelt, ein Bewußtsein für Ausgewogenheit, für Rhythmus und für Details, wie es einem normalerweise, wenn man nur in der Öffentlichkeit spielt, versagt bleibt. Für die meisten Menschen ist es ein Schock, wenn sie zum ersten Mal ihre eigene Stimme vernehmen, und sie neigen dann dazu, auf Grund einer unvermuteten Eigenart von Tonhöhe, Tonfall oder Akzent die Unparteilichkeit des Aufnahmeapparats in Zweifel zu ziehen, ja sich zu fragen, ob sie überhaupt noch einmal ihre Stimme erheben dürfen. Wenn ein Musiker einen aufgenommenen »Take« zurückspielt, ist er in einer ähnlichen Lage, ist entweder baß erstaunt oder zutiefst unzufrieden. »Habe ich das tatsächlich so gespielt?« fragt er sich, bis ihm die Wiederholung zeigt, daß der technische Outsider leidenschaftslos urteilt. Selten, und zwar *sehr* selten, ist sein Spiel besser, als er es selbst in Erinnerung hat. Einmal, auf einem Ozeandampfer, hörte ich das Beethoven-Violinkonzert so, wie ich es in meinem Leben gern einmal gespiel hätte, und mußte dann feststellen, daß es meine eigene Aufnahme mit Furtwängler aus dem Jahr 1947 war.

Ganz allgemein gesehen, möchte ich davor warnen, den Eindruck, den man auf andere macht, zu überschätzen; wir sind eben subjektiv veranlagt und sollten uns mit den Grenzen, die uns gesetzt sind, abfinden. Natürlich sind Bandaufnahmen für jeden Musiker unschätzbar, weil sie das bequeme Gehäuse seiner Subjektivität aufbrechen und ihm eine neue Art kritischen Bewußtseins verschaffen. Ich will nicht übertreiben: auch vor der Entwicklung der Aufnahmetechnik waren sich bedeutende Musiker natürlich darüber im klaren, wie sie spielten, doch ich glaube, daß sie den allgemeinen Standard der Musiker von heute erhöht hat und vor allem die Zeitspanne, in der dieser Standard erreichbar ist, entschieden verkürzte.

Ich habe stets sehr gern Plattenaufnahmen gemacht. Ich liebe die mönchische Abgeschlossenheit, die auf alle Zuhörer verzichtet, und ich weiß die Lektionen des Playback zu schätzen. Als ich damit begann, vermittelte die Technik noch keine getreue Wiedergabe. Da ein sehr viel geringerer Frequenzbereich erfaßt wurde, gab es kaum Rauheiten. Der süße Ton auf alten Platten von Kreisler, Heifetz oder aus meiner eigenen Jugend verdankt einen Teil seines Charmes sicherlich jener technischen Unfertigkeit. Die Neuerungen der »High Fidelity« nach dem Krieg haben diesen barmherzigen Schleier abrupt weggerissen, indem sie die kleinsten Unebenheiten zu erschreckenden Proportionen anwachsen ließen – so wie das Auge eines Mikroskops jedes dünne Haar zur Größe einer Faust und die Poren unserer Haut zu einer Vulkanlandschaft werden läßt. Wenn es auch unter diesen klinischen Bedingungen quälend wurde, musikalische Gefühle zu entfalten, blieb es dennoch eine nützliche Disziplinierung, die nach Perfektion verlangte,

über die Fähigkeiten des menschlichen Ohrs hinaus. Heute bin ich froh, daß ich mich dem unterzog.
In meinem Leben habe ich gewiß mehr Platten eingespielt, als ich mir angehört habe, was nicht bedeuten soll, daß Plattenaufnahmen einen vorherrschenden Platz in meinem Leben einnehmen. Ganz im Gegenteil: sie müssen zwischen Konzert-Tourneen und anderen Verpflichtungen eingeplant werden, und es bedarf im allgemeinen eines ausgetüftelten Zeitplans, um das Orchester, den Dirigenten, den Solisten (wenn notwendig) und die Technik im Studio zusammenzubringen, wo dann bereits alles zur Aufnahme parat sein muß. Und ich kann versichern, daß meine vielen Verpflichtungen diese zeitlichen Probleme nicht leicht machen, obschon, so muß ich sagen, die Schallplatten-Industrie mit wachsender Größe auch immer schwerfälliger geworden ist. Wie schon erwähnt, machte ich 1928 gemeinsam mit Louis Persinger eine Aufnahme, die innerhalb von vierundzwanzig Stunden hergestellt wurde und ihren Weg in die Musikalienhandlungen fand. Wenn man heute aus einem großen musikalischen Ereignis Kapital schlagen will, dauert es mindestens einige Monate. Jeder Aspekt in industriellen Produktionen braucht eben seine Zeit. Monatelange Marktforschung ist offenbar vonnöten, so daß plötzliche Entschlüsse die Gefahr mit sich bringen, majestätisch sich entfaltende langfristige Planungen unziemlich zu stören.
Ich kann für eine bestimmte Gelegenheit ein Werk studieren und es dann gleichzeitig aufnehmen, aber derartige Plattenaufnahmen aus dem Stegreif sind ganz selten geworden. Andererseits zögern die Plattenfirmen immer mehr, ein Stück aufzunehmen, das ansonsten im Konzertleben nicht zu hören ist, es sei denn, daß jemand anders die Kosten für Studiomiete und Probezeit übernimmt. Diese Studiozeit ist ohnehin so begrenzt wie möglich. Aber da ich miterlebt habe, wie die Musiker sich auf dem Markt gegenseitig unterbieten – die amerikanischen Orchester wurden durch billigere englische Orchester ersetzt, bis die Engländer, als sie höhere Ansprüche stellten, ihrerseits durch osteuropäische Orchester ausgepunktet wurden –, kann ich das Dilemma der Plattenfirmen verstehen; allerdings nicht ganz. Ich habe das Glück gehabt, daß die EMI sich solchen »praktischen« Überlegungen verschlossen hat und mich durchaus Stücke aufnehmen ließ, die ich niemals öffentlich gespielt habe – z.B. Bartóks Bratschenkonzert, Berlioz' *Harold in Italien* oder Boyces sechs Symphonien, so daß sie noch über das hinausgingen, was auf Festivalprogrammen möglich ist. Vor

allem die Symphonien von William Boyce waren eine schöne Aufgabe. Sie waren im wahrsten Sinne des Wortes »virgin music« – jungfräulich daher, weil weder das Orchester noch ich sie je zuvor gehört hatten; es existierten keinerlei Plattenaufnahmen, ja es gab gar keine Partitur; die musikalische Praxis in Boyces Lebenszeit (1710 – 1779) galt mehr als mögliche Direktiven des Herausgebers. Fünf Aufnahmetermine standen zur Verfügung, um alle sechs Werke aufzunehmen, und wir begannen von Grund auf: Phrasierung, Bogenstriche und Fingersätze hatten wir im voraus möglichst festgelegt, hatten uns über Tempi, dynamische Bezeichnungen und Stärkegrade unsere Gedanken gemacht und begannen sie jetzt im Studio auszuprobieren. Solche Stücke verlangen nach einer besonderen Orchestergemeinschaft, verlangen vielleicht nach einem besonderen Flair, wobei die Bandaufnahmen sehr helfen. Nach jedem »Take« konnten wir uns anhören, beurteilen, korrigieren und wiederholen, wobei wir innerhalb weniger Stunden eine Entwicklung absolvierten, die normalerweise Monate oder gar Jahre in Anspruch genommen hätte. Zeuge zu sein, mit welcher Schnelligkeit man sich verbessern kann, wird einem in unserem kurzen Leben selten geboten.

Hoffentlich wird es nicht *zu* kurz sein. Ich habe noch eine ganze Liste von Plattenwünschen, die ich gern verwirklichen möchte, wenn ich gesund und munter bleibe; allein diese Plattenaufnahmen werden mich etliche Jahre in Atem halten.

17. *Ein Vermächtnis*

Geigenschulen · Die Moskauer Zentrale Musikschule und ihr hierarchisches System · 1963: Gründung der eigenen Schule in London · Eine Generation von Enesco-»Enkeln« · Finanzielle Engpässe und großzügige Hilfen · Der Unterricht · Die Methode Suzukis · Vor allem Lockerheit

Ich habe mein Leben damit verbracht, Utopia zu schaffen. Das war ein Unterfangen, das zum Scheitern verurteilt war – denn Utopia existiert nur außerhalb der Zeit; das Tragische, das Negative ist der Welt, die wir bewohnen, immanent. Dennoch ist mir hier und da, kurz und unvollkommen, Utopia gelungen. Günstige Umstände haben dazu beigetragen – vor allem die Musik, mit der ich arbeiten durfte: trotz aller unvermeidlicher Fehlschläge und Enttäuschungen ein Geschenk, wie es sich kaum ein Mensch vorstellen kann. So kann ich nur spekulieren, was aus mir geworden wäre, wenn die Umstände anders gewesen wären oder sich in Zukunft ändern sollten. Wenn ich als Verfolgter hätte leiden müssen oder gewungen gewesen wäre, primitiv in einem Raum mit sechs anderen zusammengepfercht zu leben, kann ich mir vorstellen, daß solches Elend mich entweder zu unermeßlicher Wut getrieben oder zu mürrischer Passivität verdammt hätte. Beides hätte mich jeglicher Energie beraubt, überhaupt etwas anzufangen. Heutzutage läßt sich Glückseligkeit sozusagen »herstellen«, denn der Teil des Hirns, der Freude registriert, ist lokalisiert und kann mit Hilfe von Elektroden animiert werden. Es gibt sicherlich Situationen, denen ich mich gern durch einen schlichten Knopfdruck entziehen würde, doch im allgemeinen ist solch künstlicher Rückzug aus der Wirklichkeit keine Versuchung für mich. Belohnungen wollen verdient sein, damit man sie würdigen kann. So gilt meine ständige Anstrengung dem Versuch, die Wirklichkeit in etwas zu verwandeln, das die Glückseligkeit rechtfertigt und mich nicht mit einem schlechten Gewissen zurückläßt. Natürlich vermag ich Glück zu empfinden, wenn ich gut spiele, denn lebenslange Arbeit hat mir dies ermöglicht. Aber neben dem Gefühl des Wohlbehagens muß ich einen Sinn darin sehen. Und gottlob hat es an beidem in meinem Leben nicht gemangelt.

Meine behütete, isolierte Kindheit und die zahllosen Aktivitäten, die mich heute beschäftigen, scheinen lediglich durch ihre Gegensätzlichkeit verknüpft: Tatsächlich besteht zwischen ihnen ein direkter Zusammenhang. Der Sprachunterricht, die frühen Reisen und das Sichzurechtfinden-müssen in der Welt schon als Kind waren eine gute Lebenshilfe, die mein Interesse an den Menschen und ihren Problemen bald weckte. Doch eigenartigerweise vermag ich eine Sache nur zu verfechten, wenn ich mich ihr verpflichtet fühle. Ich kann zum Beispiel das Verdi-Requiem auswendig lernen, doch nur, wenn ich es auch dirigieren muß; andernfalls habe ich gar nicht die Zeit dazu, und das Studium von Partituren, die ich nicht aufführe, ist für mich ein Luxus wie für andere Menschen das Lesen eines Krimis. Aber die Medaille hat noch eine Kehrseite: zwar kann ich mir nur für Nützliches Zeit nehmen, doch hat sich gezeigt, daß alle meine sonstigen Interessen – Ökologie, Energiehaushalt, Medizin, Pädagogik – auch im Umkreis meiner vielen Verpflichtungen auf trefflichste Art anwendbar sind. Es ist beispielsweise völlig legitim, sich für medizinische Fragen zu interessieren, wenn man die Verantwortung für das Wohlbefinden von Schulkindern hat. So gehen das Wünschbare und das Mögliche eine gute Ehe ein, und ich kann den Kuchen zugleich haben und aufessen.

Von den vielen Dingen, die mich außerhalb der Musik interessieren, liegen vier mir besonders am Herzen. Das eine betrifft die Arbeit für Amnesty International, d.h. die Betreuung der wegen ihrer Überzeugung Inhaftierten. Die anderen sind Erziehungsfragen im weitesten Sinne.

Da ist zunächst der Puffin Club, dessen Präsident ich bin, wenn auch Kaye Webb sein wahrer Motor ist. Diesen Puffins – hunderttausend englischen Kindern, die zeichnen, malen, Gedichte machen, Maschinen entwerfen, Geld sammeln, damit sie an der schottischen Küste eine Insel kaufen können, um dort in Frieden zu leben – bin ich sehr zugetan. Oder das West-Dean-College in Sussex, das bestimmte Handwerkskurse wie Möbel- und Uhren-Reparatur, Buchbinderei, Teppichweberei und dergleichen abhält, um damit dem allgemeinen Verfall der Handwerkskunst entgegenzuwirken und das Erbe der Vergangenheit erhalten zu helfen. Edward James, ein Kunstliebhaber und Mäzen, mit dem Diana zusammenarbeitete, als sie in einer von ihm finanzierten Balanchine-Truppe arbeitete, hatte es ins Leben gerufen und dann der Öffentlichkeit geschenkt. Als ich seiner Aufforderung, ein Trustee von West Dean zu werden, nachkam, akzeptierte ich damit die Ziele dieses Colleges, nicht zuletzt weil ich sah, daß es Raum bot für vieles, was mich selbst interessierte, wie etwa billige Stromer-

zeugung und »organische« Methoden auf der College-Farm: Ziele, die noch der Verwirklichung harren.
Und als letztes, wichtigstes: meine Schule. Nicht alle Kinder besitzen aufopfernde jüdische Eltern wie ich. Nächst meinen musikalischen Erfahrungen hat mich diese Schule meinen utopischen Zielen am nächsten gebracht; eine gesunde, glückliche Gemeinschaft von Jugendlichen ins Leben zu rufen, die keine Elite darstellt, sondern nur Beispiel ist für andere. Für mich ist diese Schule eine stete Quelle der Befriedigung, nicht zuletzt deswegen, weil ihre Anfänge mit jenen Schwierigkeiten zusammenhängen, die ich als erwachsener Mann hatte, das Violinspiel neu zu durchdenken. Als ich diesen Prozeß hinter mir wußte, wollte ich nun andere daran teilnehmen lassen; nachdem ich gelernt hatte, wollte ich anderen helfen. So empfinde ich meine Schule als eine Krönung des Lebens, die hoffentlich zugleich ein Vermächtnis bleiben wird.

Meine »Karriere« als musikalischer Mentor hatte gewissermaßen in meiner Jugend begonnen, in jenen Jahren, als Hephzibah und ich im Musikzimmer der Ville d'Avray gemeinsam spielten. Schon früher hatte ich meinen Begleitern gegenüber meine musikalischen Ansichten formulieren müssen – eine Erfahrung, die sehr nützlich für mich gewesen ist: Wenn ich heute vor dem Orchester stehe, kann ich mich klar ausdrücken und genau sagen, wie ich etwas gespielt haben möchte. Doch meine pädagogischen Anfänge datieren aus meiner Zusammenarbeit mit Hephzibah, die von vornherein durch unsere Beziehung und durch die häuslichen Umstände so begünstigt war, daß sie sich vollkommen natürlich ergab.
Doch selbst damals schon wußte ich Technik und Interpretation wohl auseinanderzuhalten. Bei diesen Proben mit meiner Schwester ging es zwar um Interpretationsfragen; aber um meine Klangvorstellung einem anderen begreiflich zu machen, konnte ich nur Worte zu Hilfe nehmen, die technische Vorgänge beschrieben. Für schlichte Anweisungen wie »fröhlicher« oder »trauriger« habe ich niemals viel übrig gehabt; das ist keine Methode. Vielmehr muß man genaue Anweisungen über Tempo, Betonung und Ausgeglichenheit befolgen, um den fröhlichen oder traurigen Charakter eines Stückes ausdrücken zu können. Jeder Anfang liegt im Dunkel, und das waren erste, tastende Versuche. Eines hemmte mich: Hephzibahs Sensibilität verlangte nicht nach vielen Worten. Es ist verblüffend, wie ähnlich wir musikalisch

empfinden. Mir schien es manchmal, als wenn wir gar nicht auf zwei verschiedenen Instrumenten, sondern auf einem einzigen musizierten. Auch spätere Erfahrungen haben mich verwöhnt: wenn ich mit Musikern spielte, die ich kannte und mit denen ich harmonierte – Kentner, Casals, Toscanini und viele andere –, bedurfte es keiner Worte.

Erst die fünfziger Jahre bescherten mir meinen ersten Violinschüler, wobei die Umstände damals keinen von uns beiden seine Rolle sehr akademisch spielen ließen. Zum einen war Alberto Lysy kein Anfänger, den es zu drillen galt, sondern ein sehr befähigter junger Geiger; zum andern war ich ständig unterwegs, und Alberto mußte mir nach Gstaad, nach London oder nach New York folgen, wenn die Sache überhaupt einen Zweck haben sollte. Früher, als es noch nicht so leicht war wie heute, die gegensätzlichsten musikalischen Strömungen kennenzulernen, konnte ein einflußreicher Lehrer tatsächlich so etwas wie eine Vaterschaft bei seinen jungen Geigerschülern geltend machen: ein starker Pädagoge vermochte eine große Anzahl junger Virtuosen ganz nach seiner Methode zu formen. Selbst heute gibt es noch erkennbare »Familienähnlichkeiten« im Stil, und eine solche Geigenfamilie entsteht, möchte ich behaupten, an meiner Schule. Doch als Alberto Lysy zu mir kam, war keine Rede davon (aus den eben geschilderten Gründen), daß er mein »Geschöpf« wurde, eher eine Art Teilzeitschüler, der im Zuge seiner Laufbahn Anregungen von mir bekam.

Mit sechzehn oder siebzehn war er aus seiner argentinischen Heimat gekommen, um an dem Brüsseler Concours 1955 teilzunehmen. Da er nicht die technische Ausbildung seiner Konkurrenten besaß, erreichte er – obwohl er sie an Leidenschaft der Wiedergabe weit übertraf – nur den fünften oder sechsten Platz. Was der Junge auch anpackte, man merkte sofort, daß die Musik in ihm steckte. Er kam aus ziemlich armen Verhältnissen und hatte tatsächlich auf einer geliehenen Geige gespielt; jedermann mochte ihn gern. Nach Argentinien zurückgekehrt, schrieb er mir und fragte an, ob ich ihn unterrichten würde. Da ich nicht die nötige Zeit erübrigen konnte, nahm ich ihn mit in die Vereinigten Staaten, wo er mit mir herumreiste und sogar bei mir wohnte. Als Gerard und Jeremy Kinder waren, spielte er mit ihnen Fußball und nahm sie wie ein älterer Bruder auf Ausflüge mit. Mir ist gar nicht bewußt, daß Alberto sehr viel durch mich profitiert hat, aber irgendwie fanden wir uns plötzlich zusammen. Er empfindet die Musik ganz ähnlich wie ich. Er hat sich auch nie auf die schmale Karriere eines Virtuosen eingelassen, sondern unterbricht sein solistisches Auftreten durch

Kammermusik und Unterricht; darin ist er inzwischen sehr erfolgreich. Sein Sohn Antonio studiert an meiner Schule Cello.

In den Jahren, in denen Alberto zu unserem Leben gehörte, wurde der Wunsch, eine Schule auf die Beine zu stellen, immer drängender, zumal auch die Übersiedlung nach London 1959 dazu beitrug. Ich wollte mich auf ein solches Abenteuer erst einlassen, wenn ich wußte, was ich zu geben hatte, aber der Gedanke hatte sich seit Jahren in mir festgesetzt. Seitdem ich im November 1945 die Zentrale Musikschule der Sowjetunion, dieses einsame Juwel mitten im tristen Nachkriegs-Moskau, besichtigt hatte, war es mein Wunsch gewesen, im Westen etwas Ähnliches ins Leben zu rufen.

Inzwischen habe ich diese Schule in Moskau wiedergesehen, das letzte Mal 1971, und jedes Mal fand ich meinen ersten ausgezeichneten Eindruck bestätigt. Sie besteht aus zwei aneinandergrenzenden Gebäuden, von denen das eine den musikalischen Studien der Kinder, das andere ihrer Unterbringung dient. Beide Gebäude sehen etwas mitgenommen aus, solide Alltagsfassaden, von denen der Putz ein wenig abgebröckelt ist und deren schmale, hohe Fensterreihen an manche öffentliche Gebäude im Baltikum erinnern. Das Innere bestätigt den Anstaltscharakter – Schlafsaal hinter Schlafsaal, jeder mit zehn genau ausgerichteten Betten, aber sowohl die ordentlich gemachten Betten in dem einen Haus wie die hingebungsvolle Beaufsichtigung auch des jüngsten Anfängers im anderen vermitteln doch den Eindruck, daß man sich hier um die Dinge liebevoll kümmert. Trotz der Arbeit und des Ehrgeizes, der natürlich jedes Kind durchdringt und die Lehrer zu strengen Unterrichtsmethoden bestimmt, hatte ich niemals das Gefühl von Druck oder Zwang. Ich glaube, dies wäre noch eine Ecke Rußlands, in der ich mich hätte einrichten können.

Als ich zum ersten Mal diese Musikschule besuchte, war sie schon die beste, aber nicht die einzige im Lande. Jede wichtigere Stadt besitzt eine ähnliche Einrichtung, die aber so abgestuft sind, daß jeweils die besten Schüler nach Moskau und damit zu den besten Lehrern geschickt werden können. Kinder werden von fünf Jahren an aufgenommen und bleiben dort, bis sie mit ungefähr sechzehn Jahren auf das Konservatorium überwechseln, das übrigens in unmittelbarer Nähe liegt; zwanzig Jahre lang leben die Studenten in einem Areal, das auf zwei, drei Häuserblocks beschränkt ist. Nachdem ich, wie sich's gehört, dem Direktor guten Tag gesagt hatte, wurde ich sogleich weitergeführt um mir die Kinder anzuhören.

Was ich sah, war ein Vorspiel von Abschlußkandidaten verschiedener Klassen. Regulären Unterricht habe ich nicht miterlebt: vielleicht wollte man nur das bereits Erreichte vorführen und war noch ein wenig unsicher. Auch zögerte man wohl, mich am Unterricht selbst teilnehmen zu lassen, und präsentierte mir lieber eine Reihe von Schülern von sieben Jahren aufwärts. Ich war sehr beeindruckt von der Qualität der Interpretationen durch diese sauber ausgebildeten, eifrigen, gesund wirkenden Kinder. Selbst der Jüngste, der eigentlich nur Etüden spielte, besaß ein Selbstbewußtsein, ein Gefühl für Gestaltung und Präsentation, als wolle er in der Carnegie Hall auftreten. Solidität, Sicherheit und Beachtung des Details – Kennzeichen der russischen Methode – zeigten sich deutlich. Nichts wirkte oberflächlich oder übereilt. Nur nach völliger Beherrschung des ersten Stadiums durfte das nächste in Angriff genommen werden; und wenn, sagen wir, im siebten Stadium ein Schüler plötzlich Anforderungen nicht mehr erfüllte, die ein früheres Stadium bereits von ihm verlangt hätte, begann er wieder auf einer unteren Sprosse der Leiter. Diese Leiter müssen sie alle erklimmen: Talent, Flair oder Genialität sind kein Grund, eine Sprosse zu überspringen. Bemerkenswerterweise produziert Rußland fast gar keine Wunderkinder – nicht aus Mangel an Talent, sondern aus strategischen Überlegungen. Man erzählte mir, daß die Schüler, bevor sie sechzehn Jahre alt sind, gar keine vollständigen Konzerte spielen, sondern nur einzelne Sätze oder gar Passagen daraus. Nach der Absolvierung der Zentralschule und des Konservatoriums werden die vielversprechenden Talente noch weitere vier Jahre ausgebildet, so daß sie erst mit ungefähr fünfundzwanzig Jahren ins öffentliche Leben entlassen werden. Bis zu einem gewissen Grade ist diese Gründlichkeit sicher wichtig; aber sie zwingt den Studenten, seine ganze Jugend über stets um einen höheren Platz in der Hierarchie zu kämpfen – wie der Soldat, der auf Beförderung hofft.

Die sonstige Ausbildung der Kinder beschränkte sich, soweit ich feststellen konnte, auf die Grundkenntnisse in bestimmten Grundfächern, eingeschlossen eine unvermeidliche minimale politische Indoktrination sowie ein wenig Sport. Ähnlich wie bei meiner Erziehung, legte man einen gewissen Wert auf Fremdsprachen (da man annimmt, daß diese Auserwählten häufig ins Ausland reisen werden), aber alles übrige war der Musik untergeordnet. In dieser einseitigen Ausrichtung könnte man natürlich allein die sowjetische Entschlossenheit sehen, Eliten heranzuzüchten; aber ich habe auch das Gefühl, daß gerade auf musikalischem Gebiet in der Sowjetunion noch Raum ist für persönlichen Ehrgeiz und für Möglichkeiten der Emanzipation. Ich habe mich oft gefragt, wieviele Dinge, von denen das Land träumt, verwirklicht werden müssen, um die Gesellschaft weiter voranzutreiben. Vielleicht ist das Verhältnis ähnlich wie im Spielkasino: ein Gewinner unter tausend läßt die übrigen 999 weiter hoffen. In den Vereinigten Staaten sind die Erfolgstypen (die sich durch Talent und Fleiß ausgezeichnet haben) so weit verbreitet, daß dieser Erfolg für jeden anderen im Lande im Bereich der Möglichkeit liegt. In Rußland, wo die Wege individuellen Unternehmertums gesperrt sind, gibt es dafür andere Symbole der Hoffnung: große Techniker, Lehrer, Politiker oder »der produktions-intensivste Kohlenhauer der UdSSR« oder ähnliches. Einer der ganz natürlichen Wege persönlicher Selbstverwirklichung, die man bis zu einem gewissen Grad daheim trainieren kann und die noch immer vom Willen und von der Veranlagung des einzelnen abhängt, bildet die Musik. Dabei ist die Reputation russischer Musiker groß, und ich kann mir vorstellen, daß der Erfolg eines einzigen Musikers für tausend seiner Mitbürger anspornend wirkt. Seltsamerweise gibt es kein offizielles Lehrsystem, um Kindern unter fünf Jahren das Geigenspiel beizubringen, obwohl die Moskauer Schule nur Fünfjährige, die bereits das Instrument zu handhaben wissen, annimmt; und es herrscht kein Mangel an Aspiranten.

Seit meinem Besuch in Moskau 1945 ist die übrige Welt auf dem Gebiet des Musikunterrichts ein gut Stück vorangekommen. In Japan, in den Vereinigten Staaten, in Ost- und Westeuropa (vor allem in Rumänien) ist der Standard höher als je zuvor, und hier und da sind Internatsschulen, die sich auf Musik spezialisieren, gegründet worden. Bis vor gar nicht langer Zeit war jedoch die Sowjetunion führend, so daß es nur recht und billig war, daß ich mich dort genau umsah, bevor ich mein eigenes Unternehmen startete. Im Frühjahr 1963, ein halbes Jahr bevor meine kleine Schule in London das Licht der Welt erblickte, schickte ich Marcel Gazelle und Alberto Lysy nach Moskau, wo sie zwei Wochen lang lernen sollten, was nur möglich war. Auch ihnen gelang es jedoch nicht, an regulären Unterrichtsstunden teilzunehmen: dafür brachten sie genaue Kenntnisse der verschiedenen Stundenpläne mit, die wir für Londoner Bedürfnisse dann abändern konnten.

Unsere Schule sollte ja keine Londoner Kopie Moskaus werden. Dort werden dreihundert Studenten ausgebildet, bei mir achtunddreißig. Aber wir setzen auch ganz andere Prioritäten: Moskau bildet Solisten

aus, während wir uns Allround-Musiker wünschen, Leute, die später unterrichten, die Kammermusik treiben, die als Solisten oder im Orchester spielen und für die – selbst wenn sie niemals damit ihren Lebensunterhalt verdienen wollen – die Musik stets eine Quelle seelischer und geistiger Regeneration und Freude sein soll. Nicht einverstanden bin ich mit der Methode der Moskauer Schule, durch enorme Anstrengungen Solisten hervorzubringen (was auch merkwürdig berührt in einem Land, das dem Kollektiv derartig huldigt). Das Solospiel ist dort das Endziel der gesamten Ausbildung; zu wenig gefördert werden Quartettspiel oder andere kammermusikalische Aktivitäten. Das Resultat: Kammermusik wird in Rußland nicht groß geschrieben, die herrlichen Orchester in Moskau und Leningrad rekrutieren sich vornehmlich aus desillusionierten Solisten. Bei einem der Festivals in Bath wurde mir dieser Mangel der russischen Musiker besonders deutlich: Eines Abends, nach dem Konzert des hervorragenden Moskauer Kammerorchesters, setzte ich mich mit den Stimmführern der Streicher noch zum Musizieren zusammen, und wir versuchten Schuberts C-Dur-Quintett; erstaunlicherweise waren diese jungen Musiker, die hervorragend ausgebildet und perfekte Spieler im wahrsten Sinn des Wortes waren, außerstande, vom Blatt zu spielen.
Im Gegensatz dazu sind englische Orchester hervorragende Blattspieler – weil sie niemals genügend Zeit zum Probieren haben und weil sie in der Lage sind, ihre Neugierde und ihre Intelligenz für die Sache einzuspannen. Die Kinder in meiner Schule trainieren dies bereits ohne Schwierigkeiten, und so ist es auch gedacht. In England rangiert Team-Arbeit an oberster Stelle. So finden sich hier auch viele treffliche Bratscher, die sich im Quartettspiel und anderen Kammermusiken betätigen, was übrigens zugleich ein Training für das Zusammenleben bedeutet. Ich bin glücklich, daß meine Schule darauf so großen Wert legt. In der Wettbewerbsatmosphäre, wie sie in Moskau oder in New York herrscht, hätten sich meine Vorstellungen sehr viel schwieriger verwirklichen lassen.

Es war nur natürlich, daß die ersten Menschen, die ich für meine Idee zu gewinnen trachtete, aus meinem persönlichen Umkreis stammten: Bevor überhaupt Schüler da waren, die ich hätte unterrichten können, war mir klar, daß ich versuchen würde, Marcel Gazelle und Alberto Lysy als Lehrer zu gewinnen. Wie sich zeigte, ließ Albertos Konzertkarriere ihm keine Zeit, sich auch noch der Schule zu widmen, aber

Marcel, unser erster Musikdirektor und lange Jahre erster Klavierlehrer, wurde die Seele der Schule: ihm war es vorbehalten, unsere Träume durch sinnvolle Stundenpläne zu verwirklichen. Aber nicht nur, daß er die Schule so großartig geleitet hat; durch lange Vertrautheit wußte ich, daß wir letztlich dieselben künstlerischen Ziele verfolgten. Zu meinem großen Kummer starb Marcel Gazelle bereits im März 1969. Schon als Sechsjähriger hatte er mit dem Rauchen begonnen, und das wird zu seinem frühzeitigen Tod beigetragen haben. Wie sehr hätte ich mir gewünscht, daß er die Früchte seiner Bemühungen noch hätte ernten können.

Seine Witwe Jacqueline, eine Freundin aus den Tagen von Ville d'Avray und Enesco-Zögling wie ich, unterrichtet noch heute bei uns. So können unsere Schüler in zweifachem Maße sozusagen als Enesco-Enkel gelten.

In einem eher wörtlichen Sinne ist meine Schule Abkömmling eines Komitees: Im April 1961 wurde das »Music Academy Committee« (wie wir uns zuerst nannten) ins Leben gerufen, in das ich alle meine Freunde, die an der Musikerziehung Anteil nehmen, zu bitten wußte: Sir Robert Mayer, Ernest Read, Ruth Lady Fermoy (die jetzt Mitglied des Schulvorstands ist), meinen Rechtsanwalt F.R. Furver sowie meinen Steuerberater Arthur Hollis, der mich schon seit 1929 betreut. Das waren die Verschwörer der ersten Stunde; die Verschwörung selbst sollte sich über zweieinhalb Jahre hinziehen. Zunächst zweifelten wir, ob wir es allein schaffen würden, und dachten uns an eine bereits bestehende Unternehmung anzuschließen; dann merkten wir aber bald, daß die Schule, wenn sie Erfolg haben sollte, durchaus sui generis sein müßte. Mir waren diese monatelangen Debatten bald zuviel, und ich plädierte dafür, die Vorbereitungsgespräche endlich abzuschließen und mit dem Abenteuer bereits im September 1962 zu beginnen. Kühlere Köpfe machten mir aber klar, daß es nicht weise wäre, ohne eine genügende Anzahl von Lehrern und Schülern sowie in ungesicherter Finanzlage den Start zu wagen. So sollte ich noch weitere zwölf Monate warten.

Die für das erste Jahr benötigten 20 000 Pfund wurden von vier Stiftern aufgebracht – u.a. von Lady Cholmondeley, einer meiner treuesten Verbündeten, und Dr. Günter Henle, dem Verleger der wahrscheinlich zuverlässigsten Urtext-Ausgaben klassischer Musik. Ein weiterer war Oscar van Leer, der Sohn des holländischen Industriellen und Philanthropen, der auch später immer wieder aushalf. Dieses

Problem war also gelöst, aber wir brauchten ja auch Schüler. Ein paar brachten Gazelle und ich selbst zusammen und ließen sie uns vorspielen; unter ihnen als jüngste die siebenjährige Rosemary Firness, die dann als erste den gesamten Zehnjahreskurs absolvieren sollte. (Ich war damals gar nicht sicher, wie sie sich auf der Geige entwickeln würde, und das war mir auch egal: ich war entschlossen, sie zu nehmen, weil sie so ein bezauberndes Kind war; glücklicherweise entwickelte sie sich auch zu einer tüchtigen Geigerin.) Weitere Schüler wurden mir durch meinen Freund und Kollegen Frederick Grinke, einen ausgezeichneten Geigenlehrer, zugeführt, der bereits in frühen Jahren zu uns stieß. Am Tag der Eröffnung verfügten wir über ein Aufgebot von elf jungen Musikanten.

Das herrlichste in diesen Anfangsjahren war, daß wir nicht alles auf einmal in Angriff nehmen mußten. Um wieviel nervenaufreibender wäre es gewesen, wenn wir von einem Tag auf den anderen die volle Verantwortung für diese elf Eleven hätten übernehmen müssen: daß sie richtig untergebracht und ernährt waren, daß sie ordentlich lesen, schreiben und rechnen lernten, daß man sich um ihr physisches Wohlbefinden und ebenso um ihre Sorgen und Probleme kümmerte und gleichzeitig noch Kraft fand, ihnen dabei eine intensive musikalische Ausbildung zukommen zu lassen! Wenn man großartige Pläne hat, ist man leicht versucht, in ihrem strahlenden Licht die Detailprobleme nicht zu sehen; aber wenn man sich tatsächlich entschließt, sie zu verwirklichen, wachsen die Schwierigkeiten zu ungemütlicher Größe. Daß wir nur ganz allmählich in das vollständige Pensum unserer Pflichten hineinwuchsen, verdanke ich einer Dame von unerschütterlichem Selbstvertrauen: Miss Grace Cone.

Gracie Cone ist inzwischen pensioniert, aber in den ersten sechziger Jahren (als wir sie auf der Suche nach Helfern kennenlernten) war sie die tüchtige Leiterin einer Schule, wie ich sie mir immer vorgestellt hatte, wenn auch ohne Ballett- und Drama-Abteilung. Der Arts Educational Trust verfügte in Kensington über Unterbringungsmöglichkeiten und geeignete Übungsräume sowie über ein für allgemeine schulische Zwecke geeignetes Haus nicht weit vom Hyde Park Corner. So konnten die Kinder, wie ich es selbst immer vorgehabt hatte, in ein und derselben Gegend wohnen, lernen und spielen. Miss Cone erbot sich, unsere Schüler unterzubringen, sie zu verpflegen und sie regelmäßig unterrichten zu lassen und uns die Räumlichkeiten in Kensington zu vermieten, damit wir dort uns um ihre musikalische Ausbildung küm-

ern konnten. Damit waren ein Dutzend Probleme gelöst; hier bot sich nun die Chance, uns in einem bereits bestehenden Rahmen weiter zu entwickeln, und so zögerten wir nicht lange.
»Wenn Sie bereit sind, bin ich es auch«, erklärte ich Anfang September 1963.
»Sie können anfangen, wann Sie wollen«, erwiderte die großartige Miss Cone.
»Dann beginnen wir«, sagte ich, »am Donnerstag nächster Woche.«
Wir Pioniere – Gazelle, Grinke und ich – sowie unsere elf jungen, hoffnungsvollen, von Vertrauen und Eifer erfüllten Adepten kamen an jenem Donnerstag zusammen: die Schule existierte. Das endlose Planen hatte ein Ende. Doch neue Probleme des Überlebens und der Entwicklung tauchten am Horizont auf.
Die erste Aufgabe wurde es, so rasch wie möglich eine eigene Unterkunft zu finden. Die Partnerschaft des Arts Educational Trust war angenehm, konnte aber nicht eine ständige Lösung sein. Mrs. Langton, die erste Schulsekretärin, löste dieses Problem für uns, indem sie den Landsitz in Stoke d'Abernon, einem Londoner Vorort in der Grafschaft Surrey, ausfindig machte: zwei Gebäude sowie fünfzehn Morgen Land. Im September 1964 siedelten Lehrer und Schüler dorthin über.
Der erste Schuldirektor war ein Geschenk des Himmels – ein Mann, der seine Aufgabe so hervorragend anpackte, als hätte er sich insgeheim ein Leben lang darauf vorbereitet. Antony Brackenbury war Lehrer in Bryanston, einer der englischen Public Schools, gewesen, aber er war bereit, seine dortige Sicherheit gegen ein damals noch kein Jahr altes Abenteuer einzutauschen. Wenn ich sämtliche Pädagogen des Landes durch einen Computer hätte sichten lassen, hätte ich vermutlich keinen gefunden, der so für seine Aufgabe geeignet war wie er. Jeder Pädagoge muß seine Aufgabe in einer Mischung von Autorität und Demut zu erfüllen trachten - mit der Autorität des Erwachsenen, der dem ihm anvertrauten Kind ein Gefühl der Sicherheit vermittelt, und mit jener Demut, die ihn befähigt, auf gleicher Ebene einem Menschen zu begegnen, der ihn vielleicht eines Tages überflügeln wird. In einer Spezialschule wird solche pädagogische Demut vor allem von Lehrern in den allgemeinen Fächern verlangt. Antony Brackenbury mußte sich die Leitung der Schule mit einem Musikdirektor (der gleichen Status genießt) teilen und mußte es vor allem hinnehmen, daß seine Schüler nicht wegen ihrer intellektuellen, sondern wegen ihrer musikalischen

Begabung ausgewählt wurden, daß also die Musiklehrer stets das letzte Wort hatten. Doch sind unter seiner Leitung die Kinder, unabhängig von ihren musikalischen Fortschritten, auch zu akademischen Ehren gekommen und haben die Universität besucht.

Inzwischen, da ich dies schreibe, ist bereits sein Nachfolger bestellt worden: Peter Renshaw, ein junger Wissenschaftler, der sich entschlossen hat, seine Karriere als Wissenschaftspädagoge aufzugeben und lieber mit Kindern zu arbeiten. Die Art und Weise, wie dieser Wechsel bewerkstelligt wurde, hat mir wieder einmal die Vorzüge britischer Team-Arbeit verdeutlicht. Bereits mehrere Wochen, bevor Mr. Brackenbury uns verließ, lud er Peter Renshaw nach Stoke d'Abernon ein, nahm ihn in die Klassen mit, machte ihn mit den Schülern und den Lehrern bekannt, um ihn so ganz allmählich in seine Verantwortlichkeiten einzuführen.

Da die Schule erst ein Jahr in Betrieb war, verfügten wir freilich nicht über genügend Mittel, um Grundstück und Liegenschaften von Stoke d'Abernon kaufen zu können. Durch das Entgegenkommen der Swiss-Israel Bank konnten wir eine Hypothek zu günstigem Zins aufnehmen und starteten eine ganze Reihe von Aktivitäten, um die Schulden abzutragen. Eine Reihe von Mäzenen half uns dabei, desgleichen verschiedene Stiftungen, und manches unternahmen wir selbst. Die Einkünfte aus einem Konzert, das ich gab, wurden zwischen meiner Schule und dem Israel Philharmonic Orchestra aufgeteilt, was uns viel Wohlwollen von jüdischer Seite einbrachte, zumal man darauf aufmerksam wurde, daß wir kein sektiererisches Unternehmen waren, sondern eine internationale Schule, die Kindern jeder Rasse und jeder Religion offenstand. Tatsächlich kam die Hilfe aus allen Kreisen der englischen Gesellschaft.

Es gab einmal einen kritischen Augenblick. Doch Lady Claire Strafford rettete uns, indem sie eine Kunstauktion veranstaltete, so daß auch die schönen Künste bei meiner Schule Pate gestanden haben. Unter den vierzig Künstlern, deren Werke angeboten wurden, befanden sich große Namen: Cecil Beaton, Sir Jacob Epstein, Elizabeth Frink, Oskar Kokoschka, Joan Miró und Henry Moore sowie eine Reihe anderer, zum Teil indische Künstler. Eines frühen Morgens erschien unangemeldet der australische Maler Sidney Nolan in meinem Haus in Highgate, eine Leinwand mit einem australischen Landschaftsgemälde unter dem Arm gerollt, und war, kaum daß ich ihm danken konnte, schon wieder verschwunden. Es gibt nichts Schöneres, als ein Kunstwerk vom Autor selbst geschenkt zu bekommen. Eines der Bilder, bei dem ich erfolgreich mitbot, schien für mich der Inbegriff Indiens, indem es zugleich den Geist des Todes und die Schönheit des Ornaments vereinigte: das Skelett einer noch aufrecht stehenden Kuh, den Hals mit üppigem Schmuck behängt. Drei Lithographien hatte Marc Chagall beigesteuert, den Diana und ich einmal in Südfrankreich aufsuchten. Madame Chagall und Diana waren im Haus geblieben, und der Maler zeigte mir seinen Garten. Als ich ihn fragte, ob er ihn jemals gemalt hätte, gab er mir eine rührende Antwort: »Meine Frau stammt aus einer reichen russischen Familie«, sagte er. »Sie hat immer ihren Garten gehabt, so daß dieser hier ihr nicht viel bedeutet. Meine Familie dagegen war viel zu arm, um sich so etwas leisten zu können. So habe ich an diesem Garten hier eine solche Freude, daß ich mich gar nicht traue, ihn zu malen; ich habe einfach Angst, daß er dann eines Tages verschwinden könnte.«

1972 war die Schule auf achtunddreißig Schüler und ein halbes Dutzend festangestellter Lehrer angewachsen, so daß die beiden Gebäude, das »White House« und das »Music House«, ein bißchen eng und ungemütlich wurden. Mit der Hilfe der Gulbenkian-, der Wolfson- und der Max-Rayne-Stiftung wurde ein neues Gebäude errichtet, das aus vier zusammenhängenden Pavillons besteht, die mit den schon bestehenden Gebäuden verbunden sind. Außer neuen Musikzimmern und Unterkünften konnten wir jetzt eine umfangreiche Musikbibliothek einrichten. Im selben Jahr ging unser Nachbar in Surrey, Sir Ronald Harris, daran, eine alte Scheune wiederherzurichten, und verwandelte sie in einen Konzertsaal, in dem dreihundert Menschen Platz finden. Um uns für diese Großzügigkeit von allen Seiten dankbar zu erzeigen, beschlossen wir, unser zehnjähriges Bestehen im September 1973 zu feiern.

Das geschah in Form eines Konzerts des Schulorchesters, bei dem Rosemary Firness (inzwischen siebzehn und unsere »älteste« Schülerin) mit mir das Doppelkonzert von Bach spielte. Ein königlicher Palast, nämlich St. James's im Herzen von London, stand uns zur Verfügung, und königliche Mitglieder befanden sich unter den Zuhörern. Das war zugleich ein schönes Zeichen der Zuneigung, die wir im Lande erlangt hatten, und eine Anerkennung unserer Bemühungen. Das zeigte sich im selben Jahr auch durch einen von da an jährlichen Zuschuß von seiten des British Department of Education, das uns, gemeinsam mit der Royal Ballet School, einen Sonderstatus als »Centre of Education for

the Performing Arts« verlieh. Damit waren wir anerkannt; wir brauchten nicht mehr von der Hand in den Mund zu leben.
Aber auch dieser Meilenstein liegt inzwischen hinter uns, und wir befinden uns mitten im zweiten Jahrzehnt unserer Arbeit: wir vertrauen unseren Kräften, sind finanziell gesichert und lassen uns von einem Vorstand regieren, dessen Weisheit, Fürsorge und Verständnis ich gar nicht genug preisen kann. Unter dem Vorsitz der Duchess of Hamilton meistert dieser Vorstand alle menschlichen Probleme, wie ein großer Dirigent seine Partitur meistert; und ich (der ich doch auch eines der Mitglieder bin) genieße es wie ein dankbarer Zuhörer, ihre Arbeit zu verfolgen.
Habe ich nun in diesen dreizehn Jahren das erreicht, was ich mir vorgestellt hatte? Die Antwort ist: noch nicht ganz. Als ich diese Schule ins Leben rief, war ich davon überzeugt, daß jedermann, den ich im Violinspiel unterrichte, schon nach zwei oder drei Jahren herrlich würde spielen können. Das ist aber längst nicht der Fall, und dafür fühle ich mich verantwortlich, denn ich weiß, daß angesichts der Begabung dieser Kinder in meiner Schule noch größere Fortschritte möglich sind. Doch auf das, was bereits erreicht ist, kann ich stolz sein.
Unser erstes öffentliches Auftreten erfolgte im Dezember 1966 in der Nähe von Croydon innerhalb einer Serie von Kinderkonzerten. Wir spielten eines der Concerti grossi von Händel und den ersten Satz des Doppelkonzerts von Bach. Die Betonung lag auf dem Orchesterspiel – wie ich schon erwähnt habe, in bewußtem Gegensatz etwa zur Moskauer Schule, die mehr Wert auf die Ausbildung des einzelnen legt. Bei unseren Bemühungen, vielseitige Musiker heranzubilden, ermuntern wir zum Trio- und Quartettspiel sowie zu vielen anderen Arten der Kammermusik, die bei uns ein eigenes Lehrfach ist. So ist inzwischen ein aus Schülern gebildetes Streichquartett bereits 1970 bei den Festivals in Gstaad und Windsor aufgetreten, andere Kammermusik-Vereinigungen haben zweimal die Vereinigten Staaten besucht, wobei sie u.a. die Studenten und Lehrer der Juilliard School und des Curtis Institute mit ihrer Wiedergabe von Schönbergs *Verklärte Nacht* zu begeistern wußten. Wirklich, erwachsene Musiker hätten das Stück nicht besser spielen können; das darf ich um so eher sagen, als dieser Erfolg gar nicht mein Verdienst war, sondern der von Peter Norris, der die Kammermusikklassen leitet.
Unsere dritte Amerika-Reise ist auf Wunsch der englischen Königin zustande gekommen: die Kinder sollten am 8. Juli 1976 beim Empfang

Ihrer Majestät für Präsident Ford in der britischen Botschaft in Washington auftreten. Ein weiteres Konzert ist geplant, was hoffentlich dazu führen wird, daß wir gegenseitige Stipendien austauschen können, d.h. daß junge Amerikaner in Surrey und meine älteren Schüler an den Hochschulen der USA studieren können. Um die britisch-amerikanischen Bande, die zweihundert Jahre Trennung überdauert haben, zu feiern, kann ich mir nichts Schöneres vorstellen – es sei denn, die Vereinigten Staaten träten dem Commonwealth bei und huldigten der Queen!

Obwohl in England gegründet, besitzt meine Schule ein starkes französisches Element, in dem meine eigene frühe Ausbildung in Europa nachwirkt. Einmal abgesehen von Enescos gallischem Geist, der über allem schwebt, ist Marcel Gazelle Franco-Belgier, Robert Masters, der ihm als Musikdirektor nachfolgte, ist halber Franzose, und Jacqueline Gazelle, die Violine unterrichtet, sowie Maurice Gendron, der zu Cellostunden herüberkommt, sind es ganz. Außerdem hat uns Marcel Ciampi regelmäßig besucht, und Nadia Boulanger, mittlerweile sechsundachtzig Jahre alt, tut dies noch immer. Ciampi ist unterdessen von Louis Kentner abgelöst worden, dessen einstige Schülerin Barbara Kerslake inzwischen selbst Klavier unterrichtet. Außerdem haben wir den Kanadier Peter Norris für die Kammermusik, seine Frau Margaret Norris für die Violine und Myra Chahin für Violoncello. Sämtliche Kinder werden in Harmonielehre und Komposition unterrichtet, ferner in Solfeggio und Gesang und, natürlich, als Solist und Ensemblemusiker auf ihrem jeweiligen Instrument. Zwei Jahre lang ist der großartige Cembalist George Malcolm, mit dem ich viele Schallplatten gemacht habe, der Leiter unseres Chors gewesen. Ich bedaure sehr, daß er wieder fort ist, denn wenn unsere Kinder auch sehr hübsch singen, tun sie es doch nicht mehr so gut wie zu seiner Zeit.
Ich finde es richtig, wenn möglichst viele illustre Gäste meine Schule besuchen: große Pädagogen wie z.B. die Andreevskys und Boris Goldstein; große Virtuosen wie Itzhak Perlman, Stephane Grappelli und Ravi Shankar ; oder andere bedeutende Menschen wie der Nationalökonom Fritz Schumacher, der Verfasser von »Small is beautiful«. So können die Kinder fast in jeder Woche durch die Kunst, das Talent oder die Weisheit anderer sich ein wenig anregen lassen.
Jemand, der schon einige Male Stoke d'Abernon besucht hat, ist Helen Dowling, mit der ich eine Reihe gemeinsamer Bindungen habe. Ob-

wohl sie, im Unterschied zu mir, in Moskau studiert hat, war sie doch später Schülerin von Busch und Enesco. Sie war Enesco in seinen letzten Jahren eine große Stütze und scheut heute keine Anstrengungen, um seine Kompositionen und seine Ideen zu verbreiten. Seit ich sie gemeinsam mit Enesco Mitte der dreißiger Jahre in New York kennen lernte, weiß ich, daß sie eine mir verwandte Art hat, mit der Geige, mit der Musik und mit den Studenten umzugehen. Vor allem kann sie andere Menschen begeistern. Mit ihrer intensiven russischen Herzlichkeit vermag sie alle Barrieren zu öffnen und verborgene Talente anzufachen.

So kommen meiner Schule die Einflüsse der verschiedensten Anschauungen und Kräfte zugute. Wenn mich auch der Gedanke freut, daß es meine Schule ist, für deren Existenz ich mit Hingabe gearbeitet habe, bin ich zugleich glücklich zu wissen, daß sie sich auch unabhängig von mir eigenständig und tatkräftig weiter entwickelt, gleichgültig ob ich gerade dort bin oder nicht. Ich delegiere gern, wenn ich auch zuweilen jene täglichen Abenteuer und Anstrengungen misse, an denen ich teilhätte, täte ich nichts anderes, als dort zu unterrichten. Natürlich tue ich dies, sooft ich kann, und empfinde dabei große Befriedigung.

An meiner Schule werden lediglich Violine, Viola, Violoncello und Klavier unterrichtet. Diese Beschränkung geschieht bewußt, und wir wollen das auch nicht ändern; denn es ist eine traurige Wahrheit, daß das allgemeine musikalische Klima unserer Zeit die Streichinstrumente nicht begünstigt. Die Klavierschüler bleiben stets zahlenmäßig in einem bestimmten Verhältnis zu denen der Streichinstrumente; sie sind uns als wichtige Ergänzung immer willkommen, zumal wir beim Studium unserer westlichen Musik auf das wichtige, grundlegende Instrument Klavier gar nicht verzichten können. Aber Gott allein weiß: auch ohne unsere Mithilfe gibt es mehr Pianisten auf dieser Welt, als sie aufnehmen kann. Was die Anzahl und die Qualität unserer Cellisten anbelangt, so sind wir mit ihnen sehr zufrieden; doch die herrliche, vernachlässigte Bratsche müssen wir fast auf künstliche Weise propagieren. Wenn unsere jungen Geiger zwölf oder dreizehn Jahre alt geworden sind und damit in der Lage, auch ein größeres Instrument zu spielen, überrede ich viele von ihnen, ganz umzusatteln. Und nicht wenige unter ihnen haben ihre bessere Eignung für die Bratsche nachträglich feststellen können. Die größte Gruppe bildet natürlich nach Möglichkeit die der Geiger, an die ich alles das, was ich selbst (vor allem von Enesco) gelernt habe, weitergeben kann.

Bereits als Zehnjährigem hat mir Enesco den tiefen Respekt bezeigt, der jedem Mitmenschen gebührt; wie er mich behandelte, so behandelte er alle anderen Menschen (und ich bin fast sicher, daß man nicht einmal ein zweibeiniges Lebewesen sein mußte, um seiner höflichen Aufnahme sicher zu sein). Ich meinerseits respektiere ebenfalls das Individuum und würde dessen Initiative niemals zugunsten meiner eigenen Anschauung unterdrücken. Diejenige Pädagogik, die lediglich eine Konzeption vertritt oder nur ein technisches Rezept, um eine Konzeption zum Ausdruck zu bringen, empfinde ich als Beengung. Natürlich habe auch ich meine Vorlieben, toleriere aber andere Anschauungen, weil ich weiß, daß jeder, der mit Überzeugung spielt, in ihr bestärkt werden sollte.

Dennoch glaube ich, daß ich meinen Schülern etwas ganz Besonderes vermitteln kann, was sich auf meine langjährige Erfahrung im Violinspiel gründet. Ganz bewußtes Verstehen ist jedem eher instinktivem Begreifen gewiß überlegen. Vor ein paar Jahren schenkte mir Diana eine Schallplatte mit ganz frühen Aufnahmen berühmter Geiger aus den Kindertagen der Schallplatte – Geiger, die fast vor einem Jahrhundert große Stars gewesen waren und erst als alte Herren sich und ihre schwindenden Fähigkeiten dem Schalltrichter anvertrauten. Die große Überraschung: der Lehrer unter ihnen, nämlich Leopold Auer, spielte in seinen alten Tagen besser als die reinen Virtuosen Ysaye, Sarasate, Joachim und andere. Wahrscheinlich hat es seine Technik niemals mit der ihren aufnehmen können, aber was er spielte, *wußte* er auch, und dieses Wissen hatte ihr Virtuosentum überdauert. So vertraue auch ich darauf, daß mein Wissen mir gestatten wird, weiterhin zu spielen, und daß ich damit in meiner Schule etwas Gutes tun kann.

Ich pflege auf zwei verschiedenen Ebenen zu unterrichten, von denen die eine auf das rein Geigerische beschränkt ist. Erst wenn der Schüler einigermaßen zu spielen versteht, fühle ich mich frei, mit ihm über die Musik zu sprechen, und dann, glaube ich, hat mein Unterricht viel mit dem Enescos gemeinsam, auch wenn ich nicht so vielseitig sein kann: ich spiele nicht Klavier, komponiere nicht, verfüge auch nicht über sein breites allgemeines Musikwissen, vermag aber dennoch musikalische Vorstellungen zu vermitteln, so daß ich doch ein wenig von dem weitergebe, das ich von ihm empfing. Ich bin kein so großer Mensch wie Enesco, vielleicht aber eher der geborene Lehrer als er. Ich rede auch viel mehr, denn der Schüler soll ja nicht nur ausführen, sondern auch verstehen und dabei lernen, gegenüber möglichen Alternativen seine eigene Meinung zu begründen. Wenn dies im Schüler den spezifischen Wunsch wachruft, das Richtige zu tun – und zwar technisch wie in jeder anderen Hinsicht –, hoffe ich, daß ihm dies rein geigerische, aber auch musikalische Sicherheit verleiht.

Verständlicherweise bin ich an allen anderen violin-pädagogischen Methoden stark interessiert, sei es die russisch-jüdische Schule zur Ausbildung von Virtuosen oder Suzukis Gruppenunterrichts-Methode, die, wie er mir selbst erzählte, vor allem Amateuren weiter hilft. Beide Methoden bedürfen der liebevollen Unterstützung durch die Eltern (Suzuki beschäftigt sich auch stets mit den Eltern, bevor er ein Kind annimmt, so daß sich die musikalische Atmosphäre zu Hause fortsetzen kann), doch sind die Japaner inzwischen dabei, die Juden zu überflügeln: ein Großteil der von den Juden vakant gemachten Orchesterstellen wird jetzt von Japanern besetzt. Auch wenn Suzuki sich vor allem mit den Amateuren beschäftigt, ist dies doch letztlich seinem Erfolg zu verdanken.

Ich stimme in vielen Dingen mit ihm überein. Seine Anschauung, daß die Musik tatsächlich eine Muttersprache ist und von klein auf gelehrt werden sollte; daß das Kind bereits vor seiner Geburt für Musik empfänglich ist und sie danach als ein Spiel, die Geige als ein herrliches Spielzeug empfindet, scheint angesichts der Anzahl von hervorragenden Geigern, die er ausgebildet hat, nur gerechtfertigt. Aber seine Methode besitzt auch Nachteile. Ihr Erfolg stellt sich in der Regel bereits ein, bevor das Kind analytisch zu denken gelernt hat, also mit neun oder zehn Jahren; sodann ist die Methode nicht ohne weiteres in den Westen übertragbar, wo nur wenige Eltern bereit wären, den Teil, den Suzuki ihnen zuweisen möchte, auch zu übernehmen, und wo es nur wenige Kinder gibt, die nicht bereits in der Schule oder im Kindergarten sind. Vor einigen Jahren veröffentlichte der Amerikaner Paul Rolland ein Lehrbuch, in dem er unter Zuhilfenahme einer Filmserie Suzukis pädagogische Methode für den Westen adaptierte; niemand, der am Gemeinschaftsunterricht der Violine interessiert ist, könnte sich einen besseren Führer wünschen. In einer Spezialistenschule wie der meinen bedarf es jedoch auch spezialisierterer Unterrichtsmethoden. Mit Hilfe meiner Schüler habe ich selbst sechs Filme produziert, die sich sechs verschiedenen Stadien des Violinspiels widmen; allerdings habe ich meine Unterrichtsweise niemals in eine Methode gezwängt. Die Vorstellung, es könne so etwas wie eine strenge, trockene »Menuhin-Methode« geben oder gar ein fest zementiertes »Menuhin-System«, läßt mich schleunigst wieder in die Sicherheit flüchten, die das Lösen von Einzelproblemen gewährt. Was ich den Schülern vor allem beibringen möchte, ist Lockerheit, Sparsamkeit und Genauigkeit ihres Bewegungsapparats.

Einer der Hauptirrtümer bei den jungen Geigern ist ihre Überzeugung, daß sie und ihr Instrument fest aneinander gekettet sein müßten. Doch wenn die linke Hand sich um die Geige krampft, vermag sie nicht auf ihr zu spielen. Ein steifes Genick, eine starre Kopfhaltung, gespannte Arm- und Schultermuskeln verbarrikadieren den Weg zur Lockerheit. Ich kann meine Schüler gut verstehen, denn ich weiß noch, wie es mir selbst erging. Ich hatte zum Beispiel als Anfänger die Angewohnheit, den vierten Finger der linken Hand abzuspreizen, als wenn ich ihn davon abhalten wollte, mitzuspielen. Damit sich die jungen Muskeln lockern können, denke ich mir, sooft ich in die Schule fahre, tausend seltsame kleine Übungen aus: ich lasse ein Kind mit Daumen und Fingern den Geigenhals entlangfahren, damit sich die Verkrampfung löst; ich lasse es mit den Händen Kreise an der Decke (nicht ganz so weit, aber so weit wie irgend möglich) beschreiben, damit es sich an das mühelose Heben der Hände gewöhnt; ich lasse seine Finger nach einem bestimmten Rhythmus das Griffbrett hinauf und hinunter gleiten; ich lasse es den Bogen in der Mitte oder verkehrt herum halten, um der Gleichförmigkeit entgegenzuwirken und die Neugier der Sinne zu wecken. Wenn ein Aufstrich eine Bewegung nach links verlangt, rate ich ihm, einmal auch seinen Kopf nach links fallen zu lassen; denn oft hält das Kinn mit krampfhafter Anstrengung die Geige und vermag sich gar nicht mehr frei zu bewegen, hindert die Bewegung der linken Hand und des linken Handgelenks und blockiert alles. Als ein Vorgeschmack jener Freiheit, die es eines Tages genießen wird, greife ich die linke Hand des Kindes und lasse seinen Ellenbogen ganz entspannt schlenkern und baumeln.

Früher haben Anfänger ihre ersten Noten in der ersten Lage zu spielen begonnen, wobei die Finger, von der offenen Saite ausgehend, die einzelnen neuen Töne eroberten. Diese Tradition verlangt aber, mit der schwierigsten Lage von allen zu beginnen – wo der Ellenbogen im weitesten Winkel gebeugt ist, die Hand so weit wie möglich vom Körper entfernt ist, das Instrument am schwersten wiegt und somit alle Probleme am schwierigsten zu meistern sind. Ich lasse die Kinder in der dritten Lage beginnen, bei der sich ihre Hände ungefähr in der Mitte des Griffbretts bewegen können. Die Hand ist in bequemer Nähe zum Körper, das Instrument wird locker zwischen Daumen und Fingern gehalten; so fällt es viel leichter, zu dem Instrument eine Beziehung zu gewinnen. Nach meiner Erfahrung wird dadurch die Möglichkeit, von Anfang an mit entspannter Sicherheit zu spielen, unvergleichlich größer.

Die Koordination der beiden Hände ist natürlich sehr wichtig. Dafür habe ich ebenfalls Übungen entwickelt. Um den Kindern beispielsweise das Zusammenspiel von rechter und linker Hand begreiflich zu machen, lasse ich sie mit der linken Hand ein paar chromatische Töne spielen, während die rechte Hand den Bogen im Staccato führt. Das ist etwas, was das Kind instinktiv richtig macht, ohne sich darüber Rechenschaft abzulegen; ich will aber, daß sich das Kind genau klar macht, wo und wie die Koordination funktioniert: die rechte Hand bewegt sich, während die linke einen Ton aushält; die linke verändert den Ton, während die rechte zeitweilig pausiert. Ein andermal koordinieren wir den Atem mit dem Bogenstrich: die Kinder atmen beim Aufstrich ein, beim Abstrich aus und umgekehrt. Der nächste Schritt ist schwieriger: jetzt müssen sie es beliebig verändern, müssen einoder ausatmen, bevor oder nachdem der Bogenstrich die Richtung ändert. Solche Übungen sollen dem Hang zu bestimmten, einseitigen Koordinationen entgegenwirken und dem Schüler die verschiedenen Glieder in einer Bewegungskette bewußt machen. Nehmen wir an, wir müßten jedes Mal, wenn wir einen Fuß vor den andern setzen oder wenn wir in der Partitur einen neuen Takt beginnen, immer wieder neu einatmen; jeder Teil jeder Bewegung würde ein isoliertes Dasein führen, und es gäbe keine Spaziergänge und keine Symphonien. So sieht also unser Bewegungstraining aus, das manchmal ganz kompliziert werden kann: die Geige in eine Richtung hindrehen, die Finger in die entgegengesetzte Richtung gleiten lassen und dabei in einem synkopierten Rhythmus atmen; damit entwickeln wir ein Gefühl für Bewegungsvorgänge, deren Vielfalt unendlich ist.

Intuitionen entwickeln wir, glaube ich, wenn wir viele Dinge bewältigen müssen, die sich zur gleichen Zeit abspielen. Unser Verstand ist so angelegt, daß wir einzelne Probleme begreifen, sie analysieren und uns darüber klar werden, wie wir vorgehen sollen. Doch wenn wir mit zehn verschiedenen Faktoren konfrontiert sind, die alle voneinander abhängen und miteinander kombiniert werden können, stehen wir vor einer astronomischen Zahl von Varianten. Dann kapituliert der Verstand, und nur die Intuition kann uns helfen. Genauso ist es beim Vio-

linspielen: viel zu viel geht gleichzeitig vor sich, als daß das Bewußtsein es erfassen könnte. So vermag der Unterricht nur folgendes zu erreichen: man kann den Grund legen, die Muskeln lockern, die Finger stärken und jedes einzelne Element der Bewegung bewußt machen, so daß der Schüler sie jederzeit in jeder denkbaren Kombination koordinieren kann. Dann kann sich der Spieler selbst intuitiv aus den Milliarden von Möglichkeiten die notwendigen tausend zusammenstellen.
Als ich ein Kind war, hatte ich für jedes andere Kind, das ich einen Geigenkasten tragen sah, nur Mitleid. Da ging also wieder einer in seine Musikstunde, als sei er dazu verurteilt, und mußte sich mit denselben Problemen wie ich herumschlagen, ohne jedoch (so überlegte ich) eine solche Hilfe durch Eltern und Lehrer zu haben wie ich. Wahrscheinlich würde er niemals die Chance erhalten, sich von der Musik davontragen zu lassen und sie zu genießen, sondern mit zusammengebissenen Zähnen die obligatorischen drei Stunden am Tag durchstehen und traurig seine Stücke wiederholen, von denen er ohnehin genug hatte.
Ich bin fest entschlossen, daß das auf meiner Schule nicht geschehen soll. Sowie ein Kind eine begrenzte Aufgabe einigermaßen beherrscht (z. B. wenn es die Geige locker halten und den Bogen in einem geraden Strich führen kann), versuche ich, ihm etwas vom Geist der Musik zu vermitteln, so daß es sich wenigstens daran erfreuen kann. Manche Lehrer stellen die musikalische Inspiration vor ein korrektes Spielen; natürlich muß das Kind ein Ziel seiner Arbeit kennen; aber für mich sind Technik und Interpretation siamesiche Zwillinge, die untrennbar verbunden sind.
Es hat auch keinen Zweck, dem Kind Verständnis für die Musik abzuverlangen, wenn es sein Instrument noch kaum versteht. Dann ist es für das Kind keine Freude, sondern Grund zur Verwirrung und Hoffnungslosigkeit. Zugleich ist es sinnlos, ein Kind zu tadeln, daß es etwas unsauber gespielt habe, solange es mit der Geige nicht wenigstens ein bißchen vertraut geworden ist. Früher war es üblich, lediglich »dein C ist zu hoch« zu rufen, und das unglückliche Kind sollte es ausgleichen, so gut es das konnte. Es kann aber ein Halbdutzend Gründe dafür geben, warum es das C zu hoch greift, und man muß den einen Grund bei ihm herausfinden, wenn man das Übel abstellen will. Ist es vielleicht allgemein eine Frage des Gehörtrainings? Oder ist die Verbindung zwischen Ohr und Finger so wenig entwickelt, daß der Befehl des Ohres vom Finger nicht verstanden und die Korrektur nicht ausgeführt wird? Oder ist der zweite, dritte oder vierte Finger nicht flexibel ge-

nug, das Zentrum des Tons zu treffen? Wenn die Hand steif oder verkrampft ist oder damit beschäftigt, die Geige zu umklammern, kann sie nichts korrigieren und wird, soviel man auch ermahnt, weiterhin unsauber spielen.

Es ist seltsam, daß der menschliche Geist akzeptieren lernt, was er nicht korrigieren kann. Ein Geiger, der unrein spielt und sich vergeblich zu korrigieren sucht, wird die falschen Noten nach einer Weile nicht mehr spüren, sondern nur noch seine Absicht, sich zu bessern. Und dennoch gibt es natürlich nicht zweierlei Meinung darüber, ob ein Ton sauber ist oder nicht. Es muß daher des Geigers größtes Bestreben sein, sich zu hören, wie andere ihn hören, und zwar unabhängig von jener geistigen Trägheit, die uns den eigenen Fehlern gegenüber blind und taub macht. Ich hoffe, ich habe damit genug über meine Ansichten zum Violinspiel dargelegt und klargemacht, daß für mich als Lehrer die allgemeine Fähigkeit, den Bewegungsapparat zu kontrollieren, über der Forderung nach makelloser Intonation rangiert. Wir erwarten in unserer Schule ja nicht, daß die Anfänger gleich die richtigen Töne in ihren Fingerspitzen haben, sondern lehren sie, das Zentrum des richtigen C durch Korrektur zu finden; und zwar eine Korrektur, die im Laufe der Zeit viel zu rasch wird, um noch bewußt zu bleiben, und die letztlich zu automatischer Genauigkeit führt.

Flexibilität ist das A und O, denn sie ist der Schlüssel zu allem. Ohne sie ist man auf der Geige nicht in der Lage, sich genau auszudrücken; und jede Stärke in der Kunst ist nur durch Genauigkeit erwerbbar. Blindes Trommeln auf dem Punchball mag dem Preisboxer dienen (obwohl meines Wissens auch die Kunst, jemand anderem das Gesicht einzuschlagen, raffiniertere Formen kennt). Doch der künstlerisch sensible Ausdruck verlangt nach minuziöser Genauigkeit, nach winzigen Abweichungen von der Norm (was Tonstärke und Tonfarbe betrifft), nach kaum spürbaren rhythmischen Verschiebungen gegenüber dem martialischen Schlag des Metronoms. All dies erwächst nur aus der Erfahrung, aus der Liebe und der gefühlten Intensität beim Spielen – und nur mit entspanntem Körper. Ich bin überzeugt, daß wir unsere Erfolge nur dadurch erzielen, daß wir gerade darauf so viel Wert legen.

Wenn die bewußten Motive, die mich veranlaßten, eine Schule zu gründen – die Verpflichtung gegenüber Vergangenheit, Gegenwart und Zukunft; die Überzeugung, daß ich etwas weiterzugeben habe, und meine Suche nach Utopia – einen heimlichen, unbewußten Drang überlagert haben sollten, dann war es der Drang, aller Welt zu beweisen, daß ich, der ich in meiner Kindheit als Wunderkind auftrat, kein Monstrum des Zufalls gewesen bin. Der gesunde Menschenverstand meiner Eltern hat mich nie das Anomale meiner Begabung fühlen lassen, wenn ich auch später zu meinem Verdruß feststellen mußte, daß man mich für anomal hielt. Nun bedeutet ja das Wort Normalität für manche Menschen schlicht den bestehenden Zustand, während ich darin ein Potential erblicke, das durch den bestehenden Zustand allzuoft deformiert wird. Alle Kinder sind begabt; und fast allen enthält man die Gelegenheit vor, diese Begabung zu entwickeln. Die Kinder, die in meine Schule kommen, sind ganz normale, gutartige, musikalisch begabte Kinder, denen man eine Chance gibt. Doch noch immer sehen die Leute in ihnen Wundertiere. Vor der Fernsehkamera bewegen sich Kinder im Alter von sieben oder acht Jahren ohne die geringste Hemmung, und ich kann sie unterrichten, als ob die Kamera gar nicht dabei wäre. Jugendliche zwischen zwölf und vierzehn Jahren marschieren auf das Podium und spielen dort mit einer Sicherheit, die nur der hat, dem die Situation natürlich und völlig normal erscheint. Als Solisten, als Mitglieder eines Trios oder Quartetts oder gar als Orchesterspieler zeigen sie eine Mischung von amateurhafter Freude und professioneller Hingabe, ohne sich dabei irgendwie selbst zu überschätzen und ohne jede Andeutung, daß es vielleicht nicht das Natürlichste von der Welt sein könnte. Diese begeisterten und doch überlegten, sorgfältig vorbereiteten und doch spontanen Aufführungen der Kinder mitzuerleben, rührt die Zuhörer fast zu Tränen. Dennoch ist dies, so versichere ich, nichts als das Ergebnis dessen, daß man den Kindern eine Chance gibt. In meiner Schule sind wir noch nicht so weit, daß wir es mit dem in russischen Schulen geförderten Virtuosenstandard ganz aufnehmen können, obwohl wir eine Reihe vielversprechender Kandidaten besitzen; aber ich glaube, daß unsere flexiblere Methode, in der die Kinder ruhig Stücke spielen können, für die sie eigentlich noch nicht reif sind, vielversprechender ist. Wenn ich sie beobachte, wie sie darin Befriedigung finden; wie sie schwierige zeitgenössische Stücke meistern (was mir 50 Jahre zuvor verwehrt gewesen war) und bei all diesen Aktivitäten fröhliche, gesunde und natürliche Kinder bleiben, dann bin ich überzeugt, daß meine Schule doch eine ganz schöne Hinterlassenschaft ist und – darüber hinaus – mein Leben ein wenig rechtfertigt und mir beweist, daß ich doch im ganzen noch relativ normal geblieben bin.

Epilog

Nachdem wir gemeinsam die Hälfte unseres Jahrhunderts durchmessen haben, werden sich der Leser und ich an dieser Stelle fragen, wo wir heute stehen. Was ist im Laufe dieser Jahre erreicht worden? Was ist auch aus den hochgemuten Bemühungen geworden, die menschlichen Schwächen zu überwinden, gegenseitiges Verständnis zu wecken und dem Frieden zu dienen?

Wenn ich diese Fragen so nüchtern wie möglich betrachte, muß ich zugeben, daß ich sehr wenig erreicht habe. Daß ich, ein Jude, in einem höchst kritischen Augenblick im besiegten Deutschland spielte, hat die deutsch-jüdische Versöhnung nicht beschleunigt. Vielmehr hat die Wiedergutmachung geholfen, den Staat Israel zu gründen, und israelische Panzerbesatzungen wurden bereits in Deutschland ausgebildet, als ich dort spielte. Was die Nahost-Krise unserer Tage betrifft, so haben meine Bemühungen (der geringe Ausschnitt, den ich übersehen kann) zu nichts weiter beigetragen, als eine Linie internationaler Toleranz zu wahren – wenn sie das überhaupt erreicht haben.

Diese traurige Bilanz desillusioniert mich keineswegs, nur muß ich das Visier ein wenig senken. Ich habe gelernt, daß mein kindlicher Traum, der Menschheit Frieden zu bringen, viel zu anspruchsvoll war – denn ich bedachte nicht, daß Frieden und Glück für jedermann gar nicht miteinander vereinbar sind; dieser Traum war auch deshalb viel zu anspruchslos, weil ich, der gebildete Jude, meine Ansprüche nur auf die menschliche Gesellschaft richtete. Heute sehe ich ein, daß ich dem Leben Dank schulde. Dennoch, obwohl ich realistischer denke als früher, bin ich nicht weniger idealistisch. Noch immer glaube ich, daß die Musik zu verbinden und zu heilen vermag; noch immer glaube ich, daß man dem Musiker vertrauen kann, daß er seinen Mitmenschen Trost spenden und sie zugleich an die Größe des menschlichen Geistes zu erinnern vermag; noch immer glaube ich so stark wie eh und je, daß in unserer begrenzten Welt begrenzte Anstrengungen einzelner gemacht werden müssen, um ein Ideal zu verwirklichen.

Auf bescheidenerer Ebene kann ich indessen mit einigem aufwarten. Was die Geige betrifft, so kann ich darauf verweisen, daß ich dieses Instrument von Tag zu Tag , von Jahr zu Jahr besser begriffen habe. Geigerische Meisterschaft errang ich mit sehr frühen Jahren, obwohl ich mein Können nicht immer behielt und es weder zu analysieren noch weiterzugeben verstand. Dazu bin ich heute in der Lage. Ebenso ist es mit den musikalischen Inhalten: zwar habe ich schon in meiner Kindheit das Repertoire für Geige gespielt, aber erst heute begreife ich es ganz bewußt mit jeder Faser meines Körpers. Das Dirigieren hat meinen Horizont und meine Phantasie erweitert und hat dem Drang nach minutiöser Perfektion der Fingerkuppen mit dem umfassenderen Anspruch der Interpretation großer Partituren ein Gegengewicht gegeben.

Demütig und dankbar muß ich anerkennen, wie bevorzugt ich gewesen bin: Abgesehen von dem frühen Tode eines Kindes habe ich das Unglück nur aus zweiter Hand kennengelernt. Alle Hauptprotagonisten, die in diesem Buch erwähnt werden, sind noch immer am Leben und bereichern mich durch ihre Zuneigung. Ich bin von plötzlichen Krisen, von Isolierung, von Haß und Zorn (den so viele Juden erdulden müssen) verschont geblieben. Die Eintönigkeit einer sinnlosen Existenz wurde mir erspart. Ein Netz freundschaftlicher Beziehungen verbindet mich mit den Freunden der Musik auf allen Kontinenten und hält selbst an Orten, an denen ich nie zuvor gespielt habe, die Vorfreude gegenseitigen Vertrauens bereit. Zumindest darf ich mich rühmen, daß ich mich wissentlich niemals dieses Vertrauens unwürdig erwiesen habe noch daß ich Freiheit dadurch suchte, daß ich den an mich gestellten Forderungen entfloh. Die wahren Freuden sind von den Pflichten gar nicht zu unterscheiden, die wahre Freiheit liegt in der Verantwortung, die wahre Sicherheit besteht in jenem täglichen Ringen um das Ideal, auf das der Musiker nie verzichten darf.

Jeder Musiker besitzt seinen Schutzengel, angefangen mit jenem Zufall, der Zeit und Umstände günstig plant und die Saatkörner des Talentes fruchtbarer Erde anvertraut. Ein solcher glücklicher Zufall wurde mir beschert. Danach schützte mich von frühester Jugend an die Notwendigkeit, meine Begabung zu formen und zu »veredeln«. Veredlung aber bedeutet Verzögerung: der sofort gestillte Appetit ist allem Künstlerischen abhold. Nur sehr selten habe ich Gelegenheit gehabt, das Nächstliegende sofort zu wählen, sehr selten nur hat mich ein unmittelbarer Drang zu etwas getrieben. Dennoch habe ich mein ganzes Leben lang meine Sinne erfreuen können, habe im Klang der Violine schwelgen können, so daß es mich niemals nach stellvertretenden verderblichen Ersatzgenüssen gelüstete. In meinem Bemühen, stets das Beste zu tun, habe ich mein Glück gefunden.

Während ich dies schreibe, nähere ich mich meinem 60. Geburtstag, einem Einschnitt, der mich, wie ich Diana schon vor drei Jahren versprochen habe, zwölf Monate vom Konzertsaal fernhalten soll. Doch schon haben zwei Feierlichkeiten mein Versprechen durchlöchert: das zwanzigste Festival in Gstaad und die zweihundertste Wiederkehr der amerikanischen Unabhängigkeitserklärung. Aber weitere Verpflichtungen bin ich nicht eingegangen.

Ich freue mich auf dieses Ferienjahr – nicht etwa, weil die Musik oder die Konzerte mich nicht mehr interessierten, sondern weil ich die unbekannten Freuden des Müßiggangs und der Freiheit von jeglicher Verantwortung erkunden will. Wie wird es sein, plötzlich keinem Stundenplan mehr gehorchen zu müssen? Ungewohnt leere Tage füllen zu müssen? Plötzlich im Schritt gehen zu können? Es sind außerordentlich vielseitige Aussichten. Vielleicht werde ich etwas Neues lernen. Ich könnte mich mit Gärtnerei beschäftigen oder die Einladung Sidney Nolans annehmen, mich in seinem Studio im Malen zu versuchen. Ich habe zwar nicht das geringste Talent dazu, aber es würde mir vielleicht Spaß machen. Vielleicht werde ich, der ich soviel herumgereist bin, zum Touristen, der sich in Venedig oder in den Loire-Schlössern ergeht wie tausend andere Leute. Unzählige unterdrückte Impulse, vernachlässigte Gelegenheiten und viel zu selten besuchte Freunde warten auf mich; mein Problem wird die Qual der Wahl werden. Doch was ich auch unternehme oder nicht – eines ist sicher: Diana und ich werden gemeinsam zum ersten Mal in unserem Leben aller Verpflichtungen ledig sein. So herrlich auch das Leben bisher gewesen ist und, dessen bin ich gewiß, wieder werden wird – ich heiße dieses neue Leben froh und hoffnungsvoll willkommen.

Diskographie der zur Zeit in Deutschland erhältlichen Aufnahmen

Bach, Johann Sebastian Sonaten und Partiten für Violine solo BWV 1001–1006
EMI 1 C 153–02710/12

Bach, Johann Sebastian Konzert für Violine, Streicher und B.c. a-Moll Nr. 1 BWV 1041 + Konzert für Violine, Streicher und B.c. E-Dur Nr. 2 BWV 1042 + Konzert für zwei Violinen, Streicher und B.c. d-Moll BWV 1043
EMI 1 C 037–00174 (als Musicassette: 1 C 237–00174)

Bach, Johann Sebastian Konzert für Cembalo, Streicher und B.c. d-Moll Nr. 1 BWV 1052 + Konzert für Cembalo, Streicher und B.c. E-Dur Nr. 2 BWV 1053 (mit George Malcolm, Cembalo)
EMI 1 C 063–02479

Bach, Johann Sebastian Brandenburgisches Konzert F-Dur Nr. 1 BWV 1046 + Brandenburgisches Konzert F-Dur Nr. 2 BWV 1047 + Brandenburgisches Konzert G-Dur Nr. 3 BWV 1048
EMI 1 C 037–00172 (als Musicassette: 1 C 237–00172)

Bach, Johann Sebastian Brandenburgisches Konzert G-Dur Nr. 4 BWV 1049 + Brandenburgisches Konzert D-Dur Nr. 5 BWV 1050 + Brandenburgisches Konzert B-Dur Nr. 6 BWV 1051
EMI 1 C 037–00173 (als Musicassette: 1 C 237–00173)

Bach, Johann Sebastian Suite für Orchester h-Moll Nr. 2 BWV 1067 + Suite für Orchester D-Dur Nr. 3 BWV 1068
EMI 1 C 037–01407

Bartók, Béla Konzert für Violine und Orchester Nr. 1 Sz. 36 + Konzert für Viola und Orchester Sz 120 (Dirigent Antal Dorati)
EMI 1 C 063–00333

Bartók, Béla Rhapsodie für Violine und Orchester Nr. 1 Sz 87 + Rhapsodie für Violine und Orchester Nr. 2 Sz 90 + *Berg, Alban* Konzert für Violine und Orchester (Dirigent Pierre Boulez)
EMI 1 C 063–01855

Bartók, Béla 6 Duos für zwei Violinen Sz 98 (mit Nell Gotkovsky) + Konzert für Violine und Orchester Nr. 2 Sz 112 (Dirigent Antal Dorati)
EMI 1 C 063–00303

Bartók, Béla Konzert für Violine und Orchester Nr. 2 Sz 112 (Dirigent Wilhelm Furtwängler)
EMI 1 C 053–01322

Beethoven, Ludwig van Sämtliche Sonaten für Violine und Klavier + 12 Variationen über »Se vuol ballare« F-Dur WoO 40 + Rondo für Violine und Klavier G-Dur WoO 41 (mit Wilhelm Kempff)
Deutsche Grammophon 2735001

Beethoven, Ludwig van Sonate für Violine und Klavier F-Dur Nr. 5 »Frühlingssonate« op. 24 + Sonate für Violine und Klavier A-Dur Nr. 9 »Kreutzer-Sonate« op. 47 (mit Hephzibah Menuhin)
EMI 1 C 037–00170 (als Musicassette: 1 C 237–00170)

Beethoven, Ludwig van Sonate für Violine und Klavier F-Dur Nr. 5 »Frühlingssonate« op. 24 + Rondo für Violine und Klavier G-Dur WoO 41 + 12 Variationen über »Se vuol ballare« F-Dur WoO 40 (mit Wilhelm Kempff)
Deutsche Grammophon 2530205

Beethoven, Ludwig van Sonate für Violine und Klavier c-Moll Nr. 7 op. 30,2 + Sonate für Violine und Klavier G-Dur Nr. 10 op. 96 (mit Wilhelm Kempff)
Deutsche Grammophon 2530205

Beethoven, Ludwig van Sonate für Violine und Klavier G-Dur Nr. 8 op. 30,3 + Sonate für Violine und Klavier G-Dur Nr. 8 op. 30,3 + Sonate für Violine und Klavier A-Dur Nr. 9 »Kreutzer-Sonate« op. 47 (mit Wilhelm Kempff)
Deutsche Grammophon 2530135

Beethoven, Ludwig van Konzert für Violine und Orchester D-Dur op. 61 (Dirigent Wilhelm Furtwängler, Philharmonia Orchestra, London)
EMI 1 C 047–00117

Beethoven, Ludwig van Konzert für Violine und Orchester D-Dur op. 61 (Dirigent Wilhelm Furtwängler, Orchester der Festspiele Luzern)
EMI 1 C 027–01570

Beethoven, Ludwig van Konzert für Violine und Orchester D-Dur op. 61 (Dirigent Otto Klemperer)
EMI 1 C 063–00307 (als Musicassette: 1 C 243–00307)

Beethoven, Ludwig van / Haydn, Joseph Schottische Volkslieder (mit Janet Baker, Mezzosopran, und George Malcolm, Cembalo)
EMI 1 C 063–02709

Berg, Alban Konzert für Violine und Orchester + *Bartók, Béla* Rhapsodie für Violine und Orchester Nr. 1 Sz 87 + Rhapsodie für Violine und Orchester Nr. 2 Sz 90 (Dirigent Pierre Boulez)
EMI 1 C 063–01855

Berlioz, Hector Harold in Italien op. 16 (Dirigent Colin Davis)
EMI 1 C 053–00217

Brahms, Johannes Konzert für Violine und Orchester D-Dur op. 77 (Dirigent Wilhelm Furtwängler)
EMI 1 C 047–01239

Bruch, Max Konzert für Violine und Orchester g-Moll Nr. 1 op. 26 + Konzert für Violine und Orchester d-Moll Nr. 2 op. 44 (Dirigent Sir Adrian Boult)
EMI 1 C 063–02332

Bruch, Max Konzert für Violine und Orchester g-Moll Nr. 1 op. 26 (Dirigent Walter Süsskind) + *Mendelssohn-Bartholdy, Felix* Konzert für Violine und Orchester e-Moll op. 64 (Dirigent Efrem Kurtz)
EMI 1 C 063–00156 (als Musicassette: 1 C 243–00156)

Händel, Georg Friedrich Konzerte für Orgel und Orchester g-Moll Nr. 1 op. 4,1 + F-Dur Nr. 5 op. 4,5 + F-Dur Nr. 13 op. 7,7 + A-Dur Nr. 14 op. 7,8 (mit Simon Preston, Orgel)
EMI 1 C 037–00096 (als Musicassette: 1 C 237–00096)

Händel, Georg Friedrich Konzerte für Orgel und Orchester B-Dur Nr. 2 op. 4,2 + g-Moll Nr. 3 op. 4,3 + B-Dur Nr. 9 op. 7,3 + d-Moll Nr. 15 op. 7,9 (mit Simon Preston, Orgel)
EMI 1 C 037–02005 (als Musicassette: 1 C 237–02005)

Händel, Georg Friedrich Konzerte für Orgel und Orchester F-Dur Nr. 4 op. 4,4 + B-Dur Nr. 6 op. 4,6 + A-Dur Nr. 8 op. 7,2 + d-Moll Nr. 10 op. 7,4 (mit Simon Preston, Orgel)
EMI 1 C 037–00080 (als Musicassette: 1 C 237–00080)

Händel, Georg Friedrich Konzert für Orgel und Orchester B-Dur Nr. 7 op. 7,1 + g-Moll Nr. 11 op. 7,5 + B-Dur Nr. 12 op. 7,6 (mit Simon Preston, Orgel)
EMI 1 C 037–02117 (als Musicassette: 1 C 237–02117)

Händel, Georg Friedrich Konzert für Violine und Orchester B-Dur + Doppelkonzert für zwei Bläserchöre, Streicher und B.c. B-Dur + Feuerwerksmusik. Orchesterkonzert D-Dur Nr. 26 + Märsche aus »Atalanta«, »Joshua« und »Occasional Oratorio«
EMI 1 C 063–01962 (als Musicassette: 1 C 243–01962)

Haydn, Joseph Sinfonie fis-Moll Nr. 45 »Abschiedssinfonie« Hob. I,45 + Sinfonie f-Moll Nr. 49 »La Passione« Hob. I,49
EMI I C 053–00654

Haydn, Joseph / Beethoven, Ludwig van Schottische Volkslieder (mit Janet Baker, Mezzosopran, und George Malcolm, Cembalo)
EMI 1 C 063–02709

Martin, Frank Polyptyque + Ballade für Flöte, Klavier und Streicher + Ballade für Viola, Bläser und Schlagzeug (mit Aurèle Nicolet, Flöte, und Werner Bärtschi, Klavier; Dirigenten Edmond de Stoutz und Michael Dobson)
EMI 1 C 065–02688

Mendelssohn-Bartholdy, Felix Konzert für Violine und Orchester e-Moll op. 64 + Konzert für Violine und Orchester d-Moll (Dirigent Rafael Frühbeck de Burgos)
EMI 1 C 063–02266 (als Musicassette: 1 C 263–02266)

Mendelssohn-Bartholdy, Felix Konzert für Violine und Orchester e-Moll op. 64 (Dirigent Efrem Kurtz) + *Bruch, Max* Konzert für Violine und Orchester g-Moll Nr. 1 op. 26 (Dirigent Walter Süsskind)
EMI 1 C 063–00156 (als Musicassette: 1 C 243–00156)

Mendelssohn-Bartholdy, Felix Konzert für Violine und Orchester e-Moll op. 64 + *Schubert, Franz* Sinfonie h-Moll Nr. 8 »Unvollendete« D. 759 (Dirigent Wilhelm Furtwängler)
EMI 1 C 047–00907

Mendelssohn-Bartholdy, Felix Konzert für Violine, Klavier und Streicher d-Moll + Sinfonie für Streicher g-Moll Nr. 12 (mit Hephzibah Menuhin)
EMI 1 C 065–03462 (als Musicassette: 1 C 265–03462)

Mozart, Wolfgang Amadeus Sämtliche Violinkonzerte
EMI 1 C 153–52341/44

Mozart, Wolfgang Amadeus Konzert für Violine und Orchester B-Dur Nr. 1 KV 207 + Konzert für Violine und Orchester Es-Dur Nr. 6 KV 268
EMI 1 C 037–03624 (als Musicassette: 1 C 237–03624)

Mozart, Wolfgang Amadeus Konzert für Violine und Orchester G-Dur Nr. 3 KV 216 + Konzert für Violine und Orchester D-Dur Nr. 4 KV 218 + Konzert für Violine und Orchester A-Dur Nr. 5 KV 219 + Sinfonia concertante für Violine, Viola und Orchester Es-Dur KV 364 (mit Rudolf Barshai)
EMI 1 C 187–01442/43

Mozart, Wolfgang Amadeus Konzert für Violine und Orchester D-Dur Nr. 4 KV 218 + Konzert für Violine und Orchester A-Dur Nr. 5 KV 219
EMI 1 C 037–01152 (als Musicassette: 1 C 237–01152)

Mozart, Wolfgang Amadeus Konzert für Violine und Orchester D-Dur Nr. 7 KV 271a + Konzert für Violine und Orchester D-Dur »Adelaide-Konzert« KV-Anh. 294a
EMI 1 C 065–02735

Mozart, Wolfgang Amadeus Konzert für drei Klaviere und Orchester F-Dur Nr. 7 »Lodron-Konzert« KV 242 + Konzert für zwei Klaviere und Orchester Es-Dur Nr. 10 KV 365 (mit Hephzibah, Yaltah und Jeremy Menuhin und Fou ts'Ong)
EMI 1 C 063–00302

Mozart, Wolfgang Amadeus Serenade D-Dur Nr. 4 »Colloredo-Serenade« KV 203 + Serenade D-Dur Nr. 6 »Serenata notturna« KV 239 + Serenade D-Dur Nr. 7 »Haffner-Serenade« KV 250 + Serenade D-Dur Nr. 9 »Posthorn-Serenade« KV 320 + Serenade G-Dur Nr. 13 »Eine kleine Nachtmusik« KV 525
EMI 1 C 153–52345/47

Mozart, Wolfgang Amadeus Serenade D-Dur Nr. 7 »Haffner-Serenade« KV 250
EMI 1 C 037–00257 (als Musicassette: 1 C 237–00257)

Mozart-Soirée Quartett für Flöte, Violine, Viola und Violoncello D-Dur Nr. 1 KV 285 + Andantino für Violoncello und Klavier B-Dur KV 347g + Quartett für Oboe, Violine, Viola und Violoncello F-Dur KV 370 + Quartett für Klavier, Violine, Viola und Violoncello g-Moll Nr. 1 KV 478

(mit Maurice Bourgue, Oboe, Michel Debost, Flöte, Hephzibah Menuhin, Klavier, Luigi Alberto Bianchi, Viola, und Maurice Gendron, Violoncello)
EMI 1 C 063–02820

Paganini, Niccolò Konzert für Violine und Orchester D-Dur Nr. 1 op. 6 + Konzert für Violine und Orchester h-Moll Nr. 2 op. 7 (Dirigent Alberto Erede)
EMI 1 C 063–00194

Schubert, Franz Sonatensatz für Klavier, Violine und Violoncello B-Dur D. 28 + Trio für Klavier, Violine und Violoncello B-Dur Nr. 1 D. 898 (mit Hephzibah Menuhin, Klavier, und Maurice Gendron, Violoncello)
EMI 1 C 063–01926

Schubert, Franz Sinfonie h-Moll Nr. 8 »Unvollendete« D. 759 + *Mendelssohn-Bartholdy, Felix* Konzert für Violine und Orchester e-Moll op. 64 (Dirigent Wilhelm Furtwängler)
EMI 1 C 047–00907

Viotti, Giovanni Battista Konzert für Violine und Orchester e-Moll Nr. 16 + Konzert für Violine und Orchester a-Moll Nr. 22
EMI 1 C 063–02895

Sammelprogramme

Menuhin spielt Konzerte Violinkonzerte von Bach, Wieniawski, Paganini, Mendelssohn-Bartholdy, Mozart, Chausson und Bruch. Wiederveröffentlichung von Aufnahmen aus den Jahren 1931 bis 1939 anläßlich des 60. Geburtstages Yehudi Menuhins (Dirigenten Pierre Monteux, Georges Enesco und Landon Ronald)
EMI 1 C 175–01793/95

Yehudi Menuhin spielt Romanzen (Beethoven, Wieniawski, Chausson, Berlioz; Dirigent John Pritchard)
EMI 1 C 047–00250 (als Musicassette: 1 C 225–00250)

Yehudi Menuhin erklärt die Instrumente des Orchesters
EMI 1 C 053–04079

Gerald Moore gewidmet (Yehudi Menuhin und andere Interpreten)
EMI 1 C 065–01961

Yehudi Menuhin – Bravissimo Berühmte Zugaben (Corelli, Mozart, Beethoven, Schubert, Paganini, Sarasate, Dvořák, Debussy, Kreisler, Ravel, Bartók; mit Gerald Moore, Hubert Giesen, Hephzibah Menuhin und Marcel Gazelle, Klavier)
EMI 1 C 049–01824

West Meets East Werke von Ravi Shankar und Georges Enesco (mit Ravi Shankar, Sitar, und Hephzibah Menuhin, Klavier)
EMI SHZE 230

West Meets East II Werke von Ravi Shankar und Béla Bartók (mit Ravi Shankar, Sitar, und Hephzibah Menuhin, Klavier)
EMI SHZE 247

West Meets East III Improvisations (mit Ravi Shankar, Sitar, und Jean-Pierre Rampal, Flöte)
EMI 1 C 063–02822

Fascinatin' Rhythm Populäre Melodien mit Yehudi Menuhin und Stephane Grappelli
EMI 1 C 061–02690 (als Musicassette: 1 C 243–02690)

Jalousie Populäre Melodien mit Yehudi Menuhin und Stephane Grappelli
EMI SHZE 407 (als Musicassette: 1 C 244–02446)

Tea for Two (mit Stephane Grappelli, Violine, und anderen)
EMI 1 C 063–02997 (als Musicassette: 1 C 263–02997)

Sofern nicht anders angegeben, ist Yehudi Menuhin (auch) der Dirigent der Aufnahmen.

Personenregister

Bildnachweis

Agence France Press 39, 51
Agfa-Portriga 53
Alban, Paris 5, 9, 13
Cyril Arapoff 28
Clive Barda 49, 52, Umschlagrückseite
Cazneaux, Sidney 22
Central News, London 17
Evening Dispatch 54
Fäh 38, 63
David Farrell 48, 57, 58, 59, 60, 61
Reinhard Friedrich: Umschlagvorderseite
A. Genovese 44
Istvan Harmath 40
K. W. Heldiass, Dresden 10
Atelier E. Hoenisch, Leipzig 18
Hélène Jeanbrau 43
Keystone Press Agency 56
Angus McBean 30, 31
Privatarchiv Yehudi Menuhin 1, 2, 3, 4, 6, 7, 12, 14, 19, 20, 24, 25, 29, 32, 34, 35, 36, 37, 41, 42, 47, 50, 55
Morton & Co., San Francisco 8
Planet News, London 33
Reprograph, London 27
Ramon Scavelli 62
Eric Schaal 21
P. R. Shinde, Poona 54
Jimmy Sileo, New York 16
Robert Spreng, Basel 11
Studio Everest, Calcutta 53
Süddeutscher Verlag, München 23, 26
James Youngman 15